GATT-widrige *Treble Damages*-Klagen auf der Grundlage des US Antidumping Act 1916

# SCHRIFTEN ZUM STAATS- UND VÖLKERRECHT

Herausgegeben von Prof. Dr. Dieter Blumenwitz

**Band 105**

Peter Lang

Frankfurt am Main · Berlin · Bern · Bruxelles · New York · Oxford · Wien

Christian Malzahn

# GATT-widrige *Treble Damages*-Klagen auf der Grundlage des US Antidumping Act 1916

Eine Untersuchung der Rechtsstellung beklagter deutscher Unternehmen im US-amerikanischen und deutschen Recht

Peter Lang
Europäischer Verlag der Wissenschaften

**Bibliografische Information Der Deutschen Bibliothek**
Die Deutsche Bibliothek verzeichnet diese Publikation in der Deutschen Nationalbibliografie; detaillierte bibliografische Daten sind im Internet über <http://dnb.ddb.de> abrufbar.

Zugl.: Würzburg, Univ., Diss., 2003

D 20
ISSN 0172-7796
ISBN 3-631-51066-7



www.peterlang.de

MEINER FAMILIE

# VORWORT

Die vorliegende Arbeit wurde von der Juristischen Fakultät der Bayerischen Julius-Maximilians-Universität Würzburg im Wintersemester 2002/2003 als Dissertation angenommen. Gesetzgebung, Rechtsprechung und Schrifttum konnten noch weitestgehend bis März 2003 berücksichtigt werden.

Mit dem Abschluss der Arbeit gilt es Dank zu sagen: Meinem verehrten Doktorvater Herrn Prof. Dr. Dieter Blumenwitz danke ich für die Anregung und die umsichtige Betreuung der Arbeit, für seine Förderung während meiner Tätigkeit an seinem Institut für Völker- und Europarecht sowie Internationales Wirtschaftsrecht und schließlich für die Aufnahme der Arbeit in die Reihe „Schriften zum Staats- und Völkerrecht". Herrn Prof. Dr. Hugo J. Hahn, LL.M. (Harvard), danke ich für die umgehende Erstellung des Zweitgutachtens, dem Europäischen Rechtszentrum der Universität Würzburg für den großzügigen Druckkostenzuschuss.

Dank gebührt auch dem Deutschen Akademischen Austauschdienst (DAAD), der mir den Studienaufenthalt an der University of Texas School of Law in Austin mit einem großzügigen Promotionsstipendium ermöglichte. Herrn Prof. Russel J. Weintraub möchte ich für die hervorragende Betreuung während des Studienaufenthaltes in Austin Dank sagen, meinem Freund, Herrn Rechtsanwalt Dr. Björn Holland, LL.M. (Austin), insbesondere für seine Gastfreundschaft.

Besonderen Dank schulde ich Frau Angelika Greßler und meiner Freundin Bettina Prager für die Unterstützung beim Korrekturlesen.

Bedanken möchte ich mich ferner bei den Mitarbeitern am Institut für Völker- und Europarecht sowie Internationales Wirtschaftsrecht der Universität Würzburg für die angenehme Zusammenarbeit und die bereichernden Gespräche im Kollegenkreis, besonders aber bei Frau Ruth Rupp, ohne deren unermüdliche Hilfe und organisatorische Unterstützung ich diese Arbeit sicherlich noch nicht hätte abschließen können. Ebenso bin ich meinem verehrten Lehrer Herrn Prof. Dr. Klaus Tiedtke und den Mitarbeitern an seinem Institut dankbar. Die Jahre, die ich am Institut für Wirtschafts- und Steuerrecht der Universität Würzburg als wissenschaftlicher Mitarbeiter tätig sein durfte, haben mich geprägt.

Für die fortwährende Unterstützung und Geduld danke ich aber vor allem meiner lieben Familie, meinen Eltern Marion und Ulrich Malzahn sowie meinem Bruder Frank Malzahn. Dieses Buch ist ihnen gewidmet.

Frankfurt am Main, im März 2003 — Christian Malzahn

# INHALTSÜBERSICHT

INHALTSVERZEICHNIS

# ABKÜRZUNGSVERZEICHNIS

| | |
|---|---|
| A. | Auflage |
| a.A. | anderer Ansicht |
| a.a.O. | am angegebenen Ort |
| ABl. | Amtsblatt der Europäischen Gemeinschaft |
| Abs. | Absatz |
| AcP | Archiv für civilistische Praxis |
| a.E. | am Ende |
| AEMR | Allgemeine Erklärung der Menschenrechte |
| aff'd | affirmed |
| Ala. | Alabama |
| ALI-ABA | American Law Institute – American Bar Association |
| All ER | All England Law Reports |
| A.L.R.(2d, 3d, Fed) | American Law Reports (Second, Third, Federal) |
| amend. | Amendment |
| Am.J.Comp.L. | American Journal of Comparative Law |
| Am.J.Int'l L. | American Journal of International Law |
| Am.Jur.(2d) | American Jurisprudence (Second) |
| Am.U.Int'l L.Rev. | American University International Law Review |
| Ann.Rep. | Annual Report |
| Antitrust L.J. | Antitrust Law Journal |
| AnwBl. | Anwaltsblatt |
| App. | Appendix |
| Ariz.J.Int'l & Comp.L. | Arizona Journal of International and Comparative Law |
| Art., art. | Artikel, article |
| ASS | Archiv für Sozialwissenschaft und Sozialpolitik |
| AWD | Außenwirtschaftsdienst |
| | |
| BArbBl. | Bundesarbeitsblatt |
| BayVBl. | Bayerische Verwaltungsblätter |
| BB | Der Betriebs-Berater |
| B.C.L.Rev. | Boston College Law Review |
| Bd. | Band |
| BDI | Bundesverband der Deutschen Industrie |
| BerDGVR | Berichte der Deutschen Gesellschaft für Völkerrecht |
| Beschl. | Beschluss |
| BGB | Bürgerliches Gesetzbuch |
| BGBl. | Bundesgesetzblatt |
| B.R. | Bankruptcy Reporter |
| BR (Deutschland) | Bundesrepublik |
| Brook.J.Int'l L. | Brooklyn Journal of International Law |
| bspw. | beispielsweise |
| BT-Drcks. | Deutscher Bundestag - Drucksache |
| | |
| C.A. | Court of Appeal (England) |
| Cal. | California |
| cert. | certiorari |

| | |
|---|---|
| ch. | chapter |
| Cir. | Circuit |
| C.I.T. | Court of International Trade |
| C.J. | Chief Judge, Chief Justice |
| C.J.S. | Corpus Juris Secundum |
| cl. | clause |
| Colum.J.Transnat'l L. | Columbia Journal of Transnational Law |
| Colum.L.Rev. | Columbia Law Review |
| Cong. | Congress |
| Cong.Rec. | Congressional Record |
| Const. | Constitution |
| Cornell L.Rev. | Cornell Law Review |
| Corp. | Corporation |
| Ct. | Court |
| (N./E./S./W.) D. | (Northern/Eastern/Southern/Western) District |
| D.C. | District of Columbia |
| Del. | Delaware |
| d.h. | das heißt |
| Diss. | Dissertation |
| Doc. | Document |
| DOC | Department of Commerce |
| DÖV | Zeitschrift für Öffentliches Recht und Verwaltungswissenschaft |
| DSB | Dispute Settlement Body |
| DSU | Dispute Settlement Understanding |
| DVBl. | Deutsches Verwaltungsblatt |
| d.Verf. | der Verfasser |
| Ed., ed. | Edition, edition |
| EG | Europäische Gemeinschaft |
| EGBGB | Einführungsgesetz zum Bürgerlichen Gesetzbuch |
| EGGVG | Einführungsgesetz zum Gerichtsverfassungsgesetz |
| EGMR | Europäischer Gerichtshof für Menschenrechte |
| E.L.R. | Environmental Law Reporter |
| EMRK | Europäische Konvention zum Schutz der Menschenrechte und Grundfreiheiten |
| EuGRZ | Europäische Grundrechte-Zeitung |
| EuGVÜ | Europäisches Gerichtsstands- und Vollstreckungsübereinkommen |
| Eur.J.Int'l.L. | European Journal of International Law |
| EuZW | Europäische Zeitschrift für Wirtschaftsrecht |
| EwiR | Entscheidungen zum Wirtschaftsrecht |
| F.(2d, 3d) | Federal Reporter (Second, Third) |
| FCN(-Vertrag) | (Treaty of) Friendship, Commerce and Navigation |
| Fed.Reg. | Federal Register |
| ff. | folgende |
| FJC | Federal Judicial Center |
| Fla. | Florida |

| | |
|---|---|
| Fla.B.J. | Florida Bar Journal |
| Fla.St.J.Transnat'l L.&Pol'y | Florida State Journal of Transnational Law and Policy |
| Fn. | Fußnote |
| Fordham Int'l L.J. | Fordham International Law Journal |
| Fordham L.Rev. | Fordham Law Review |
| F.R.Civ.P. | Federal Rules of Civil Procedure |
| F.R.D. | Federal Rules Decisions |
| FS | Festschrift |
| F.Supp.(2d) | Federal Supplement (Second Series) |
| F.T.C. | Federal Trade Commission Decisions |
| GATT | General Agreement on Tariffs and Trade |
| Geo.L.J. | Georgetown Law Journal |
| Geo.Mason L.Rev. | Georg Mason Law Review |
| Geo.Wash.Int'l L.Rev. | George Washington International Law Review |
| Geo.Wash.J.Int'l L.&Econ. | George Washington Journal of International Law and Economics |
| GG | Grundgesetz |
| GVG | Gerichtsverfassungsgesetz |
| Habil. | Habilitation |
| Harv.L.Rev. | Harvard Law Review |
| HBÜ | Haager Beweisaufnahmeübereinkommen |
| How. | Howard (United States Reports) |
| H.(R.)Rep. | House Report |
| HSTR | Handbuch des Staatsrechts |
| HZÜ | Haager Zustellungsübereinkommen |
| HZPÜ | Haager Zivilprozessübereinkommen |
| IA ST | Iowa Statute |
| ICJ | International Court of Justice |
| IGH | Internationaler Gerichtshof |
| Ill. | Illinois |
| I.L.M. | International Legal Materials |
| IpbpR | Internationalen Pakt über bürgerliche und politische Rechte |
| IPR | Internationales Privatrecht |
| IPRax | Praxis des Internationalen Privat- und Verfahrensrechts |
| IPwskR | Internationalen Pakt über wirtschaftliche, soziale und kulturelle Rechte |
| IRG | Gesetz über die Internationale Rechtshilfe in Strafsachen |
| ITC | International Trade Commission |
| IZVR, IZPR | Internationales Zivilverfahrensrecht, Internationales Zivilprozessrecht |
| J. | Judge, Justice |
| Jhg. | Jahrgang |
| JöR | Jahrbuch des öffentlichen Rechts |
| J.P.M.L. | Judicial Panel on Multidistrict Litigation |
| J.W.T. | Journal of World Trade |
| JZ | Juristen-Zeitung |

| | |
|---|---|
| Ky. | Kentucky |
| Law.Libr.J. | Law Library Journal |
| Law&Pol'y.Int'l.Bus. | Law & Policy in International Business |
| L.Ed.(2d) | Lawyer's Edition (Second) |
| Marq.L.Rev. | Marquette Law Review |
| m.(zust.)Anm. | mit (zustimmender) Anmerkung |
| Mass. | Massachusetts |
| Md. | Maryland |
| Mich. | Michigan |
| Mich.J.Int'l L. | Michigan Journal of International Law |
| Mich.L.Rev. | Michigan Law Review |
| Minn.J.Global Trade | Minnesota Journal of Global Trade |
| m.w.N. | mit weiteren Nachweisen |
| NAFTA | North American Free Trade Agreement |
| N.C. | North Carolina |
| N.C.L.Rev. | North Carolina Law Review |
| N.J. | New Jersey |
| NJW | Neue Juristische Wochenschrift |
| Nw.J.Int'l L.& Bus. | Northwestern Journal of International Law and Business |
| N.Y. | New York |
| N.Y.L.Sch.J.Int'l & Comp.L. | New York Law School of Law Journal of International and Comparative Law |
| N.Y.L.Sch.L.Rev. | New York Law School Law Review |
| N.Y.U.L.Rev. | New York University Law Review |
| Ohio St.L.J. | Ohio State Law Journal |
| Or. | Oregon |
| Pa. | Pennsylvania |
| para. | paragraph |
| PCIJ | Permanent Court of International Justice |
| Pep.L.Rev. | Pepperdine University Law Review |
| Pet. | Peters (United States Reports) |
| PLI/Corp | Practising Law Institute - Corporate Law and Practice Course Handbook Series |
| Plutus | Plutus - Kritische Zeitschrift für Volkswirtschaft und Finanzwesen |
| Publ.L.No. | Public Law Number |
| RabelsZ | Zeitschrift für ausländisches und internationales Privatrecht |
| Rdnr. | Randnummer |
| Rep. | Representative |
| RGBl. | Reichsgesetzblatt |
| RIW | Recht der Internationalen Wirtschaft |
| S. | Seite |

| | |
|---|---|
| SAA | Statement of Administrative Action |
| Sec., sec. | Section |
| Sen. | Senator |
| Sess. | Session |
| S.Ct. | Supreme Court Reporter |
| sog. | sogenannte(r/s) |
| S.Rep. | Senate Report |
| Stan.J.Int.L. | Stanford Journal of International Law |
| Stan.L.Rev. | Stanford Law Review |
| Stat. | Statute (at Large) |
| St.John's J.Legal Comment. | St.John's Journal of Legal Commentary |
| StR | Staatsrecht |
| st.Rspr. | ständige Rechtsprechung |
| Suffolk Transnat'l L.J. | Suffolk Transnational Law Jourmal |
| | |
| Tex. | Texas |
| Tex.Int'l L.J. | Texas International Law Journal |
| Tex.L.Rev. | Texas Law Review |
| tlw. | teilweise |
| Trade Cas (CCH) | Trade Cases |
| Tulane J.Int'l&Comp.L. | Tulane Journal of International and Comparative Law |
| | |
| u.a. | unter anderem |
| U.C.Davis J.Int'l L.& Pol'y | University of California at Davis Journal of International Law and Policy |
| UCLA L.Rev. | UCLA Law Review |
| USCCAN | United States Code Congressional and Administrative News |
| UNHCR | United Nation High Commissioner of Human Rights |
| UN-MRA | United Nations – Menschenrechteausschuss |
| URAA | Uruguay Round Agreements Act |
| U.S. | United States Reports |
| U.S.C. | United States Code |
| U.S.C.A. | United States Code Annotated |
| U.S.L.W. | United States Law Week |
| USTR | United States Trade Representative |
| Utah B.J. | Utah Bar Journal |
| UWG | Gesetz gegen den unlauteren Wettbewerb |
| | |
| v. | versus |
| Va.L.Rev. | Virginia Law Review |
| Vand.J.Transnat'l L. | Vanderbilt Journal of Transnational Law |
| Vand.L.Rev. | Vanderbilt Law Review |
| vgl. | vergleiche |
| VO | Verordnung (Europäische Gemeinschaft) |
| Vt. | Vermont |
| | |
| Wall. | Wallace (United States Reports) |
| Wash. | Washington |
| Wash.U.L.Q. | Washington University Law Quarterly |

| | |
|---|---|
| WL | Westlaw |
| WM | Zeitschrift für Wirtschafts- und Bankrecht |
| WTO | World Trade Organisation |
| WVRK | Wiener Vertragsrechtskonvention |
| Yale L.J. | Yale Law Journal |
| ZaöRV | Zeitschrift für ausländisches öffentliches Recht und Völkerrecht |
| ZfRV | Zeitschrift für Rechtsvergleichung, Internationales Privatrecht und Europarecht |
| ZIP | Zeitschrift für Wirtschaftsrecht |
| ZPO | Zivilprozessordnung |
| ZustDG | EG-Zustellungsdurchführungsgesetz |
| ZustRG | Zustellungsreformgesetz |
| ZvglRWiss | Zeitschrift für vergleichende Rechtswissenschaft |
| ZZP | Zeitschrift für Zivilprozeß |
| ZZPInt | Zeitschrift für Zivilprozeß International |

# EINLEITUNG

„Amerikas Justiz richtet gern über Auslandsfirmen" titelte jüngst die Frankfurter Allgemeine.[1] Für die Fachwelt ist diese Erkenntnis allerdings nicht wirklich neu. Insbesondere deutsche Autoren weisen schon seit Jahren auf das besondere Klagerisiko für solche europäischen Unternehmen hin, die sich auf dem US-amerikanischen Markt wirtschaftlich betätigen.[2] Das Risiko, in den USA mit lästigen und teuren Schadensersatzprozessen überzogen zu werden, besteht nicht zuletzt deshalb, weil die US-Gerichte häufig argumentieren, den beklagten ausländischen Unternehmen sei es durchaus zuzumuten, sich auf derartige Prozesse in den USA einzulassen – zumal dann, wenn die Klageverfahren im Zusammenhang mit der wirtschaftlichen Betätigung in den USA stehen.[3]

Gleichwohl gibt es immer wieder Fälle, die eine solche Argumentation fraglich erscheinen lassen. Jüngste Schadensersatzklagen gegen deutsche Unternehmen auf der Grundlage von Sec. 801 des US Revenue Act of 1916[4], besser bekannt als „Antidumping Act of 1916"[5], zählen zu eben diesen Fällen. Das betreffende Gesetz stellt unrechtmäßiges Dumping bei Importen in die USA unter Strafe. Mit der Aufrechterhaltung dieses Gesetzes verstoßen die USA heute gegen internationales Recht. Denn nach den verbindlichen Feststellungen der WTO-Streitschlichtungsgremien ist der Antidumping Act 1916 nicht mit den Bestimmungen des Allgemeinen Zoll- und Handelsabkommens[6] aus dem Jahre 1994 (Art. VI:1, VI:2) und denen des Übereinkommens zur Durchführung des Art. VI des Allgemeinen Zoll- und Handelsabkommens[7] (Art. 1, 4, 5.5) vereinbar; zugleich verletzen die USA ihre Pflicht aus dem Übereinkommen zur Errichtung der Welthandelsorganisation[8] vom 15.04.1994 (Art. XVI:4), ihr innerstaatliches Recht an die Vorgaben des WTO-

---

[1] FAZ, 19.03.2003, Nr. 66, S. 23.

[2] Vgl. statt vieler *Juncker*, IPRax, 1986, 197; jüngst wieder *Trittmann/Leitzen*, IPRax 2003, 7.

[3] Nachweise der älteren Rechtsprechung bei *Juncker*, IPRax, 1986, 197, 198. Siehe aus der Rechtsprechung des US Supreme Court nur die Entscheidung in *Burger King Corp. v. Rudzewicz*, 471 U.S. 462, 478, 105 S.Ct. 2174, 85 L.Ed.2d 528 (1985). Auch die deutsche Rechtsprechung hat sich dieser Argumentation nicht verschlossen, siehe nur die grundlegende Entscheidung des BVerfG zur Zustellung US-amerikanischer Strafschadensersatzklagen in BVerfGE 91, 335, 344 f.

[4] Act of Sept. 8, 1916, 39 Stat. 756, 15 U.S.C. §§ 71-74 (1999).

[5] So die in den USA allgemein gebräuchliche Bezeichnung (popular name), vgl. aus der Rechtsprechung *Geneva Steel Co. v. Ranger Steel Supply Corp. and Thyssen Inc.*, 980 F.Supp. 1209 (D. Utah 1997); *Note*, 110 Harv.L.Rev. 1555 ff. (1997); nachfolgend: „Antidumping Act 1916".

[6] ABl. 1994 L 336, 11; nachfolgend: „GATT 1994".

[7] ABl. 1994 L 336, 103; nachfolgend: „Anti-Dumping-Übereinkommen".

[8] BGBl. 1994 II, 1625; ABl. 1994 L 336, 3; nachfolgend: „WTO-Übereinkommen".

Rechts anzupassen.[9] Gerade die mangelnde Umsetzung der völkerrechtlichen Vorgaben ermöglicht es aber den einheimischen Unternehmen, ihre ausländische Konkurrenz vor die US-Gerichte zu zitieren und dort unvermindert unlauterer Handelspraktiken zu bezichtigen. Dabei spricht die gerichtliche Statistik eine deutliche Sprache: Seit dem Inkrafttreten des Gesetzes im Jahre 1916 wurde noch nicht ein Fall berichtet, in dem ein einheimisches Unternehmen ein stattgebendes Urteil gegen ein beklagtes ausländisches Unternehmen erstreiten konnte.[10] Erfolgreicher sind die einheimischen Unternehmen offenbar nur beim strategischen Einsatz gerichtlicher Verfahren zum Nachteil der Beklagten. Eine solche Taktik ist jedoch höchst bedenklich, weil staatliche Institutionen für rechtsfremde Zwecke instrumentalisiert werden.[11]

Die vorliegende Untersuchung greift deshalb eines der aktuellen, wenngleich in der breiten Öffentlichkeit wenig diskutierten Antidumping-Schadensersatzklageverfahren in den USA auf. Um die betreffenden Klagen einordnen und deren rechtliche Problematik voll erfassen zu können, sollen die Klagen zunächst in ihrem tatsächlichen und rechtlichen Kontext dargestellt werden (1. Kapitel). Ziel der weiteren Darstellung wird es dann sein, die Rechtsstellung deutscher Unternehmen im Hinblick auf die GATT-widrigen Antidumping-Schadensersatzklagen im US-amerikanischen und deutschen Recht zu analysieren:

So soll eingehend untersucht werden, ob für betroffene deutsche Unternehmen vor US-Gerichten Möglichkeiten bestehen, sich gegen GATT-widrige Antidumping-Schadensersatzklagen zur Wehr zu setzen (2. Kapitel). Eine erste Analyse der Begründung des US-Bundesgerichtes im aktuellen Fall lässt einen solchen Schutz privater Unternehmen (Parteien) mehr als zweifelhaft erscheinen.[12] Mithin stellt sich die Frage nach der Wirkung des WTO-Rechts im innerstaatlichen Recht der USA. Um diese zu klären, wird es einerseits erforderlich sein, auf allgemeine Grundsätze der Rechtsanwendung – jedenfalls, soweit sie Bundesgesetze wie den Antidumping Act 1916 betreffen – einzugehen. Andererseits machen es gegenteilige Stellungnahmen der US-Seite im Laufe des WTO-Streitschlichtungsverfahrens erforderlich, die Rechtsnatur des Antidumping Act 1916 als spezifische Antidumping-Maßnahme näher zu untersuchen.[13] Die Darstellung rechtfertigt sich noch

---

[9] *United States – Anti-Dumping Act of 1916*, Appellate Body Report and Panel Reports – Action by the DSB 02.10.2000 (WTO Doc. WT/DS136/8, WT/DS162/11).

[10] Dasselbe gilt übrigens für die wenigen strafrechtlichen Verfahren, die vom US Department of Justice eingeleitet wurden, vgl. *Geneva Steel Co. v. Ranger Steel Supply Corp. and Thyssen Inc.*, 980 F.Supp. 1209, 1214 (D. Utah 1997).

[11] Zum strategischen Einsatz gerichtlicher Verfahren siehe unten I. Kapitel: §2A.II.1.

[12] Vgl. *Goss Graphic Systems, Inc., v. MAN Roland Druckmaschinen Aktiengesellschaft*, et al., 139 F.Supp.2d 1040 (N.D. Iowa 2001).

[13] Die US-Seite hatte als Hauptargument angeführt, es handele sich nicht um Antidumping-, sondern um Antitrust-Maßnahmen, die anerkanntermaßen nicht dem GATT 1994 unterfallen,

stärker vor dem Hintergrund von publik gewordenen Überlegungen, das Gesetz nach der (bis dato noch nicht erfolgten) Aufhebung auf Bundesebene inhalts- und wortgleich auf der Ebene der (nicht unmittelbar völkerrechtlich gebundenen[14]) Gliedstaaten wieder einzuführen.

Sodann liegt ein weiterer Schwerpunkt auf der Beantwortung der Frage, welche Möglichkeiten für deutsche Unternehmen im Klageverfahren vor US-Bundesgerichten nach US-amerikanischen Verfahrensrecht bestehen, rechtsmissbräuchliche oder als solche erscheinende Klagen (frivolous claims) bzw. sonstiges bösgläubiges Prozessverhalten der Gegenpartei abzuwehren (3. Kapitel). Diese Darstellung gliedert sich in zwei Teile: Vorrangig ist sich der Frage zu widmen, wie deutsche Unternehmen in das US-Verfahren einbezogen werden. Entscheidend für das Verständnis ist hier die Funktion der Klagezustellung (service of process) im US-amerikanischen Zivilprozessrecht. Im Anschluss werden die Folgen der wirksamen Einbeziehung zu betrachten sein, wobei eine Eingrenzung angezeigt ist: Ausgehend von der statistisch belegten Regel, nach der sich mehr als 90 Prozent aller Klageverfahren vor der Hauptverhandlung (trial) erledigen[15], sind nur die relevanten Aspekte des Verfahrensstadiums vor der Hauptverhandlung (pretrial) näher zu untersuchen. Hierhin gehört vor allem das Institut der „pretrail disclosure and discovery" und die Kostenregelungen.

Schließlich ist auch die Rechtsstellung deutscher Unternehmen klärungsbedürftig, soweit die deutsche Rechtsordnung berührt ist (4. Kapitel). Die Untersuchung konzentriert sich hier auf das deutsche Rechtshilfeverfahren bei der Klagezustellung in Deutschland. Gestützt auf den Beschluss des BVerfG vom 07.12.1994 („punitive damages")[16] und die mittlerweile herrschende Meinung, die das deutsche Rechtshilfeverfahren zum Schutz deutscher Zustellungsadressaten vor Klagen im Ausland als ungeeignet ansieht[17], beschränken sich auch die deutschen Justizbehörden in der Praxis weitgehend auf die Prüfung der Formalien, wie sie im Rechtsverkehr mit den USA im Übereinkommen über die Zustellung gerichtlicher und außergerichtlicher Schriftstücke in Zivil- und Handelssachen vom 15.11.1965

---

vgl. *United States – Anti-Dumping Act of 1916*, Complaint by the European Communities, Report of the Panel 31.03.2000 (WTO Doc. WT/DS136/R), para. 3.169.

[14] Vgl. zur Stellung der Gliedstaaten nach der US-amerikanischen Bundesverfassung *Blumenwitz*, Schutz innerstaatlicher Rechtsgemeinschaften beim Abschluß völkerrechtlicher Verträge, S. 114 ff.; *Hahn*, in: FS Armbruster, S. 368 ff.

[15] Vgl. nur *Heidenberger*, RIW 1997, 464: Mitte der neunziger Jahre waren es 96,8 Prozent der eingereichten Klagen.

[16] BVerfGE 91, 335; m. zust. Anm. von *R.Geimer*, EWiR 1995, 161 f.; *Kronke*, EuZW 1995, 221 f.; *Morisse*, RIW 1995, 370 ff.; *Stadler*, JZ 1995, 718 ff.; *Tomuschat*, IPrax 1996, 83 ff.; so schon vorher *Juenger/Reimann*, NJW 1994, 3274.

[17] Vgl. zuletzt OLG Frankfurt, RIW 2001, 264, 265 f. m.w.N.

(HZÜ)[18] vorgeschrieben sind. Die zustellungsfreundliche Praxis ist im Interesse des grenzüberschreitenden Zivilrechtsverkehrs begrüßenswert, gleichwohl aber nicht völlig unbedenklich. Eine faktisch allein auf formelle Gesichtspunkte beschränkte Überprüfung ausländischer Ersuchen birgt die Gefahr, dass die Justizverwaltungen bei ihrer hoheitlichen Zustellungsentscheidung unabdingbare rechtsstaatliche Grundsätze außer Acht lassen bzw. gänzlich vermeintlichen Sachzwängen im internationalen Rechtsverkehr opfern. Fälle wie der vorliegende fordern deshalb zu einer kritischen Überprüfung der deutschen Zustellungspraxis auf. Die Zustellungsentscheidung der deutschen Justizverwaltungen wird in das gegenwärtig geltende Recht der internationalen Zustellung einzuordnen sein, die Betrachtung allgemeiner Rechtsanwendungsgrundsätze (insbesondere solcher zur Auslegung von Rechtsnormen staatsvertraglichen Ursprungs) und der neueren Rechtsentwicklung im europäischen Rechtsraum hierin eingeschlossen. Es wird begründet werden, weshalb die deutschen Justizbehörden nach völkerrechtlichen Rechtsgrundsätzen bei der Zustellung einer US-Klage in Deutschland zu beteiligen sind und welche praktischen Konsequenzen sich aus dieser notwendigen Beteiligung für die Rechtsanwendung in Deutschland ergeben. Im Mittelpunkt steht jedoch die Frage, ob und ggf. wann die deutschen Justizbehörden ein US-amerikanisches Zustellungsersuchen ablehnen können bzw. sogar müssen. Mit der Beantwortung dieser Frage soll ein Beitrag zur Konkretisierung der einschlägigen Vorbehaltsklausel des deutschen Rechts (Art. 13 Abs. 1 HZÜ) und damit zur fortwährenden Diskussion um deren Auslegung geleistet werden.

[18] BGBl. 1977 II, 1452.

# I. KAPITEL: ANTIDUMPING-SCHADENSERSATZKLAGEN ALS PROBLEMFALL DES DEUTSCH-AMERIKANISCHEN HANDELS- UND RECHTSVERKEHRS

„Treble damages"-Klagen auf der Grundlage des Antidumping Act 1916 beschäftigten in den vergangenen Jahren mehrfach US-amerikanische wie deutsche Gerichte. Die Klagen und Richtersprüche richtig einzuordnen und zu bewerten, gestaltet sich aus dem Stand heraus schwierig. Deshalb sollen in diesem Kapitel zunächst die Fakten und Hintergünde sowie das rechtliche Umfeld derartiger Klagen beleuchtet werden; die so gewonnenen Einblicke und Erkenntnisse schaffen eine Basis für die nachfolgende Untersuchung. Dabei soll anhand der Studie eines aktuellen Rechtsstreites (§1) eine erste tatsächliche und rechtliche Einordnung und Bewertung der privaten Antidumping-Schadensersatzklagen vorgenommen werden (§2).

## §1 FALLSTUDIE

Im Mittelpunkt stehen die Privatklageverfahren gegen zwei deutsche Unternehmen in den USA, das mit diesen US-Klageverfahren im Zusammenhang stehende deutsche Rechtshilfeverfahren (Klagezustellung in Deutschland) und insbesondere die verbindlichen Feststellungen der WTO-Streitschlichtungsgremien, da diese Inhalt und Reichweite der völkerrechtlichen Verpflichtung der USA bestimmen, kollidierendes innerstaatliches Recht (Antidumping Act 1916) mit den Vorgaben des WTO-Rechts in Übereinstimmung zu bringen.

### A. Das Streitschlichtungsverfahren zwischen der EG und den USA vor der WTO: United States – Anti-Dumping Act of 1916

Im Zeitpunkt der Klageeinreichung in den USA war bereits ein Streitschlichtungsverfahren vor der WTO in Genf anhängig. Die EG hatte dieses infolge vorausgegangener Schadensersatzprozesse gegen europäische Unternehmen bereits 1998 eingeleitet.[19] Die EG rügte die Vereinbarkeit des Antidumping Act 1916 mit

---

[19] *United States – Anti-Dumping Act of 1916*, Request for Consultations from the European Communities 24.06.1998 (WTO Doc. WT/DS136/1), Request for the Establishment of a Panel by the European Communities 12.11.1998 (WTO Doc. WT/DS136/2), alle WTO-Dokumente abrufbar im Internet unter: http://www.wto.org (15.03.2003); vgl. auch Beschluss der Kommission 16.04.1998 (98/277/EG), ABl. 1998 L 126, S. 36; Summary of the First Submissions of the European Communities, im Internet unter: http://mkaccdb.eu.int/miti/dsu (15.03.2003). Ein vergleichbares Verfahren hatte Japan initiiert; die Dokumente sind ebenfalls im Internet, a.a.O., abrufbar. Die Grundlage der Tätigkeit der EG bildet die Verordnung (EWG) Nr. 2641/84 des

den Regelungen des WTO-Übereinkommens[20]. Im Frühjahr 1999 wurde daraufhin vom WTO-Streitbeilegungsgremium (Dispute Settlement Body - DSB) entsprechend der Vereinbarung über Regeln und Verfahren zur Beilegung von Streitigkeiten vom 15.04.1994 (DSU)[21] ein Panel eingesetzt.

## I. Feststellung und Empfehlung der WTO-Streitschlichtungsgremien

Das Panel übermittelte seinen Bericht (Report)[22] im Verfahren zwischen der EG und den USA am 25.04.2000 (also unmittelbar nach der Klageeinreichung und vor der Entscheidung der deutschen und US-amerikanischen Gerichte).

In seinem Bericht stellte das Panel fest, dass der Antidumping Act 1916 nicht mit den Bestimmungen von Art. VI:1, VI:2 GATT 1994[23], Art. 1, 4, 5.5 Anti-Dumping-Übereinkommen[24] und Art. XVI:4 des WTO-Übereinkommens vereinbar ist.[25] Denn der Antidumping Act 1916 verlange, so das Panel in seiner Begründung, weder den Vortrag einer tatsächlichen Schädigung (material injury), noch schreibe er eine bestimmte Mindestbeteiligung von Unternehmen der betroffenen US-Industrie im Verfahren vor; schließlich ermögliche das US-Gesetz auch andere Antidumping-Maßnahmen als die allein zulässigen Antidumping-Zölle.

Diese Feststellungen und Empfehlungen im Panel Report wurden auch auf das Rechtsmittel (appeal) der USA hin vom Ständigen Berufungsgremium (Appellate Body) aufrechterhalten.[26] Der Bericht des Appellate Body wurde am 28.08.2000 dem DSB übermittelt. Der DSB nahm bei seinem Treffen am 26.09.2000 die Feststellungen und Empfehlungen der Panel Reports in der Gestalt an, die sie durch den Appellate Body Report gefunden hatten.[27] Mit der Annahme der Berichte wurde die Unvereinbarkeit des Antidumping Act 1916 mit den Regelungen des WTO-Übereinkommens völkerrechtlich verbindlich festgestellt und die USA ebenso ver-

---

Rates v. 17.09.1984, ABl. 1984, L 252/1 („Handelshemmnis-VO"); Einzelheiten über die materiellen Voraussetzungen und das Verfahren bei *Butler*, S. 134 ff.

20 BGBl. 1994 II, 1625; ABl. 1994 L 336, 3.

21 BGBl. 1994 II, 1749; ABl. 1994 L 336, 234.

22 *United States – Anti-Dumping Act of 1916*, Complaint by the European Communities, Report of the Panel 31.03.2000 (WTO Doc. WT/DS136/R); nachfolgend: „Panel Report".

23 ABl. 1994 L 336, 11.

24 ABl. 1994 L 336, 103.

25 Panel Report, para. 7.1.

26 *United States – Anti-Dumping Act of 1916*, Report of the Appellate Body 28.08.2000 (WTO Doc. WT/DS136/AB/R, WT/DS162/AB/R); nachfolgend: „Appellate Body Report".

27 *United States – Anti-Dumping Act of 1916*, Appellate Body Report and Panel Reports – Action by the DSB 02.10.2000 (WTO Doc. WT/DS136/8, WT/DS162/11); m.Anm. *Beckington*, 34 Vand.J.Transnat'l.L. 199 (2001); *Bhala/Gantz*, 18 Ariz.J.Int'l & Comp.L. 1, 45 ff. (2001).

bindlich aufgefordert, ihren Verpflichtungen aus dem Übereinkommen nachzukommen.

## II. (Nicht-)Umsetzung der Entscheidung

Die USA haben die WTO-Panelentscheidungen bis heute (Stand: März 2003) nicht umgesetzt. Das Verfahren ist damit ein bezeichnendes Beispiel für die Schwachstellen der WTO-Streitschlichtungsregeln.

Zunächst hatten die USA zwar am 23.10.2000 ihre formelle Bereitschaft notifiziert, die Empfehlungen des DSB umzusetzen und insoweit eine Verständigung mit der EG (und Japan) anzustreben. Zu einer Einigung, geschweige denn zu einer schnellen Umsetzung kam es aber nicht. Die EG und Japan baten daraufhin am 17.11.2000 um die bindende schiedsrichterliche Bestimmung der Umsetzungsfrist (eines „angemessenen Zeitraumes zur Umsetzung der Empfehlungen", Art. 21.3 (c) DSU).[28] Der Schiedsrichter (Arbitrator) bestimmte daraufhin eine Umsetzungsfrist von 10 Monaten als angemessen.[29] Den Einwand innerstaatlicher Umsetzungsschwierigkeiten (im Hinblick auf die Anzahl an Gesetzgebungsvorhaben im US-Kongress) ließ der Schiedsrichter nicht gelten.[30] Er wies zudem auf die von den USA nicht angegriffene Auffassung des Panels im Japan-Verfahren hin, eine vollständige Umsetzung könne nur in einer vollständigen Aufhebung des Antidumping Act 1916 bestehen.[31]

Das Schiedsverfahren bewirkte jedoch keine Lösung. Und dies obwohl eine zeitgerechte Umsetzung zunächst noch möglich erschien. Denn am 20.07.2001 brachten der Attorney General of the United States und der United States Trade Representative (USTR) einen Gesetzesentwurf zur Aufhebung des Antidumping Act 1916 in beide Häuser des US-Kongresses ein. Doch die Frist zur Aufhebung (26.07.2001) verstrich nur deshalb nicht fruchtlos, weil die USA wiederum eine Fristverlängerung bis zum 31.12.2001 (wie beantragt) zugesprochen erhielten.[32] Die

---

[28] *United States – Anti-Dumping Act of 1916*, Request by the European Communities and Japan for Arbitration under Article 21.3(c) of the DSU 21.11.2000 (WTO Doc. WT/DS136/9, WT/DS162/12).

[29] Arbitrator Award, para. 45.

[30] Arbitrator Award, para. 38.

[31] Arbitrator Award, para. 35 (Fn. 21), unter Verweis auf Japan Panel Report, para. 6.292. Auch im US-amerikanischem Schrifttum wird die uneingeschränkte Aufhebung des Antidumping Act 1916 befürwortet, um eine anhaltende Verletzung der WTO-Verpflichtungen zu vermeiden, vgl. *Keppler*, 32 Geo.Wash.J.Int'l L.&Econ. 293, 310 (1999).

[32] *United States – Anti-Dumping Act of 1916*, Proposed Modification of the Reasonable Period of Time under Article 21.3(c) of the DSU 18.07.2001 (WTO Doc. WT/DS136/13, WT/DS162/16); die EG stimmte diesem Vorschlag zu, vgl. Pressemitteilung der Kommission 25.07.2001, im Internet: http://europa.eu.int/comm/trade/miti/dispute/ad.htm (15.03.2003).

USA ließen – offenbar der immensen Widerstände im Kongress wegen – auch diese verlängerte Umsetzungsfrist verstreichen; der am 20.12.2001 vom Rep. *Thomas* eingebrachte Gesetzesvorschlag[33] blieb in den zuständigen Ausschüssen des Kongresses hängen.

Daraufhin verlangte die EG am 07.01.2002 auf der Grundlage von Art. 22.2 DSU, Sanktionsmöglichkeiten wegen der Nichtumsetzung der Beschlüsse des DSB ergreifen zu können.[34] Auf dem folgenden Treffen des DSB am 18.01.2002 beantragten die EG und Japan gleichzeitig, die den USA unter dem GATT 1994 gewährten Vorteile aussetzen zu dürfen. Die USA beantragten daraufhin erneut, den Streit im Wege eines Schiedsverfahrens (arbitration) beilegen zu können. Der DSB stimmte zu, den Streit an das ursprüngliche Panel zu verweisen. Zudem einigte man sich darauf, das Schiedsverfahren einstweilig bis zum 30.06.2002 auszusetzen, um dem US-Kongress noch einmal die Möglichkeit zu geben, den Antidumping Act 1916 aufzuheben.[35]

Der neuerliche Gesetzesentwurf (Sponsor: Rep. *Sensenbrenner*) vom 04.03.2003 verwässerte schließlich noch die Bestimmung des ersten Entwurfs zur intertemporalen Anwendung des Änderungsgesetzes. Nach dem Wortlaut des neuen Entwurfs sollten nun im Zeitpunkt der Verabschiedung des Gesetzes bereits eingereichte und noch anhängige Klagen von der Gesetzesänderung unangetastet bleiben.[36] Mit diesem vorerst letzten Akt mussten die Hoffnungen der beklagten Unternehmen auf ein „baldiges" Ende durch eine Intervention des Gesetzgebers endgültig begraben werden. Ob und wann der Antidumping Act 1916 tatsächlich aufgehoben wird, lässt sich nach alledem nicht vorhersagen.

---

[33] 107th Cong., H.R. 3557. Der Gesetzesentwurf hat folgenden Wortlaut: "A BILL To repeal the antidumping provisions contained in the Act of September 8, 1916. Be it enacted by the Senate and House of Representatives of the United States of America in Congress assembled, SECTION 1. REPEAL OF ANTIDUMPING PROVISIONS UNDER THE ACT OF SEPTEMBER 8, 1916. (a) REPEAL- Section 801 of the Act of September 8, 1916 (Chapter 463; 39 Stat. 756 et seq.; 15 U.S.C. 71 et seq.) is hereby repealed. (b) EFFECTIVE DATE- No judgment pursuant to an action under section 801 of such Act shall be entered on or after September 26, 2000, that is inconsistent with this Act."

[34] *United States – Anti-Dumping Act of 1916,* Recourse by the European Communities to Article 22.2 of the DSU 07.01.2002 (WTO Doc. WT/DS136/15).

[35] Siehe die Pressemitteilung der WTO 18.01.2002, im Internet unter: http://www.wto.org (15.03.2003).

[36] 108th Cong. 1st Session, H.R. 1073: „[...] (b) EFFECT OF REPEAL.- The repeal made by subsection (a) shall not affect any action under section 801 of the Act referred to in subsection (a) that was commenced before the date of the enactment of this Act and is pending on such date."; der Text ist abrufbar im Internet unter: http://thomas.loc.gov/ (15.03.2003).

## B. Der Rechtsstreit zwischen US-amerikanischen und deutschen Unternehmen in den USA

Wendet man den Blick auf die Parteien des eigentlichen Schadensersatzverfahrens, so bietet sich folgendes Bild: Die Klägerin auf der einen Seite, ein in Delaware gegründetes Unternehmen und den größten US-amerikanischen Hersteller und Lieferanten von Druckmaschinen mit Hauptsitz in Westmont, Illinois (USA), und Produktionsstätten in Cedar Rapids, Iowa (USA), hatte bis in die neunziger Jahre nahezu eine Alleinstellung auf dem US-amerikanischen Markt inne. Diese büßte sie jedoch zunehmend infolge des erstarkten ausländischen Wettbewerbs ein. Die ausländische (vornehmlich deutsche und japanische) Konkurrenz hatte sich in den neunziger Jahren vermehrt in den von den Kaufinteressenten ausgeschriebenen Bietungsverfahren durchgesetzt. Die Verschlechterung der Marktstellung führte zum Abbau von Produktionskapazitäten bis hin zur Einleitung eines Gläubigerschutzverfahrens im Jahre 1999. Neue Kapitalgeber ermöglichten der Klägerin allerdings, dieses Verfahren vorerst zu beenden und die Geschäftstätigkeit wieder aufzunehmen.

Auf der anderen Seite stehen die Hauptkonkurrenten der Klägerin auf dem US-amerikanischen Markt, u.a. zwei in Deutschland ansässige Unternehmen nebst deren US-amerikanischen Tochtergesellschaften. Zum Vertrieb der in Deutschland produzierten Druckmaschinen hatten die deutschen Mütter ihre einhundertprozentigen, im Übrigen aber rechtlich und personell selbständigen (im US-Bundesstaat Delaware gegründeten) Töchter eingesetzt.

### I. Die Schadensersatzklage

Am 07.03.2000 reichte die Klägerin bei einem US-Bundesgericht (District Court for the Northern District of Iowa) die Klageschrift auf Schadensersatz ein.[37] Der Vorwurf der Klägerin lautete auf unrechtmäßiges Dumping durch den allgemeinen und systematischen Verkauf der Druckmaschinen in den USA zu erheblich niedrigeren Preisen als auf dem Heimatmarkt in der Absicht, die US Druckmaschinenindustrie zu schädigen oder zu zerstören.

Die Klägerin begründete ihren Vorwurf des unrechtmäßigen Dumpings unter Hinweis auf Feststellungen im zuvor angestrengten behördlichen Antidumping-Verfahren (auf der Grundlage des Tariff Act of 1930), die aber in ihrer ursprünglichen Form nie in Bestandskraft erwuchsen.[38] Zudem behauptete die Klägerin,

---

[37] Vgl. die Wiedergabe in *Goss Graphic Systems, Inc., v. MAN Roland Druckmaschinen Aktiengesellschaft*, et al., 139 F.Supp.2d 1040 (N.D. Iowa 2001), nachfolgend: „*Goss Graphic*".

[38] Vgl. Entscheidung des US Department of Commerce (DOC), 61 Fed.Reg. 38,166. Die im behördlichen Antidumping-Verfahren auf der Grundlage des Tariff Act 1930 (19 U.S.C. §§ 1673 ff.) getroffenen Feststellungen erwiesen sich gleich mehrfach als nicht gerichtsfest, vgl. *Koenig &*

durch die illegale Preisunterbietung der Beklagten sei ihr Schaden zugefügt worden: Sie hätte Verträge an die Konkurrenz verloren, weshalb ihre Verkaufszahlen gesunken seien, Kapazitäten stillgelegt und Teile der Belegschaft entlassen werden mussten. Auch ihre Insolvenz im Jahre 1999 schrieb sie den fortgesetzten unrechtmäßigen Dumpingpraktiken der Beklagten zu. Der so behauptete Schaden wurde in der Klageschrift nicht betragsmäßig beziffert.

Die Klägerin begehrte deshalb auf der Grundlage des Antidumping Act 1916 eine Verurteilung zum Dreifachen des erlittenen Schadens (threefold the damages sustained), zum Ersatz der Kosten der Klage einschließlich „angemessener" Anwaltsgebühren (a reasonable attorney's fee) und weiterer, vom Gericht für gerecht empfundener Maßnahmen.

## II. Die Klagezustellung in Deutschland und das Scheitern vor deutschen Gerichten

Den beklagten US-Töchtern wurde die Klage in den USA zugestellt. Hinsichtlich der deutschen Mütter wendete sich einmal das US-Bundesgericht mit einem Zustellungsersuchen an die zuständige deutsche Landesjustizverwaltung; gleichzeitig erhielten die deutschen Mütter die Klage nebst Begleitschreiben im unübersetzten Original direkt auf dem Postweg von den klägerischen Anwälten zugesandt. Das US-amerikanische Ersuchen um Zustellung der übersetzten Klageschrift stützte sich auf das Übereinkommen über die Zustellung gerichtlicher und außergerichtlicher Schriftstücke in Zivil- und Handelssachen vom 15.11.1965 (HZÜ)[39]. Auf das Ersuchen hin ordnete die zuständige Landesjustizverwaltung in beiden Fällen die Zustellung der Klageschrift an das örtlich zuständige Amtsgericht an. Weil die Beklagten trotz Aufforderung die persönliche Entgegennahme verweigerten, leitete das Amtsgericht die Klageschrift in diesem Fall auf postalischem Wege zu.

In beiden Fällen legten die beklagten deutschen Mütter gegen die Anordnung der Landesjustizverwaltung vor dem Oberlandesgericht einen Antrag auf gerichtliche Entscheidung ein. Die Beklagten waren der Auffassung, die Verfügung der Landesjustizverwaltung sei rechtswidrig, weil das Ersuchen gem. Art. 13 Abs. 1 HZÜ nicht hätte erledigt werden dürfen. Die Erledigung des Zustellungsersuchens gefährde die „Hoheitsrechte und Sicherheit" der BR Deutschland im Sinne der ge-

---

*Bauer-Albert AG v. U.S.*, 15 F.Supp.2d 834 (CIT 1998) („KBA I"); 44 F.Supp.2d 280 (CIT 1999) („KBA II"); 90 F.Supp.2d 1284 (CIT 2000) („KBA III"). Im Zeitpunkt der Klageeinrechung war mithin noch nicht bestandskräftig über die Verhängung von Antidumping-Zöllen entschieden. Anfang 2001 stellte das DOC dann fest, dass kein Dumping seitens MAN Roland vorgelegen habe, vgl. Printing News 28.05.2001, Vol. 146 Issue 22, in Westlaw: 2001 WL 10555035. Anfang 2002 zog die Klägerin schließlich ihre Antidumping-Beschwerde zurück, vgl. Mitteilung des DOC 15.02.2002, FedNet Government News, in Westlaw: 2002 WL 5862677.

[39] BGBl. 1977 II, 1452.

nannten Vorschrift. Sie argumentierten, die Wertungsgrundlagen der deutschen Rechtsordnung seien schwer beeinträchtigt, wenn mit einer US-Klage, die sich auf eine völkerrechtswidrige Rechtsgrundlage stütze, die ausländische Konkurrenz ausgeschaltet werden soll. Zur Bekräftigung verwiesen sie zum einen auf das Streitschlichtungsverfahren vor der WTO, in dem die Unvereinbarkeit des Antidumping Act 1916 mit dem Recht der WTO und dem GATT 1994 festgestellt worden war. Zum anderen beriefen sie sich auf die einschlägige Auslegung von Art. 13 Abs. 1 HZÜ durch die deutschen Gerichte.

Sowohl das OLG Frankfurt a.M. wie auch das OLG München wiesen die Anträge als zulässig, aber unbegründet zurück.[40] Das OLG München begründete seine Entscheidung im Wesentlichen damit, eine substantielle Prüfung dürfe im Hinblick auf Sinn und Zweck des einschlägigen Haager Zustellungsübereinkommens (HZÜ) nur ganz ausnahmsweise stattfinden; einen solchen Ausnahmetatbestand sah das Gericht aber nicht verwirklicht.[41] Ohne Art. 13 Abs. 1 HZÜ auch nur zu erwähnen, bemerkte das Gericht, dass es dem Zweck des Haager Übereinkommens widerspreche, wenn „bereits bei der Veranlassung der Zustellung im Einzelnen geprüft [würde], ob Folge der Zustellung eine Entscheidung ausländischer Gerichte sein könnte, die nach Inlandskriterien nicht hinzunehmen wäre". Eine solche Prüfung, so betonte das Gericht, müsse im Anerkennungsverfahren mit den dort geltenden Maßstäben des § 328 ZPO erfolgen; für das Zustellungsverfahren könnten diese jedoch nicht gelten. Denn „Aufgabe der Zustellungsbehörde ist es nicht, die Vereinbarkeit der Rechtsordnung des ersuchenden Staates mit der des ersuchten Staates zu prüfen."

Das Gericht bekannte sich im Ergebnis ferner zu der Ansicht, dass die mitwirkenden deutschen Justizbehörden keinerlei Verantwortung für die Folgen des geförderten ausländischen Gerichtsverfahrens trügen. Es verneinte pauschal eine Verantwortlichkeit begründende Schutzpflicht: „Hoheitlicher Schutz könne nicht über die Landesgrenzen hinaus gewährt werden." Es stützte diese Ansicht ohne weitere Begründung auf den Beschluss des BVerfG vom 07.12.1994.[42] Darüber hinaus verneinte es auch eine sonstige Zurechnung irgendwelcher Folgen des ausländischen Verfahrens. Die Zustellungsanordnung könne nicht als Beihilfehandlung zu rechtswidrigen Ergebnissen eines ausländischen Gerichtsverfahrens bewertet werden. Rechtshilfe werde für das ausländische Gerichtsverfahren, nicht für das Klagebegehren geleistet. „Etwas anderes [könne] dann gelten, wenn bereits in der Zustellung ausländischer Klagen ein besonders schwerer Eingriff in die tragenden Prinzipien und Grundsätze des ersuchten Staates als ein freiheitlich demokratischer

---

[40] OLG München, Beschl. v. 12.07.2000 (9 VA 3/00) (unveröffentlicht); OLG Frankfurt a.M., RIW 2001, 464.

[41] OLG München, Beschl. v. 12.07.2000 (9 VA 3/00) (unveröffentlicht).

[42] BVerfGE 91, 335.

Rechtsstaat vorliegen würde und das Ziel der Klage einen besonders verwerflichen Sachverhalt zum Inhalt hätte."

Das OLG Frankfurt gelangte in seinem Beschluss vom 13.02.2001 ebenfalls zu dem Ergebnis, dass die zuständige Landesjustizverwaltung die US-amerikanische Klage zustellen musste.[43] In der Begründung weicht die Entscheidung indes von der des OLG München ab. Mit Blick auf den Wortlautes der Vorbehaltsklausel im HZÜ (Art. 13 Abs. 1) berief sich das Gericht zunächst auf die Feststellung *Geimers*, wonach „bisher niemand genau definiert" habe, was unter dem Prüfungsmaßstab der Vorbehaltsklausel zu verstehen sei.[44] Das OLG verwies zudem darauf, dass eine „Gefährdung der Hoheitsrechte und der Sicherheit" der BR Deutschland überhaupt erst in einem Fall bejaht worden sei.[45] Zur Auslegung des Art. 13 Abs. 1 HZÜ heißt es in der Entscheidung weiter, dem „supranationalen Charakter der Vorschrift" müsse „Rechnung getragen werden", weshalb „die Vorschrift nicht etwa allein aus deutscher Sicht ausgelegt werden" könne. Tatsächlich rekurrierte das Gericht in seinen Gründen neben der Zielsetzung des HZÜ auch auf die „Entstehungsgeschichte", den Maßstab anderer Vorbehaltsklauseln und verfassungsrechtliche Vorgaben des BVerfG.

Inhaltlich stellte das Gericht einige Leitlinien zur Konkretisierung des Prüfungsmaßstabes zusammen. So zeige die Entstehungsgeschichte des Art. 13 Abs. 1 HZÜ „Verbindungslinien zum ordre public"[46]; allerdings, so das OLG Frankfurt a.M., sei weder der Maßstab des „allgemeinen ordre public"[47] noch der Maßstab des späteren Anerkennungsverfahrens[48] anzulegen. Im Rahmen der Zustellung dürfe auch keinesfalls eine „révision au fond" stattfinden.[49] Eine Ablehnung sei allenfalls dann gerechtfertigt, wenn die Zustellung eine besonders schwere Beeinträchtigung der Wertungsgrundlagen der bundesdeutschen Rechtsordnung mit sich brächte.[50] In Anwendung dieser allgemeinen Vorgaben zog das Gericht den Schluss:

> „Insoweit gewinnt an Bedeutung, dass das HZÜ vorrangig sicherstellen soll, dass Empfängern im Ausland zuzustellende Schriftstücke rechtzeitig zur Kenntnis gebracht werden. Wür-

---

43 OLG Frankfurt, RIW 2001, 464.

44 OLG Frankfurt, a.a.O., zitiert *Geimer*, IZPR, 3.A., Rdnr. 2159.

45 OLG Frankfurt, a.a.O., unter Hinweis auf OLG Düsseldorf, IPRax 1997, 260: Ablehnung eines Ersuchens auf Zustellung eines Prozessführungsverbots, sog. „antisuit injunction".

46 OLG Frankfurt, a.a.O., zitiert *Stadler*, JZ 1995, 718, 719 f.; *Pfennig*, Die internationale Zustellung in Zivil- und Handelssachen; 1988, S. 97 ff.

47 OLG Frankfurt, a.a.O., unter Hinweis auf BVerfGE 91, 335 ff.

48 OLG Frankfurt, a.a.O., zitiert *Schlosser*, EuGVÜ/HZÜ/HBÜ, Art. 13 HZÜ Rdnr. 1.

49 OLG Frankfurt, a.a.O., zitiert *Bungert*, EWiR 1994, 1111, 1112.

50 OLG Frankfurt, a.a.O., unter Hinweis auf OLG München, NJW 1989, 3102 ff.; OLG Düsseldorf, NJW 1992, 3110 ff.; OLG München, NJW 1992, 3113; KG, OLGZ 1994, 587 ff.; *R.Geimer*, EWiR 1995; 161 ff; *Morisse*, RIW 1995, 370 ff.

den *die Grundsätze der innerstaatlichen Rechtsordnung* bereits zum Maßstab für die Zustellung gemacht, so würde der internationale Rechtshilfeverkehr erheblich beeinträchtigt."[51] (Hervorhebung d. Verf.)

An dieser Stelle verwies das Gericht in seiner Begründung auf den Beschluss des BVerfG vom 07.12.1994 („punitive damages")[52] und die dort gemachten verfassungsrechtlichen Vorgaben. Das BVerfG hatte in dieser Entscheidung offengelassen, ob Art. 2 Abs.1 GG in Verbindung mit dem Rechtsstaatsprinzip dann zur Verweigerung der internationalen Rechtshilfe zwingen könne, wenn das mit der zuzustellenden „Klage angestrebte Ziel offensichtlich gegen unverzichtbare Grundsätze eines freiheitlichen Rechtsstaats verstieße, wie sie auch in internationalen Menschenrechtsübereinkommen verankert sind."[53] Solche „zustellungshindernden Schwellenwerte" könnten, so das OLG Frankfurt, dann überschritten sein, wenn „der Inhalt der zuzustellenden ausländischen Entscheidung total konträr zur Rechtsidee schlechthin sei und daher die Durchführung der Zustellung unter der Ägide deutscher Rechtshilfebehörden als Akt der Beihilfe zu völkerrechtswidrigem oder absolut unmoralischem Verfahren bedeute."[54]

Im zu entscheidenden Fall sah das Gericht diese „zustellungshindernden Schwellenwerte" als nicht überschritten an.[55] Das Gericht weigerte sich auch, den hiergegen vorgebrachten Einwendungen der deutschen Beklagten nachzugehen. Die Beurteilung, ob die zuzustellende Klage der Ausschaltung eines Konkurrenten diene und damit rechtsmissbräuchlich sei, solle ausschließlich dem erkennenden Gericht vorbehalten sein:

> „Die Frage könnte hier in diesem Zustellungsverfahren in rechtstaatlich einwandfreier Weise auch erst nach Anhörung der amerikanischen Klägerin beurteilt und entschieden werden. Ein solches Vorgehen verbietet sich hier jedoch schon deshalb, weil das Zustellungsverfahren nur eine dienende Funktion zum Verfahren im Ausgangsstaat hat, es soll nämlich sicherstellen, dass - wie oben dargelegt - das rechtliche Gehör der beklagten Partei gewahrt wird. Eine Prüfung etwaiger Intentionen der klagenden Partei obliegt aber dem Erstrichter, der durch die Einbeziehung der beklagten Partei erst zu einer rechtsstaatlichen Überprüfung in Stand gesetzt wird."[56]

---

[51] OLG Frankfurt, RIW 2001, 464, 465.

[52] BVerfGE 91, 335.

[53] OLG Frankfurt, RIW 2001, 464, 465, unter Verweis auf BVerfGE 91, 335, 343.

[54] OLG Frankfurt, RIW 2001, 464, 465 f., in Anlehnung an R. *Geimer*, ZZP 1990, 477, 490.

[55] OLG Frankfurt, RIW 2001, 464, 466: „Das Zustellungsersuchen bewegt sich vielmehr noch in dem oben genannten Rahmen des HZÜ, in dem Zustellungen durchzuführen und die Rechtsfindung den ausländischen Gerichten zunächst zu überlassen ist, was - dies sei der Klarstellung halber wiederholt - noch nichts über die Anerkennungsfähigkeit der ausländischen Entscheidung im Inland besagt."

[56] OLG Frankfurt, a.a.O.

Auch mit Blick auf ein „discovery"-Verfahren, das nur dazu benutzt werden würde, den Gegner „zu einem Vergleich weichzukochen"[57], liefere das HZÜ keine taugliche Handhabe. Dieses Verfahren sei schon per se kein Anerkennungshindernis[58], erst recht gäbe es im Zustellungsverfahren keinen prohibitiven Schutz.

## III. Der Fortgang des Verfahrens und das Scheitern vor dem US-Gericht

Nach dem Scheitern vor den deutschen Gerichten versuchten die Beklagten im Hauptsacheverfahren in den USA, die Zurückweisung der Klage zu erreichen; sie scheiterten auch hier. Die Prozessanträge der Beklagten hatten sich vorrangig auf den Einwand der mangelnden Zuständigkeit des Gerichts (lack of jurisdiction) und der mangelnden Substantiierung der Klage (failure to state claim) gestützt.[59] Am 12.03.2001 wies das angerufene US-Bundesgericht die Anträge in einer Zwischenentscheidung ab.[60]

Nach Ansicht des Gerichtes hatte die Klägerin insbesondere ausreichende Tatsachen einer Schädigungsabsicht vorgetragen; des Vortrages einer räuberischen Verdrängungsabsicht (predatory intent) bedurfte es nicht.[61] Das Gericht stützte seine Ansicht auf die traditionellen Methoden der Gesetzesauslegung und befand den ausdrücklichen Wortlaut des Gesetzes für hinreichend eindeutig.[62] Folglich lehnte das Gericht es auch ab, sich mit der Gesetzgebungsgeschichte weiter auseinander zu setzen. Zudem wies es den Hinweis der Beklagten auf die für ihre Ansicht streitenden Äußerungen des U.S. Trade Representative (USTR) als Vertreter der US-Regierung im WTO-Verfahren zurück; es sah keinen Grund der dort vertretenen Auffassung zu folgen. Das Gericht kannte also die Entscheidungen der WTO-Streitschlichtungsgremien; dennoch zog es keinerlei Konsequenzen aus dem festgestellten Widerspruch zwischen dem völkerrechtlichen Soll- und dem innerstaatlichen Ist-Zustand.

Mit dieser Entscheidung war der Weg frei für die „nächste Runde", das Verfahren vor der Hauptverhandlung (pretrial). Dort angelangt begehrte die Klägerin eine umfassende Offenlegung von Beweismitteln vor der Hauptverhandlung (pretrial discovery), insbesondere die Preisgabe aller Geschäftspapiere einschließlich der

---

57 OLG Frankfurt, a.a.O., zitiert *Böhmer*, NJW 1990, 3049.

58 OLG Frankfurt, a.a.O., unter Verweis auf BGH, NJW 1992, 3096.

59 Vgl. F.R.Civ.P. 12 (b) (2), (6).

60 *Goss Graphic Systems, Inc., v. MAN Roland Druckmaschinen Akiengesellschaft*, et al., 139 F.Supp.2d 1040 (N.D. Iowa 2001).

61 Vgl. die Begründung von Melloy, J. in *Goss Graphic Systems, Inc., v. MAN Roland Druckmaschinen Aktiengesellschaft*, et al., 139 F.Supp.2d 1040, 1051 (N.D. Iowa 2001); dazu ausführlicher unten.

62 139 F.Supp.2d 1040, 1046 (N.D. Iowa 2001).

Kalkulation der gesamten weltweiten Geschäftstätigkeit für mindestens 15 zurückliegende Jahre. Die Anwälte der Beklagten brachten hier ihrerseits in Erfahrung, dass die Klägerin erst durch Zeitungsberichte über das laufende WTO-Streitschlichtungsverfahren auf die Möglichkeit einer Klage auf der Grundlage des Antidumping Act 1916 aufmerksam geworden war. Aufgrund der Ankündigung der US-Regierung, die WTO-Panelentscheidungen umzusetzen, beantragten die Beklagten, das Verfahren einstweilig auszusetzen (motion for temporary stay of proceedings), um wenigstens so unnötige und teure Beweisermittlungen zu verhindern. Das US-Gericht entsprach zunächst diesem Antrag und setzte das Verfahren am 08.08.2001 zunächst für neunzig Tage bis zum 06.11.2001 aus. Die Aussetzung des Verfahrens wurde am 29.10.2001 erneut verlängert. Auch nach einer erneuten „status conference" am 13.03.2002 und einem Richterwechsel war eine Ende nicht zu erreichen.

## §2 ANTIDUMPING-SCHADENSERSATZKLAGEN ALS TATSÄCHLICHES UND RECHTLICHES PROBLEM

Die geschilderte Situation ist für deutsche Exportunternehmen auf dem US-amerikanischen Markt nicht neu. Vergleichbare Konflikte schienen in den letzten Jahren auf breiter Front an der Tagesordnung zu sein.[63] Nun ist aber fraglich, inwieweit die öffentlich wahrgenommenen und diskutierten Fälle ein wirklichkeitsgetreues Bild vermitteln. Denn nach Angaben aus EU-Kreisen und der deutschen Wirtschaft schätzt man den Anteil der Fälle, der Anlass zu Streit bietet, auf weniger als 2 Prozent des gesamten Handelsverkehrs.[64] Tatsächlich gestaltet sich der Handels- und Rechtsverkehr mit den USA also wesentlich reibungsärmer.

---

[63] Bezeichnend die Schlaglichter in den deutschen Medien: „Amerikas Justiz richtet gern über Auslandsfirmen: Sammelklagen gegen deutsche Unternehmen mit immensen Schadensersatzsummen/ ‚Legale Erpressung'", FAZ, 19.03.2003, Nr. 66, S. 23; siehe auch *Hirte*, NJW 2002, 345: „Spielt das amerikanische Rechtssystem verrückt?"; ebenso der Titel der von der Bayerischen Amerika-Akademie (BAA) in Zusammenarbeit mit dem Goethe-Forum veranstalteten 3. Jahrestagung im Mai 2001 in München: „Konflikt der Rechtskulturen? Die USA und Deutschland im Vergleich", vgl. die Ankündigung der BAA im Internet: http://www.lrz-muenchen.de/~BAA-/veranst/rechtskulturen_abstracts.htm (15.03.2003).

[64] Market Access Sectoral and Trade Barriers DataBase, United States – General Features of Trade Policy, im Internet unter: http://mkaccdb.eu.int (15.03.2003); Deutschland und die USA – Partner für das 21. Jahrhundert, BDI-Positionspapier zu den wichtigen Themen der transatlantischen Wirtschaftsbeziehungen, Mai 2001, im Internet unter: http://www.ixpos.de (15.03.2003).

## A. Das faktische Problem: Die Instrumentalisierung staatlicher Institutionen für private Zwecke

Nimmt man nur einmal die letzten Jahre als Maßstab, so zeigt sich deutlich, wie häufig Amerikaner und Europäer auch in Wirtschaftsfragen nicht „eine Sprache" sprechen. Dahinter stehen – wen wundert's – handfeste Interessenskonflikte. Aus fiskalischen und sozialen Gründen haben alle beteiligten Staaten ein vitales Interesse, die einheimische Wirtschaft wettbewerbs- und produktionsfähig zu halten. In der Außenhandels- und Rechtspolitik wird dafür ein nicht unwesentlicher Teil des ordnungspolitischen Rahmens gesetzt.

### I. Auf dem Gebiet der Außenhandelspolitik

Im Außenhandel lassen sich Konflikte zwischen Europa und den USA regelmäßig auf unilaterale oder protektionistische Handelsmaßnahmen zurückführen. Protektionismus meint dabei den Schutz der inländischen Wirtschaft vor ausländischer Konkurrenz durch staatliche Handelshemmnisse. Über die wirtschaftspolitische Berechtigung eines solchen Schutzes mag man streiten, wie auch die lebhafte Debatte im neueren wirtschaftswissenschaftlichen Schrifttum zeigt.[65] Außer Streit dürfte indes stehen, dass protektionistische Handelsmaßnahmen letztlich auf das gezielte Lobbying einzelner privater Interessengruppen und Unternehmen zurückgehen. Auch und gerade die US-Praxis belegt, wie schnell die Politik zum Instrument privater Interessen werden kann.[66]

Der Zusammenhang zwischen Protektionismus und Lobbyismus lässt sich auch im Fall des Antidumping Act 1916 deutlich belegen. Schon die Gesetzesentstehung

---

[65] Zum Diskussionsstand und insbesondere zum neoliberalen Vorwurf des „Protektionismus als ‚Politikversagen' [gemeint ist, in Anlehnung an den Begriff des „Marktversagens", eine staatliche Maßnahme, die zu keinem ökonomisch effizienten Ergebnis führt]" *Krajewski*, S. 137 ff.; zu den von den Befürwortern protektionistischer Maßnahmen angeführten Gründen („fair trade", „bargaining chip", „jobs", „marketshare") *McGee*, 13 Nw.J.Int'l L.&Bus. 491, 544; zur Debatte um den Sinn und Unsinn einer Antidumping-Gesetzgebung und insbesondere zum Einwand der „Harmful Effects of Antidumping Policy" *ders.*, a.a.O., 535 ff.

[66] Vgl. *McGee*, 13 Nw.J.Int'l L.&Bus. 491, 548 ff. (1993), mit dem Beispiel einer fast 2 Jahrzehnte dauernden behördlichen „antidumping investigation"-Odyssee einer japanischen Firma: Die US-amerikanische Konkurrenz stieß mehrfach behördliche Ermittlungen an und das Department of Commerce (DOC) unternahm mehrfach ergebnislos Ermittlungen, der japanischen Konkurrenz unrechtmäßiges Dumping nachzuweisen; zu einer Verhängung von Strafzöllen kam es - nach 17 Jahren - erst, als das DOC seine Ermittlungsmethode so änderte und ausweitete, dass das japanische Unternehmen nicht mehr die geforderte „best information available" liefern konnte. *McGee*, a.a.O., 551, weist zudem darauf hin, dass diese Strategie für die US-Konkurrenz, abgesehen von einem Brief an das DOC, mit keinerlei eigenen Kosten verbunden ist; die gegenwärtige Rechtslage ermutigt US-Unternehmen förmlich, ihre ausländische Konkurrenz zu attackieren.

ist, wie noch zu zeigen sein wird, auf das Wirken der US-amerikanischen Industrielobby zurückzuführen, die insbesondere deutsche Unternehmen in den wirren Zeiten des Ersten Weltkrieges gemeinhin „unfairer Handelspraktiken" beschuldigte.[67] Die Propaganda veranlasste den US-amerikanischen Kongress im Jahre 1916, den Antidumping Act of 1916[68] zu verabschieden; es sollte sich erst später herausstellen, dass diese ungerechtfertigt war.[69] Der Antidumping Act 1916 war und ist bis heute das einzige spezifische Antidumping-Gesetz, das private Klagen von einheimischen Wettbewerbern auf Dreifachschadensersatz (treble damages) ermöglicht.

Allerdings existiert das private Klagerecht heute nur noch auf dem Papier. Bisher hat nicht ein einziger US-Kläger in der Sache obsiegen und ein Urteil gegen seine ausländischen Konkurrenten erstreiten können. Damit stellt sich die Frage, warum die USA dennoch dieses „unbedeutende und unmoderne" Gesetz[70] so energisch verteidigen.[71] Die Gründe liegen auf der Hand: Mit dem Antidumping Act 1916 erhalten sich die USA einmal einen „bargaining chip"[72], mit dem sich in anderen, noch offenen Streitigkeiten vor der WTO gegenüber den Europäern und Japanern besser verhandeln lässt. Auch die innenpolitische Signalwirkung – Aufhebung eines über 85 Jahre alten US-Gesetzes infolge eines WTO-Schiedsspruches (!) – lässt sich unschwer ausmachen.[73] Entscheidend ist jedoch der Widerstand seitens der einheimischen Industrie. In Unternehmerkreisen und bei erfahrenen „trial la-

[67] Das in der Vergangenheit häufig als Vorwand gebrauchte „predatory dumping of foreign cartels" konnte im wirtschaftswissenschaftlichen Schrifttum bisher nicht nachgewiesen werden; vgl. nur *Bovard*, S. 156 f.; *McGee*, 13 Nw.J.Int'l L.&Bus. 491, 540 (1993), beide m.w.N.; aus dem deutschen Schrifttum *Nettesheim*, S. 73 (Fn. 278). Zum generellen Problem der "Verschleierung" protektionistischer Maßnahmen *Bovard*, S. 1: "But, 'fair trade' is one of the great intellectual frauds of the twentieth century. The louder politicians have demanded fair trade, the more U.S. trade policies have become a travesty of fairness".

[68] 15 U.S.C. §§ 71-74 (1999).

[69] Vgl. zur Entstehung *Culbertson*, S. 39, 152; *Viner*, S. 242; *Finger*, S. 18; *Feld*, ASS 1917, 456; *Pesl*, S. 123.

[70] Allg. Meinung, vgl. *Bhala/Gantz*, 18 Ariz.J.Int'l&Comp.L. 1, 52 (2001): „neither important nor modern"; *Ehrenhaft*, SF24 ALI-ABA 203, 208 (2000): „virtually a dead letter".

[71] Vgl. *Bhala/Gantz*, 18 Ariz.J.Int'l&Comp.L. 1, 52 (2001): „Why fight this Case?".

[72] *Bhala/Gantz*, 18 Ariz.J.Int'l&Comp.L. 1, 52 (2001).

[73] Bezeichnend ist der Gesetz gewordene Vorschlag von Senator *Dole* zur Errichtung einer „WTO Dispute Settlement Review Commission": Diese soll fortlaufend überwachen, ob nicht etwa willkürlich und rechtswidrig Entscheidungen gegenüber den USA gefällt werden und den Austritt aus der WTO bei drei derartigen Entscheidungen innerhalb von 5 Jahren erwägen („three strikes and we're out"); vgl. World Trade Origanization (WTO) Dispute Settlement Review Commission Act; Hearings Before the Committee on Finance United States Senate, 104th Cong., 1st Sess. 16 (1994) (Prepared Statement by Sen. *Dole*); dazu auch *Leebron*, in: Jackson/Sykes, S. 222 f.

wyern" erfährt das Gesetz schon seit einigen Jahren wieder einige Wertschätzung.[74] Einige dieser Beweggründe offenbarte die Debatte um eine Reform des Antidumping Act 1916 in den achtziger Jahren.[75]

## II. Auf dem Gebiet der Justiz

Spannungen im transatlatischen Rechtsverkehr sind ebenfalls kein neues Phänomen.[76] Vornehmlich im deutschsprachigen Schrifttum widmete man sich schon in den achtziger Jahren sehr intensiv dem sog. „Justizkonflikt mit den Vereinigten Staaten".[77] Im Brennpunkt der Debatte standen auch schon damals die gerichtlichen Auseinandersetzungen um die Regelungen in den verbindlichen Haager Übereinkommen über die Gewährung von Rechtshilfe.[78] Hier hatte die deutsche Verhandlungsseite (wie andere Europäer) gehofft, der „Amerikanisierung" der Rechtsbeziehungen – heute bisweilen auch als US-amerikanische „Rechtshegemonie"[79] bezeichnet – auf staatsvertraglichem Wege Einhalt gebieten zu können. Drei Konfliktherde wurden damals im deutschen Schrifttum ausgemacht: Die Ablehnung der Zustellung von Strafschadensersatzklagen gegenüber deutschen Unternehmen, die Zustellung von Strafschadensersatzklagen an deutsche Tochterfirmen der beklagten deutschen Mütter in den USA und die Anordnung US-amerikanischer Gerichte gegenüber beklagten deutschen Unternehmen, ihre Geschäftunterlagen vorzulegen.[80]

Die Schutzmaßnahmen in den Haager Rechtshilfeübereinkommen[81] erwiesen sich allerdings nur als bedingt tauglich. Auch sah sich die deutsche Regierung mehr-

---

[74] Vgl. *Waddoups/Hafen*, 11-SEP Utah B.J. 7, 11 (1998): „may provide a useful vehicle for a company". Vgl. auch *Ehrenhaft*, SF24 ALI-ABA 203, 208 (2000), der darauf ausdrücklich in der für US-Anwälte konzipierten Schriftenreihe des American Law Institute/American Bar Association hinweist.

[75] Vgl. hierzu *Almstedt*, 13 Law&Pol'y Int'l Bus. 747, 770, 778, 781 (1981).

[76] Vgl. *Böhmer*, NJW 1990, 3049.

[77] Der Ausdruck geht wohl auf *Schlosser*, Justizkonflikt, S. 1 ff., zurück. Vgl. im Übrigen *Stürner*, in: Habscheid, Justizkonflikt, S. 3 ff; *Schack*, IZVR, S. 287 ff. (Rdnr. 734 ff); *Gottwald*, in: FS Habscheid, S. 119, sprach gar von „Justizkrieg".

[78] Empirisch *Koch*, IPRax 1985, 245; im Hinblick auf die Zahl der Produkthaftungsklagen 1985 *Magotsch*, RIW 1986, 413.

[79] So *Stürner*, in: Habscheid, Justizkonflikt, S. 5; *Sandrock*, ZVglRWiss 2001, 3, 25.

[80] Vgl. *Böhmer*, NJW 1990, 3049.

[81] Vgl. nur den Vorbehalt zu Art. 23 des Haager Beweisaufnahmeübereinkommens (HBÜ) 1970 hinsichtlich der (Nicht-)Erledigung von US-amerikanischen Rechtshilfeersuchen mit dem Inhalt einer „pretrail discovery of documents", § 14 Abs. 1 AusführungsG 22.12.1977, BGBl. 1977 I, 3105; Widerspruch zu Art. 10 des Haager Zustellungsübereinkommens (HZÜ) 1965 hinsichtlich der direkten Zustellung von Klagen, § 6 S. 2 AusführungsG 22.12.1977, BGBl. 1977 I, 3105.

fach zu Stellungnahmen in US-amerikanischen Verfahren gezwungen, um die Zweifel bei deren Auslegung und Anwendung der Übereinkommen auszuräumen[82]; zumeist vergeblich. Die US-amerikanischen Parteien fanden vor US-Gerichten immer wieder einen Weg, um ihre Interessen wirksam durchzusetzen.[83] In Europa reagierte man darauf zum Teil mit neuen gesetzlichen Abwehrmaßnahmen (blocking statutes).[84] Die Hoffnungen, die mit dem Abschluss der Haager Übereinkommen verbunden waren, wurden dadurch allerdings endgültig enttäuscht. Die tiefe Enttäuschung diesseits des Atlantiks gipfelt schließlich in der Worten *Schacks*, der völlig zutreffend analysierte, man habe schlicht „an der falschen Front" gekämpft.[85] Größere Hoffnungen ruhten in den letzten Jahren im Abschluss eines gemeinsamen Gerichtszuständigkeits- und Vollstreckungsübereinkommens. Unter der derzeitigen „Großwetterlage" dürfte aber auch insoweit kaum Aussicht auf einen wirklich „großen Wurf" bestehen.[86]

Schließlich lässt sich aber auch insoweit Eines festhalten: Vom Ausgangspunkt der transatlantischen Rechtsstreitigkeiten her verfestigt sich der Eindruck, nach dem die „Justiz" in der Vergangenheit auf beiden Seiten des Atlantiks nur allzu häufig instrumentalisiert worden ist. Umso wichtiger erscheint es deshalb, die eigentlich treibenden Kräfte und deren Interessen und Verfahrensstrategien zu betrachten.

### 1. US-amerikanische Konkurrenten und die Strategie des „Harassment Value"

Die deutsche wie die US-amerikanische Rechtsordnung gehen von der Vorstellung aus, dass ein Kläger das staatliche Gerichtsverfahren nutzen wird, um eigene Rechtsansprüche feststellen und zwangsweise durchsetzen zu lassen.

Diese Vorstellung des Gesetzgebers wird den Realitäten in so manchen Gerichtsverfahren heute nicht mehr gerecht. Insbesondere Rechtsstreitigkeiten zwi-

---

[82] Vgl. *Heidenberger*, RIW 1986, 489, 491, zu den „amicus curiae"-Schriftsätzen der deutschen und US-Regierung im Fall *In re Anschütz & Co. GmbH*, 754 F.2d 602 (5th Cir. 1985).

[83] Vgl. nur die Entscheidungen des US Supreme Court zum HBÜ in *Société Nationale Industrielle Aérospatiale v. District Court for the Southern District of Iowa*, 482 U.S. 522, 107 S.Ct. 2542, 96 L.Ed.2d 461 (1987), und zum HZÜ in *Volkswagenwerk AG v. Schlunk*, 486 U.S. 694, 700, 108 S.Ct. 2542, 100 L.Ed.2d 722 (1988); dazu auch *Beckmann*, IPRax 1990, 201, 204.

[84] Vgl. *Heidenberger*, RIW 1986, 489 (Fn. 5), mit einer Liste derjenigen Länder, die „blocking statutes" erlassen hatten.

[85] So *Schack*, Einführung, S. 55, *Schlosser*, in Habscheid, Justizkonflikt, S. 112.

[86] Vgl. zu den neueren Entwicklungen *Wagner*, IPRax 2001, 533 ff. Die Bemühungen um Rechtsvereinheitlichung auf diesem Gebiet erlitten insbesondere nach der Ankündigung der USA im Jahre 2000, das schon ausgearbeitete Übereinkommen nicht zu ratifizieren, einen Rückschlag; vgl. *Heß*, IPRax 2000, 342, *v. Mehren*, IPRax 2000, 465.

schen Wirtschaftssubjekten vor US-Gerichten vermitteln nach außen vielfach den Eindruck, dass nicht einmal ein gerichtlicher Titel, geschweige denn die spätere Befriedigung erstrebt wird. Strategisches Ziel von Klagen scheint weniger die Durchsetzung bestehender Rechtspositionen zu sein, als allein mit taktischen Manövern vor den Gerichten und den Augen der Öffentlichkeit zu versuchen, was nicht auf gewöhnlichem Wege mit den Mitteln des Wettbewerbs, auch nicht im Wege der Politik mit den Mitteln der Lobbyarbeit gelingt: Die Verdrängung missliebiger (ausländischer) Konkurrenz vom eigenen Markt.[87]

Um dieses Ziel zu erreichen, wird geklagt. Mit rechtlichen Repressionen wird der Konkurrenz der Marktauftritt weniger attraktiv gemacht. Ursächlich hierfür ist der mit einer gerichtlichen oder behördlichen Auseinandersetzung einhergehende Verschleiß von Zeit und Kapital sowie die Einbuße an vertraulichen Informationen; diese Faktoren beeinträchtigten letztlich in erheblicher Weise die Wettbewerbssituation der Konkurrenz.[88] Schon die Drohung mit einer Klage in den USA kann daher genügen, um insbesondere die ausländische Konkurrenz abzuschrecken und zu einem unvorteilhaften Vergleich bereit zu stimmen.[89] Andernfalls wird die Konkurrenz so lange mit prozessualen Mitteln belästigt, bis dies der Fall ist. Diese bewusste Strategie klagender US-Parteien geißelt man im deutschen Schrifttum schon länger als „nuisance value“ [90]; im Panelverfahren vor der WTO wurde sie von Seiten der EG und Japans sehr treffend als „harassment value“ gebrandmarkt[91].

---

[87] Vgl. *McGee*, 13 Nw.J.Int'l L.&Bus. 491, 546 (1993); *Fragola/Lencki*, 11 St.John's Legal Comment. 523, 529 (1996); *Rushford*, 3 U.C.Davis J.Int'l L.&Pol'y 85, 94 (1997), jeweils unter Hinweis auf den missbräuchlichen Einsatz des Antidumping-Rechts; siehe auch *Deuchler*, AnwBl. 1994, 212, 213, mit anschaulichem, dem vorliegenden stark ähnelnden Fall aus der Praxis.

[88] Vgl. auch *McGee*, 13 Nw.J.Int'lL.&Bus. 491, 546 (1993): „And even if the company is ultimately exonerated, the time, the money and hassle involved in settling a case can bankrupt a small or medium-size company, and can make even a large company think twice about doing business in the American marketplace. [...] Domestic companies are aware of this situation, and sometimes use the antidumping laws to punish foreign competitors or scare them away from the American market." *Fragola/Lencki*, 11 St.John's Legal Comment. 523, 529 (1996): „In particular, during this period [die achtziger Jahre, d.Verf.] the U.S. steel industry routinely diminished foreign competition through the imposition of countervailing duties. Ultimately, the claims which had led to the duty were found to be without merit. While these tariffs were usually rescinded, the delay insured a significant increase in the short term costs of foreign competitors."

[89] Vgl. *Schmid*, Anwalt Heft 7/2001, S. 6, 7.

[90] *Stiefel*, RIW 1979, 509, 518. Das deutsche deutschen Schrifttum verwendet den deutschen Begriff „Lästigkeitswert“ bei vergleichbaren Sachverhalten, vgl. so zum Paralleproblem missbräuchlicher Aktionärsklagen nur *Sosnitza*, NZG 1999, 965; *Bayer*, NJW 2000, 2609, 2614.

[91] Panel Report, para. 3.306, mit Hinweis auf eine Empfehlung US-amerikanischer Anwälte gegenüber ihren Mandanten.

Dass es sich bei dieser Einschätzung jedoch nicht nur um das erwartete „Kampfgeschrei" der betroffenen ausländischen Unternehmen handelt, dürfte schon der Umstand zeigen, dass diese rechtsmissbräuchlichen Taktiken auch in den USA nennenswerten Widerspruch erfahren.[92] Wenn sich selbst US-Richter - der Parteinahme für die ausländische Konkurrenz relativ unverdächtig – gezwungen sehen, einheimischen Unternehmen einen „economic war" gegenüber der verklagten ausländischen Konkurrenz vorzuwerfen[93], so spricht dies für sich. Eine 1988 gemachte Umfrage unter Wirtschaftsteilnehmern in einer US-amerikanischen Großstadt untermauert die These in statistischer Hinsicht. 77 Prozent der Befragten gaben an, das zivilprozessuale Institut der „pretrail discovery" schon einmal als „wirtschaftliche Waffe gegen Konkurrenten" gebraucht zu haben.[94] Um diese Waffe einsetzen zu können, wird geklagt. Die Möglichkeit der „pretrail discovery" wird US-Klägern durch ein privates Klagerecht auf Schadensersatz auch im Kartellrecht und im Antidumping-Recht durch den Antidumping Act 1916 eröffnet.[95]

An sich legale Möglichkeiten, wie die gerichtliche Auseinandersetzung, bilden so verstanden nur die Fortsetzung des Wirtschaftskampfes mit anderen Mitteln. Sie kommen dann zum Einsatz, wenn Unternehmen den Wettbewerbsdruck von innen oder außen nicht mehr aufnehmen wollen oder können und dann nach einer „pseudo"-legalen Abhilfe suchen.[96] Bezeichnenderweise waren die Kläger auch in den hier zugrunde liegenden Fällen[97] in wirtschaftliche Schwierigkeiten geraten und hatten dem starken ausländischen Wettbewerb wenig entgegenzusetzen, mit Ausnahme eben der Initiierung der gerichtlichen und behördlichen Antidumping-Verfahren. Das US-Wirtschaftsrecht mit seinen gerade von Ausländern als drakonisch empfundenen Rechtsfolgen wird von den US-Klägern bewusst taktisch gewählt. Die Kläger pervertieren damit aber selbst dessen an sich anerkennungsfähige Zwecke. US-Gerichte und Behörden werden für fragwürdige Zwecke vor den Karren der Unternehmen gespannt. Es mag ein betroffenes ausländisches Unternehmen insoweit wenig trösten, wenn diese Praxis gelegentlich beißende Kritik aus den

---

[92] Vgl. *McGee*, 13 Nw.J.Int'l L.&Bus. 491, 546 f. (1993) m.w.N.

[93] Vgl. nur Judge *Becker* in *Zenith Radio Corp. v. Matsushita Electric Industrial Co.*, 513 F.Supp. 1100, 1333 (E.D.Pa. 1981): "What the plaintiffs have waged is not just litigation, but also what Judge Higginbotham has referred to as 'economic war.'"

[94] Vgl. *Röhm/Koch*, RIW 1995, 465, 466 (Fn.3); vgl. auch die Einschätzung von *Schwung*, AnwBl. 1993, 436, 437.

[95] 15 U.S.C. §§ 15, 72 (1999).

[96] Zum extraterritorialen Einsatz des Antitrust-Rechtes nach dem Zweiten Weltkrieg *Garvey*, RabelsZ 1987, 401, 413; zum Ruf nach Protektion in Form von Antidumping-Regelungen *Finger*, S. 20.

[97] *Geneva Steel Co. v. Ranger Steel Supply Corp. and Thyssen Inc.*, 980 F.Supp. 1209, 1212 (D. Utah 1997); *Goss Graphic Systems, Inc., v. MAN Roland Druckmaschinen Aktiengesellschaft*, et al., 139 F.Supp.2d 1040 (N.D. Iowa 2001).

Reihen des US-amerikanischen Schrifttums erfährt.[98] Bisher ist jedenfalls nicht überliefert, dass US-amerikanische Unternehmen bspw. wegen bewusst falscher Informationen in einer Antidumping-Petition an das Department of Commerce bestraft wurden.[99]

Ebenso wenig sind Kläger mit rechtsmissbräuchlichen Absichten an der Tür eines US-Gerichtes zu stoppen. Unter deutschen Rechtsvergleichern gilt es heute als ausgemacht, dass gerade das Verfahrensrecht in besonderem Maße zur Einlassungslast ausländischer Beklagter beiträgt.[100] Die ungünstige Verfahrensstellung des Beklagten ist die Kehrseite der Klägerfreundlichkeit des US-Verfahrensrechts. Neben den institutionellen Faktoren, die exorbitante Verdikte bei begrenztem Kostenrisiko zulassen[101], werden folgende Faktoren immer wieder als Ursache genannt: Die weite Gerichtszuständigkeit, die geringen Anforderungen an die Klageschrift, die ausufernde „pretrail discovery" und die unberechenbare Jury. Zudem wird zu Recht das soziale Umfeld, wie ein schwach ausgebildetes Sozialversicherungssystem, die besondere Betonung des Verbraucherschutzes, die starke Kommerzialisierung immaterieller Güter und die hohe Anwaltsdichte als Ursache einer hohen Klagebereitschaft genannt.[102] Die Leichtigkeit des klägerischen Seins lädt einen interessierten Teil der Gesellschaft zur klageweisen Auseinandersetzung förmlich ein. Das Phänomen der sog. „litigious society"[103] wiederum führt zu ernsthaften Problemen, hauptsächlich zu zu langen und zu teuren Prozessen.[104] Im Schatten dieser Entwicklung stehen die Beklagten. Je einfacher, schneller und billiger es für den Kläger ist, eine Klage einzureichen, desto schwerer, langwieriger und teurer wird die Verteidigung des Beklagten.

---

98 Vgl. *Bovard*, S. 3: „U.S. trade law has turned imcompetence into an entitlement, as any lagging American company has a right to seek relief from foreign competition."

99 Vgl. *Bovard*, S. 139. Im Gegenteil, nahezu jede Petition löst auch ein entsprechendes Verfahren aus.

100 Vgl. *Großfeld*, RabelsZ 1975, 5, 13; *Stiefel*, RIW 1979, 509, führt als Erklärungsansatz die „grundverschiedenen Methoden und Mechanismen des amerikanischen und deutschen Prozeßrechts" an, „die viel ungleicher seien als das deutsche und amerikanische materielle Recht".; *Schwung*, AnwBl. 1993, 436; *Schack*, Einführung, S. 1, spricht von einem „Alptraum" für deutsche Unternehmen, in einen Prozess verwickelt zu werden.

101 Oft zitiert, weil treffend formuliert die Passage in *Smith Kline & French Laboratories Ltd. v. Bloch* [1983] 2 All ER 72, 74 (C.A.): Es ist die gute Aussicht des Klägers auf hohe Urteilssummen bei geringem bis gar keinem eigenen (Kosten-)Risiko. Zahlreiche andere Autoren haben sich der Bewertung des englischen Lord-Richters *Denning* angeschlossen, vgl. *Born*, S. 4, 352 f.; *Schack*, IZVR, S. 288 (Rdnr. 735); *ders*, Einführung, S.1; *Stiefel*, RIW 1979, 509, 518; *Koch/Zekoll*, RIW 1985, 837 ff: speziell für Mammutverfahren; *Juncker*, in: Heldrich/Kono, S. 103; *Schwung*, AnwBl. 1993, 436, 437.

102 Vgl. *Schwung*, AnwBl. 1993, 436, 437.

103 Vgl. das gleichnamige Buch von *Liebermann, Jethro*, New York 1981.

104 Vgl. *Murray*, ZZPInt 3, 319, 321 (1998).

Ein heute nicht mehr zu unterschätzender Aspekt derartiger Rechtsstreitigkeiten ist die negative Öffentlichkeitswirkung. Denn noch stärker als durch die eigentliche Verurteilung im richterlichen Urteil werden beklagte Unternehmen heute von der Vorverurteilung in der Medienöffentlichkeit getroffen. Das öffentliche Ansehen, das Image, ist in zunehmenden Maße „die" offene Flanke der beklagten Unternehmen.[105] Dieser Umstand wird begünstigt durch die verstärkte öffentliche Wahrnehmung gerichtlicher Auseinandersetzungen, zumal dann, wenn große ausländische Unternehmen verklagt sind. Deshalb können es sich Exportunternehmen, die auf dem US-amerikanischen Markt agieren, heute nicht mehr leisten, die wirtschaftlich erheblichen Konsequenzen von Rechtsstreitigkeiten zu negieren.[106] Wie schädigend in diesem Sinne allein die vage Aussicht einer Verurteilung sein kann, mussten gerade deutsche Unternehmen in jüngster Zeit am „eigenen Leib" schmerzhaft erfahren.[107] In besonderen Maße sind börsennotierte Unternehmen durch eine „negative publicity" betroffen. Mit jeder negativen Schlagzeile wird ein betroffenes Unternehmen billiger. Erst einmal an den internationalen Kapitalmärkten „sturmreif geschossen", ist ein solches Unternehmen ein besonders begehrter Kandidat für Übernahmen durch die Konkurrenten. Das wissen diese auch; und sie nutzen offenbar diese Erkenntnis.[108]

### 2. US-amerikanische Klägeranwälte und die Praxis der „Shotgun Complaints"

Unter „shotgun complaints" werden in der US-amerikanischen Rechtsprechung[109] und im Schrifttum[110] Klagen verstanden, die trotz ihrer Haltlosigkeit in der

---

105 Treffend *Schwelien*, Die Zeit, Nr. 35 (23.08.2001), S. 2, im Internet: http://www.zeit.de-/2001/35/Politik/200135_witti.html (15.03.2003): „Schlimmer noch als die höchsten punitive damages trifft einen Konzern der Imageverlust, der Vertrauensschwund beim Konsumenten und der unausweichliche Kursverfall auf dem Aktienmarkt.".

106 Vgl. *Heidenberger*, RIW 1997, 464.

107 Insb. das Chemie- und Pharmaunternehmen Bayer mit dem „Lipobay-Skandal"; vgl. Handelsblatt.com, (15.08.2001): „(dpa) Erste US-Klagen gegen Bayer belasten Aktie", im Internet: http://www.handelsblatt.com (15.03.2003).

108 Vgl. *Hofritz*, Die Zeit, Nr. 35 (23.08.2001), S. 16: Im Fall Bayer wurde die nicht unbegründete Vermutung angestellt, Konkurrenten könnten den Anstoß für das Verfahren in den USA gegeben haben. Im Internet: http://www.zeit.de/2001/35/Wirtschaft/200135_blockbuster-risi.html (15.03.2003).

109 *Byrne v. Nezhat*, 261 F.3d 1075, 1129 (11th Cir. 2001): „[W]e have labeled pleadings such as [the plaintiff's, der Verf.] complaints [...] *'shotgun' pleadings*. Magluta v. Samples, 256 F.3d 1282 (11th Cir.2001); Ebrahimi v. City of Huntsville Bd. of Educ., 114 F.3d 162 (11th Cir.1997) (per curiam); Cesnik v. Edgewood Baptist Church, 88 F.3d 902 (11th Cir.1996); Anderson v. Dist. Bd. of Trustees of Cent. Fla. Community College, 77 F.3d 364 (11th Cir.1996); Pelletier v. Zweifel, 921 F.2d 1465 (11th Cir.1991); Fullman v. Graddick, 739 F.2d 553 (11th Cir.1984)."

leider begründeten Hoffnung erhoben werden, die Beweisaufnahme vor der Hauptverhandlung (pretrail discovery) werde schon genügend belastendes Material zu Tage fördern oder wenigstens zu einem Vergleich führen. Ein US-Bundesgericht umschrieb die Verfahrenstaktik der Kläger(anwälte) in diesem Sinne einmal so:

> „These attorneys followed the outmoded practice of *shotgunning a complaint* aimed at numerous defendants in the hope that something would turn up to hold them in, or at least that a settlement could be extracted as a price for letting them out. This practice, I regret to note, is still all too common. Attorneys must learn that is now forbidden by Rule 11 and they must eliminate it from their repertoire of litigation strategies."[111] (Hervorhebung d. Verf.)

Nun darf man nicht glauben, derartige Klagepraktiken fänden sich heute nur noch unter der Rubrik „Anekdoten" in Rechtsgeschichtslehrbüchern. Entgegen einer verbreiteten Meinung selbst unter den US-Gerichten gehören „shotgun complaints" noch immer zum Repertoire der Klägeranwälte. Dass das Vorgehen der Klägeranwälte im vorliegenden Fall[112] keine Ausnahme ist, zeigt anschaulich der erst kürzlich vor dem Court of Appeals (11th Cir.) entschiedene Fall, *Byrne v. Nezhat*[113]. Die Begründung des Gerichts in diesem ganz ähnlich gelagerten Fall gibt einen tiefen Einblick in die gegenwärtige Praxis des US-amerikanischen Verfahrensrechts.

In *Byrne v. Nezhat* hatte der Court of Appeals über die Rechtmäßigkeit gerichtlicher Sanktionen gegenüber der Klägerin und deren Prozessvertreter wegen rechtsmissbräuchlichen Prozessverhaltens zu entscheiden. Dem Rechtsstreit lag eigentlich ein einfacher Fall einer angeblichen medizinischen Fehlbehandlung (medical malpractice), der ursprünglich vor einem einzelstaatlichen Gericht eingereicht (1991) und verhandelt wurde.[114] Nachdem die Klägerin jedoch ihren Anwalt gewechselt hatte, zog dieser die ursprüngliche Klage zurück und reichte sie im Januar 1996 erheblich erweitert[115] vor einem Bundesgericht[116] gegen die behandelnden Ärzte und deren Arbeitgeber, ein in der Rechtsform einer „corporation" betriebe-

---

110 Vgl. *Joseph*, S. 225 (§ 13 (C)), der insoweit auch von „expeditionary complaints" spricht.

111 *Yancy v. Caroll County*, 674 F.Supp. 572, 579 (E.D.Ky. 1987).

112 *Goss Graphic Systems, Inc., v. MAN Roland Druckmaschinen Aktiengesellschaft*, et al., 139 F.Supp.2d 1040 (N.D. Iowa 2001).

113 *Byrne v. Nezhat*, 261 F.3d 1075 (11th Cir. 2001).

114 261 F.3d 1075, 1084 (11th Cir. 2001).

115 261 F.3d 1075, 1092 (11th Cir. 2001): Über den behaupteten Anspruch wegen „medical malpractice" hinaus wurde die Klage auf insgesamt 9 allesamt haltlose Anspruchsgrundlagen über 78 Seiten und 299 Paragraphen ausgedehnt.

116 Grund für eine solche Form des „forum shopping" sind häufig die gegenüber dem einzelstaatlichen Verfahrensrecht liberaleren, d.h. günstigeren Federal Rules, insbesondere die „pleading"- und die „discovery"-Bestimmungen.

nes Krankenhaus, neu ein.[117] Der Hauptvorwurf lautete nun auf die Verletzung einzelstaatlichen und bundesrechtlichen RICO-Rechts (Racketeer Influenced and Corrupt Organizations Act[118]): Die behandelnden Ärzte hätten eine kriminelle Vereinigung („criminal enterprise") gebildet und in einem Muster verbrecherischer Aktivitäten („in a pattern of racketeering activity") gehandelt.[119] Die RICO-Gesetze sehen dafür neben gravierenden Strafen[120] einen Dreifachschadensersatzanspruch für den Kläger vor.[121] In diesem Verfahren zeigte sich, dass die erweiterte Klage – von dem ursprünglichen Teil einmal abgesehen – tatsächlich wie rechtlich absolut haltlos war, was der klägerische Prozessvertreter gewusst hatte oder doch zumindest hätte wissen müssen; gleichwohl betrieb er das Verfahren.[122]

Der Court of Appeals widmete sich im Schlussurteil den Ursachen und Hintergründen dieses Verhaltens. Nach seiner Ansicht bestand die gesamte Taktik der Klägeranwälte darin, den Beklagten einen Vergleich abzupressen. Der Court of Appeals warf dabei die Frage auf, die wohl auch jeden ausländischen Juristen in Anbetracht eines derartigen US-amerikanischen Prozesses sofort in den Sinn kommt: „Wie konnte es nur so lange (3 ½ Jahre!) dauern, bis ein solcher Fall zu den Akten gelegt werden konnte?"[123] In einer selbst für US-amerikanische Entscheidungen ungewöhnlichen Form setzte das Gericht zu einer Erklärung an (die wohl als deutliche Mahnung an die Erstinstanzen gedacht war): Das erstinstanzliche Gericht habe die Klage, trotz ihres – gelinde gesagt – vagen und mehrdeutigen Inhalts nicht etwa zurückgewiesen, sondern einfach laufen lassen; die „shotgun

---

117 261 F.3d 1075, 1091 (11th Cir. 2001).

118 Georgia: O.C.G.A. § 16-5-23; Bundesrecht: 18 U.S.C. §§ 1961 ff. Die Gesetze dienen der Bekämpfung des organisierten Verbrechens.

119 261 F.3d 1075, 1087 f. (11th Cir. 2001): U.a. Abgabe falscher Äußerungen in medizischen Fachzeitschriften, Behandlung ohne gültige Einwilligung und mit illegalen Arzneimitteln, falsche Abrechnung. Die Phrasen stammen direkt aus dem RICO Act selbst (18 U.S.C. § 1961). Zur Entstehungsgeschichte im deutschen Schrifttum ausführlich *Merkt*, S. 97 ff.

120 18 U.S.C § 1963 ("Criminal penalties"); 18 U.S.C. § 1964 ("Civil remedies").

121 Zu „RICO treble damages" *Merkt*, S. 106 ff.

122 261 F.3d 1075, 1115 ff. (11th Cir. 2001).

123 261 F.3d 1075, 1128 (11th Cir. 2001): „The plaintiff's new lawyers were determined that the defendants would either settle or suffer professional ruin. They used every tool they could conceive of to extort settlement: going to the press, the United States Attorney, and even the FBI. The defendants refused to cave in. The case dragged on for three and a half years ending in the dismissal of the plaintiff's claims -including her malpractice claim- and the imposition of close to $400,000 in monetary sanctions against the plaintiff and one of her lawyers. *One must ask, "how could it take so long and cost so much to dispose of such a case?"* (Hervorhebung d. Verf.).

complaints" führten dann aber – wie in der Regel – zu neuen, enorm langen und teuren Rechtsstreitigkeiten im „discovery"-Stadium („satellite litigation").[124]

Der Court of Appeals fuhr mit der Feststellung fort, viele Erstrichter sähen solchen Klagen tatenlos zu. Dies habe zwei Gründe: Zum einen trügen diese sich in der Hoffnung, der Fall würde sich auch so irgendwann vergleichsweise erledigen (was empirisch belegt ist); zum anderen würde sich durch eine spätere Einmischung ein Großteil der von den Parteien schon durchgeführten Beweisermittlung erledigen und der Richter sich zumindest implizit eingestehen, anfänglich falsch entschieden und zu den Kosten beigetragen zu haben. Folglich ist es (psychologisch) unwahrscheinlich, dass sich ein Richter stärker engagiert und solche Klagen effektiv unterbindet (mit den bekannten Folgen).[125] Die Motive der Klägeranwälte konnte sich das Gericht nur so erklären: Mit der Einreichung selbst haltloser Klagen sollen Vergleiche erpresst und daraus finanziell Profit geschlagen werden.[126] Bei zivilrecht-

---

[124] 261 F.3d 1075, 1128 (11th Cir. 2001): „To say that the allegations of the complaint were vague and ambiguous - leaving the reader to guess at precisely what the plaintiff was claiming - is an understatement. [...] Nonetheless, the district court treated Manov's [die Klägerin, d. Verf.] complaint as having stated, in each count, a claim for relief. [...]"; 261 F.3d 1075, 1129 (11th Cir. 2001): „We have labelled pleadings such as Manov's complaints and the defendants' answers *'shotgun' pleadings.* [...] Unless the court requires a repleader - under Rule 12(e) or on its own initiative - a shotgun complaint leads to a shotgun answer. Where, as here, each count incorporates every antecedent allegation by reference, the defendant's affirmative defenses are not likely to respond to a particular cause of action but, instead, to the complaint as a whole. Such disjointed pleadings make it difficult, if not impossible, to set the boundaries for discovery. *Hence, discovery disputes are inevitable.* [...] *Resolving them can be time consuming.* If the court does not intervene and require the parties to narrow the issues, the discovery disputes continue unabated – until a motion for summary judgment or a pretrial conference brings them to a halt." (Hervorhebung d. Verf.).

[125] 261 F.3d 1075, 1130 (11th Cir. 2001): „Unfortunately, *many district judges opt to do nothing;* they simply let the case proceed to trial on the pleadings as they stand. They do so for two reasons. First, given a day-certain trial date, the case may settle. Second, narrowing the issues by effectively rearranging the pleadings in the style required by Rules 8 and 10, and then striking the insufficient claims and defenses, may render superfluous much of the parties' discovery. If that happens, the judge is effectively reversing his earlier, albeit tacit, position that the pleadings were legally sufficient, and saying to the parties: 'You have needlessly expended time and money, and I allowed it.' Consequently, it is unlikely that the issues will be narrowed to the point that only the meritorious claims and defenses remain. If the case does not settle, it proceeds to trial with the issues unnarrowed. There, the potential for error – and an unjust result and a subsequent appeal – is considerable." (Hervorhebung d. Verf.).

[126] 261 F.3d 1075, 1130 (11th Cir. 2001): „Litigating a case framed by shotgun pleadings obviously harms one or both of the parties. [...] Why, then, would a lawyer engage in shotgun pleading? Plaintiffs file shotgun complaints and include frivolous claims to extort the settlement of a meritorious claim; *worse yet, they file shotgun complaints to extort the settlement of unmeritorious claims, as demonstrated in this case.* Extortion cuts both ways. Depending on his financial resources, a defendant may use a shotgun answer to obtain a settlement that waters down a meritorious claim. In either situation, the extorted settlement provides a financial benefit to the "prevailing" party and a

lichen Klagen, die sich auf ein Gesetz stützen, das für ein und dieselbe Handlung sowohl strafrechtliche Sanktionen wie auch zivilrechtliche Dreifachschadensersatzklagen vorsieht, scheint eine Erpressung offenbar besonders einfach und besonders wirkungsvoll zu sein. Der Antidumping Act 1916 steht hier dem RICO Act in nichts nach.

Fälle wie der vor dem Court of Appeals sind auch nicht mehr auf das Inland beschränkt. In transatlantischen Rechtsstreitigkeiten nehmen die US-Klägeranwälte eine dominierende und heute nicht mehr zu unterschätzende Rolle ein. Zu Recht wurde im deutschen Schrifttum auf deren „gewaltige Berufsgruppenenergie“[127] hingewiesen. Schon in den den eigentlichen Verfahren zumeist vorgelagerten Pressekonferenzen wird die öffentliche Diskussion mit immer neuen Rekordforderungen angeheizt. Die angeheizte öffentliche Stimmung trifft, und hier wird es problematisch, potentielle Beklagten, die sich öffentlich mit nicht unbeträchtlichen Auswirkungen angeprangert sehen. Ganz selbstlos ist die mediengerechte Inszenierung juristischer Auseinandersetzungen dabei natürlich nicht. Eine starke Vorverurteilung nützt vor allem den Zielen der Klägeranwälte. Mit der Höhe der erstrittenen Summen steigen schließlich die nach US-amerikanischen Kostenrecht zulässigen Erfolgshonorare der Klägeranwälte. Das US- Kostenrecht wird deshalb nicht zu Unrecht als eine der wichtigsten Entwicklungsbedingungen für das Problem der „litigation economics“ bezeichnet.[128] Überzogene Forderungen gepaart mit der besonders kostenträchtigen „pretrail discovery“ scheinen „Heerscharen von Anwälten“[129], einen ganzen Berufsstand, zu nähren und müssen dies der gestiegenen Anwaltszulassungen wegen auch weiterhin tun. Am Bug der mächtigen und einflussreichen Berufsgruppenlobby ist in den USA schon manche Reformwelle zur Beseitigung offenkundiger Missstände gebrochen worden.

---

windfall in the form of fees for the "prevailing" lawyer. [...]"; 261 F.3d 1075, 1088 f. (11th Cir. 2001), unter Zitierung des einzelstaatlichen Gerichts im Parallelverfahren: „He [der klägerische Anwalt, d. Verf.] communicated with defense counsel ‘in a cavalier and ‘half-cocked’ manner in an effort to bully the Defendants into a quick and favourable settlement.’[...] As part of his bullying tactics, he ‘threatened criminical prosecutions to gain civil advantage; threatended to use the media as a sounding board in order to gain a civil advantage;[...] ...engaged in activities to subvert justice; ... [and] threatened to be the causing agent to send some of the Defendants [i.e. the Nezhats] back to their home country.’" Wenn man die Erläuterungen dazu in den Fußnoten liest, erscheint es nahezu unglaublich, mit welcher Unverfrorenheit der Klägeranwalt vorging.

127 Vgl. *Juncker*, RIW 1987, 1, 3; diesen „soziologischen“ Faktor betont auch *Hirte*, NJW 2002, 345, 346; *Koch/Zekoll*, RIW 1985, 837, 838, insb. in komplexen Produkthaftungs- und Kartellklagen.

128 Vgl. *Juncker*, RIW 1987, 1, 3.

129 Dazu *Martens*, RIW 1981, 725, 727.

Geklagt wird schließlich in den USA. Dort befinden sich die bevorzugten Bühnen für die gerichtliche Inszenierung von Streitigkeiten.[130] Es ist nicht nur das allseits zu beobachtende „Heimwärtsstreben" zum wohlvertrauten heimischen Recht.[131] Es sind handfestere Gründe, wie das attraktive Recht für Kläger und das ideale Betätigungsfeld für Anwälte.[132] Für diese ertönt aus den USA – frei nach *Jack London* – der Lockruf des Geldes in Gestalt exorbitanter Schadensersatz- und Vergleichssummen.

## 3. Deutsche Exportunternehmen und die Situation der „Deep Pocket Defendants"

Nach eigener Einschätzung des BDI sind die USA „der wichtigste Wirtschaftspartner und der größte Absatzmarkt für deutsche Produkte außerhalb der EU".[133] Die Handelsbilanz spricht eine deutliche Sprache: Im Jahr 2000 gingen 14 Prozent der deutschen Exporte nach Amerika.[134] Das Interesse deutscher Unternehmen am kaufkräftigen US-amerikanischen Markt ist ungebrochen.

Mit der wirtschaftlichen Betätigung auf dem US-amerikanischen Markt bieten Exportunternehmen eine besonders geeignete Angriffsfläche für juristische Manöver. Die auszubeutenden Goldminen sind – um im Bilde zu bleiben – allzu oft deutsche Exportunternehmen. Schon 1986 hat *Juncker*[135] zutreffend angemerkt, dass sich die Liste der Beklagten in transatlantischen Rechtsstreitigkeiten wie das „Who is who" der deutschen Exportwirtschaft liest. Manche Klägeranwälte betonen denn auch freimütig[136], dass sich nur mit zahlungskräftigen Beklagten – den

---

130 Bestens bekannt und beständig zitiert findet sich der Ausspruch des englischen Lord-Richters *Denning* in *Smith Kline & French Laboratories Ltd. v. Bloch* [1983] 2 All ER 72, 74 (C.A.): „As a moth is drawn to the light, so is a litigant drawn to the United States"; *Stiefel*, RIW 1979, 509, 517, bezeichnet die USA als „Prozessmagnet"; siehe auch den Beitrag „Amerikas Justiz richtet gern über Auslandsfirmen", FAZ, 19.03.2003, Nr. 66, S. 23.

131 Vgl. zu dieser nicht nur auf Deutschland beschränkten Tendenz, zur Anwendung des heimischen Rechts (*lex fori*) zu gelangen, *Kropholler*, IPR, S. 42 (§ 7 I).

132 Vgl. *Schwelien*, Die Zeit, Nr. 35 (23.08.2001), S. 2: „So wie die Konzerne sich die günstigsten Standorte auf dem Globus aussuchen, so verklagen sie die internationalen Anwaltsgemeinschaften dort, wo sie die g[r]ößten Aussichten auf Erfolg wittern.", im Internet: http://www.zeit.de/2001/35/Politik/200135_witti.html (15.03.2003); FAZ, 19.03.2003, Nr. 66, S. 23, unter Hinweis auf einen Vortrag von *Schütze* vor der Juristischen Studiengesellschaft in Berlin.

133 Deutschland und die USA – Partner für das 21. Jahrhundert, BDI-Position zu den wichtigen Themen der transatlantischen Wirtschaftsbeziehungen, Mai 2001, S. 3, im Internet: http://www.ixpos.de (15.03.2003).

134 Statistisches Bundesamt, Wirtschaft und Statistik, Heft 9/2001, S. 756.

135 Vgl. *Juncker*, IPRax, 1986, 197.

136 Vgl. *von Hülsen*, RIW 1982, 225, 227, mit bezeichnendem Beispiel.

sog. „deep pocket defendants" – ein solches Spiel lohnt.[137] Deshalb mag es auch kaum verwundern, dass sich die überwiegende Mehrzahl der Schadensersatzklagen gegen große und finanzstarke Unternehmen richtet.[138] Die enorm starke wirtschaftliche Betätigung deutscher Unternehmen auf dem US-amerikanischen Markt und die Verwicklung in teure Rechtsstreitigkeiten sind nicht voneinander zu trennen.

Das Interesse deutscher Exportunternehmen, ruinösen Rechtsstreitigkeiten in den USA zu entgehen, ist verständlich, vor allem wenn man bedenkt, dass sich wohl kaum alle Risiken versichern lassen.[139] Der Angriff auf die Klagezustellung in Deutschland wird so häufig als der letzte Rettungsanker begriffen.[140] Strategisch gesehen soll die wirksame Einbeziehung in den US-Schadensersatzprozess verhindert und die ungünstige(re) Verfahrensstellung als Beklagtenpartei im US-Prozess vermieden werden: Vor deutschen Gerichten und auf der Grundlage des deutschen Verfahrensrechts (§§ 253 Abs. 1, 261 Abs. 1 ZPO) würde eine Klage ohne wirksame Zustellung an den Beklagten nicht rechtshängig werden und ohne eine rechtshängige Klage gäbe es kein Prozessrechtsverhältnis. Bei Klagen vor US-Gerichten scheint die Rechtslage hingegen weit weniger klar. Die wohl herrschende Auffassung im deutschen rechtsvergleichenden Schrifttum bezweifelt die Notwendigkeit einer wirksamen Klagezustellung in Deutschland für eine wirksame Einbeziehung in das US-Verfahren. Vielfach wird auf die Möglichkeit von Ersatzzustellungen in den USA hingewiesen; weil diese jedoch hinsichtlich des rechtlichen Gehörs regelmäßig ungünstiger sind, wird von zeit- und kostenintensiven Angriffen auf die Zustellung der Klage in Deutschland abgeraten.[141] Der Tragfähigkeit dieser Argumentation wird nachzugehen sein.

Ein weiteres strategisches Ziel könnte besteht möglicherweise auch darin, dem US-Kläger so viele Schwierigkeiten wie möglich zu bereiten.[142] Abgesehen davon, dass auch die Verhinderung der Klagezustellung nur Sinn macht, wenn der Aufwand im Rechtshilfeverfahren den Nutzen im eigentlichen Klageverfahren nicht übersteigt, birgt diese Verfahrenstaktik auch erhebliche Gefahren. So begibt sich ein ausländischer Beklagter, der sich eigentlich vor verfahrenstaktischen Missbräu-

---

137 Zum Zusammenhang der finanziellen Verhältnisse des Beklagten und der Bemessung von „punitive damages", der sog. „deep pockets doctrine", *Merkt,* S. 80 ff.

138 Zur Beziehung von Außenhandel und Prozessrisiko in den USA *Juncker,* IPRax, 1986, 197; *ders.,* RIW 1987, 1, 4; mit Statistik über Passivprozesse (Rechtshilfeersuchen) aus den Jahren 1984 – 1990 *Schwung,* AnwBl. 1993, 436, 437.

139 Vgl. zur Entwicklung der Schadensersatzurteile in den USA den Beitrag von *Hirte/Otte/Willamowski,* VersR 2002, 678, 679 f.

140 Vgl. auch die Einschätzung von *Hau,* ZZPInt 6, 249 (2001).

141 Diese Argumentation hat sich das BVerfGE 91, 335, 341, zu Eigen gemacht; a.A. wohl *Merkt,* S. 174 f.

142 Zu einer derartigen Strategie *Schwung,* AnwBl. 1993, 436, 437.

chen des US-Klägers in einem US-Prozess schützen will, prozesstaktisch auf dünnes Eis, wenn er mit zweifelhaften Mitteln zurück schlägt. Gerade vor US-Gerichten wird er es sich gut überlegen, ob er den Eindruck eines missbräuchlichen Prozessverhaltens erwecken will. Eine Verfahrensobstruktion kann gravierende Auswirkungen auf die eigene Rechtsstellung haben.

## B. Das rechtliche Problem: Verkürzung des Rechtsschutzes von beklagten Unternehmen im zwischenstaatlichen Rechtsverkehr?

Der Fall der Antidumping-Schadensersatzklagen deutet auf ein Rechtsschutzdilemma für die betroffenen Unternehmen hin. Speziell die betroffenen deutschen Unternehmen werden das Rechtsschutzdilemma vor allem darin begründet sehen, dass weder die US-amerikanischen Gerichte auf der einen noch die deutschen Justizbehörden auf der anderen Seite derartigen Klagen Einhalt gebieten.

Die Fakten lassen auf eine erhebliche Diskrepanz zu dem Rechtszustand schließen, den die betroffenen Unternehmen bei ihrer wirtschaftlichen Betätigung in den USA erwarten und erwarten können. An erster Stelle ist hier die Wirkung der Völkerrechtswidrigkeit (hier: WTO-Recht) der Klagen zu nennen. Darüber hinaus weckt aber auch der gezielte Einsatz des Klageverfahrens für rechtsfremde Zwecke und die drohende, nicht von vornherein auszuschließende Beeinträchtigung von Individualrechten der beklagten Unternehmen rechtlich betrachtet erhebliche Bedenken.

### I. Unvereinbarkeit der gesetzlichen Grundlage und des Klageverfahrens mit dem Völkervertragrecht der WTO

Die Rechtsgrundlage der Klage, der Antidumping Act 1916, ist nicht mit dem anwendbaren Völkervertragsrecht der Welthandelsorganisation (WTO) vereinbar. Gleiches muss, wie noch zu zeigen sein wird, für die konkrete Rechtsanwendung im Klageverfahren gelten, auch wenn diese nicht den Gegenstand des WTO-Panelverfahrens bildete.

Ungeachtet der festgestellten Völkerrechtswidrigkeit ist der Antidumping Act 1916 noch immer geltendes Recht. Die USA sind bisher weder ihrer allgemeinen Verpflichtung als Mitglied der WTO, ihr innerstaatliches Recht mit den Bestimmungen des WTO- Übereinkommens und der weiteren Handelsübereinkommen in Einklang zu bringen (Art. XVI:4 WTO-Übereinkommen), noch ihrer speziellen Verpflichtung, den Empfehlungen des DSB Rechnung zu tragen (Art. 21 DSU), nachgekommen. Der völkerrechtswidrige Zustand wird sogar noch dadurch zementiert, dass US-amerikanische Kläger noch immer auf der Grundlage des Antidumping Act 1916 klagen können. In Anbetracht der Tatsache, dass der US-amerikanische Gesetzgeber bisher zu keiner Abhilfe imstande war, haben die beklagten Unternehmen ein verständliches Interesse daran, in einem anhängigen Gerichtsverfahren vor derartig völkerrechtswidrigen Klagen geschützt zu werden. Die Haltung des zuständigen US-Bundesgerichtes im vorliegenden Fall lässt jedoch darauf schließen, dass im US-amerikanischen Recht ein solcher Schutz nicht vorgesehen ist. Deshalb wird noch zu klären sein, inwieweit sich die betroffenen Unternehmen direkt vor den US-Gerichten auf die Unvereinbarkeit mit den Bestimmungen des WTO-Übereinkommens berufen können.

Auf der anderen Seite sahen sich auch die deutschen Justizbehörden und Gerichte nicht imstande, die WTO-/GATT-Widrigkeit zum Anlass zu nehmen, um im Rechtshilfeverfahren ihre Mitwirkung zu verweigern. Das OLG Frankfurt merkte u.a. an:

> „Solange die USA innerhalb der ihnen zugebilligten oder zuzubilligenden Fristen an der Umsetzung des Entscheids arbeiten, kann nicht unterstellt werden, dass der Vertrauensvorschuss für das ausländische Gerichtsverfahren, der in der Gewährung von Rechtshilfe in Form der Zustellung zum Ausdruck kommt, nicht gerechtfertigt ist."[143]

Das trifft aber nicht den eigentlichen Kern des Problems. Die Frage wird anders zu formulieren sein. Entscheidend wird sein und dies bliebe zu untersuchen, ob die deutschen Justizbehörden die Pflichtverletzung der USA und den damit einhergehenden völkerrechtswidrigen Zustand bei ihrer Entscheidung über die Gewährung von Rechtshilfe zum Anlass nehmen können, die staatsvertraglich geschuldete Rechtshilfe zu verweigern. Mit anderen Worten, die Verletzung von Pflichten aus dem WTO-Übereinkommen seitens der USA müsste zu einem „Leistungsverweigerungsrecht" der BR Deutschland im Rahmen des HZÜ führen.

## II. Rechtsmissbräuchlichkeit des Klageverfahrens

Eine Zusammenschau der im Zeitpunkt der Klagezustellung erkennbaren Tatsachen deutete im vorliegenden Fall darauf hin, dass die US-Klägerin ein (noch) formal bestehendes privates Klagerecht ausnutzte, um rechtsfremde Zwecke zu verfolgen.

Dass es der Klägerin nicht um die Durchsetzung der Zwecke eines antiquierten Gesetzes gehen konnte, erschließt sich dem unbefangenen Betrachter schon aus der objektiven Sach- und Rechtslage. Die Erfolgsaussichten einer Antidumping-Schadensersatzklage sind praktisch gleich Null. Heute existiert das private Klagerecht faktisch nur noch „auf dem Papier". Im Übrigen sieht man dies auch in den USA nicht anders. Der Antidumping Act 1916 wird im US-amerikanischen Schrift-

---

[143] OLG Frankfurt, RIW 2001, 464, 467; vgl. auch OLG München, Beschl. v. 12.07.2000 (9 VA 3/00) (unveröffentlicht): Die Klagen müssten nicht notwendig verfassungswidrig sein oder die Sicherheit und Ordnung des Inlands gefährden, „selbst wenn sie gegen Völkervertragsrecht (hier: GATT) verstoßen sollten."

tum als „virtually a dead letter" eingestuft.[144] Der Grund liegt in den hohen Anforderungen des Gesetzes, die nahezu unmöglich zu erfüllen sind.[145] So findet sich in mehr als 85 Jahren auch nicht ein einziger Fall berichtet, in dem es einem Kläger gelang, mit einem entsprechenden Klagebegehren zu obsiegen. Hinzu kommt, dass aufgrund der festgestellten WTO-Widrigkeit des Antidumping Act 1916 an sich mit dessen Aufhebung gerechnet werden musste (zumindest wenn man vernünftigerweise davon ausgeht, dass auch die USA völkerrechtliche Verpflichtungen zu erfüllen bereit sind). Ein vernünftig abwägender Kläger konnte bei einer solchen Rechtslage nicht auf einen Sieg in der Hauptsache hoffen.

Das Ziel der Klage musste mithin ein anderes sein. Auch der Klägerin in diesem Verfahren schien es augenscheinlich darum zu gehen, die Konkurrenz in ein Schadensersatzverfahren zu verwickeln und dort angekommen, diese mit verfahrenstaktischen Mitteln zu belästigen, um unter der Last des gerichtlichen Verfahrens dieser Vergleiche abzunötigen bzw. in sonstiger Weise zu schaden. Letztlich schien dieses fragwürdige Gebaren dem Fernziel zu dienen, die eigene Wettbewerbsstellung auf Kosten der Konkurrenten auf dem US-amerikanischen Markt zu verbessern.

Ein Verfahren, bei dem sich ein privater Kläger eines staatlichen Gerichtsverfahrens zur Verfolgung rechtsfremder Zwecke zum Schaden des Beklagten bedienen kann und auch tatsächlich bedient, muss nicht nur beim deutschen Betrachter auf grundlegende rechtliche Bedenken stoßen:

Nach deutschem Rechtsverständnis ist es die Aufgabe des Zivilrechts, „Interessenkonflikte zwischen rechtlich gleichgeordneten Rechtssubjekten sachgerecht zu lösen [...] Die Verwirklichung dieses Ziels soll durch das Verfahrensrecht ermöglicht werden. Es dient der Herbeiführung gesetzmäßiger und unter diesem Gesichtspunkt richtiger und im Rahmen dieser Richtigkeit gerechter Entscheidungen [...]."[146] Dieser Rechtsidee widerspricht die unzulässige Rechtsausübung, die im deutschen Recht folglich allgemein verboten ist (*exceptio doli praesentis*). Dabei erfasst das Verbot tatbestandlich u.a. die Fälle, in denen der Rechtsausübung kein schutzwürdiges Eigeninteresse zugrunde liegt, insbesondere in denen sie nur „als Vorwand für die Erreichung [...] unlauterer Zwecke dient".[147] Unlauter in diesem Sinne ist einmal die schikanöse Rechtsausübung, d.h. „die Ausübung eines Rechts [...], wenn sie nur den Zweck haben kann, einem anderen Schaden zuzufügen" (vgl. nur § 226 BGB). Als allgemeiner Grundsatz der deutschen Rechtsordnung gilt das

---

144 Allg. Meinung, vgl. *Ehrenhaft*, SF24 ALI-ABA 203, 208 (2000); *Bhala/Gantz*, 18 Ariz.J.Int'l&Comp.L. 1, 52 (2001): „neither important nor modern".

145 Vgl. nur die von der US-Regierung im Streitschlichtungsverfahren vor der WTO vertretene Rechtsauffassung, Panel Report, para. 3.302: „virtually impossible".

146 BVerfGE 52, 131, 153 (tragende Auffassung), verweist auf E 30, 173, 199; 42, 64, 73.

147 Vgl. Palandt/*Heinrichs*, § 242 BGB Rdnr. 50; Münch-Komm/*Roth*, § 242 BGB Rdnr. 380.

Schikaneverbot für alle Rechtsgebiete einschließlich des Zivilprozessrechts.[148]. So hat die Rechtsprechung bspw. die Verfolgung von Wettbewerbsverstößen in einer Weise, die Prozesskosten und Vertragsstrafen gezielt akkumuliert, um den Gegner zu ruinieren, als rechtsmissbräuchlich angesehen.[149]

Die Rechtsausübung ist darüber hinaus aber auch dann unzulässig, wenn der Rechtsausübende nur noch formal vorschützt, die Zwecke zu verfolgen, zu deren Verfolgung ihm die (Klage-)Befugnis verliehen worden ist.[150] In diesem Sinne hat die deutsche Rechtsprechung bspw. die Anfechtungsklage eines Aktionärs als unzulässige Rechtsausübung angesehen, „wenn der Kläger Anfechtungsklage mit dem Ziel erhebt, die verklagte Gesellschaft in grob eigennütziger Weise zu einer Leistung zu veranlassen, auf die er keinen Anspruch hat und billigerweise auch nicht erheben kann."[151] In dem vom Bundesgerichtshof entschiedenen Fall hatte der Kläger versucht, sich seine Anfechtungsbefugnis im Hinblick auf das rechtshängige Verfahren von der beklagten Gesellschaft „abkaufen" zu lassen; dabei war er wie allgemein von der Vorstellung ausgegangen, „die verklagte Gesellschaft werde die Leistung erbringen, weil sie hoffe, dass der Eintritt anfechtungsbedingter Nachteile und Schäden dadurch vermieden oder zumindest gering gehalten werden könne".[152]

Auch die US-amerikanische Rechtsordnung akzeptiert keinen Rechtsmissbrauch, wie allein die beständigen Reformen des US-amerikanischen Zivilprozessrechts der letzten Jahre zu dessen Eindämmung belegen.[153] Dennoch machte das angerufene US-Bundesgericht im vorliegenden Fall den Klagen kein kurzes Ende. Die Haltung des Gerichts bestätigt die bereits angedeutete Tendenz und das rechtstatsächliche Problem substanzloser bzw. rechtmissbräuchlicher Klagen (frivolous claims) in den USA: Trotz beständiger Reformen gibt es seit langem schlicht zu viele davon.[154] Es wird noch näher darauf einzugehen sein, ob und wie der US-

---

148 OLG Frankfurt, NJW 1979, 1613.

149 BGH, ZIP 2000 A 31 Nr. 71, NJW 1998, 1144, 1147: „Der Sinn der Vertragsstrafe als Sanktionsmittel [...] bestehe nämlich nicht darin, den Schuldner in wirtschaftliche Schwierigkeiten zu treiben, [...]"; Münch-Komm/*Roth*, § 242 BGB Rdnr. 385.

150 Vgl. Staudinger/*Schmidt*, § 242 BGB Rdnr. 789: „Zwecksubstitution".

151 BGHZ 107, 296, 311.

152 BGH, a.a.O. Mit dem Problem missbräuchlicher Anfechtungsklagen befasste sich jüngst auch der 63. Deutsche Juristentag; die Beschlussempfehlungen finden sich im Internet unter: http://www.djt.de (23.03.2003), zu Stellungnahmen statt vieler *Schwarz*, ZRP 2000, 330 ff.; *Schindler/Witzel*, NZG 2001, 577 ff.

153 Zum Civil Justice Reform Act 1990 Abschlussbericht *Judicial Conference of U.S.*, Civil Justice Reform Act 1990 Final Report, im Internet unter: http://www.uscourts.gov (15.03.2003); *Wright/Kane*, S. 439 ff.; *Murray*, ZZPInt 3, 319, 320 ff. (1998).

154 Vgl. *Freedman*, S. 3: „The problem with the 'frivolous claim' is simply that there are too many of them. It is like a disease that is pervasive as well as malignant." Unter Hinweis auf *Hurley, Dan*, Much Ado About Nothing: An Epidemic of Frivolous Law Suits Is Turning Our Legal

amerikanische Gesetzgeber und die Gerichte versuchen, derartigem Prozessverhalten Einhalt zu gebieten.

## III. Drohende Beeinträchtigung grundlegender Freiheits- und Gleichheitsrechte

Weitaus schwieriger und diffiziler in der Beantwortung ist die Frage, inwieweit durch Antidumping-Schadensersatzklageverfahren grundlegende freiheits- und gleichheitssichernde Rechte der betroffenen deutschen Unternehmen beeinträchtigt werden können. Ausgehend vom deutschen Rechtsverständnis soll an dieser Stelle (nur) erörtert werden, inwieweit der Schutzbereich etwaiger Individualrechte der deutschen Unternehmen offenkundig betroffen ist; im Übrigen ist hier der Untersuchung der Rechtslage in den USA nicht vorzugreifen.

Im Rahmen internationaler Übereinkommen ist auf den Anwendungsbereich (Ratifikationsstand) hinzuweisen: Die BR Deutschland ist dem Internationalen Pakt über bürgerliche und politische Rechte vom 19.12.1966 (IPbpR)[155] und dem Internationalen Pakt über wirtschaftliche, soziale und kulturelle Rechte vom 19.12.1966 (IPwskR)[156] am 17.12.1973 beigetreten; die USA sind dem IPbpR am 08.06.1992 beigetreten[157], haben den IPwskR am 05.10.1977 aber lediglich unterzeichnet (signature only).[158] Die BR Deutschland ist zudem Vertragsstaat der im Rahmen des Europarates ausgearbeiteten Konvention zum Schutz der Menschenrechte und Grundfreiheiten vom 20.05.1952 (EMRK)[159]. Über die Gleichstellungsrechte des multilateralen GATT 1994 hinaus sind im bilateralen Verhältnis vor allem die Bestimmungen des deutsch-amerikanischen Freundschafts-, Handels- und Schiffahrtsvertrages vom 07.05.1956 (FCN-Vertrag)[160] beachtlich.

---

System into the Courtroom of the Absurd, 17 Docket Call 14-17, 1982, und *Mallot, Robert H.*, America's Liability Explosion: Can We Afford the Cost? (Address at the Northwestern University Law School Corporate Council Institute, Oct. 10, 1985).

155 BGBl. 1973 II, 1534. Der Pakt ist am 23.03.1976 für die BR Deutschland in Kraft getreten, vgl. Bek. v. 14.06.1976, BGBl. 1976 II, 1068.

156 BGBl. 1973 II, 1570. Der Pakt ist für die BR Deutschland am 03.01.1976 in Kraft getreten, vgl. Bek. v. 09.03.1976, BGBl. 1976 II, 428.

157 BGBl. 1994 II, 1218.

158 Zum aktuellen Ratifikationsstand (21.08.2002) siehe auch die Homepage des UNHCR, im Internet unter: http://www.unhcr.ch (15.03.2003).

159 BGBl. 1956 II, 1880.

160 BGBl. 1956 II, 487. Der Vertrag ist am 14.07.1956 in Kraft getreten, vgl. Bek. v. 28.06.1956, BGBl. 1956 II, 763. Im sachlichen Anwendungsbereich ist insbesondere zu beachten, dass die Bestimmungen des FCN-Vertrages keine Handlung eines Vertragsteils ausschließt, die das GATT in seinem Anwendungsbereich vorschreibt oder zulässt (Art. XXIV.4).

### 1. Beeinträchtigung durch das gesetzliche Verbot einer wirtschaftlichen Betätigung auf dem US-amerikanischen Markt?

Sowohl der Antidumping Act 1916 wie auch das konkrete Klageverfahren wirken sich zweifellos auf die wirtschaftliche Betätigung der betroffenen deutschen Unternehmen auf dem US-amerikanischen Markt aus. Mit dem Gesetz selbst wird einem, zumeist ausländischen Unternehmen eine bestimmte wirtschaftliche Tätigkeit – vereinfacht gesagt der Absatz von Waren auf dem US-amerikanischen Markt zu einem bestimmten Preis[161] – verboten; mit der privaten Schadensersatzklage des konkurrierenden inländischen Unternehmens wird dieses gesetzliche Verbot gerichtlich durchgesetzt.

Zweifelhaft ist hingegen, inwieweit hierin eine Beeinträchtigung grundlegender freiheitssichernder Rechte des betroffenen deutschen Unternehmens auf dem US-amerikanischen Markt liegen kann. Geht man vom deutschen Rechtsverständnis aus, so würden spezifische Eingriffe (der deutschen Staatsgewalt) in die außenwirtschaftliche Betätigung eines Unternehmens speziell vom Schutzbereich der grundgesetzlich verbürgten Berufsfreiheit (Art. 12 Abs. 1 GG), in Teilen aber auch von der Eigentumsgarantie (Art. 14 Abs. 1 GG) und der allgemeinen Handlungsfreiheit (Art. 2 Abs. 1 GG) erfasst[162]; nach Ansicht des BVerfG umfasst insbesondere Art. 12 Abs. 1 GG u.a. die Freiheit, „eine Erwerbszwecken dienende Tätigkeit, insbesondere ein Gewerbe zu betreiben"[163], und damit grundsätzlich auch die „Freiheit des Außenhandels"[164].

Auf der universell völkerrechtlichen Ebene ist die Freiheit der (außen)wirtschaftlichen Betätigung jedoch nicht verbürgt. Im IPwskR ist lediglich eine „Zielnorm" (Art. 6), nicht jedoch ein einklagbares Menschenrecht enthalten[165]; die Bestimmungen der Allgemeinen Erklärung der Menschenrechte (AEMR) sind nicht verbindlich. Auch der völker(gewohnheits)rechtliche Mindeststandard umfasst ein solches Recht nicht.[166] Vielmehr scheint es in der Völkerrechtslehre weitgehend anerkannt zu sein, dass sich das Recht von Ausländern, sich im Gastland wirtschaftlich zu betätigen, nach dem nationalen Fremden- oder Ausländerrecht bemisst.[167]

---

161 Einzelheiten im folgenden Kapitel.

162 Eingehend zur sog. „Außenwirtschaftsfreiheit" und deren Verortung im Grundgesetz *Epping*, S. 10 ff.; i.E. ebenso *Stoll*, ZaöRV 1997, 83, 90 f.; *Krajewski*, S. 167.

163 BVerfGE 21, 261, 266: Diese ist „ihrem Wesen nach" auch auf juristische Personen anwendbar (Art. 19 Abs. 3 GG); vgl. auch den Beitrag von *Hilf/Hörmann*, NJW 2003, 1, 4 f.

164 BVerfGE 12, 281, 294.

165 Vgl. *Seidel*, S. 192.

166 Vgl. hierzu *K.Ipsen*, in: Ipsen, S. 706 (§ 50 I, Rdnr. 6); unklar *Epping*, S. 597.

167 Vgl. *K.Ipsen*, in: Ipsen, S. 704 (§ 50 I, Rdnr. 2); ähnlich *Epping*, S. 598.

Im bilateralen Verhältnis zwischen den USA und der BR Deutschland wird korporativ organisierten Unternehmen („Gesellschaften"; „companies") allerdings im FCN-Vertrag eine grundsätzliche Gleichstellung mit inländischen Gesellschaften hinsichtlich der „Ausübung jeder Art von geschäftlicher, industrieller, finanzieller oder sonstiger gegen Entgelt vorgenommener Tätigkeit" (Art. VII.1)[168], mindestens jedoch mit Gesellschaften anderer Drittstaaten (Art. VII.4)[169] staatsvertraglich verbindlich zugesichert[170]; hierbei handelt es sich um das „Herzstück" der Investment-Bestimmungen des Vertrages[171]. Beide Vertragsteile haben sich allerdings die Möglichkeit vorbehalten, wettbewerbsbeschränkende Geschäftspraktiken im zwischenstaatlichen Handelsverkehr zu unterbinden (Art. XVIII.1). Die wirtschaftliche Betätigung auf dem US-amerikanischen Markt ist deutschen Unternehmen damit allenfalls insoweit staatsvertraglich zugesichert, als auch US-amerikanischen Unternehmen als Inländern eine derartige wirtschaftliche Betätigungsfreiheit zusteht. Denn ein Ziel der FCN-Verträge liegt allgemein darin, ausländischen Gesellschaften das Recht einzuräumen, sich wie inländische Gesellschaften wirtschaftlich zu betätigen, ohne dabei aufgrund der Ausländereigenschaft diskriminiert zu werden.[172]

---

168 Engl. „national treatment", Art. XXV.1: „Der Ausdruck ‚Inländerbehandlung' bedeutet die innerhalb des Gebietes eines Vertragsteiles gewährte Behandlung, die nicht weniger günstig ist als diejenige, die dort unter gleichartigen Voraussetzungen den Staatsangehörigen, Gesellschaften, Erzeugnissen, Schiffen und sonstigen Objekten jeglicher Art dieses Vertragsteils gewährt wird."; zu den Ausnahmen für bestimmte sensitive Bereiche siehe Art. VII.2.

169 Engl. „most-favored-nation treatment", Art. XXV.4: „Der Ausdruck ‚Meistbegünstigung' bedeutet die innerhalb des Gebietes eines Vertragsteiles gewährte Behandlung, die nicht weniger günstig ist als diejenige, die dort unter gleichartigen Voraussetzungen den Staatsangehörigen, Gesellschaften, Erzeugnissen, Schiffen und sonstigen Objekten jeglicher Art irgendeines dritten Landes gewährt wird."

170 Vgl. auch die Begründung zum Gesetzesentwurf, BT-Drcks. 2/1843, S. 22 ff.; allgemein zum Abkommen *Kern*, BB 1956, 257 f.; *Hentrich*, BArbBl. 1956, 512 ff.; zu den Gleichbehandlungsklauseln auch *Bungert*, S. 497 ff. Weitergehende Freiheitsrechte – Einreise, Aufenthalt, Niederlassung (Art. II.1) – stehen hingegen nur natürlichen Personen („Staatsangehörige"; „nationals") zu.

171 So *Walker*, 5 Am.J.Comp.L. 229, 232 f. (1956), der zu dieser Zeit im State Department für die Verhandlung der nach US-amerikanischen Muster „gestrickten" FCN-Verträge verantwortlich zeichnete.

172 So der US Supreme Court zum japanisch-amerikanischen FCN-Vertrag im Fall *Sumitomo Shoji America, Inc. v. Avagliano*, 457 U.S: 176, 187 f., 102 S.Ct. 2374, 72 L.Ed.765 (1982): „The purpose of the Treaties was not to give foreign corporations greater rights than domestic companies, but instead to assure them the right to conduct business on an equal basis without suffering discrimination based on their alienage." *Walker*, 5 Am.J.Comp.L. 229, 232 f. (1956), beschrieb es sogar als dringlichste Aufgabe in der Nachkriegszeit, korporativ organisierten Unternehmen angemessene Rechte zu verschaffen.

Nach US-amerikanischem Recht gilt folgendes: Zunächst ist festzustellen, dass sich nach herkömmlicher Doktrin auch juristische Personen auf Grundrechte berufen können, soweit diese nicht einen höchstpersönlichen Charakter haben.[173] Im Prinzip gilt dies auch für ausländische juristische Personen (foreign corporations), d.h. solche, die im Ausland gegründet wurden, soweit das US-Recht (bspw. die Bundesverfassung) allgemein keine Einschränkungen für Ausländer macht.[174] Mit Blick auf die individuelle Freiheit der (außen)wirtschaftlichen Betätigung ist des Weiteren festzustellen, dass die US-Bundesverfassung ihrer ursprünglichen Grundkonzeption folgend keine ausdrückliche Gewährleistung enthält; die Verfassungsväter gingen vielmehr vom Bestehen von bestimmten unveräußerlichen Rechten („certain unalienable rights") aus.[175] Ob und inwieweit im heutigen US-Verfassungsrecht diese Freiheit im Wege des „substantive due process" (U.S. Const. amend. V.) gewährleistet ist, erscheint hingegen zweifelhaft. In der neueren Instanzrechtsprechung wird noch immer auf die 1904 ergangene Entscheidung des US Supreme Court im Fall *Buttfield v. Stranahan*[176] verwiesen, in der das Gericht mit Blick auf die umfassende Kompetenz des Kongresses, den zwischenstaatlichen Handel zu regeln („commerce clause", U.S. Const. art. I, sec. 8, cl. 3), ein individuelles Recht auf Handel mit anderen Staaten verneinte.[177] Im jüngeren rechtsvergleichenden Schrifttum wird bisweilen auf einen „Restbestand eines Grundrechts zum Schutz vor offenkundig willkürlichen Gesetzen" hingewiesen[178]: So soll zumindest bei Gesetzen mit „verfassungsrechtlich fragwürdigen Zielsetzungen" ein verfassungsrechtlicher Schutz nicht gänzlich ausgeschlossen sein.[179] Dem wird nachzugehen sein.

---

[173] Vgl. die Zusammenstellung bei *Wood/Sharffs*, 50 Am.J.Comp.L. 531, 547 ff. (2002); aus dem deutschen Schrifttum *Brugger*, S. 95; *Bungert*, S. 318 f.

[174] Umfassend zur Auslegung der Begriffe „citizen", „person", „people" und zur Anwendung auf ausländische juristische Personen im US-amerikanischen Verfassungsrecht *Bungert*, S. 318 ff.; zur Anknüpfung im US-amerikanischen Recht Restatement (Third) Foreign Relations Law § 213 (1987); *Bungert*, S. 30 ff.

[175] Vgl. hierzu aus dem neueren deutschen Schrifttum *Hohmann*, S. 374 ff.; *Brugger*, S. 92 ff.

[176] *Buttfield v. Stranahan*, 192 U.S. 470, 493, 24 S.Ct. 349, 48 L.Ed. 525 (1904): „As a result of the complete power of Congress to regulate foreign commerce, it necessarily follows that no individual has a vested right to trade with foreign nations which is so broad in character as to limit and restrict the power of Congress to determine what articles of merchandise may be imported into this country and the terms upon which a right to import may be exercised. This being true, it results that a statute which restraints the introduction of particular goods into the United States from considerations of public policy does not violate the due process clause of the Constitution."

[177] Vgl. nur *NEC Corp. v. U.S.*, 151 F.3d 1361, 1370 (Fed.Cir. 1998); *Arjay Associates, Inc. v. Bush*, 891 F.2d 894, 896 f. (Fed.Cir. 1989); aus dem Schrifttum *Petersmann*, 3 Eur.J.Int'l.L. 3, 6 (Fn. 12) (1992); ihm folgend *Krajewski*, S. 167.

[178] Vgl. *Hohmann*, S. 390 f. m.w.N. aus dem US-amerikanischen Schrifttum.

[179] Vgl. *Hohmann*, a.a.O.

## 2. Beeinträchtigung durch das gesetzliche Verbot allein des Imports?

Der Antidumping Act 1916 knüpft ein gesetzliches Verbot ausschließlich an den Import und damit an Handlungen importierender Unternehmen.[180] Damit ist *ad hoc* auch an eine Diskriminierung deutscher Importunternehmen beim Verkauf ihrer Waren auf dem US-amerikanischen Markt gegenüber einheimischen Herstellerunternehmen zu denken.

Nach deutschem Rechtsverständnis gebietet der allgemeine Gleichheitssatz, Gleiches gleich zu behandeln (Art. 3 Abs. 1 GG).[181] Auf der universell völkerrechtlichen Ebene ist dieses grundlegende Gerechtigkeitspostulat allgemein in Art. 26 des IPbpR[182] menschenrechtlich niedergelegt. Soweit es speziell um den Verkauf von ausländischen Waren im Inland geht, trifft Art. III:4 GATT 1994 eine Gleichstellungsregelung; die WTO-Panelentscheidungen treffen insoweit keine abschließende Feststellung. Im bilateralen Verhältnis enthält insbesondere der deutsch-amerikanische FCN-Vertrag mehrere spezielle Gleichstellungsregelungen (Inländerbehandlungsklauseln); hervorzuheben ist an dieser Stelle die Bestimmung in Art. XVI.1 („Verkauf von Erzeugnissen eines Vertragsteils in dem Gebiet des anderen"), die allerdings der vorgenannten Inländerbehandlungsklausel im GATT weichen dürfte (vgl. Art. XXIV.4).[183]

Entscheidend dürfte damit sein, inwieweit eine Ungleichbehandlung gegenüber dem Verkauf von Erzeugnissen durch inländische Gesellschaften vorliegt und, soweit dies bejaht werden sollte, inwieweit diese Ungleichbehandlung durch objektive und zweckmäßige Erwägungen gerechtfertigt ist.

## 3. Beeinträchtigung durch die drohende Preisgabe von Betriebs- und Geschäftsgeheimnissen im gerichtlichen Verfahren?

Eine konkret drohende Preisgabe von Betriebs- und Geschäftsgeheimnissen im US-amerikanischen Verfahren ließe darüber hinaus eine Beeinträchtigung vermögenswerter Rechtspositionen des beklagten deutschen Unternehmens befürchten.

Betriebs- und Geschäftsgeheimnisse, die auf eigenem Wissen, eigener Erfahrung und eigener Anstrengung beruhen, stellen einen wesentlichen Wertfaktor eines Unternehmens dar. Nach deutschem Rechtsverständnis bilden Betriebs- und Geschäftsgeheimnisse deshalb einen konkreten Bestandteil des Rechtes am einge-

---

180 Zu Wortlaut und Inhalt der Regelung unten.

181 BVerfGE 1, 14, 52.

182 BGBl. 1973 II, 1534. Der Pakt ist am 23.03.1976 für die BR Deutschland in Kraft getreten, vgl. Bek. v. 14.06.1976, BGBl. 1976 II, 1068.

183 Art. XXIV.4 regelt *expressis verbis* nur das Verhältnis zum GATT 1947; nach seiner *ratio* kann aber für dessen Nachfolger, das GATT 1994, kaum etwas anderes gelten.

richteten und ausgeübten Gewerbebetrieb[184]; dieses ist wiederum dem grundgesetzlich (Art. 14 Abs. 1 S. 1 GG) und im Zusatzprotokoll zur EMRK (Art. 1) garantierten Sacheigentum gleichzustellen.[185]

Auf der universell völkerrechtlichen Ebene ist das Eigentum als solches nicht ausdrücklich gewährleistet. Die multilateralen Menschenrechtspakte[186] enthalten keine entsprechende menschenrechtliche Gewährleistung: Die Bestimmung in Art. 17 AEMR, die als einzige einen umfassenden Eigentumsschutz vorsieht, ist nicht verbindlich; Art. 15 IPwskR schützt lediglich einen Teilbereich des geistigen Eigentums (Urheberrechte an „Werken der Wissenschaft, Literatur und Kunst"). Allerdings hat sich der UN-Ausschuss für Menschenrechte in jüngster Zeit mit der Anwendung des Gleichheitssatzes (Art. 26 IPbpR) beholfen, wenn eine diskriminierende Eigentumsregelung vorlag.[187] Dem entspricht auch der weithin unbestrittene völker(gewohnheits)rechtliche Mindeststandard; denn gewohnheitsrechtlich ist jedenfalls das Verbot einer entschädigungslosen oder diskriminierenden Enteignung anerkannt.[188] Demnach bliebe zu überprüfen, inwieweit eine diskriminierende Eigentumsregelung vorliegt.

Im bilateralen Verhältnis zwischen den USA und Deutschland ist das Eigentum von deutschen Gesellschaften mit dem deutsch-amerikanischen FCN-Vertrag „weitestgehend" geschützt (Art. V.1). Im deutschen Schrifttum hat man die Auffassung vertreten, die Klausel entspreche der Eigentumsgarantie des Grundgesetzes.[189] Für geistiges Eigentum in Gestalt von gewerblichen Schutzrechten sieht der Vertrag zumindest Inländerbehandlung vor (Art. X.1). Der FCN-Vertrag verbietet darüber hinaus aber auch *expressis verbis* Beeinträchtigungen „rechtmäßig erworbene[r] Ansprüche oder Interessen an den von ihnen [den Gesellschaften, der Verf.] errichteten Unternehmen oder an dem von ihnen durch Kapital oder durch ihr technisches Können, Wissen oder Geschick hierzu geleisteten Beitrag" durch „unbillige oder diskriminierende Maßnahmen" (Art. V.3). Betriebs- und Geschäftsgeheimnisse

184 Vgl. *Pfister*, S. 47; differenzierend *Stadler*, Unternehmensgeheimnis, S. 37 ff.

185 BVerfGE 1, 264, 277 f.; offen hingegen die jüngere Rechtsprechung vgl. E 51, 193, 221, siehe auch *Papier*, in: Maunz/Dürig/Herzog, Art. 14 GG Rdnr. 95; *Kimminich*, in: Bonner Kommentar, Art. 14 GG Rdnr. 77. Nach st.Rspr., vgl. BVerfGE 4, 7, 17, können sich auf die Eigentumsgarantie auch juristische Personen des Privatrechts (Art. 19 Abs. 3 GG) berufen. Zum Eigentumsschutz in der EMRK siehe EGMR, Urt. v. 26.06.1986, EuGRZ 1988, 35 („van Marle"); *Frowein/Peukert*, EMRK, Art. 1 des 1. ZP, Rdnr. 6; *Seidel*, S. 167; *Bernhardt*, in: FS Böckstiegel, S. 67, 68 ff.

186 Vgl. *Seidel*, S. 173.

187 Vgl. zuletzt UN-MRA, Entsch. v. 02.11.2001, CCPR/C/73/D/747/1997 (Dr. Karel Des Fours Walderode ./. Tschechische Republik), para. 8.4, 9.1; abgedruckt in: NJW 2002, 353.

188 Vgl. *Böckstiegel*, S. 74 f.; allgemein zum völkerrechtlichen Mindeststandard *K.Ipsen*, in: Ipsen, S. 706 (§ 50 I, Rdnr. 6).

189 Vgl. *Kern*, BB 1956, 257.

wird man jedenfalls unter letztere Klausel fassen können; dabei ist auch zu bedenken, dass die internationale Rechtsprechung und die Völkerrechtslehre das Recht am eingerichteten und ausgeübten Gewerbebetrieb schon seit längerem zumindest als wohlerworbenes Recht ansieht.[190] Insofern bliebe also lediglich zu klären, ob und inwieweit die jeweilige staatliche Maßnahme „unbillig oder diskriminierend" ist; hierzu ist eine nähere Untersuchung der gesetzlichen Bestimmungen (Grundlage der Beweisermittlung, spezifische Beweisermittlungsmaßnahme) notwendig.

Anzumerken ist aber schon an dieser Stelle, dass Betriebs- und Geschäftsgeheimnisse (trade secrets) auch nach US-amerikanischem Rechtsverständnis den Status als „property right" erlangen können.[191] Im Fall *Ruckelshaus v. Monsanto Co.*[192] hat sich der US Supreme Court grundsätzlich dafür entschieden, „trade secrets" als „property right" dem Schutz des „taking clause" (U.S. Const. amend. V.) zu unterstellen; entscheidend ist aber letztlich die konkrete einfachgesetzliche Ausgestaltung, denn der Bundesverfassung ist nicht zu entnehmen, was unter einem „property right" zu verstehen ist.[193] Hinzuweisen ist deshalb auf den von der National Conference of Commissioners of Uniform State Laws vorgeschlagenen Uniform Trade Secrets Act, der eine Definition des „trade secret" bereit hält (§ 1 (4)) und auch festlegt, wie dieses geschützt werden kann (§§ 2 ff.)[194]; einige Bundesstaaten sind diesem Modellgesetz, andere hingegen dem Restatement of Torts gefolgt.[195]

### 4. Beeinträchtigung durch die Kostenbelastung im gerichtlichen Verfahren?

Die Kostenbelastung im US-amerikanischen Verfahren berührt an sich nur das Vermögen des beklagten Unternehmens; ein Eingriff in individualrechtlich verbürgte Freiheits- und Gleichheitsrechte liegt hier offenkundig nicht vor.

Schon nach deutschem Rechtsverständnis ist das Vermögen als solches nicht geschützt, grundsätzlich auch nicht gegen Eingriffe durch die Auferlegung einer

---

[190] Vgl. nur *Böckstiegel*, S. 30 (Fn. 102 f.), unter Verweis auf die Entscheidung des Internationalen Schiedsgerichtshofes für Oberschlesien im *Jablonski*-Fall.

[191] Vgl. *Stadler*, Unternehmensgeheimnis, S. 41 (Fn.24) m.w.N. aus der älteren US-amerikanischen Rechtsprechung und dem Schrifttum.

[192] *Ruckelshaus v. Monsanto Co.*, 467 U.S. 986, 104 S.Ct. 2862, 81 L.Ed.2d 815 (1984).

[193] 467 U.S. 986, 1001: Insoweit ist die Kernaussage des Urteils als relativ zu betrachten; im entschiedenen Fall anerkannte das Recht des Staates Missouri „trade secrets" als „property right".

[194] Der Text des Modellgesetzes ist abrufbar im Internet unter: http://www.nccusl.org (23.09.2002); auch der Stand der Annahme in den einzelnen Staaten kann so nachvollzogen werden.

[195] Zu ersterer Gruppe gehört bspw. Kalifornien, vgl. *Security People, Inc. v. Medeco Security Locks, Inc.*, 59 F.Supp.2d 1040, 1043 f. (N.D.Cal. 1999). Einen Überblick über den zivilrechtlichen Schutz liefert *Stadler*, Unternehmensgeheimnis, S. 47 ff.

staatlichen Geldleistungspflicht.[196] Anders kann es sich nur dann verhalten, wenn die staatliche Geldleistungspflicht den Pflichtigen übermäßig belasten und seine Vermögensverhältnisse grundlegend beeinträchtigen würde.[197] In jüngeren Entscheidungen hat das BVerfG betont, dass einer staatlichen Geldleistungspflicht allerdings schon regelmäßig eine „erdrosselnde Wirkung“ zukommen müsse, damit diese die Eigentumsgarantie berühre.[198]

Im Hinblick auf Verfahren vor US-Bundesgerichten ist zudem zu bedenken, dass die Kostenlast lediglich zu einem Teil unmittelbar einer staatlichen Geldleistungspflicht (Gerichtskosten) entspringt. Die eigentliche Kostenbelastung durch überbordende Anwaltskosten beruht hingegen – wie noch zu zeigen sein wird – unmittelbar auf einer privatrechtlichen Gebührenvereinbarung und allenfalls mittelbar auf der mangelnden Ersatzfähigkeit infolge des US-amerikanischen Prozesskostenrechts (sog. „american rule“).

### 5. Beeinträchtigung durch eine faktische Ungleichheit der Waffen im gerichtlichen Verfahren?

Verfahren wie das vorliegende wecken schließlich Zweifel, inwieweit gerade im US-amerikanischen „pretrial“ ein prozesstaktisches Gleichgewicht zwischen den Verfahrensbeteiligten besteht. Insoweit sind rechtsstaatliche Bedenken nicht von vornherein völlig von der Hand zu weisen.

Nach deutschem Rechtsverständnis ist das Erfordernis der „grundsätzlichen Waffengleichheit im Prozess“ eine inhaltliche Ergänzung und Konkretisierung des Gebotes eines ‚fairen' Verfahrens.[199] Das Gebot eines ‚fairen' Verfahrens („fair trial“-Grundsatz) ist wiederum eine der wesentlichen Ausprägungen des Rechtsstaatsprinzips[200]; trotz seiner besonderen Bedeutung für das straf- und verwaltungsgerichtliche Verfahren ist das Gebot mittlerweile auch für das zivilgerichtliche Verfahren anerkannt.[201] Seit der grundlegenden Entscheidung des BVerfG vom 25.07.1979 (Beweislastverteilung im Arzthaftungsprozess) ist die „'Waffengleichheit' [...] im Zivilprozeß zu verstehen als die verfassungsrechtlich gewährleistete Gleichwertigkeit der prozessualen Stellung der Parteien *vor* dem Richter“ (Hervor-

---

196 BVerfGE 4, 7, 17, u. st.Rspr.

197 Seit BVerfGE 14, 221, 241.

198 So BVerfGE 95, 267, 301.

199 Umfassender Überblick über die Rechtsprechung des BVerfG, des BGH und der Instanzgerichte sowie über den Meinungsstand im Schrifttum bei *Jung*, S. 6 ff.; 42 ff.

200 Vgl. *Dörr*, S. 141 ff.; *Schwab/Gottwald*, in: Habscheid, Effektiver Rechtsschutz, S. 67; eine rechtsvergleichende Betrachtung des Gebotes im strafprozessualen Kontext findet sich bei *Weissbrodt/Wolfrum* (Hrsg.), The Right to a Fair Trial, Berlin u.a., 1997.

201 Vgl. zuletzt BVerfG, NJW 2001, 2531.

hebung im Original).[202] Konkret bedeutet dies – auch im Hinblick auf Art. 103 Abs. 1 GG – (nur) eine für beide Parteien gleichermaßen bestehende „Möglichkeit, alles für die gerichtliche Entscheidung Erhebliche vorzutragen und alle zur Abwehr des gegnerischen Angriffs erforderlichen prozessualen Verteidigungsmittel selbständig geltend zu machen"; dem entspricht nach deutschem Verständnis die Pflicht des Richters insbesondere zu einer „objektiven und fairen Verfahrensführung".[203]

Auf der universell völkerrechtlichen Ebene wird der Grundsatz der Waffengleichheit als Grundbaustein eines fairen Verfahrens der Gewährleistung in Art. 14 Abs. 1 IPbpR entnommen; inhaltlich handelt es sich aber auch hier (nur) um ein Gebot der Chancengleichheit.[204] Ähnliches gilt im Übrigen auch für die verfahrensrechtliche Gewährleistung in Art. 6 Abs. 1 EMRK.[205] Hingegen gewährt Art. VI.1 des deutsch-amerikanischen FCN-Vertrages im bilateralen Verhältnis lediglich Inländerbehandlung hinsichtlich des „Zutritts zu den Gerichten"; folglich kann ein deutsches Unternehmen, das in den USA verklagt wird, allenfalls verlangen, so gestellt zu werden, wie ein inländisches Unternehmen in derselben prozessualen Lage stünde. Auch dem wird schließlich nachzugehen sein.

---

202 BVerfGE 52, 131, 156 (tragende Auffassung).

203 BVerfG, a.a.O.

204 Vgl. *Seidel*, S. 309.

205 Vgl. hierzu *Frowein/Peukert*, EMRK, Art. 6 Rdnr. 71 ff., speziell 92 ff.

# II. KAPITEL:
# DIE ANWENDUNG DES US ANTIDUMPING ACT 1916 IN DEN USA – DIE RECHTSSTELLUNG DEUTSCHER UNTERNEHMEN ALS IMPORTEURE IM US-AMERIKANISCHEN MATERIELLEN RECHT

Die Rechtsgrundlage der Antidumping-Schadensersatzklagen im Ausgangsfall bildete Sec. 801 des Revenue Act of 1916 („Antidumping Act 1916").[206] In diesem Kapitel soll den Ursachen der GATT-Widrigkeit des Gesetzes nachgegangen werden (§4), um auf dieser Grundlage die Entscheidungen der WTO-Streitschlichtungsgremien einordnen und Folgerungen für die Schutzmöglichkeiten beklagter Unternehmen im US-amerikanischen Recht ableiten zu können (§5). Zuvor ist jedoch den für die Betrachtung des Gesetzes unerlässlichen Rechtsanwendungsfragen nachzugehen (§3).

## §3 RECHTSANWENDUNGSFRAGEN

Dass Fragen der Methodik nicht nur juristische Lehrbücher zieren, sondern praktische Bedeutung besitzen, beweisen eindrucksvoll die zwei für den vorliegenden Fall maßgeblichen US-Gerichtsentscheidungen[207]: In beiden Fällen wurde das Ergebnis der Entscheidung durch klassische Grundsätze der Rechtsanwendung (Gesetzesauslegung) geprägt.[208] Es erscheint deshalb unerlässlich, die für Bundesgerichte geltenden Rechtsanwendungsregeln darzustellen.

### A. Allgemeines

Die Methodik richtet sich in den USA wie in Deutschland nach der einschlägigen Rechtsquelle. Im US-amerikanischen Rechtssystem sind auf der Rechtsquellenseite und folglich auch in der Methodik prinzipiell zwei Normkomplexe zu unter-

---

[206] 15 U.S.C. § 72 (1999).

[207] *Geneva Steel Co. v. Ranger Steel Supply Corp. and Thyssen Inc.*, 980 F.Supp. 1209, 1212 (D. Utah 1997); *Goss Graphic Systems, Inc., v. MAN Roland Druckmaschinen Aktiengesellschaft*, et al., 139 F.Supp.2d 1040 (N.D. Iowa 2001).

[208] Die Entscheidung des Gerichtes im Fall *Geneva Steel* gab den Anlass für das Verfahren vor der WTO in Genf. Der District Court für Utah hatte – gestützt auf eine Wortlautauslegung des Antidumping Act 1916 – entschieden, dieser sei nicht lediglich auf Schäden durch Verletzungen des Antitrust-Rechts (antitrust injury) oder räuberische, den Wettbewerber verdrängende Preisunterbietung (predatory price discrimination) beschränkt; vielmehr sei der Antidumping Act 1916, wie zudem der Kontext belege, auch zum Schutze der US-Industrie entwickelt worden. Das Gericht im Fall *Goss* schloss sich dieser Argumentation ausdrücklich an. Die Anforderungen, die beide Gerichte dem Wortlaut des Gesetzes entnahmen, hatten Auswirkungen auf den Klagevortrag des US-Klägers und den Antrag der ausländischen Beklagten auf Zurückweisung (motion to dismiss); nur letztere scheiterten.

scheiden: Rechtssätze des Fallrechts (case law) und Rechtssätze des Gesetzesrechts (statute law).[209] Aufgrund der Rechtsnatur des Antidumping Act 1916 gilt die Aufmerksamkeit hier der richterlichen Anwendung von Bundesgesetzen.

Darüber hinaus ist es für die rechtliche Einordnung gleich in mehrfacher Hinsicht entscheidend, wie die Rechtsnormen autonomen und die völkerrechtlichen Ursprungs zusammenspielen. Einmal ist fraglich, ob die Normen des WTO-Übereinkommens innerstaatlich Geltung erlangen und deshalb ein US-Gericht veranlassen können, die entgegenstehende innerstaatliche Rechtsnorm des Antidumping Act 1916 außer Acht zu lassen. Des Weiteren sind die USA auch Vertragsstaat des Haager Zustellungsübereinkommens. Es ist deshalb zu klären, wie sich das Übereinkommen, das als „treaty“ zustande gekommen ist, bei der Zustellung einer US-Klageschrift an auswärtige Beklagte auswirkt.

## I. Einordnung des Völkerrechts

Im Ausgangspunkt folgen die USA dem dualistischen Ansatz, nach dem Völkerrecht und innerstaatliches Recht zwei verschiedene und voneinander zu trennende Rechtsmaterien (two different and discrete bodies of law) darstellen.[210] Das Restatement (Third) unterscheidet die Rechtsquellen des Völkerrechts (international law) wie allgemein anerkannt in staatsvertragliches Recht (international agreements, treaties), Völkergewohnheitsrecht (custom) und die allgemein anerkannten Rechtsgrundsätze (general principles common to the major legal systems of the world).[211]

Terminologisch ist allerdings zu beachten, dass der Begriff „treaty“ im US-Verfassungsrecht in einem engeren Sinne als im Völkerrecht - bspw. der Wiener Vertragsrechtskonvention (WVRK) - verstanden wird: Als „treaty“ werden grundsätzlich nur solche staatsvertraglichen Vereinbarungen bezeichnet, die der Präsident entsprechend U.S. Const. art. II mit Zustimmung einer Zwei-Drittel-Mehrheit im Senat abschließt.[212]

### 1. „Treaties“

Die Bundesverfassung befasst sich in art. VI, cl. 2 ausdrücklich mit der Frage, wann „treaties“ dem innerstaatlichen Recht einverleibt werden:

---

[209] Vgl. *Popkin*, Materials on Legislation, S. 9; *Bodenheimer*, AcP 160 (1961), 1, 10.

[210] Restatement (Third) Foreign Relations Law, Ch. 2, Introductory Note (1987).

[211] Restatement (Third) Foreign Relations Law, § 102 (1) (1987).

[212] *Weinberger v. Rossi*, 456 U.S. 25, 29 f., 102 S.Ct. 1510, 71 L.Ed.2d 715 (1982); Restatement (Third) Foreign Relations Law, § 303 Comment a (1987); *Surrency*, 85 Law Libr.J. 343, 344 (1993); *Trimble*, S. 113; *Ramsey*, 77 N.C.L.Rev. 133, 160 f. (1998).

„This Constitution, and the Laws of the United States which shall be made in Pursuance thereof; and all *Treaties* made, or which shall be made, under the Authority of the United States, shall be *the supreme Law of the Land*; and the Judges in every State shall be bound thereby, any Thing in the Constitution or Laws of any State to the Contrary notwithstanding." (Hervorhebung d. Verf.)

Um Bestandteil des innerstaatlichen Rechts zu werden, muss ein Staatsvertrag zunächst einmal völkerrechtlich verbindlich abgeschlossen sein.[213] Darüber hinaus muss ein völkerrechtlich verbindlich abgeschlossener Staatsvertrag den Anforderungen der US-Bundesverfassung genügen[214], wie der US Supreme Court in *Reid v. Covert*[215] entschieden hat. Verträge, die gegen die Bundesverfassung verstoßen, können demnach nicht Bestandteil des innerstaatlichen Rechts werden.[216] Um einen Staatsvertrag formell verfassungsgemäß abzuschließen, benötigt der Präsident die Zustimmung von zwei Dritteln der anwesenden Mitglieder im Senat (U.S. Const. art. II, sec. 2, cl. 2).[217] Der Präsident besitzt allerdings auch ohne diese Zustimmung die Kompetenz, einen Vertrag vorläufig in Kraft zu setzen (provisional application).[218]

Das US-amerikanische Verfassungsrecht sieht nach traditioneller Auffassung die innerstaatliche Geltung einer staatsvertraglichen Norm als bindendes Recht nicht automatisch, sondern nur dann vor, wenn die Norm auch unmittelbar anwendbar ist.[219] Seit der frühen Entscheidung des US Supreme Court in *Foster v. Neilson*[220] entspricht es ständiger Rechtsprechung, dass ein Staatsvertrag nur dann als „Law of the Land" angesehen und damit einem geltenden Bundesgesetz gleich-

---

[213] Restatement (Third) Foreign Relations Law, § 111 Comment b (1987).

[214] Restatement (Third) Foreign Relations Law, §§ 302 (2), 111 Comment a (1987); *Henkin*, S. 185, zu verfassungsrechtlichen Beschränkungen der "treaty making power", S. 188 ff.

[215] *Reid v. Covert*, 354 U.S. 1, 77 S.Ct. 1222, 1 L.Ed.2d 1148 (1957).

[216] Restatement (Third) Foreign Relations Law, § 115 (3) (1987).

[217] Zur Vertragsabschlusskompetenz siehe Restatement (Third) Foreign Relations Law, § 303 (1987); insbesondere zur Entstehungsgeschichte der Bestimmung *Henkin*, S. 176 ff.; *Trimble*, S. 10 ff., 113 ff.; *Surrency*, 85 Law Libr.J. 343, 344 ff. (1993), mit anschaulicher Darstellung des Vertragsabschlussverfahrens. Der Ratifikation folgt regelmäßig eine „Proclamation" durch den Präsidenten; dazu Restatement (Third) Foreign Relations Law, § 312 Comment k (1987); *Surrency*, 85 Law Libr.J. 343, 347 (1993).

[218] Restatement (Third) Foreign Relations Law, § 312 Comment l, Reporters' Note 7 (1987); *Henkin*, S. 176. Zu den Kompetenzen des Präsidenten auch *Baab*, S. 60 ff.

[219] Zur Intention der Gründungsväter und gegen eine „internationalistischere" Strömung im jüngeren US-amerikanischen Schrifttum *Yoo*, 99 Colum.L.Rev. 1955, 1962 ff. (1999). Siehe im deutschen Schrifttum auch *Geiger*, S. 161 (§ 30 I); a.A. offenbar *Baab*, S. 141. Die „Supremacy Clause" wird gleichsam als Beleg für die Adoptionstheorie verstanden, vgl. *Schweitzer*, S. 142 (§ 4 I, Rdnr. 422); *Bungert*, DÖV 1994, 797, 800.

[220] *Foster v. Neilson*, 2 Pet. (27 U.S.) 253, 7 L.Ed. 415 (1829).

gestellt werden kann, wenn die staatsvertragliche Regelung aus sich heraus anwendbar ist und keiner Umsetzung durch ein innerstaatliches Gesetz bedarf.[221] Staatsvertragliche Regelungen, die diese Eigenschaft - seitdem allgemein als „self-executing" bezeichnet[222] - besitzen, binden die US-amerikanischen Gerichte.[223]

Im Fall *Foster* hatte der US Supreme Court jedoch die „self-executing"-Eigenschaft verneint, weil der Wortlaut des Vertrages darauf hindeutete, dass eine innerstaatliche Umsetzung erst folgen sollte.[224] Die Rechtsprechung sieht einen Staatsvertrag heute andererseits als „self-executing" an, wenn privaten Klägern unmissverständlich ein Klagerecht (private cause of action) eingeräumt wurde.[225] Die Frage, wann ein Staatsvertrag als „self-executing" anzusehen ist und wann nicht, ist aber noch immer nicht abschließend geklärt. Das Restatement (Third) nennt drei Fälle, bei deren Vorliegen eine staatsvertragliche Regelung „non-self-executing" sein soll: Eine staatsvertragliche Regelung ist „non-self-executing", wenn entweder aus dem Vertrag selbst hervorgeht, dass er nach dem Willen der Vertragsparteien nicht dazu bestimmt ist, ohne eine innerstaatliche Umsetzung innerstaatliche Wirkungen hervorzurufen, oder wenn der Senat bei seiner Zustimmung zum Vertragsschluss bzw. der Kongress durch Resolution eine innerstaatliche Umsetzung eingefordert hat oder eine innerstaatliche Umsetzung verfassungsrechtlich notwendig ist.[226] Im Übrigen schlägt das Restatement (Third) vor, die „self-executing"-Eigenschaft eines Staatsvertrages zu vermuten, wenn der Staatsvertrag von den Gerichten ohne weiteres angewendet werden kann und kein entgegenstehender Wille

---

[221] 2 Pet. (27 U.S.) 253, 314: „In the United States, a different principle is established; our constitution declares a treaty to be the law of the land; it is, consequently, to be regarded in courts of justice as an equivalent to an act of the legislature, whenever it operates of itself, without aid of any legislative provision."

[222] Vgl. *Henkin*, S. 199; *Becker*, S. 4.

[223] Restatement (Third) Foreign Relations Law, § 111 (3) (1987).

[224] 2 Pet. (27 U.S.) 253, 314: Im Vertrag stand „shall be ratified and confirmed".

[225] Vgl. *Haitian Refugee Center, Inc. v. Baker*, 949 F.2d 1109 (11th Cir. 1991); *Frolova v. Union of Soviet Socialist Republics*, 761 F.2d 370 (7th Cir. 1985); *White v. Paulsen*, 997 F.Supp. 1380 (E.D.Wash. 1998).

[226] Restatement (Third) Foreign Relations Law, § 111 (4) (1987); ähnlich *Trimble*, S. 155 ff. Zu den von den Instanzgerichten genannten Faktoren siehe nur *Seguros Commercial v. Hall*, 115 F.Supp.2d 1371 (M.D.Fla. 2000); *Hawkins v. Comparet-Cassani*, 33 F.Supp.2d 1244 (C.D.Cal. 1999): „(1) purposes of the treaty and the objects of its creators; (2) existence of domestic procedures and institutions appropriate for direct implementation; (3) availability and feasibility of alternative enforcement methods, and (4) immediate and long-range consequences of self- or non-self-execution".

des Kongresses erkennbar ist.[227] Die Praxis der Gerichte deutet in die entgegengesetzte Richtung.[228]

Ist ein Staatsvertrag „non-self-executing", dann bildet (erst) das vom Kongress zu verabschiedende, den Staatsvertrag umsetzende Gesetz die maßgebliche innerstaatliche Rechtsgrundlage.[229] Eine private Klägerpartei kann ihre Klage demnach nicht auf die staatsvertragliche Regelung stützen. Ein „non-self-executing treaty" kann jedoch für die Auslegung des innerstaatlichen Rechts an Bedeutung gewinnen.[230] Darüber hinaus besteht einige Unsicherheit, ob ein „non-self-executing treaty" innerstaatlich überhaupt Wirkungen erzeugen kann. Im US-amerikanischen Schrifttum wird bisweilen die Auffassung vertreten, ein wirksamer Staatsvertrag zähle unabhängig von seiner Eigenschaft als „non-self-executing" zum „supreme Law of the Land".[231] Mit Blick auf die Rechtsprechung des US Supreme Court noch fragwürdiger erscheint indes die Auffassung, die dem Beklagten die Berufung auf den Staatsvertrag verteidigungshalber erlauben will.[232]

Ein innerstaatlich geltender Staatsvertrag (treaty) zählt rangmäßig zu den obersten Rechtsnormen des Bundes.[233] Damit steht ein Staatsvertrag über dem einzelstaatlichen Recht, selbst über einer einzelstaatlichen Verfassung.[234] Des Weiteren steht er einem Bundesgesetz (Act of Congress) gleich.[235] Aufgrund der Ranggleich-

---

227 Restatement (Third) Foreign Relations Law, § 111 Reporters's Note 5 (1987), ebenso *Henkin*, S. 201. *Trimble*, S. 158, meint aber, es sei nicht klar, ob die Gerichte diesem Vorschlag folgen.

228 Vgl. auch die Einschätzung von *Yoo*, 99 Colum.L.Rev. 1955, 1971 (1999).

229 *Hopson v. Kreps*, 622 F.2d 1357 (9th Cir. 1980); Restatement (Third) Foreign Relations Law, § 111 Comment i (1987).

230 Vgl. *Trimble*, S. 174; *Jackson*, 36 Colum.J.Transnat'l L. 157, 171 (1997); dazu auch unten II. Kapitel: §3B.III.2.a).

231 Vgl. *Henkin*, S. 203; dagegen ausdrücklich und mit guten Gründen *Yoo*, 99 Colum.L.Rev. 1955, 1979 (1999). Diese Auffassung läuft auf die auch aus dem deutschen Verfassungsrecht bekannte Regel hinaus, wonach die unmittelbare Anwendbarkeit nicht Voraussetzung der innerstaatlichen Geltung ist. Dies hätte zur Folge, dass bspw. auch ein „non-self-executing treaty" dem einzelstaatlichen Recht entgegen stünde, vgl. *Trimble*, S. 163 (Fn. 37).

232 Vgl. die Nachweise bei *Trimble*, S. 163 (Fn. 37). Die Argumentation erscheint zwar mit Blick auf die Entscheidung des US Supreme Court nicht von vornherein ausgeschlossen, weil das Gericht in *Foster* einen anderen Sachverhalt zu entscheiden hatte. Dennoch dürfte einem Gericht der Grund für diese Ungleichbehandlung kaum einleuchten, wenn allein dem (ausländischen) Beklagten, nicht aber dem (einheimischen) Kläger die Berufung auf eine staatsvertragliche Regelung ermöglicht würde.

233 Vgl. *Blumenwitz*, Einführung, S. 61.

234 Vgl. *Trimble*, S. 152; *Hahn*, in: FS Armbruster, S. 368 f.

235 *Head Money Cases*, 112 U.S. 580, 5 S.Ct. 247, 18 L.Ed. 798 (1884); jüngst wieder *Breard v. Greene*, 523 U.S. 371, 118 S.Ct. 1352, 140 L.Ed.2d 529 (1998).

heit bestimmt sich das Verhältnis zu einem entgegenstehenden Bundesgesetz nach der *lex posterior*-Regel („later-in-time rule"): Ein später erlassener Staatsvertrag geht dem früher erlassenen Bundesrecht vor[236]; auch ein späteres Bundesgesetz kann einen früheren Staatsvertrag ersetzen[237], wobei die völkerrechtliche Verpflichtung unberührt bleibt.[238]

Die Einhaltung und damit auch die Auslegung eines Staatsvertrages liegt in der Kompetenz des US-Präsidenten (foreign relations power).[239] Über die Anwendung eines Staatsvertrages als innerstaatliches Recht entscheiden aber die US-Gerichte.[240] Eine Entscheidung des US Supreme Courts, die zur Bestimmung und Auslegung des Völkerrechts ergangen ist, bindet dabei die US-Gerichte.[241] Die Auslegung des Staatsvertrages durch die US-Regierung (executive branch) ist für die Gerichte nicht bindend, wird aber dennoch regelmäßig beachtet[242]; das trifft vor allem auf die Erklärungen des Präsidenten während der Vertragsverhandlungen oder Berichte von Ausschüssen im Kongress oder Senat zu.[243]

Die Grundsätze der Auslegung richten sich, wie eingangs schon betont, nach der Rechtsquelle. Die Grundsätze für die Auslegung staatsvertraglicher Vereinbarungen, die heute in Art. 31 ff. WVRK staatsvertraglich geregelt sind, werden zwar als allgemein anerkannte Prinzipien der Auslegung, nicht jedoch als bindendes Völkergewohnheitsrecht angewendet.[244] Der US Supreme Court hat im *Schlunk*-Fall bei der Auslegung von Art. 1 HZÜ unter anderem auch einige grundlegende Auslegungsregeln festgehalten[245]: Die Auslegung eines Staatsvertrages soll mit dem Wort-

---

236 *Cherokee Tobacco Case*, 11 Wall. (78 U.S.) 616 (1870); *Cook v. U.S.*, 288 U.S. 102, 53 S.Ct. 305, 77 L.Ed. 641 (1933); Restatement (Third) Foreign Relations Law, § 115 (2) (1987); *Trimble*, S. 152.

237 *Head Money Cases*, 112 U.S. 580, 5 S.Ct. 247, 18 L.Ed. 798 (1884); *Breard v. Greene*, 523 U.S. 371, 118 S.Ct. 1352, 140 L.Ed.2d 529 (1998); Restatement (Third) Foreign Relations Law, § 115 (1) (a) (1987); *Henkin*, S. 209 (Fn. 129); *Trimble*, S. 162.

238 Restatement (Third) Foreign Relations Law, § 115 (1) (b) (1987); *Trimble*, S. 152.

239 Restatement (Third) Foreign Relations Law, § 326 (1) Comment a (1987); *Trimble*, S. 140 f.

240 Restatement (Third) Foreign Relations Law, § 326 (2) Comment a (1987).

241 Restatement (Third) Foreign Relations Law, § 112 (2) (1987).

242 *Baker v. Carr*, 369 U.S. 186, 82 S.Ct. 691, 71 L.Ed.2d 663 (1972). Dazu umfassend *Bradley*, 86 Va.L.Rev. 649 ff. (2000).

243 Vgl. *Trimble*, S. 143; *Jackson*, The Jurisprudence of GATT & the WTO, S. 324 f. (Nachdruck des Beitrages in: Jacobs/Roberts, The Effect of Treaties in Domestic Law, London 1987). Siehe auch *Henkin*, S. 207: Die Regierung kann in einem laufenden Gerichtsverfahren ihre Rechtsauffassung per *amicus curiae brief* zur Kenntnis des Gerichts bringen.

244 Restatement (Third) Foreign Relations Law, § 325 Comment a (1987).

245 *Volkswagenwerk AG v. Schlunk*, 486 U.S. 694, 700, 108 S.Ct. 2542, 100 L.Ed.2d 722 (1988) unter Hinweis auf *Air France v. Saks*, 470 U.S. 392 (1985).

laut und dem Kontext beginnen, in dem der Wortlaut steht; ist der Wortlaut nicht eindeutig, dann können auch andere allgemeine Auslegungsprinzipien zur Anwendung gelangen. Staatsverträge sollen allgemein liberal ausgelegt werden, d.h. die Ermittlung der Intention der Vertragsparteien ist das eigentliche Ziel der Auslegung. Die Praxis der US-Gerichte neigt dabei im Unterschied zur Praxis der internationalen Gerichte auch stärker dazu, die Umstände außerhalb des Vertragstextes zur Auslegung heranzuziehen.[246] So betrachten die US-Gerichte die Vertragsentwürfe (drafting history) und die Vertragsverhandlungen (negotiations) nicht lediglich als subsidiäre Erkenntnisquelle.[247] Beachtung findet schließlich auch eine spätere Auslegungsvereinbarung (postratification understanding)[248] oder ein „course of conduct“[249]. Besonderes Augenmerk wird den Entscheidungen solcher internationaler Tribunale geschenkt, die mit der Auslegung eines Staatsvertrages betraut sind.[250] Auch Entscheidungen ausländischer Gerichte können Beachtung finden.[251]

## 2. „Congressional-Executive Agreements“

Von den „treaties“ sind die sog. „executive agreements” zu unterscheiden. Hierunter werden solche völkerrechtlichen Vereinbarungen verstanden, die der US-Präsident entweder ganz ohne Zustimmung des Senats nur aufgrund seiner verfassungsrechtlichen Kompetenz in auswärtigen Angelegenheiten („sole executive agreements“) oder aufgrund einer Ermächtigung in einer gemeinsamen Resolution beider Häuser des Kongresses („congressional-executive agreements“) abschließt.[252] Das im vorliegenden Fall bedeutsame WTO-Übereinkommen kam im Wege eines „congressional-executive agreement“ zustande[253]: Der US-Präsident erhielt die Er-

---

[246] Restatement (Third) Foreign Relations Law, § 325 Comment g, Reporters' Note 4 (1987); *Trimble*, S. 141 f.

[247] Vgl. nur die Einschätzung von *Jackson*, The Jurisprudence of GATT & the WTO, S. 323 f., mit Blick auf die Entscheidung in *Air France v. Saks*, 470 U.S. 392, 105 S.Ct. 1338 (1985).

[248] So *El Al Israel Airlines v. Ltd. v. Tsui Yuan Tseng*, 525 U.S. 155, 119 S.Ct. 662, 142 L.Ed.2d 576 (1999).

[249] *O'Connor v. U.S.*, 479 U.S. 27, 107 S.Ct. 347, 93 L.Ed.2d 206 (1986).

[250] *Breard v. Greene*, 523 U.S. 371, 118 S.Ct. 1352, 140 L.Ed.2d 529 (1998); Restatement (Third) Foreign Relations Law, § 112 (1) (1987).

[251] Vgl. die schon betagte Entscheidung in *Thirty Hogshead of Sugar v. Boyle*, 9 Cranch (13 U.S.) 191, 3 L.Ed. 701 (1815).

[252] Vgl. *Henkin*, S. 215. Überblick zu den sog. „sole executive agreements“ Restatement (Third) Foreign Relations Law, § 303 (4) Comment g (1987); *Henkin*, S. 219 ff., *Trimble*, S. 131 ff. ("Presidential Executive Agreements").

[253] Vgl. *Jackson*, The World Trade Organization, S. 30; *Leebron*, in: Jackson/Sykes, S. 175 f., mit Einzelheiten zum Verfahren, S. 185 ff., 193 ff.; siehe auch *Baab*, S. 108 ff. Das Verfahren vollzieht sich dabei grob in 4 Schritten (vgl. auch 19 U.S.C. § 2903): Zunächst ermächtigt der Kongress den Präsidenten zu Vertragsverhandlungen. Dieser bzw. sein Vertreter (United States

mächtigung zu den Vertragsverhandlungen durch den Omnibus Trade and Competitiveness Act of 1988 (sec. 1102)[254]; die Zustimmung des Kongresses und innerstaatliche Umsetzung erfolgte mit dem Uruguay Round Agreements Act of 1994[255].

„Congressional-executive agreements" bieten eine Reihe von Vorteilen gegenüber dem ordentlichen „treaty"-Verfahren.[256] Der Abschluss internationaler Vereinbarungen im Wege einer „joint resolution of both houses of Congress" findet aber nach allgemeiner Ansicht keine Stütze im Wortlaut der Verfassung.[257] Die Verfassung spricht in U.S. Const. art. II, sec. 2, cl. 2 von „Treaties", die der Präsident nach Beratung und Zustimmung einer Zwei-Drittel-Mehrheit im Senat abschließen kann.[258] Unklar ist, ob diese Regelung Exklusivität beansprucht oder auch andere Verfahrensweisen zulässt.[259] Die Verfassungsmäßigkeit von „congressional-executive agreements" ist deshalb in der Vergangenheit verschiedentlich in Frage gestellt worden.[260] In den neunziger Jahren hat die Diskussion im Zuge der Umset-

---

Trade Representative - USTR) verhandelt (in Konsultation mit dem Kongress und den Interessenverbänden) und unterzeichnet den Vertrag schließlich, nachdem er den Kongress 90 Tage vorher darüber in Kenntnis gesetzt hat). Danach bringt der Präsident einen Gesetzesentwurf ein, dem der Kongress in beiden Häusern mit einfacher Mehrheit innerhalb von 60 Tagen zustimmen und ohne Änderungen gesetzlich umsetzen muss („fast-track procedure"); zudem wird der Präsident zur Ratifikation ermächtigt. Schließlich akzeptiert der Präsident den Vertrag formell im Namen der USA.

254 Aug. 23, 1988, Pub.L.No. 100-418, 102 Stat. 1107 (1988); 19 U.S.C. § 2902.

255 Dec. 8, 1994, Pub.L.No. 103-465, 108 Stat. 4809 (1994).

256 Vgl. *Henkin*, S. 217: Im Unterschied zum ordentlichen „treaty"-Verfahren bedarf es hier keiner Zwei-Drittel-Mehrheit im Senat, sondern lediglich der einfachen Mehrheit in beiden Häusern. Ein weiterer Vorteil liegt darin, dass in diesem Verfahren die Zustimmung von beiden Häusern auf einmal eingeholt werden kann; das Repräsentantenhaus kann sich dann nicht mehr nachträglich (bei der Bereitstellung von Haushaltsmitteln) verweigern. Soweit sich der Kongress festgelegt hat, erledigt sich durch die Zustimmung auch die Debatte über die „self-executing"-Eigenschaft der Vereinbarung. Schließlich ist auch zu beachten, dass die Zustimmung entweder im Voraus oder nachträglich erteilt werden kann. Dazu *Leebron*, in: Jackson/Sykes, S. 178 f.: Ersterer Weg wurde u.a. für das GATT 1947, letzterer für die Umsetzung der Tokyo Runde gewählt.

257 Allgemeine Ansicht, vgl. statt vieler *Trimble*, S. 123: „There is no direct-authority in the text of the Constitution for these agreements."

258 *Weinberger v. Rossi*, 456 U.S. 25, 29 f., 102 S.Ct. 1510, 71 L.Ed.2d 715 (1982). Die Gründungsväter schienen aber auch andere internationale Vereinbarungen gekannt zu haben, wie der Wortlaut der Verfassung an anderer Stelle nahe legt (U.S. Const. art. 1, sec. 10, cl. 3: „No State shall [...] enter into any Agreement or Compact with another State [...]"). Siehe dazu nur *Sutherland*, 65 Harv.L.Rev. 1305, 1320 f. (1952).

259 Eine ausführliche Analyse des Wortlautes der Verfassung aus jüngerer Zeit bietet *Yoo*, 99 Mich.L.Rev. 757, 768 ff. (2001).

260 Vgl. nur die kritischen Anmerkungen von *Borchard*, 53 Yale L.J. 664 ff. (1944), und *Berger*, 71 Mich.L.Rev. 1 ff. (1972); für eine kompakte Zusammenfassung des Streitstandes siehe *Randall*, 51 Ohio St.L.J. 1089, 1115 (1990), und *Yoo*, 99 Mich.L.Rev. 757, 768 ff. (2001). Zu früheren Vor-

zung des Übereinkommens zur Errichtung einer nordamerikanischen Freihandelszone (NAFTA) und der Welthandelsorganisation (WTO) nicht nur im rechtswissenschaftlichen Schrifttum einen neuen Höhepunkt erreicht.[261] Der Streit gelangte auch vor die US-Gerichte. Der US District Court for the Northern District of Alabama hielt den Abschluss des NAFTA-Übereinkommens im Wege eines „congressional-executive agreements" zunächst für verfassungsgemäß.[262] Die Entscheidung hatte allerdings keinen Bestand; sie wurde vom Court of Appeal (11th Cir.) wieder aufgehoben, weil das Berufungsgericht die entscheidungserhebliche Frage anders als die Vorinstanz als „political question" und damit als nicht justiziabel einordnete.[263]

Eine endgültige Klärung der Rechtslage steht damit noch aus, da auch der US Supreme Court die Frage der Verfassungsmäßigkeit bisher nicht explizit entschieden hat. Wenn überhaupt, dann kann man seinen bisherigen Entscheidungen eine gewisse indizielle Bedeutung für die künftige Beurteilung der Rechtslage beimessen.[264] So ist es nicht zu bestreiten, dass das Gericht insbesondere in *U.S. v. Curtiss-Wright Export Corp.*[265] und *Dames & Moore v. Regan*[266] die betreffenden „congressio-

---

schlägen einer entsprechenden Verfassungsänderung („Bricker Amendment", 98 Cong.Rec. 920, Feb. 7, 1952) *Sutherland*, 65 Harv.L.Rev. 1305 (1952); zu einfachgesetzlichen Regelungen 1 U.S.C. § 112 (b) (1972): „Case-Zablocki Act".

261 Zur sog. "The Great 1994 Sovereignty Debate" *Jackson*, 36 Colum.J.Transnat'l L. 157, 184 f. (1997); *Leebron*, in: Jackson/Sykes, S. 179 (Fn. 14) m.w.N. Die im Gesetzgebungsverfahren angestoßene Debatte setzte sich „lawinenartig" in Aufsatzform fort, siehe nur *Ackermann/Golove*, 108 Harv.L.Rev. 799 (1995), mit Erwiderungen von *Tribe*, 108 Harv.L.Rev. 1221 (1995); *Ramsey*, 77 N.C.L.Rev. 133 (1998); *Spiro*, 79 Tex.L.Rev. 961, 1033 (2001). Bedenken äußerte hingegen auch *Vagts*, 36 Colum.J.Transnat'l L. 143 (1997).

262 *Made in the USA Foundation v. U.S.*, 56 F.Supp.2d 1226 (N.D.Ala. 1999); m. krit. Anm. von *Brass*, 9 Minn.J.Global Trade 663 ff. (2000).

263 *Made in the USA Foundation v. U.S.*, 242 F.3d 1300, 1311 ff. (11th Cir. 2001): „nonjusticiable political question"; dazu kritisch *Breuer*, 27 Brook.J.Int'l L. 1029 ff. (2002); *Ledermann*, 75 DEC Fla.B.J. 30 ff. (2001).

264 *Helm-Busch*, S. 213, spricht zutreffend von einer „Indizwirkung für die Verfassungsmäßigkeit"; offensichtlich weitergehend die Beurteilung von *Baab*, S. 65 ff.

265 *U.S. v. Curtiss-Wright Export Corp.*, 299 U.S. 304, 318, 81 L.Ed. 255 (1936): „[...] the power to make such international agreements as do not constitute treaties in the constitutional sense [...] none of which is expressly affirmed by the Constitution, nevertheless *exist as inherently inseparable from the conception of nationality.* This the Court recognized, and in each case cited found the warrant for its conclusions *not in the provisions of the Constitution, but in the law of nations.*"

266 *Dames & Moore v. Regan*, 453 U.S. 645, 101 S.Ct. 2972„ 69 L.Ed.2d 918 (1981): „This action was taken in an effort to comply with an *Executive Agreement* between the United States and Iran. [...] When the President acts pursuant to an express or implied authorization from Congress, *he exercises not only his powers but also those delegated by Congress.* In such a case the executive action 'would be supported by the strongest of presumptions and the widest latitude of judicial

nal-executive agreements" im Ergebnis unbeanstandet ließ.[267] Die Entscheidungen nahmen aber zur umstrittenen Frage der verfassungsrechtlichen Grundlage dieser Vertragsabschlusspraxis nicht ausdrücklich Stellung[268]; folglich kann ihnen auch keine entsprechende *„ratio decidendi"* entnommen werden.

Wie auch immer, die Entscheidungen haben der Rechtsauffassung im Schrifttum Auftrieb verliehen, die seit jeher für eine Verfassungsmäßigkeit der „congressional-executive agreements" eingetreten ist. Heute kann diese trotz der wiedererstarkten Kritik wohl als herrschend bezeichnet werden.[269] Sie sieht im praktischen Ergebnis den Abschluss im Wege eines „congressional-executive agreements" und das ordentliche „treaty"-Verfahren als grundsätzlich gleichwertige und untereinander austauschbare Verfahrensweisen an („interchangeability argument").[270] Zur Begründung wird einmal auf die demokratische Legitimation des präsidialen Handelns verwiesen, wenn eine Zustimmung in beiden Häusern des Kongresses eingeholt werde; zudem wird (zu Recht) betont, dass der Abschluss internationaler Vereinbarungen im Wege der „executive agreements" bis in die Gründungsjahre zurückreicht und heute einer gefestigten Praxis entspricht.[271] Bei (Außen-)-Handelsabkommen trifft diese Feststellung jedenfalls für die Zeit nach dem Ende

---

interpretation, and the burden of persuasion would rest heavily upon any who might attack it.'" (Hervorhebung d. Verf.).

267 Vgl. die eigene Einschätzung des US Supreme Court *„obiter dictum"* in *Weinberger v. Rossi,* 456 U.S. 25, 29 f. (Fn. 6), 102 S.Ct. 1510, 71 L.Ed.2d 715 (1982): „We have recognized, however, that the President may enter into certain binding agreements with foreign nations without complying with the formalities required by the Treaty Clause of the Constitution, even when the agreement compromises commercial claims between United States citizens and a foreign power. See, *e.g., Dames & Moore v. Regan,* 453 U.S. 645, 101 S.Ct. 2972,, 69 L.Ed.2d 918 (1981); *U.S. v. Pink,* 315 U.S. 203, 62 S.Ct. 552, 86 L.Ed.796 (1942); *U.S. v. Belmont*, 301 U.S. 324, 57 S.Ct. 758, 81 L.Ed. 1134 (1937)."

268 So ausdrücklich auch *Probst,* J. in *Made in the USA Foundation v. U.S.,* 56 F.Supp.2d 1226, 1229 (N.D.Ala. 1999).

269 Restatement (Third) Foreign Relations Law, § 303 (2) Comment e (1987): „prevailing view". Im Anschluss an *McDouglas/Lans,* 54 Yale L.J. 181 ff., 534 ff. (1945); *Henkin,* S. 217; *Trimble,* S. 126 f.; *Leebron,* in: Jackson/Sykes, S. 179; *Aceves,* Fordham Int'l L.J. 427, 456 (1995). Siehe auch *Jackson,* The Jurisprudence of GATT & the WTO, S. 198 (Nachdruck des Aufsatzes „The General Agreement on Tariffs and Trade in United States Domestic Law", 66 Mich.L.Rev. 249 ff. (1967)), der schon früher meinte, diese Auffassung sei „generally settled".

270 So schon *McDouglas/Lans,* 54 Yale L.J. 181ff., 534 ff. (1945). Zu den vermeintlichen Schwachstellen dieser Argumentation jüngst wieder *Yoo,* 99 Mich.L.Rev. 757, 773 ff. (2001).

271 Restatement (Third) Foreign Relations Law, § 303 Reporters' Note 8, 9 (1987); *Sutherland,* 65 Harv.L.Rev. 1305, 1321 (1952); *Trimble,* S. 123, hat im Zeitraum von 1939 bis 1982 nur insgesamt 608 „treaties" gegenüber 9548 „executive agreements" gezählt.

des Zweiten Weltkrieges zu.[272] Einige Stimmen nehmen deshalb auch eine gewohnheitsrechtliche Verfestigung an.[273] In der Praxis behilft sich die Regierung seit längerem mit einer Art Fallgruppenbildung („topical approach").[274]

Neben der Frage des verfassungsmäßigen Zustandekommens ist auch die Einordnung in das innerstaatliche Normensystem noch nicht zweifelsfrei geklärt. Auch hier ist die Rechtsprechung des US Supreme Court wenig ergiebig. In einer älteren Entscheidung in *B. Altman Co. v. U.S.*[275] hat der US Supreme Court ein „congressional-executive agreement" einem „treaty" für die Zwecke eines einfachen Gesetzes gleichgestellt; für eine Gleichstellung streitet auch ein *obiter dictum* in *Weinberger v. Rossi*[276]. Die wohl herrschende Auffassung im Schrifttum spricht sich heute dafür aus, „congressional-executive agreements" auch unter die verfassungsrechtliche „supremacy clause" (U.S. Const. art. VI, cl. 2) zu subsumieren und damit „treaties" gleichzustellen.[277] Konsequenterweise werden „congressional-executive agreements" der Status als „supreme Law of the Land" und der Rang von Bundesgesetzen zugesprochen; sie können damit auch ein entgegenstehendes, früher erlassenes

---

272 Vgl. *Spiro*, 79 Tex.L.Rev. 961, 1002 (Fn. 191) (2001); ebenso *Trimble*, S. 123, 129; *Leebron*, in: Jackson/Sykes, S. 178: Als Grund wird die verfassungsrechtlich vorgesehene Kompetenz des Kongresses, Zölle zu erheben und den Außenhandel zu regeln (U.S. Const. art. I, sec. 8: „To lay and collect Duties", „To regulate Commerce with foreign Nations"), ausgemacht.

273 Vgl. dazu im deutschen Schrifttum ausführlich *Helm-Busch*, S. 169 ff.; *Kühner*, JöR 35, 365, 382 (1986), beide m.w.N. *Baab*, S. 66, sieht die „verfassungsrechtliche Grundlage außerhalb des geschriebenen Verfassungstextes in der Souveränität der USA", meint aber im selben Atemzug, „[d]as Zustandekommen der Regierungsabkommen wird allein durch das Verhältnis der Verfassungsorgane auf Bundesebene zueinander bestimmt." Die Einordnung einer derartigen Kompetenz (geschriebenes/ungeschriebenes Verfassungsrecht) wird damit nicht klar.

274 Vgl. nur die Auswahlkriterien der Regierung im sog. „Circular 175", abgedruckt in: Treaties and Other International Agreements, Department of State Foreign Affairs Manual, § 700 (1974). Im Ergebnis durchaus vergleichbar und mit der verfassungsrechtlich vorgesehenen Gewaltenteilung begründet ist der von *Yoo*, 99 Mich.L.Rev. 757, 822 ff. (2001) gemachte Vorschlag, „congressional-executive agreements" in solchen Bereichen einzusetzen, in denen auf nationaler Ebene dem US-Kongress die Gesetzgebungskompetenz zustünde.

275 *B.Altman Co. v. U.S.*, 224 U.S. 583, 32 S.Ct. 593, 56 L.Ed. 894 (1912): „The commercial reciprocal *agreement with France, negotiated under authority of Act* July 24, 1897, § 3, 30 Stat. 151, c. 11, giving power to make reciprocal agreements with reference to certain articles, *is a treaty within the meaning of Act* March 3, 1891, § 5, 28 U.S.C.A. § 345, giving direct appeal to the Supreme Court where validity of any treaty is drawn in question." (Hervorhebung d. Verf.).

276 *Weinberger v. Rossi*, 456 U.S. 25, 29 f. (Fn. 6), 102 S.Ct. 1510, 71 L.Ed.2d 715 (1982): „Even though such agreements are not treaties under the Treaty Clause of the Constitution, they may in appropriate circumstances have an effect similar to treaties in some areas of domestic law."

277 Restatement (Third) Foreign Relations Law, § 111 Comment d, Reporters' Note 2, 3 (1987); *Ramsey*, 77 N.C.L.Rev. 133, 224 f. (1998), a.A. wohl *Becker*, S. 5.

Bundesgesetz verdrängen.[278] Anders soll es sich allerdings dann verhalten, wenn der Kongress bei seiner Zustimmung die innerstaatliche Geltung (unmittelbare Anwendbarkeit) ausgeschlossen oder beschränkt hat.[279] In diesem Fall bliebe immerhin noch die Möglichkeit der vertragskonformen Auslegung.

### 3. „Customary International Law"

Die US-Verfassung enthält keine ausdrückliche Bestimmung über die innerstaatliche Geltung des Völkergewohnheitsrechts („customary international law").[280] Die „supremacy clause" (U.S. Const. art. VI, cl. 2) spricht ausdrücklich nur von „Treaties".[281] In der vielzitierten Entscheidung in *The Paquete Habana*[282] hat der US Supreme Court gleichwohl das gesamte Völkerrecht als Bestandteil des US-amerikanischen Rechts eingeordnet:

> „International law is *part of our law*, and must be ascertained and administered by the courts of justice of appropriate jurisdiction, as often as questions of right depending upon it are duly presented for their determination. For this purpose, where there is no treaty, and no controlling executive act or legislative act or judicial decision, resort must be had to the customs and usages of civilized nations; [...]"[283] (Hervorhebung d. Verf.)

In seiner späteren Rechtsprechung hat der US Supreme Court das Völkergewohnheitsrecht dann regelmäßig als innerstaatlich geltendes Recht angewendet.[284] Dennoch ist die konkrete Einordnung bis heute nicht endgültig geklärt und mithin im Schrifttum umstritten.[285] Einig scheint man sich nur insoweit zu sein, als es sich beim Völkergewohnheitsrecht um Bundesrecht (federal law) handeln soll.[286] Damit

---

[278] Vgl. nur die Zusammenfassung der allgemeinen Auffassung bei *Jackson*, The Jurisprudence of GATT & the WTO, S. 236. Auf die umstrittene Frage, ob auch „presidential executive agreements" ein derartiger Rang zukommt, muss hier nicht eingegangen werden.

[279] Vgl. *Henkin*, S. 217.

[280] Lediglich in einer Gesetzgebungskompetenznorm für den US-Kongress (U.S. Const. art. 1, sec. 8, cl. 10: „To define and punish [...] Offences against the Law of Nations.") wird indirekt Bezug genommen. Siehe auch *Paust*, S. 5 (Fn. 33).

[281] Gegen eine Heranziehung *Henkin*, S. 238, der aber eine stillschweigende („tacitly") Inkorporation für möglich hält.

[282] *The Paquete Habana*, 175 U.S. 677, 20 S.Ct. 290, 44 L.Ed. 320 (1900).

[283] 175 U.S. 677, 700.

[284] Siehe nur *Banco National de Cuba v. Sabbatino*, 376 U.S. 398, 84 S.Ct. 923, 11 L.Ed.2d 804 (1964): „act of state doctrine"; *Saudi Arabia v. Nelson*, 507 U.S. 349, 113 S.Ct. 1471, 123 L.Ed.2d 47 (1993).

[285] Vgl. *Paust*, S. 5 (Fn. 34) m.w.N. (Nachdruck des Aufsatzes: Customary International Law: Its Nature, Sources and Status as Law of the United States, 12 Mich.J.Int'l L. 59 (1990)).

[286] *Banco National de Cuba v. Sabbatino*, 376 U.S. 398, 425 (1964): „[...] must be treated exclusively as an aspect of *federal law*." (Hervorhebung d. Verf.). Aus dem Schrifttum siehe nur *Henkin*,

genießt das Völkergewohnheitsrecht Vorrang vor dem einzelstaatlichen Recht. Darüber hinaus wird dem Völkergewohnheitsrecht im Restatement (Third) und in der wohl überwiegenden Ansicht im Schrifttum der Status eines „federal common law" zugesprochen.[287] Dementsprechend und in Anlehnung an *The Paquete Habana* wurde in neueren Entscheidungen US-amerikanischer Gerichte das Völkergewohnheitsrecht nicht angewendet, wenn ein Bundesgesetz[288] oder eine Entscheidung der (Bundes-)Exekutive[289] einschlägig war.

## II. Anwendbares Recht

Die Frage nach dem anwendbaren Recht stellt sich in den USA als Mehrrechtsstaat gleich in mehrfacher Hinsicht. Neben dem ausländischen Recht bedarf es auch einer Abgrenzung des Rechts der Einzelstaaten zueinander und zum Bundesrecht.

Die für ein Bundesgericht (federal court) entscheidende Frage, ob einzelstaatliches oder Bundesrecht anzuwenden ist, beantwortet grundsätzlich die vom US Supreme Court in *Erie Railroad Co. v. Tompkins*[290] aufgestellte Regel:

> „Except in matters governed by the Federal Constitution or by acts of Congress, the law to be applied in a case is the law of the state. There is no federal general common law."[291]

Vor den Bundesgerichten gilt also, soweit vorhanden und einschlägig, Bundesrecht. Das Bundesrecht verdrängt das einzelstaatliche Recht und ist von den Bundesgerichten kraft der Ermächtigung in der Bundesverfassung (U.S. Const. art. VI, cl. 2) anzuwenden.[292] Zum Normenkomplex des Bundesrechts zählen weite Teile des Bundesprozessrechts, u.a. die vom US Supreme Court aufgrund delegierter

---

S. 238 f., *Becker*, S. 8 f.; *Koh*, 111 Harv.L.Rev. 1824, 1861 (1998); a.A. neuerdings *Bradley/Goldsmith*, 110 Harv.L.Rev. 815, 870 (1997); *dies.*, 111 Harv.L.Rev. 2260 ff. (1998).

[287] Restatement (Third) Foreign Relations Law, § 111 (1) Comment d (1987): „like Common Law in the United States"; *Trimble*, S. 184; *Goldsmith*, 83 Va.L.Rev. 1617, 1639 f. (Fn. 103) (1997) m.w.N. A.A. wohl *Paust*, S. 5 ff., der insbesondere klar für eine Bindung der Exekutive plädiert, S. 143 ff. (Nachdruck des Aufsatzes: The President Is Bound By International Law, 81 Am.J.Int'l L. 377 (1987)); unklar *Becker*, S. 8.

[288] *Bradvica v. I.N.S.*, 128 F.3d 1009 (7th Cir. 1997); *Galo-Garcia v. I.N.S.*, 86 F.3d 916 (9th Cir. 1996).

[289] Aus der aus internationaler Sicht bedenklichen neueren Rechtsprechung: *Barrera-Echavarria v. Rison*, 44 F.3d 1441 (9th Cir. 1995), cert. denied 516 U.S. 976, 116 S.Ct. 479, 133 L.Ed.2d 407 (1995); *Garcir-Mir v. Meese*, 788 F.2d 1446 (11th Cir. 1986), cert. denied, *Ferrer-Mazorra v. Meese*, 479 U.S. 889, 107 S.Ct. 289, 93, L.Ed.2d 263 (1986).

[290] *Erie Railroad Co. v. Tompkins*, 304 U.S. 64, 58 S.Ct. 817, 82 L.Ed. 1188 (1938).

[291] 304 U.S. 64, 78.

[292] *Walker v. Armco Steel Corp.*, 446 U.S. 740, 100 S.Ct. 1978, 64 L.Ed.2d 659 (1980).

Normsetzungskompetenz[293] erlassenen Federal Rules of Civil Procedure (F.R.Civ.P.).[294] Ist hingegen keine bundesrechtliche Regelung einschlägig, dann bleibt es bei den herkömmlichen Regelungen des Common Law, die regelmäßig dem einzelstaatlichen Recht zu entnehmen sind.[295]

Im Übrigen gilt als allgemeine Regel, dass ein US-Gericht auf das vor ihm anhängige Verfahren sein eigenes Verfahrensrecht (its own local law) anwendet.[296] Das anwendbare Sachrecht bestimmt sich nach den anerkannten „conflicts of law"-Grundsätzen.[297] Zum Sachrecht (substance) zählen nach dem Restatement (Second) solche Fragen, deren Lösung sich wahrscheinlich auf das Ergebnis des Falles auswirkt.[298] Alle anderen Fragen sind eher dem Verfahren (procedure) zuzuordnen, wobei die in Präjudizien gefestigte Einordnung zu beachten ist.[299] Damit ist letztlich noch die Frage unbeantwortet, ob das zur Entscheidung berufene Bundesgericht einzelstaatliches oder bundesrechtliches IZPR und IPR anwendet. In Anwendung der *Erie*-Doktrin wendet ein Bundesgericht zunächst die einschlägigen bundesgesetzlichen Normen an. Ist eine gesetzliche Regelung nicht vorhanden, dann müsste das Gericht eigentlich auf das einzelstaatliche Recht zurückgreifen, weil es kein „federal general common law" geben darf. Die Instanzgerichte und das Schrifttum befürworten in bestimmten Fällen gleichwohl die Anwendung eines sog. „federal common law of foreign relations".[300] Ein Anwendungsfall hierfür ist die für die Bundesgerichte geltende „forum non convenience doctrine". Der US Supreme Court hat die Frage noch nicht explizit entschieden.

---

293 Sog. Rules Enabling Act 1934; heute 28 U.S.C. §§ 2072 ff. (1999).

294 F.R.Civ.P. 1, 81: Die Regeln gelten nur für die Bundesgerichte. Siehe auch *American Dredging Co. v. Miller*, 114 S.Ct. 981 (1994); *Hanna v. Plumer*, 380 U.S. 460, 85 S.Ct. 1136, 14 L.Ed.2d 8 (1965).

295 Vgl. *Wright/Kane*, S. 387 ff. mit Einzelheiten.

296 Restatement (Second) Conflicts of Law, § 122 (1971); *Weintraub*, Conflicts of Law, S. 53 (§ 3.2); *Dolinger/Tiburcio*, 33 Tex.Int'l L.J. 425, 428 ff. (1998).

297 Zu den völkerrechtlichen Grenzen der „jurisdiction to prescribe" Restatement (Third) Foreign Relations Law, §§ 402, 403 (1987); zu den verfassungsrechtlichen Grenzen *Weintraub*, Conflicts of Law, S. 585 (§ 9).

298 Restatement (Second) Conflicts of Law, § 122 Comment a (1971): "whether the issue is one whose resolution would be likely to affect the ultimate result of the case"; ähnlich *Weintraub*, Conflicts of Law, S. 59 (§ 3.2C1).

299 Das Restatement (Second) Conflicts of Law, §§ 123 ff. (1971), beschreibt Einzelfälle wie „proper court", „form of action", „parties", service of process" etc.

300 Vgl. *Goldsmith*, 83 Va.L.Rev. 1617, 1634 f. (1997) m.w.N. aus der Instanzenrechtsprechung (Fn. 79) und dem Schrifttum (Fn. 80).

## B. Grundsätze der Auslegung von Bundesgesetzen

Die Gesetzesauslegung (statutory interpretation)[301] ist als Rechtsfrage (question of law) auch in Prozessen mit Jury-Beteiligung die Aufgabe des Richters.[302] Traditionell wird der Zweck der Auslegungsregeln und –maximen in der Ermittlung des wahren Gesetzeszweckes gesehen.[303] US-amerikanische Gerichte betrachten es in diesem Sinne als die Funktion der Gesetzesauslegung, der gesetzgeberischen Absicht (legislative intent) Wirkung zu verschaffen.[304] Soll ein Bundesgesetz ausgelegt werden, so ist mithin die Absicht des US-Kongresses entscheidend.[305] In jüngerer Zeit gibt es eine Tendenz, dem Gesetzestext wieder stärkere Aufmerksamkeit zu widmen („The New Textualism"[306]) mit dem Ziel, die interpretative Freiheit des Richters zu begrenzen.

Zu beachten ist weiterhin, dass Auslegungsregeln nur juristische Hilfsmittel sind. Auch in den USA existiert kein völlig einheitlicher und widerspruchsfreier Kanon an Auslegungsregeln.[307] Das Rechtssystem, die Einstellung der US-amerikanischen Gerichte gegenüber dem Gesetzesrecht[308] und damit die Methode

---

301 Überblick zur Auslegung des Statute Law in den USA in deutscher Sprache bei *Blumenwitz*, Einführung, S. 54; in englischer Sprache *Eskridge/Frickey/Garett*, Legislation And Statutory Interpretation, S. 211 ff. Grundlegend *Singer*, Sutherland Stat. Const. §§ 45.01 ff. (6th ed. 2000), *Popkin*, Materials on Legislation, S. 181 ff.; *Eskridge/Frickey/Garett*, Cases and Materials on Legislation, S. 669 ff.

302 Vgl. *Singer*, Sutherland Stat. Const. § 45.03 (6th ed. 2000).

303 Vgl. *Eskridge/Frickey/Garett*, Legislation And Statutory Interpretation, S. 213, auch mit kurzem Überblick über die Strömungen des „Intentionalism" („Specific Intent", „Imaginative Reconstruction", „Purposivism"), S. 214 ff.; *Singer*, Sutherland Stat. Const. § 45.05 (6th ed. 2000); 82 C.J.S. Statutes § 305 (1999).

304 *Reves v. Ernst & Young*, 494 U.S. 56, 110 S.Ct. 945, 108 L.Ed.2d 47 (1989); *Commissioner v. Engle*, 464 U.S. 206, 104 S.Ct. 597, 78 L.Ed.2d 420 (1984); *Atiyah/Summers*, S. 111.

305 *U.S. v. American Trucking Associations, Inc.* , 310 U.S. 534, 60 S.Ct. 1053, 84 L.Ed. 1345 (1940).

306 Vgl. den gleichnamigen Aufsatz von *Eskridge*, 37 UCLA L.Rev. 621, 636 ff. (1989), sowie *Eskridge/Frickey/Garett*, Legislation And Statutory Interpretation, S. 227, unter Hinweis auf den viel diskutierten Beitrag von Justice *Antonin Scalia*, A Matter of Interpretation: Federal Courts and the Law (1997), m.w.N.

307 Dass es kaum einen unwidersprochenen Kanon gibt, hat schon *Llewllyn*, 3 Vanderbilt L.Rev. 395, 401 (1950), mit seiner Gegenüberstellung einzelner Grundsätze gezeigt. Dennoch gibt es bemerkenswerte Versuche der Systematisierung, so „Rehnquist Court's Canons of Statutory Construction" bei *Eskridge*, Dynamic Statutory Interpretation, S. 323 ff. (Appendix 3), mit Blick auf die vom U.S. Supreme Court in den Jahren 1986 bis 1991 unter Chief Justice *W. Rehnquist* gebrauchten Grundsätze.

308 Vgl. *Pound*, 21 Harv.L.Rev. 383 (1908); *Farnsworth*, S. 69; *Atiyah/Summers*, S. 109 ff.

der Gesetzesauslegung befindet sich in der Entwicklung.[309] Hinzu kommt das Problem der unterschiedlichen Anwendung in den einzelnen Teilrechtsordnungen (soweit einzelstaatliches Recht betroffen ist). Einige Staaten haben einen Auslegungskanon kodifiziert, andere nicht.[310] Man kann deshalb auch nicht von „der" Methode der Auslegung in den USA sprechen.

Der Antidumping Act 1916 ist legislativ gesetztes Recht des Bundes (federal statute law). Im Folgenden wird deshalb von den Grundsätzen zur Auslegung von Bundesgesetzen ausgegangen.

### I. Der Gesetzestext als Ausgangspunkt

Ausgangspunkt ist für den US-amerikanischen Richter der rechtswirksam zustande gekommene, autoritative Text des Gesetzes (literal interpretation).[311] Hierbei wird von der Vermutung ausgegangen, dass der Wortlaut die Absicht des Gesetzgebers widerspiegelt.[312] Dem Wortlaut ist grundsätzlich die einfache, natürliche und gewöhnliche Bedeutung (plain, natural and usual meaning) der verwendeten Sprache des Gesetzgebers beizumessen, soweit nichts Gegenteiliges erkennbar ist.[313] Hat der Gesetzgeber hingegen technische Ausdrücke verwendet, so ist ihnen auch diese Bedeutung zu geben.[314] Grundsätzlich entscheidet der Sprachgebrauch zum Zeitpunkt des Erlasses.[315]

---

309 *Popkin*, Materials on Legislation, S. 9 f., unterteilt die Entwicklung der Gesetzesauslegung in den USA grob in eine historische, englischen Wurzeln folgende Phase bis 1900, eine weitere Phase bis etwa 1960, in der die US-Gerichte ihre feindselige Haltung gegenüber dem „statute law" ablegten und dem gesetzgeberischen Zweck Beachtung schenkten, und die gegenwärtige Phase; ebenso *ders.*, Statutes in Court, S. 7 ff., 151 ff.; etwas diffiziler die Einteilung bei *Eskridge/Frickey/Garett*, Cases and Materials on Legislation, S. 669 ff. Insbesondere seit den achtziger Jahren ist auch ein zunehmendes akademisches Interesse an den Methoden der Gesetzesauslegung zu verzeichnen, vgl. *Eskridge*, Dynamic Statutory Interpretation, S. 1, und die Nachweise auf S. 335 (Fn. 1).

310 Vgl. *Summers*, in: McCormick/Summers, S. 407, 451 ff. m.w.N.

311 *Consumer Safety Commission v. GTE Sylvania, Inc.*, 447 U.S. 102, 100 S.Ct. 2051, 64 L.Ed.2d (1980).

312 82 C.J.S. Statutes § 310 a (1999).

313 *Burns v. Alcala*, 420 U.S. 574, 95 S.Ct. 1180, 43 L.Ed.2d 469 (1975); 82 C.J.S. Statutes § 321 a, b (1999).

314 *Will v. Michigan Department of State Police*, 491 U.S. 411, 109 S.Ct. 2304, 105 L.Ed.2d 45 (1989); 82 C.J.S. Statutes § 322 (1999).

315 Vgl. 82 C.J.S. Statutes § 321 a (1999); *Singer*, Sutherland Stat. Const. § 49.01 ($6^{th}$ ed. 2000).

Das Gesetz ist aus sich heraus auszulegen und wird als Ganzes gelesen.[316] Im Gesetz ausdrücklich Erwähntes schließt Nichterwähntes dem Grundsatz nach aus (*expressio unius est exclusio alterius*).[317] Es wird angenommen, dass der Gesetzgeber jeder Bestimmung eine Bedeutung geben wollte und nichts Überflüssiges oder Bedeutungsloses aufgenommen hat.[318] Zudem wird angenommen, dass der Gesetzgeber den anerkannten Regeln der Grammatik folgt.[319]

Ist der Wortlaut des Gesetzes klar und lässt er für sich genommen nur eine mögliche Bedeutung zu, ist diese der Auslegung zugrunde zu legen (plain meaning rule).[320]

## II. Der Gesetzeszweck als Ziel

Eine Auslegung über die gewöhnliche Wortbedeutung hinaus wird nur dann für notwendig gehalten, wenn Zweifel bestehen, d.h. der Wortlaut des Gesetzes unklar oder mehrdeutig ist.[321] Zweifel ergeben sich auch dann, wenn das Ergebnis des an sich eindeutigen Wortlautes gemessen an dem Gesetzeszweck absurd oder ungerecht erscheinen würde.[322] Die US-amerikanischen Gerichte gehen bei Zweifeln von der Vermutung aus, der Gesetzgeber wolle solche Ergebnisse vermeiden. Sie sind auch eher als englische geneigt, den Beweis einer der gewöhnlichen Wortbedeutung entgegenstehenden gesetzgeberischen Absicht zuzulassen.[323] Im Gegensatz zur restriktiven Wortlautauslegung englischer Gerichte hat sich die Ansicht durchgesetzt, in diesem Fall den Gesetzen mehr eine sachliche, an den gesetzgeberischen Zielen ausgerichtete (fair and liberal) und weniger eine strikt am Wortlaut haftende

---

316 *Massachusetts v. Morash*, 490 U.S. 107, 109 S.Ct. 1668, 104 L.Ed.2d 98 (1989); *U.S. v. American Trucking Associations, Inc.*, 310 U.S. 534, 60 S.Ct. 1053, 84 L.Ed. 1345 (1940).

317 *E.E.O.C. v. Arabian American Oil Co.*, 499 U.S. 244, 111 S.Ct. 1227, 113 L.Ed.2d 274 (1991); 82 C.J.S. Statutes § 323 a (1999); zu weiteren Regeln (*noscitur a sociis, eiusdem generis*) *Eskridge/Frickey/Garett*, Legislation And Statutory Interpretation, S. 253 ff.

318 *Kungys v. U.S.*, 485 U.S. 759, 108 S.Ct. 1537, 99 L.Ed.2d 839 (1988); 82 C.J.S. Statutes § 310 c (1999).

319 *U.S. v. Ron Pair Enterprises, Inc.*, 489 U.S. 235, 109 S.Ct. 1026, 103 L.Ed.2d 290 (1989); 82 C.J.S. Statutes §§ 324, 325 (1999).

320 *Connecticut National Bank v. Germain*, 503 U.S. 249, 112 S.Ct. 1146, 117 L.Ed.2d 391 (1992); *U.S. v. American Trucking Associations, Inc.* , 310 U.S. 534, 60 S.Ct. 1053, 84 L.Ed. 1345 (1940); *Farnsworth*, S. 67.

321 Vgl. *Singer*, Sutherland Stat. Const. § 45.02 (6th ed. 2000).

322 *Holmes v. S.I.P.C.*, 503 U.S. 258, 112 S.Ct. 1311, 117 L.Ed.2d 532 (1992); *Bodenheimer*, AcP 160 (1961), 1, 14; zur neueren Entwicklung in England *Blumenwitz*, Einführung, S. 53.

323 Vgl. *Atiyah/Summers*, S. 102; *Abadinsky*, S. 27.

Auslegung (strict interpretation) zuteil werden zu lassen.[324] Letztlich soll die Auslegung den Vorrang erhalten, die dem Gesetzeszweck am besten Rechnung trägt und so dem öffentlichen Interesse am besten entspricht.[325] Welche Art der Auslegung zur Anwendung kommt, entscheidet sich auch nach dem Regelungsgegenstand.[326] So müssen Strafgesetze eng ausgelegt werden.[327] Wo ein Gesetz hingegen auch eine private Entschädigung ermöglicht (both penal and remedial statute), muss es wie ein Strafgesetz behandelt werden, wenn es um die Durchsetzung der Strafe geht. Geht es hingegen um privaten Schadensersatz, dann soll es entsprechend behandelt und ausgelegt werden.[328]

Während englische Gerichte sich in Anbetracht dessen leicht schockiert zeigen („free-wheeling"-Methoden), belächeln US-amerikanische Gerichte die oftmals formalistisch und hölzern wirkenden Urteile englischer Gerichte.[329] Dennoch darf auch der US-amerikanische Richter den Wortlaut nicht völlig missachten und das Gesetz ändern, indem er etwa grundlegende Bestimmungen auslässt oder hinzufügt (supremacy of statute). Es ist Sache des Gesetzgebers, Gesetze zu erlassen.[330] Nach dem in der Verfassung niedergelegten Gewaltenteilungsprinzip (separation of powers) ruht die gesetzgebende Gewalt im Kongress.[331] Eine gewisse Ausnahme bildet insoweit lediglich die richterliche Überprüfung der Rechtswirksamkeit des Gesetzes selbst (judicial review).[332]

### III. Heranziehung von Quellen außerhalb des Gesetzestextes

Wie und aus welchen Quellen der Gesetzeszweck zu ermitteln ist, wird in den USA nicht einheitlich beantwortet.[333] Der Streit dreht sich im Kern darum, welche Quellen außerhalb des autoritativen Textes (extrinsic aids) und mit welchem Ge-

---

324 Rechtsvergleichend und die Systemfaktoren analysierend *Atiyah/Summers*, S. 100 ff.; *Farnsworth*, S. 71.

325 *Reves v. Ernst & Young*, 494 U.S. 490, 110 S.Ct. 945, 108 L.Ed.2d 47 (1989); 82 C.J.S. Statutes § 316 (1999).

326 82 C.J.S. Statutes § 376 (1999); *Eskridge*, Dynamic Statutory Interpretation, S. 327 f. ebenfalls mit Beispielen.

327 *Barett v. U.S.*, 423 U.S. 212, 96 S.Ct. 498, 46 L.Ed.2d 450 (1976).

328 *Mourning v. Family Publications Service, Inc.*, 411 U.S. 356, 93 S.Ct. 1652, 36 L.Ed.2d 318 (1973); 82 C.J.S. Statutes § 379 (1999).

329 Vgl. *Atiyah/Summers*, S. 104.

330 Vgl. *Farnsworth*, S. 67, 71; *Singer*, Sutherland Stat. Const. § 45.03 (6th ed. 2000).

331 U.S. Const. art. I, § 1.

332 Grundlegend zur Überprüfung der Bundesgesetzgebung *Marbury v. Madison*, 5 U.S. 137, 1 Cranch 137, 2 L.Ed. 60 (1803).

333 Zum Diskussionsstand *Eskridge/Frickey/Garett*, Legislation And Statutory Interpretation, S. 213 ff.

wicht sie zur Ermittlung der gesetzgeberischen Absicht herangezogen werden können. Zum relevanten Kontext werden alle Bedingungen und Umstände des spezifischen Sprachgebrauchs gezählt: Allgemein der Wissensstand und die Politik jener Zeit, speziell der rechtliche Kontext, so vor allem das existierende Recht jener Zeit, und letztlich die Entstehungsgeschichte des Gesetzes wie die Umstände des Erlasses.[334]

### 1. Die Gesetzesmaterialien und Umstände des Erlasses (Legislative History)

Die Umstände des Erlasses werden nicht als allgemein bekannt vorausgesetzt. Umstritten ist insbesondere aus praktischen Erwägungen die Heranziehung aus den Gesetzesmaterialien.[335] Hiergegen wird unter anderem eingewandt, solche existierten häufig gar nicht oder wären nur schwer verfügbar[336], insbesondere für den einfachen Bürger als Adressaten des Gesetzes[337]. Diese Erwägungen treffen jedenfalls auf Bundesgesetze nicht zu. Denn hier existieren Gesetzesmaterialien und diese sind auch unschwer verfügbar.[338] Der US Supreme Court und die ihm folgenden Instanzgerichte scheuen sich deshalb nicht, die Gesetzesmaterialien heranzuziehen, wenn das (Bundes-)Gesetz nicht eindeutig ist.[339] Hierin liegt noch immer der wichtigste Unterschied im Vergleich zur Gesetzesauslegung durch englische Richter; bis vor kurzem[340] lehnte das englische House of Lords die Heranziehung der Gesetzesmaterialien sogar generell ab.[341] Welches Gewicht den Materialien beigemessen wird, hängt entscheidend von deren Autorität und Authentizität ab.[342] So wird bei-

[334] 82 C.J.S. Statutes § 338 (1999); *Shartel*, S. 330.

[335] Vgl. *Farnsworth*, S. 68.

[336] Vgl. die Kritik von Jackson, J. in *Schwegmann Bros. v. Calvert Distillers Corp.*, 341 U.S. 384, 71 S.Ct. 745, 95 L.Ed. 1035 (1951).

[337] Vgl. *Atiyah/Summers*, S. 109: so eines der Hauptargumente englischer Gerichte.

[338] Vgl. *Eskridge/Frickey/Garett*, Legislation And Statutory Interpretation, S. 302, unter Hinweis auf die öffentlich zugänglichen „Committee Reports".

[339] *Wisconsin Public Intervenor v. Mortier*, 111 S.Ct. 2476, 115 L.Ed.2d 532 (1991); ebenso im Fall *Geneva Steel Co. v. Ranger Steel Supply Corp. and Thyssen Inc.*, 980 F.Supp. 1209, 1212 (D. Utah 1997); *Farnsworth*, S. 68; Einzelheiten bei *Singer*, Sutherland Stat. Const. §§ 48.01 ff. (6th ed. 2000).

[340] Die Praxis änderte sich mit *Pepper v. Hart* [1993] 1 All ER 42; dazu aus US-amerikanischer Sicht *Popkin*, Materials on Legislation, S. 450 ff.; *Eskridge/Frickey/Garett*, Cases and Materials on Legislation, S. 965 ff.

[341] Vgl. *Singer*, Sutherland Stat. Const. § 48.02 (6th ed. 2000); *Eskridge/Frickey/Garett*, Legislation And Statutory Interpretation, S. 310 ff.; *Bodenheimer*, AcP 160 (1961), 1, 13; *Blumenwitz*, Einführung, S. 53.

[342] Vgl. die Kriterien bei *Eskridge/Frickey/Garett*, Legislation And Statutory Interpretation, S. 296: „readily *available* to the average lawyer, *relevant* to the precise interpretative question, and

spielsweise Aussagen von Mitgliedern der einbringenden Körperschaft (committee reports, sponsor statements) größeres Gewicht beigemessen als denen von Außenstehenden.[343]

Sollte die gesetzgeberische Absicht dennoch zweifelhaft bleiben, so hat sich basierend auf der Rechtsprechung englischer Gerichte eine Technik entwickelt, den Gesetzeszweck (legislative purpose) zu erforschen (sog. mischief rule).[344] Nach der Regel in *Heydon's Case* wird der Richter untersuchen, wie der Rechtszustand vor dem Erlass des Gesetzes war (the old law), welchen Missstand (mischief or defect) dieser aufwies und wie und warum das Gesetz diesem abhelfen wollte (legislative remedy).[345] Die Heranziehung der Gesetzgebungsgeschichte wird hierfür nicht als erforderlich angesehen. Auf dieser Grundlage wird dann das Gesetz angewandt, um den Mangel zu beseitigen und der gesetzgeberischen Konstruktion zur Wirkung zu verhelfen (to suppress the mischief, and to advance the remedy).[346]

## 2. Das bestehende Recht (Existing Law)

Es ist ein anerkanntes Prinzip der Auslegung, dass diese so erfolgen soll, dass auszulegendes Gesetz und bereits existierendes Recht möglichst miteinander vereinbart werden können.[347] Dahinter steht die Idee, die Summe aller Rechtsregeln und -prinzipien bilde zusammen ein einheitliches Ganzes.[348] US-amerikanische Gerichte gehen von der Intention des Gesetzgebers aus, nach der sich die neue Gesetzgebung kohärent und konsistent in das bereits bestehende Recht einfügen solle.[349] Deshalb muss der US-amerikanische Richter die Beziehungen der einschlägigen Bestimmung zum existierenden Gesetzes- und Fallrecht untersuchen.

### *a) Verfassungsrecht (Constitutional Law) und Völkerrecht (International Law)*

Eine besondere Prämisse der Auslegung bildet die Vereinbarkeit eines Gesetzes mit der Verfassung und dem Völkerrecht. Soweit notwendig und möglich, soll das

---

*reliable* evidence of consensus within the legislature [...] at *reasonable cost*"; Hierarchie der Quellen auf S. 302 ff. und bei *Eskridge*, 37 UCLA L.Rev. 621, 636 ff. (1989).

343 Vgl. *Eskridge/Frickey/Garett*, Legislation And Statutory Interpretation, S. 304; 82 C.J.S. Statutes § 341 (1999).

344 Vgl. *Farnsworth*, S. 68 f; *Blumenwitz*, Einführung, S. 51.

345 3 Coke 7 a, 76 Eng. Rep. 637 (1584).

346 Vgl. *Farnsworth*, S. 69.

347 82 C.J.S. Statutes § 349 (1999); *Singer*, Sutherland Stat. Const. §§ 53.01 (6th ed. 2000).

348 *Shartel*, S. 335 f., zitiert Maitland: "The law is a seamless web."; *Pound*, 21 Harv.L.Rev. 383, 395 (1908), unter Betonung des Verhältnisses zwischen "Common Law and Legislation".

349 82 C.J.S. Statutes § 349 (1999).

Gesetzesrecht so ausgelegt werden, dass es nicht im Widerspruch zur Verfassung steht.[350] Dieser Grundsatz kann jedoch keine Geltung beanspruchen, wenn das Gesetz eine verfassungsrechtliche Kontrolle bestehen würde oder der Wortlaut klar und eindeutig ist.[351]

Auch die völkerrechtskonforme Auslegung ist seit der frühen Entscheidung des US Supreme Court in *Murray v. The Schooner Charming Betsy*[352] anerkannt. Soweit eine andere Auslegung möglich ist, soll demnach ein US-Gericht ein Gesetz nie im Widerspruch zum Völkerrecht auslegen.[353] In seiner späteren Rechtsprechung hat der US Supreme Court innerstaatliches Recht sowohl nach dem staatsvertraglichen[354] wie dem Völkergewohnheitsrecht[355] ausgelegt. Solange der Wortlaut des Gesetzes nicht eindeutig ist, wird im Zweifel bspw. vermutet, dass ein Gesetz regelmäßig nicht exterritorial angewendet werden soll, aber auch, dass staatsvertragliches Recht bestehendes Bundesrecht nicht ersetzt.[356]

### *b) Legislatives Recht (Statute Law)*

Zudem ist ein neues Gesetz im Lichte des bestehenden (einfachen) Gesetzesrechts mit gleichem oder vergleichbarem Regelungsgegenstand auszulegen (*in pari materiae* doctrine).[357] Wo dieselben Begriffe verwendet werden, ist die Auslegung zu harmonisieren, d.h. die in mehreren Gesetzen verwendeten Begriffe sollen dieselbe Bedeutung erhalten.[358] Das gilt in besonderem Maße für Gesetze, die in einer Legislaturperiode erlassen wurden[359]; denn man kann dem Gesetzgeber dann unterstellen, dass er bei Erlass des Gesetzes die bereits existierenden Regelungen, sei es aus-

---

[350] *Public Citizen v. United States Department of Justice*, 491 U.S. 440, 109 S.Ct. 2558, 105 L.Ed.2d 377 (1990); *Eskridge/Frickey/Garett*, Legislation And Statutory Interpretation, S. 348 ff.; *Shartel*, S. 336; *Summers*, in: McCormick/Summers, S. 407, 443.

[351] *Rust v. Sullivan*, 500 U.S. 173, 111 S.Ct. 1759, 114 L.Ed.2d 233 (1991).

[352] *Murray v. The Schooner Charming Betsy*, 2 Cranch (6 U.S.) 64, 2 L.Ed. 208 (1804).

[353] 2 Cranch (6 U.S.) 64, 118; Restatement (Third) Foreign Relations Law, § 114 (1987); *Pound*, 21 Harv.L.Rev. 383, 395 (1908); *Trimble*, S. 174 f.

[354] *McCulloch v. Sociedad Nacional de Marineros de Honduras*, 372 U.S. 10 (1963).

[355] *Sale v. Haitian Centers Council*, 509 U.S. 155 (1993).

[356] *Société Nationale Industrielle Aérospatiale v. District Court for the Southern District of Iowa*, 482 U.S. 522, 107 S.Ct. 2542, 96 L.Ed.2d 461 (1987).

[357] *Morales v. Trans World Airlines, Inc.*, 504 U.S. 374; 112 S.Ct. 2031, 121 L.Ed.2d 287 (1992); 82 C.J.S. Statutes § 352 (1999); *Pound*, 21 Harv.L.Rev. 383, 400 (1908), zitiert *Bodwell v. Bodwell*, Cro. Car. 170, 172; *Shartel*, S. 337; weitere Einzelheiten bei *Singer*, Sutherland Stat. Const. §§ 51.03 (6th ed. 2000).

[358] *Marks v. U.S.*, 161 U.S. 297, 16 S.Ct. 476, 40 L.Ed. 706 (1896).

[359] *U.S. v. Stewart*, 311 U.S. 60, 61 S.Ct. 102, 85 L.Ed. 40 (1940); 82 C.J.S. Statutes § 353 (1999).

drücklich oder nicht, in seinen Willen aufgenommen hat und deshalb die neue Gesetzgebung entsprechend konstruiert sehen will. So mag der Gesetzgeber bei Schaffung eines neuen Schadensersatztatbestandes beispielsweise nichts darüber sagen, welches Verfahren die Geltendmachung regelt. Man kann aber annehmen, dass dann die bereits existierenden Verfahrensregeln zur Anwendung kommen sollen.[360] Ebenso ist es angezeigt, die Auslegung eines Gesetzes in einem anderen Staat zu beachten, wenn dieses einem eigenen Gesetz Modell stand (sog. „borrowed statute").[361]

Als weitere Regel gilt, dass ein allgemeines und ein spezielles Gesetz mit demselben Regelungsgegenstand nach Möglichkeit in Einklang zu bringen sind.[362] Ist dies nicht möglich, dann hat das speziellere den Vorrang.[363] Widerspricht ein jüngeres einem älteren Gesetz, dann ist eine Aufhebung nicht ohne weiteres anzunehmen; vielmehr muss sich der Aufhebungswille des Gesetzgebers klar und deutlich manifestieren.[364]

### *c) Fallrecht (Case Law)*

In den USA ist schon lange die Regel anerkannt, nach der das Gesetzesrecht mit dem existierenden Fallrecht des Common Law in Einklang zu bringen ist.[365] Diese Regel gilt vor allem dann, wenn das Gesetzesrecht bereits bestehende Regelungen des Common Law nur wiederholt, demnach nur deklaratorischen Charakter trägt.[366] Derartige Vorschriften des Gesetzesrechts sind im Sinne der bestimmten und gefestigten Bedeutung im Common Law auszulegen. Hat das Gesetzesrecht hingegen neues Recht geschaffen, so wurde dieses lange Zeit nicht als *in pari materiae*, sondern als Fremdkörper im System des Common Law gesehen und eng ausgelegt (strict interpretation).[367] Diese Einstellung der Gerichte gilt in den USA heute

---

360 Vgl. *Shartel*, S. 339.

361 *James v. Appel*, 192 U.S. 129, 24 S.Ct. 222, 48 L.Ed. 377 (1904); 82 C.J.S. Statutes §§ 358, 359 (1999).

362 *Boston Sand & Gravel Co. v. U.S.*, 278 U.S. 41, 49 S.Ct. 52, 73 L.Ed. 170 (1928).

363 *Edmond v. U.S.*, 520 U.S. 651, 117 S.Ct. 1573, 137 L.Ed.2d 917 (1997).

364 *Morton v. Mancari*, 417 U.S. 535, 94 S.Ct. 2474, 41 L.Ed.2d 290 (1974).

365 *Moragne v. States Marine Lines, Inc.*, 398 U.S. 375, 90 S.Ct. 1772, 26 L.Ed.2d 339 (1970); *Pound*, 21 Harv.L.Rev. 383,400 (1908), zitiert Coke, Co. Lit. 272 b: "The surest construction of a statute is by the rule and reason of the common law."; *Shartel*, S. 336; *Singer*, Sutherland Stat. Const. §§ 50.01 (6th ed. 2000).

366 *Nationwide Mutual Insurance Co. v. Darden*, 502 U.S. 318, 112 S.Ct. 1344, 117 L.Ed.2d 581 (1992); *Hughes*, in: Morrison, S. 23.

367 Vgl. *Pound*, 21 Harv.L.Rev. 383, 386 (1908).

aber als überwunden.[368] Regeln des Common Law können jedenfalls nicht gegen spätere eindeutige und ausdrückliche gesetzliche Regelungen ins Felde geführt werden.[369]

Zudem entsteht bei der richterlichen Auslegung von Gesetzen trotz des legislativen Ursprungs funktionell betrachtet neues Fallrecht.[370] Der befasste Richter wird auch vorangegangenes Fallrecht wie ein bindendes Präjudiz infolge der „doctrine of precedents" beachten.[371] Bindend sind für Bundesgerichte zunächst höchstrichterliche Entscheidungen des US Supreme Court. Aber auch Entscheidungen des „Court of Appeals" im selben Gerichtssprengel/Bundesstaat sind dann für ein Bundesgericht „conclusive", wenn keine Entscheidung des US Supreme Court folgt oder entgegensteht.[372] Im Übrigen kann ein befasstes Bundesgericht Entscheidungen anderer Bundesgerichte als „authoritative interpretations" dann beachten, wenn diese überzeugend begründet (soundly reasoned) sind.[373]

### 3. Äußerungen außerhalb der Legislative (Non-Legislators)

Erklärungen und Meinungen außerhalb des Gesetzestextes werden von US-Bundesgerichten nur in begründeten Fällen zur Auslegung herangezogen. Zu unterscheiden und insoweit relevant sind die Rechtsauffassung der Exekutive und Äußerungen des kommentierenden Schrifttums.

#### *a) Exekutive*

In bestimmten Fällen - insbesondere in auswärtigen Angelegenheiten[374] - soll der Auffassung der Exekutive aufgrund ihrer verfassungsrechtlich gewollten Vor-

---

[368] Vgl. *Eskridge/Frickey/Garett*, Legislation And Statutory Interpretation, S. 290; *Hay*, US-Amerikanisches Recht, S. 10 (Fn. 24); 82 C.J.S. Statutes § 350 (1999).

[369] Vgl. *Singer*, Sutherland Stat. Const. §§ 50.01 (6th ed. 2000). In *Taylor v. U.S.*, 495 U.S. 575, 110 S.Ct. 2143, 109 L.Ed.2d 607 (1990), lehnte der US Supreme Court die Auslegung nach der Common Law-Bedeutung, die dem Gesetzeszweck entgegen stand, ab.

[370] Vgl. *Atiyah/Summers*, S. 99.

[371] Vgl. *Eskridge/Frickey/Garett*, Legislation And Statutory Interpretation, S. 277: „Once the Supreme Court has authoritatively construed a federal statute, that precedent is not entitled to the usual presumption of correctness suggested by the Common law doctrine of stare decisis, but it is supposed to be given a heightened stare decisis effect." Ähnlich *Hughes*, in: Morrison, S. 24; *Hay*, US-Amerikanisches Recht, S. 10 (Rdnr. 21).

[372] *Metropolitan Water Co. v. Kaw Valley Drainage District*, 223 U.S. 519, 32 S.Ct. 246, 56 L.Ed. 533 (1912).

[373] *Threadgill v. Armstrong World Industries, Inc.*, 928 F.2d 1366, 1371 (3d Cir. 1991).

[374] Restatement (Third) Foreign Relations Law, § 326 (2) (1987).

rangstellung auf diesem Gebiet Beachtung zu schenken sein.[375] Die Auslegung der Exekutive ist für die Gerichte jedoch nicht bindend.[376]

Es haben sich zwei Fallgruppen entwickelt: Die Auffassung der Exekutive wird einmal herangezogen, wenn die Behörden mit der Durchführung eines Gesetzes beauftragt sind (administrative agency doctrine).[377] Das gilt umso stärker, wenn die Behörde an der Entstehung der Vorschrift beteiligt war, besondere Expertise aufweist oder diese Auslegung konsequent und gleichmäßig über eine längere Zeit verfolgt wird.[378] Seit der Entscheidung des US Supreme Court in *Chevron U.S.A., Inc. V. Natural Resources Defense Counsel, Inc.*[379] ist es anerkannt, dass die behördliche Auslegung auf dem Gebiet des „international trade law" unter gewissen Voraussetzungen zu befolgen ist („*Chevron* deference"[380]). Nach *Chevron* ist dabei in zwei Schritten vorzugehen: Zunächst ist mit den herkömmlichen Mitteln der Auslegung zu klären, ob der US-Kongress die betreffende Frage ausdrücklich geregelt hat. Ist dies der Fall, dann muss das Gericht der gesetzgeberischen Intention folgen. Hat der Gesetzgeber die entscheidungserhebliche Frage aber nicht direkt angesprochen und ist das Gesetz mehrdeutig, dann stellt sich für das Gericht die Frage, ob die behördliche Auslegung auf einer zulässigen Auslegung des Gesetzes beruht.[381]

Die zweite Gruppe umfasst Fälle mit politischen Fragestellungen, die aufgrund der verfassungsrechtlichen Gewaltenteilung besser durch die Regierung als durch die Gerichte entschieden werden (political question doctrine).[382] Ist für die gerichtliche Entscheidung eines Rechtsstreites die Auslegung eines Staatsvertrages not-

---

375 *First National City Bank v. Banco National de Cuba*, 406 U.S. 759, 92 S.Ct. 1808, 32 L.Ed.2d 466 (1972); *Eskridge/Frickey/Garett*, Legislation And Statutory Interpretation, S. 312 ff.

376 Restatement (Third) Foreign Relations Law, § 326 Comment b, Reporters' Note 2 (1987); 82 C.J.S. Statutes § 344 (1999).

377 Zu den Einzelheiten der Doktrin *Eskridge/Frickey/Garett*, Legislation And Statutory Interpretation, S. 314 ff.

378 *Morton v. Ruiz*, 415 U.S. 199, 94 S.Ct. 1055, 39 L.Ed.2d 270 (1974).

379 *Chevron U.S.A., Inc. V. Natural Resources Defense Counsel, Inc.*, 467 U.S. 837, 104 S.Ct. 2778, 81 L.Ed.2d 694 (1984).

380 Vgl. *Restani/Bloom*, 24 Fordham Int'l L.J. 1533, 1536 (2001).

381 467 U.S. 837, 842 f.: "When court reviews agency's construction of statute which it administers, court is confronted with two questions: whether Congress has directly spoken on precise question at issue; if statute is silent or ambiguous with respect to specific issue, question for court is whether agency's answer is based on permissible construction of statute." Einschränkungen der „deference"-Regel: *Christensen v. Harris County*, 529 U.S. 576 (2000) („opinion letter"); *U.S. v. Mead Corp.*, 121 S.Ct. 2164 (2001) („system of informal rulemaking"). Siehe dazu auch *Restani/Bloom*, 24 Fordham Int'l L.J. 1533, 1535 ff. (2001).

382 *Powell v. McCormack*, 395 U.S. 486, 89 S.Ct. 1944, 23 L.Ed.2d 491 (1969); einzelne Faktoren auflistend *Baker v. Carr*, 396 U.S. 186, 82 S.Ct. 691, 7 L.Ed.2d 663 (1962).

wendig, so wird die Bedeutung des Staatsvertrages von den US-Gerichten aber als Rechtsfrage und nicht als politische Frage eingestuft.[383]

### *b) Kommentierendes Schrifttum*

Kommentare im wissenschaftlichen Schrifttum können naturgemäß keine autoritative Bedeutung für die Gesetzesauslegung erlangen. Sie können weder für die Entscheidungen der Legislative noch für die der Exekutive oder für die der Judikative stehen. Sie sind keine primären, sondern sekundäre Quellen. Eine gewisse Ausnahme bilden die Stellungnahmen von Professoren, die an dem Entwurf eines Gesetzes maßgeblich beteiligt waren.[384]

Dennoch finden sich auch US-Gerichtsentscheidungen, die bei der Auslegung von Gesetzen gelegentlich auf das kommentierende Schrifttum verweisen.[385] Nur ein Beispiel dafür ist eine der hier maßgeblichen Entscheidungen im Fall *Geneva Steel*, bei der das Gericht gerade einer Anmerkung aus dem Schrifttum besondere Beachtung schenkte.[386] Es gibt jedoch keine Regel, etwa dahin, dass einer gefestigten, herrschenden Ansicht im Schrifttum Beachtung zu schenken wäre. Auch verfassungsrechtliche Vorgaben, wie im Falle der behördlichen Auslegung, gibt es nicht. Stellungnahmen im Schrifttum erlangen nur dann Bedeutung und werden folglich nur dann herangezogen, wenn sie durch ihre Argumentation den Richter überzeugen.[387]

## §4 DIE ANWENDUNG DES ANTIDUMPING ACT 1916 IN DEN USA

Die Rechtsnatur und die Voraussetzungen des Antidumping Act 1916 sind in mehrfacher Hinsicht von ausschlaggebender Bedeutung: Einmal stand die Rechtsnatur im Mittelpunkt des WTO-Streitbeilegungsverfahrens. Die US-Delegation vertrat vehement die Auffassung, der Antidumping Act 1916 sei ein Antitrust- und kein protektionistisches Gesetz („antitrust, not a protectionist statute"[388]), das folglich auch nicht unter die Antidumping-Bestimmungen von Art. VI GATT 1994 falle. Darüber hinaus sind die substantiellen Voraussetzungen entscheidend für die

---

383 Restatement (Third) Foreign Relations Law, § 326 Reporters' Note 3 (1987).

384 Vgl. *Eskridge*, 37 UCLA L.Rev. 621, 632 (1989); *Greenawalt*, S. 146 f.; *Singer*, Sutherland Stat. Const. § 48.12 (6th ed. 2000).

385 Vgl. *Summers*, in: McCormick/Summers, S. 407, 429.

386 980 F.Supp. 1209, 1216 (D. Utah 1997).

387 Beispiel: *Volkswagenwerk AG v. Schlunk*, 486 U.S. 694, 700, 108 S.Ct. 2542, 100 L.Ed.2d 722 (1988), zitiert zur Auslegung des Begriffes „service of process" die führenden Kommentare von *Ristau* und *Wright & Miller*.

388 Panel Report, para. 3.169, unter Verweis auf die Entscheidung in *Zenith Radio Corp. v. Matsushita Electric Industrial Co.*, 494 F.Supp. 1190, 1214 (E.D. Pa. 1980).

„pleading requirements" und damit für die Beurteilung der Einwände der Beklagten, die Klägerin betreibe mit ihrer Klage Rechtsmissbrauch.[389]

Deshalb soll der Antidumping Act 1916 zunächst auf seinen materiellen Gehalt, d.h. auf seine tatbestandlichen Voraussetzungen und seine Rechtsfolge, in der Weise untersucht werden, wie ein befasster US-amerikanischer Richter es tun würde.

## A. Gesetzestext

Die einschlägigen Bestimmungen finden sich als Teil des Revenue Act of 1916[390] unter der Rubrik "Unfair Competition" in Title VIII., Sec. 801. Sie lauten wie folgt:

> "[*para. 1*] That it shall be unlawful for any person importing or assisting in importing any articles from any foreign country into the United States, commonly and systematically to import, sell or cause to be imported or sold such articles within the United States at a price substantially than the actual market value or wholesale price of such articles, at the time of exportation to the United States, in the principal markets of the country of their production, or of other foreign countries to which they are commonly exported, after adding to such market value or wholesale price, freight, duty, and other charges and expenses necessarily incident to the importation and sale thereof in the United States: *Provided*, That such act or acts be done with the intent of destroying or injuring an industry in the United States, or of preventing establishment of an industry in the United States, or of restraining or monopolizing any part of trade and commerce in such Articles in the United States.
>
> [*para. 2*] Any person who violates or combines or conspires with any other person to violate this section is guilty of a misdemeanor, and, on conviction thereof, shall be punished by a fine not exceeding $ 5,000, or imprisonment not exceeding one year, or both, in the discretion of the court.
>
> [*para. 3*] Any person injured in his business or property by reason of any violation of, or combination or conspiracy to violate, this section, may sue therefore in the district court of the United States for the district in which the defendant resides or is found or has an agent, without respect to the amount in controversy, and shall recover threefold the damages sustained, and the cost of the suit, including a reasonable attorney's fee.
>
> [*para. 4*] The foregoing provision shall not be construed to deprive the proper State courts of jurisdiction in actions for damages thereunder."

---

389 Vgl. die beiden Entscheidungen in *Geneva Steel Co. v. Ranger Steel Supply Corp. and Thyssen Inc.*, 980 F.Supp. 1209, 1212 (D. Utah 1997); *Goss Graphic Systems, Inc., v. MAN Roland Druckmaschinen Aktiengesellschaft*, et al., 139 F.Supp.2d 1040 (N.D. Iowa 2001).

390 15 U.S.C. § 72 (1999).

## I. Der Wortlaut in seiner gewöhnlichen Bedeutung

Das Gesetz verbietet geschäftliche Aktivitäten in Form der Preisunterbietung im internationalen Kontext, wenn objektiv zwei Voraussetzungen erfüllt sind (*para.* 1): Erstens, der Importeur muss seine Ware innerhalb der USA zu einem erheblich geringeren (substantially less) Preis verkaufen als auf dem Heimatmarkt des Importeurs oder einem sonstigen Exportmarkt; zweitens, der Importeur muss die Preisunterbietung allgemein und systematisch (commonly and systematically) begehen. Um zivilrechtlich (oder strafrechtlich) haftbar zu sein, muss der Importeur zudem in subjektiver Hinsicht mit der Absicht (intent) handeln, entweder eine Industrie in den USA zu zerstören bzw. zu verletzen oder die Entwicklung einer Industrie in den USA zu behindern oder einen Teil des Handels und der Wirtschaft mit solchen Waren in den USA zu beschränken oder zu monopolisieren.

Sind diese Voraussetzungen erfüllt, dann hat eine in ihrem Unternehmen oder Vermögen verletzte Person das (private) Recht zur Klage auf Dreifachschadensersatz (treble damages) zuzüglich angemessener Anwaltsgebühren (*para.* 3).

## II. Die zweifelhaften Schutzgüter und das Problem der Einordnung

Seinem Wortlaut im subjektiven Tatbestand nach soll die Antidumping-Bestimmung sowohl die entwickelte bzw. die sich in Entwicklung befindliche US-amerikanische Industrie als auch den unbeschränkten Wettbewerb in den USA schützen.

Diese doppelte Zielsetzung des Gesetzes verwirrt. Handelt es sich schlicht um eine protektionistische Maßnahme (Schutz der eigenen Industrie) oder verfolgt das Gesetz *auch* wettbewerbsschützende Zwecke (Schutz der objektiven Wettbewerbsordnung)? Der Wortlaut deutet auf die letztere Variante hin. Dann stellt sich aber die nächste Frage: Ist es überhaupt möglich, dass ein Gesetz die einheimische Industrie (am Ende zumeist ein einzelnes Unternehmen) vor dem ausländischen Wettbewerb und gleichzeitig doch den Wettbewerb auf dem US-Markt schützt? Schon auf den ersten Blick scheinen sich diese beiden Schutzzwecke auszuschließen. Im US-amerikanischen Recht verfolgen beispielsweise das „trade law" nur protektionistische, das „antitrust law" hingegen wettbewerbsschützende Zwecke.[391]

Aus dieser verwirrenden Zielsetzung ergeben sich Einordnungs- und Auslegungsprobleme. Legte man den Antidumping Act 1916 so aus, dass er zumindest auch den einzelnen Wettbewerber schützte, wofür der Wortlaut spricht, dann handelte es sich um eine protektionistische Maßnahme zugunsten der US-amerikanischen Industrie. Ein Konflikt mit den Regelungen des WTO-Rechts wäre damit vorherbestimmt, die gegenteilige Rechtsauffassung der US-amerikanischen

[391] Vgl. *Applebaum*, 6 Geo.Mason L.Rev. 479, 480 (1998).

Seite im WTO-Streitschlichtungsverfahren angreifbar. Zudem hätte eine solche Auslegung Auswirkungen auf den Vortrag des Klägers. Dieser müsste (nur) vortragen, der ausländische Wettbewerber habe die US-Industrie schädigen wollen.

Der Wortlaut ist also keineswegs eindeutig. Deshalb muss zur Ermittlung der Bedeutung der Kontext miteinbezogen werden.

## B. Anhaltspunkte außerhalb des Gesetzestextes

Insbesondere um zu ermitteln, welchen Zweck der US-Kongress mit dem Antidumping Act 1916 verfolgte, sind hier das rechtliche und das politische Umfeld im Zeitpunkt der Entstehung zu beleuchten, wie es auch in den Gesetzesmaterialien einen hinreichenden Ausdruck gefunden hat. Da die Entstehung aber so lange zurückliegt, erweist sich auch das sonstige zeitgenössische Schrifttum zur Erhellung des rechtlichen und politischen Umfeldes als unverzichtbar.

Neben der Entstehungsgeschichte bildet das parallele „statute law" des Antitrustrechts einen wichtigen Vergleichsmaßstab. Schließlich ist auf die Auslegungspraxis der US-Gerichte, die Rechtsauffassung der Exekutive und das kommentierende Schrifttum einzugehen.

### I. Entstehungsgeschichte (Legislative History)

Die Entstehungsgeschichte des Antidumping Act 1916 ist schwierig nachzuvollziehen. Schon die Gesetzesmaterialien bieten ein einigermaßen diffuses Bild. Hinzu kommt, dass deren Handhabung in der US-amerikanischen Rechtsprechung und Schrifttum bisweilen einem „Rosinenpicken" gleicht. So wird auf die historischen Quellen je nach gewünschtem Ergebnis Bezug genommen.

Nachdem der Antidumping Act 1916 das erste Antidumping-Gesetz der USA war und ist[392], liegt es nahe, zunächst den Regelungsgegenstand des Gesetzes, das „dumping" im internationalen Handel, einzuordnen. Sodann ist sich dem rechtlichen und dem politischen Umfeld des historischen Gesetzgebers zu widmen. Schließlich wird auf die unmittelbaren Umstände der Gesetzesentstehung einzugehen sein. In den von der Rechtsprechung entschiedenen Fällen finden sich diese Ansätze in unterschiedlicher Gewichtung wieder.

[392] Vgl. *Mastel*, S. 18; *Finger*, S. 18.

## 1. Dumping als Phänomen des internationalen Handels

Zum Zeitpunkt der Verabschiedung des Antidumping Act 1916 war das Antidumping-Recht ein verhältnismäßig neues Mittel zur Regulierung von Importen.[393] Keineswegs neu und unbekannt war hingegen das „Dumping" – also der Verkauf von Waren durch einen Importeur zu einem niedrigeren Preis als auf dessen Heimatmarkt[394] – als Phänomen des internationalen Handels. Anklänge findet diese Methode schon in *Smith*'s „The Wealth of Nations" (1776) und *Hamilton*'s „Report On Manufactures" (1791), worauf im Schrifttum häufig hingewiesen wird.[395] Die Praktiken, die von diesen Autoren beschrieben werden, fallen in die Zeit der industriellen Revolution in England, der dadurch möglich gewordenen Massenproduktion und der aktiven Suche nach neuen Märkten. Auch war es schon lange gebräuchlich gewesen, einen Markt als „dumping-ground" für die überschüssigen Waren eines anderen zu bezeichnen, wenn die Waren von den Produzenten zu unüblich niedrigen Preisen verkauft wurden. So war es ein natürlicher Prozess, den Begriff „dumping" für den Verkauf von Waren auf einem anderen Markt zu reduzierten Preisen, gleichbedeutend mit dem Verschleudern zu gebrauchen.[396]

In den USA ist die Methode des Dumping zum ersten Mal mit Ereignissen zu Beginn des 19. Jahrhunderts belegt. Im Jahre 1814 soll es nach dem Ende der Feindseligkeiten gegenüber England zu einer wilden Spekulation mit importierten englischen Waren gekommen sein.[397] Daraufhin beschuldigten die USA englische Hersteller, ihre Waren zu verschleudern, nur um die sich gerade in Entwicklung befindlichen US-amerikanischen Industrien zu zerstören. Ein überzeugender Beweis des behaupteten räuberischen Dumpings (predatory dumping)[398] wurde hingegen nie geführt.[399] Dennoch führte die angebliche Bedrohung der US-amerikanischen Industrie zum Tariff Act of 1816, dem ersten protektionistischen

---

[393] Vgl. *Finger*, S. 17: Bis dahin hatte man sich in den meisten Ländern (einschließlich den USA) hauptsächlich mit Zöllen beholfen.

[394] So die heute gängige Definition, vgl. *Black's* Law Dictionary, S. 502: "selling goods abroad at less than the market price at home"; *Jackson*, in: Jackson/Vermulst, S. 2.; *Ehrenhaft*, SF24 ALI-ABA 203 (2000).

[395] Vgl. *Viner*, S. 37, mit anschaulichem historischen Abriss; *Jackson, in:* Jackson/Vermulst, S. 4; *Mastel*, S. 15.

[396] Vgl. *Viner*, S. 1; *Pesl*, S. 2.

[397] Vgl. *Viner*, S. 39.

[398] In der deutschen Terminologie entspricht dies dem Konzept der Mitbewerber verdrängenden Preisunterbietung, kurz Verdrängungs- oder Vernichtungsunterbietung, vgl. *Hefermehl*, in: Baumbach/Hefermehl, § 1 UWG Rdnr. 255.

[399] Vgl. *Viner*, S. 39, 44.

Zoll der USA.[400] Aber selbst Befürworter protektionistischer Maßnahmen mussten zugeben, dass es hier eine allgemeine Tendenz zur Übertreibung gab.[401]

Die Verbindung des Begriffes „to dump" mit dem beschriebenen Konzept taucht nach *Jackson*[402] das erste Mal 1868 im „Commerce and Financial Chronicle (VI. 326/I)" auf. Auch kann die ursprüngliche Verwendung bis zu den Debatten des US-amerikanischen Kongresses 1884 zurückverfolgt werden.[403] In der Literatur etablierte sich der Begriff hingegen erst zu Beginn des 20. Jahrhunderts, nachdem in Großbritannien 1903/1904 die Zollfrage ein beherrschendes politisches Thema wurde.[404] Zu Beginn des 20. Jahrhunderts bestand im In- und Ausland aber keineswegs Einigkeit, welche Praktiken unter den Begriff des „dumping" fallen sollten.[405] Eine eingängige und allgemein akzeptierte Definition hatte sich noch nicht etabliert.

## 2. Das rechtliche Umfeld: Die Antidumping-Gesetze in Kanada und Australien

Die erste Antidumping-Gesetzgebung wurde in Kanada im Jahre 1904 auf den Weg gebracht. Sie stellte sich, wie heute gemeinhin anerkannt wird, als wegweisend heraus.[406] Im Ergebnis entsprach das kanadische Antidumping-Gesetz der Suche nach einem Weg, US-Stahlimporte nach Kanada zu regulieren, ohne dabei die allgemeinen Zolltarife zu erhöhen. Kanadische Stahlerzeuger hatten zuvor US-amerikanische Stahlerzeuger des aggressiven und unlauteren Verkaufs von Stahl für den Schienenausbau in Kanada beschuldigt und verlangten die Erhöhung der Tarife. Es erwies sich aber für die kanadische Regierung zu dieser Zeit als politisch äußerst schwierig, wenn nicht sogar als unmöglich, den Zolltarif allein für importierten Stahl zu erhöhen. Denn das hätte die Lobbyisten anderer Interessenverbände auf den Plan gerufen. Die allgemeine Erhöhung der Tarife wäre so aber auch auf Kosten der Unterstützung der kanadischen Farmer gegangen, denen die liberale kanadische Regierung ihre Mehrheit verdankte und die eine Tarifsenkung forderten. Eine Zolltariföffnung schied als Instrument also aus. Als ein Ausweg schien

---

[400] Vgl. *Viner*, S. 43; allgemein zur Geschichte der Zollpolitik *Schüler*, in: Grabitz/v. Bogdandy, S. 35 ff.

[401] Vgl. *Viner*, S. 45, zitiert Reden vor dem Kongress von *Clay*, 1824 (Fn. 2), und *Adams*, 1832 (Fn. 3).

[402] Vgl. *Jackson*, in: Jackson/Vermulst, S. 4, Fn. 9.

[403] Vgl. *Jackson*, in: Jackson/Vermulst, S. 4 mit Verweis auf das Supplement to the Oxford English Dictionary, Volume 1, A-G, 884 (1972).

[404] Vgl. *Viner*, S. 1.

[405] Vgl. *Pesl*, S. 23 ff., mit umfassender Darstellung der in damaliger Theorie und Praxis vertretenen Definitionen.

[406] Vgl. *Viner*, S. 192 ff; *Finger*, S. 14 ff.; *Pesl*, S. 109 ff.

deshalb die Schaffung eines eigenen Instruments, das einzig auf den Import gedumpter Waren abstellte.

Das kanadische Gesetz hielt mithin einen eigenen Zollsatz für Waren bereit, deren Exportpreis geringer war als der faire Marktpreis.[407] Allerdings war Kanada auch in einer vorteilhaften Lage für eine effektive Verwaltung des Antidumping-Zolls.[408] Der größte Teil der Importe stammte aus nur zwei Ländern, den USA und Großbritannien. Das Instrument erwies sich deshalb – gemessen an dem geringen administrativen Aufwand und dem hohen Nutzen – als überaus erfolgreich.[409] Damit stand es Gesetzen in anderen Ländern Modell. Neuseeland folgte mit einem eigenen Antidumping-Gesetz 1905, Australien 1906, Südafrika mit einem nahezu identischen Ansatz 1914.[410]

Von diesen Gesetzen verdient das australische[411] besondere Hervorhebung. Hauptsächlich beschäftigte sich das australische Gesetz (An Act for the Preservation of Australien Industries and for Repression of destructive Monopolies: Australian Preservative Act 1905) mit der Kontrolle der Kartelle.[412] Es etablierte aber auch eine alternative Methode der Bekämpfung des Dumping. Anlass war der als erdrückend empfundene Wettbewerb durch US-amerikanische Fabrikanten. Anders als das kanadische Gesetz behandelte das australische das Dumping als Methode des unlauteren Wettbewerbs: Es verhängte keine Zölle, sondern verbot dieses bei Strafandrohung; die Ahndung sollte letztlich gerichtlich und nicht behördlich erfolgen – ohne die Möglichkeit eines Rechtsmittels. Obwohl das kompliziert ausgestaltete Verfahren von einem „comptroller-general of customs" eingeleitet werden sollte, hatte der dann zuständige High Court aber nur ein informelles Verfahren und nicht die „rules of general jurisprudence or of the law of evidence" zu beachten. Das war bis dato äußerst ungewöhnlich. Es stellte sich letztlich jedoch als völlig ineffektiv heraus; *Viner* fand im Jahre 1923 nicht ein einziges eingeleitetes Verfahren berichtet.[413]

---

407 Vgl. in leicht geänderter Fassung die Bestimmungen in Statutes of Canada, 1907, 6-7 Edward VII, Vol. I-II, S. 134, abgedruckt bei *Viner*, S. 193 ff.

408 Vgl. *Viner*, S. 202.

409 Vgl. *Pesl*, S. 111.

410 Vgl. *Viner*, S. 204, 206, 209; *Culbertson*, S. 150.

411 Dazu *Viner*, S. 206 ff.; *Culbertson*, S. 151; *Pesl*, S. 113 ff.

412 Vgl. *Pesl*, S. 113.

413 Vgl. *Viner*, S. 206, 209.

## 3. Das politische Umfeld: Die Handels- und Wirtschaftspolitik der Wilson-Ära

Es wäre vorschnell geurteilt, unterstellte man dem US-amerikanischen Gesetzgeber allein eine protektionistische Gesinnung. Denn eine derartige Zielsetzung steht, wie zu zeigen sein wird, auf den ersten Blick im Widerspruch zu den offiziellen Verlautbarungen und der Freihandelsdoktrin der regierenden Demokraten.

### *a) Die „Free Trade and Fair Competition"-Kampagne (1912-1914)*

Der Erlass des Antidumping Act 1916 fällt in die Ära der Wilson-Administration. Der spätere demokratische Präsident *Woodrow Wilson* (Amtszeit 1913 – 1921) startete schon 1912 seine Kampagne für den freien Handel und fairen Wettbewerb.[414] Die Stärkung des Freihandels war ein fester Bestandteil der demokratischen Doktrin, ganz im Gegensatz zur protektionistischen Handelspolitik der Republikaner.[415]

Das Weiße Haus und der Kongress (damals beide demokratisch dominiert) begannen unmittelbar nach dem Amtsantritt von Präsident *Wilson* (1913), die mächtigen nationalen und internationalen Monopole[416] und Kartelle (Trusts)[417] zu bekämpfen. Die Kartelle wurden für die Ausschaltung des Wettbewerbs und die Kontrolle der Preise verantwortlich gemacht. Folglich stand deren Bekämpfung im Interesse der einheimischen Verbraucher auf der politischen Agenda ganz oben. Anders als in Kanada war das sog. „trust-busting" auch nicht nur politische Rhetorik.[418] Der Ruf nach weiteren gesetzgeberischen Maßnahmen war lauter geworden,

---

[414] Vgl. *Wilson*, A Crossroad of Freedom: 1912 Campaign Speeches of Woodrow Wilson, (J. Davidson, ed.) (1956): „The men who created the monopoly... have taken advantage of the protective tariff [to] shut out competition and to make sure that the prices are in their control", zitiert nach Benson, J., in *Geneva Steel Co. v. Ranger Steel Supply Corp. and Thyssen, Inc.*, 980 F.Supp. 1209, 1212 (D. Utah 1997).

[415] Vgl. *Feld*, ASS 1917, 456, 457.

[416] 58 C.J.S. Monopolies § 3 a (1998): Im Unterschied zur engeren ursprünglichen Bedeutung, der Einräumung von Exklusivrechten von Seiten des Staates an Private, wird der Begriff „monopoly" heute auch für Vereinbarungen oder konzertierte Aktionen Privater verwendet, wenn der Wettbewerb aufgrund der Vereinheitlichung der Interessen und des Managements unterdrückt wird.

[417] 58 C.J.S. Monopolies § 3 b (1998): Der Begriff wird heute weniger in seiner usprünglichen Bedeutung - dem Zusammenschluss verschiedener Unternehmen ohne eine vollständige Fusion oder Konsolidierung und die Übertragung der Mehrheit der Anteile an den Unternehmen an und die Verwaltung „in trust" für die Anteilsinhaber durch ein errichtetes, gemeinsames Führungsorgan - als in seiner weiteren Bedeutung gebraucht.

[418] Vgl. *Finger*, S. 18.

nach dem sich die Kartelle spürbar weiter ausbreiteten.[419] Die Rechtsprechung konnte diesem Phänomen offenbar nicht beikommen. Ungeachtet einiger Entscheidungen des US Supreme Court, welche die Anwendung des Sherman Antitrust Act 1890[420] stärkten, wurde auch die einschränkende „rule of reason"-Doktrin[421] im Antitrust-Recht begründet.

Der US-Gesetzgeber beabsichtigte den Kampf wider die Kartelle an zwei, sich ergänzenden Fronten zu führen: Einerseits sollten die Zolltarife gesenkt, andererseits die vorhandene Antitrust-Gesetzgebung vervollständigt werden.[422] Hohe Zölle wurden zwar einerseits als Mittel zur Abwehr der internationalen Kartelle befürwortet, insbesondere von den Reublikanern. Andererseits wurden hohe Zölle als eine Ursache für die Entstehung nationaler Kartelle betrachtet; denn hohe Zölle boten diesen die Möglichkeit der monopolistischen Preisgestaltung auf dem Heimatmarkt bei gleichzeitigem Schutz vor reimportierten Waren, die auf dem Weltmarkt zu Wettbewerbsbedingungen verkauft wurden.[423] Man befürchtet also die Ausbreitung von Kartellen im Inland, wenn man zur Bekämpfung internationaler Kartelle die Zolltarife nicht senkte, sondern erhöhte. Hingegen war das ausländische Dumping zunächst nicht das eigentliche Ziel der gesetzgeberischen Initiativen. Der Fokus richtete sich zunächst (noch) auf den Binnenhandel. Vielfach soll der Wettbewerbsdruck auf inländische Kartelle durch ausländische Importe sogar als willkommenes Mittel zu deren Bekämpfung begrüßt worden sein.[424]

1913 passierte der Underwood Tariff Act of 1913 den Kongress, der in weiten Teilen eine bedeutende Zollreduzierung zum Inhalt hatte. Erklärtes Ziel war die Verhinderung von Monopolen, die durch nichts anders als durch Preisunterbietung zustande kamen.[425] Die ursprünglich vorgesehene Antidumping-Bestimmung ähnelte der kanadischen, wurde aber vom Senat gestrichen, da man in ihr die Grundlage für eine weitere Tariferhöhung sah.[426] 1914 folgte andererseits der Federal Trade Commission Act und der Clayton Antitrust Act[427], der die Verbote auf das

---

[419] Vgl. *Kessler*, 56 Antitrust L.J. 485, 488 (1987).

[420] 15 U.S.C. §§ 1-7 (1999).

[421] *Standard Oil Co. of New Jersey v. U.S.*, 221 U.S. 1, 31 S.Ct. 502, 55 L.Ed. 619 (1911).

[422] Vgl. *Kessler*, 56 Antitrust L.J. 485, 488 (1987).

[423] Vgl. *Finger*, S. 17; *Pesl*, S. 20.

[424] Vgl. *Mastel*, S. 17.

[425] H.R.Rep. No. 5, 63d Cong., 1st Sess. 17 (1913): „no concern shall [have] a monopoly...gained other than thorough the fact that it is able to furnish better goods at lower prices than others".

[426] S.Rep. No. 80, 63d Cong., 1st Sess. 31 (1913), H.R.Rep. No. 86, 63d Cong., 1st Sess. 28 (1913); *Viner*, S. 257 f.

[427] 15 U.S.C. §§ 12, 13, 14-19, 21, 22-27; 29 U.S.C. §§ 52, 53 (1999), ursprüngliche Fassung 38 Stat. 731 (1914).

nichtwettbewerbsmäßige und räuberische (im Sinne der Wettbewerberverdrängung) Verhalten einschließlich der Preisunterbietung ausdehnte. Damit verbot das Antitrust-Recht im Inland Verhaltensweisen, die im Außenhandel als Dumping bezeichnet werden. Der Clayton Act 1914 sollte die bestehende Antitrust-Gesetzgebung[428] (Sherman Act 1890[429], Wilson Tariff Act 1894[430]) ergänzen, wie diese die Bildung von Monopolen verhindern und damit den fairen und freien Wettbewerb schützen.[431] Der Federal Trade Commission Act behielt es der neu errichteten Federal Trade Commission (FTC) vor, die Methoden, die als ungesetzlich angesehen wurden, zu bestimmen. Bei der erstmaligen Gesetzesübertretung brauchte die FTC ein Verfahren nur dann einzuleiten, wenn sie es im öffentlichen Interesse für zweckmäßig hielt.[432]

Damit sollte das Antitrust-Recht eine Kernforderung US-amerikanischer Wirtschaftspolitik, den freien Wettbewerb, verwirklichen helfen. Geschützt werden sollte und soll nicht das Unternehmen vor den Marktmechanismen, sondern die Öffentlichkeit vor dem Versagen des Marktes.[433] Die Antitrust-Gesetzgebung beruht (noch heute) auf dem Grundgedanken, dass das unbeschränkte Zusammenspiel der Wettbewerbskräfte die beste Allokation der ökonomischen Ressourcen, die geringsten Preise, die höchste Qualität und den größten materiellen Fortschritt bietet, während es auf der anderen Seite ein Umfeld schafft, das zur Bewahrung demokratischer und sozialer Institutionen beiträgt.[434]

### *b) Die Auswirkungen des Krieges in Europa (1914-1916)*

Der Ausbruch des ersten Weltkrieges wirkte sich in den USA zunächst auf die Wirtschaft aus. Der Handel in Europa war kriegsbedingt nahezu zusammengebrochen, während die US-Wirtschaft und ihr Außenhandel florierte. Länder wie Deutschland, Österreich und Belgien waren nach Kriegsbeginn vollständig von den ausländischen Märkten abgeschnitten. Die britischen und französischen Industrien wurden durch die Kriegsproduktion in Anspruch genommen. Die US-

---

428 Vgl. die Definition in 15 U.S.C. § 12 (a) (1999).

429 15 U.S.C. §§ 1-7 (1999), ursprüngliche Fassung 26 Stat. 210 (1890).

430 15 U.S.C. §§ 8-11 (1999).

431 H.R.Rep. No. 627, 63d Cong., 2d Sess. 8 (1914); *FTC v. Anheuser-Busch, Inc.*, 363 U.S. 536, 80 S.Ct. 1267, 4 L.Ed.2d 1385 (1960).

432 Vgl. *Pesl*, S. 118; *Viner*, S. 250.

433 *Spectrum Sports, Inc. v. McQuillan*, 506 U.S. 447, 113 S.Ct. 884, 122 L.Ed.2d. 247 (1993), on remand to, 23 F.3d. 1531 (9th Cir. 1994).

434 *Northern Pacific Railway Co. v. U.S.*, 356 U.S. 1, 78 S.Ct. 514, 2 L.Ed.2d 545 (1958), vgl. auch US Department of Justice/Federal Trade Commission, 1995 Antitrust Enforcement Guidelines for International Operations, Sec. 1, im Internet: http://www.usdoj.gov/atr/public/guidelines/internat.htm (15.03.2003).

amerikanische Industrie nahm bis zum eigenen Kriegseintritt 1917 die Position der in den Krieg involvierten Handelspartner ein und stillte den gestiegenen Bedarf auf dem eigenen wie dem Weltmarkt.[435] Diese vorteilhafte Position sollte die US-amerikanische Industrie nach dem Krieg auf lange Zeit nicht verlieren.

Die Auswirkungen des Krieges auf die Wirtschaft sind besonders gut am Beispiel der Entwicklung der US-amerikanischen im Kontrast zur deutschen Färbemittel- und Chemieindustrie illustriert worden[436]: Die deutsche Industrie hatte hier vor dem Krieg eine einzigartige Vorrangstellung auf dem Weltmarkt erlangt. Die Gründe dafür wurden im Ausland zu einem gewichtigen Teil in der kartellmäßigen Struktur der deutschen Industrie gesehen, der eine besonders effektive Form des Absatzes der Produktion auf dem Weltmarkt zugeschrieben wurde.[437] Anders als in den USA standen der Kartellstruktur in Deutschland auch kaum rechtliche Hindernisse entgegen.[438] In einzelnen Bereichen erreichte die deutsche Produktion drei Viertel des Bedarfes auf dem Weltmarkt.[439] Das schuf Abhängigkeiten, zumal in weiten Teilen der verarbeitenden Industrie. Gemessen daran war die Vorkriegsproduktion der US-amerikanischen Färbemittel- und Chemieindustrie unterentwickelt bis nicht existent.[440]

Erst der Kriegsbeginn rief die Abhängigkeit von deutschen Lieferungen zurück in das Bewusstsein von Teilen der Öffentlichkeit wie der Wirtschaft, namentlich der gut positionierten US-amerikanischen Textilindustrie.[441] Mit der alliierten Blockade wurden deutsche Lieferungen vollständig unterbunden und die Situation verschärfte sich im Frühjahr 1915. Als direkte Reaktion mussten weite Teile der verarbeitenden Industrie ihre Produktion umstellen. Als weitere Reaktion wurden enorme Summen investiert, um die Kapazitäten alter Chemiefabriken in den USA auszubauen oder neue zu errichten und damit den enormen Bedarf annähernd zu decken.[442] Innerhalb kürzester Zeit glich die einheimische Produktion an Färbemitteln den Vorkriegsbedarf aus. Der Export überstieg sogar die Vorkriegseinfuhren. Mit

---

[435] Vgl. *Culbertson*, S. 62 ff.

[436] Vgl. *Culbertson*, S. 33 ff.

[437] Vgl. *Viner*, S. 51 f.; *Culbertson*, S. 36.

[438] Vgl. *Pesl*, S. 3 ff.: Die deutsche Regierung setzte zwar 1902 eine „Kartellenquete" ein, verhinderte diese wirtschaftliche Organisation aber nicht. Stattdessen förderte die deutsche Regierung die Ausfuhr, wie andere Staaten im übrigen auch, auf die verschiedenste Art und Weise. Auch eine Kartellgesetzgebung vergleichbar der in den USA existierte nicht; allerdings konnte in Deutschland entsprechend §§ 3, 4 des 1896 erlassenen UWG auch das „Schleudern", d.h. der Verkauf unter den üblichen Preisen, unlauter sein.

[439] Vgl. *Culbertson*, S. 34 f.

[440] Vgl. *Culbertson*, S. 36, 43, mit Statistik der Exporte nach Branchen 1913-1918, S. 169.

[441] Vgl. *Culbertson*, S. 36.

[442] Vgl. *Culbertson*, S. 38.

der Dauer des Krieges kamen massive Befürchtungen auf, der US-amerikanische Markt könnte von billigen, während des Krieges angehäuften Waren aus Europa überschwemmt werden. In Verbindung mit unlauteren Preismethoden könnte dies die gerade begründete Stellung US-amerikanischer Hersteller bedrohen.[443]

## 4. Anlass und Zweck der Gesetzgebung

Die „legislative history" wird im US-amerikanischen Schrifttum zum Teil als „virtually not existent" beschrieben. Das ist zumindest in dieser Allgemeinheit nicht richtig. Ausweislich der Gesetzesmaterialien wurden die neuen Antidumping-Bestimmungen zwar wenig im Detail diskutiert. Dennoch kann keine Rede davon sein, dass es gar keine Diskussion gab.

### *a) Primärquellen: Gesetzesmaterialien*

Entsprechend der Hierarchie bei *Eskridge/Frickey/Garett*, Legislation And Statutory Interpretation[444], berücksichtigt die nachfolgende Darstellung vor allem die „Committee Reports" und „Sponsor Statements".

#### *aa) Repräsentantenhaus*

Der Gesetzesentwurf (bill) „H.R. 16763" wurde vom demokratischen Abgeordneten *Kitchin*, Vorsitzender des (House) Ways and Means Committee, am 05.07.1916 eingeführt. Der Entwurf trug den Titel „To increase the revenue, and for other purposes".[445] Der Gesetzesentwurf insgesamt wurde mit dem außerordentlich gestiegenen Bedarf der Armee und der Stärkung des Landes begründet:

> „The necessity of this legislation grows out of the extraordinary increase in the appropriations for the Army and Navy and the fortification of our country."[446]

Der Entwurf der Antidumping-Bestimmungen wurde mit der Erwägung begründet, der Antidumping Act 1916 solle ausländische Importeure denselben Regelungen gegen unlauteren Wettbewerb unterwerfen, wie sie auch für einheimische Hersteller gelten würden.

> „*In order* that persons, partnerships, corporations, and associations *in foreign countries, whose goods are sold in this country, may be placed in the same position as our manufacturers with reference to unfair competition*, your committee recommends:

---

[443] Vgl. *Almstedt*, 13 Law&Pol'y Int'l Bus. 747, 751 (1981); *Note*, Rethinking the 1916 Antidumping Act, 110 Harv.L.Rev. 1555, 1560 ff. (1997).

[444] Vgl. *Eskridge/Frickey/Garett*, Legislation And Statutory Interpretation, S. 304 ff.

[445] H.R.Rep. No. 922, 64th Cong. 1st Sess. 1 (1916).

[446] H.R.Rep. No. 922, 64th Cong. 1st Sess. 1 (1916).

(1) The adoption of a provision making it unlawful for a person, partnership, corporation, or association to import and systematically sell any article at a price substantially less than the actual market value or wholesale price of such article at the time of exportation, with the intent of destroying or injuring an industry in the United States, or of preventing or monopolizing any part of trade and commerce in such articles in the United States; [...]"[447] (Hervorhebung d. Verf.)

Die ausdrückliche Begründung spiegelt die klassische Doktrin der demokratischen Mehrheit wider, wie sie einen Ausdruck auch in der vorangegangenen Gesetzgebung gefunden hatte. Insoweit kann die Ansicht – immerhin bis heute eine starke Strömung in Schrifttum[448] und Rechtsprechung[449] - der Antidumping Act 1916 sollte wie das vornehmlich auf das Inland ausgerichtete Antitrust-Recht allein den Wettbewerb gegen räuberisches Dumping (predatory dumping) schützen, nicht als völlig unbegründet bezeichnet werden. Vergleicht man den Wortlaut des Entwurfs mit der Gesetzesfassung dann fallen jedoch zwei Dinge besonders auf: Erstens, der Entwurf spricht im objektiven Tatbestand nur von „import" und „systematically"; Beihilfehandlungen („assisting in importing") und die gemeine („commonly") Tatbegehungsalternative fehlen. Zweitens, im subjektiven Tatbestand sind nur vier der fünf Alternativen enthalten; es fehlt noch die Absicht, eine US-Industrie an der Entstehung zu hindern („preventing establishment of an industry in the United States"). Die fehlenden Bestimmungen mussten somit im Laufe des Gesetzgebungsverfahrens hinzugefügt worden sein.

Sponsor des Gesetzes war der demokratische Abgeordnete *Kitchin*. Seine Rede vor dem Repräsentantenhaus ist in mehrfacher Hinsicht bedeutsam: So nahm er Stellung zur Haltung der Regierung; diese Aussagen lassen auf den Anlass und Zweck schließen. Darüber hinaus beschäftigte sich *Kitchin* auch, allerdings nur an einer Stelle seiner langen Rede, mit der Antidumping-Bestimmung. So bemerkte er gleich zu Beginn auf die Frage eines republikanischen Abgeordneten, was das Gesetz denn Neues bringe:

„Why, the gentleman has not read the Democratic platform adopted in St.Louis. [Laughter and applause] The Bill contains a *dyestuffs proposition, really a protection* to the dyestuff industry of the United States, reported out by a Democratic committee [laughter] – a temporary protection that neither loses revenue to the Government nor affects the ultimate consumer, the two concerns of the Democratic theory of the tariff. Then there is an *unfair competition provision* in this bill which ought to be *good Republicanism and good Democracy*. The Republican Party, in all of its 50 years of tariff writing, never had the wisdom and the judgment and the patriotism to

[447] H.R.Rep. No. 922, 64th Cong., 1st Sess. 9-10 (1916).

[448] Vgl. *Viner*, S. 242 ff.; *Almstedt*, 13 Law&Pol'y Int'l Bus. 747, 752 (1981) 752; *Sidak*, 18 Stan.J.Int.L. 377 (1981); *Kessler*, 56 Antitrust L.J. 485 (1987).

[449] *Zenith Radio Corp. v. Matsushita Electric Industrial Co.*, 402 F.Supp. 251, 259 (E.D. Pa. 1975), 497 F.Supp. 1190, 1213 ff. (E.D. Pa. 1980); *Jewell Foliage Co. v. Uniflora Overseas Florida, Inc.*; 497 F.Supp. 513, 516 (M.D. 1980).

incorporate in any of its legislation an unfair competition proposition. We believe *the same unfair competition law* which now applies to the domestic trader should apply to the foreign import trader.[450] (Hervorhebung d. Verf.)

Der Absatz muss im Zusammenhang gelesen werden. Im US-amerikanischen Schrifttum wie in der Rechtsprechung wird dies nicht getan. Die Fokussierung allein auf den letzten Satz hat zur Folge, dass *Kitchin* so verstanden wird, als sei mit der Antidumping-Bestimmung nichts anders als eine Regelung zum Schutz des freien Wettbewerbs bezweckt worden. Dieser Schluss ist weder zwingend noch zutreffend. Liest man die Aussage im Zusammenhang, so kommt man noch zu einem ganz anderen Schluss. Erstens, die Demokraten wollten keine Zollerhöhung auf Importe; die Färbemittelzollerhöhung war schon bitter genug, aber aufgrund des starken Lobbyismus nicht zu verhindern. Stattdessen dachten die Demokraten, sie könnten das, was die Republikaner in 50 Jahren Zollpolitik nicht schafften, nun mit einem Schlag erreichen: Die einheimische Industrie besonders clever mit einer Antidumping-Bestimmung zu schützen. So erklärt sich auch der Wortlaut der ersten beiden Alternativen im subjektiven Tatbestand. Demnach ist die Schlussfolgerung, das Gesetz habe „allein" auf den Schutz des freien Wettbewerbs abgezielt, insoweit nicht belegbar.

Wie noch zu zeigen sein wird, verfolgte auch die Regierung kriegsbedingt ganz andere Zwecke. Sie war in das Vorhaben nicht nur eingeweiht, sondern durch Handelsminister (Secretary of Commerce) *Redfield* maßgeblich beteiligt. Die Frage, ob die Regierung das Gesetzesvorhaben gebilligt habe, bejahte *Kitchin*:

„I have never talked with the President about this matter. In fact, he does not talk with me much, anyway, nowadays; he is too busy with bigger things. [laughter.] But I can say that I have talked with somebody that does talk with the President almost daily, and I can say that this is the position of the administration."[451]

Nun musste es an sich schon merkwürdig erscheinen, dass gerade die vom Freihandel überzeugten Demokraten einen unverhohlen protektionistische Elemente enthaltenden Gesetzesentwurf einbrachten. *Kitchin* nahm auch zu diesem, für das Verständnis des gesamten Gesetzeswerkes entscheidenden Punkt mehrfach Stellung. Ziel der demokratisch geführten Regierung war es, auch republikanische Abgeordnete zu gewinnen und so die Zustimmung einer Mehrheit beider Parteien im Repräsentantenhaus zu erzielen:

„No Republican can afford in good conscience to vote against this bill. [...] I am going to show you why. But I can see some reason why a good old-fashioned tariff-reform Democrat like some of us can object to some features of this bill. In spots there is just a little too much Republicanism in it. [Laughter] Seriously, now, gentlemen, *it was the thought* and the hope of and the effort of Democratic members of the Ways and Means Committee to present a bill

---

450 53 Cong.Rec.App. 1938 (1916).

451 53 Cong.Rec.App. 1938 (1916).

here that was nonpartisan and *that would command the support of a majority in both parties on this floor*, because we recognize the fact, [...] that the necessity for this extra revenue legislation was created by the joint action of both Republicans and Democrats in advocating and voting for the huge increase of appropriation for 'preparedness'."[452] (Hervorhebung d. Verf.)

„No Republican heretofore has ever desired to increase the tariff for the purpose of raising revenue, but for the purpose of keeping goods out of this country, so that they could not pay any revenue at all. [Applause on the Democratic Side.] They have always claimed that with a lower so called 'free-trade' tariff like the Underwood Act, our country would be flooded with foreign goods, [...].[453]

An einer weiteren Stelle ging *Kitchin* auf die Stimmung, besser den Stimmungswandel, innerhalb seiner eigenen demokratischen Partei ein. Daraus ergibt sich einigermaßen deutlich, dass selbst in der demokratischen Partei die Stimmung kriegsbedingt umgekippt sein muss.[454] Ein Gesetzesvorhaben ohne protektionistische Züge hätte nicht nur den erbitterten Widerstand der Opposition herausgefordert, sondern auch in der eigenen Partei Unmut erregt. Allerdings kann auch das „Sponsor Statement" die Zweifel an den Zwecken der Antidumping-Bestimmung nicht vollends beseitigen. Im Zusammenhang mit dem Vorschlag zur Errichtung einer Tariff Commission, deren einziges Ziel *Kitchin* in der Wiedereinführung einer protektionistischen Politik sah, bemerkte er:

„I do know, however, that within two short months the mind of the administration and the Democratic Congress has been changed from a most persistent opposition to a most insistent advocacy of a tariff commission. I expect to hear in the next few years – yes, in the next few months – more protection sentiment from Democrats than I have heard in all my life heretofore. [...] There is no doubt a large sentiment in this country, cleverly created by protectionists, that believes that the present abnormal situation has so revolutionized the industrial and economic conditions throughout the world as to justify the establishment of a nonpartisan, disinterested tariff commission [.... .]"[455]

Zur weiteren Erhellung trägt dahingegen die anschließende Debatte im Repräsentantenhaus bei. Den „floor debates" kann jedoch nicht dasselbe Gewicht beigemessen werden wie den „Committee Reports" und dem „Sponsor Statement". Dennoch lässt sich gerade hier der Richtungsstreit beide Lager über den Sinn und Zweck der Gesetzgebung belegen.

Die Republikaner argumentierten im Rahmen der Aussprache mit dem Schutz der einheimischen Industrie und des Arbeitsmarktes vor billigen ausländischen Waren und Arbeit und sprachen sich für einen protektionistischen Zoll aus, um den

---

452 53 Cong.Rec.App. 1938 (1916).

453 53 Cong.Rec.App. 1939 (1916).

454 Der Stimmungswandel wird von den Demokraten auch in den Debatten im Repräsentantenhaus mehrfach eingeräumt, vgl. 53 Cong.Rec. 10,612-613 (1916) (Statement of Rep. *Quin*).

455 53 Cong.Rec.App. 1949 (1916).

US-amerikanischen Lebensstandard hochzuhalten. Für das von den Republikanern gegen die demokratische „free trade"-Doktrin entfachte Ressentiment sind folgende Passagen bezeichnend:

> „[Nach einem Vergleich der Unterstützung der deutschen Exporteure durch die deutsche Regierung und die zollkritische Haltung der Wilson-Administration, d. Verf.] It all tends to make it possible for the foreigner to ship goods into this country and destroy American industries employing American labor at the American Scale of wages."[456]

> „Never before in American history did a greater necessity appear for the enactment of a protective tariff than at present. [...] What will become of the American markets when the war in Europe is ended and when the armies now engaged in destruction return to work? Where will the product of their labor find a market? The markets of practically all of Europe, according to every indication, will be closed to German products. German goods will invade American markets as never before unless we recognize the merits of the policy of protection."[457]

Die Demokraten befürchteten hingegen als direkte Folge einer Zollerhöhung eine Preissteigerung ohne entsprechende Steigerung der Gehälter der arbeitenden Bevölkerung und befürworteten folglich ihre Freihandelsdoktrin.[458]

Die Antidumping-Bestimmung wurde aber allgemein als protektionistisches „Bonbon" an die Republikaner verstanden. Es gab, soweit ersichtlich, nicht einen Abgeordneten, der die Bestimmung ausdrücklich allein als wettbewerbsschützend ansah. Auch von demokratischer Seite (u.a. die Abgeordneten *Longworth* und *London*) erkannte man die protektionistische Zielsetzung an:

> „Another commendable feature of this bill is that it contains a strong so-called antidumping clause, *a measure which should do much to protect the industries of this country against unfair competition; a measure which [...] do much to save American industries... from annihilation.*"[459] (Hervorhebung d. Verf.)

> „They [die Republikaner, d. Verf.] can not oppose the antidumping provision, and they have not argued against it, for it *is a protectionist measure.*"[460] (Hervorhebung d. Verf.)

Die republikanische Seite (u.a. die Abgeordneten *Sloan, Meeker, Cannon* und *Moore*) verstand die Bestimmung als protektionistisch und gedachte folglich auch nicht diese grundsätzlich abzulehnen:

> „'The *principles of protection* embodied in particular features of this bill, viz, dyestuffs, *antidumping features*, and the tariff-commission proposition, *we assume and bind ourselves hereafter to support.*'

---

[456] 53 Cong.Rec. 10,514 (1916) (Statement of Rep. *Fordney*).

[457] 53 Cong.Rec. 10,519-520 (1916) (Statement of Rep. *Fordney*), ebenso 10,587 (1916) (Statement of Rep. *Green*), 10,599 (1916) (Statement of Rep. *Dixon*).

[458] Vgl. 53 Cong.Rec. 10,525 (1916) (Statement of Rep. *McGillicuddy*).

[459] 53 Cong.Rec. 10,531 (1916) (Statement of Rep. *Longworth*).

[460] 53 Cong.Rec. 10,747 (1916) (Statement of Rep. *London*).

[Applause on the Republican side.] [...] It would be difficult to drive the majority further into protection field than it has been already driven [... .] [T]he dumping clause, a measure crudely drawn, lame and halting. It is the broadest kind of an admission of dynamite protection. [...] The bill provides for punishment, civil and criminal, if the foreigner sells goods too cheaply into country. My God! What do you think of the good old tariff-for-revenue-only fellow out of the plains who has been wishing and hoping all these years that we would have free trade, or tariff for revenue, so that he could buy all this stuff at the foreigner's price? Now, the minute they commence to haul the stuff over here and sell it cheaply the Democrats have put a protective obstacle in the way, and at the same time tell him, 'Protection is right; we were wrong.'"[461] (Hervorhebung d. Verf.)

„The antidumping clause in this bill is a confession of fear on part of the Democrats that with the close of the war in Europe this Nation will be flooded with cheap goods."[462]

„Now you say, 'Oh, you Republicans, come and vote for this. We have made a tariff board and we have made an antidumping provision."[463]

"It is protective measure or intended so to be, though I question from the language used whether it is as protective as it would seem to be on its face."[464]

In einer Zusammenschau wird die eigentliche Intention der regierenden Demokraten klarer: Die Demokraten wollten eine Zollerhöhung so weit wir nur möglich vermeiden; schließlich waren sie mit dem Wahlversprechen angetreten, das protektionistische Zollsystem abzuschaffen.[465] Offenbar um das eigene Gesicht zu wahren, aber den vehementen Forderungen der Öffentlichkeit, der Lobbyisten und der Republikaner nach Protektionismus auf halbem Wege entgegen zu kommen, wurde insbesondere die Antidumping-Bestimmung eingefügt.

Schließlich klärt sich so auch der Sinn der nebulösen Formulierungen. Der republikanische Abgeordnete *Switzer* zeigte sich überzeugt, dass die Bestimmung bewusst so formuliert worden war, dass sie jeder Auslegung zugänglich sein könne:

„The proposed principle is so ill defined, and the purpose sought so beclouded with uncertainty that no one knows just what it means. It is capable of almost any construction, and I have no doubt but that it was intended to be capable of any construction that the Democratic caucus might see fit to decree."[466]

---

461 53 Cong.Rec. 10,594-595 (1916) (Statement of Rep. *Sloan*).

462 53 Cong.Rec. 10,607 (1916) (Statement of Rep. *Meeker*).

463 53 Cong.Rec. 10,747 (1916) (Statement of Rep. *Cannon*).

464 53 Cong.Rec. 10,749 (1916) (Statement of Rep. *Moore*).

465 53 Cong.Rec. 10,598-600 (1916) (Statement of Rep. *Dixon*), der genüßlich die „alleged Democratic principles" zitiert.

466 53 Cong.Rec. 10,619 (1916) (Statement of Rep. *Switzer*).

Die Republikaner beschränkten sich in der Folge darauf, der Bestimmung Strukturen zu verleihen.[467] Insbesondere versuchten die Republikaner, den subjektiven Tatbestand zu eliminieren.[468] Sie konnten sich insoweit nicht durchsetzen.

*bb) Senat*

Der Revenue Act of 1916 wurde in seiner Gesamtheit im Finanzausschuss des Senates (Committee on Finance) beraten. Verantwortlich für das Antidumping-Recht zeichnete der Unterausschuss (Subcommittee) Nr. 3 unter Führung von Senator *Johnson* (Maine) und den Senatoren *Smith* (Georgia) und *Kern*[469]; Erklärungen sind, soweit ersichtlich, nicht überliefert.

In der Zeit vom 17.-24.07.1916 fanden öffentliche Anhörungen statt. Insbesondere die Anhörungen von Vertretern der US-amerikanischen Färbemittel- und Chemieindustrie (dyestuff and chemical industry) geben Aufschluss über die Motive für die Änderungen im Entwurf. Die Vertreter forderten dort unmissverständlich, die Protektion des sich in der Entwicklung befindlichen Industriezweiges noch auszuweiten, zum einen in Gestalt von speziellen Zöllen für importierte Färbemittel und zum anderen in Gestalt von strafbewehrten Verboten.[470]

Der *Senate Report* ist weithin unergiebig. Der Berichterstatter, Senator *Simmons*, Vorsitzender des Finanzausschusses (Chairman of the Committee on Finance), verwies hinsichtlich der Begründung lapidar auf den eingebrachten Gesetzesentwurf und ging auch nicht im Detail auf die vorgeschlagene Änderung der späteren Sec. 801 ein.[471]

Wenig Erhellendes bietet auch die Sichtweise der republikanischen Senatsminderheit, die Senator *Penrose* übermittelte. Die Minderheit im Senat beklagte - der Tradition einer parlamentarischen Opposition folgend - zum einen die Art und Weise des Zustandekommens.[472] Die Minderheit lehnte zudem das gesamte Kon-

---

[467] 53 Cong.Rec. 10,749 (1916) (Statement of and Offer of an Amendment by Rep. *Moore*).

[468] 53 Cong.Rec. 10,751 (1916) (Statement of and Offer of an Amendment by Rep. *Green*). Wohl Jurist, bemerkte der Abgeordnete, wie extrem schwer bis unmöglich es sein würde, die geforderte Absicht vor Gericht nachzuweisen.

[469] Vgl. Hearings Before the Subcommittee of the Committee on Finance United States Senate on H.R. 16763, 64th Cong., 1st Sess. 2 (1916): unter ausdrücklicher Zuweisung der Materie „dumping".

[470] Vgl. Hearings Before the Subcommittee of the Committee on Finance United States Senate on H.R. 16763, 64th Cong., 1st Sess. 260 ff. (1916) (Argument presented by Joint Conference of Organizations affected by the Dyestuff Situation).

[471] Vgl. S.Rep. No. 793, 64th Cong., 1st Sess. Pt. 1, 1 (1916).

[472] Vgl. S.Rep. No. 793, 64th Cong., 1st Sess. Pt. 2, 1 (1916): "the conclusions reaches one day being reversed the next".

zept des Gesetzesentwurfs – der Hauptteil widmete sich einer direkten Besteuerung nach dem Beispiel Großbritanniens – als schon im Ansatz falsch ab; stattdessen sollten die Zölle auf Importe erhöht und damit die einheimische Industrie geschützt werden:

> „The Minority believes that we are not called upon to imitate the British system, and that we should first endeavor to obtain revenue by duties upon imports of a character *'sufficient to protect adequately American industry and American labor*, and to be so adjusted as to prevent undue exactions by monopolies or trusts'; and, above all, with a view 'to securing the industrial independence of the United States, to the end that our industries can be so organized that they will become not only a commercial bulwark but a powerful aid to national defense.' The pending measure does not give any consideration whatever to these purposes, which are of overwhelming importance *in view of the conditions which will confront the United States when the war in Europe is concluded*."[473] (Hervorhebung d. Verf.)

Die folgende Aussprache im Senat bestätigt jedoch die bisher gefundenen Ergebnisse. Mehrfach wurde, durch Zeitungsberichte belegt, auf die wachsende Gefahr der Überflutung des US-amerikanischen Marktes mit billigen Waren aus Europa, namentlich aus Deutschland hingewiesen.[474] Die republikanische Senatsminderheit (Senator *Penrose*) prangerte im gleichen Atemzug den Mangel an ausreichenden Schutzvorkehrungen im Gesetzesentwurf an. Zwar wurde nicht übersehen, dass dieser als Maßnahme zum Schutz der US-amerikanischen Industrie („ a measure of protecting the American industry"[475]) die Antidumping-Bestimmung enthielt. Diese wurde auch nicht per se als falsch, jedoch im Ergebnis als unzureichend betrachtet.[476] Als Gegenbeispiel wurde ausdrücklich auf das kanadische Modell verwiesen, das sich als praktikabel erwiesen hatte. Letzlich wurde aus dem Vorhandensein einer Antidumping-Bestimmung der Schluss gezogen:

> „The inclusion of an antidumping clause in the pending bill is an admission of the necessity of the application of the protective-tariff principle in certain cases."[477]

Der *House Conference Report* vom 07.09.1916 belegt deutlich, dass sich Senat und Repräsentantenhaus mit Blick auf die Antidumping-Bestimmung uneins waren. Insbesondere verlangte der Senat die Erweiterung der Bestimmung auf Beihilfehandlungen („import or cause to be imported").[478] Letztlich stimmte das Repräsen-

---

[473] S.Rep. No. 793, 64th Cong., 1st Sess. Pt. 2, 2 (1916).

[474] Vgl. 53 Cong.Rec. 13,078-079 (1916) (Statement of Sen. *Gallinger, Penrose*).

[475] Vgl. 53 Cong.Rec. 13,079 (1916) (Statement of Sen. *Penrose*).

[476] Vgl. 53 Cong.Rec. 13,080 (1916) (Statement of Sen. *Penrose*).

[477] 53 Cong.Rec. 13,080 (1916) (Statement of Sen. *Penrose*).

[478] Statements of the Managers on part of the House, H.R. 64th Cong., 1st Sess. (Vol. 3) 40 (1916).

tantenhaus den Änderungen (Nr. 256-261) des Senats zu.[479] Am 8. September 1916 wurde der Antidumping Act 1916, als ein Teil des US Revenue Act 1916, verabschiedet. Die erste US-amerikanische Antidumping-Gesetzgebung war auf den Weg gebracht.

*b) Sekundärquellen: Erklärungen außerhalb der Legislative*

Die bisher auf der Grundlage der Primärquellen gefundenen Erkenntnisse werden durch sekundäre Quellen, d.h. Äußerungen der Exekutive und Kommentare in der Wissenschaft, bestätigt. Diesen Erklärungen ist freilich nicht ein solches Gewicht beizumessen, weil sie nicht unmittelbar für die Ansicht der Legislative stehen können. Dennoch lässt sich auch den Sekundärquellen unzweifelhaft entnehmen, dass Anlass für den US-Kongress, sich des Problems des Dumpings anzunehmen, befürchtete Importe speziell aus Deutschland zum Ende des Ersten Weltkrieges waren.

*aa) Exekutive*

Man mag zweifeln, ob die Anschuldigungen, die gegenüber der europäischen Konkurrenz erhoben wurden, berechtigt waren oder nicht. Ohne jeden Zweifel führten diese Anschuldigungen aber zur weitverbreiteten Forderung nach einem effektiven Schutz der US-amerikanischen Industrie vor unlauterem ausländischen Wettbewerb. Auch einige US-amerikanische Regierungsverantwortliche fürchteten, dass die europäische Industrie wieder Marktanteile auf dem US-Markt gewinnen könnte. Die Wilson-Administration stand einem Schutz der einheimischen Industrie mit zunehmender Dauer des Krieges in Europa durchaus aufgeschlossener gegenüber.[480] Für die Position der Administration steht – vielzitiert[481] - der Secretary of Commerce *Redfield*, der im Annual Report of the Department of Commerce 1915 anmerkte:

> „'Unfair Competition' is forbidden by law in domestic trade, and the Federal Trade Commission exists to determine the facts and takes steps to abate the evil wherever found. *The door, however, is still open to 'unfair competition' from abroad which may seriously affect American Industries for the worse.* It is not normal competition of which I speak, but abnormal. It is a destructive type of the industrial struggle intended to put out of being the forces opposed to it that the victor may exploit the field at will. The methods used are not those of legitimate commerce, but those of commercial offense."[482]

---

[479] H.R.Conf.Rep. No. 1200, 64th Cong., 1st Sess. 20 (1916); ebenso S.R.Conf.Rep. 64th Cong., 1st Sess. 21 (1916).

[480] In diese Richtung auch *Viner*, S. 242.

[481] Vgl. auch 53 Cong.Rec. 13,079 (1916) (Statement of Sen.Penrose).

[482] Ann. Rep., Secretary of Commerce 42 (1915).

*Redfield* hatte offenbar unlautere Verhaltensweisen ausländischer Wettbewerber im Auge. Daraus wird von einigen Kommentatoren[483] und US-Gerichten[484] geschlossen, dass er allein den Schutz des fairen Wettbewerbs bezweckte. Dabei wird überlesen, dass die Sorgen *expressis verbis* der US-Industrie und nicht dem US-Verbraucher galten, also durchaus einen protektionistischen Hintergrund hatten. Die weiteren Ausführungen lassen zudem erkennen, dass sich *Redfield* an den einsetzenden Spekulationen nicht nur beteiligte, sondern sie zur Grundlage seiner Empfehlungen machte. Andererseits würde sich eine wettbewerbsorientierte Grundhaltung *Redfields* widerspruchslos in die eingeschlagene Handelspolitik der Wilson-Administration einfügen. *Redfield* schlug demnach konsequent die Ergänzung der eher national ausgerichteten Antitrust- durch eine Antidumping-Gesetzgebung vor:

> „I should prefer, therefore, to deal with it by a method other than tariffs, classing it rather as an offense similar to the unfair domestic competition we now forbid. [...] I also recommend that legislation supplemental to the Clayton Antitrust Act be enacted [...]."[485] (Hervorhebung d. Verf.)

Hieraus wird geschlossen, dass der Antidumping Act 1916 im Einklang mit dem Antitrust-Recht auszulegen ist und dessen Rechtsnatur teilt. Auch hier muss man einwenden, dass dieser Schluss keinesfalls zwingend ist. Näher dürfte wohl der Schluss liegen, dass Schutzzölle nur deshalb nicht empfohlen wurden, weil sie nicht in das Konzept der Demokraten passten. Die Wilson-Administration befand sich hier in einer mit der kanadischen Regierung vergleichbaren Situation.[486] Die Empfehlung *Redfields* lässt auch den Schluss zu, dass man die bestehende Antitrust-Gesetzgebung im Hinblick auf eine bestimmte Form ausländischen Wettbewerbs offenbar als nicht ausreichend ansah.[487] In der Tat scheint diese Rechtsauffassung vertreten worden zu sein. Anklänge dafür finden sich bei zeitgenössischen Kommentatoren im In- und Ausland, wie *Culbertson*[488], *Viner*[489] und *Pesl*[490]. Nach der

---

483 Vgl. *Sidak*, 18 Stan.J.Int.L. 377, 386 (1981); *Kessler*, 56 Antitrust L.J. 485, 489 (1987).

484 *Zenith Radio Corp. v. Matsushita Electric Industrial Co.*, 494 F. Supp. 1190, 1220 (E.D. Pa. 1980).

485 Ann. Rep., Secretary of Commerce 43 (1915).

486 So mit Recht *Finger*, S. 18.

487 Vgl. *Sidak*, 18 Stan.J.Int.L. 377, 382 (Fn. 18) (1981).

488 Vgl. *Culbertson*, S. 154, in Bezug auf den Antidumping Act 1916 und mögliche Änderungen in der Zukunft meint er, "[t]hen, too, it is not always possible to bring the offending party before our courts since he may be in another country.", S. 224 f.: "Unfair competition is likely to take place in parts of the world where local laws which condemn it are absent."

489 Vgl. *Viner*, S. 240, 248: „[C]riminal statutes... could not be made to reach the offender if he were a foreigner operating in a foreign country", 251: "[t]he earlier measures restraining unfair competition in the import trade have been ineffective because of their failure to reach, directly or indirectly, unfair acts done outside the territorial jurisdiction of the United States".

Entscheidung des US Supreme Court in *American Banana Co. v. United Fruit Co.*[491] im Jahre 1909 wurde der Sherman Act 1890 auf Handlungen außerhalb der USA und innerhalb des Hoheitsgebietes eines anderen souveränen Staates (im Fall: Costa Rica) entsprechend dem Grundsatz *lex loci delicti commissi* grundsätzlich für nicht anwendbar angesehen. Gleichwohl war die Rechtsauffassung, Verkäufe von Ausländern, also Handlungen in den USA oder zumindest mit Auswirkungen auf dem US-amerikanischen Markt würden nicht mehr vom Antitrust-Recht erfasst[492], nicht zutreffend. Für eine so restriktive Auslegung finden sich in der Entscheidung keine Anhaltspunkte. Auch die spätere Rechtsprechung folgte dieser Interpretation nicht und wendete den Sherman Act 1890 auf alle Handlungen und Verträge im Ausland an, die in der USA wirksam wurden oder den US-amerikanischen Binnen- und Außenhandel nachteilig und erheblich beeinflussten (effects doctrine).[493]

Ein Leserbrief des Assistant Attorney General, Department of Justice, *Graham* an die New York Times im Juli 1916 lässt sich jedoch der Auffassung *Redfields* zuordnen:

> "Any anti-dumping provision is not a matter of taxation, or, strictly speaking, tariff. It is a power exercised under the commerce clause of the constitution and not under the taxing clause. Its purpose should be to prevent unfair competition. Just as we have said to our people by the Clayton Act that they should not indulge in unfair competition, so we propose to say the same to the foreigner."[494]

Auch der vormalige Chairman of the US Tariff Board *Emery* interpretierte Redfield in dieser Weise, meinte aber, Redfield liege, was die Gefahr durch ausländische Monopole angehe, falsch. Er sprach sich 1916 für einen flexiblen Zolltarif als Lösung des Dumping-Problems aus.[495] *Culbertson* nahm in seiner 1919 veröffentlichten Studie dieselbe Position wie Redfield ein – ohne diesen explizit zu nennen – und

---

490 Vgl. *Pesl*, S. 116, sah die Schwächen des Sherman Act 1890 ebenfalls in der territorialen Wirkungserstreckung, bezog sich aber auf eine (leider nicht zitierte) Entscheidung des Supreme Court zum „interstate commerce".

491 *American Banana Co. v. United Fruit Co.*, 213 U.S. 347, 29 S.Ct. 511, 53 L.Ed. 826 (1909).

492 So aber *Viner*, S. 240: „perhaps".

493 *Hartford Fire Insurance Co. v. California*, 113 S. Ct. 2891, 2909 (1993); US Department of Justice/Federal Trade Commission, 1995 Antitrust Enforcement Guidelines for International Operations, Sec. 3.1, im Internet: http://www.usdoj.gov/atr/public/guidelines/internat.htm (15.03.2003); *Castel*, S. 52 (Fn. 71), mit Nachweisen in der Rechtsprechung; *Garvey*, RabelsZ 1987, 401, 404. Heute ist die „effects doctrine" kodifiziert und es wird eine Tätigkeit erfasst, „that has a substantial, direct and foreseeable effect within the state", vgl. 15 U.S.C. 6 a, 45 (a) (3) (1999), Foreign Trade Antitrust Improvements Act of 1982 ("FTAIA").

494 N.Y. Times, July 4, 1916, at 10, col. 6, zitiert nach *Viner*, S. 243 (Fn. 2).

495 Vgl. *Emery*, The Problem of Anti-Dumping Legislation, Official Report of the Third National Foreign Trade Convention (1916), 73, 81, zitiert nach *Sidak*, 18 Stan.J.Int'l L. 377, 387 (1981).

bestätigt damit indirekt die Haltung der Regierung[496]: Die kanadische Methode, so *Culbertson*, möge in Kanada handhabbar gewesen sein; sonst sei sie aber unflexibel und würde in einer Tariferhöhung münden; die damit einhergehende Preissteigerung müsste der Konsument tragen. Er hob ausdrücklich die Vorteile von „penalty duties" hervor, da diese nicht mit einer Revision des bestehenden Tarifrechts verbunden seien.[497]

Der Gesetzesentwurf *Kitchins* orientierte sich offenbar an den Empfehlungen der Regierung. Auf diesen Zusammenhang weist *Redfield* selbst in seinem Annual Report 1916 hin.[498] Allerdings wich der Gesetzesentwurf auch in einem entscheidenden Punkt von diesen ab. Im Schrifttum[499] wird übersehen, dass *Redfields* Vorschlag noch keinen „intent"-Passus enthielt, der ausdrücklich auf den Schutz der einheimischen Industrie gerichtet war.[500] Auch insoweit ist der Wert, der den Äußerungen der Regierung beigemessen werden kann, beschränkt.

*bb) Schrifttum*

Zu ergänzen ist die Interpretation der Entstehungsgeschichte im US-amerikanischen und deutschen Schrifttum. Dies geschieht nicht ungeachtet der Tatsache, dass Sekundärquellen kein entscheidendes Gewicht bei der Gesetzesauslegung zukommt. Andererseits ist die Heranziehung damit nicht völlig ausgeschlossen; die Entscheidung des Gerichtes im Fall *Geneva Steel* kann dafür als Beispiel genannt werden.

*Culbertson*, Mitglied der US Tariff Commission, nannte in seiner Studie „Commercial Policy in War Time and After (1919)" das „infant industry argument" eine der einfachsten und am breitesten akzeptierten Begründungen für protektionistische Maßnahmen. Ausgangspunkt dieser Argumentation ist die eingängige These, in der Entwicklung befindliche Industrien könnten nicht mit etablierten ausländischen (hier europäischen) Wettbewerbern konkurrieren. Freier Wettbewerb würde deren weitere Entwicklung über den Zeitpunkt hinaus verzögern, bis zu dem es für den Staat vorteilhaft sei, Kapital und Arbeitskraft einzusetzen. Aufgrund dieser Situation sei Investitionssicherheit herzustellen.[501] Hinzu käme eine „military necessity", wenn bestimmte Industriezweige für die nationale Sicherheit von grundlegender Bedeutung seien. Die Färbemittelindustrie zählte er dazu.[502] Auch überzeugte

---

496 Vgl. *Culbertson*, S. 149, 154.

497 Vgl. *Culbertson*, S. 183 f.

498 Vgl. Ann. Rep., Secretary of Commerce 22 (1916).

499 Vgl. *Viner*, S. 243.

500 Vgl. Ann. Rep., Secretary of Commerce 43 (1915).

501 Vgl. *Culbertson*, S. 105.

502 Vgl. *Culbertson*, S. 106 f.

„free trader", so betonte er ohne namentliche Nennung, hätten die Gültigkeit dieser Begründungen immer wieder einräumen müssen.[503] *Culbertson* wies auf den Umstand hin, dass in den Debatten des Kongresses der Hinweis (der Republikaner) auf die niedrigen Löhne ausländischer Arbeiter offensichtlich die argumentative Grundlage für den Schutz der US-amerikanischen Arbeiter bilden sollte. Tatsächlich bildeten sie vorrangig die Argumente zum Schutz der einheimischen Industrie.[504] Zudem befürwortete er die These, dass die Diskussion um eine Zolltariföffnung „in der Vergangenheit" im Kongress immer von Einzelinteressen zum Zwecke einer Vorzugsbehandlung angeschoben worden war, welche er aber ablehnte.[505] Er lässt deshalb keinen Zweifel an seiner Sicht, der Kongress habe den Schutz der neuen, kriegsbedingt entwickelten US-amerikanischen Färbemittelindustrie im Sinn gehabt: Es sollten jegliche Versuche ausländischer Wettbewerber, die neu errichtete Industrie zu schädigen, verhindert werden; der Kongress hätte dabei besonders an unlauteren Wettbewerb gedacht, wie man ihn der deutschen Färbemittelindustrie zuschrieb. Diese unlauteren Methoden seien der unmittelbare Anlass (immediate occasion) für die Verabschiedung des Antidumping Act 1916 gewesen.[506] *Culbertson* bietet keine Referenzen für seine These. Die dargestellten Debatten im US-Kongress und der Wortlaut des Gesetzes[507] geben ihm aber recht.

*Viner,* der bereits 1923 als einer der ersten im US-amerikanischen Schrifttum mit dem Dumping auch das neue Instrument des Antidumping ausführlich rechtsvergleichend analysierte („Dumping: A Problem in International Trade"), führte als Anlass ebenso die angeblichen unlauteren Dumping-Praktiken ausländischer, speziell deutscher Importeure an.[508] Er fasste die in den USA zum Zeitpunkt der Gesetzesverabschiedung weitverbreitete Stimmung wie folgt zusammen:

> „[...] Germany [...] was accumulating vast stocks of goods in order to dump them on the markets of the world [...] and regain in the field of economic warfare what she was losing on the military battlefield".[509]

Die Befürchtungen schienen hier aber nach Ansicht von *Viner* noch weniger Substanz zu haben, als diejenigen einhundert Jahre zuvor gegenüber den englischen Herstellern. Er hielt den Nachweis für einen Verdrängungswettbewerb für nicht erbracht. Vielmehr hätte der Absatz im Ausland dem Abbau von Überkapazitäten

---

503 Vgl. *Culbertson*, S. 114.

504 Vgl. *Culbertson*, S. 120.

505 Vgl. *Culbertson*, S. 136.

506 Vgl. *Culbertson*, S. 39, 152.

507 Vgl. für den beabsichtigten Schutz in Entwicklung befindlicher Industrien den subjektiven Tatbestand: "intent [. . .] of preventing establishment of an industry in the United States".

508 Vgl. *Viner*, S. 242.

509 Vgl. *Viner*, S. 65.

gedient.[510] Er hielt die Vorwürfe, die besonders nach dem Ausbruch des Krieges aus dem nichtdeutschen Ausland kamen, für größtenteils propagandistisch und nicht durch Fakten erhärtet.[511] Deutschland und seine Industrie hätte schließlich zum Ende des Ersten Weltkrieges gar nicht mehr die Ressourcen für eine Fortführung des Krieges auf wirtschaftlichem Gebiet besessen.[512] Die Stimmung beeinflusste seiner Ansicht nach dennoch das Handeln der Wilson-Administration. Deren Vorschlägen sei der Kongress letztlich gefolgt.[513] *Viner* zeigte sich überzeugt, der Antidumping Act 1916 sei zum Zwecke der Bekämpfung allein des „predatory dumping" erlassen worden.[514]

Jüngere Kommentatoren haben sich dieser Beurteilung angeschlossen. *Finger* sieht die ausgeprägte Feindseligkeit gegenüber Deutschland als einen Faktor neben der offiziellen Politik des „trust-busting", den allseits bestehenden hohen allgemeinen Zolltarifen und dem wegbereitenden kanadischen Antidumping-Modell an.[515] Schon vor 1914 seien die deutschen Kartelle für ihre Praxis des Dumping berüchtigt gewesen.[516] Dieses antideutsche Ressentiment wurde nach Kriegsausbruch erneut bedient. Auch *Kessler* verweist insoweit speziell auf Äußerungen von Vertretern der US-amerikanischen Färbemittel- und Chemieindustrie[517]: Diese sollen ein Wiederaufleben der räuberischen, die US-amerikanischen Wettbewerber verdrängenden Dumpingpraktiken deutscher Kartelle befürchtet und deshalb staatlichen Schutz gefordert haben.

Die beste zeitgenössische Darstellung der Entstehungsgeschichte im deutschen Schrifttum stammt von *Feld* („Anti-Dumping, Prämienklausel und Ausgleichszölle")[518] aus dem Jahre 1917. *Feld* lässt ebenfalls keinen Zweifel, worin er Anlass und Zweck des Gesetzes sah. Er nennt das befürchtete „Dumping" der europäischen, insbesondere der deutschen Exportindustrien ein „drohendes Gespenst", das schon bald nach Kriegsausbruch „durch die Spalten der amerikanischen Presse, die Berechnungen der amerikanischen Industriellen wie durch die Verhandlungen der

---

510 Vgl. *Viner*, S. 62.

511 Vgl. *Viner*, S. 52, 65 (Fn. 2), zitiert trefflich die nachweislich falschen Beschuldigungen von Kriegsliteraten in US-amerikanischen Zeitungen, das „German dumping" habe auch zur ersten Antidumping-Gesetzgebung Kanadas geführt.

512 Vgl. *Viner*, S. 65.

513 Vgl. *Viner*, S. 243.

514 Vgl. *Viner*, S. 245.

515 Vgl. *Finger*, S. 16.

516 Vgl. *Finger*, S. 16, 18.

517 Vgl. *Kessler*, 56 Antitrust L.J. 485, 489 (1987), zitiert 53 Cong.Rec. 10,734 (1916) (Statement of Mr. Hill), Hearings on H.R. 702 Before the Subcommittee on Internal Revenue of The House Committee on Ways and Means, 64th Cong., 1st Sess. 174-75 (1916).

518 Vgl. *Feld*, ASS 1917, 456; *ders.* Plutus 1917, 264 (Replik auf *Oehring*, Plutus 1917, 230).

wirtschaftlichen Körperschaften und Parlamente" wandelte.[519] Insbesondere Vertreter der US-Textil- und Farbstoffindustrie hätten die „Gefahr vor der Überflutung des amerikanischen Marktes mit europäischen Waren als besonders wirksamen Agitationsstoff" für Schutzmaßnahmen benutzt.[520] Die Kriegsgründungen der US-Industrie hätten des Schutzes vor der „sofort nach Friedensschluss einsetzenden scharfen Konkurrenz der hoch entwickelten deutschen Industrie" bedurft.[521] Er bestätigt damit das „infant industry"-Argument. Zudem belegen auch die Ausführungen von *Feld* den Zusammenhang zwischen den Dumping-Praktiken, die man gerade der deutschen Industrie vorwarf, und denen, die nach dem Antidumping Act 1916 unter Strafe gestellt werden sollten.[522]

Letzten Endes sah *Feld* in den massiv und öffentlich vorgetragenen Befürchtungen nichts anderes als einen „Feldzug" im Interesse US-amerikanischer Fabrikanten und mit dem Zweck, „protektionistische Maßnahmen gegen die europäische Konkurrenz zu erreichen".[523] Darin entdeckte er einen Widerspruch zur demokratischen Freihandelsdoktrin und zugleich einen Stimmungsumschwung in der dennoch von der Wilson-Administration nach Kriegsbeginn getragenen Gesetzgebung.[524] Trotz der starken Industrielobby wollten die Demokraten an ihrer Freihandels-Doktrin festhalten und schlossen eine Rückkehr zum alten System der protektionistischen Zölle aus:

„[P]eace or war, there shall be no return to the old protective tariff system."[525]

Somit war klar, dass „selbst ein nur mäßiger republikanischer Schutzzoll keine Aussicht hatte, von dem derzeitigen demokratischen Kongreß angenommen zu werden".[526] Die Opposition sammelte deshalb auf andere Weise ihre Kräfte. Aus den Ausführungen von *Feld* zum zeitgleich lancierten Versuch der Federal Trade Commision, die Antitrust-Gesetzgebung im Hinblick auf US-amerikanische Exportkartelle aufzuweichen (sog. Webb Bill[527]), ergibt sich eine erstaunlich einleuchtende Erklärung auch für die Sprachregelung im Antidumping Act 1916. Auch kartellfördernde Maßnahmen erfuhren trotz des Stimmungsumschwunges immer noch beachtenswerten Widerstand, vor allem im Senat. Von Seiten der Gegner einer sol-

---

519 Vgl. *Feld*, ASS 1917, 456.

520 Vgl. *Feld*, ASS 1917, 456, 462, 465.

521 Vgl. *Feld*, ASS 1917, 456, 462.

522 Vgl. *Feld*, ASS 1917, 456, 464 f.

523 Vgl. *Feld*, ASS 1917, 456, 457.

524 Vgl. *Feld*, ASS 1917, 456, 460 (Fn. 7), zitiert einen persönlichen Brief Präsident Wilsons vom 12.05.1915, veröffentlicht in Boston Evening Transcript vom 27.05.1916.

525 *Feld*, ASS 1917, 456, 466.

526 Vgl. *Feld*, ASS 1917, 456, 466.

527 Vgl. den noch heute geltenden Webb-Pomerene Act, 15 U.S.C. §§ 61-65 (1999).

chen Gesetzgebung fürchtete man eine zu starke Aushöhlung der Antitrust-Gesetze mit negativen Folgen für den heimischen Markt. Deshalb entschärfte man den Wortlaut und gab den Vorschlägen eine solch „harmlose Fassung, die sie kaum noch als Durchbrechung der bisherigen trustfeindlichen Grundsätze erkennen ließ“.[528]

Tatsächlich erstrebte nach *Feld* die Wilson-Administration mit dem Antidumping Act 1916 in der Sache ähnliche Wirkungen, wie die Republikaner mit einem System hoher Schutzzölle.[529] Nur durften überzeugte Freihändler wie die Demokraten dies nicht so formulieren. So erklärt sich auch der offizielle Sprachgebrauch, der sich mühte, den Antidumping Act 1916 nur als eine internationale Erweiterung des national ausgerichteten Antitrust-Rechts erscheinen zu lassen. Anders als im zuvor gescheiterten Vorschlag des Underwood Tariff Bill 1913 wurde als Mittel bei einem Dumping-Verstoß deshalb nicht ein Schutzzoll, sondern eine Strafbewehrung ähnlich der im „berühmten Sherman Anti-trust Law“ aufgenommen.[530] Eine solche Begründung dürfte selbst bei entschiedenen Freihändlern im Senat den Widerstand gebrochen haben. Gleiches gilt im Übrigen auch für die Formulierung des Dumping-Tatbestandes. *Feld* wies insoweit auf eine „gewisse allgemeinere Strömung“ hin, die „auch überzeugten Freihändlern schutzzöllnerische Maßnahmen annehmbar machen“ wollte. Auf den Engländer *Agacy* und seinem 1903 veröffentlichten Werk „Free Trade, Protection, Dumping, Bounties and Preferential Tariffs“ sei der Ansatz der Bekämpfung des „unfair trading“ zurückzuführen gewesen.[531] Abwehrmaßnahmen gegen bestimmte Formen des Handels, insbesondere solche, die durch künstliche Preismanipulation die heimische Industrie schädigten, verstießen danach nicht gegen den Geist des Freihandels.[532]

Im Jahre 1921 befasste sich *Pesl* in seiner Monographie mit dem Titel „Das Dumping -Preisunterbietungen im Welthandel“ auch mit der Entstehung des Antidumping Act 1916. *Pesl* gab darin die Befürchtungen, die im Ausland einschließlich der USA nach Kriegsausbruch kursierten, unvermittelt wieder.[533] Er zeigte sich wenig verwundert über den Umstand, dass man den beispiellosen Aufstieg Deutschlands vor dem Kriege zu einer Welthandelsmacht in „der übrigen Welt nicht mit Freude“ sah, wohl aber darüber, dass man diesen „nicht in den guten deutschen Eigenschaften erkennen wollte, sondern zu einem grossen Teil in unlauteren Machenschaften.“[534] Auch er sah in der seit Kriegsausbruch fortwährend steigenden

---

528 Vgl. *Feld*, ASS 1917, 456, 459.

529 Vgl. *Feld*, Plutus 1917, 264, 266.

530 Vgl. *Feld*, ASS 1917, 456, 467.

531 Vgl. *Feld*, ASS 1917, 456, 470 (Fn. 28).

532 Vgl. *Feld*, ASS 1917, 456, 470 ff.

533 Vgl. *Pesl*, S. 2, 117, 121.

534 Vgl. *Pesl*, S. 1.

„Befürchtung der Überschwemmung Amerikas mit europäischen Waren" den Anlass für die Gesetzgebung; „selbst die Demokraten, überzeugte Freihändler, waren nicht abgeneigt[,] nunmehr einen anderen Standpunkt einzunehmen, grundsätzlich aber am Freihandel festzuhalten."[535] Er nennt als Beleg „eine Verständigung von Präsident Wilson mit dem Handelssekretär Redfield". *Pesl* war der festen Ansicht, der Antidumping Act 1916 richte sich „in erster Reihe gegen Deutschland", da Deutschland die USA vor dem Kriege im Handel „bereits überflügelt" hatte und man, besonders von industrieller Seite, „den deutschen Wettbewerb in den Vereinigten Staaten fürchtete". Er sah diesen Befürchtungen aber durch das Nachkriegsregime, das Wiedervergeltungsmaßnahmen nicht zuließ, den Boden entzogen.[536] Er gab in wörtlicher Anlehnung an die erste Einschätzung von *Wygodzinski*[537] eine aus heutiger Sicht erstaunliche Bewertung der voraussichtlichen Handhabung und des Zweckes des Antidumping Act 1916 ab: Die erforderliche Vernichtungsabsicht nachzuweisen, sei „schwierig bis unmöglich"; dennoch werde das Gesetz nicht „toter Buchstabe bleiben", sondern der „Schikane, einem beliebten Mittel der amerikanischen Zollpolitik, Tür und Tor öffnen [und] Anlass zu Fabrikspionage" geben.[538] Damit sollte *Pesl* wie auch *Wygodzinski* nur bei den Akteuren nicht recht behalten; tatsächlich waren es nicht die Zollbehörden, sondern die US-amerikanischen Konkurrenten, die verhinderten, dass das Gesetz in einer bestimmten Art und Weise ein „toter Buchstabe" blieb.

Besonders erwähnenswert ist *Pesls* Erwiderung auf Aussagen zur deutschen Ausfuhrpolitik. So wies auch er der Prämienpolitik der deutschen Kartelle eine große Bedeutung bei der Förderung der Ausfuhr zu, die Anfeindungen aus dem Ausland hieran hingegen zurück: Prämien an die Ausfuhr der verarbeitenden Industrie durch die Kartelle lagen in deren ureigenstem Interesse, da die hohen Rohstoffpreise im Inland die eigenen Abnehmer, die einheimische verarbeitende Industrie, schwächten.[539] Er konzedierte, dass es 1913 durch den deutschen „Stahlverband" einen Versuch gegeben hatte, in Italien einen Verdrängungswettbewerb zu starten. Obwohl dieser, weil zu kostspielig, ohne Erfolg geblieben war, habe dieses Ereignis nicht nur in Italien größte Wellen geschlagen und zu manch hasserfüll-

---

535 Vgl. *Pesl*, S. 121.

536 Vgl. *Pesl*, S. 123 f., insbesondere mit Hinweis auf die Pariser Konferenz 1916 und deren Beschlüsse.

537 Vgl. *Wygodzinski*, Recht und Wirtschaft, 5. Jhg. (1916), Nr. 12, S. 246 ff., setzte sich spezifisch mit dem gegen Deutschland gerichteten Vorwurf des Dumping auseinander und schloss seine Ausführungen mit der Bemerkung (S. 250): „Verkauft England Baumwollstoffe billiger als Deutschland, so ist das geschäftliche Tüchtigkeit, verkauft Deutschland dieselben Stoffe billiger als England, so ist es – Dumping."

538 Vgl. *Pesl*, S. 121.

539 Vgl. *Pesl*, S. 20 ff.

ten Worten im Ausland geführt.[540] *Pesl* setzte zu einer eigenen Erklärung an: Der Hauptgrund des „dumping" sei die Übererzeugung, die wiederum verschiedene Ursachen habe.[541] Jeder Unternehmer verkaufe seine Erzeugnisse im Inland zu Preisen, die ihm den größtmöglichen Nutzen gewähren und die im Inlande nicht absetzbaren Mengen führe er aus. Die Gewinnung eines neuen Marktes geschähe im Interesse der Erhaltung eines dauerhaften Ausfuhrmarktes.[542] Hingegen wendete er sich entschieden gegen die häufig aus dem Ausland vorgetragene Behauptung, das deutsche Dumping bestehe in dem dauernden Auslandsausverkauf unter Selbstkosten in dem Bestreben, die fremde Industrie im Entstehen zu verhindern oder als bestehende zu vernichten. Bloße Vermutungen, so *Pesl*, bewiesen nichts.[543] Er griff auch das Beispiel der Farbenindustrie auf und führte die deutsche Überlegenheit auf den Erfindungsreichtum, billigere Verfahren und Patente zurück.[544] Selbst wenn es bisweilen tatsächlich zu einem solchen Ergebnis gekommen sei, so sei es „irrig, unter Dumping diese seltenen Fälle zu verstehen".[545]

### 5. Zusammenfassung der Entstehungsgeschichte

Den Anlass, ein Gesetz wie den Antidumping Act 1916 zu verabschieden, bildeten die Befürchtung, namentlich deutsche Kartelle könnten sich nach dem Ende des Krieges unlauterer Dumping-Praktiken bedienen. Der Zweck des Antidumping Act 1916 sollte nach offizieller Lesart (Gesetzesbegründung, Regierungsverlautbarungen) darin bestehen, den Wettbewerb auf dem heimischen Markt vor unlauterem ausländischen Wettbewerb zu schützen. Tatsächlich diente das Gesetz eher der Protektion der einheimischen Industrien und die Formulierung in der Gesetzesbegründung sehr wahrscheinlich nur der Verschleierung dieses eigentlichen, mit den Grundsätzen der demokratischen Partei nicht vereinbaren Ziels.

## II. Harmonisierung mit dem bestehenden Gesetzesrecht (Statute Law)

Legt man den Wortlaut des Antidumping Act 1916 im Lichte seines Kontextes aus, so offenbart dieser alle Züge eines scheinbaren Kompromisses zwischen dem Ziel des Protektionismus und dem Schutz des fairen Wettbewerbs. Zugleich zeigt die rechtstechnische Umsetzung deutliche Parallelen zur bereits bestehenden Gesetzgebung.

---

540 Vgl. *Pesl*, S. 30 f.

541 Vgl. *Pesl*, S. 51.

542 Vgl. *Pesl*, S. 62.

543 Vgl. *Pesl*, S. 85.

544 Vgl. *Pesl*, S. 88.

545 *Pesl*, S. 91.

## 1. Antidumping-Tatbestand

Der Antidumping-Tatbestand (*para.* 1) verbindet protektionistische Versatzstücke zum Schutz der US-amerikanischen Industrie mit solchen zum Schutz des fairen Wettbewerbs.[546]

### *a) Objektive Voraussetzungen*

Verboten ist der Import oder die Beihilfe zum Import einer Ware in die USA. Inhaltlich brachten die Bestimmungen aber mit Ausnahme der ausdrücklichen Pönalisierung auch der Beihilfe zum Import (assisting in importing) gegenüber dem Sherman Act 1890 nicht viel Neues.[547] Anders als im Sherman Act 1890 oder in Sec. 73 des Wilson Tariff Act 1894 war nun nicht mehr der Nachweis der Verschwörung (conspiracy or combination) erforderlich.

Objektiv knüpft das Gesetz zudem an den Import von Waren an, deren Importpreis erheblich geringer ist als der aktuelle Marktwert oder der Großhandelspreis im Heimatmarkt des Importeurs. Damit muss für die Bestimmung der Preisunterbietung erstens der Preis auf dem US-Markt ermittelt werden. Im heutigen Antitrust-Kontext (Robinson-Patman Act 1936) wird ein Preis „below an appropriate measure of the rival's costs" gefordert.[548] Unter den Kosten des Konkurrenten können aber sowohl die „average costs" an sich oder die „average variable costs of production" verstanden werden.[549] Der Wortlaut des Antidumping Act 1916 würde beides zulassen. Erst nach der Bestimmung des US-Marktwertes kann untersucht werden, ob zweitens eine Preisdifferenz zum Heimatmarkt des Importeurs besteht. Der spezifische Ansatz bei der internationalen Preisunterbietung war neu und zeigt die Parallelen zur kanadischen Gesetzgebung. *Culbertson* nennt diese „the most familiar and the pioneer example of tariff legislation directed against dumping".[550]

Andererseits unterscheidet sich der Antidumping Act 1916 schon hier deutlich, indem mehr gefordert wird als im kanadischen Gesetz. Nur ein erheblich geringerer

---

546 So auch Benson, J., in *Geneva Steel Co. v. Ranger Steel Supply Corp. and Thyssen Inc.*, 980 F.Supp. 1209, 1213 (D. Utah 1997).

547 Vgl. *Viner*, S. 244.

548 *Chroma Lighting v. GTE Products Corp.*, 1997-1 Trade Cas (CCH) 71,836 (9th Cir. 1997) 79,885.

549 Vgl. die Rechtsauffassung der US-Seite vor der WTO, Panel Report, para. 3.340: Die US-Instanzrechtsprechung ist insoweit nicht einheitlich.

550 Vgl. *Culbertson* ließ die Frage aber unbeantwortet, warum man dieser im Tatbestand nicht folgte und hub gleich zu Reformvorschlägen an, S. 150. Immerhin deutete er seine Abneigung in Bezug auf die kanadische Rechtsfolge an, wenn er meinte, die kanadische Methode möge in Kanada handhabbar gewesen sein, sei sonst aber unflexibel und würde in einer Tariferhöhung münden. Die damit einhergehende Preissteigerung hätte der Konsument tragen müssen, S. 154.

(substantially less) Preis und ein allgemeines und systematisches (commonly and systematically) Handeln erfüllt den Tatbestand des Antidumping Act 1916. Bemerkenswerterweise entspricht dies genau den Praktiken, die man den deutschen Kartellen zuschrieb. So findet sich bei *Viner* genau diese Wortwahl, wenn er deren Dumping-Praktiken zu Beginn des 20. Jahrhunderts beschreibt.[551] Die Wortwahl im Act würde also die These stützen, dass der Antidumping Act 1916 auf Verhaltensweisen wie die der deutschen Importeure abzielte.

Eine tatsächliche Beschränkung des Wettbewerbs ist im Gegensatz zum Clayton Act 1914 nicht notwendig. Die EG hat im WTO-Panelverfahren die zweifelhafte Ansicht vertreten, dass schon ein einmaliges Handeln mit der erforderlichen Absicht hier ausreichend sei[552], während für eine Verletzung des Clayton Act 1914 (in der Fassung des Robinson-Patman Act 1936) mindestens zwei (vollzogene) Verkaufsfälle an verschiedene Käufer zu verschiedenen Preisen vorliegen müssen.[553]

*b) Subjektive Voraussetzungen*

Mehrdeutig ist das Gesetz vor allem im subjektiven Tatbestand. Insgesamt werden fünf verschiedene Absichten nebeneinander gestellt. Jede der Absichten ist zur Erfüllung des subjektiven Tatbestandes ausreichend. Die ersten drei (intent to destroy, to injure or to prevent the establishment of an US industry) bezwecken ausdrücklich den Schutz der einheimischen Industrie, des einzelnen einheimischen Wettbewerbers (competitor). Die letzten beiden Passagen lesen sich hingegen wie typische Antitrust-Instrumente zum Schutz des Wettbewerbs (competition) an sich.

Der Antidumping Act 1916 richtet sich insoweit gegen das „restraining or monopolizing any part of trade or commerce ... in the United States". Die Passagen scheinen direkt dem Sherman Act 1890[554] und weniger, was zu vermuten gewesen wäre, dem zeitlich näheren Clayton Act 1914 entlehnt zu sein. Die nahezu deckungsgleiche Formulierung legt es nahe, beide Gesetze gleichermaßen auszulegen. Demzufolge wäre nur die Absicht, die Konkurrenten zu verdrängen (predatory intent), als wettbewerbsschädlich und mithin für die beiden letzten Alternativen als

---

[551] Vgl. *Viner*, S. 53: "commonly and systematically", S. 55: "substantial (less)".

[552] Vgl. das Beispiel der EG vor der WTO, Panel Report, para. 3.328: schon ein internes Memorandum des Beklagten, das seine Absicht zum Ausdruck bringt, einem US-Konkurrenten Marktanteile (in allgemeiner und systematischer Art und Weise) wegzunehmen, könnte ausreichen. Das Beispiel wurde von der US-Seite allerdings zu Recht bezweifelt, Panel Report, para. 3.331.

[553] *International Telephone & Telegraph Corp.* et al., 104 F.T.C. 280, 417; vgl. auch die Rechtsauffassung der US-Seite vor der WTO, Panel Report, para. 3.87.

[554] Vgl. 15 U.S.C. §§ 1, 2 (1999).

tatbestandsmäßig anzusehen. So sah *Viner* den Antidumping Act 1916 mit einiger Berechtigung zur Bekämpfung des „predatory dumping" erlassen.[555]

Der Kläger trägt für das Vorliegen der Absicht vollständig die Darlegungs- und Beweislast; der Vortrag eines „prima facie case" genügt nicht.[556] Obwohl der Wortlaut des Antidumping Act 1916 dem Beklagten ausdrücklich keine Einwendungen ermöglicht, sind solche gleichwohl denkbar. Sie ergeben sich implizit.[557] Hier ließe sich wiederum eine Parallele zum Antitrust-Recht ziehen. So wird auch, allerdings wenig überzeugend vertreten, dass die für Klagen auf der Grundlage des Robinson-Patman Act 1936 ausdrücklich gesetzlich normierten Einwendungen („meeting competition", „changing market conditions", „cost justification")[558] in gleichem Maße für Klagen auf der Grundlage des Antidumping Act 1916 gelten sollen.[559] Problematisch ist dabei, dass die gesetzliche Normierung der „defences" erst nach Erlass des Antidumping Act 1916 erfolgte. Die für eine solche Harmonisierung (Analogie) notwendige besondere Begründung drängt sich nicht auf.

In Anbetracht der Parallelen zum Antitrust-Recht, insbesondere dem Sherman Act 1890, und dem Kontext könnte man geneigt sein, auf die Rechtsnatur insgesamt zu schließen.[560] Würde man aber den Antidumping Act 1916 *nur* als Antitrust-Statute einordnen und demzufolge Antitrust-Standards auch in die ersten drei Tatbestandsalternativen „hineinlesen", dann wären diese schlicht überflüssig.[561] Wenn der Gesetzgeber aber ein „oder" (or) verwendete, dann deutet dies an, dass jede Alternative eine eigenständige Bedeutung haben sollte.[562] Zudem lautet ein Grundsatz der Gesetzesauslegung, dass eine Bestimmung nicht so ausgelegt werden soll, dass sie vollständig überflüssig wird.[563] Auch der geschilderte Kontext gibt für eine solche Auslegung nichts her. Die Entstehungsgeschichte spricht vielmehr für die Auslegung, dass auch und gerade der Schutz der Industrie bezweckt worden war.

---

[555] Vgl. *Viner*, S. 245.

[556] Vgl. *Almstedt*, 13 Law&Pol'y Int'l Bus. 747, 775 (1981).

[557] Vgl. die Argumentation der US-Seite vor der WTO, Panel Report, para. 3.353.

[558] 15 U.S.C. § 13 a, b (1999).

[559] Vgl. die Argumentation der US-Seite vor der WTO, Panel Report, para. 3.353-354 (Fn. 253), unter Verweis auf *Hawk*, United States, Common Market and International Antitrust (1996-1 Suppl.), S. 357: die erforderliche Schädigungsabsicht ließe sich bei entsprechender Auslegung gleichfalls verneinen; entgegengesetzter Ansicht für das geltende Recht offensichtlich *Almstedt*, 13 Law&Pol'y Int'l Bus. 747, 775 (1981), der eine diesbezügliche Gesetzesänderung erst vorschlug, die sonst unnötig wäre.

[560] So die Argumentation der US-Seite vor der WTO, vgl. Panel Report, para. 3.87.

[561] So auch *Note*, Rethinking the 1916 Antidumping Act, 110 Harv.L.Rev. 1555, 1557 (1997).

[562] *Garcia v. U.S.*, 469 U.S. 70, 105 S.Ct. 479, 83 L.Ed.2d 472 (1985).

[563] *Kungys v. U.S.*, 485 U.S. 759, 108 S.Ct. 1537, 99 L.Ed.2d 839 (1988).

Im Gegenteil, hätte der Gesetzgeber nur eine internationale Erweiterung des Clayton Act 1914 gewollt, dann hätte er dies mit einem klaren, deckungsgleichen Wortlaut tun können.[564] Er tat dies aber nicht. Interessanterweise enthielt der Gesetzesvorschlag für Sec. 2 des Clayton Act 1914 eine Formulierung zum Schutz des Wettbewerbers.[565] Obwohl der Kongress diese zugunsten des Schutzes des Wettbewerbes[566] zurückwies, wurde der Clayton Act 1914 (später in der Fassung des Robinson-Patman Act[567]) lange Zeit von den Gerichten so interpretiert, auch den einzelnen Wettbewerber (zu Lasten des Wettbewerbes) zu schützen.[568] Die Entscheidung des US Supreme Court in *Brooke Group Ltd. v. Brown & Williamsen Tobacco Corp.*[569] brachte 1993 das Gesetz und seine Auslegung mit dem Wettbewerbsgedanken wieder in Einklang. Der Schutz der einheimischen Industrie hat im Wortlaut des Antidumping Act 1916 jedoch einen klaren Ausdruck gefunden. Deshalb ist der Gesetzgeber „beim Wort" zu nehmen. Eine Auslegung, vergleichbar der zum Clayton Act 1914, verbietet sich angesichts des Wortlautes und der Entstehungsgeschichte.

### 2. Rechtsfolge

Die Rechtsfolgenseite (*para.* 2, 3) ist das Charakteristikum des Antidumping Act 1916. Bei den Rechtsfolgen zeigen sich auch erstaunliche Parallelen zum australischen Ansatz und zu den US-amerikanischen Antitrust-Statutes[570], die ebenso wie der Antidumping Act 1916 das tatbestandliche Verhalten als Vergehen (misdemeanor) strafrechtlich ahnden. Ebenso können in ihrem Unternehmen oder Vermögen verletzte (auch juristische)[571] Personen vor einem US District Court auf Dreifachschadensersatz (treble damages) klagen; ihnen wird ein privates Klagerecht eröffnet. Die Durchsetzung (enforcement) und die Beweisführung (standard of proof) ist demnach ebenso wie im Antitrust-Recht gerichtlich ausgestaltet. Hierin wird der eigentliche Grund für die Ineffektivität des Gesetzes gesehen; denn gerade die

---

564 *Note*, Rethinking the 1916 Antidumping Act, 110 Harv.L.Rev. 1555, 1557 (1997).

565 Vgl. *Note*, Rethinking the 1916 Antidumping Act, 110 Harv.L.Rev. 1555, 1562 (Fn. 50) (1997):"with the purpose or intent thereby to destroy or wrongfully injure the business of a competitor, [...]".

566 Vgl. 15 U.S.C. § 13 (1999): "where the effect [...] may be to substantially lessen competition or tend to create a monopoly in any line of commerce [...]".

567 "[...] or to injure, destroy, or prevent the competition with any person who either grants or knowingly receives the benefit of such discrimination, or with customers of either of them."

568 Vgl. *Note*, Rethinking the 1916 Antidumping Act, 110 Harv.L.Rev. 1555, 1562 (1997).

569 509 U.S. 209, 221 ff. (1993).

570 Vgl. in der ursprünglichen Fassung *Sherman Act 1890*, 26 Stat. 209 (1890), ch. 647; *Clayton Act 1914*, 38 Stat. 730 (1914), ch. 323.

571 15 U.S.C. § 71 (1999).

Ausgestaltung als „legal remedy" bewirkte die strikte gerichtliche Auslegung und Beweisführung.[572] Der Misserfolg des Gesetzes (gemessen an den offiziellen Gesetzeszwecken) wurde von Seiten der Administration schon recht früh anerkannt.[573]

Wie auch immer: Die Nähe des Antidumping Act 1916 zum Antitrust-Recht wird spürbar, wenn man die Rechtsfolgen des Antidumping Act 1916 mit der übrigen, heute wesentlich bedeutenderen Antidumping-Gesetzgebung vergleicht. Das gegenwärtige Antidumping-Recht (Tariff Act of 1930[574]) hat seinen Ursprung im Antidumping Act of 1921[575], der ein behördliches Antidumping-Verfahren vorsah mit dem Ziel, einen besonderen Zoll auf gedumpte Waren zu erheben.[576] Spätere Änderungen des US-amerikanischen Antidumping-Rechts haben an dieser eingeschlagenen Grundkonzeption bis heute nichts geändert.[577] Der Antidumping Act 1916 ist bis heute das einzige in der USA geltende Antidumping-Recht, das ein Strafverfahren und einen zivilen Schadensersatzprozess vorsieht. Auch dieser Umstand legt den Schluss nahe, den Antidumping Act 1916 nur als eine internationale Erweiterung der US-amerikanischen Antitrust-Gesetzgebung zu betrachten, wie dies im US-amerikanischen Schrifttum und von Regierungsseite getan wird.[578] Es ist insoweit allerdings fraglich, ob aufgrund der vergleichbar ausgestalteten Rechtsfolgen auf die Rechtsnatur geschlossen werden kann. Aus diesem Grund lohnt sich ein genauerer Blick auf die Regelungen des US-amerikanischen Antitrust-Rechts.[579]

Nach Common Law ist die Bildung von Monopolen durch vertragliche oder sonstige Vereinbarungen und Vereinigungen unrechtmäßig, weil eine Beschränkung des freien Handels und wider der öffentlichen Ordnung; sie wird aber weder mit Strafe bedroht noch gibt es einen Rechtsgrund für private Schadensersatzklagen.[580] Das Common Law kennt bei vorwerfbarem, insbesondere rücksichtslosem und verwerflichem Verhalten Strafschadensersatz nur in der Form der „punitive dama-

---

572 Vgl. die Einschätzung von *Finger*, S. 22.

573 US Tariff Commission, Information Concerning Dumping and Unfair Foreign Competition in the United States and Canada's Antidumping Law, House of Ways and Means Committee Print, 66th Cong., 1st Sess. (1919), S. 33: „[The Antidumping Act 1916] apparently fails, where the Canadian law succeeds...", zitiert nach *Mastel*, S. 19.

574 19 U.S.C §§ 1671 ff. (1999).

575 19 U.S.C. §§ 160-171 (1978), aufgehoben mit Wirkung zum 01.01.1980.

576 Vgl. *Viner*, S. 258 ff.; *Ehrenhaft*, SF24 ALI-ABA 203, 208 (2000).

577 Vgl. *Ehrenhaft*, SF24 ALI-ABA 203, 208 (2000).

578 Vgl. *Finger*, S. 18; *Mastel*, S. 15; vgl. die Stellungnahmen der US-Seite vor der WTO, Panel Report, para. 3.87.

579 Vergleichender Überblick zu den Unterschieden zwischen „trade" und „antitrust law" bei *Applebaum*, 6 Geo.Mason L.Rev. 479, 480 ff. (1998); *ders.*, CA07 ALI-ABA 155 (1996).

580 *U.S. v. Addyston Pipe & Steel Co.*, 85 F. 271 (6th Cir. 1898), aff'd as modified, 175 U.S. 211, 20 S.Ct. 96, 44 L.Ed. 136 (1899).

ges".[581] Diese Position wurde durch die Antitrust-Gesetzgebung geändert. Wie schon Sec. 7 des Sherman Act 1890 und Sec. 73 des Wilson Tariff Act 1894 enthält auch Sec. 4 des Clayton Act 1914 als typische Antitrust-Gesetzgebung für den Fall des Verstoßes ein privates Klagerecht für eine verletzte Person auf Dreifachschadensersatz (threefold the damages sustained)[582]. Dieser Schadensersatz bildet eine gesetzlich ausdrücklich zugelassene Sonderform der „punitive damages".[583]

Das private Klagerecht auf Dreifachschadensersatz wurde entwickelt, um Gesetzesbrecher für begangene Taten zu bestrafen (punishment) und von der Begehung neuer abzuschrecken (deterrence), ihnen die Früchte ihrer Illegalität zu nehmen sowie die Opfer zu entschädigen (compensation).[584] Insoweit ist der Schadensersatz im Antitrust-Recht dem Charakter nach sowohl „punitive" wie „compensatory".[585] Strafzwecke verfolgt nur der den kompensatorischen Teil übersteigende Schadensersatz. Bevor der Kläger seinen erlittenen Schaden allerdings nicht vorgetragen hat, kann er keinen Dreifachschadensersatz erhalten. Hat er dies aber getan, so wird der Betrag automatisch verdreifacht.[586] Das unterscheidet „treble damages" auch von den „punitive damages", die nach Grund und Höhe im Ermessen des Gerichts (Jury) liegen.

Der Dreifachschadensersatz dient aber nicht nur der Bestrafung und privaten Entschädigung. Die effektive Durchsetzung des Antitrust-Rechts durch einen privaten Kläger liegt auch im öffentlichen Interesse.[587] Die Übertragung auf einen privaten Kläger ist eine bewusste Entscheidung des Gesetzgebers.[588] Denn ihr liegt der Gedanke zugrunde, staatliche Kartellbehörden könnten den freien Wettbewerb weniger effektiv sichern als private Konkurrenten, die durch den Umfang des Schadensersatzes einen besonderen Anreiz erhalten sollen.[589] Die Bereicherung des Klägers ist nicht erstrebt, sondern ein Reflex. Nach Common Law mögliche „puni-

---

581 Vgl. *Merkt*, S. 66 f.

582 15 U.S.C. § 15 (a) (1999); 58 C.J.S. Monopolies §§ 206 ff. (1998). Eine Strafandrohung enthielt die ursprüngliche Fassung nicht.

583 Vgl. *Merkt*, S. 66, zu deren Funktionen; S. 71 ff.

584 *Zenith Radio Corp. v. Hazeltine Research, Inc.*, 395 U.S. 100, 89 S.Ct. 1562, 23 L.Ed.2d 129 577 (1969), on remand to, 418 F.2d 21 (7th Cir. 1969), cert. granted, 397 U.S. 979, 90 S.Ct. 1105, 25 L.Ed.2d 77 (1971), reh'g denied, 401 U.S. 1015, 91 S.Ct. 1247, 28 L.Ed.2d 552 (1971); *Merkt*, S. 92 ff.

585 *Clark Oil Co. v. Phillips Petroleum Co.*, 148 F.2d 580 (8th Cir. 1945), cert. denied, 326 U.S. 734, 66 S.Ct. 42, 90 L.Ed. 437 (1945).

586 *Clark Oil Co. v. Phillips Petroleum Co.*, 148 F.2d 580 (8th Cir. 1945), cert. denied, 326 U.S. 734, 66 S.Ct. 42, 90 L.Ed. 437 (1945).

587 *Lawlor v. National Screen Service Corp.*, 349 U.S. 322, 75 S.Ct. 865, 99 L.Ed. 1122 (1955).

588 *Rosengarten*, S. 104.

589 *Reiter v. Sonotone Corp.*, 442 U.S. 330 (1979).

tive damages" sind neben den „treble damages" hingegen nicht zulässig. Denn dies würde dem Verbot der doppelten Entschädigung (prohibition against double recovery) widersprechen.[590]

Dennoch kann man nicht notwendigerweise davon sprechen, dass der Antidumping Act 1916 die internationale Variante des nationalen Antitrust-Rechts, folglich derselben Rechtsnatur und zwingend parallel auszulegen ist. Auch außerhalb des Antitrust-Rechts gibt es die Möglichkeit zur Verurteilung zu Dreifachschadensersatz.[591] Zudem verfolgt, wie dargestellt, das Institut des Dreifachschadensersatzes bestimmte eigene Zwecke. Diese mögen im Antitrust- wie im Antidumping-Recht ihre Berechtigung haben, so etwa das öffentliche Interesse an der Durchsetzung mittels privater Kläger im Gegensatz zur Durchsetzung mittels einer Verwaltungsbehörde. Ein zwingender Schluss auf die Rechtsnatur lässt sich auf der Rechtsfolgenseite, anders als auf der Tatbestandsseite nicht ziehen.

Neben der Formulierung könnte bei oberflächlicher Betrachtung letztlich noch die Einordnung im U.S. Code als Argument für den Charakter als Antitrust-Gesetz herangezogen werden.[592] Denn danach befindet sich der Antidumping Act 1916 wie der Sherman Act 1890 und der Clayton Act 1914 in Titel 15 („Commerce and Trade") und nicht wie die übrigen Antidumping-Gesetze in Titel 19 („Customs and Duties"). Dem ist aber entgegenzuhalten, dass ohne die Erhebung eines Antidumping-Zolls auf der Rechtsfolgenseite eine Einordnung in Titel 19 nicht sinnvoll erscheint. Die Rechtsfolgenseite kann aber, wie gesagt, nicht den Ausschlag geben. Zudem muss man sich wiederum die Umstände der Gesetzesentstehung ins Gedächtnis rufen. Möglicherweise sollte auch diese Einordnung etwaige Bedenken zerstreuen helfen. Insoweit würde es sich schlicht um das verkehrte Etikett handeln. Deshalb lässt auch die Stellung im U.S. Code keinen anderen Schluss zu.

### III. Auslegung in der Rechtsprechung (Case Law)

In der Rechtsprechung der US-Gerichte fand der Antidumping Act 1916 ausweislich der berichteten Fälle zunächst keine große Beachtung. Bis 1970 gab es lediglich eine berichtete[593] private Klage. Die Entscheidung im Fall *H. Wagner & Ad-*

---

[590] Vgl. *Merkt*, S. 93 f. (Fn. 315 f.) m.w.N.

[591] Vgl. die Auflistung der einschlägigen Normen in den Ausführungen der EG vor der WTO, Panel Report, para. 3.88 (Fn. 84). Die EG folgerte daraus und aus dem Umstand, dass es in keinem anderen Land Dreifachschadensersatz gäbe, dass es sich nicht notwendig um eine Antitrust-, sondern nur um eine US-Maßnahme handeln müsse.

[592] So die Argumentation der US-Seite vor der WTO, Panel Report, para. 3.139.

[593] Nicht alle Klagen führen allerdings zu berichteten Entscheidungen, vgl. die Einlassungen der US-amerikanischen Seite im Panel-Verfahren, Panel Report, para. 2.13 (Fn. 18).

*ler Co. v. Mali*[594] befasste sich mit einem verfahrensrechtlichen Problem, einem Antrag auf Auskunftserteilung (bill for discovery).

Die Mehrzahl der berichteten Klagen wurde nach 1970 anhängig gemacht. Das mag zum Teil mit dem starken Konkurrenzdruck von außen auf die US-amerikanische Wirtschaft in den sechziger und siebziger Jahren zu erklären sein. Die mit einigen Einbußen für die US-Industrie einhergehende wirtschaftliche Auseinandersetzung fokussierte sich auf Mittel der Abwehr dieses angeblich unlauteren ausländischen Wettbewerbs[595], damit auf das Antitrust- und Antidumping-Recht. Die teuren und zeitraubenden Klagen unter dem Antidumping Act 1916 wurden als Ergänzung der Antitrust-Klagen, vor allem aber als zivilrechtliche Alternative (Schadensersatz mit *ex tunc*-Wirkung) zu den behördlichen Antidumping-Verfahren (Antidumping-Zoll nur mit *ex nunc*-Wirkung) neu entdeckt.[596] Beredtes Beispiel ist die Vorgehensweise der Kläger im vorliegenden Fall. Bis zur Entscheidung im Fall *Geneva Steel*[597] im Jahre 1997 kamen insgesamt lediglich fünfzehn berichtete Klagen unter dem Antidumping Act 1916 zusammen.[598] Keine davon war erfolgreich oder führte letztlich zu einem stattgebenden Urteil. Eine Erklärung hierfür ist der scheinbar unmögliche („virtually impossible"[599]) Nachweis einer entsprechenden

---

594 74 F.2d 666 (2d Cir. 1935).

595 Vgl. *Garvey*, RabelsZ 1987, 401, 413, nennt das schlicht das Verlangen nach Protektion.

596 So die Deutung der EG, vgl. Panel Report, para. 3.304; in diese Richtung auch US Department of Justice/Federal Trade Commission, 1995 Antitrust Enforcement Guidelines for International Operations, Sec. 2.82, im Internet: http://www.usdoj.gov/atr/public/guidelines/internat.htm (15.03.2003).

597 980 F.Supp. 1209 (D. Utah 1997).

598 *H. Wagner & Adler Co. v. Mali*, 74 F.2d 666 (2d Cir. 1935); *In re Japanese Electric Products Antitrust Litigation*, 388 F.Supp. 565 (J.P.M.L. 1975), im Sinne einer einheitlichen Terminologie mit dem Panel Report nachfolgend: "*In re Japanese Electronic Products I*"; *Zenith Radio Corp. v. Matsushita Electric Industrial Co.*, 402 F.Supp. 244 (E.D. Pa. 1975), nachfolgend: "*Zenith I*"; *Zenith Radio Corp. v. Matsushita Electric Industrial Co.*, 402 F.Supp. 251 (E.D. Pa. 1975), nachfolgend: "*Zenith II*"; *Outboard Marine Corp. v. Pezetel*, 461 F.Supp. 384 (D.C. Del. 1978); *Schwimmer v. Sony Corp.*, 471 F.Supp. 793 (E.D.N.Y. 1979), 637 F.2d 41 (2nd Cir. 1980); *Jewell Foliage Co. v. Uniflora Overseas Florida, Inc.*, 497 F.Supp. 513 (M.D. Fla. 1980); *Zenith Radio Corp. v. Matsushita Electric Industrial Co.*, 494 F.Supp. 1190 (E.D. Pa. 1980), nachfolgend: „*Zenith III*"; *In re Japanese Electric Products Antitrust Litigation (Zenith Radio Corp. v. Matsushita Electric Industrial Co.)*, 723 F.2d 319 (3d Cir. 1983), nachfolgend: "*In re Japanese Electronic Products II*"; *In re Japanese Electric Products Antitrust Litigation (Zenith Radio Corp. v. Matsushita Electric Industrial Co.)*, 807 F.2d 44 (3d Cir. 1986), nachfolgend: "*In re Japanese Electronic Products III*"; *Helmac Products Corp. v. Roth (Plastics) Corp.*, 814 F.Supp. 560 (E.D. Mich. 1992), nachfolgend: "*Helmac I*"; *Helmac Products Corp. v. Roth (Plastics) Corp.*, 814 F.Supp. 581 (E.D. Mich. 1992), nachfolgend: „*Helmac II*". Weitere, im Folgenden nicht näher ausgeführte Entscheidungen: *Western Concrete Structures Co. v. Mitsui & Co.*, 760 F.2d 1013 (9th Cir. 1985); *Isra Fruit Ltd. v. Agrexo Agr. Export Co.*, 631 F.Supp. 984 (S.D.N.Y. 1986).

599 Vgl. die Einschätzung der US-Seite vor der WTO, Panel Report, para. 3.302.

Schädigungsabsicht, eine andere die generell hohe Vergleichsquote in US-Zivilprozessen. Ebenso verhält es sich mit den bis dahin berichteten vier Versuchen, ein Strafverfahren durchzuführen. Auch diese blieben letztlich ohne Erfolg. Eine höchstrichterliche Entscheidung des US Supreme Court existiert nicht.

In methodischer Hinsicht ist hier die „doctrine of precedents" zu beachten. Präjudizien (precedents) müssen demnach von den Gerichten beachtet werden. Andere Entscheidungen können herangezogen werden, wenn sie einen „persuasive value" besitzen, d.h. ihre Begründung überzeugt.

## 1. Vereinbarkeit mit der Bundesverfassung

Ein Gesetz kann nur dann angewendet werden, wenn es verfassungsgemäß ist. Dem US Supreme Court steht die Befugnis zu, ein Bundesgesetz daraufhin zu überprüfen und ggf. für nichtig zu erklären (judicial review).[600]

Nachdem der Antidumping Act 1916 lange in Vergessenheit geraten schien, weckte der sog. *Zenith*- Rechtsstreit[601] in den siebziger und frühen achtziger Jahren die Aufmerksamkeit der Öffentlichkeit (hier vor allem der Klägeranwälte) erneut. In einer Reihe von District Court- und Court of Appeal-Entscheidungen wurden substantielle Fragen, insbesondere hinsichtlich der verfassungsrechtlichen Bestimmtheit beantwortet.[602] Zu einer Entscheidung des US Supreme Court kam es indes nicht. Der US Supreme Court entschied 1986 nur über die Klagen unter dem Sherman Act 1890[603] und lehnte 1987 einen weiteren Antrag auf Annahme (petition for certiorari) ab[604].

1970 hatte zuerst die National Union Electric Corp. in New Jersey eine Klage gegen vierzehn japanische Hersteller und US-Importeure von Fernsehgeräten eingereicht und eine Verletzung verschiedener Antitrust-Gesetze und auch des Antidumping Act 1916 behauptet. 1974 klagte die Zenith Radio Corp. auf ähnlicher Grundlage gegen einundzwanzig Beklagte in Pennsylvania. Die Klagen wurde vom Judicial Panel on Multidistrict Litigation verbunden und nach Pennsylvania verwiesen.[605] Die Kläger behaupteten, die Beklagten würden sich seit mehr als zwanzig

---

[600] Grundlegend zur Überprüfung der Bundesgesetzgebung *Marbury v. Madison*, 5 U.S. 137, 1 Cranch 137, 2 L.Ed. 60 (1803).

[601] Vgl. Übersicht bei *Almstedt*, 13 Law&Pol'y Int'l Bus. 747, 758 (Fn. 69) (1981).

[602] Eine umfassende Sachverhaltsdarstellung findet sich in *Zenith Radio Corp. v. Matsushita Electric Industrial Co.*, 402 F.Supp. 262 ff. (E.D. Pa. 1975).

[603] *Matsushita Electric Industrial Co., Ltd. v. Zenith Radio Corp.*, 475 U.S. 574, 106 S.Ct. 1348, 89 L.Ed.2d 538 (1986).

[604] 55 U.S.L.W. 3730 (U.S. April 27, 1987) (No. 86-1453).

[605] *In re Japanese Electric Products Antitrust Litigation*, 388 F.Supp. 565 (J.P.M.L. 1975), "*In re Japanese Electronic Products I*".

Jahren an einer weltweiten Verschwörung beteiligen, die auf die Zerstörung der US-amerikanischen Konsumelektronikindustrie gerichtet sei. Während die Beklagten in Japan künstlich hohe Preise für ihre Fernsehgeräte verlangten, würden sie in den USA dieselben Produkte zu künstlich niedrigen Preisen verkaufen. Die Beklagten beantragten unter anderem, die Klagen wegen Unbestimmtheit des Antidumping Act 1916 zurückzuweisen. Sie waren der Auffassung, der wegen Unbestimmtheit unwirksame (void for vagueness) Antidumping Act 1916 verstoße gegen die Anforderungen an ein rechtsstaatliches Verfahren (due process) (U.S. Const. amend. V, XIV).

Das Gericht in *Zenith II*[606] lehnte den Antrag der Beklagten ab.[607] Ein Gesetz, so die Begründung, das als „criminal statute" bestehen könne, sei in jedem Falle auch als „civil statute" wirksam; zudem bestehe eine Vermutung für die Verfassungsmäßigkeit, die nur schwer widerlegbar sei.[608] Das Gericht analysierte diesbezüglich die komplexe Sprache und legte das Gesetz entsprechend dem üblichen Sprachgebrauch im Wirtschaftsverkehr aus. So betrachtet, seien die Bestimmungen „commonly and systematically"[609], „substantially less"[610], „actual market value or wholesale price"[611] und „other charges and expenses" weder einzeln noch zusammen genommen unbestimmt.[612] Bei dieser Auslegung bezog sich das Gericht insbesondere auf vergleichbare Bestimmungen in der Antitrust-Gesetzgebung; die Bestimmungen dort hatten einer verfassungsrechtlichen Überprüfung stand gehalten.[613] Dies, so das Gericht, müsse auch hier gelten[614]; zudem sei die Bedeutung des Begriffes „dumping" in Geschäftskreisen bekannt und gebräuchlich.[615] Im Hinblick auf die im Gesetz geforderte Absicht meinte das Gericht, diese erhöhe das Verständnis dadurch, dass sie den Anwendungsbereich einschränke. Das Gesetz verbiete nur eine Preisunterbietung, wenn diese von der spezifischen Absicht getragen

---

606 *Zenith Radio Corp. v. Matsushita Electric Industrial Co.*, 402 F.Supp. 251 (E.D. Pa. 1975), "*Zenith II*".

607 402 F.Supp. 251, 262 (E.D. Pa. 1975).

608 402 F.Supp. 251, 254.

609 402 F.Supp. 251, 256 (E.D. Pa. 1975): "commonly" soll "considerable frequency, as a matter of general practice", "systematically [...] regularly, in a recurring pattern" bedeuten.

610 402 F.Supp. 251, 256 (E.D. Pa. 1975): Zumindest nicht unbestimmter als der verfassungsrechtlich unbedenkliche Ausdruck "substantially lessen the competition" in Sec. 2 (a) Clayton Act 1914.

611 402 F.Supp. 251, 257 (E.D. Pa. 1975).

612 402 F.Supp. 251, 256 (E.D. Pa. 1975).

613 402 F.Supp. 251, 256 (E.D. Pa. 1975), unter Hinweis auf die Rechtsprechung zu Bestimmungen des Clayton Act 1914: *U.S. v. E.I. duPont de Nemours & Co.*, 366 U.S. 316, 328 (1961).

614 402 F.Supp. 251, 256-258 (E.D. Pa. 1975).

615 402 F.Supp. 251, 259 (E.D. Pa. 1975).

sei, den Wettbewerb zu zerstören[616]. Damit gebe das Gesetz jeder verständigen Person eine ausreichende Warnung und erfülle die Anforderungen an die verfassungsrechtliche Bestimmtheit.[617]

## 2. Vereinbarkeit mit dem deutsch-amerikanischen Freundschafts-, Handels- und Schiffahrtsvertrag

Ein besonderes Problem bei der Anwendung des Gesetzes wurde bereits oben herausgestellt: Die gesetzliche Anknüpfung allein an Handlungen importierender Unternehmen steht in einem Spannungsverhältnis zu den Bestimmungen in den unmittelbar anwendbaren bilateralen FCN-Verträgen der USA, in denen der Grundsatz der Inländerbehandlung (national treatment) festgeschrieben wurde. Im Laufe des *Zenith*-Rechtsstreits griffen die japanischen Beklagten diese Argumentation auf. Sie waren der Auffassung, Art. XVI.1 des japanisch-amerikanischen FCN-Vertrages stehe Klagen auf der Grundlage des Antidumping Act 1916 entgegen[618]; nach dieser Bestimmung unterliegen japanische Erzeugnisse insbesondere hinsichtlich des Verkaufs in den USA denselben Bestimmungen wie inländische Erzeugnisse.[619]

In einer „memorandum decision" wies Judge *Becker* diesen Einwand mit einer nicht gerade überzeugenden Begründung zurück. Obwohl der betreffende FCN-Vertrag, so das Gericht, „self-executing" und damit einem Bundesgesetz (federal statute) gleichzustellen sei, stehe er der Anwendung des Antidumping Act 1916 nicht entgegen.[620] Zwar sei es anerkannt, dass ein späterer Staatsvertrag ein Bundesgesetz aufheben könne; allerdings gelange auch hier die allgemeine Regel zur Anwendung, nach der einerseits zwischen den betreffenden Bestimmungen ein offener Widerspruch („positive repugnancy") und andererseits auch ein Anzeichen für einen entsprechenden Aufhebungswillen des Gesetzgebers („some affirmative showing of an intention to repeal") vorliegen müsse.[621] Daran fehle es im Fall von

---

[616] 402 F.Supp. 251, 259 (E.D. Pa. 1975): "[a] specific, predatory [and] anticompetitive intent".

[617] 402 F.Supp. 251, 259 (E.D. Pa. 1975).

[618] Vgl. *Zenith Radio Corp. v. Matsushita Electric Industrial Co.*, 494 F.Supp. 1263, 1264 (E.D.Pa. 1980).

[619] Die Bestimmung ist inhaltsgleich mit Art. XVI.1 des deutsch-amerikanischen FCN-Vertrages. Diese lautet: „Für die Erzeugnisse eines Vertragsteiles wird in dem Gebiet des anderen Vertragsteiles hinsichtlich der inneren Besteuerung, des Verkaufs, der Verteilung, der Lagerung und der Verwendung Inländerbehandlung und Meistbegünstigung gewährt."

[620] 494 F.Supp. 1263, 1266, unter Verweis auf *In re Fotochrome, Inc.*, 377 F.Supp. 26, 29 (E.D.N.Y. 1974), aff'd, *Fotochrome, Inc. v. Copal Co., Ltd.*, 517 F.2d 512 (2d Cir. 1975).

[621] 494 F.Supp. 1263, 1266, unter Verweis auf *Tennessee Valley Authority v. Hill*, 437 U.S. 153, 190, 98 S.Ct. 2279, 57 L.Ed.2d 117 (1978).

Art. XVI. 1 des japanisch-amerikanischen FCN-Vertrages. Weder sei eine „positive repugnancy" festzustellen, noch gebe es einen Hinweis dafür, dass der Senat bei seiner Zustimmung zu den insgesamt acht FCN-Verträgen (Japan, Israel, Äthiopien, Italien, Dänemark, Griechenland, Finnland und Deutschland)[622] die Absicht gehabt hätte, bestehende Bundesgesetze aufzuheben.[623] Die weitere Frage, ob sich Importunternehmen überhaupt auf die Bestimmung in Art. XVI. 1 berufen könnten (standing), musste das Gericht mithin nicht entscheiden.

Im Grundsatz ist davon auszugehen, dass ein US-Bundesgericht diese Entscheidung auch auf die inhaltsgleiche Bestimmung im deutsch-amerikanischen FCN-Vertrag (Art. XVI.1) übertragen wird. Allerdings bestehen ganz grundsätzliche Bedenken im Hinblick auf deren „persuasive value". Schon die erste Erwägung, es bestehe kein Widerspruch zwischen den betreffenden Bestimmungen, ist zweifelhaft. Wenn Art. XVI.1 hinsichtlich des Verkaufs in den USA gebietet, ausländische und inländische Erzeugnisse gleich zu behandeln, so widerspricht dem doch eine Bestimmung, die allein bei importierten Waren den Verkauf zu einem bestimmten Preis verbietet. Der Widerspruch wäre allenfalls dann aufzulösen, wenn man die Rechtslage außerhalb des Gesetzes, insbesondere den Clayton Act 1914 (in Gestalt des Robinson-Patman Act 1936), mit in die Betrachtung einbezieht. Diesen Vergleich hielt das Gericht aber ebenso wenig für zwingend, wie die Klärung der Frage, inwieweit der FCN-Vertrag selbst Ausnahmen von der grundsätzlichen Pflicht zur Inländerbehandlung zulässt. Schließlich stößt die zweite Erwägung auf Bedenken, weil sie – gestützt auf eine einzelne Aussage in den Materialien – im Ergebnis dazu führt, dass der später erlassenen staatsvertraglichen Regelung innerstaatlich die Wirkung versagt wird.

### 3. Die umstrittene Rechtsnatur: Antidumping oder Antitrust?

Die Einordnung des Antidumping Act 1916 als Antidumping- oder Antitrust-Statute ist für die Rechtsanwendung von grundlegender Bedeutung. Dies belegen eine Reihe von gerichtlichen Entscheidungen, die sich je nach Anlass mehr oder weniger intensiv mit der Rechtsnatur des Antidumping Act 1916 auseinander zu setzen hatten. Dabei lässt sich eine Tendenz in den neueren Entscheidungen (*Helmac I/Geneva Steel/Wheeling-Pittsburgh/Goss*) weg von der ursprünglichen Auffassung des Antidumping Act 1916 (*Zenith III*) als bloße internationale Erweiterung des einheimischen Antitrust-Rechtes hin zu der Auffassung als auch protektionistisches Instrument feststellen.

---

[622] 99 Cong.Rec. 9316 (1953).

[623] 494 F.Supp. 1263, 1267 f., unter Hinweis auf Sen.Exec.Rep. No. 5, 83d Cong., 1st Sess. 2, 3-5 (1953).

### a) *U.S. v. Cooper Corp.*

Die einzige Entscheidung des US Supreme Court, die sich überhaupt einmal, wenn auch nur am Rande mit dem Antidumping Act 1916 beschäftigte, war die 1941 ergangene Entscheidung in *Cooper*[624]. Der US Supreme Court hatte die Frage zu entscheiden, inwieweit die United States eine „person" im Sinne von Sec. 7 des Sherman Act 1890 sein können. In seiner Begründung verwies das Gericht u.a. auch auf den Antidumping Act 1916 als eine den Sherman Act 1890 ergänzende (supplemental) Gesetzgebung.[625] Konkrete Aussagen zur Einordnung der Antidumping Act 1916 sind dem Urteil hingegen nicht zu entnehmen. Gleichwohl wird der Entscheidung bisweilen indizielle Bedeutung für den Antitrust-Charakter des Antidumping Act 1916 beigemessen.[626]

### b) *Zenith Radio Corp. v. Matsushita Electric Industrial Co.*

In einer weiteren Entscheidung[627] im *Zenith*-Rechtsstreit (*Zenith III*) befasste sich das angerufene Bundesgericht ausführlich mit der Entstehungsgeschichte und den Gesetzesmaterialien und begründete darauf aufbauend seine Ansicht zur Rechtsnatur des Antidumping Act 1916. Gleichwohl trugen die Ausführungen zur Rechtsnatur nicht die Entscheidung (*ratio decidendi*), sondern stützten lediglich die gewählte Auslegung.

Der zuständige Judge *Becker* urteilte, die fraglichen japanischen Fernsehgeräte im Fall unterschieden sich aufgrund der Stromversorgung und der Empfangsfrequenzen von denen, die für den US-amerikanischen Markt hergestellt würden. Sie seien folglich für die Zwecke des Gesetzes nicht wirtschaftlich austausch- und vergleichbar. Judge *Becker* wendete dabei das „like grade and quality"-Kriterium des Robinson-Patman Act an. Dieses Gesetz sei die inländische Parallele zum Antidumping Act 1916; der Antidumping Act 1916 sei also, soweit wie möglich, parallel zu diesem auszulegen[628]:

> „The principal lesson which we draw from the legislative history of the 1916 Act, viewed against the historical background of the first Wilson Administration, is *that the statute should be interpreted whenever possible to parallel the unfair competition law applicable to domestic commerce.* Since the 1916 Antidumping Act is a price discrimination law, it should be read in tandem with the domestic price discrimination law, section 2 of the Clayton Act, which was amended by the Robinson-Patman Act in 1936. And, in order to be faithful to the intention of Congress to

---

[624] 312 U.S. 600 (1941).

[625] 312 U.S. 600, 608 ff. (1941).

[626] Vgl. den Standpunkt der US-Seite vor der WTO, Panel Report, para. 3.167, 3.169.

[627] 494 F.Supp. 1190 (E.D. Pa. 1980); eine vergleichbare Fallkonstellation stellte sich auch in *Outboard Marine Corp. v. Pezetel,* 461 F.Supp. 384 (D.C. Del. 1978).

[628] 494 F.Supp. 1190, 1223 (E.D. Pa. 1980).

subject Importers to the "same unfair competition law", we should not interpret the 1916 Act to impose legal strictures which are more rigorous than those applied to domestic enterprises." (Hervorhebung d. Verf.)

In Subsumtion dessen, so stellte Judge *Becker* fest, gäbe es keinen Vergleichsmarkt für solche Waren („such articles") wie die eingeführten. Er gab damit dem Antrag der Beklagten auf ein nichtstreitiges Urteil (summary judgement) statt und wies die Anträge der Kläger zurück.

Auf die Berufung hin hob der Court of Appeal (3rd Cir.) diese Entscheidung zwar wieder auf (*In re Japanese Electronic Products II*).[629] Die Schlussfolgerung, der Antidumping Act 1916 besitze Antitrust-Charakter, wurde aber ausdrücklich bestätigt. Zudem wendete der Court of Appeal im subjektiven Tatbestand einen Antitrust-Maßstab, den sog. „predation standard", wie beim Sherman Act 1890 an. Die Feststellung, dieser sei hinreichend bewiesen, wurde vom US Supreme Court allerdings für die Klagen unter dem Sherman Act 1890 beanstandet und zur erneuten Überprüfung zurückverwiesen.[630] *In re Japanese Electronic Products III* wies der Court of Appeal die Klagen unter dem Sherman Act 1890 und mit diesen auch die Klagen unter dem Antidumping Act 1916 ab.[631]

### *c) Helmac Products Corp. v. Roth (Plastics) Corp.*

In dieser Entscheidung[632] musste sich das Gericht mit der Frage befassen, welche Verjährungsfrist auf die Ansprüche des Antidumping Act 1916 anzuwenden sei. Das Gesetz selbst enthält keine Bestimmungen. Die Kläger drängten auf die Anwendung der fünfjährigen Verjährungsfrist im Tariff Act 1930. Die Beklagten hingegen wollten die vierjährige Verjährungsfrist des Clayton Act 1914 angewendet wissen.

Das Gericht befasste sich eingehend mit dem Wortlaut, der Entstehungsgeschichte des Gesetzes, den Entscheidungen in *Zenith III* und *In re Japanese Products II*. Es sprach sich im Ergebnis für die Anwendung einer vierjährigen Verjährung auf den Antidumping Act 1916 aus. Das Gericht berücksichtigte ausdrücklich den ambivalenten Charakter des Gesetzes. Obwohl das Gesetz auch protektionistische Zwecke verfolge, legte das Gericht den Act in dem beschränkten, zur Entschei-

---

629 *In re Japanese Electric Products Antitrust Litigation (Zenith Radio Corp. v. Matsushita Electric Industrial Co.)*, 723 F.2d 319, 324 (3d Cir. 1983).

630 *Matsushita Electric Industrial Co.; Ltd., v. Zenith Radio Corp.*, 475 U.S. 574, 106 S.Ct. 1348, 89 L.Ed.2d 538 (1986).

631 *In re Japanese Electric Products Antitrust Litigation (Zenith Radio Corp. v. Matsushita Electric Industrial Co.)*, 807 F.2d 44 (3d Cir. 1986).

632 814 F.Supp. 560 (E.D. Mich. 1992), "*Helmac I*"; *Helmac Products Corp. v. Roth (Plastics) Corp.*, 814 F.Supp. 581 (E.D. Mich. 1992), „*Helmac II*".

dung stehenden Umfang analog zu den Antitrust-Gesetzen (speziell dem Clayton Act 1914) aus. Das Gericht anerkannte ausdrücklich, dass dies nicht bedeutete, der Antidumping Act 1916 sei auch in allen anderen Fällen in Übereinstimmung mit dem Antitrust-Recht auszulegen. Vielmehr könne der Wortlaut in anderen Zusammenhängen auch eine andere Bedeutung erlangen.[633]

In einer späteren Entscheidung[634] (*Helmac II*) entschied dasselbe Gericht, der Schadensersatz sei auf die Fälle zu beschränken, bei denen der Preis der Importwaren auf dem US-Markt „below average variable costs" liege.

*d) Geneva Steel Co. v. Ranger Steel Supply Corp. and Thyssen, Inc.*

Die in diesem Fall 1997 ergangene Zwischenentscheidung[635] des District Court für Utah ist zu den Entscheidungen zu zählen, die sich am intensivsten mit der Einordnung des Antidumping Act 1916 beschäftigten. Mit Blick auf die „pleading requirements" hielt das Gericht die Frage für entscheidungserheblich, inwieweit der Antidumping Act 1916 auch protektionistische oder nur wettbewerbsschützende Zwecke verfolge. Die Erwägungen zur Rechtsnatur trugen demnach die Entscheidung im Sinne einer *ratio decidendi.* Gleichwohl ist die Entscheidung kein „conclusive precedent"; ihre Aussagen können bestenfalls einen „persuasive value" erlangen.[636]

Der Sachverhalt im Fall stellte sich wie folgt dar. Die Klägerin, ein in massiven wirtschaftlichen Schwierigkeiten[637] befindliches Stahlunternehmen mit Sitz in Utah, behauptete, die Verkäufe US-amerikanischer Stahlhersteller seien in den zurückliegenden Jahren aufgrund von Importen dramatisch zurückgegangen. Ein Teil dieser Importe beruhten auf unlauterem Dumping, das heißt auf Preisen unterhalb der Produktionskosten und des aktuellen Marktwertes im Land der Produktion. Zunächst beschwerte sich die Klägerin bei der International Trade Commission (ITC). Die ITC kam 1994 zu dem Ergebnis, Importe aus 11 Ländern, darunter auch aus Deutschland, seien als Verletzung von Antidumping-Gesetzen zu werten; daraufhin verhängte die Behörde auf diese Stahlimporte Antidumping-Zölle. Die Klägerin

633 814 F.Supp. 560, 566 (E.D. Mich. 1992).

634 814 F.Supp. 581, 583 (E.D. Mich. 1992).

635 980 F.Supp. 1209 (D. Utah 1997), m. Anm. *Keppler*, 32 Geo.Wash.J.Int'l L.&Econ. 293 (1999); *Waddoups/Hafen*, 11-SEP Utah B.J. 7, 9 (1998); *Rushford*, 3 U.C.DavisJ.Int'lL.&Pol'y 85 (1997).

636 Vgl. auch die Argumentation der US-Seite vor der WTO, Panel Report, para. 3.205-207. Die dort gezogene Schlussfolgerung, die Entscheidung sei gar nicht zu beachten, kann aber nicht überzeugen. Im Gegenteil, die Entscheidung wurde in *Goss* (dazu unten II. Kapitel: §4B.III.3.f)) als maßgeblich betrachtet.

637 Vgl. *Rushford*, 3 U.C.DavisJ.Int'lL.&Pol'y 85 (1997).

behauptete nun vor dem US-Bundesgericht, die Beklagten würden große Mengen Stahl aus der Ukraine, aus Russland und aus China in die USA importieren. Die Stahlpreise lägen mehr als $ 100,00 pro Tonne unterhalb der Preise der US-amerikanischen Hersteller und damit auch erheblich unterhalb der Stahlpreise in den Ländern, bei denen ein Dumping festgestellt worden war. Als Folge dieser Dumping-Praktiken seien die Verkaufszahlen der Klägerin und anderer US-amerikanischer Stahlunternehmen um mehr als 65 Prozent gefallen; sie, die Klägerin, hätte deshalb 185 Angestellte entlassen müssen. Sie behauptete weiter, die Beklagten hätten die Feststellungen der ITC gekannt. Beide Unternehmen seien nur deshalb zu Verkäufen unter den Produktionskosten in der Lage gewesen, weil der sowjetische Markt zu Beginn der neunziger Jahre zusammengebrochen sei. Folglich wären erhebliche Überschüsse an Stahl zur extrem niedrigen Preisen erhältlich gewesen. Die Beklagten hätten deshalb mit ihren Importen die Bestimmungen des Antidumping Act 1916 verletzt, indem sie gemeinhin und systematisch im Ausland gekauftes Stahl in den USA zu erheblich niedrigeren Preisen als dem aktuellen Marktwert im Land der Produktion verkauft hätten. Diese Verkäufe wären in der Absicht geschehen, die einheimische US-amerikanische Stahlindustrie zu schädigen. Damit sei sie als US-amerikanische Stahlherstellerin zur Klage auf Schadensersatz berechtigt.

Die Beklagten stellten daraufhin den Antrag, die Klage zurückzuweisen (motion to dismiss).[638] Sie meinten, die Klägerin hätte nicht alles Erforderliche vorgetragen (failure to state claim). Der Antidumping Act 1916 sei ein Antitrust- und kein protektionistisches Gesetz; das Gesetz bezwecke den Schutz des Wettbewerbes und nicht der Wettbewerber. Die Klägerin habe aber nicht behauptet, die Beklagten hätten die Klägerin vom Markt verdrängen wollen (predatory intent), was aber für die Verletzung eines Antitrust-Gesetzes notwendig sei. Die Beklagten führten an, nahezu jede Gerichtsentscheidung und jeder Kommentator habe sich bisher in ihrem Sinne entschieden. In besonderem Maße verwiesen sie auf die Entscheidung in *Zenith III*, in der das erkennende Gericht den Antidumping Act 1916 als ein Antitrust- und nicht als ein protektionistisches Gesetz eingeordnet hatte. Die Klägerin meinte hingegen, das Gesetz trage sowohl protektionistische wie wettbewerbsschützende Züge.

Das Gericht wies den Antrag der Beklagten zurück.[639] Nach Auffassung von Judge *Benson* hatte die Klägerin „ihren Fall" in ausreichendem Maße vorgetragen. Der Antidumping Act 1916, so das Gericht, stelle drei Anforderungen an den Vortrag: Erstens, die Importe in die USA müssten gemeinhin und systematisch, zweitens, zu einem erheblich niedrigeren Preis als dem aktuellen Marktwert oder Großhandelspreis für solche Waren im Ursprungsland und, drittens, mit der spezifischen

---

[638] F.R.Civ.P. 12 (b) (6).

[639] 980 F.Supp. 1209, 1225 (D. Utah 1997).

Absicht vorgenommen werden, eine US-amerikanische Industrie, im vorliegenden Fall die Stahlindustrie, zu schädigen.[640] Gegen diese Auslegung spräche weder das Gesetz selbst, noch seine Entstehungsgeschichte, die Auslegung durch die Exekutive oder gelegentliche Kommentare im Schrifttum. Hingegen sei der Vortrag, die Beklagten hätten die zur Verletzung von Antitrust-Gesetzen erforderliche Absicht besessen, einheimische Wettbewerber zu verdrängen oder zu vernichten (predatory intent), nicht erforderlich.

Zur Begründung führte das Gericht an, die Argumentation der Beklagten stehe und falle mit der Frage, ob der Antidumping Act 1916 über die Antitrust-Elemente hinaus auch ein protektionistisches Element enthalte. Wenn dem so sei, dann sei die Rechtsauffassung der Beklagten rechtsirrig.[641] Ausgehend vom ausdrücklichen Wortlaut hob das Gericht an, dieser beschränke den Anwendungsbereich nicht lediglich auf räuberische Preisunterbietungen (predatory price discriminations), sondern schütze zusätzlich US-amerikanische Hersteller vor anderen, nichträuberischen Verhaltensweisen.[642] Wenn das Gesetz sage, eine Absicht zur Schädigung der US-Industrie sei notwendig, so meine es auch genau dies. Das Gesetz stelle fünf verschiedene Absichten nebeneinander. Die ersten drei davon bezweckten klar den Schutz einheimischer Wettbewerber.[643] Der Wortlaut sei insoweit also eindeutig.[644] Jeder der Alternativen besitze auch eine eigenständige Bedeutung, könne also für sich allein stehen. Könne der Wortlaut des Gesetz aber nur in einer Weise ausgelegt werden, so das Gericht weiter, so habe es nach den traditionellen Regeln der Gesetzesauslegung dieser Auslegung zu folgen.[645] Eine darüber hinausgehende Auslegung sei nicht notwendig. Zweifel entstünden hier nur insoweit, als das befasste Gericht in *Zenith III* eine gegenteilige Auffassung (Auslegung) vertreten habe. Die hier entscheidungserhebliche Frage sei bisher aber noch von keinem Gericht beantwortet worden.[646] Damit sei man auch nicht an die Rechtsauffassungen vorangegangener Entscheidungen gebunden. Die Auffassung des Gerichtes in *Zenith III*, der Antidumping Act 1916 sei kein protektionistisches, sondern ein Antitrust-Gesetz, sei nicht tragend gewesen. Selbst wenn das Gericht dort entschieden habe, der Antidumping Act 1916 sei soweit wie möglich („whenever possible") analog zu den Antitrust-Gesetzen auszulegen, so ließe dies dennoch andere Interpretationen

---

[640] 980 F.Supp. 1209, 1215 (D. Utah 1997).

[641] 980 F.Supp. 1209, 1217 (D. Utah 1997).

[642] 980 F.Supp. 1209, 1215 (D. Utah 1997).

[643] Zustimmend *Waddoups/Hafen*, 11-SEP Utah B.J. 7, 11 (1998).

[644] 980 F.Supp. 1209, 1216 (D. Utah 1997).

[645] 980 F.Supp. 1209, 1216 (D. Utah 1997), unter Verweis auf *Good Samaritan Hosp. v. Shalala*, 508 U.S. 402, 409, 113 S.Ct. 2151, 2157, 124 L.Ed.2d 368 (1993).

[646] 980 F.Supp. 1209, 1218 (D. Utah 1997).

zu.[647] Sollte das Gericht dort aber der Auffassung gewesen seien, das Gesetz enthalte keine protektionistischen Elemente, so sei dem zu widersprechen. Eine solche Auslegung sei nicht möglich, ohne das Gesetz neu zu schreiben. Dies aber sei Aufgabe des Gesetzgebers und nicht der Gerichte[648]:

> „*Zenith Radio* did not reach the precise issue presented in the instant case. However, to the extent *Zenith Radio* can be read to compel a finding that the 1916 Act *has no protectionist aspects, as distinct from antitrust aspects, this court respectfully disagrees.* Such a holding could only be reached by the judicial branch rewriting the statute, and thereby inappropriately invading the terrain of the legislative branch." (Hervorhebung d. Verf.)

Die Entscheidung lässt an Deutlichkeit nichts vermissen. Damit entschied zum ersten Mal ein US-Bundesgericht ausdrücklich, dass eine Klage unter dem Antidumping Act 1916 nicht der Behauptung eines „predatory intent" bedürfe.[649]

*e) Wheeling-Pittsburgh Steel Corp. v. Mitsui Co.*

Auch die Entscheidung in diesem Fall[650] beschäftigte sich mit dem notwendigen Klägervortrag (pleading requirements) zur Schädigungsabsicht des Beklagten. Auch hier erging lediglich eine nichtabschließende und nichtbindende (Zwischen-)-Entscheidung des District Courts. Der Rechtsstreit wurde im „pretrail"-Stadium durch Vergleich beendet.

Argumentativ folgte das Gericht in *Wheeling-Pittsburgh* jedoch der Entscheidung in *Geneva Steel.* Nach Wortlautauslegung kam das Gericht zu dem Schluss, der Kläger müsse vortragen, der Beklagte würde seine Waren zu einem verbotenen Preisniveau mit der Absicht verkaufen, die einheimische US-Industrie zu schädigen oder zu zerstören. Hingegen verweigerte das Gericht der Argumentation die Gefolgschaft, die darüber hinaus allein einen Nachweis eines „predatory pricing" im Sinne der *Brooke Group*-Entscheidung forderte. Das Gericht führte aus[651]:

> „The Court finds that, under [the 1916 Act] Wheeling-Pitt must show that the defendants sold their product at a price level prohibited by the statute with the intent to injure the domestic hot-rolled steel industry. *The additional proof 'predatory pricing' as the term is used in Brooke Group is not applicable to this case.* [...] Under the Antidumping Act of 1916 [...] 'predatory pricing' means something different. The artificially low prices must be set with the goal of injuring, destroying, or preventing the establishment of an American industry. It is certainly within the purview of Congress to distinguish harm caused by domestic competitors from those caused by international ones." (Hervorhebung d. Verf.)

---

647 980 F.Supp. 1209, 1218 (D. Utah 1997).

648 980 F.Supp. 1209, 1219 (D. Utah 1997).

649 *Keppler*, 32 Geo.Wash.J.Int'lL.&Econ. 293, 301 (1999).

650 35 F.Supp.2d 597 (S.D.Ohio 1999).

651 35 F.Supp.2d 597, 603-604 (S.D.Ohio 1999).

Damit wurde der Argumentation auf der Grundlage der *Brooke Group*-Entscheidung der Boden entzogen.

### *f) Goss Graphic Systems, Inc. v. MAN Roland Druckmaschinen AG*

Nach der wirksamen Klagezustellung in Deutschland hatte sich das angerufene US-Bundesgericht in einer Zwischenentscheidung[652] mit den prozessualen Einwänden der Beklagten zu befassen; vorrangig richteten diese gegen den klägerischen Vortrag (failure to state claim) und die Gerichtszuständigkeit (lack of jurisdiction).[653] Da aber gerade der klägerische Vortrag von den inhaltlichen Anforderungen des Antidumping Act 1916 abhängig ist, machte das Gericht auch hierzu entsprechende Ausführungen; das Gericht hatte damit exakt dieselbe Frage wie in *Geneva Steel* zu entscheiden.

Das Gericht wies die Ansicht und den Antrag der Beklagten gem. F.R.Civ.P. 12 (b) (6) zurück. Nach Ansicht des Gerichtes hatte die Klägerin ausreichende Tatsachen vorgetragen.[654] Die Klägerin habe zunächst die Schädigungsabsicht der Beklagten in ausreichendem Maße behauptet. Hingegen sei ein darüber hinausgehender Vortrag eines „predatory intent", wie im Antitrust-Kontext in *Brooke Group Ltd. v. Brown & Williamsen Tobacco Corp.*[655] entwickelt und wie ihn die Beklagten forderten, nicht erforderlich. Das Gericht stützte seine Ansicht auf die bewährten Methoden der Gesetzesauslegung und befand den ausdrücklichen Wortlaut für hinreichend eindeutig.[656] Zudem bezog es die vorangegangenen Entscheidungen in seine Überlegungen mit ein, konnte dort, insbesondere in der *Zenith III*-Entscheidung, aber keine Stütze für die Ansicht der Beklagten erkennen. Im Gegenteil, es bestätigte ausdrücklich die entgegengesetzten Auffassungen in *Geneva Steel* und *Wheeling-Pittsburgh*.

> "Judge Becker [in Zenith III] was not charged with deciphering the Act's requisite showing of intent and his opinion came out some thirteen years prior to Brooke Group. For these reasons, *this Court is not inclined to diverge from the plain language of the 1916 Act, and adopt a height-*

---

[652] Vgl. Melloy, J. in *Goss Graphic Systems, Inc., v. MAN Roland Druckmaschinen Aktiengesellschaft*, et al., 139 F.Supp.2d 1040 (N.D. Iowa 2001).

[653] Vgl. F.R.Civ.P. 12 (b) (2), (6); auf die verfahrensrechtliche Komponente wird unten noch stärker einzugehen sein.

[654] Vgl. die Begründung von Melloy, J. in *Goss Graphic Systems, Inc., v. MAN Roland Druckmaschinen Aktiengesellschaft*, et al., 139 F.Supp.2d 1040, 1051 (N.D. Iowa 2001).

[655] 509 U.S. 209, 113 S.Ct. 2578, 125 L.Ed.2d 168 (1993). Um den sog. "recoupment standard" zu erfüllen, muss zunächst nachgewiesen werden, dass die Preisunterbietung geeignet ist, den Konkurrenten aus dem Markt zu drängen oder ein "supra-competitives" Preisniveau zu errichten; des Weiteren muss es wahrscheinlich sein, dass eine anschließende Preiserhöhung erfolgt, um die für die Verdrängung aufgewendeten Verluste wieder zu kompensieren.

[656] 139 F.Supp.2d 1040, 1046 (N.D. Iowa 2001).

*ened predatory intent requirement* based on an earlier court's ruling that the 1916 Act has no protectionist underpinnings.[...] In this Court's view, the conclusion reached by both Wheeling-Pittsburgh and Geneva Steel is correct. As succinctly stated by the Geneva Steel court: the language of the Act itself, in addition to prohibiting antitrust violations, clearly and literally prohibits non-antitrust and non-predatory pricing conduct. By the words it chose, *Congress protected United States industries* from unfair dumping, whether the dumper possessed predatory intent or not. The intent required is the intent to "injure" a domestic United States industry. When the Act states that it is unlawful to sell dumped goods with the specific intent to injure a United States industry, it means precisely that. The Defendants want to add the limitation that such injury can only occur if predatory pricing is involved, but the Act simply does not say so. 980 F. Supp. at 1217."[657] (Hervorhebung d. Verf.)

Das Gericht lehnte es folglich auch ab, sich mit der Gesetzgebungsgeschichte weiter auseinander zu setzen.

Zudem wies das Gericht den Hinweis der Beklagten auf die für ihre Ansicht streitenden Äußerungen des U.S. Trade Representative als Vertreter der US-Regierung im WTO-Verfahren zurück. Es gäbe keinen Grund, der dort vertretenen, dem Wortlaut und drei unabhängigen US-Gerichtsentscheidungen zuwider laufenden Auffassung zu folgen. Keine der anerkannten Fallgruppen, bei denen es für das Gericht angezeigt sein könnte, die Position der Exekutive bei der Auslegung zu berücksichtigen, sei einschlägig.[658] Schon gar nicht könne eine Äußerung des USTR in einem kontradiktorischen Verfahren vor einem „foreign body" dies rechtfertigen.

„Although the previous cases are those cited by the Defendants, they concede that the present scenario does not fall into either category - administrative agency or political question. [...] This Court is not convinced that representations made by the USTR in an adversary proceeding before a foreign body made in an effort to salvage legislation under particular scrutiny warrant the kind of judicial deference discussed in the cases cited by the Defendant. [...T]he Court is cognizant of the import of the Executive's position on issues of foreign affairs and deems it prudent to take it into consideration. This does not however, change the Court's ultimate conclusion that the statute does not warrant a predatory intent showing. *The Executive's position is contrary to the conclusion of the plain language of the Act and the conclusion of three independent United States District Courts.* What's more, the body before which the USTR made its representations did not adopt the Executive's interpretation of the Act."[659] (Hervorhebungen durch Verf.)

Das Gericht konterkarierte damit erfolgreich die Position der US-Regierung im Verfahren vor der WTO. Obwohl das Gericht die Verfahrensergebnisse kannte (oder doch kennen musste), sah sich nicht zu entsprechenden Ausführungen veran-

---

[657] 139 F.Supp.2d 1040, 1047-48 (N.D. Iowa 2001).

[658] 139 F.Supp.2d 1040, 1050 (N.D. Iowa 2001).

[659] 139 F.Supp.2d 1040, 1050-51 (N.D. Iowa 2001).

lasst, geschweige, dass es aus diesen entsprechende Konsequenzen für die Anwendung des innerstaatlichen Rechts zog.

### 4. Aktiv- und Passivlegitimation (Standing)

Eine Reihe von Entscheidungen beschäftigte sich mit der wichtigen Frage des „standing".

Eine wichtige Entscheidung in dieser Hinsicht war *Jewell Foliage Co. v. Uniflora Overseas Florida, Inc.*[660]. Das klägerische texanische Unternehmen hatte hier u.a. eine Miniatur-Palme importiert und verkauft. Es behauptete nun, es sei durch den Verkauf von Miniatur-Palmen seitens der Beklagten unter Verletzung des Antidumping Act 1916 geschädigt worden. Die Beklagten wendeten ein, das Gesetz beabsichtige keine Klage zwischen Importeuren. Der Antidumping Act 1916 sei erlassen worden, um US-amerikanische Hersteller vor Verdrängung vom Markt mittels Dumping zu schützen. Sie stützten sich auf die vorausgegangenen Entscheidungen in *Bywater v. Matsushita Electric Industrial Co.* und *Schwimmer v. Sony Corp.*

In *Bywater*[661] hatte das Gericht zum ersten Mal über die Frage des „standing" zu entscheiden. In diesem Fall behaupteten die Kläger, Angestellte einer US-amerikanischen Firma, die beklagten japanische Hersteller hätten ihre Arbeitgeber absichtlich und planmäßig aus dem Geschäft drängen wollen. Sie hätten in Japan gebaute Fernsehgeräte in den USA zu künstlich niedrigen Preisen verkauft. Das Gericht wies die Klagen zurück. Die Kläger hätten keinen direkten Schaden erlitten und wären mithin nicht klageberechtigt. In der Begründung stützte sich das Gericht auf die geltenden Prinzipien im Antitrust-Recht. Dort sei entschieden, dass die Verletzung der Kläger dem Schutzzweck der Norm unterfallen müsse. Deshalb müssten sich die Kläger im Zielbereich der tatbestandlichen umfassten Verletzungshandlung (target area of the violation) befinden. Bei Angestellten eines unmittelbar betroffenen Unternehmens sei dies aber nicht der Fall. In der *Schwimmer*-Entscheidung[662] wurde dieser Standpunkt bekräftigt und ausgebaut. Weil das Gesetz verabschiedet worden war, um lokale Hersteller vor unlauteren Wettbewerb auf ihren lokalen Märkten zu schützen, seien auch nur Hersteller und nicht lediglich Verkäufer solcher Waren klageberechtigt. Das Gericht bezog sich dabei auf den Anlass der Gesetzgebung, den Schutz US-amerikanischer vor dem Dumping ausländischer Hersteller.

Das Gericht im *Jewell*-Fall folgte dem nicht. Nicht nur inländische Hersteller seien klageberechtigt, sondern auch der texanische Kläger als Importeur könne auf

---

[660] 497 F.Supp. 513 (M.D. Fla. 1980).

[661] *Bywater v. Matsushita Electric Industrial Co.*, 1971 Trade Cas. (CCH) 73, 759, 91, 201 (S.D.N.Y. 1971).

[662] *Schwimmer v. Sony Corp.*, 471 F.Supp. 793 (E.D.N.Y. 1979), 637 F.2d 41 ($2^{nd}$ Cir. 1980).

einstweiligen Rechtsschutz und dreifachen Schadensersatz klagen.[663] Das Gericht wies damit die Argumentation der Beklagten zurück. Dabei stütze sich das Gericht auf den Wortlaut, der den Begriff Hersteller (manufacturer) nicht verwendete. Vielmehr spreche der Wortlaut von jeder Person (any person), die in ihrem Unternehmen oder Vermögen verletzt worden sei. Die Wortlautauslegung erlaube auch, andere Personen als „Unternehmen" (business) zu erfassen. Die Entstehungsgeschichte des Gesetzes weise zwar auf einen anderen, beschränkteren Gesetzeszweck, den Schutz einheimischer Hersteller, hin. Aber bei Berücksichtigung des weiteren Kontextes müsse davon ausgegangen werden, dass der Kongress das Gesetz auch in anderen Fällen angewendet wissen wollte. Denn das Gesetz sei aufrechterhalten worden, obwohl sich die angebliche Gefahr für US-amerikanische Hersteller nicht realisiert habe. Folglich wollte der Gesetzgeber mit dem Gesetz eine Lücke innerhalb der Gesetzgebung gegen unlauteren Wettbewerb (unfair competition legislation) schließen. Den Hersteller für klageberechtigt zu halten, den Importeur aber nicht, würde die Konsequenzen des illegalen Verhaltens nicht angemessen berücksichtigen. Denn die Schädigung des US-amerikanischen Marktes sei dieselbe.[664]

Schließlich ist festzuhalten, dass der Antidumping Act 1916 einzelne Privatpersonen und Unternehmen und nicht etwa eine gesamte Industrie oder einen Industriezweig zur Klage berechtigt. Damit wird einzelnen Konkurrenten ermöglicht, ureigene Interessen durchzusetzen. Eine Schutzvorkehrung vor offenkundig missbräuchlichen (Einzel-)Klagen, bspw. durch das Erfordernis einer Verbandsklage, fehlt hier völlig.

In der *Goss*-Entscheidung[665] stellte sich das umgekehrte Problem der Antidumping-Haftung der deutschen Mutter als Hersteller der in den USA durch die Tochter vertriebenen Waren. Die beklagte Mutter hatte hinsichtlich einer Beteiligung am Import den Vortrag der Klägerin gerügt und einen Antrag auf Zurückweisung gem. F.R.Civ.P. 12 (b) (6) gestellt. Das Gericht wies die Ansicht der Beklagten zurück, die Klägerin habe weder behauptet, die deutsche Mutter hätte die Druckmaschinen selbst importiert oder sich an dem Import beteiligt, noch könne sie es behaupten, da der Antidumping Act 1916 nur Importeure und nicht die ausländischen Hersteller erreichen solle. Judge *Melloy* stellte hingegen fest, dass nach den von der Klägerin behaupteten Tatsachen die deutsche Mutter die Waren in Deutschland herstelle, sich an Bietungsverfahren in den USA beteilige und die Waren mittels ihrer Tochter in den USA vertreibe. Damit beteilige sie sich zumindest am Import in die USA

[663] 497 F.Supp. 513, 517 (M.D. Fla. 1980).

[664] 497 F.Supp. 513, 516 (M.D. Fla. 1980).

[665] *Goss Graphic Systems, Inc., v. MAN Roland Druckmaschinen Aktiengesellschaft*, et al., 139 F.Supp.2d 1040 (N.D. Iowa 2001).

(assisting in importing).[666] Der Antidumping Act 1916 habe gerade die europäischen Hersteller (European manufacturers) und deren Verhaltensweisen erreichen wollen. Das Gericht stützte seine Ansicht ausdrücklich auf die entsprechend intensive Auslegung anhand der Gesetzesmaterialien in *Schwimmer*, *Geneva Steel* und *Wheeling-Pittsburgh*:

> „The Act's interpretive case law underpins the notion that the 1916 Act was intended to reach foreign manufacturers. See *Schwimmer v. Sony Corp.*, 471 F. Supp. 793, 797 (E.D.N.Y. 1979) (stating the 1916 Act was to protect United States industry 'from the dumping of inexpensive products ... by the older established European manufactures'); *Wheeling-Pittsburgh Steel Corp. v. Mitsui & Co.*, 35 F.Supp. 2d 597, 604 (S.D. Ohio 1999) (purpose of the 1916 Act was to protect the country from 'foreign trust, syndicates, and combinations' as well as "foreign companies owned or subsidized by foreign governments"); *Geneva Steel*, 980 F Supp. at 1212 (1916 Act passed to remedy dumping by 'European manufacturers')."[667]

### 5. Mögliches Verteidigungsvorbringen des Beklagten (Defences)

Der Wortlaut des Gesetzes gibt für ein Verteidigungsvorbringen nichts her; dieses erschließt sich bestenfalls implizit aus der Verneinung der Tatbestandsvoraussetzungen. Das Gericht in *Geneva Steel* deutete dies mit Blick auf die Schädigungsabsicht an, wenn es meinte, der Nachweis gewöhnlicher Preisreduzierungen („evidence of *normal* price cuts", Hervorhebung d. Verf.) würde die Haftung unter dem Antidumping Act 1916 nicht auslösen.[668]

## IV. Auslegung in Exekutive und Schrifttum (Non-Legislators)

So wenig einheitlich der Antidumping Act 1916 in der US-amerikanischen Rechtsprechung ausgelegt wird, so uneinheitlich sind die sonstigen Stellungnahmen in Exekutive und kommentierenden Schrifttum.

### 1. Exekutive

Insbesondere *Redfields* Sichtweise der Rechtsnatur (internationale Ergänzung des national ausgerichteten Antitrust-Rechts) prägte bis in die jüngste Zeit die Rechtsauffassung in Kreisen der US-Regierung. Von einer klaren Position kann aber keine Rede sein.[669] Gerade im Verfahren vor der WTO berief sich die US-Regierung auf *Redfield* und den Sponsor des Gesetzes, den Abgeordneten *Kitchin*.[670]

---

[666] 139 F.Supp.2d 1040, 1056 (N.D. Iowa 2001).

[667] 139 F.Supp.2d 1040, 1056 (N.D. Iowa 2001).

[668] 980 F.Supp. 1209, 1220 (D. Utah 1997).

[669] Vgl. die Einschätzung von *Keppler*, 32 Geo.Wash.J.Int'l L.&Econ. 293, 295 (1999).

[670] Panel Report, para. 3.175-176.

Auch die ausdrücklich auf diese Quellen der Gesetzesmaterialien abstellende Entscheidung in *Zenith III* und die Entscheidung in *In re Japanese Electronic Products II* wurde als maßgebliches Präjudiz betrachtet: Der Antidumping Act 1916 sei *„an antitrust, not an protectionist statute*"[671]; folglich bedürfe es in Anwendung des *Brooke Group*-Standards auch eines „predatory intent".[672] Konsequent sprach man dem Panel/Appellate Body die Kompetenz ab, den Antidumping Act 1916 an den Antidumping-Regelungen des GATT 1994 zu messen:

> „We believe the [P]anel and Appellate Body should not have assessed the 1916 Act under WTO antidumping rules, because it is *more akin to an antitrust law than an antidumping law*."[673] (Hervorhebung d. Verf.)

Die Entscheidung im Fall *Goss* bewies allerdings, welche Überzeugungskraft dieser Interpretation der historischen Quellen selbst von US-Gerichten beigemessen wird: Keine.

In eine ganz andere Richtung weisen Aussagen des US Department of Justice und der Federal Trade Commission in den 1995 herausgegebenen und noch immer gültigen „Antitrust Enforcement Guidelines for International Operations".[674] In Sec. 2.82 wird ausgeführt:

> „The Revenue Act of 1916, better known as the Antidumping Act of 1916, 15 U.S.C. 71-74, is *not an antitrust statute*, but its subject-matter is closely related to the antitrust rules regarding predation. It is a *trade statute* that creates a private claim against importers who sell goods into the United States at prices substantially below the prices charged for the same goods in their home markets. In order to state a claim, a plaintiff must show that such lower prices were commonly and systematically charged, and that the importer had the specific intent to injure or destroy an industry in the United States, or to prevent the establishment of an industry." (Hervorhebung d. Verf.)

Abgesehen von der erstaunlichen, weil konträren Einordnung (kein Antitrust-Gesetz!) ziehen DOJ und FTC offensichtlich auch inhaltliche Konsequenzen: Die letzten beiden alternativen Absichten des Gesetzes, die ausdrücklich den Wettbewerb schützen und damit dem Antitrust-Recht am nächsten kommen, werden gleich gar nicht erwähnt. Diese Beispiele zeigen deutlich, wie uneinheitlich selbst die Auslegung durch US-Fachbehörden ist.

---

[671] Panel Report, para. 3.174.

[672] Panel Report, para. 3.178, 3.183-186.

[673] Presseerklärung des USTR Charlene Barchefsky 28.08.2000, im Internet unter: http://www.ustr.gov (15.03.2003).

[674] Im Internet: http://www.usdoj.gov/atr/public/guidelines/internat.htm (15.03.2003).

## 2. Schrifttum

Auch im US-amerikanischen Schrifttum hat sich bis heute keine herrschende Meinung herausbilden können. Die Grundsatzfrage nach der Rechtsnatur des Antidumping Act 1916 und die damit verbundene weitere Frage nach der inhaltlichen Auslegung wird äußerst kontrovers beantwort. Jedoch zeichnet sich hier mit der zunehmenden, auch kritischen Analyse des Antidumping Act 1916 ein vergleichbarer Trend wie bei den US-Gerichten ab.

Auf der einen Seite stehen ältere Kommentare im Dunstkreis der *Zenith*-Rechtsprechung, die eine entsprechende Einordnung und analoge Auslegung allein zu den Antitrust-Gesetzen befürworten.[675] Sie werden zudem von der zeitnahen Kommentierung *Viners* (1923) gestützt.[676] Dem gegenüber stehen gerade jüngere, in den späten neunziger Jahren erschienene Kommentare auf dem Standpunkt des Gerichts in *Geneva Steel*, wenn sie eine zu freie, den Wortlaut zugunsten nicht eindeutiger Quellen vernachlässigende Auslegung ablehnen und folglich auch protektionistische Elemente bejahen.[677] Vertreter dieser Ansicht können konsequenterweise nicht die von der US-Regierung im WTO-Verfahren bezogene Position teilen, sondern sehen den offenen Widerspruch zu den für Antidumping-Maßnahmen geltenden WTO-Regeln.[678]

## C. Zusammenfassende Bewertung

Die Schutzrichtung des Antidumping Act 1916 ist ausweislich seines mehrdeutigen Wortlautes nicht klar und eindeutig festzustellen. Eines aber ist sicher: Über die Auslegung und Anwendung des Antidumping Act 1916 lässt sich trefflich streiten. Die im Wortlaut angelegte Mehrdeutigkeit führt zu erheblicher Rechtsunsicherheit, was die gerichtliche Auslegung angeht, und birgt damit für Beklagte eine enorme Gefahr kostspieliger Prozesse mit höchst ungewissem Verlauf.[679]

Die selbst unter den US-Gerichten heftig umstrittene Frage der Rechtsnatur muss gleichwohl nicht unbeantwortet bleiben. Unter Anwendung klassischer Auslegungsgrundsätze und in Anbetracht des starken, wenn auch nicht unwidersprochen gebliebenen Trends in der jüngeren Rechtsprechung liegt es nahe, den Anti-

---

[675] Vgl. *Almstedt*, 13 Law&Pol'y Int'l Bus. 747, 752 (1981); *Sidak*, 18 Stan.J.Int.L. 377 (1981); *Kessler*, 56 Antitrust L.J. 485, 489 (1987); lapidar auch *Applebaum*, 43 Antitrust L.J. 590, 592 (1974): „grounded in antitrust concepts".

[676] Vgl. *Viner*, S. 242, 245: "It was intended to reach only predatory dumping [...]".

[677] Vgl. *Note*, Rethinking the 1916 Antidumping Act, 110 Harv.L.Rev. 1555, 1557 (1997); in diese Richtung wohl auch *Keppler*, 32 Geo.Wash.J.Int'l L.&Econ. 293, 308 (1999); gegen den Antitrust-Charakter schon frühzeitig *Neville*, 26 N.Y.L.Sch.L.Rev. 535, 548 (1981).

[678] Vgl. *Keppler*, 32 Geo.Wash.J.Int'lL.&Econ. 293, 303 ff. (1999).

[679] Vgl. auch die Einschätzung von *Sidak*, 18 Stan.J.Int.L. 377, 403 (1981).

dumping Act 1916 zumindest als ein „hybrides" Gesetzesgebilde einzuordnen. Stimmen, die den Antidumping Act 1916 dahingegen lediglich als Antitrust-Gesetz einordnen und auslegen will, können nicht überzeugen. Sie können den Widerspruch zum Wortlaut und zur Gesamtheit der historischen Quellen nicht auflösen. Zudem machen sie sich den Sprachgebrauch einiger, wenn auch nicht unbedeutender Quellen zu Eigen und verkennen dabei die Entstehungsgeschichte. Gerade der Sprachgebrauch der Gesetzessponsoren diente hier sehr wahrscheinlich nur der Verschleierung der wahren Intention und Funktion des Gesetzes. Der Schutz der einheimischen Industrie folgt hingegen unbestreitbar schon aus dem Wortlaut des subjektiven Tatbestandes, aber auch aus der Entstehungsgeschichte des Gesetzes. Der wolkige Wortlaut im Übrigen, der offenbar nur der Beruhigung einiger demokratischer Freihandelsidealisten dienen sollte, kann darüber nicht hinwegtäuschen.

Andererseits hat auch eine Auslegung, die ihrerseits allein auf den protektionistischen Zweck des Antidumping Act 1916 abstellt, den Gesetzeswortlaut gegen sich. Auch sie muss sich den Vorwurf gefallen lassen, einzelne Bestimmungen (die beiden letzten Alternativen im subjektiven Tatbestand) aus dem Gesetzeswortlaut herauszulesen und überflüssig zu machen. Damit hätte diese Auslegung einen fundamentalen Grundsatz der Gesetzesauslegung gegen sich. Anders als bei der extremen Gegenposition sprechen hier aber gewichtigere Gründe für ein Abweichen von der Regelvermutung. Die Vermutungswirkung, die der Gesetzeswortlaut mit Blick auf die gesetzgeberische Intention in sich trägt, kann erschüttert werden. Der eigentliche Gesetzeszweck sollte die Auslegung bestimmen, nicht ein im Wortlaut oder von einzelnen Quellen vorgegebener. Dies gilt erst recht, wenn an der Ansicht des Sponsors vernünftige Zweifel bestehen. So liegt der Fall hier. Nach Ansicht der Sponsoren sollte der Antidumping Act 1916 unlauteren ausländischen Wettbewerb abwehren. Der Gegenschluss, das Gesetz könne damit keine protektionistischen Zwecke verfolgen, ist damit aber nicht zwingend. Im Gegenteil, der Gesetzgebungsanlass streitet vielmehr für eine solche Auslegung. Denn kriegsbedingt bestand doch gerade beim Schutz der einheimischen Industrie ausnahmsweise Einigkeit zwischen den politischen Lagern. Uneins war man sich nur bei den Mitteln. Deshalb vermag die vorgegebene Zielrichtung (internationale Erweiterung des damals eher als national verstandenen Antitrust-Rechts) auch insoweit nicht über den eigentlichen Schutzzweck, den Schutz der einheimischen Industrie, hinwegtäuschen.

Neuere rechtsvergleichende Untersuchungen zu den Zielsetzungen des US-amerikanischen Antidumping-Rechts bestätigen die hier vertretene Auffassung. Wie insbesondere *Nettesheim* jüngst umfänglich dargelegt hat, soll das derzeit auf der Grundlage des Antidumping Act 1921 geltende US-Antidumping-Recht nicht dem

Schutz eines unverfälschten Wettbewerbs dienen (können).[680] Denn der theoretisch durchaus denkbare Verdrängungswettbewerb wurde im internationalen Zusammenhang praktisch noch nie beobachtet oder nachgewiesen.[681] Der internationale Verdrängungswettbewerb, so bleibt zu vermuten, war und ist ein bewusst politisch eingesetztes Schreckensszenario, das seit jeher auf hypothetischen Übersteigerungen beruht. Die Antidumping-Gesetze sind ihrer Natur nach eher als Schutzklauseln zugunsten der einheimischen Industrie einzuordnen und dienen damit protektionistischen Zwecken.[682] Den damit einhergehenden Wertungswiderspruch zur Freihandelsdoktrin, die bisher praktisch uneingeschränkt (auch insoweit zeichnet sich ein Meinungswandel ab)[683] als wohlstandsfördernd begrüßt wurde, versucht man neuerdings, mit einer „Neuinterpretation"[684] des Antidumping-Rechts zu kaschieren.

Da letztlich aber auch die gegenteilige Vermutung (Schutz des Wettbewerbs) nicht völlig zu widerlegen ist, muss es bei der im Wortlaut angelegten doppelten Zwecksetzung sein Bewenden haben: Der Antidumping Act 1916 ist mithin ein *auch* protektionistischen Zwecken dienendes Handelshemmnis.

## §5 DIE FESTGESTELLTE GATT-WIDRIGKEIT UND IHRE WIRKUNG IM INNERSTAATLICHEN RECHT DER USA

Einer der Haupteinwände der Beklagten auch im deutschen Rechtshilfeverfahren stützte sich auf die Feststellung der WTO-Streitschlichtungsgremien, der Antidumping Act 1916 sei mit den Verpflichtungen der USA unter dem WTO-Übereinkommen unvereinbar. Das OLG Frankfurt a.M. hatte diesen Einwand im deutschen Rechtshilfeverfahren zurückgewiesen, denn

> „der Vertrauensvorschuss für das ausländische Gerichtsverfahren, der in der Gewährung von Rechtshilfe in Form der Zustellung zum Ausdruck kommt, [sei] gerechtfertigt[, s]olange die

---

[680] Vgl. *Nettesheim*, S. 73, 74 (Fn. 284), m.w.N. aus dem jüngeren US-amerikanischen Schrifttum.

[681] Vgl. *Nettesheim*, S. 73 (Fn. 278); ebenso aus dem US-amerikanischen Schrifttum *Bovard*, S. 156 f.; *McGee*, 13 Nw.J.Int'lL.&Bus. 491, 540 (1993), beide m.w.N.

[682] Vgl. *Nettesheim*, S. 85 f. *Nettesheim* ist letztlich in einem methodischen Punkt, nicht aber im Ergebnis zu widersprechen: Die hier befürwortete und von der US-Rechtsprechung bei Bundesgesetzen angewendete Auslegungsmethode orientiert sich an den wahren Zwecken des historischen Gesetzgebers, ohne diesen im Hinblick auf die Gewaltenteilung in bedenklicher Weise zu korrigieren. *Nettesheim*, S. 5, 12 ff., übersieht offenbar den traditionellen Auslegungskanon US-amerikanischer Gerichte, wenn er meint, die Ansichten des historischen Gesetzgebers seien „nur von historischem Wert".

[683] Vgl. *Nettesheim*, S. 68 ff., m.w.N.

[684] Vgl. *Nettesheim*, S. 34 (Fn. 118), m.w.N.

USA innerhalb der ihnen zugebilligten oder zuzubilligenden Fristen an der Umsetzung des Entscheids arbeiten".[685]

Die US-Legislative ist den WTO-Verpflichtungen der USA trotz gegenläufiger Bekundungen nicht nachgekommen. Deshalb erscheint es notwendig, zu untersuchen, welche Möglichkeiten für betroffene Unternehmen bestehen, die WTO-Widrigkeit des innerstaatlichen Rechts (Antidumping Act 1916) vor den US-Gerichten geltend zu machen. Die Entscheidung des US District Court for the Northern District of Iowa im vorliegenden Fall[686] lässt insoweit begründete Zweifel entstehen.

## A. Unvereinbarkeit des Gesetzes mit dem GATT 1994, dem Antidumping- und dem WTO-Übereinkommen

Inhalt und Reichweite der Umsetzungspflicht der USA ergeben sich aus den Feststellungen und Empfehlungen im Panel bzw. Appellate Body Report, wie sie vom DSB angenommen wurden (Art. 21.1, 23 DSU).

### I. Panel Report vom 31.03.2000

In seinem Bericht stellte das Panel fest, dass der Antidumping Act 1916 nicht mit den Bestimmungen von Art. VI:1, VI:2 GATT 1994, Art. 1, 4, 5.5 Anti-Dumping-Übereinkommen und Art. XVI:4 WTO-Übereinkommen vereinbar ist.[687] Mithin sprach das Panel die Empfehlung aus, die USA aufzufordern, den Antidumping Act 1916 in Übereinstimmung mit den Verpflichtungen aus dem WTO-Übereinkommen zu bringen.[688] Die entscheidenden Wegmarken setzte damit bereits der Panel Report.[689] Zu beachten ist insoweit, dass sich das Mandat eines Panels wiederum nach dem Vorbringen der Parteien richtet (Art. 7 DSU); dementsprechend ist hier zunächst die grundlegende Argumentation der Parteien und im Anschluss die Begründung der Entscheidung nachzuvollziehen.

---

[685] OLG Frankfurt a.M., RIW 2001, 464, 467.

[686] *Goss Graphic Systems, Inc., v. MAN Roland Druckmaschinen Aktiengesellschaft*, et al., 139 F.Supp.2d 1040, 1050 f. (N.D. Iowa 2001).

[687] Panel Report, para. 7.1.

[688] Panel Report, para. 7.2.

[689] *United States – Anti-Dumping Act of 1916*, Complaint by the European Communities, Report of the Panel 31.03.2000 (WTO Doc. WT/DS136/R).

## 1. Vorbringen der Parteien

### *a) Europäische Gemeinschaft*

Die EG wendete sich gegen den Antidumping Act 1916 als solchen, nicht gegen eine konkrete Anwendung des Gesetzes[690]: Nach Auffassung der EG handelte es sich um eine Antidumping-Gesetzgebung im Sinne von Art. VI:1 GATT 1994, da der Tatbestand des Antidumping Act 1916 im Kern speziell auf den Import von Waren gerichtet sei und eine Preisdiskriminierung zwischen zwei Märkten voraussetze.[691] Dies entspreche den Anforderungen an eine Antidumping-Maßnahme (antidumping measure) in Art. VI:1 GATT 1994 und damit sei dessen Anwendungsbereich eröffnet. Könnte, so die EG weiter, schon durch die Aufnahme zusätzlicher Kriterien die nationale Antidumping-Gesetzgebung von der Anwendung des Art. VI GATT 1994 ausgenommen werden, so wäre der Umgehung des Übereinkommens Tür und Tor geöffnet.[692]

Demnach vertrat die EG die Auffassung, der Antidumping Act 1916 verstoße gegen Art. VI:2 GATT 1994, weil er nicht lediglich Antidumping-Zölle (antidumping duties), sondern eine Bestrafung und zivilrechtliche Verurteilung auf Schadensersatz anordne.[693] Art. VI:2 GATT 1994 regele in ausschließlicher Weise die Maßnahmen, die gegen Dumping ergriffen werden könnten (Antidumping-Zölle).[694] Als Argument verwies die EG auf die Art. 1, 18.1 des Antidumping-Übereinkommens und die Entstehungsgeschichte der Vorschrift.[695]

Der Antidumping Act 1916 verstoße aber auch gegen Art. VI:1 GATT 1994. Denn statt der tatsächlichen Schädigung (material injury) genüge schon die bloße Schädigungsabsicht (intent to injure) zum Ergreifen einer Antidumping-Maßnahme. Dies entspreche nicht den erlaubten Umständen in Art. VI:1 GATT 1994 und den Ausführungsbestimmungen im Antidumping-Übereinkommen (Art. 3).[696] Zusätzlich seien auch die verfahrensrechtlichen Anforderungen des Antidumping-Übereinkommens (Art. 4, 5) nicht eingehalten[697], denn die in einer Klage vorgebrachten Tatsachen würden von keiner staatlichen Behörde nachgeprüft, die Regierung des exportierenden Landes über den Beginn einer Antidumping-

---

[690] Panel Report, para. 6.4.

[691] Panel Report, para. 3.63, 3.75, 3.82.

[692] Panel Report, para. 3.97.

[693] Panel Report, para. 3.216, 3.242.

[694] Panel Report, para. 3.65-66, 3.213.

[695] Panel Report, para. 3.67, 3.228, 3.241.

[696] Panel Report, para. 3.271.

[697] Panel Report, para. 3.272.

Maßnahme nicht benachrichtigt, eine Klage müsste nicht im Namen der verletzten Industrie erfolgen oder von einem Mindestanteil der einheimischen Industrie unterstützt werden[698], und schließlich müsste das Verfahren auch nicht in 18 Monaten beendet sein.[699]

Für den Fall, dass das Panel den Anwendungsbereich von Art. VI GATT 1994 nicht eröffnet sehe, rügte die EG die Verletzung von Art. III:4 GATT 1994.[700] Der Antidumping Act 1916 gelte ausschließlich für importierte Waren, eine Verletzung sei leichter zu beweisen und mithin sei der Antidumping Act 1916 strikter als das US-Recht für einheimische Waren, weshalb er das Gebot der Gleichstellung aus- und inländischer Waren verletze.[701]

Letztlich sah die EG die Verpflichtungen der USA aus Art. XVI:4 WTO-Übereinkommen verletzt, da die USA mit der Aufrechterhaltung des Antidumping Act 1916 ihre Gesetzgebung nicht in Übereinstimmung mit dem von der WTO vorgeschriebenen Rechtszustand gebracht haben.[702]

#### *b) USA*

Die USA entgegneten dem Vorbringen der EG mit Angriffen verfahrensrechtlich-taktischer wie inhaltlicher Natur: In verfahrensrechtlicher Hinsicht wendeten die USA ein, die EG könne sich nicht auf die Verletzung von Bestimmungen im Antidumping-Übereinkommen berufen, da sie sich auf diese nicht in ihrem Antrag auf Einsetzung des Panels gem. Art. 6 II DSU bezogen habe.[703] Zudem wendete die USA nach Übermittlung des Zwischenberichts (Interim Report gem. Art. 15.2 DSU) ein, dem Panel fehle die „jurisdiction" hinsichtlich einer auf das Antidumping-Übereinkommen und folglich auch auf das GATT 1994 gestützten Beschwerde.[704]

In inhaltlicher Hinsicht vertraten die USA die Auffassung, eine Verletzung von Verpflichtungen aus dem WTO-Übereinkommen schon durch den Antidumping Act 1916 selbst und nicht erst durch dessen konkrete Anwendung müsse deshalb ausscheiden, weil dieser einer WTO-konformen Auslegung zugänglich sei.[705] Ent-

---

698 Gerade das Kriterium des Art. 4, 5.4 dient dem Ausschluss von "frivolous complaints and the harassment of exporters and importers", vgl. Panel Report, para. 3.272.

699 Die Verfahren unter dem Antidumping-Übereinkommen und dem Antidumping Act 1916 vergleichend *Keppler*, 32 Geo.Wash.J.Int'l L.&Econ. 293, 304 ff. (1999).

700 Panel Report, para. 3.281.

701 Panel Report, para. 3.282, 3.284, 3.288-290.

702 Panel Report, para. 3.358-360, 3.369.

703 Panel Report, para. 3.1-3.

704 Panel Report, para. 5.15.

705 Panel Report, para. 3.32, unter Hinweis auf die *Zenith III*-Entscheidung para. 3.212.

sprechend eines elementaren Grundsatzes der Gesetzesauslegung soll ein US-Bundesgesetz nach Möglichkeit nie so ausgelegt werden, dass es internationales Recht verletzt.[706] Letztlich zwinge der Antidumping Act 1916 nicht zu WTO-widrigem Handeln. In der Spruchpraxis des Appellate Body könne nur eine „mandatory legislation", nicht aber eine „discretionary legislation" (bei der die staatlichen Behörden ein Ermessen zum Einschreiten besäßen) eine Verletzung von WTO-Pflichten herbeiführen.[707]

Als Hauptargument führten die USA weiter an, der Anwendungsbereich von Art. VI GATT 1994 sei gar nicht eröffnet. Der Antidumping Act 1916 sei nach US-Recht kein Antidumping-Gesetz und werde deshalb auch nicht von Art. VI GATT 1994 erfasst.[708] Vielmehr sei der Antidumping Act 1916 qualitativ etwas anderes, weil er auf ganz spezifische Verhaltensweisen abziele und dieselben Strafen verhänge, wie dies im US-Antitrust-Recht der Fall sei.[709] Die US-Seite verwies insoweit auf die Entstehungsgeschichte und eine Ansicht in der US-Rechtsprechung (*Zenith III*).[710] Diese Ansicht des innerstaatlichen Rechts (municipial law) sei für das Panel eine Tatsache (matter of fact).[711] Gegenteilige neuere Entscheidungen (*Geneva Steel/ Wheeling-Pittsburgh*) seien nur vorläufiger Natur und deshalb nicht maßgeblich.[712] Würde man den Antidumping Act 1916 von Art. VI GATT 1994 erfasst sehen, so müsste das Gleiche für das gesamte Wettbewerbs- und Kartellrecht der Mitgliedstaaten gelten. Das Antitrust-Recht werde aber von Art. VI GATT 1994 und dem Antidumping-Übereinkommen nicht erfasst.[713] Zwischen Antidumping- und Antitrust-Recht bestünden gewichtige Unterschiede in Ziel und Voraussetzung.[714]

Selbst wenn der Anwendungsbereich doch eröffnet sein sollte, so gebe es keine Vorschrift, die es verbieten würde, andere Maßnahmen gegen ausländisches Dum-

---

706 Panel Report, para. 3.34, unter Hinweis auf die Rechtsprechung des Supreme Court (Fn.54, 55).

707 Panel Report, para. 3.26.

708 Panel Report, para. 3.86, 3.89, 3.139.

709 Panel Report, para. 3.87.

710 Panel Report, para. 3.98, insb. im Hinblick auf den "prevailing view amongst US courts" para. 3.163-164.

711 Panel Report, para. 3.153.

712 Panel Report, para. 3.205-6.

713 Panel Report, para. 3.69-72.

714 Panel Report, para. 3.111-112, "government [dumping] as opposed to market-driven [trust] action", para. 3.124. Im US-amerikanischem Schrifttum wird darauf hingewiesen, dass das Antitrust-Recht eher den Verbraucher durch einen funktionierenden Wettbewerb schützt, während das Antidumping-Recht die einheimische Industrie vor ausländischem Wettbewerb schützen will, vgl. *Keppler*, 32 Geo.Wash.J.Int'l L.&Econ. 293 (1999).

ping als Antidumping-Zölle zu verhängen. Schon der Wortlaut von Art. VI:2 GATT 1994 („may") gebe für eine andere Ansicht nichts her.[715] Gegen die Alternativbegründung der Beschwerde auf Art. III:4 GATT 1994 brachten die USA vor, der Antidumping Act 1916 gewähre importierten Waren im Gegenteil sogar eine vorteilhaftere Behandlung als der Robinson-Patman Act 1936 gegenüber einheimischen.[716] Da keine Bestimmungen des GATT 1994 verletzt seien, läge auch keine Verletzung einer WTO-Verpflichtung und damit auch nicht von Art. XVI:4 WTO-Übereinkommen vor.[717]

## 2. Vorbringen der beteiligten Drittstaaten

Als „Dritte" im Sinne von Art. 10 DSU beteiligten sich Indien, Japan und Mexiko. Sie unterstützten vollumfänglich das europäische Vorbringen.

*Indien* hob insbesondere den Umstand hervor, dass die USA keine Ausnahmebestimmung (grandfather exception) im GATT 1994 für den Antidumping Act 1916 gesucht hätten. Folglich könnten die USA ihr klar WTO-widriges Recht nicht aufrechterhalten.[718]

*Japan* stellte die negativen Auswirkungen, insbesondere den „chilling effect" des Antidumping Act 1916 auf den Handel heraus. Ungeachtet der Tatsache, dass es noch nie zu einer Verurteilung gekommen sei, schrecke schon die potentielle Haftung japanische Handelsfirmen davor ab, Waren zu importieren.[719] Zudem sei schon das Verfahren so außerordentlich teuer, belästigend und geschäftsstörend (extraordinarily expensive, burdensome as well as disruptive to the business), wie das Verfahren im Fall *Wheeling-Pittsburgh* gezeigt habe, dass japanische Firmen Vergleiche entgegen einer gesunden und marktorientierten Handelspraxis abschließen würden.[720]

*Mexiko* betonte die Verletzung des WTO-Rechts durch den Antidumping Act 1916 unabhängig von dessen Einordnung im US-amerikanischen Rechtssystem.[721] Da die vom Antidumping Act 1916 erfassten Handelspraktiken unter die Definiti-

[715] Panel Report, para. 3.219, 222-224; diese Ansicht wurde schon unter dem GATT 1947 in den USA vertreten, vgl. *Almstedt*, 13 Law&Pol'y Int'l Bus. 747, 780 (1981).

[716] Panel Report, para. 3.292.

[717] Panel Report, para. 3.24, 3.367.

[718] Panel Report, para. 4.6.

[719] Panel Report, para. 4.11.

[720] Panel Report, para. 4.12.

[721] Panel Report, para. 4.18.

on des „dumping" fallen würden, seien die von den USA angeführten Unterschiede für die Einordnung unter den Art. VI:1 GATT 1994 irrelevant.[722]

### 3. Begründung der Entscheidung

Das Panel entschied im Interim Review vorab über den Verfahrenseinwand der USA, dem Panel fehle die „jurisdiction", und wies ihn schon als verspätet (untimely), mithin gegen Treu und Glauben (in good faith)[723] verstoßend zurück.[724] Überdies betrachtete das Panel seine Entscheidungskompetenz für gegeben.[725] Das Panel wies auch den Einwand zurück, die EG könne sich nicht auf eine Verletzung des Antidumping-Übereinkommens berufen, weil sie insoweit keine eigenständige Beschwerde vorgetragen hätte. Art. 6.2 DSU erfordert in der Spruchpraxis des Appellate Body lediglich eine kurze Zusammenfassung der Rechtsgrundlage der Beschwerde, aber nicht eine weitergehende Begründung („claims, but not the arguments").[726]

In inhaltlicher Hinsicht klärte das Panel als Vorfrage die Art und Weise der Berücksichtigung des US-amerikanischen innerstaatlichen Rechts, da das DSU diesbezüglich keine eindeutige Aussage enthielt. Die Klärung war entscheidungserheblich geworden, nachdem die USA den Antidumping Act 1916 nicht als Antidumping-, sondern als Antitrust-Gesetzgebung betrachteten und zur Stütze dieser Rechtsauffassung auf die Einordnung im innerstaatlichen Recht verwiesen. Das Panel machte deutlich, dass es sich nicht lediglich am Wortlaut des Antidumping Act 1916 orientieren, sondern insbesondere auch seine Auslegung durch US-Gerichte berücksichtigen wolle. Für die durch Art. 11 DSU geforderte „objektive Beurteilung" bedürfe es der Berücksichtigung und Gewichtung aller relevanten Aspekte des innerstaatlichen Rechts.[727] Das Panel richtete damit seine Vorgehensweise an der Praxis inter-

---

722 Panel Report, para. 4.24.

723 Art. 3.10 DSU.

724 Panel Report, para. 5.18-19.

725 Panel Report, para. 5.27.

726 Panel Report, para. 6.24, unter Hinweis auf den *EC - Bananas* Fall (WT/DS27/AB/R).

727 Panel Report, para. 6.48. Obwohl das innerstaatliche Recht als „evidence of fact" dienen kann, hat ein internationales Tribunal die einschlägige innerstaatliche Rechtsprechung nach ihrer Konformität mit dem innerstaatlichen Recht zu gewichten (para. 6.53, unter Verweis auf *Brazilian Loans*, PCIJ, Series A, Nos. 20/21, S. 124); Faktoren bei der Gewichtung sind hier zunächst die „doctrine of precedents", weiter der Charakter als „final" oder „interlocutory" und die überzeugende Begründung einer Entscheidung (para. 6.54-56, 57); in gleicher Weise müsse die Klassifizierung des innerstaatlichen Rechts nicht notwendigerweise in den WTO-Kontext übernommen werden (para. 6.59, 6.66); die Entstehungsgeschichte würde so berücksichtigt, wie dies US-Gerichte tun würden, Erklärungen der Exekutive hingegen nur, soweit sie die ohnehin gefundene Auslegung bestätigten (para. 6.60, 6.65).

nationaler Tribunale in vergleichbaren Fällen aus und verwies zur Begründung insoweit auf Art. 3.2 DSU[728] wie auf die Spruchpraxis des Appellate Body.[729]

### a) *Anwendbarkeit von Art. VI GATT 1994*

Nach Ansicht des Panels fiel der Antidumping Act 1916 in den Anwendungsbereich von Art. VI:1 GATT 1994 und dem Antidumping-Übereinkommen[730], denn beide Normkomplexe bildeten als Teile des WTO-Übereinkommens ein „inseparable package of rigths and disciplines".[731] Art. VI GATT 1994 sei gegenüber Art. III:4 GATT 1994 zudem die speziellere Norm.[732]

Die Auslegung auf der Grundlage von Art. 31, 32 des Wiener Übereinkommens über das Recht der Verträge vom 23.05.1969 (WVRK)[733] ergab, dass Art. VI GATT 1994 Maßnahmen erfasse, die gegen „dumping" gerichtet sind.[734] Schon bei einer Auslegung nach dem Wortlaut falle der Antidumping Act 1916 unter den so bestimmten Umfang von Art. IV GATT 1994, da er einen „transnational price discrimination test" für importierte Waren enthalte.[735] Die zusätzlichen Kriterien, so das Panel in seiner Entscheidung, seien nicht derart ausgestaltet, dass sie den Antidumping Act 1916 wieder aus dem Anwendungsbereich herausfallen ließen.[736] „Dumping" sei, wie auch immer, eine *conditio sine qua non* für die Anwendung des Art. VI:1 GATT 1994 wie des Antidumping Act 1916.[737] Aus Art. VI GATT 1994 wie aus Art. 1, 18.1 Antidumping-Übereinkommen leitete das Panel den Zweck ab, Dumping dürfe nur in einer Weise bekämpft werden (only one approach against „dumping" as such). Die von den USA vorgeschlagene Auslegung stünde dem entgegen und würde Art. VI GATT 1994 und den Bestimmungen des Antidumping-Übereinkommens die Wirkung nehmen.[738] Folglich genügte es auch nicht, dass mit

---

728 Art. 3.2 DSU: „...die geltenden Bestimmungen dieser Übereinkommen im Einklang mit den herkömmlichen Regeln der Auslegung des Völkerrechts zu klären."

729 Panel Report, para. 6.40, 6.49, unter Verweis auf *India - Patent (US)*, Appellate Body Report.

730 Panel Report, para. 6.163, 6.165.

731 Panel Report, para. 6.97 (Fn. 360), unter Verweis auf *Argentina - Safeguard Measures on Import of Footwear*, Appellate Body Report (WT/DS121/AB), para. 81.

732 Panel Report, para. 6.76 (Fn. 344).

733 BGBl. 1985 II, 926.

734 Panel Report, para. 6.100-106, 6.107.

735 Panel Report, para. 6.108.

736 Panel Report, para. 6.109-110.

737 Panel Report, para. 6.113 (Fn. 371), unter Verweis auf die Auslegung in *In re Japanese Electronic Products II*.

738 Panel Report, para. 6.114.

dem Antidumping Act 1916 andere Wirkungen der grenzüberschreitenden Preisunterbietung bekämpft werden sollten.[739] Dies gelte, so das Panel weiter, auch für mögliche Antitrust-Zwecke.[740] Ein innerstaatliches Gesetz eines Mitgliedstaates falle immer dann unter Art. VI:1 GATT 1994, wenn es auf einer Methode beruhe, die der Definition des Art. VI GATT 1994 entspreche.[741]

Auch nach einer ausführlichen Analyse der Entstehungsgeschichte des Antidumping Act 1916 und des einschlägigen Fallrechts änderte das Panel seine Bewertung nicht.[742] So konnte es den Erklärungen des Handelssekretärs *Redfield* und des Abgeordneten *Kitchin* nicht entnehmen, dass unter dem „transnational price discrimination test" des Antidumping Act 1916 etwas anderes zu verstehen sei als „dumping" in der Bedeutung des Art. VI GATT 1994, selbst wenn der Antidumping Act 1916 als eine die Antitrust-Gesetze ergänzende Gesetzgebung anzusehen sei.[743] Zwischen Antitrust- und Antidumping-Gesetzgebung habe zum Zeitpunkt der Gesetzesentstehung keine klare rechtliche Unterscheidung bestanden; eine ausschließliche Antitrust-Zielsetzung ergäbe sich überdies auch nicht aus dem historischen Kontext.[744] Gleiches gelte für das einschlägige Fallrecht. Keiner der angeführten Entscheidungen lege eine Auslegung des Antidumping Act 1916 nahe, die sich nicht mehr mit der Definition des Dumping in Art. VI:1 GATT 1994 vereinbaren ließe.[745] Das Panel interessierte sich für die Entscheidungen letztlich auch nur insoweit, als sie die Auslegung des „transnational price discrimination test" beeinflussten. Deshalb wurden insbesondere die von den USA ins Felde geführten Entscheidungen in *Zenith III* und *In re Japanese Electronic Products II* analysiert.[746] Das Panel fand dort aber keine entsprechenden Kriterien. Andere Entscheidungen, so das Panel, verwiesen sogar ausdrücklich auf die Antidumping-Definition von *Viner* („price discrimination between purchasers in different national markets").[747] Der Verweis der USA auf die Entscheidung in *Brooke Group* und die dort niedergelegten Kriterien überzeugte das Panel jedenfalls nicht, weil die Anwendbarkeit schon der Sache nach zweifelhaft sei und überdies sich mehrere neuere Entscheidungen (*Geneva Steel/Wheeling-Pittsburgh*) klar gegen deren Anwendung ausgesprochen hatten.[748]

---

739 Panel Report, para. 6.115.

740 Panel Report, para. 6.117.

741 Panel Report, para. 6.116, 6.118.

742 Panel Report, para. 6.132, 6.162.

743 Panel Report, para. 6.129-130.

744 Panel Report, para. 6.131.

745 Panel Report, para. 6.144-145.

746 Panel Report, para. 6.140-141.

747 Panel Report, para. 6.145 (Fn. 401).

748 Panel Report, para. 6.151, 6.153; die Zwischenentscheidungen (interlocutory judgements) stufte das Panel dabei zwar nicht als bindend, aber als gleichwohl relevant ein (para. 6.156).

Auf dieser Grundlage stellte das Panel fest, dass der Antidumping Act 1916 auch ein „mandatory law within the meaning of GATT 1947/WTO practice" sei. Das Ermessen des US-Justizministeriums bei der Einleitung von Antidumping-Strafverfahren könne nicht für eine Einordnung als „non-mandatory" ausreichen.[749] Die Verpflichtungen der Mitgliedstaaten unter Art. 18.4 Antidumping-Übereinkommen würden ausgehöhlt, wenn sich ein Mitgliedstaat diese Argumentation als Verteidigung zu Eigen mache. Letztlich sah das Panel auch nicht die Gefahr, wie von den USA heraufbeschworen, dass eine solche Auslegung sämtliche Antitrust-Gesetze in den Anwendungsbereich des Art. VI GATT 1994 miteinbezöge. Art. VI:1 GATT 1994 richte sich nicht gegen Preisunterbietungen innerhalb einer Jurisdiktion (price discrimination within the territory of a given jurisdiction), sondern nur gegen grenzüberschreitende Preisunterbietungen (transnational price discrimination) und beziehe sich damit nur auf eine begrenzten Ausschnitt mit sehr begrenzter Wirkung.[750]

*b) Verstoß gegen Art. VI:1 GATT 1994*

Wie das Panel feststellte, verstießen die USA mit der Aufrechterhaltung des Antidumping Act 1916 gegen den anwendbaren Art. VI:1 GATT 1994, weil Art. VI:1 GATT 1994 den Mitgliedstaaten Antidumping-Maßnahmen nur dann erlaube, wenn der Nachweis einer „material injury" erbracht sei. Der Antidumping Act 1916, so das Panel, lasse aber schon die bloße Absicht einer Schädigung (intent to injure) genügen.[751]

*c) Verstoß gegen Art. VI:2 GATT 1994*

Nach einer Art. 31 WVRK folgenden Auslegung des Art. VI:2 GATT 1994 („may") gelangte das Panel zu der Erkenntnis, dass nur Antidumping-Zölle nach Sinn und Zweck zum Ausgleich von Dumping („to offset dumping") erlaubt seien. Jede andere Auslegung würde Art. VI GATT 1994 der praktischen Wirksamkeit berauben.[752] Mit dieser auch aus Art. 1, 18.1 Antidumping-Übereinkommen folgenden Forderung[753] lasse sich die Verhängung von Strafen und Strafschadenser-

[749] Panel Report, para. 6.169, unter Verweis auf *EC-Audio Cassettes*, Panel Report.

[750] Panel Report, para. 6.174.

[751] Panel Report, para. 6.178-181; Art. 3 Antidumping-Übereinkommen wurde als relevanter Kontext (Art. 31 WVRK) zur Auslegung der Bestimmung „material injury" herangezogen.

[752] Panel Report, para. 6.199.

[753] Panel Report, para. 6.196.

satz im Antidumping Act 1916 nicht in Einklang bringen. Deshalb verstoße dieser auch gegen Art. VI:2 GATT 1994.[754]

Die EG hatte nach Ansicht des Panels im Hinblick auf die behaupteten Verstöße ausreichend vorgetragen (in oder to establish a *prima facie* case). Gleiches konnte von dem Verteidigungsvorbringen der USA nicht angenommen werden.[755]

#### d) *Verstoß gegen Art. 1, 4, 5.5 Antidumping-Übereinkommen*

Ein Verstoß gegen Bestimmungen des Antidumping-Übereinkommens konnte das Panel nur im Hinblick auf Art. 1, 4 und 5.5 feststellen, weil der Antidumping Act 1916 weder eine Mindestbeteiligung einer US-Industrie noch die Benachrichtigung der entsprechenden Regierung bei einer Klage festschrieb. Insoweit hatte die EG auch den *prima facie*-Beweis erbracht.[756]

Hingegen fehlte es am notwendigen Vorbringen der EG für eine Verletzung von Art. 2.1, 2.2 Antidumping-Übereinkommen.[757] Das Panel hielt Ausführungen zu Art. 3 ebenso für entbehrlich[758] wie zu Art. III:4 GATT 1994[759].

#### e) *Verstoß gegen Art. XVI:4 WTO-Übereinkommen*

Nach alledem lag auch ein Verstoß der USA gegen die aus Art. XVI:4 WTO-Übereinkommen folgende Verpflichtung, das innerstaatliche Recht in Einklang mit den Regelungen der WTO zu bringen, auf der Hand.[760] Die USA hatten die der EG aus den verletzten Übereinkommen zustehenden Vorteile beseitigt bzw. geschmälert.[761]

### II. Report des Appellate Body vom 28.08.2000

Nachdem auch in dem von Japan gegen den Antidumping Act 1916 geführten Verfahren das Panel zum gleichen Ergebnis gekommen war, legten die USA gegen

---

[754] Panel Report, para. 6.204. So auch im US-amerikanischen Schrifttum *Applebaum*, 6 Geo.Mason L.Rev. 479, 487 (1998).

[755] Panel Report, para. 6.206.

[756] Panel Report, para. 6.208, 6.212, 6.213

[757] Panel Report, para. 6.209.

[758] Panel Report, para. 6.211.

[759] Panel Report, para. 6.219.

[760] Panel Report, para. 6.223.

[761] Panel Report, para. 6.227.

beide Panel Reports Rechtsmittel ein.[762] Die USA wendeten sich hauptsächlich gegen drei Aspekte: Die „Zulässigkeit“ der Beschwerde gegen den Antidumping Act 1916 an sich, dabei insbesondere die Zuständigkeit (jurisdiction) des Panels, die Anwendung von Art. VI GATT 1994 auf den Antidumping Act 1916 und die festgestellten Verstöße.[763]

Die USA konnten jedoch mit ihren Argumenten in den nunmehr zusammengefassten Verfahren nicht vordringen. Der Appellate Body bestätigte die Feststellungen in den Panel Reports (EC/Japan) in vollem Umfang, auch wenn er seine Entscheidung zum Teil auf andere Erwägungen stützte. Auch nach Ansicht des Appellate Body verstieß der Antidumping Act 1916 im Ergebnis gegen Art. VI:1, VI:2 GATT 1994, Art. 1, 4, 5.5 Antidumping-Übereinkommen und Art. XVI:4 WTO-Übereinkommen.[764] Deshalb empfahl auch der Appellate Body dem DSB entsprechende Maßnahmen.[765]

Besondere Erwähnung verdienen die Erwägungen des Appellate Body zur Einordnung des Antidumping Act 1916 und deren Relevanz im Verfahren. So sah auch der Appellate Body keinen Grund, den Antidumping Act 1916 nicht als „clearly mandatory legislation“ einzuordnen.[766] Zur Begründung verwies er gerade auf die von Privatpersonen eingereichten Schadensersatzklagen, bei denen keinerlei Ermessen bestünde, sondern der befasste Bundesrichter das Gesetz schlicht anzuwenden hätte. Weiter hielt der Appellate Body auch die Feststellungen zur Anwendbarkeit von Art. VI GATT 1994 für korrekt. Er bestätigte die Auffassung, dass Art. VI GATT 1994 alle mitgliedstaatlichen Maßnahmen gegen Dumping erfasse, wenn die „constituent elements of dumping“ erfüllt seien.[767] Den Nachweis einer Schädigungsabsicht zählte er nicht zu diesen konstituierenden Elementen, sondern lediglich zu „additional requirements“.[768] Der Appellate Body setzte sogar noch einen drauf: Selbst wenn der Antidumping Act 1916 nur einen „antitrust-type intent“ voraussetzt, würde dies nichts am Ergebnis, der Anwendbarkeit von Art. VI GATT 1994 ändern.[769]

---

[762] Auch die EG und Japan begehrten eine Entscheidung des Appellate Body hinsichtlich der Weigerung des Panels, erweiterte Drittbeteiligungsrechte zu gewähren, vgl. Appellate Body report, para.38-39.

[763] Appellate Body Report, para. 9, 16, 21.

[764] Appellate Body Report, para. 155.

[765] Appellate Body Report, para. 156.

[766] Appellate Body Report, para. 90.

[767] Appellate Body Report, para. 126.

[768] Appellate Body Report, para. 132.

[769] Appellate Body Report, para. 132.

### III. Zusammenfassende Bewertung

Als Ergebnis kann hier festgehalten werden, dass gerade die Rechtsfolgenseite des Antidumping Act 1916, die Bewehrung eines tatbestandsmäßigen Verhaltens mit Strafe und Strafschadensersatz, den Vorgaben von Art. VI:2 GATT 1994, der lediglich Antidumping-Zölle erlaubt, zuwiderlief.[770] Daneben erwies sich im WTO-Verfahren auch die Tatbestandsseite und das einschlägige Verfahrensrecht in weiten Teilen als nicht GATT-kompatibel. Sowohl die Panel Reports als auch der Appellate Body Report sprechen hier eine deutliche Sprache und sind gründlich sowie überzeugend begründet.[771]

Damit blieb den USA in der Tat nur eine Möglichkeit, ihr innerstaatliches Recht in Einklang mit ihren Verpflichtungen im WTO-Übereinkommen zu bringen: Die USA mussten den Antidumping Act 1916 aufheben. Eine schlichte Anpassung schied hingegen aus. Sie würde auf eine Wiederholung der ohnehin schon bestehenden gesetzlichen Regelung für ein behördliches Antidumping-Verfahren hinauslaufen. Völkerrechtsfreundliche Stimmen im US-amerikanischen Schrifttum sehen dies im Ergebnis nicht anders.[772]

## B. Bedeutung der GATT-Widrigkeit für anhängige Gerichtsverfahren

Würde der Antidumping Act 1916 tatsächlich aufgehoben, so ist - abgesehen von dem Problem der intertemporalen Wirkung einer solchen Gesetzesänderung - die Rechtslage klar: Ein US-Gericht dürfte das Gesetz nicht mehr anwenden; (nachfolgend) eingereichte Dreifachschadensersatzklagen müssten (antragsgemäß) zurückgewiesen werden. Weit weniger klar ist die Rechtslage hingegen im hier geschilderten Fall bereits anhängiger Gerichtsverfahren. Auf die Entscheidungen der WTO-Streitschlichtungsgremien hin wurde zwar ein Gesetzentwurf in den Kongress eingebracht; dieser blieb jedoch im Gesetzgebungsverfahren stecken.[773] Interessanter und streitententscheidender ist damit die Frage, ob ein US-Bundesgericht die festgestellte WTO-Widrigkeit des Antidumping Act 1916 berücksichtigen müsste und deshalb dessen Bestimmungen in einem anhängigen Verfahren nicht mehr anwenden dürfte, auch wenn ein entsprechendes Gesetz zur Aufhebung noch nicht in Kraft getreten ist.

---

[770] Anerkennend *Bhala/Gantz*, 18 Ariz.J.Int'l &Comp.L. 1, 51 (2001).

[771] Anerkennend *Beckington*, 34 Vand.J.Transnat'l L. 199, 223 (2001).

[772] Vgl. *Beckington*, 34 Vand.J.Transnat'l L. 199, 223 (2001); *Bhala/Gantz*, 18 Ariz.J.Int'l &Comp.L. 1, 46 (2001).

[773] Diese Entwicklung war schon bei der Bewertung der innerstaatlichen Umsetzung des WTO-Übereinkommens von Experten vorausgesagt worden, vgl. *Leebron*, in: Jackson/Sykes, S. 214: „In short, instead of choosing to grease the path of compliance, Congress to a considerable degree chose to put stones on it."

Drei Ansätze sind denkbar: Das Gesetz wäre nicht mehr anzuwenden, wenn es durch das WTO-Recht wirksam verdrängt worden wäre, wenn die Empfehlung der WTO-Streitschlichtungsgremien auch für die US-Gerichte bindende Wirkung entfalten könnte oder wenn das Gesetz im Wege der übereinkommenskonformen Auslegung letztlich entsprechend anzupassen wäre.

## I. Nichtanwendung infolge Rangkollisionsrechts?

Das zur Entscheidung berufene US-Gericht dürfte den Antidumping Act 1916 dann nicht mehr anwenden, wenn dieser nicht mehr als geltendes Recht angesehen werden kann. Dass der Antidumping Act 1916[774] (wie auch die Regelungen im WTO-Übereinkommen[775]) verfassungsgemäß und rechtwirksam ist, wurde schon an anderer Stelle dargestellt. Hier interessiert ausschließlich, ob ein US-Gericht das Gesetz nicht infolge allgemeiner Regeln des Rangkollisionsrechts außer Acht lassen müsste.

### 1. Die *Lex Posterior*-Regel („Later-in-Time Rule")

Ein US-Gericht dürfte auch ohne spezielles Aufhebungsgesetz den Antidumping Act 1916 dann nicht mehr anwenden, wenn das später in Kraft getretene WTO-Übereinkommen den Status eines „supreme Law of the Land" (U.S. Const. art. VI, cl. 2) erlangt und damit unter Anwendung des Rechtssatzes *lex posterior derogat legi priori* den früher erlassenen und WTO-widrigen Antidumping Act 1916 verdrängt hätte.

---

[774] Abgesehen von der Völkerrechtswidrigkeit, steht die Rechtswirksamkeit des Antidumping Act 1916 heute außer Frage. Es wurde bereits ausführlich dargelegt, weshalb das Gesetz trotz seiner bisweilen recht weiten Formulierungen von den US-Gerichten als ausreichend bestimmt und damit verfassungsrechtlich zulässig angesehen wird. Die einschlägige Entscheidung des US District Court in *Zenith Radio Corp. v. Matsushita Electric Industrial Co.*, 402 F.Supp. 251 (E.D. Pa. 1975), "*Zenith II*", ist noch immer geltendes Recht.

[775] Von der innerstaatlichen Rechtswirksamkeit der Regelungen des WTO-Übereinkommens ist hier mit der herrschenden Meinung („prevailing view") in den USA auszugehen. Zwar wurde bereits darauf hingewiesen, dass die Praxis, internationale Handelsübereinkommen im Wege sog. „congressional-executive agreements" abzuschließen, von Teilen des US-Schrifttums als verfassungsrechtlich bedenklich eingestuft wird. Abgesehen davon, dass die überzeugenderen Argumente für die Verfassungsmäßigkeit dieser Vertragsabschlusspraxis sprechen, hat sich die eng am Wortlaut der Verfassung orientierte Rechtsauffassung bisher nicht einmal im Schrifttum durchzusetzen vermocht, geschweige, dass sie irgendeinen Widerhall in der US-amerikanischen Rechtsprechung gefunden hätte. Eine solche Rechtsauffassung kann schlechterdings zum Maßstab einer verfassungsrechtlichen Bewertung gemacht werden. Es ist vielmehr davon auszugehen, dass ein US-Gericht das WTO-Übereinkommen als formell rechtswirksam und insoweit als verfassungsgemäß ansehen wird; vgl. auch *Made in the USA Foundation v. U.S.*, 56 F.Supp.2d 1226 (N.D.Ala. 1999).

Die *lex posterior*-Regel („later-in-time rule") findet zwar keinen Anhaltspunkt im Wortlaut der Verfassung; sie ist aber im Verhältnis zwischen staatsvertraglichem und sonstigem Bundesrecht, wie bereits dargestellt, seit langem fallrechtlich anerkannt.[776] Die Regel gilt dabei nach zutreffender Ansicht nicht nur für das Verhältnis der „treaties" zum sonstigen Bundesrecht, sondern auch für „congressional-executive agreements"[777], falls diese überhaupt den Status als innerstaatlich geltendes Recht erlangen. Wie bei den als „treaty" zustande gekommenen Bestimmungen muss es sich auch hier um „self-executing provisions" handeln.[778] Sind die Bestimmungen hingegen „non-self-executing", dann verdrängt erst der spätere innerstaatliche Umsetzungsakt das entgegenstehende frühere Bundesrecht.[779]

## 2. Der Ausschluss der „Self-Executing"-Eigenschaft des WTO-Übereinkommens im US-Recht

Das WTO-Übereinkommen ist als sog. „congressional-executive agreement" zustande gekommen. Damit wäre die „later-in-time rule" im Prinzip anwendbar. Notwendig wäre allerdings, dass die einschlägigen Bestimmungen – also Art. XVI.4 WTO-Übereinkommen, Art. VI GATT 1994 bzw. die genannten Bestimmungen des Antidumping-Agreements – „self-executing" sind. Diese Eigenschaft wäre vorab anhand des Vertragstextes zu bestimmen. Hier soll aber auf das grundsätzliche und auch international kontrovers diskutierte Problem der Eignung der Bestimmungen des WTO-Rechts zur unmittelbaren Anwendung nicht vertieft eingegangen werden, weil hierzu bereits umfassende Erörterungen im deutschen Schrifttum vorliegen.[780] Die Bewertung jeder einzelnen Bestimmung kann dahinstehen, wenn schon die innerstaatliche Rechtslage klar gegen eine unmittelbare Anwendbarkeit des WTO-Übereinkommens insgesamt spricht.

---

[776] *Cherokee Tobacco Case*, 11 Wall. (78 U.S.) 616, 20 L.Ed. 227 (1871); *Cook v. U.S.*, 288 U.S. 102, 53 S.Ct. 305, 77 L.Ed. 641 (1933); Restatement (Third) Foreign Relations Law, § 115 (2) (1987); *Trimble*, S. 152; *Vagts*, 95 Am.J.Int.L. 313 ff. (2001); *Jackson*, The Jurisprudence of GATT & the WTO, S. 320, meint, diese Regel „has been followed virtually universally by the United States courts."

[777] So *„obiter dictum" Weinberger v. Rossi*, 456 U.S. 25, 29 f. (Fn. 6), 102 S.Ct. 1510, 71 L.Ed.2d 715 (1982): „Even though such agreements are not treaties under the Treaty Clause of the Constitution, they may in appropriate circumstances have an effect similar to treaties in some areas of domestic law." Siehe auch Restatement (Third) Foreign Relations Law, § 115, Comment c (1987); *Jackson*, The Jurisprudence of GATT & the WTO, S. 236, 319 f.

[778] Vgl. auch *Brand*, 17 Nw.J.Int'l L.&Bus. 556, 561 (1996-97).

[779] Restatement (Third) Foreign Relations Law, § 115, Comment c (1987).

[780] Vgl. dazu aus dem deutschen Schrifttum jüngst *Krajewski*, S. 56 ff; speziell aus der Sicht des Gemeinschaftrechts *Ott*, S. 220 ff.; *Mauderer*, S. 101 ff.; zur US-amerikanischen Sichtweise auch *Baab*, S. 143 ff., 162 ff.

### a) *Maßgeblichkeit der Vorgaben des innerstaatlichen Rechts*

Aus internationaler Sicht besteht heute ein Konsens, dass das allgemeine Völkerrecht keine zwingenden Vorgaben macht, wie eine internationale Verpflichtung innerstaatlich umzusetzen ist.[781] Die Entscheidung, ob das Völkerrecht unmittelbar oder nur mittelbar in Gestalt eines innerstaatlichen Rechtsaktes zur Anwendung gelangt, überlässt das Völkerrecht der Entscheidung des souveränen Staates. Legt man der Betrachtung eine dualistische Sichtweise des Verhältnisses von Völkerrecht und nationalem Recht zugrunde, so richtet sich insbesondere die Frage der „self-execution" einer völkerrechtlichen Norm selbstredend auch an den Vorgaben des nationalen Rechts aus.[782]

Dieses Souveränitätsverständnis entspricht auch dem US-amerikanischem Ansatz. Das Restatement (Third) fasst hier die US-amerikanische Position wie folgt zusammen: Eine internationale Vereinbarung könne nur dann unmittelbar Eingang in das innerstaatliche Recht der USA finden, wenn (neben der Eignung der völkervertraglichen Bestimmung selbst) weder die US-Verfassung noch Senat bzw. Kongress im Zustimmungsverfahren eine innerstaatliche Umsetzung forderten.[783] Demnach werden auch hier die beiden Ebenen, Völkerrecht und innerstaatliches Recht, unterschieden. Mit anderen Worten und übertragen auf den vorliegenden Fall hieße dies, das WTO-Übereinkommen wäre dann nicht unmittelbar anwendbar bzw. in der US-amerikanischen Terminologie „self-executing", wenn diese Eigenschaft schon nach US-Verfassungsrecht oder einem innerstaatlichen Zustimmungs- und Umsetzungsakt ausgeschlossen ist.

### b) *Vorgaben der Bundesverfassung*

Die Bundesverfassung, insbesondere art. VI, enthält keine ausdrückliche Regelung, wann eine staatsvertragliche Bestimmung einer innerstaatlichen Umsetzung bedarf und folglich als „non-self-executing" einzustufen ist. Das Restatement (Third) weist gleichwohl auf den anerkannten Grundsatz hin, dass eine internationale Vereinbarung dann als „non-self-executing" zu betrachten sei, wenn die Verfassung eine innerstaatliche Umsetzung verlange.[784] Konkret soll dies dann der Fall sein, wenn dem Kongress im Regelungsbereich der internationalen Vereinbarung

---

781 Vgl. aus dem deutschen Schrifttum statt vieler *Geiger*, S. 158 (§ 29 I); *Doehring*, S. 294 ff. (§ 13 I, Rdnr. 696 ff.); *Schweitzer*, StR III, S. 141 (§ 4, Rdnr. 418).

782 Vgl. *Bernhardt* (Hrsg.), Encyclopdia of Public International Law, S. 375 („Self-Executing Treaty Provisions": „3. Establishing the Notion via International Law or National Constituitonal Law").

783 Siehe nur das Restatement (Third) Foreign Relations Law, § 111 (4) (1987).

784 Restatement (Third) Foreign Relations Law, § 111 (4) (c) (1987).

innerstaatlich die ausschließliche Gesetzgebungszuständigkeit („exclusive lawmaking power") zustünde[785].

Der Sinn und Zweck dieser impliziten Einschränkung ist offensichtlich: Auch bei der innerstaatlichen Umsetzung internationaler Vereinbarungen soll die verfassungsrechtlich vorgesehene Kompetenzverteilung zwischen Exekutive (Präsident) und Legislative (Kongress) gewahrt bleiben. Zwar kann der Präsident (mit Zustimmung des Senats) durchaus international verbindliche Vereinbarungen in Bereichen abschließen, die innerstaatlich der Rechtsetzung durch den Kongress (U.S. Const. art. I, sec. 8) vorbehalten sind.[786] Würden diese Vereinbarungen über U.S. Const. art. VI, cl. 2 automatisch die innerstaatliche Geltung eines Bundesgesetzes erlangen, dann liefe allerdings die verfassungsrechtlich vorgesehene Kompetenzverteilung bei der innerstaatlichen Rechtsetzung leer. Um dieses Ergebnis zu vermeiden, sind zwei Wege denkbar: Wird der Kongress schon beim Zustandekommen beteiligt, dann kann die internationale Vereinbarung auch den „self-executing"-Status erlangen. Wird hingegen eine internationale Vereinbarung ohne Beteiligung des Kongresses abgeschlossen, dann ist ihr die innerstaatliche Geltung zu versagen; hier bedarf es zur innerstaatlichen Umsetzung der Beteiligung des Kongresses. Dogmatisch begründbar ist diese Alternative auf dem Boden der Rechtsprechung des US Supreme Court in *Reid v. Covert*[787], wonach eine internationale Vereinbarung, die gegen die US-Verfassung verstößt, keinen Eingang in das innerstaatliche Recht finden kann. Es lässt sich deshalb wohl argumentieren, dass über U.S. Const. art. VI, cl. 2 nur solche internationalen Vereinbarungen die Anwendung als „supreme Law of the Land" finden, die auch mit der verfassungsrechtlichen Kompetenzverteilung im Rahmen der innerstaatlichen Rechtsetzung in Einklang stehen.[788]

Im Falle von Bestimmungen zur Regulierung des internationalen Handels liegt die Gesetzgebungszuständigkeit des Kongresses innerstaatlich in der in U.S. Const. art. I, sec. 8 vorgesehenen Kompetenz, Zölle zu erheben und den Außenhandel zu regeln („To lay and collect Duties", „To regulate Commerce with foreign Nations"). Die auswärtigen Angelegenheiten (foreign affairs) legt die Verfassung hingegen in die Hände des Präsidenten[789], so dass insbesondere im Bereich des Außen-

[785] In diesem Sinne Restatement (Third) Foreign Relations Law, § 111, Comment (i) (1987).

[786] Vgl. nur Restatement (Third) Foreign Relations Law, § 303, Comment (c) (1987).

[787] *Reid v. Covert*, 354 U.S. 1, 77 S.Ct. 1222, 1 L.Ed.2d 1148 (1957); so schon vorher *De Geofroy v. Riggs*, 133 U.S. 258, 10 S.Ct. 295, 33 L.Ed. 642 (1890).

[788] In diesem Sinne schon *Turner v. American Baptist Missionary Union*, 5 McLean 344, 24 Fed.Cas.No. 14,251 (C.C. Mich. 1852): „A treaty under the Federal Constitution is declared to be the supreme law of the land; this, unquestionably, applies to all treaties where the treaty-making power, without the aid of Congress, can carry into effect, *but it is not, and cannot be, the supreme law of the land where the concurrence of Congress is necessary to give effect.*" (Hervorhebung d.Verf.).

[789] Grundlegend *U.S. v. Curtiss-Wright Export Corp.*, 299 U.S. 304, 81 L.Ed. 255 (1936).

handels (foreign commerce) eine verfassungsrechtliche Grauzone besteht. Seit der Entscheidung des Court of Appeals (4th Cir.) in *U.S. v. Guy W. Capps, Inc.*[790] lässt sich aber sehr gut vertreten, Handelsabkommen (trade agreements) könnten von Verfassungs wegen nur unter Beteiligung des Kongresses abgeschlossen werden.[791] Die Vertragsabschlusspraxis bestätigt diese Rechtsauffassung: Während in den frühen Jahren ausschließlich der Kongress tätig wurde, entspricht es jedenfalls seit den dreißiger Jahren des 20. Jahrhunderts einer beständigen Übung, den Präsidenten per Kongressgesetz zum Abschluss von Zoll- und Handelsabkommen zu ermächtigen und auch die Umsetzung dem Kongress vorzubehalten.[792]

*c) Vorgaben des Gesetzgebers*

Die verfassungsrechtlich notwendige Beteiligung des Kongresses wurde beim Abschluss des WTO-Übereinkommens durch den Omnibus Trade and Competitiveness Act of 1988[793] sichergestellt. Dieser bestimmte einmal das Mandat des Präsidenten für die Uruguay Runde und legte auch die Leitlinien für das Inkrafttreten der Vereinbarungen fest.

*aa) Omnibus Trade and Competitiveness Act 1988*

Im Omnibus Trade and Competitiveness Act of 1988 wurde dem Präsidenten nur ein Verhandlungsmandat („Trade Agreement Negotiating Authority") erteilt (sec. 1102), die inhaltliche Umsetzung der Ergebnisse der Uruguay Runde („Implementation of Trade Agreements") blieb dem Kongress per Gesetz vorbehalten (sec. 1103).[794] Während die Abschlusskompetenz jedenfalls kraft Delegation dem Präsidenten zustand, lag die „Transformationskompetenz" formal weiterhin beim Kongress. Insoweit lässt sich schon im Wortlaut der Ermächtigung ein Unterschied zur Regelung zum Abschluss des Vorgängerübereinkommens des WTO-Übereinkommens, des GATT 1947, ausmachen.[795]

---

[790] *U.S. v. Guy W. Capps, Inc.*, 204 F.2d 655, 658 (4th Cir. 1954), cert. granted, 346 U.S. 884, 74 S.Ct. 135, 98 L.Ed. 389 (1953), aff'd 348 U.S. 296, 75 S.Ct. 326, 99 L.Ed. 329 (1955): „The power to regulate foreign commerce is vested in Congress, not in the executive or the courts; and the executive may not exercise the power by entering into executive agreements and suing in the courts for damages resulting from breaches of contracts made on the basis of such agreements."

[791] Vgl. *Jackson*, The Jurisprudence of GATT & the WTO, S. 199.

[792] Dazu und insbesondere zu den verfassungsgrechtlichen Grenzen der Delegation von Kompetenzen *Schüler*, in: Grabitz/v. Bogdandy, S. 12 ff., 25 ff.

[793] Aug. 23, 1988, Pub.L.No. 100-418, 102 Stat. 1107 (1988).

[794] Vgl. die Kodifizierung in 19 U.S.C. §§ 2902, 2903.

[795] Vgl. hingegen sec. 1 Trade Agreements Act, June 12, 1934, ch. 474, 48 Stat. 943, in der heute geltenden Fassung siehe 19 U.S.C. § 1351: „A) To *enter* into foreign trade agreements [...]

Zur Kompetenz des Kongresses ist ein bedeutender Punkt anzumerken: Die Besonderheit des angewendeten „fast-track"-Verfahrens lag darin, dass der Kongress dem von der Regierung eingebrachten Gesetzesentwurf innerhalb einer festgelegten Frist entweder die Zustimmung nur insgesamt erteilen oder verweigern konnte; die Möglichkeit inhaltlicher Änderungen wurde ausgeschlossen. Die damit verbundene Einbuße an inhaltlicher Entscheidungsfreiheit wurde durch eine verstärkte Beteiligung (Konsultation) des Kongresses im vorausgehenden Stadium der Verhandlung des Übereinkommens kompensiert (sec. 1103).

### *bb) Uruguay Round Agreements Act 1994*

Die Zustimmung des Kongresses und die innerstaatliche Umsetzung der Ergebnisse der Uruguay Runde erfolgte im Uruguay Round Agreements Act 1994 (URAA)[796]. Der Begriff „non-self-executing" taucht in den allgemeinen Bestimmungen des URAA nicht auf. Dies darf jedoch nicht zur der Annahme verleiten, die Frage sei im URAA nicht adressiert worden.[797] Auf die Verwendung einer bestimmten Begrifflichkeit kann es nicht ankommen. Entscheidend ist vielmehr die Intention des Gesetzgebers, das WTO-Übereinkommen bedürfe der innerstaatlichen Umsetzung. Diese Intention ergibt sich letztlich zweifelsfrei aus den Bestimmungen in sec. 102 URAA in Verbindung mit den Gesetzesmaterialien.

#### *(1) Sec. 102 (a) (1)*

Die Regelung in sec. 102 (a) URAA[798] entspricht nahezu wörtlich derjenigen im NAFTA Implementation Act 1993[799], hat aber ihren eigentlichen Ursprung im Trade Agreements Act 1979[800].[801]

---

(B) To *proclaim* such modifications of existing duties and other import restrictions, [...] *as are required or appropriate to carry out any foreign trade agreement* that the President has entered into hereunder." Zu Geschichte und Auslegung dieser Bestimmung ausführlich *Jackson*, The Jurisprudence of GATT & the WTO, S. 226 ff. (Nachdruck des Aufsatzes „The General Agreement on Tariffs and Trade in United States Domestic Law", 66 Mich.L.Rev. 249 ff. (1967).

796 Dec. 8, 1994, Pub.L.No. 103-465, 108 Stat. 4809 (1994), 19 U.S.C. §§ 3501 ff.; nachfolgend wird die gängige Abkürzung „URAA" verwendet.

797 Missverständlich *Baab*, S. 162, 164.

798 Dec. 8, 1994, Pub.L.No. 103-465, 108 Stat. 4815 (1994), Title I, § 102, 19 U.S.C. § 3512.

799 Dec. 8, 1993, Pub.L.No. 103-182, 107 Stat. 2062 (1993), Title I, § 102, 19 U.S.C. § 3312.

800 July 26, 1979, Pub.L.No. 96-39, 93 Stat. 144 (1974), § 3 (a), 19 U.S.C. § 2504 (a). Siehe auch die nahezu inhaltsgleiche Regelung im US-Canada Free Trade Agreement Implementation Act, Jan. 25, 1988, Pub.L.No. 100-449, 102 Stat. 1851 (1988), § 102. Zu den einzelnen Regelungen *Brand*, 17 Nw.J.Int'l L.&Bus. 556, 570 f. (1996-97); *Schaefer*, 17 Nw.J.Int'l L.&Bus. 609, 631 ff. (1996-97).

801 H.R.Rep. No. 826, 103rd Cong. 1st Sess. 25 (1994).

Sec. 102 (a) (1) URAA hat folgenden Wortlaut:

„United States law to prevail in conflict

No provision of any of the Uruguay Round *Agreements*, nor the application of any such provision to any person or circumstance, that is inconsistent with any law of the United States shall have effect."[802]

Bei vordergründiger Betrachtung des Wortlautes könnte man meinen, es handele sich ausschließlich um eine Rangkollisionsregel: In Abweichung zur sonst einschlägigen *lex posterior*-Regel („later-in-time rule") soll keine Bestimmung des WTO-Übereinkommens Wirkung entfalten, soweit diese mit dem innerstaatlichen Recht unvereinbar ist. Betrachtet man die Formulierung genauer, so fällt jedoch der Unterschied zwischen der Bestimmung selbst („*No provision* of the Urugay Round Agreements [...] *shall have effect*") und der Überschrift („United States law to prevail in conflict") auf. Die weitergehende Formulierung könnte auf eine weitergehende Bedeutung hinweisen: Mit der Bestimmung könnte bezweckt sein, schon jegliche innerstaatliche Wirkung (Geltung) des WTO-Übereinkommens zu beschränken; die Beschränkung würde dem Wortlaut nach jedenfalls insoweit gelten, als Bestimmungen des WTO-Rechts und des innerstaatlichen Rechts nicht vereinbar sind.

Soweit Zweifel bestehen, wird ein US-Gericht bei der Auslegung und Anwendung der Bestimmungen im URAA neben der Gesetzesbegründung im „House Report" bzw. „Senate Report" auch die erklärte Rechtsauffassung der US-Regierung im „Statement of Administrative Action" (SAA)[803] vom 27.09.1994 als maßgeblichen Kontext beiziehen. Dies nicht nur, weil die Regierung den Gesetzesentwurf in den Kongress eingebracht hat und damit als „Sponsor" aufgetreten ist, sondern auch, weil es sich beim SAA ganz ausdrücklich um die offizielle Rechtsauffassung zu Fragen der Auslegung und Anwendung des WTO-Übereinkommens und des zur Umsetzung ergangenen URAA, wie sie sich in einem gerichtlichen Verfahren stellen können, handelt. Der rechtliche Bedeutungsgehalt des SAA ist in diesem selbst[804] hervorgehoben und vom Kongress nochmals in sec. 102 (d) URAA gesetzlich festgeschrieben worden.[805] Die US-Gerichte anerkennen diese Bedeutung

802 Für das Verhältnis zum einzelstaatlichen Recht („State Law") siehe § 3512 (b).

803 Sep. 27, 1994, abgedruckt in: 1994 USCCAN 4040 ff. Häufig ist die Erklärung auch unter der Kurzform „SAA" zu finden.

804 1994 USCCAN 4040: „[T]his statement represents an authoritative expression by the Administration concerning its views regarding the interpretation and application of the Uruguay Round agreements, both for purposes of U.S. international obligations and domestic law."

805 19 U.S.C. § 3512 (d): „The statement of administrative action approved by the Congress under section 3511(a) of this title shall be regarded as an authoritative expression by the United States concerning the interpretation and application of the Uruguay Round Agreements and this Act in any judicial proceeding in which a question arises concerning such interpretation or application." Siehe auch die Gesetzesbegründung, H.R.Rep. No. 826, 103rd Cong. 1st Sess. 22 (1994).

und ziehen das SAA in der Konsequenz maßgeblich zur Auslegung des URAA heran.[806]

Das SAA lässt im Ergebnis keine Zweifel aufkommen, welche Funktion der Regelung in sec. 102 (a) zukommen soll: Änderungen im innerstaatlichen Recht sollen erst auf ein entsprechendes, vom Kongress zu verabschiedendes Gesetz und nicht schon aufgrund des WTO-Übereinkommens selbst erfolgen; einen Automatismus soll es nicht geben:

> „[T]he section reflects the Congressional view that necessary changes in federal statutes should be specifically enacted rather than provided for in a blanket preemption of federal statutes by those agreements."[807]

Nach Auffassung der Regierung wollte der Kongress mit der Regelung in sec. 102 (a) unverkennbar Herr des Verfahrens bleiben, indem er sich bei notwendig werdenden Änderungen im innerstaatlichen Recht die Mitsprache sicherte. Aus dieser Zwecksetzung erschließt sich, dass die Bestimmung mehr als eine Rangkollisionsregel ist. Wenn das WTO-Übereinkommen nach Ansicht des Kongresses der innerstaatlichen Umsetzung bedarf, dann kann es wohl kaum als „self-executing" angesehen werden.

Diese Rechtsauffassung des Kongresses spiegelt sich im Bericht des zuständigen Committee on Ways and Means wider; zu sec. 102 (a) URAA merkt dieser an:

> „This treatment is also consistent with the Congressional view that the necessary changes in Federal statutes should be specifically enacted not preempted by international agreements. [...] the *Uruguay Round agreements* as approved by the Congress, or any subsequent amendments to those agreements, *are not self-executing*, [...]."[808]

Ebenso unmissverständlich ist schließlich auch die Äußerung des Senates:

> "The WTO Agreement and other Uruguay Round agreements [...] are *not self-executing* and thus their legal effect in the United States is governed by implementing legislation."[809] (Hervorhebung d. Verf.)

Die Erklärungen des Kongresses sind also deutlich. Das WTO-Übereinkommen soll innerstaatlich nicht „self-executing" sein. Notwendig werdende Anpassungen im Bundesrecht sollen durch ein Kongressgesetz vorgenommen werden. Der Richter muss demnach so lange warten, bis eine entsprechende Um-

---

[806] Siehe *SKF USA, Inc. v. U.S.*, 263 F.3d 1369, 1373 (Fed.Cir. 2001): „The SAA, of course, is more than mere legislative history."; ebenso *Micron Technology, Inc. v. U.S.*, 243 F.3d 1301 (Fed.Cir. 2001); *Koenig & Bauer-Albert AG v. U.S.*, 259 F.3d 1341, 1345 (Fed.Cir. 2001): „The *Statement of Administrative Action* [...] is instructive on this issue".

[807] SAA, 1994 USCCAN 4050.

[808] H.R.Rep. No. 826, 103rd Cong. 1st Sess. 25 (1994).

[809] S.Rep. No. 103-412, 13 (1994); H.R.Rep. No. 826, 103rd Cong. 1st Sess. 25 (1994).

setzung erfolgt ist; er darf dem WTO-Übereinkommen nicht aus eigener Herrlichkeit heraus innerstaatlich Wirkung verschaffen und das innerstaatliche Recht entsprechend anpassen.

*(2) Sec. 102 (c)*

Die Möglichkeit für Privatpersonen, sich vor einem US-Gericht auf die Regelungen des WTO-Übereinkommens zu berufen oder inkompatibles innerstaatliches Recht wegen dessen WTO-Widrigkeit anzugreifen, ist in sec. 102 (c) URAA gesetzlich ausgeschlossen worden. Die Regelung hat folgenden Wortlaut:

„*No person* other than the United States --

(A) *shall have any* cause of action or *defense under any of the Uruguay Round Agreements* or by virtue of congressional approval of such an agreement, or

(B) *may challenge*, in any action brought under any provision of law, any action or inaction by any department, agency, or other instrumentality of the United States, any State, or any political subdivision of a State *on the ground that such action or inaction is inconsistent with such agreement.*"[810] (Hervorhebung d. Verf.)

Privatpersonen können also weder ein Klagerecht (cause of action) noch eine Einwendung (defense) aus dem WTO-Übereinkommen herleiten, noch sich eigenständig vor einem US-Gericht auf die Unvereinbarkeit des innerstaatlichen Rechts mit dem WTO-Übereinkommen berufen (action to challenge).[811] Damit ist einem ausländischen Beklagten in einem Verfahren vor einem US-Gericht die Einwendung der GATT-Widrigkeit des Antidumping Act 1916 verschlossen.

Obwohl im praktischen Ergebnis ohne Bedeutung, so ist es dennoch von einem gewissen rechtsdogmatischen Interesse, wie diese Bestimmung einzuordnen ist. Denn merkwürdig erscheint, dass der Ausschluss nicht für alle Personen gleichermaßen gilt: Immerhin kann die Bundesregierung im Namen der USA die Unvereinbarkeit des einzelstaatlichen Rechts mit dem WTO-Übereinkommen oder dem

---

[810] 19 U.S.C. § 3512 (c) (1).

[811] Der Ausschluss soll sich auch auf Einwendungen gegenüber Klagen auf der Grundlage des einzelstaatlichen Rechts richten. Siehe dazu 19 U.S.C. § 3512 (c) (2): "Intent of Congress. It is the *intention of the Congress* through paragraph (1) to occupy the field with respect to any cause of action or defense under or in connection with any of the Uruguay Round Agreements, including by *precluding any person* other than the United States from bringing any action against any State or political subdivision thereof or *raising any defense to the application of State law* under or in connection with any of the Uruguay Round Agreements-- (A) on the basis of a judgment obtained by the United States in an action brought under any such agreement; or (B) on any other basis." (Hervorhebung d. Verf.).

URAA vor einem Bundesgericht geltend machen.[812] Kann sich aber zumindest ein Kläger - sei es auch nur der Bund als juristische Person - auf das Übereinkommen vor einem Gericht berufen, dann wäre das WTO-Übereinkommen doch nicht ganz ohne eine innerstaatliche „Wirkung". Dogmatisch sind zwei Möglichkeiten der Einordnung denkbar: Entweder es handelt sich hier nur um eine verfahrensrechtliche Einschränkung der Klagebefugnis („standing")[813] - diese Frage ist jedoch streng genommen keine der unmittelbaren Anwendbarkeit[814]- oder doch um eine teilweise (personelle) Einschränkung der „direct applicability"[815].

Es ist nicht ganz klar, inwieweit eine derartige Differenzierung vorgenommen werden kann, zumal in den USA selten streng dogmatisch argumentiert wird.[816] Regelmäßig wird mit der Begründung eines privaten Klagerechts (private cause of action) pauschal auch die „self-executing"-Eigenschaft einer Bestimmung verbunden. Die Rechtsprechung betrachtet eine Bestimmung als „self-executing", wenn sich der jeweiligen Bestimmung eine entsprechende Intention des Kongresses entnehmen lässt.[817] Wenn also umgekehrt eine Privatperson nicht klagen kann, sei es auch nur, weil die Berufung auf ein potentiell bestehendes Recht (eine Einwendung oder die Unvereinbarkeit des innerstaatlichen Rechts mit der internationalen Vereinbarung) vor einem US-Gericht ausgeschlossen ist, dann spricht dies gegen die Intention des Gesetzgebers, der Bestimmung die „self-executing"-Eigenschaft zu verleihen.[818]

Die Gesetzesmaterialien tragen wenig zur Klärung bei. Die Zielrichtung ist gleichwohl klar. Nach Ansicht der Regierung im SAA wurde mit sec. 102 (c) URAA der vollständige Ausschluss jeglicher Klagen oder Einwendungen auf der Grundlage des WTO-Übereinkommens verfolgt. Eine private Beklagtenpartei soll sich vor

---

812 Vgl. dazu *Wilson*, 6 Minn.J.Global Trade 401, 409 (1997); *Johnson*, 22 Mich.J.Int'l L. 735, 743 (2001).

813 Vgl. *Lester*, 35 J.W.T. 521 (2001): „Under US law, private actors do not have standing to bring claims under the Marakesh Agreement Establishing the World Trade Organization (the WTO Agreement) or the agreements in its annexes in US Courts."

814 Insbesondere *Jackson*, The Jurisprudence of GATT & the WTO, S. 301 ff., weist auf den Unterschied zwischen "direct application" und „invocability" hin und erläutert letzteres auf S. 313 (Fn. 66): „concept of creating a 'right of action' or a 'cause of action' or the concept of 'standing'".

815 In diese Richtung *Trachtmann*, der aus der Regelung in sec. 102 (c) eine beschränkte unmittelbare Anwendbarkeit („limited self-executing effect") ableitet, nämlich insoweit als die Regierung klagen kann, vgl. den Redebeitrag in: Symposium, 19 N.Y.L.Sch.J.Int'l & Comp.L. 347, 354 (2000).

816 Vgl. *Jackson*, The Jurisprudence of GATT & the WTO, S. 303.

817 So auch *Yoo*, 99 Colum.L.Rev. 1955, 1975 (1999).

818 Vgl. *Yoo*, a.a.O.

einem US-Gericht nicht, auch nicht zur Verteidigung, auf die Unvereinbarkeit des innerstaatlichen Rechts mit dem WTO-Übereinkommen berufen können.[819]

Auch nach Ansicht des Kongresses ist es allein Sache der Bundesregierung, die Umsetzung des WTO-Übereinkommens innerstaatlich zu sichern.

„As in the case with other international trade agreements, a private party does not have the right to sue [...] a private party (or raise a defense against such a party in a suit) on grounds of consistency or inconsistency with the Uruguay Round agreements. [...I]t is the responsibility of the Federal Government, and not private citizens, to ensure that Federal or State laws are consistent with U.S. obligations under international agreements such as the Uruguay Round Agreements."[820]

Da der Gesetzgeber die Frage abschließend regeln wollte[821], verbleibt den Gerichten kein Spielraum für eine Auslegung.

*cc) Praxis der Gerichte*

Soweit ersichtlich, haben sich die US-Gerichte mit der Frage, inwieweit das WTO-Recht „self-executing" ist, bisher wenig auseinandergesetzt.[822] Die richterliche Zurückhaltung ist kaum überraschend, sondern entspricht einer gewissen Tradition. Schon unter dem GATT 1947 vermieden die US-Gerichte eine Auseinandersetzung.[823] Trotz der nun scheinbar klareren Rechtsgrundlage legen sich die Gericht ungern fest, zumal, wenn der Frage keine entscheidungserhebliche Bedeutung beizumessen ist.

Einige Entscheidungen haben sich so direkt auf die Bestimmungen in sec. 102 (c) und (a) URAA berufen, ohne die Frage der „self-execution" auch nur ansatzweise zu problematisieren.[824] Beispielsweise bestätigte der Court of Appeals (9th Cir.) in *Bronco Wine Co. v. Bureau of Alcohol, Tobacco and Firearms*[825] die Entscheidung

---

[819] 1994 USCCAN 4054 f.

[820] H.R.Rep. No. 826, 103rd Cong. 1st Sess. 26 (1994).

[821] Siehe auch 19 U.S.C. § 3512 (c) (2).

[822] Am ehesten sind hier noch die Entscheidungen des Court of International Trade in *Luigi Bormioli Corp., Inc. v. U.S.*, 118 F.Supp.2d 1345, 1350 (C.I.T. 2000): „GATT determinations, *while lacking the enforceability of domestic law*, should nevertheless not be ignored." (Hervorhebung d. Verf.); und *Hyundai Electronics Co., Ltd. v. U.S.*, 53 F.Supp.2d 1334, 1343 (C.I.T. 1999), zu nennen.

[823] Vgl. *Brand*, 17 Nw.J.Int'l L.&Bus. 556, 563 f. (1996-97).

[824] Von den insgesamt 46 in Westlaw zu 19 U.S.C. § 3512 gelisteteten Entscheidungen zitiert allerdings die überwiegende Mehrzahl (38) bei der Auslegung von anderweitigen Bestimmungen im URAA nur die Vorschrift zur Bedeutung des „Statement of Administrative Action" (SAA) in sec. 102 (d), 19 U.S.C. § 3512 (d) (Stand: 09.08.2002).

[825] *Bronco Wine Co. v. Bureau of Alcohol, Tobacco and Firearms*, 168 F.3d 498 (9th Cir. 1999) (unpublished opinion), cert. denied, 528 U.S. 950, 120 S.Ct. 371, 145 L.Ed.2d 290 (1999).

der Vorinstanz, nach der sec. 102 (c) URAA keiner Privatperson ein Klagerecht zuweise, um eine Bestimmung des URAA durchzusetzen.[826] Ähnlich hatte zuvor auch schon der Court of International Trade in zwei Fällen entschieden.[827] Nach dessen Ansicht hindere (schon) diese Vorschrift eine Privatperson, sich auf die Unvereinbarkeit eines innerstaatlichen Rechtsaktes mit einem WTO-Übereinkommen zu berufen; interessanterweise begründete das Gericht seine Entscheidung in einem Fall damit, einer anderen Person als den USA fehle das „standing"[828].

Die 1995 ergangene Entscheidung des Court of Appeals (Fed.Cir.) in *Federal Mogul Corp. v. U.S.*[829] wendete sich der Bestimmung in sec. 102 (a) URAA zu und ist trotz ihrer knappen Aussage aufgrund des Zuspruchs in nachfolgenden Entscheidungen erwähnenswert. Das Gericht hatte sich in seiner Entscheidung u.a. mit dem Einwand der beklagten Behörde befasst, die klägerische Interpretation des innerstaatlichen Rechts stehe im Konflikt mit den Bestimmungen des GATT. Das Gericht widersprach diesem Einwand: Das GATT stünde der klägerischen Argumentation gerade nicht entgegen. Denn, so führte das Gericht aus, obwohl die Ergebnisse der Uruguay Runde mittels des URAA in das US-amerikanische Recht inkorporiert worden seien, gelte weiterhin, dass im Falle eines Konfliktes zwischen einer Verpflichtung aus dem GATT und einem US-Gesetz letzteres den Vorrang erhalte:

> „It remains true, however, that in the event of a conflict between a GATT obligation and a statute, the statute must prevail."[830]

Dabei verwies das Gericht auf die Bestimmung in sec. 102 URAA, dessen Vorgängerregelung im Trade Agreements Act 1979[831] sowie die hierzu ergangene Entscheidung in *Suramerica de Aleaciones Laminadas, C.A. v. U.S.*[832]. In dieser Entscheidung hat das Gericht mit Blick auf die nahezu inhaltsgleiche Bestimmung im Trade

---

[826] *Bronco Wine Co. v. U.S.Dept. of Treasury*, 997 F.Supp. 1318, 1319 (E.D.Cal. 1997): „However, in the case at hand, the law which Bronco points to, the Uruguay Round Agreements Act, clearly and unambiguously states that there may be no action by a private party, brought under any law, to enforce its provisions."

[827] *Fieldston Clothes, Inc. v. U.S.*, 903 F.Supp. 72, 76 (C.I.T. 1995); *Cook v. U.S. Senate*, 20 C.I.T. 217, 220, 1996 WL 61641 (C.I.T. 1996).

[828] *Cook v. U.S. Senate*, 20 C.I.T. 217, 220, 1996 WL 61641 (C.I.T. 1996): „Plaintiff further *lacks standing*, pursuant to the Uruguay Round Agreements Act's own provisions, to challenge the Act's supposed conflict with the Hopewell Treaty. The terms of the Act unmistakably limit private remedies solely to those brought by the United States. Subsection 3512(c)(1), title 19, United States Code provides [...]." (Hervorhebung d. Verf.).

[829] *Federal Mogul Corp. v. U.S.*, 63 F.3d 1572 (Fed.Cir. 1995).

[830] 63 F.3d 1572, 1581.

[831] 19 U.S.C. § 2504 (a).

[832] *Suramerica de Aleaciones Laminadas, C.A. v. U.S.*, 966 F.2d 660 (Fed.Cir. 1992).

Agreements Act 1979 (19 U.S.C. § 2504 (a)) bereits im Jahre 1992 entschieden, dass das GATT das innerstaatliche Recht nicht verdränge:

„[...E]ven if we were convinced that Commerce's interpretation conflicts with the GATT, which we are not, the GATT is not controlling. While we acknowledge Congress's interest in complying with U.S. responsibilities under the GATT, we are bound not by what we think Congress should or perhaps wanted to do, but by what Congress in fact did. *The GATT does not trump domestic legislation*; if the statutory provisions at issue here are inconsistent with the GATT, it is a matter for Congress and not this court to decide and remedy."[833] (Hervorhebung d. Verf.)

Die Entscheidung in *Federal Mogul* steht damit für die These, dass sich aus Sicht der US-amerikanischen Gerichte an der Einordnung des GATT in das innerstaatliche Rechtssystem auch mit dem Abschluss des WTO-Übereinkommens und dessen innerstaatlicher Umsetzung im URAA nichts geändert hat.

Das Diktum wurde in zahlreichen anderen Entscheidungen aufgegriffen, jedoch auch in diesen nicht weiterentwickelt.[834] Dies gilt in vergleichbarer Weise auch für Entscheidungen im Kontext des Antidumping Act 1916. So nahm der Court of Appeals (6th Cir.) in *Wheeling-Pittsburgh Steel Corp. v. Mitsui & Co., Inc.*[835] zwar von den zwei einschlägigen WTO-Panelentscheidungen Notiz, bestätigte aber im selben Atemzug und ohne weitere Begründung die Rechtsauffassung des Court of Appeals (Fed.Cir.) in der *Suramerica*-Entscheidung, wonach das GATT innerstaatliche Gesetze nicht verdränge.[836] Auch das Gericht im hier betrachteten Verfahren war sich durchaus der Feststellungen in den WTO-Panelentscheidungen bewusst, hielt es dahingegen aber noch nicht einmal für erforderlich, auf das Verhältnis des Antidumping Act 1916 zum WTO-Recht einzugehen[837]; offenbar schien dem Gericht die Rechtslage völlig klar und eindeutig.

Im Ergebnis hat also bisher nicht ein einziges US-Bundesgericht dem WTO-Recht den Status als innerstaatlich geltendes und damit von Verfassungs wegen anzuwendendes Recht zugesprochen. Im Gegenteil, die wenigen Gerichte, die diese Frage überhaupt problematisierten, entschieden sich im Einklang mit der Rechtsauffassung der Exekutive und der Legislative dafür, dem WTO-Übereinkommen diese Wirkung zu versagen.

---

833 966 F.2d 660, 667 f. (Fed.Cir. 1992).

834 Die Entscheidung wird u.a. zitiert von *Fujitsu General America, Inc. v. U.S.*, 110 F.Supp.2d 1061, 1083 (C.I.T. 2001); *Glaxo Welcome, Inc. v. U.S.*, 126 F.Supp.2d 581, 594 (C.I.T. 2000); *Hyundai Electronics Co., Ltd. v. U.S.*, 53 F.Supp.2d 1334, 1343 f. (C.I.T. 1999).

835 *Wheeling-Pittsburgh Steel Corp. v. Mitsui & Co.*, 221 F.3d 924 (6th Cir. 2000).

836 221 F.3d 924, 928 (6th Cir. 2000): „[...] GATT 'does not trump domestic legislation,'[...]".

837 Vgl. die Begründung von Melloy, J. in *Goss Graphic Systems, Inc., v. MAN Roland Druckmaschinen Aktiengesellschaft*, et al., 139 F.Supp.2d 1040, 1050 f. (N.D. Iowa 2001).

*dd) Stellungnahmen im Schrifttum*

Im praktischen Ergebnis besteht auch im US-amerikanischen Schrifttum nahezu Einmütigkeit: Das WTO-Übereinkommen ist nicht unmittelbar anwendbar („self-executing").[838] Lediglich in der Begründung des Ergebnisses, sofern überhaupt vorhanden, divergieren die Aufassungen. Bisweilen wird mehr oder weniger undifferenziert auf den Wortlaut von sec. 102 URAA abgestellt.[839] Im Übrigen hält ein Teil der Autoren die Rechtsauffassung der Regierung im SAA für aussagekräftig[840], während ein anderer sich eher auf die Stellungnahmen des Kongresses stützt[841]. Letzlich wird aus allen Quellen, Gesetzestext wie Kontext, der eindeutige Wille des Gesetzgebers entnommen, den internationalen Verpflichtungen nur in Gestalt des umsetzenden URAA innerstaatliche Wirkung zu verschaffen. Zur Bekräftigung wird schließlich auch darauf verwiesen, dass der Ausschluss der „self-executing"-Eigenschaft von Handelsabkommen einer gefestigten Praxis entpreche.[842]

## II. Nichtanwendung infolge Bindungswirkung der WTO-Panelentscheidungen?

Nachdem das WTO-Übereinkommen nach dem Vorgesagten in den USA nicht als „self-executing" anzusehen ist, erscheint es höchst fraglich, inwieweit ein US-

---

838 A.A. wohl nur *Trachtmann*, der aus der Regelung in sec. 102 (c) eine beschränkte unmittelbare Anwendbarkeit („limited self-executing effect") ableitet, nämlich insoweit als die USA klagen kann, vgl. den Redebeitrag in: Symposium, 19 N.Y.L.Sch.J.Int'l & Comp.L. 347, 354 (2000).

839 Vgl. *Brand*, 17 Nw.J.Int'l L.&Bus. 556, 570 f. (1996-97); *Schaefer*, 17 Nw.J.Int'l L.&Bus. 609, 631 ff. (1996-97); *Leebron*, in: Jackson/Sykes, S. 212 (Fn. 137), dem aber insbesondere der breitere Wortlaut von sec. 102 (c) im Vergleich zum Trade Agreements Act 1979 nicht recht eingeht: „[...] although it is unclear whether the effect was any different since under both Acts the agreements were non-self-executing."; *Petersmann*, 17 Nw.J.Int'l L.&Bus. 398, 416 f. (1996-97), der sich dessen wohl ebenso nicht ganz sicher scheint, wenn er meint: „The Uruguay Round Agreements are thus *unlikely* to be directly applied by U.S. courts in any proceeding other than a proceeding brought by the U.S. government [...]." (Hervorhebung d. Verf.). Wenn sich US-Autoren vertiefter mit dem Wortlaut der Regelung in sec. 102 URAA auseinandersetzen, dann geschieht dies häufig zur Klärung der Frage, inwieweit sich das WTO-Übereinkommen bzw. der URAA auf das einzelstaatliche Recht auswirkt, vgl. dazu nur die Beiträge von *Johnson*, 22 Mich.J.Int'l L. 735 ff. (2001); *Wilson*, 6 Minn.J.Global Trade 401 ff. (1997).

840 Vgl. *Leebron*, in: Jackson/Sykes, S. 212. Ähnlich *Aceves*, Fordham Int'l L.J. 427, 442, 463 (1995), der sich auf eine entsprechende Erklärung Präsident Clintons bei der Einbringung des Gesetzes in den US-Kongress (58 Fed.Reg. 67263-67267 (1993)) bezieht.

841 Vgl. *Johnson*, 22 Mich.J.Int'l L. 735, 743 (2001); *Fragola/Lencki*, 11 St.John's Legal Comment. 523, 539 (Fn. 120) (1996).

842 Vgl. nur *Leebron*, in: Jackson/Sykes, S. 213; *Schaefer*, 17 Nw.J.Int'l L.&Bus. 609, 631 (1996-97).

Gericht der Empfehlung des WTO-Panels bindende Wirkung beimessen wird. Hier ist deshalb zu klären, ob WTO-Panelentscheidungen die US-Bundesgerichte gleichwohl binden können.

## 1. Die grundsätzliche Berücksichtigung von Entscheidungen internationaler Spruchkörper

Es gehört seit längerem zum Rechtsanwendungskanon US-amerikanischer Gerichte einschließlich des US Supreme Court, Entscheidungen solcher internationaler Tribunale zu berücksichtigen, die mit der Auslegung eines Staatsvertrages betraut sind.[843] Eine bindende Wirkung wurde einer Entscheidung eines internationalen Spruchkörpers allerdings noch nicht zugesprochen; undenkbar ist dies jedoch nicht.

Klar zu sein scheint indes, dass einer WTO-Panelentscheidung nicht der Rechtsstatus eines bindenden Präjudizes im Sinne der „stare decisis"-Doktrin („doctrine of precedents")[844] zugesprochen wird. Denn dafür müsste es sich bei den internationalen Spruchkörpern *de jure* um ranghöhere Gerichte handeln, deren Entscheidungen damit auch innerhalb einer US-amerikanischen Jurisdiktion bindende Wirkung entfalten würden. Dieser Ansatz wird, soweit ersichtlich, nirgends vertreten. Damit bliebe nur noch, WTO-Panelentscheidungen als völkerrechtlich verbindliche Feststellungen einer völkerrechtlichen Verpflichtung der USA anzusehen, die als solche „self-executing" und damit von den Gerichten unmittelbar anzuwenden sein könnten.[845]

---

843 Vgl. nur das Diktum des US Supreme Court in *Breard v. Greene*, 523 U.S. 371, 375, 118 S.Ct. 1352, 140 L.Ed.2d 529 (1998): „[...] we should give respectful consideration to the interpretation of an international treaty rendered by an international court with jurisdiction to interpret such [...]." (im Fall: Auslegung der Wiener Übereinkommens über konsularische Beziehungen vom 24.04.1963 durch den IGH).

844 Vgl. dazu nur *Blumenwitz*, Einführung, S. 26 ff. Die auch im US-amerikanischen Recht anerkannte Doktrin beruht auf dem Grundsatz, jedes Gericht sei im Rahmen eines souveränen Jurisdiktionsbereichs an die einschlägigen Präjudizien gebunden. Um einen Präjudiz („precedent") handelt es sich, wenn die entschiedene Rechtsfrage für eine Entscheidung in einem nachfolgenden Fall maßgeblich ist. Damit einer Vorentscheidung auch eine bindende Wirkung zukommt („binding precedent"), muss diese nach traditionell englischer Doktrin eine Äußerung zur einer Rechtsfrage enthalten („proposition of law"), die ihrerseits einen Teil der tragenden Gründe der Entscheidung darstellt („forms part of the *ratio decidendi* of the case"), des Weiteren von einem Gericht stammen, dessen Entscheidungen das nachfolgende Gericht binden können („decided in a court whose decisions are binding"), und letztlich weder in tatsächlicher noch rechtlicher Hinsicht unterscheidbar („distinguishable") sein.

845 Von der innerstaatlichen ist die rechtliche Bedeutung auf der völkerrechtlichen Ebene (im WTO-Recht) zu unterscheiden, vgl. zur „legal meaning of a GATT dispute settlement report" nur *Jackson*, The Jurisprudence of GATT & the WTO, S. 118 ff.; und die „Trilogie" von *Bhala*, 14

## 2. Der Ausschluss der Bindungswirkung von WTO-Panelentscheidungen

Wie im Rahmen der Bestimmungen im WTO-Übereinkommen selbst, so scheint auch hier die innerstaatliche Rechtslage klar gegen jegliche direkte innerstaatliche Wirkung von WTO-Panelentscheidungen zu sprechen.

### a) *Maßgeblichkeit der Vorgaben des innerstaatlichen Rechts*

Auch bei der Bindung eines innerstaatlichen Gerichtes an eine WTO-Panelentscheidung sind die zwei schon bekannten Problemkreise auseinander zu halten: Zunächst einmal müsste natürlich auch eine vom DSB angenommene Entscheidung eines WTO-Panels inhaltlich unbedingt und hinreichend bestimmt genug sein, um innerstaatliche Wirkungen zu entfalten; hierbei handelt es sich um eine Frage der Auslegung des Völkerrechts.[846] Davon zu unterscheiden ist die Frage, inwieweit das innerstaatliche Recht eine Geltung der Entscheidungen zulässt. Die Zweiteilung folgt wiederum der dualistischen Betrachtungsweise; hier gilt deshalb im Wesentlichen das schon zuvor Gesagte.

### b) *Vorgaben des Gesetzgebers*

Entscheidend sind auch in diesem Zusammenhang die Vorgaben des Gesetzgebers im Uruguay Round Agreements Act 1994.

#### aa) *Uruguay Round Agreements Act 1994*

Im URAA wurde die Frage der Bindungswirkung von WTO-Panelentscheidungen stellenweise ausdrücklich adressiert; im Übrigen erschließt sich die Intention des Gesetzgebers aus dem Zusammenhang der Vorschriften und den erläuternden Gesetzesmaterialien.

---

Am.U.Int'l L.Rev. 845 ff. (1999); 9 J.Transnat'l L. & Pol'y 1 ff. (1999); 33 Geo.Wash.Int'l L.Rev. 873 ff. (2001).

[846] Ein weiteres Problem auf der völkerrechtlichen Ebene ist, inwieweit Panelentscheidungen eine bindende Wirkung *inter partes* zukommt; allerdings erscheint dieses heute nur noch in abgeschwächter Form, weil mit der „Verrechtlichung" des Streitschlichtungsverfahrens im Allgemeinen und dem veränderten Annahmeverfahren von Panelentscheidungen unter DSU sich die Argumentationsstrukturen unter dem alten GATT-Streitschlichtungssystem kaum mehr aufrechterhalten lassen; vgl. zu einer umfassenden neueren Diskussion aus US-amerikanischer Sicht *Bhala*, 14 Am.U.Int'l L.Rev. 845 ff. (1999); 9 J.Transnat'l L. & Pol'y 1 ff. (1999); 33 Geo.Wash.Int'l L.Rev. 873 ff. (2001).

*(1) Sec. 102 (a) (1)*

Zunächst ist wiederum vom erklärten Wortlaut der Bestimmung in sec. 102 (a) auszugehen (gerade weil dies selten geschieht):

„(1) United States law to prevail in conflict

No provision of any of the Uruguay Round Agreements, nor the *application of any such provision* to any person or circumstance, that is inconsistent with any law of the United States shall have effect." (Hervorhebung d. Verf.)

Ob mit „application of any such provision" die Anwendung des WTO-Übereinkommens durch ein WTO-Panel oder durch ein nationales Gericht gemeint ist, ist nicht ganz eindeutig.

Die Anmerkung des Committee on Ways and Means zu sec. 102 (a) ist nicht wesentlich instruktiver, wenngleich sie die Auffassung des Kongresses widerzuspiegeln scheint, dass auch WTO-Panelentscheidungen nicht „self-executing" sind, weil deren Umsetzung dem Kongress und nicht den Gerichten obliegen soll:

„Since the Uruguay Round agreements as approved by the Congress, or any subsequent amendments to those agreements, are not self-executing, *any dispute settlement findings* that a U.S. statute is inconsistent with an agreement also *cannot be implemented except by legislation approved by the Congress* [...]."[847] (Hervorhebung d. Verf.)

*(2) Sec. 102 (b) (2) (B) (i)*

Die Intention des Gesetzgebers manifestiert sich deutlicher im Wortlaut von sec. 102 (b) (2) (B) (i) URAA; die Bestimmung lautet wie folgt:

„[...A] report of a dispute settlement panel or the Appellate Body convened under the Dispute Settlement Understanding regarding the *State* law, or the law of any political subdivision thereof, shall *not be considered as binding or otherwise accorded deference*; [...]." (Hervorhebung d. Verf.)

WTO-Panelentscheidungen zur Vereinbarkeit *einzel*staatlichen (!) Rechts mit dem WTO-Übereinkommen, die unter dem DSU zustande gekommen sind, sind nicht als bindend zu betrachten oder in sonstiger Weise zu berücksichtigen.

Das SAA führt zum Regelungszweck aus:

„Although a court could take judicial notice of the panel or Appellate Body report and consider the views as of the panel if the court considered them to be persuasive, section 102 (b) (2) (B) makes clear that panel reports are not be considered binding or otherwise accorded deference."[848]

[847] H.R.Rep. No. 826, 103rd Cong. 1st Sess. 25 (1994).

[848] 1994 USCCAN 4054.

Man könnte sich nun fragen, warum eine solche Regelung ausdrücklich (nur) für Verfahren aufgenommen wurde, bei denen es um die Unvereinbarkeit des einzelstaatlichen Rechts mit dem WTO-Recht geht. Die Antwort erschließt sich aus dem Kontext. Nach Auffassung des Gesetzgebers kann es nur in diesen Verfahren praktisch einmal darauf ankommen, weil sie die einzigen Verfahren sind, die von der allein klageberechtigten Bundesregierung angestoßen werden können (sec. 102 (b) (2) (A) URAA) und dies auch nur dann („last resort"), wenn der Konflikt nicht schon im Konsultationsverfahren zwischen Bund und Einzelstaat (sec. 102 (b) (1) URAA) zu lösen ist. Der Gesetzgeber erachtete nur für diesen (unwahrscheinlichen) Fall eine Regelung überhaupt für erforderlich; sie ist gleichwohl nur deklaratorischer Natur.

Der Bericht des Committee on Ways and Means bestätigt diese Einschätzung, wenn zur Erläuterung der Bestimmung u.a. angemerkt wird:

> „However, the agreements do not automatically preempt or invalidate State laws that do not conform to agreements even if there is a dipute settlement finding that the State measure is inconsistent."[849]

### *(3) Sec. 123 (f)*

Dass es nach Auffassung des Gesetzgebers einer solchen ausdrücklichen Regelung für Bundesgesetze nicht bedurfte, zeigt letztlich auch die Regelung in sec. 123 (f) URAA. Hier wurde ausdrücklich bestimmt, wem die Umsetzung von WTO-Panelentscheidungen obliegt:

> „Promptly after the circulation of a report of a panel or of the Appellate Body to WTO members in a proceeding described in subsection (d) of this section, the *Trade Representative* shall (1) notify the appropriate congressional committees of the report; (2) in the case of a report of a panel, consult with the appropriate congressional committees concerning the nature of any appeal that may be taken of the report; and (3) if the report is adverse to the United States, consult with the ***appropriate congressional committees*** concerning ***whether to implement the report's recommendation*** and, if so, the manner of such implementation and the period of time needed for such implementation."[850] (Hervorhebung d. Verf.).

Demnach entscheidet der USTR[851] in Konsultation mit den zuständigen Ausschüssen im Kongress, wie WTO-Panelentscheidungen umgesetzt werden. Umgekehrt ist es also gerade nicht Sache der Gerichte, ihrerseits ohne eine entsprechende Umsetzung Schlüsse aus WTO-Panelentscheidungen zu ziehen. Vor allem kann ein Gericht nicht einfach ein innerstaatliches Gesetz nur deshalb nicht mehr anwen-

---

849 H.R.Rep. No. 826, 103rd Cong. 1st Sess. 25 (1994).

850 19 U.S.C. § 3533 (f) („Actions upon circulation of reports").

851 Vgl auch die Regelung in sec. 129 (19 U.S.C. § 3538) im Falle von WTO-widrigen Entscheidungen der International Trade Commission (ITC).

den, weil in einer WTO-Panelentscheidung die Unvereinbarkeit mit dem WTO-Recht festgestellt wurde.

Das SAA bestätigt diese Auslegung in seinen einleitenden Bemerkungen zur „U.S. Sovereignty" und nochmals im Rahmen der Bemerkungen zum DSU:

> „WTO dispute settlement panels will not have any power to change U.S. law or order such a change. Only Congress and the Administration can decide whether to implement a WTO panel recommendation and, if so, how to implement it."[852]

> „Reports issued by panels or the Appellate Body under the DSU have no binding effect under the law of the United States and do not represent an expression of U.S. foreign or trade policy. They are no different in this respect than thse issued by GATT panels since 1947. If a report recommends that the United States change federal law to bring it into conformity with a Uruguay Round agreement, it is for the Congress to decide whether any such change will be made.
>
> Furthermore, neither federal agencies nor state governments are bound by any finding or recommendation included in such reports. [...]"[853]

Angesichts dessen ist die Rechtslage klar.

*bb) Praxis der Gerichte*

Die „panel reports" entfalten für US-Bundesgerichte keine bindende Wirkung. Diese Auffassung wurde vom Court of International Trade bereits zu Panelentscheidungen unter dem alten GATT vertreten. Die einschlägige Entscheidung in *Footwear Distributors and Retailers of America v. U.S.*[854] hat ihre Bedeutung mit dem Abschluss des WTO-Übereinkommens nicht verloren. Im Gegenteil, die jüngste Entscheidung des Gerichts in *Hyundai Electronics Co., Ltd. v. U.S.*[855] hat die bisherige Rechtsauffassung bekräftigt und zusätzlich auf die Intention des Kongresses bei der Umsetzung im URAA verwiesen:

> „As an initial matter, the WTO report itself has no binding effect on the court. [...] While *Footwear Distributors* concerned an adopted GATT panel report, the same principles apply to the WTO report at issue here.Most importantly, Congress made this clear when it codified the principles espoused in *Footwear Distributors* as part of the URAA. Specifically, Congress provided that the response to an adverse WTO panel report is the province of the executive branch and, more particularly, the Office of the U.S. Trade Representative. *See* URAA § 129 (codified as 19 U.S.C. § 3538). Thus, the WTO panel report does not constitute binding precedential authority for the court. Of course, this is not to imply that a panel report serves no

---

852 1994 USCCAN 4042.

853 1994 USCCAN 4318.

854 *Footwear Distributors and Retailers of America v. U.S.*, 852 F.Supp. 1078, 1096 (C.I.T. 1994).

855 *Hyundai Electronics Co., Ltd. v. U.S.*, 53 F.Supp.2d 1334, 1343 (C.I.T. 1999).

purpose in litigation before the court. To the contrary, a panel's reasoning, if sound, may be used to inform the court's decision." (Hervorhebung im Original)

*cc) Stellungnahmen im Schrifttum*

In Anbetracht der klaren Rechtslage kommt auch das Schrifttum überwiegend zu der Auffassung, WTO-Panelentscheidungen könnten im innerstaatlichen Rechtsraum keine direkte bzw. bindende Wirkung entfalten.[856] *Leebron* weist in seinem Kommentar letztlich auch daraufhin, dass (im Gesetzgebungsverfahren) nie ernsthaft in Erwägung gezogen wurde, WTO-Panelentscheidungen eine derartige Wirkung angedeihen zu lassen.[857]

## III. (Vorläufige) Nichtanwendung infolge übereinkommenskonformer Auslegung?

Letztlich ist eine Nichtanwendung des Antidumping Act 1916 auch dann vorstellbar, wenn das Bundesgesetz entsprechend übereinkommenskonform ausgelegt werden könnte und würde. Denn, soweit überhaupt möglich, würde jegliche Anpassung nahezu zwangsläufig auf eine Revision der Charakteristika des Gesetzes - vor allem des Dreifachschadensersatzes auf der Rechtsfolgenseite – und damit auf eine zumindest vorläufige Außerkraftsetzung hinauslaufen.

Der Ansatz basiert allerdings auf zwei Prämissen: Zum einen müsste die völkerrechtskonforme Auslegung eines US-Bundesgesetzes allgemein zum anerkannten Kanon der Gesetzesauslegung zählen, zum anderen auch im hiesigen Kontext des WTO-Rechts zulässig sein. Schon hier ergeben sich Zweifel.

### 1. Die „Charming Betsy"-Doktrin

Die völkerrechtskonforme Auslegung ist seit der frühen Entscheidung des US Supreme Court in *Murray v. The Schooner Charming Betsy*[858] in der US-amerikanischen Rechtsprechung anerkannt. Das Gericht hatte in diesem Fall entschieden:

"[A]n act of Congress ought never to be construed to violate the law of nations if any other possible construction remains."[859]

---

[856] Vgl. nur *Leebron*, in: Jackson/Sykes, S. 218 f.; so schon für die Rechtslage unter dem alten GATT *Jackson*, The Jurisprudence of GATT & the WTO, S. 130 f.; a.A. aber wenig überzeugend *Lester*, 35 J.W.T. 521, 541 f. (2001).

[857] Vgl. *Leebron*, a.a.O., S. 219: „It was never seriosly considered that a WTO dispute settlement decision would directly apply in US law."

[858] *Murray v. The Schooner Charming Betsy*, 2 Cranch (6 U.S.) 64, 2 L.Ed. 208 (1804).

[859] 2 Cranch (6 U.S.) 64, 118.

Ein US-Gericht soll demnach ein Gesetz des US-Kongresses niemals im Widerspruch zum Völkerrecht auslegen, soweit eine andere Auslegung möglich bleibt. Stellt ein Gericht also fest, dass die von ihm bevorzugte Auslegung und Anwendung eines Bundesgesetzes eine Verletzung des Völkerrechts nach sich zieht, so ist nach einer Auslegungsvariante zu suchen, die eine solche Verletzung vermeidet. Als Begründung wird die Vermutung angeführt, der Kongress wolle eine Verletzung internationaler Verpflichtungen der USA vermeiden.[860] Diese Vermutung gilt allerdings dann nicht, wenn der Kongress klar und eindeutig einen gegenteiligen Willen geäußert hat; es verbleibt dann kein Raum für eine Auslegung, sondern das Gericht ist an den klar und eindeutig geäußerten Willen des Gesetzgebers gebunden.

Die „*Charming Betsy*"-Doktrin ist vom US Supreme Court wiederholt bestätigt, bisweilen auch etwas modifiziert, im Prinzip aber nie ernsthaft in Frage gestellt worden.[861] Auch in der Instanzrechtsprechung lässt sich keine gegenteilige Praxis feststellen.[862] In seiner späteren Rechtsprechung hat der US Supreme Court innerstaatliches Recht nicht nur in Übereinstimmung mit dem Völkergewohnheitsrecht, sondern auch mit dem staatsvertraglichen Recht ausgelegt.[863] Dementsprechend formuliert das Restatement (Third) die geltende Regel folgendermaßen:

> „When fairly possible, a United States statute is to be construed so as not to conflict with international law or with an international agreement of the United States."[864]

---

[860] *Chew Heong v. U.S.*, 112 U.S. 536, 539 f., 5 S.Ct. 255, 28 L.Ed. 770 (1884); „dissenting opinion" von *Scalia*, J. in *Hartford Fire Ins. Co. v. California*, 509 U.S. 764, 815, 113 S.Ct. 2891, 125 L.Ed.2d 612 (1993): Vermutung gegen die exterritoriale Geltung von Bundesgesetzen (presumption against extraterritorial application of federal statutes ); *Footwear Distributors and Retailers of America v. U.S.*, 852 F.Supp. 1078, 1092 (C.I.T. 1994): „[...] the general assumption that Congress does not intend to repudiate an international obligation of the United States [...]."; Restatement (Third) Foreign Relations Law, § 115, Comment a (1987); *Bradley*, 86 Geo.L.J. 479, 495 f. (1999): „legislative intent conception"; *Steinhardt*, 43 Vand.L.Rev. 1103, 1139 (1990).

[861] Vgl. die Nachweise in Restatement (Third) Foreign Relations Law, § 114, Reporters' Notes 1 (1987). Siehe auch *Pound*, 21 Harv.L.Rev. 383, 395 (1908); aus jüngerer Zeit vor allem *Bradley*, 86 Geo.L.J. 479, 488 ff. (1999); *Trimble*, S. 174 f.; *Vagts*, 95 Am.J.Int.L. 313, 323 f. (2001).

[862] WestLaw listet zu „Charming Betsy" in der Kategorie „Discussed" allein 15, in „Cited" 110 und in „Mentioned" weitere 26 US-amerikanische Gerichtsentscheidungen auf (Stand: 01.08.2002).

[863] Vgl. nur *McCulloch v. Sociedad Nacional de Marineros de Honduras*, 372 U.S. 10, 83 S.Ct. 671, 9 L.Ed.2d 547(1963): Treaty of Friendship, Commerce and Consular Rights between Honduras and the United States, 45 Stat. 2618 (1927); *Weinberger v. Rossi*, 456 U.S. 25, 102 S.Ct. 1510, 71 L.Ed.2d 715 (1982): Agreement between the United States and the Philippines, 61 Stat. 4019.

[864] Restatement (Third) Foreign Relations Law, § 114 (1987). Die Relativierung „when *fairly* possible" soll dabei auf das Diktum des US Supreme Court in *Ashwander v. TVA*, 297 U.S. 288, 348, 56 S.Ct. 466, 80 L.Ed. 688 (1936): "'When the validity of an act of the Congress is drawn in question, and even if a serious doubt of constitutionality is raised, it is a cardinal principle that this Court will first ascertain whether a construction of the statute is *fairly possible* by which the

## 2. Die Anwendbarkeit der Doktrin im WTO-Kontext

Das Uruquay Round Agreement ist eine rechtswirksam zustande gekommene internationale Vereinbarung der USA („international agreement of the United States"). Damit scheint der Anwendung der „*Charming Betsy*"-Doktrin auch im WTO-Kontext nichts entgegen zu stehen. Bei genauerer Betrachtung ergeben sich jedoch einige Zweifel, die sich auf den Wortlaut des URAA gründen. Erhärtet werden diese noch durch einige jüngere Entscheidungen US-amerikanischer Gerichte zur Frage der Auslegung des innerstaatlichen Rechts in Übereinstimmung mit den Vorgängerregelungen des GATT 1994, dem GATT 1947.

### *a) Maßgeblichkeit der Vorgaben des innerstaatlichen Rechts*

Die Frage, wie ein innerstaatliches Gesetz auslegen ist, ist eine solche des innerstaatlichen Rechts. Wie bereits dargelegt, haben die US-Gerichte fallrechtlich einen Kanon an Auslegungsregeln entwickelt, zu dem auch die völkerrechtskonforme Auslegung nach der „*Charming Betsy*"-Doktrin zählt.

### *b) Vorgaben des Gesetzgebers*

Der Uruguay Round Agreements Act 1994 gibt als maßgeblicher innerstaatlicher Umsetzungsakt auch für die Auslegung die entscheidenden Wegmarken vor.

### *aa) Uruguay Round Agreements Act 1994*

Der US-Kongress hat den Fall eines direkten Konfliktes des Übereinkommens mit dem innerstaatlichen Recht ausdrücklich geregelt; aber auch die Frage des Verhältnisses der Anwendung des Übereinkommens zum innerstaatlichen Recht scheint adressiert. In diesem Zusammenhang sind die beiden Absätze in in sec. 102 (a) zusammen zu lesen:

„(1) United States law to prevail in conflict

No provision of any of the Uruguay Round *Agreements*, nor the *application* of any such provision to any person or circumstance, that is inconsistent with any law of the United States shall have effect.

(2) *Construction*

Nothing in this *Act* shall be construed --

---

question may be avoided.' Crowell v. Benson, 285 U.S. 22, 62, 52 S.Ct. 285, 296, 76 L.Ed. 598." (Hervorhebung d. Verf.). Dahinter steht unverkennbar der Gedanke der Normerhaltung.

(A) to amend or modify any law of the United States, including any law relating to--(i) the protection of human, animal, or plant life or health, (ii) the protection of the environment, or (iii) worker safety, or

(B) to limit any authority conferred under any law of the United States, including section 2411 of this title, unless specifically provided for in this Act."[865] (Hervorhebung d. Verf.)

Nach sec. 102 (a) (1) soll weder eine Bestimmung des WTO-*Übereinkommens* noch ihre *Anwendung* eine innerstaatliche Wirkung entfalten, wenn sie im Widerspruch zum innerstaatlichen Recht der USA steht. Der Wortlaut der Regelung legt den Schluss nahe, der Kongress habe jeglichen Rechtsanwendungskonflikt zugunsten des innerstaatlichen Rechts lösen wollen. Damit könnte auch eine übereinkommenskonforme Auslegung, die zwar einen solchen Konflikt eigentlich vermeiden will, ausgeschlossen sein, weil sie im Ergebnis zu einer inhaltlichen Anpassung des innerstaatlichen Rechts an das WTO-Recht führen würde. Diese Rechtswirkung des Übereinkommensrechts wollte der Kongress aber offenkundig ausgeschlossen wissen.

Die Bedeutung der Regelung erschließt sich besser, wenn man den Kontext mit einbezieht. Der nachfolgende Absatz, sec. 102 (a) (2) URAA, trifft so ergänzend eine Regelung zur Auslegung des *Gesetzes* selbst. Die Regelung sieht vor , dass keine Bestimmung des zur Umsetzung des WTO-Übereinkommens ergangenen URAA so ausgelegt werden darf, dass dies zu einer Aufhebung oder Änderung des innerstaatlichen Rechts führt.[866] Damit ist die Geltung des bundesgesetzlichen URAA im Verhältnis zu früher erlassenen Bundesgesetzen eingeschränkt worden.

Im SAA[867] wie in der Gesetzesbegründung[868] wird unisono hervorgehoben, dass sowohl die US-Regierung wie der Kongress bei der Verabschiedung des URAA davon ausgingen, das WTO-Übereinkommen mittels des URAA verpflichtungsgemäß umgesetzt zu haben. Bei allen anderen Gesetzen, die durch den URAA keine Änderung erfuhren, wurde ein Anpassungsbedarf verneint. Sich später dennoch notwendig erweisende Anpassungen an das WTO-Recht sollten ausschließlich im Wege einer Gesetzesänderung, also durch den Kongress und nicht durch die US-Gerichte erfolgen. Diese Willensbekundung dürfte auch einer inhaltlichen Anpas-

---

865 19 U.S.C. § 3512 (a) (1), (2), für spezielle Regelungen im Verhältnis zum einzelstaatlichen Recht („State Law“).

866 19 U.S.C. § 3512 (a) (2): „Construction Nothing in this *Act* shall be construed -- (A) to amend or modify any law of the United States, including any law relating to--(i) the protection of human, animal, or plant life or health, (ii) the protection of the environment, or (iii) worker safety, or (B) to limit any authority conferred under any law of the United States, including section 2411 of this title, unless specifically provided for in this Act."

867 1994 USCCAN 4050: „As section 102 (a) (2) of the bill makes clear, those provisions of U.S. law that are not addressed by the bill are left unchanged."

868 H.R.Rep. No. 826, 103rd Cong. 1st Sess. 25 (1994).

sung des innerstaatlichen Rechts im Wege einer völkerrechtskonformen Auslegung entgegen stehen.

*bb) Praxis der Gerichte*

Die US-Bundesgerichte haben bisher nur in wenigen Fällen ausdrücklich zur Frage der übereinkommenskonformen Auslegung Stellung genommen. In den meisten der entschiedenen Fälle ging es um Grenzen der gerichtlichen Nachprüfbarkeit einer behördlichen Entscheidung entsprechend der Vorgaben in *Chevron U.S.A., Inc. v. Natural Resources Defense Council, Inc.*[869]. Auch wenn diese „administrative review cases" Unterschiede zur vorliegenden Fallkonstellation aufweisen, können ihnen dennoch einige Tendenzen entnommen werden.

Sehr einflussreich und damit häufig zitiert ist die Entscheidung des Court of Appeals (Fed.Cir.) in *Suramerica de Aleaciones Laminadas, C.A. v. U.S.*[870] aus dem Jahre 1992. Das Gericht legte das einschlägige US-Gesetz in einer Art und Weise aus, die zwar einerseits in Anwendung der sog. „*Chevron* doctrine" die behördliche Auslegung maßgeblich berücksichtigte, andererseits aber im klaren Widerspruch zu den Regelungen im GATT 1947 stand; die „*Charming Betsy*"-Doktrin wurde so ignoriert. In der Sache ging es um die Zulässigkeit einer Antragsschrift („petition") eines (einzelnen) US-amerikanischen Unternehmens an das Department of Commerce (DOC), die Importe venezuelanischer Konkurrenten auf ausländische Beihilfen („subsidies") hin zu überprüfen und gegebenenfalls „countervailing duties" zu verhängen. Die einschlägige US-amerikanische Vorschrift (19 U.S.C. § 1671a (b)) machte dafür den Antrag „on behalf of an industry" notwendig; das DOC befand diese Voraussetzung im vorliegenden Fall erfüllt, weil die Mehrzahl der einheimischen Produzenten dem Antrag (zumindest) nicht widersprochen hatte. Die venezuelanischen Konkurrenten klagten gegen diese Entscheidung und wendeten insbesondere ein, diese Auslegung widerspräche der Rechtslage unter dem GATT 1947, diversen Panelentscheidungen[871] und auch der Entstehungsgeschichte der US-Vorschrift. Während die Auslegung der Exekutive von der ersten Instanz (Court of

---

[869] Vgl. *Chevron U.S.A., Inc. v. Natural Resources Defense Council, Inc.*, 467 U.S. 837, 104 S.Ct. 2778, 81 L.Ed.2d 694 (1984); dazu schon oben.

[870] *Suramerica de Aleaciones Laminadas, C.A. v. U.S.*, 966 F.2d 660, 667 f. (Fed.Cir. 1992): „[...] even if we were convinced that Commerce's interpretation conflicts with the GATT, which we are not, the GATT is not controlling. While we acknowledge Congress's interest in complying with U.S. responsibilities under the GATT, we are bound not by what we think Congress should or perhaps wanted to do, but by what Congress in fact did. The GATT does not trump domestic legislation; if the statutory provisions at issue here are inconsistent with the GATT, it is a matter for Congress and not this court to decide and remedy."

[871] United States, Imposition of Anti-Dumping Duties on Imports of Seamless Stainless Steel Hollow Products from Sweden, ADP/47 para. 2.1, (Aug. 20, 1990), 1190 WL 692204.

International Trade) beanstandet wurde[872], erhielt sie eine Bestätigung durch den Court of Appeal: Sie sei eine „permissible construction" im Sinne von *Chevron*.

Die Entscheidung fand einigen Zuspruch. Wenig später machte der Court of Appeal (5th Cir.) aus seiner Missbilligung im WTO-Kontext keinen Hehl. Das Gericht bezog sich in *Mississippi Poultry Association v. Madigan*[873] ausdrücklich auf diese Entscheidung in *Suramericas*[874] und befand die „*Charming Betsy*"-Doktrin im Ergebnis für nicht anwendbar:

> „[I]t has been a maxim of statutory construction since the decision in *Murray v. The Charming Betsy*, 6 U.S. (2 Cranch) 64, 118, 2 L.Ed. 208 (1804) that 'an act of Congress ought never to be construed to violate the law of nations, if any other possible construction remains. [...] Even when we grant arguendo that these truisms of statutory construction exist, we find them inapplicable and therefore not controlling in the instant case."[875]

Eine leichte Wende in der Rechtsprechung deutete sich mit der Entscheidung des Court of International Trade in *Footwear Distributors and Retailers of America v. U.S.*[876] an, zumindest im Hinblick auf das zweifelhafte Verhältnis der „*Charming Betsy*"- zur „*Chevron*"-Doktrin. Unter Verweis auf die Entscheidung des US Supreme Court in *NLRB v. Catholic Bishop of Chicago*[877] sprach sich das Gericht für die Auffassung aus, auch unter „*Chevron*" die „*Charming Betsy*"-Doktrin anzuwenden, oder mit anderen Worten, die behördliche Auslegung zwar zu berücksichtigen, aber nur insoweit, wie diese sich im Einklang mit dem Völkerrecht befinde (es sei denn, diese Konstruktion würde dem erklärten gesetzgeberischen Willen zuwiderlaufen).[878] Im Ergebnis befand das Gericht die angegriffene behördliche Entscheidung aber in Einklang mit den gesetzgeberischen Bestimmungen und den internationalen Verpflichtungen, so dass sich die abweichende Auffassung nicht auswirkte.

Etwas anders lag der Fall in *Federal Mogul Corp. v. U.S.*[879]. Hier hatte sich die beklagte Behörde (Department of Commerce, International Trade Administration) gegen eine völkerrechtsverletzende Interpretation (wie von den Klägern vorgeschlagen) gewandt. Der Court of Appeals (Fed.Cir.) folgte der Argumentation der Behörde. Obwohl das Gericht bemerkte, das GATT könne das innerstaatliche Recht nicht verdrängen, weigerte es sich - unter grundsätzlicher Anerkennung der

---

[872] *Suramerica de Aleaciones Laminadas, C.A. v. U.S.*, 746 F.Supp. 139, 141 (C.I.T 1990).

[873] *Mississippi Poultry Association v. Madigan*, 992 F.2d 1359 (5$^{th}$ Cir. 1993).

[874] 992 F.2d 1359, 1366.

[875] 992 F.2d 1359.

[876] *Footwear Distributors and Retailers of America v. U.S.*, 852 F.Supp. 1078 (C.I.T. 1994).

[877] *NLRB v. Catholic Bishop of Chicago*, 440 U.S. 490, 499-501, 504, 99 S.Ct. 1313, 59 L.Ed.2d 533 (1979).

[878] 852 F.Supp. 1078, 1091.

[879] *Federal Mogul Corp. v. U.S.*, 63 F.3d 1572 (Fed.Cir. 1995).

„*Charming Betsy*"-Doktrin - einen GATT-Verstoß in das einschlägige Bundesgesetz hineinzulesen.[880]

Die Linie, die mit der Entscheidung in *Footwear Distributors* begonnen hatte, fand in den Folgejahren ihre Fortsetzung. Weitere Entscheidungen ließen die Tendenz zugunsten einer völkerrechtskonformen Auslegung erkennen, zumindest in den Fällen, in denen kein entgegenstehender gesetzgeberische Wille erkennbar war. So entschied sich der Court of Appeals (D.C. Cir.) in *George E. Warren Corp. v. EPA*[881] für eine Anwendung von „*Chevron*"- und „*Charming Betsy*"-Doktrin in Abwesenheit einer ausdrücklichen Regelung im einschlägigen Gesetz. Mit der wenig später ergangenen Entscheidung in *Hyundai Electronics Co., Ltd. v. U.S.*[882] bekräftigte auch der Court of International Trade nochmals seine Auffassung in *Footwear Distributors*, „*Chevron*"- und „*Charming Betsy*"-Doktrin in Einklang zu bringen und bezog sich insoweit auf die Entscheidung des US Supreme Court in *Edward J. DeBartolo Corp. v. Florida Gulf Coast Bldg. And Constr. Trades Council*[883]. Im Ergebnis musste das Gericht aber auch in diesem Fall die Doktrin nicht bemühen, weil es schon keinen hinreichenden Konflikt zwischen dem Standard des innerstaatlichen Rechts und dem des Antidumping-Agreements für gegeben sah.[884] In jüngerer Zeit hat das Gericht wiederum mehrfach erklärt, die völkerrechtlichen Verpflichtungen der USA aus dem in Kraft getretenen WTO-Übereinkommen sollten (bei der Anwendung des innerstaatlichen Rechts) nicht ignoriert werden.[885] Trotz dieser formellen Anerkennung lässt sich schwerlich eine Vorhersage treffen, wo die Grenzen bei der Anwendung der „*Charming Betsy*"-Doktrin verlaufen. Denn, selbst in den letztgenannten Fällen wurde niemals wirklich von ihr Gebrauch gemacht, um das innerstaatliche Recht den völkerrechtlichen Verpflichtungen anzupassen. Zu einem „Ernstfall" ist es also nicht gekommen.

Ausweislich der Rechtsprechung zur Auslegung des Antidumping Act 1916 ist es hingegen realistischer, davon auszugehen, dass US-Bundesgerichte eine inhaltliche Anpassung eines WTO-widrigen US-Bundesgesetzes nicht im Wege der übereinkommenskonformen Auslegung vornehmen werden. So hat nicht eine der nach Inkrafttreten des WTO-Übereinkommens ergangenen gerichtlichen Entscheidungen die übereinkommenskonforme Auslegung auch nur im Ansatz problematisiert. Zwar mag dies bei den älteren Entscheidungen größtenteils dem mangelnden Prob-

---

880 63 F.3d 1572, 1581 f.

881 *George E. Warren Corp. v. EPA*, 159 F.3d 616 (D.C.Cir. 1998).

882 *Hyundai Electronics Co., Ltd. v. U.S.*, 53 F.Supp.2d 1334, 1343 (C.I.T. 1999).

883 *Edward J. DeBartolo Corp. v. Florida Gulf Coast Bldg. And Constr. Trades Council*, 485 U.S. 568, 574-575, 108 S.Ct. 1392, 99 L.Ed.2d 645 (1989).

884 53 F.Supp.2d 1334, 1345.

885 *Luigi Bormioli Corp., Inc. v. U.S.*, 118 F.Supp.2d 1345 (C.I.T. 2000); *Glaxo Welcome, Inc. v. U.S.*, 126 F.Supp.2d 581 (C.I.T. 2000).

lembewusstsein geschuldet sein. Spätestens seit der Veröffentlichung der WTO-Panelentscheidungen im Frühjahr 2000 kann aber auch dies nicht mehr als Erklärungsansatz dienen. Vielmehr haben insbesondere die schon zitierten Entscheidungen des Court of Appeals (6th Cir.) in *Wheeling-Pittsburgh Steel Corp. v. Mitsui & Co., Inc.*[886] und des District Court for the Northern District of Iowa in *Goss Graphic Systems, Inc., v. MAN Roland Druckmaschinen Aktiengesellschaft*[887] das WTO-Übereinkommen und die bekannten WTO-Panelentscheidungen ganz bewusst außer Acht gelassen. Damit stehen diese Entscheidungen für eine Rechtsprechung, wie sie aufgrund einer entsprechenden Verhaltensanweisung seitens des Gesetzgebers im URAA auch kaum anders zu erwarten ist.

*cc) Stellungnahmen im Schrifttum*

Im Schrifttum wird das Problem der übereinkommenskonformen Auslegung überwiegend im Anschluss an die genannten Entscheidungen diskutiert. Dabei votiert ein Teil für eine Anwendung der „*Charming Betsy*"-Doktrin im WTO-Kontext, ohne aber auf die allgemeinen Bestimmungen im URAA näher einzugehen.[888] In einer Anmerkung wird so die Entscheidung in *Suramericas* kritisiert. Der Autor weist insbesondere die Kritik[889] zurück, die „*Charming Betsy*"-Doktrin sei undemokratisch und deshalb nicht verfassungsgemäß, soweit die Richter nach Belieben internationales Recht (auf dessen Entstehung die USA kaum Einfluss hätten) in das US-amerikanische Rechtssystem integrieren könnten: Für das WTO-Recht ginge dieser Einwand schon deshalb fehl, weil der Kongress bei der Umsetzung beteiligt worden sei.[890]

Hingegen fällt auf, dass diejenigen Autoren, die sich auch mit dem Wortlaut des URAA befassen, diese Sichtweise allenfalls im Ansatz teilen. Zum einen wird dem WTO-Übereinkommen aufgrund der Zustimmung des Kongresses eine größere Bedeutung bei der Auslegung im Vergleich zum GATT 1947 nicht grundsätzlich abgesprochen, gleichzeitig aber auch auf die Einschränkungen hingewiesen, die sich aus dem URAA auch für die richterliche Auslegung ergeben können.[891] Andere ar-

---

886 *Wheeling-Pittsburgh Steel Corp. v. Mitsui & Co.*, 221 F.3d 924 (6th Cir. 2000).

887 *Goss Graphic Systems, Inc., v. MAN Roland Druckmaschinen Aktiengesellschaft*, et al., 139 F.Supp.2d 1040 (N.D. Iowa 2001).

888 Unter kritischer Betrachtung der Entscheidung in *Earth Islands Inst. v. Daley*, 48 F.Supp.2d 1064 (C.I.T. 1999), *Morill*, 8 Tul.J.Int'l & Comp.L. 413, 439 ff. (2000).

889 Unter Hinweis (Fn. 159) auf Ralph G. *Steinhardt*, The Role of International Law as a Canon of Domestic Statutory Interpretation, 43 Vand.L.Rev. 1103, 1108 (1990); und (Fn. 161) auf Curtis A. *Bradley*, The Charming Betsy Canon and Separation of Powers: Rethinking the Interpretative Role of International Law, 86 Geo.L.J. 479, 512 (1998).

890 Vgl. *Williams*, Law & Pol'y Int'l Bus. 677, 701 f. (2001).

891 Vgl. *Leebron*, in: Jackson/Sykes, S. 218.

gumentieren entschieden gegen die tendenziell „*Charming Betsy*"-freundliche jüngere Rechtsprechung in „administrative review cases": Bei Anwendung der Doktrin im WTO-Kontext (bisweilen „*Chevron*-plus analysis" genannt) würden die gesetzgeberischen Leitlinien im URAA unterlaufen und der Gesetzeszweck in sein Gegenteil verkehrt, vor allem die im URAA eröffneten Entscheidungsalternativen der Exekutive begrenzt.[892] Diese Argumentation leidet freilich etwas in Fällen, in denen es wie hier nicht um die gerichtliche Überprüfung administrativer Entscheidungen geht. Beachtlich ist letztlich aber der grundsätzliche gegen die Doktrin vorgebrachte Einwand, über den Umweg der völkerrechtskonformen Auslegung würden die Gerichte das Völkerrecht in das innerstaatliche Recht faktisch inkorporieren und das ungeachtet der Tatsache, dass sich der Gesetzgeber gegen eine innerstaatliche Geltung ausgesprochen habe.[893]

## IV. Zusammenfassende Bewertung

US-Bundesgerichte werden den GATT-widrigen Antidumping Act 1916 weiterhin anwenden, solange bis ein entsprechendes Aufhebungsgesetz in Kraft getreten ist. Es besteht für die Gerichte keinerlei rechtliche Handhabe, das Gesetz schon vorab außer Acht zu lassen. Entscheidend ist die Intention des Kongresses, wie sie sich im maßgeblichen Umsetzungsakt, dem URAA, manifestiert: Danach ist es nicht möglich, ein mit dem Recht der WTO unvereinbares Bundesgesetz vor einem Bundesgericht zu Fall zu bringen. Auch mittels der im Grundsatz anerkannten völkerrechtskonformen Auslegung („*Charming Betsy*"-Doktrin) wird dieses Ergebnis nicht zu erreichen sein; vor dem Hintergrund der Bestimmungen des URAA ist es äußerst unwahrscheinlich, dass ein US-Gericht über die übereinkommenskonforme Auslegung ein Ergebnis anstrebt, das praktisch einer Außerkraftsetzung des Gesetzes – einer Aufgabe die ausdrücklich dem Kongress vorbehalten ist – gleichkommt.

---

[892] Vgl. *Cummins*, 12 Fordham Envtl.L.J. 141, 189 ff. (2000). *Restani/Bloom*, 24 Fordham Int'l L.J. 1533, 1544 f. (2001), befürworten im Ergebnis eine abgeschwächte Geltung der Doktrin.

[893] Vgl. dazu nur *Bradley*, 86 Geo.L.J. 479, 483 f. (1999).

# III. KAPITEL: DAS KLAGEVERFAHREN VOR US-BUNDESGERICHTEN – DIE RECHTSSTELLUNG DEUTSCHER UNTERNEHMEN ALS BEKLAGTENPARTEI IM US-AMERIKANISCHEN VERFAHRENSRECHT

Der Antidumping Act 1916 ermöglicht eine private Klage auf Dreifachschadensersatz und führt damit zu einem zivilgerichtlichen Klageverfahren. Vor den zuständigen Bundesgerichten gilt das Zivilverfahrensrecht des Bundes, soweit es ausschließliche Geltung beansprucht.[894] Neben den verfassungsrechtlichen Gewährleistungen sind das die Regelungen im „Judicial Code" (United States Code, Title 28) und die Federal Rules of Civil Procedure (F.R.Civ.P.).[895] Lokale Ergänzungen bringen die Local Rules des zuständigen Bundesgerichtes.[896]

Die nachfolgende Darstellung gliedert sich in zwei Teile: Vorab ist zu klären, wie deutsche Beklagte in das US-amerikanische Verfahren einbezogen werden (§6). Daran schließt sich die Beantwortung der Frage an, welche Folgen die Einbeziehung regelmäßig auslöst (§7). Bei alledem ist besonderen Wert auf die Frage zu legen, wie sich ein Beklagter vor Rechtsmissbrauch schützen kann.

## §6 DIE BEDEUTUNG DER KLAGEZUSTELLUNG FÜR DIE EINBEZIEHUNG IN DAS VERFAHREN VOR US-BUNDESGERICHTEN

Das OLG Frankfurt a.M. hatte im Ausgangsfall – gestützt auf eine Erwägung in der Entscheidung des BVerfG vom 07.12.1994 („punitive damages")[897] – die Auffassung vertreten, „das ausländische Verfahren [könne] nach Maßgabe des Art. 15 II HZÜ letztlich auch ohne Nachweis der Zustellung durchgeführt werden".[898] Das BVerfG hatte für seine verfassungsrechtliche Beurteilung mit Blick auf Art. 15 Abs. 2 HZÜ den Schluss gezogen, dass „auch bei einer Verweigerung der Zustellung eine Verbesserung der Rechtsstellung des deutschen Beklagten nicht gewährleistet" sei.[899] Wenn sich die Rechtsstellung im US-Verfahren aber ohnehin nicht verbessern lässt, dann ist die Rechtshilfeentscheidung für die tatsächliche Beeinträchti-

---

[894] *Walker v. Armco Steel Corp.*, 446 U.S. 740, 100 S.Ct. 1978, 64 L.Ed.2d 659 (1980); *Hanna v. Plumer*, 380 U.S. 460, 85 S.Ct. 1136, 14 L.Ed.2d 8 (1965).

[895] Vgl. *Wright/Kane*, S. 21 ff.; 426 ff.

[896] F.R.Civ.P. 83.

[897] BVerfGE 91, 335.

[898] OLG Frankfurt a.M., RIW 2001, 464, 465, unter Hinweis auf BVerfGE 91, 335, 345; *Juenger/Reimann*, NJW 1994, 3274 f.

[899] BVerfGE 91, 335, 345.

gung von Rechtspositionen deutscher Beklagter nicht ursächlich und mithin auch nicht grundrechtsrelevant.[900]

Die Tragfähigkeit dieser Erwägungen ist im deutschen Schrifttum jedoch angezweifelt worden. So hat vor allem *Merkt* darauf hingewiesen, dass dem deutschen Zustellungsadressaten „ohne Not" die sechsmonatige Frist des Art. 15 Abs. 2 HZÜ abgeschnitten werde.[901] Im Übrigen sei die Rechtsauffassung, die Zustellung könne ersatzweise über die US-amerikanische Tochter erfolgen, „in der US-amerikanischen Rechtsprechung seit längerer Zeit umstritten und verfassungsrechtlich zweifelhaft".[902] Dieser mit Vehemenz vorgetragenen Kritik ist nachzugehen, da es sich um eine Frage handelt, mit deren Beantwortung die Argumentation im deutschen Recht steht oder fällt.

## A. Begriffsklärung: „In das amerikanische Verfahren einbezogen"

Das BVerfG hat in seiner Entscheidungen vom 07.12.1994 („punitive damages")[903] keine Ausführungen gemacht, was unter „in das amerikanische Verfahren einbezogen" zu verstehen ist. Nach deutschem Zivilprozessrecht wird eine Klage nicht rechtshängig, wenn die Klageschrift dem Beklagten nicht wirksam zugestellt wurde (§§ 253 Abs. 1, 261 Abs. 1 ZPO). Mit der Rechtshängigkeit der Klage wird u.a. die Parteistellung des Beklagten und das Prozessrechtsverhältnis zum Gericht begründet. Würde man also deutsche Maßstäbe zugrunde legen, so wäre ein ausländischer Beklagter ohne wirksame Klagezustellung nicht in ein deutsches Verfahren einbezogen.

Hier ist nun zu klären, welche Kriterien über eine „Einbeziehung" des auswärtigen deutschen Beklagten in das US-amerikanische Verfahren entscheiden. Die vom BVerfG benutzte Wendung lässt den Schluss zu, dass ein deutscher Beklagter „in das amerikanische Verfahren einbezogen" ist, wenn der Kläger den Zivilprozess gegen den Beklagten wirksam eingeleitet hat, der Beklagte mithin Partei wurde und er diese Parteistellung und die Fortführung des Verfahrens nicht mehr aus eigener Kraft verhindern kann. Der deutsche Beklagte ist darüber hinaus jedenfalls dann „in das amerikanische Verfahren einbezogen", wenn das angerufene US-Gericht in die Lage versetzt wurde, eine bindende Entscheidung zu fällen. Auf diese Kriterien wird eigens einzugehen sein.

---

900 Dazu ausführlich unten IV. Kapitel: §10A.II.2.b)bb)(1).

901 Vgl. *Merkt*, S. 174 f.

902 Vgl. *Merkt*, S. 175.

903 BVerfGE 91, 335.

## B. Die Einleitung des Verfahrens (Commencement of Action)

### I. Beginn mit Klageeinreichung

Das Verfahren vor einem US-Bundesgericht beginnt mit der Klageeinreichung bei Gericht (F.R.Civ.P. 3):

„A civil action is commenced by filing a complaint with the court."

Die Klagezustellung[904] hat für die Verfahrenseinleitung (grundsätzlich) keine Bedeutung.[905] Eine Unterscheidung in Anhängigkeit und Rechtshängigkeit, wie sie das deutsche Zivilverfahrensrecht kennt[906], gibt es im Verfahrensrecht der US-Bundesgerichte nicht. Im Gegenteil, bei der Einführung der Regel im Jahre 1938 entschied sich der Normgeber ausdrücklich gegen das sog. „hip-pocket system", d.h. den Beginn des Verfahrens mit Zustellung.[907] Um ein Verfahren in Gang zu setzen, muss der Kläger also nicht mehr tun, als die Klageschrift bei Gericht einzureichen.[908] Eine gewisse Einschränkung bringt lediglich das 120 Tage-Zeitlimit für Zustellungen im Inland mit sich.[909]

Mit der Klageeinreichung ist - dem deutschen System vergleichbar[910] - die Unterbrechung der Verjährung (tolling of the statute of limitations)[911] verbunden. Mit

---

[904] F.R.Civ.P. 4 (c) (1) spricht genauer von der Ladung (summons) und einer Kopie der Klageschrift (copy of the complaint), zusammen auch als „process" bezeichnet, die zugestellt werden müssen.

[905] *Pacesetter Sys. v. Medtronic, Inc.*, 678 F.2d 93 (9th Cir. 1982); *Langley v. Coughlin*, 715 F.Supp. 522 (S.D.N.Y. 1989). Vgl. *Wright/Miller*, 4 Federal Practice and Procedure, Civil 3d § 1052; *Baicker-McKee/Janssen/Corr*, Rule 3, S. 140; *Moore's* Federal Rules Pamphlet, § 3.3 (2002); *Wright/Kane*, S. 443.

[906] §§ 253 Abs. 1, 261 Abs. 1 ZPO. Vgl. zu den Begriffen der „Anhängigkeit" und der „Rechtshängigkeit" Baumbach/Lauterbach/Albers/*Hartmann*, § 261 ZPO, Rdnr. 1; zur verfahrenseinleitenden Funktion der Zustellung im deutschen Zivilprozess auch Begründung zum Entwurf des Zustellungsreformgesetzes (ZustRG), BT-Drcks. 14/4554, S. 13.

[907] Vgl. *Wright/Miller*, 4 Federal Practice and Procedure, Civil 3d § 1051; 1 *Moore's* Federal Practice, § 3.01 (Matthew Bender 3d ed.).

[908] Umstritten ist, ob daneben auch das Einzahlen der Gerichtsgebühren notwendig ist, vgl. *Wright/Miller*, 4 Federal Practice and Procedure, Civil 3d § 1055; 1 *Moore's* Federal Practice, § 3.02[6] (Matthew Bender 3d ed.); *Baicker-McKee/Janssen/Corr*, Rule 3, S. 144 (Fn. 17) m.w.N.

[909] F.R.Civ.P. 4 (m); dazu unten III. Kapitel: §6C.III.2.b)cc).

[910] § 209 Abs. 2 Nr. 1 BGB, § 270 Abs. 3 ZPO.

[911] Vgl. *Wright/Miller*, 4 Federal Practice and Procedure, Civil 3d § 1056: Mit der Einführung des Zeitlimits in F.R.Civ.P. 4 (m) ist auch die unter den Gerichten streitige Frage beantwortet, wie lange die Zustellung dauern kann, damit noch eine „due diligence" des Klägers anzunehmen ist. Die Gerichte hatten bisher bei mangelnder „due diligence" die Verjährungsunterbrechung durch Klageeinreichung „in equity" beanstandet.

der Klageeinreichung fällt grundsätzlich auch der Startschuss für die von den Parteien durchzuführende Sachverhalts- und Beweisermittlung (pretrail disclosure and discovery)[912]: Der Kläger kann zwar grundsätzlich nicht gleich mit Klageeinreichung, spätestens aber nach einem ersten informativen Treffen mit dem Beklagten (discovery meeting) und der Übermittlung eines „discovery plans“ an das Gericht Beweisermittlungen anstellen (F.R.Civ.P. 26 (f), (d)).[913]

Somit kommt das US-Verfahren, anders als das deutsche, auch ohne wirksame Zustellung in Gang.

## II. Fortgang

Nach der Konzeption der Federal Rules wirkt sich die Klagezustellung auf den Fortgang des angelaufenen Verfahrens aus. Die Federal Rules knüpfen an die Klagezustellung vor allem die Einlassungsfrist des Beklagten (F.R.Civ.P. 12 (a)). Die Frist wird dem Beklagten mit der Ladung mitgeteilt (F.R.Civ.P. 4 (a)). Daraus folgerte der US Supreme Court in *Murphy Brothers, Inc. v. Michetti Pipe Stringing, Inc.*[914] *obiter dictum*, der in der Klage bezeichnete Beklagte werde erst mit der Zustellung von Ladung und Klageschrift „offiziell“ Partei:

> „Service of process, under longstanding tradition in our system of justice, is fundamental to any procedural imposition on a named defendant. [...] *One becomes a party officially*, and is required to take action in that capacity, *only upon service of a summons* or other authority-asserting measure stating the time within which the party served must appear and defend. [...] Unless a named defendant agrees to waive service, the summons continues to function as the *sine qua non* directing an individual or entity to participate in a civil action or forgo procedural or substantive rights."[915] (Hervorhebung d. Verf.)

Einige Instanzgerichte sehen die Frage der Parteistellung offenbar anders.[916] Losgelöst von der Frage der formellen Parteistellung lässt sich dennoch als allge-

---

912 F.R.Civ.P. 26 (b): „the action“.

913 Dazu *Wright/Miller*, 4 Federal Practice and Procedure, Civil 3d § 1053; 1 *Moore's* Federal Practice, § 3.04 [10] (Matthew Bender 3d ed.). Unter den in F.R.Civ.P 27 genannten Voraussetzungen darf eine „discovery“ auch schon vorher erfolgen, *Nevada v. O'Leary*, 63 F.3d 932 (9th Cir. 1995).

914 *Murphy Brothers, Inc. v. Michetti Pipe Stringing, Inc.*, 526 U.S. 344, 119 S.Ct. 1322, 143 L.Ed.2d 448 (1999).

915 526 U.S. 344, 350 f. Dabei bleibt offen, ob es eine andere (nicht-„offizielle“) Art der Parteistellung schon mit Klageeinreichung geben kann.

916 *Clay v. U.S.*, 199 F.3d 876, 880 (6th Cir. 1999): „A person becomes ‚a party' [im Sinne von F.R.Civ.P. 6 (e)] only by beginning a lawsuit, Fed.R.Civ.P. 3, or by being joined as a party after a suit has been instituted." *Howell v. Tribune Entertainment Co.*, 106 F.3d 215 (7th Cir. 1997): "[I]n the federal judicial system a party becomes a defendant not when he is served but when the complaint against him is filed."

meine Regel formulieren, dass ein Beklagter nicht auf die Klage erwidern oder sich sonst auf das Verfahren einlassen muss und ein Gericht auch nicht in der Sache entscheiden darf, solange dem Beklagten die Klage nicht wirksam zugestellt wurde.[917] Im Übrigen kann nicht mit Allgemeingültigkeit gesagt werden, welchen Fortgang das Verfahren nimmt. Es kommt vielmehr auf die Umstände des Einzelfalles (In- oder Auslandszustellung, Schwere des Zustellungsmangels, Einlassung des Beklagten) an.

### 1. Grundlegende Funktion der Klagezustellung

Die derzeitige Konzeption der Federal Rules beruht auf dem herrschenden (Funktions)Verständnis der Klagezustellung in einem zivilgerichtlichen Verfahren. Die hauptsächliche und verfassungsrechtlich begründete Funktion der Zustellung liegt in der Benachrichtigung des Beklagten. Daneben steht die auf das zeitlich ältere Common Law gestützte Doktrin der „jurisdiction over the person"[918], die im Grunde ähnliche Ziele verfolgt, aber davon ausgeht, dass die persönliche Klagezustellung notwendig sei, um die Gerichtsgewalt (Zuständigkeit) über den Beklagten zu erlangen.[919]

---

[917] Vgl. *Wright/Miller*, 4A Federal Practice and Procedure, Civil 3d § 1093; ähnlich *Christopher/Kimmelmann*, 2 Bus. & Com. Litig. Fed. Cts. s 17.3 (1998).

[918] Auch als „personal jurisdiction" oder als „jurisdiction in personam" bezeichnet, vgl. nur Restatement (Second) Conflict of Laws, Ch. 3, Introductory Note, (1971 and Supp. 1989). Für „personal jurisdiction" gibt es keinen deckungsgleichen deutschen Begriff, vgl. *Schack*, IZVR, S. 53 (Rdnr. 132); *Hay*, RabelsZ 196, 303, 304. Am ehesten umfasst der Begriff der „personal jurisdiction" noch die Voraussetzungen der deutschen Gerichtsbarkeit und der internationalen Zuständigkeit deutscher Gerichte. Die Doktrin der „personal jurisdiction" gilt aber nicht nur zur „internationalen" Zuständigkeitsbestimmung, sondern auch innerhalb der USA zwischen den Einzelstaaten. Der Ausdruck „Gerichtsgewalt über den Beklagten" kommt dem traditionellen Verständnis der „personal jurisdiction" als körperliche Herrschaftsgewalt (physical power) des Gerichtes am nächsten. Dennoch soll nachfolgend der Begriff der „territorialen Zuständigkeit" gewählt werden, weil er das heutige Verständnis, vgl. dazu *Wright/Miller*, 4 Federal Practice and Procedure, Civil 3d § 1063, am besten widerspiegelt. Zum Begriff der „jurisdiction" ausführlich *Casad/Richman*, Bd. 1, S. 1 ff.

[919] *Mississippi Publishing Corp. v. Murphree*, 326 U.S. 438, 444 (1946): „Service of summons is the procedure by which a court [...] asserts jurisdiction over the person of the party served." *Moore's* Federal Rules Pamphlet 2002, § 4.3[3]: „The service of process is a method by which a court asserts personal jurisdiction." Siehe auch 1 *Moore's* Federal Practice, § 4.02[1] (Matthew Bender 3d ed.).

### a) „Notice"

Der US Supreme Court hat das Funktionsverständnis der Zustellung als Form der Benachrichtigung des Beklagten erst kürzlich im Fall *Henderson v. U.S.*[920] wieder betont:

> „[T]he core function of service is to supply notice of the pendency of a legal action, in a manner and at a time that affords the defendant a fair opportunity to answer the complaint and present defenses and objections."[921]

Das Erfordernis der Benachrichtigung (notice) folgt aus dem „due process"-Gebot der US-Bundesverfassung (U.S. Const. amend. V.).[922] Ein US-Bundesgericht darf dem Beklagten kein Recht ohne ein rechtsstaatliches Verfahren („without due process of law") entziehen. Folglich muss der Beklagte ordnungsgemäß benachrichtigt und ihm die Möglichkeit rechtlichen Gehörs gewährt werden („notice and opportunity to be heard"), bevor das Gericht den Rechtsstreit bindend entscheidet.[923] Die Art und Weise der Klagezustellung regelt im Verfahren vor den Bundesgerichten F.R.Civ.P. 4; auf die einschlägigen Bestimmungen und die Ausprägungen des „due process"-Gebotes wird noch einzugehen sein.[924]

### b) „Method of Asserting Jurisdiction over the Person"

Die Auffassung, die Klagezustellung sei zur Erlangung der Gerichtszuständigkeit über den Beklagten notwendig, ist historisch gewachsen. Nach althergebrachten Common Law-Grundsätzen bedurfte es der körperlichen Herrschaftsgewalt („physical power") des Gerichtes über den Beklagten, um ein bindendes Urteil fällen und durchsetzen zu können.[925] Ein Beklagter, der sich nicht freiwillig der Gerichtsgewalt des Gerichtes unterwarf und nicht vor Gericht erschien, musste folglich vom Sheriff verhaftet werden, um das Erscheinen vor Gericht zu sichern; dies geschah mittels des „writ of *capias ad respondendum*".[926] Daraufhin entwickelte sich die Praxis der US-Gerichte, die Gerichtsgewalt über einen Beklagten nur dann an-

---

920 *Henderson v. U.S.*, 517 U.S. 654, 116 S.Ct. 1638, 134 L.Ed.2d 880 (1996).

921 517 U.S. 654, 672 (1996).

922 U.S. Const. amend. V.: „No person shall be [...] deprived of life, liberty, or property, without due process of law; [...]".

923 *Dusenbery v. U.S.*, 534 U.S. 161, 122 S.Ct. 694, 151 L.Ed.2d 597 (2002); *Mullane v. Central Hanover Trust Co.*, 339 U.S. 306, 70 S.Ct. 652, 94 L.Ed. 865 (1950); Restatement (Second) Conflict of Laws, § 25 (1971 and Supp. 1989).

924 Dazu unten III. Kapitel: §6C.III.

925 Dazu *McDonald v. Mabee*, 243 U.S. 90, 91, 37 S.Ct. 343, 61 L.Ed. 608 (1917).

926 Dazu wieder *Murphy Brothers, Inc. v. Michetti Pipe Stringing, Inc.*, 526 U.S. 344, 350, 119 S.Ct. 1322, 143 L.Ed.2d 448 (1999): „At common law, the writ of *capias ad respondendum* directed the sheriff to secure the defendant's appearance by taking him into custody."

zunehmen, wenn der Beklagte sich innerhalb des Zuständigkeitsbereiches des Gerichtes aufhielt und die Klage ihm dort auch persönlich zugestellt werden konnte.[927] Die persönliche Klagezustellung ersetzte – in der Praxis der Gerichte und mit der Zeit – den *capias ad respondendum*.[928] Auf der Grundlage dieser Entwicklung formulierte der US Supreme Court in *Galpin v. Page*[929] Bedenken gegenüber einem „constructive service by publication". Denn das Common Law betrachtete die „personal citation" als ein Gebot der Sachgerechtigkeit (justice) und ein Urteil, das ohne Beachtung der Common Law-Grundsätze zustande käme, als „judicial usurpation and oppression".[930] Damit verfolgt dieser traditionelle Ansatz in der Sache ein dem „due process"-Gebot der Verfassung entsprechendes Ziel.

Den verfassungsrechtlichen Segen erhielt die Common Law-Doktrin in den USA im Jahre 1877 durch die Entscheidung des US Supreme Court in *Pennoyer v. Neff*[931], deren *ratio* heute zwar durchlöchert, aber noch nicht völlig überwunden ist.[932] In jüngerer Zeit (1990) stellte der US Supreme Court im Fall *Burnham v. Superior Court of California*[933] insoweit klar, dass die althergebrachte Common Law-Doktrin mit dem „due process"-Gebot der Verfassung vereinbar ist. Die Entscheidung in *Burnham* hat damit zu einer gewissen Wiederbelebung der Doktrin geführt. Den entschiedenen Fällen lagen aber Inlandszustellungen an natürliche Personen zugrunde. Die Anwendbarkeit dieses Ansatzes erscheint in Fällen, bei denen die Klagezustellung an auswärtige Beklagte, speziell im Ausland gegründete und dort

---

[927] Vgl. *Friedenthal/Kane/Miller*, S. 98, m.w.N.

[928] *International Shoe Co. v. State of Washington*, 326 U.S. 310, 316, 66 S.Ct. 154, 90 L.Ed. 95 (1945): „[T]he *capias ad respondendum* has given way to personal service of summons or other forms of notice."

[929] *Galpin v. Page*, 18 Wall. 350 (85 U.S.) 350, 21 L.Ed. 959 (1873).

[930] 18 Wall. 350, 369.

[931] 95 U.S. 714, 24 L.Ed. 565 (1877): „A personal judgement is without any validity, if it be rendered by a State court in an action upon money-demand against a non-resident of the State, who was served by a publication of summons, but upon whom no personal service of process within the State was made, and who did not appear; [...]" Grundlage dieser Auffassung war die Annahme („well established principle of public law", S. 722), dass jeder Staat seine Hoheitsrechte nur über Personen und Sachen innerhalb seines Hoheitsgebietes ausüben könne. Der US Supreme Court stützte sich insoweit insbesondere auf *Story*, Commentaries on the Conflict of Laws, c.2 (2d ed. 1841).

[932] Vgl. die Darstellung bei *Friedenthal/Kane/Miller*, S. 96 ff., 162 ff.

[933] *Burnham v. Superior Court of California*, 495 U.S. 604, 110 S.Ct. 2105, 109 L.Ed.2d 631 (1990): Mehrheitsvotum (Scalia, J.); dazu *Otte*, IPRax 1991, 263 und *Peterson*, IPRax 1991, 267.

ansässige juristische Personen, im Ausland zu erfolgen hat, nicht möglich.[934] Die Gerichtspraxis ist jedoch verwirrend und bedarf der näheren Betrachtung.

Abgesehen von der Anwendbarkeit dieser Doktrin lässt sich heute feststellen, dass die Beziehung des Beklagten zum Forum, regelmäßig ein Kriterium zur Bestimmung der Gerichtszuständigkeit, und die Art und Weise der Klagezustellung voneinander getrennt werden. Diese Betrachtungsweise hat sich in den letzten Jahren durchgesetzt und kann heute als herrschend bezeichnet werden.[935] Der US Supreme Court folgt ihr im Prinzip seit der bahnbrechenden Entscheidung in *International Shoe Co. v. State of Washington.*[936] Besonders klar hat der US Supreme Court dieses Prinzip in der für die Bundesgerichte bedeutsamen Entscheidung in *Omni Capitel Int'l v. Rudolf Wolff & Co.*[937] zum Ausdruck gebracht:

> „Thus, before a court may exercise personal jurisdiction over a defendant, there must be [...] *notice to the defendant* and a *constitutionally sufficient relationship between the defendant and the forum.*"[938] (Hervorhebung d. Verf.)

In der bereits erwähnten Entscheidung im Fall *Henderson v. U.S.*[939] erkannte das Gericht die prinzipielle Verschiedenheit der Klagezustellung von der Zuständigkeit auch terminologisch an:

> „Service of process, we have come to understand, is properly regarded *as a matter discrete* from a court's jurisdiction to adjudicate a controversy of a particular kind, [Fn. 19: subject-matter jurisdiction] or against a particular individual or entity. [Fn.20: jurisdiction over persons]"[940] (Hervorhebung d. Verf.)

---

[934] In dieser Hinsicht eindeutig die Stellungnahme von *Casad/Richman*, Bd. 1, S. 121 (§ 2-4): „Personal service gives notice no matter where accomplished, but it serves as a jurisdictional basis only if it is accomplished *within the state.*"

[935] Vgl. insoweit auch schon *Juenger/Reimann*, NJW 1994, 3274 f.

[936] *International Shoe Co. v. State of Washington,* 326 U.S. 310, 66 S.Ct. 154, 90 L.Ed. 95 (1945). Zum Teil werden im Schrifttum Ansätze auch in *Wuchter v. Pizzutti*, 276 U.S. 13, 48 S.Ct. 632, 71 L.Ed. 446 (1928), gesehen, vgl. *Weintraub*, Conflicts of Laws, S. 123 (§ 4.3).

[937] *Omni Capitel Int'l v. Rudolf Wolff & Co.*, 484 U.S. 97, 104, 108 S.Ct. 404, 98 L.Ed.2d 415 (1987).

[938] 484 U.S. 97, 103-104. Im Fall wurde eine britische Gesellschaft in den USA verklagt. Im Zeitpunkt der Entscheidung existierte allerdings keine gesetzliche Ermächtigung des Bundes zur Zustellung über den Einzelstaat hinaus innerhalb der gesamten USA (nationwide service of process). Die Ermächtigung im einzelstaatlichen „long-arm statute" (Louisiana) waren nicht erfüllt; der US Supreme Court lehnte es auch ab, eine solche richterrechtlich zu entwickeln. Folglich fehlte dem Instanzgericht die „personal jurisdiction".

[939] *Henderson v. U.S.*, 517 U.S. 654, 116 S.Ct. 1638, 134 L.Ed.2d 880 (1996).

[940] 517 U.S. 654, 671 (1996). Im Fall ging es um die Rechtzeitigkeit der Zustellung einer zivilen Schadensersatzklage, die ein Seemann gegen die USA auf der Grundlage des Admiralty Act (46 U.S.C. App. § 741 ff.) wegen einer an Bord eines im Eigentum der USA stehenden Schiffes erlittenen Verletzung erhoben hatte. Entscheidungserheblich war die Frage, ob F.R.Civ.P. 4 (m),

Im Schrifttum wird im Anschluss an die Rechtsprechung ebenfalls zwischen „nexus" und „notice" als zwei selbständige Anforderungen des verfassungsrechtlichen „due process"-Gebotes unterschieden[941]: Während „nexus", verstanden als hinreichender Kontakt des Beklagten zum Forum, die verfassungsrechtliche Grundlage der Zuständigkeit („constitutional basis for jurisdiction") bilde, sei „notice and opportunity to be heard" gleichermaßen notwendig, um die Gerichtsgewalt verfassungskonform auszuüben („constitutional exercise of jurisdiction").[942] Zum Teil finden sich auch andere Formulierungen, die grundsätzliche Trennung wird aber nicht bestritten.[943]

Das Advisory Committee des US Supreme Court, das für die Federal Rules verantwortlich zeichnet, ist dem Ansatz offenbar ebenfalls gefolgt. So unterscheiden die Federal Rules den Antrag auf Klageabweisung wegen „lack of jurisdiction over the person" (F.R.Civ.P. 12 (b) (2)) von einem Antrag wegen „insufficiency of service of process" (F.R.Civ.P. 12 (b) (5)).[944] Letzterer wäre überflüssig, wenn jeder Fall eines Zustellungsmangels zugleich auch einen Fall eines Zuständigkeitsmangels begründen würde.

Lediglich die anwaltliche und instanzgerichtliche Praxis folgt dieser Unterscheidung (noch) nicht immer stringent.[945] Die Terminologie ist häufig uneinheitlich und

---

die eine Zustellung innerhalb von 120 Tagen zulässt, die Bestimmung im Admiralty Act (46 U.S.C. App. § 742), die eine Zustellung „forthwith" vorsieht, in verfassungsrechtlich zulässiger Weise ersetzt hatte. Dazu musste sich die Regelung im vorgegebenen Rahmen des Rules Enabling Act (28 U.S.C. §§ 2071 ff.) halten, der den Erlass von „general rules of practice and procedure" vorsieht, soweit diese keine „substantive rights" beeinträchtigen. Nach Ansicht der Beklagten konnte F.R.Civ.P. 4 (m) die Bestimmung im Admirality Act nicht ersetzen, weil diese „jurisdictional" sei und „substantive rights" beeinflusse. Das Mehrheitsvotum (*Ginsburg*, J.) folgte dem nicht. Vielmehr entschied sich die Mehrheit für die Auffassung, „Rule 4" und insbesondere „manner and timing of serving process generally" als „nonjurisdictional matters of ‚procedure'" zu betrachten (S. 656). Folglich konnte F.R.Civ.P. 4 (m), durch die Ermächtigungsgrundlage im Rules Enabling Act gedeckt, die Bestimmung im Admiralty Act (46 U.S.C. App. § 742) in verfassungsrechtlich zulässiger Weise ersetzen. Das Minderheitsvotum (*Thomas*, J.) betrachtet zumindest diesen Fall der Zustellung als „waiver of sovereign immunity" und deshalb als „jurisdictional" (S. 678).

[941] Besonders klar *Weintraub*, Conflicts of Laws, S. 121 f. (§ 4.3), und *Casad/Richman*, Bd. 1, S. 6 (§ 1-1): „*basis* and *process*". Ähnlich *Friedenthal/Kane/Miller*, S. 170; *Wright/Miller*, 4 Federal Practice and Procedure, Civil 3d § 1063.

[942] Vgl. *Weintraub*, Conflicts of Laws, S. 121 f. (§ 4.3).

[943] Vgl. *Blumberg*, S. 51, 203: „Jurisdiction (amenability to service of process) and service (validity of service of process) are separate matters."

[944] Vgl. *Wright/Miller*, 5A Federal Practice and Procedure, Civil 2d § 1353.

[945] Vgl. *Wright/Miller*, 5A Federal Practice and Procedure, Civil 2d § 1353, zitiert als typischen Fall *Golden Belt Mfg. Co. v. Janler Plastic Mold Corp.*, 281 F.Supp. 368 (D.C.N.C. 1967), aff'd, 391 F.2d 266 (C.A. 4th 1968): Der Antrag lautete hier auf motion to dismiss "for lack of jurisdiction

verwirrend. Insbesondere der Begriff der „personal jurisdiction“ wird meist ohne Bedacht in einem weiteren, d.h. in einem über die Beziehung des Beklagten zum Forum hinausgehenden auch die wirksame Zustellung an den Beklagten umfassenden Sinne gebraucht. Hier scheint noch immer das alte Common Law-Verständnis nachzuwirken. In einigen neueren Urteilen zeichnet sich jedoch ein Trend in die vom US Supreme Court und dem Schrifttum eingeschlagene Richtung ab.[946]

## 2. Fortgang im Fall der gescheiterten Auslandszustellung

Die Argumentation des BVerfG wie die des OLG Frankfurt a.M. im geschilderten Fall wirft zentral die Frage auf, welchen Fortgang das US-Verfahren nimmt, wenn kein Zustellungszeugnis zu erlangen war bzw. die Zustellung an den deutschen Beklagten in Deutschland aufgrund der Ablehnung der Erledigung des Zustellungsersuchens gescheitert ist.

Zunächst ist zu bemerken, dass eine zeitliche Verzögerung einer Auslandszustellung für sich genommen grundsätzlich nicht zur Klageabweisung von Amts wegen führen kann. Zwar muss auch bei Auslandszustellungen die Zustellung nachgewiesen werden (F.R.Civ.P. 4 (l)).[947] Ein Nachweismangel macht die Zustellung jedoch nicht unwirksam.[948] Die Federal Rules sehen anders als für eine Inlandszustellung ausdrücklich auch kein Zeitlimit für die Auslandszustellung vor (F.R.Civ.P. 4 (m) S. 2).[949] Die Ausnahme soll nach Ansicht einiger Instanzgerichte nur dann nicht gelten, wenn nicht einmal der Versuch einer Zustellung im Ausland unternommen und vom Kläger vorgetragen wurde.[950]

---

over the person of defendant by reason of insufficient service of process“ (F.R.Civ.P. 12 (b) (5)). Typisch für den Gebrauch des Begriffes „jurisdiction“ insoweit auch 1 *Moore's* Federal Practice, § 4.02[1] (Matthew Bender 3d ed.); *Christopher/Kimmelmann*, 2 Bus. & Com. Litig. Fed. Cts. s 17.3 (1998).

946 *McCurdy v. American Board of Plastic Surgery*, 157 F.3d 191 (3rd Cir. 1998); F.*Daniel, M.D., v. American Board of Emergency Medicine*, 988 F.Supp. 127, 277 (D.N.Y. 1997): Weil die Rügen „related“, aber „not identical“ seien, soll sogar ein Verzicht auf die Rüge eines Zustellungsmangels vorliegen, wenn nur die fehlende „personal jurisdiction“ des Gerichts rechtzeitig gerügt wurde.

947 Vgl. 1 *Moore's* Federal Practice, § 4.101-2 (Matthew Bender 3d ed.).

948 In einigen Distrikten gibt es Local Rules, nach denen der Zustellungsnachweis innerhalb einer festgesetzten Frist nach Zustellung bei Gericht eingereicht sein muss, vgl. dazu 1 *Moore's* Federal Practice, § 4.104 (Matthew Bender 3d ed.).

949 F.R.Civ.P. 4 (m) S. 2: „This subdivision does not apply to service in a foreign country pursuant to subdivision (f) or (j) (1).“ Siehe dazu auch *Lucas v. Natoli*, 936 F.2d 432 (9th Cir. 1991); *Pennsylvania Orthopedic Association v. Mercedes-Benz A.G.*, 160 F.R.D. 58 (E.D.Pa. 1995), *Frederick v. Hydro-Aluminium S.A.*, 153 F.R.D. 120 (E.D.Mich. 1994).

950 *Thayer v. Dial Industries Sales, Inc.*, 85 F.Supp.2d 263 (D.N.Y. 2000); *Goodstein v. Bombardier Capital, Inc.*, 167 F.R.D. 662, 665 f. (D.Vt. 1996): In diesem Fall hatten die Kläger jedoch nicht einmal vorgetragen, einen Versuch der Zustellung an die in Kanada ansässige Beklagte auf der

Das weitere Verfahren hängt deshalb zu weiten Teilen davon ab, ob und wie sich der Beklagte auf das Verfahren einlässt. Dementsprechend ist hier zu differenzieren.

### a) *Fallvariante 1: Der Beklagte lässt sich nicht ein*

Hat der Kläger die Klage bei Gericht eingereicht und lässt sich der Beklagte nicht auf das Verfahren ein, so richtet sich die Rechtsfolge zunächst nach dem staatsvertraglichen Recht des HZÜ. Denn das anwendbare HZÜ regelt diesen Fall ausdrücklich in Art. 15 Abs. 1. Das HZÜ verdrängt das autonome US-Recht jedoch nicht vollständig. Unter den Voraussetzungen des Art. 15 Abs. 2 HZÜ kann das Verfahren nach autonomen US-Prozessrecht fortgesetzt werden; die USA haben entsprechend optiert.

#### aa) *Aussetzung des Verfahrens ohne Zustellungszeugnis (Art. 15 Abs. 1, 2 HZÜ)*

Solange sich der Beklagte nicht auf das Verfahren einlässt und dem Gericht kein Zustellungszeugnis der deutschen „Zentralen Behörde" („Certificate")[951] vorgelegt wird, ist das Verfahren auszusetzen (Art. 15 Abs. 1 lit. a HZÜ).[952] Die Rechtslage ist insoweit eindeutig.

Das Verfahren kann ohne das Zustellungszeugnis der deutschen „Zentralen Behörde" frühestens nach 6 Monaten seit der Absendung des Schriftstückes fortgesetzt werden (Art. 15 Abs. 2 lit. b HZÜ).[953] Als weitere Voraussetzung verlangt Art. 15 Abs. 2 HZÜ, dass die Ladung und die Klageschrift der deutschen „Zentralen Behörde" im Verfahren nach Art. 5 HZÜ übermittelt wurde (lit. a), und dass trotz aller zumutbaren Schritte bei der zuständigen „Zentralen Behörde" in

---

Grundlage des anwendbaren HZÜ unternommen zu haben. Das Gericht verneinte folglich die Voraussetzungen von F.R.Civ.P. 4 (m), S. 2, prüfte stattdessen die Voraussetzungen für eine Verlängerung des Zeitlimits gem. F.R.Civ.P. 4 (m), S. 1, und bejahte diese im Ergebnis. Vgl. auch 1 *Moore's* Federal Practice, § 4.52[3] (Matthew Bender 3d ed.); a.A. wohl *Wright/Miller*, 4B Federal Practice and Procedure, Civil 3d § 1137.

951 Vgl. zur Form des Zustellungszeugnisses Art. 6 Abs. 1 HZÜ und das „Muster" im Anhang zum Übereinkommen (BGBl. 1977 II, 1464). Das „Certificate" entspricht dem in F.R.Civ.P. 4 (l) S. 3 geforderten Nachweis, *Northrup King Co. v. Compania Productora Semillas Algodoneras Selectas, S.A.*, 51 F.3d 1383 (8th Cir. 1995); *Wright/Miller*, 4B Federal Practice and Procedure, Civil 3d § 1136.

952 Ein sonst wie erlangtes Zeugnis einer tatsächlich erfolgten Übergabe (Art. 15 Abs. 1 lit. b HZÜ) ist insoweit unmaßgeblich, da Zustellungen nur über die zuständige „Zentrale Behörde" in Deutschland bewirkt werden können (Art. 5 HZÜ) und mithin im Verhältnis der USA zur BR Deutschland kein „anderes" Verfahren „vorgesehen" ist.

953 Die USA haben eine entsprechende Erklärung abgegeben, vgl. Declaration of August 24, 1967, para. 3, abgedruckt in: 16 I.L.M. 1349 (1977).

Deutschland kein Zeugnis zu erlangen war (lit. c). Aus der veröffentlichten Praxis der US-Gerichte lässt sich wenig für die Anwendung dieser Vorschrift entnehmen. In einem Fall erkannte ein Gericht ein Schreiben der israelischen „Zentralen Behörde", das Zustellungsersuchen sei nicht von der richtigen Behörde gestellt worden, nicht als ein solches Zeugnis im Sinne der Vorschrift an. Folglich betrachtete sich das Gericht auch nicht durch das Übereinkommen am Erlass eines Versäumnisurteils (default judgment) gehindert.[954]

*bb) Fortsetzung des Verfahrens und Risiken einer Säumnisentscheidung*

Mit Fortsetzung des Verfahrens könnte der Kläger, dessen Auslandszustellung fehlgeschlagen ist, geneigt sein, gegen den Beklagten, der sich nicht eingelassen hat, ein Versäumnisurteil (default judgment) zu erwirken.

Für den Erlass eines Versäumnisurteils bedarf es zunächst eines Eintrags der Säumnis (entry of default, F.R.Civ.P. 55 (a)).[955] Der „entry of default" hat zur Folge, dass alle ordnungsgemäß vorgebrachten (wellpleaded) Behauptungen in der Klageschrift als zugestanden gelten.[956] Der antragstellende Kläger muss die Tatsache der Säumnis durch eidesstattliche Erklärung oder in sonstiger Weise (affidavit or otherwise) dartun; der zuständige Gerichtsangestellte (Clerk) muss sich davon überzeugen, dass der Beklagte nicht auf die Klage erwidert oder sich sonst verteidigt hat (has failed to plead or otherwise defend).[957] Die US-Gerichte verlangen zudem, dass die Klage dem Beklagten ordnungsgemäß zugestellt[958] wurde und das Bundesgericht zuständig[959] ist. Eine mangelhafte Zustellung steht somit dem Eintrag der Säumnis entgegen. Erklärt der Kläger bzw. dessen Anwalt der Wahrheit zuwider, die Zustellung an den Beklagten sei erfolgt, so kann dieses Fehlverhalten die Verhängung einer Kostensanktion nach F.R.Civ.P. 11 nach sich ziehen.[960]

---

954 *Marschhauser v. Travelers Indemnity Co.*, 145 F.R.D. 605 (S.D. Fla. 1992): „[T]he court must be certain that no certificate of any kind has been received by the defendant."

955 *Johnson v. Dayton Elec. Mfg. Co.*, 140 F.3d 781 (8th Cir. 1998): „prerequisite"; *Dahl v. Kanawha Investment Holding Co.*, 161 F.R.D. 673 (N.D.Iowa 1995): „first [of two] step[s]".

956 *Taylor Made Golf Co. v. Carsten Sports, Ltd.*, 175 F.R.D. 658 (S.D.Cal. 1997); *Wing v. Easter River Chinese Restaurant*, 884 F.Supp. 663 (E.D.N.Y. 1995).

957 F.R.Civ.P. 55 (a).

958 *Maryland State Firemen's Assocciation v. Chaves*, 166 F.R.D. 353 (D.Md. 1996); *Dahl v. Kanawha Investment Holding Co.*, 161 F.R.D. 673 (N.D.Iowa 1995); *Wright/Miller/Kane*, 10A Federal Practice and Procedure, Civil 3d § 2682.

959 *Patray v. Northwest Pub., Inc.*, 931 F.Supp. 865 (D.C.Ga. 1996); ebenso *Wright/Miller/Kane*, 10A Federal Practice and Procedure, Civil 3d § 2682; *Baicker-McKee/Janssen/Corr*, Rule 55, S. 776: "[T]he district court must enjoy subject matter jurisdiction and either personal or quasi-in-rem/in-rem jurisdiction over the defaulting party."

960 *Gas Reclamation, Inc. v. Jones*, 113 F.R.D. 1 (S.D.Tex. 1985).

Der Beklagte kann dennoch nicht blind darauf vertrauen, dass gegen ihn kein Säumniseintrag erfolgt und kein Versäumnisurteil erlassen wird. Zum einen gibt es Fälle, in denen ein Säumniseintrag trotz eines Zustellungsmangels erfolgte.[961] Ein solcher kann zwar vom Gericht beseitigt werden (setting aside default, F.R.Civ.P. 55 (c)).[962] Der auswärtige Beklagte muss allerdings tätig werden und die mangelhafte Zustellung vor Gericht vortragen (for good cause shown).[963] Selbst wenn der Gerichtsangestellte gewissenhaft prüfen sollte und einen „entry of default" versagt, so wäre der Kläger gleichwohl nicht daran gehindert, zumindest jetzt eine anderweitige Benachrichtigung des Beklagten herbeizuführen, die den Anforderungen des US-Rechts an eine ordnungsgemäße Zustellung genügt.[964]

Dem Erlass eines Versäumnisurteils steht letztlich auch nicht der Umstand entgegen, dass die Klage, wie im vorliegenden Fall, auf die Verurteilung zu einer unbestimmten oder nicht berechenbaren Summe (a sum certain or a sum which can by computation be made certain) gerichtet ist. Ein solcher Antrag wirkt sich nur in der gerichtsinternen Zuständigkeit und im nachfolgenden Verfahren aus. Denn über den Antrag entscheidet das Gericht (Court), nicht der Gerichtsangestellte (Clerk).[965] Das Gericht kann nach seinem Ermessen eine Anhörung (hearing) abhalten, sich auf eidesstattliche Erklärungen (affidavits) oder vorgelegte Schriftstücke (documentary evidence) stützen oder eine Jury entscheiden lassen (jury trail).[966] Der Beklagte, der sich gar nicht eingelassen hat, muss auch nicht über die anstehende Entscheidung benachrichtigt werden.[967]

Weiterhin ist zu beachten, dass ein einmal ergangenes Versäumnisurteil solange bestehen und vollstreckbar bleibt, bis es auf Antrag des Beklagten aufgehoben wurde (F.R.Civ.P. 60 (b)). Ein Versäumnisurteil, das ergangen ist, ohne dass dem

---

[961] Vgl. die Nachweise in Fn. 958.

[962] *Maryland State Firemen's Association v. Chaves*, 166 F.R.D. 353, 355 (D.Md. 1996): "Since service of process was invalid, the Clerk's Entry of Default was improper and the Court will set it aside."

[963] F.R.Civ.P. 55 (c). Das rasche Handeln des Beklagten ist regelmäßig ein Kriterium, welches die Gerichte ihrer Ermessensentscheidung zugrunde legen, *Lacy v. Sitel Corp.*, 227 F.3d 290 (5th Cir. 2000); weitere „equitable criteria" bei *Baicker-McKee/Janssen/Corr*, Rule 55, S. 780 f.

[964] Zu den Möglichkeiten einer alternativen Zustellung unten III. Kapitel: §6C.III.3.

[965] F.R.Civ.P. 55 (b) (1), (2). Siehe auch *Combs v. Coal & Mineral Management Services, Inc.*, 105 F.R.D. 472, 474 f. (D.D.C. 1984): Eine erst zu schätzende („matter of estimation") oder vom Gericht zu bestimmende („judgment call") Summe ist, wie im Falle einer „a reasonable attorney's fee", keine „sum certain". *U.S. v. Miller*, 9 F.R.D. 506 (D.C.Pa. 1949): Der Kläger kann im Falle von "treble damages" auch nicht einfach eine spezifische Summe ansetzen, beispielsweise, in dem er einen bestimmten Betrag herausgreift (monthly sales sheet) und hochrechnet.

[966] Vgl. *Wright/Miller/Kane*, 10A Federal Practice and Procedure, Civil 3d § 2688; *Baicker-McKee/Janssen/Corr*, Rule 55, S. 778 (Fn. 13) m.w.N.

[967] Vgl. *Wright/Miller/Kane*, 10A Federal Practice and Procedure, Civil 3d § 2687.

Beklagten die Klage ordnungsgemäß zugestellt wurde, verstößt unbestritten gegen das „due process"-Gebot der Verfassung und ist insoweit nichtig (void judgment).[968] Das Urteil muss auf Antrag (motion to vacate the default judgment) aufgehoben werden (F.R.Civ.P 60 (b) (4)). Das Gericht hat bei der Entscheidung über einen entsprechenden Antrag kein Ermessen.[969] Der Antrag kann zeitlich unbegrenzt gestellt werden.[970]

### *b) Fallvariante 2: Der Beklagte lässt sich ein und rügt die gescheiterte Auslandszustellung*

Der Beklagte kann sich auch dafür entscheiden, sich auf das Verfahren einzulassen.[971] Dabei hat er grundsätzlich die Option, die gescheiterte Zustellung als Verfahrensmangel zu rügen oder sich auch zur Sache einzulassen.

Hinsichtlich der gescheiterten Auslandszustellung ist zu bedenken, dass ein Bundesgericht den Zustellungsmangel nicht von sich aus beachten und zum Anlass für eine Klagezurückweisung nehmen wird.[972] Der Beklagte muss den Zustellungsmangel vielmehr (rechtzeitig) rügen. Um eine extensive „discovery" zu vermeiden und eine schnellstmögliche Beendigung des Verfahrens zu erreichen, ist demnach

---

968 Vgl. Restatement (Second) Conflict of Laws, § 25 (1971 and Supp. 1989); *Wright/Miller/Kane*, 10A Federal Practice and Procedure, Civil 2d § 2862; *Baicker-McKee/Janssen/Corr*, Rule 60, S. 843 (Fn. 27). Ob es insoweit an „notice and opportunity to be heard" oder an „personal jurisdiction" mangelt, entscheidet der Einzelfall, zur Abgrenzung unten III. Kapitel: §6B.II.2.b). Zum Teil behandeln die Instanzgerichte eine mangelhafte Zustellung („service of process") als Mangel der „personal jurisdiction", vgl. *Printed Media Services v. Solna Web, Inc.*, 11 F.3d 839 (8th Cir. 1993): Im Fall wurde die Klage lediglich dem Zustellungsbevollmächtigten einer Gesellschaft im Forumstaat zugestellt, der nicht als Bevollmächtigter für die eigentlich beklagte auswärtige Gesellschaft agierte. Gleichwohl gab das Bundesgericht dem Antrag der Klägerin auf „default judgment" statt. Das Berufungsgericht hob diese Entscheidung wegen fehlender „personal jurisdiction" des Bundesgerichts auf.

969 *Carter v. Fenner*, 136 F.3d 1000 (5th Cir. 1998), cert. denied, 525 U.S. 1041, 119 S.Ct. 591, 142 L.Ed.2d 534 (1998); *Wright/Miller/Kane*, 10A Federal Practice and Procedure, Civil 2d § 2862.

970 *Hertz Corp. v. Alamo Rent-A-Car, Inc.*, 16 F.3d 1126 (11th Cir. 1994); *Wright/Miller/Kane*, 10A Federal Practice and Procedure, Civil 2d § 2862.

971 Eine Nichteinlassung könnte den Beklagten bei niedrigen Klagesummen unter Umständen kostenmäßig günstiger kommen. Bedenkenswert sind aber neben dem eigentlichen Urteilsbetrag und den sonstigen Verfahrenskosten die weiteren „Verfahrenswirkungen", insbesondere die in der Öffentlichkeit. Letztlich wird man hier keine allgemeingültige Aussage treffen können. Zu verfahrenstaktischen Erwägungen *Haig*, in: Palermo, S. 165, 209; *Grossmann*, AnwBl. 1994, 504, 505; *Schwung*, AnwBl. 1993, 436, 437.

972 *United Services Automobile Association v. Germantown Savings Bank*, 449 F.Supp. 901 (D.C.Pa. 1978): „In any event, defective service of process, unlike the absence of subject-matter jurisdiction, is not a matter to be raised by district court *sua sponte*." Ebenso *Wright/Miller*, 5A Federal Practice and Procedure, Civil 2d § 1347, 1353; *Baicker-McKee/Janssen/Corr*, Rule 12, S. 303.

ein Antrag auf Klagezurückweisung (motion to dismiss) zu erheben.[973] Als Grundregel ist hierbei zu beachten, dass alle bestehenden Rügen möglichst rasch und gleichzeitig vorzubringen sind (consolidation of defenses).[974] Wegen mangelhafter Zustellung sind der Sache nach zwei Verfahrensrügen denkbar: „insufficiency of service of process" und „lack of jurisdiction over the person".

*aa) Antrag auf Klagezurückweisung wegen Zustellungsmangels (Insufficiency of Service of Process)*

Die mangelnde Zustellung („insufficiency of service of process") bildet einen eigenständigen Verfahrenseinwand (defense) des Beklagten (F.R.Civ.P. 12 (b) (5)).[975] Der Beklagte hat grundsätzlich zwei Möglichkeiten, einen Zustellungsmangel zu rügen. Die Rüge kann entweder mittels eines eigenen Antrages (motion) noch vor Klageerwiderung (answer) oder spätestens in dieser selbst vorgebracht werden.[976]

Für die Klageerwiderung hat der Beklagte grundsätzlich 20 Tage ab Zustellung Zeit, soweit gesetzlich oder kraft richterlicher Anordnung keine anderweitige Frist vorgesehen ist.[977] Einige Gerichte verlangen, dass ein „motion to dismiss" wegen eines Zustellungsmangels innerhalb von 20 Tagen nach Zustellung erfolgen muss.[978] Unterbleibt die Rüge des Beklagten ganz oder erfolgt sie nicht rechtzeitig, dann gilt dies als Verzicht (waiver) (F.R.Civ.P. 12 (h) (1) (A), (g)). Andererseits soll aus Gründen des „due process" nicht von einem wirksamen Verzicht ausgegangen werden, wenn der Zustellungsmangel derart gravierend war, dass der Beklagte nicht einmal von der Möglichkeit des Einwandes wissen konnte.[979] Folglich kann und muss die Rüge nur dann nicht innerhalb der 20 Tage-Frist erfolgen, wenn gar keine Zustellung vorliegt und der Beklagte keine (anderweitige) Kenntnis von der Klage

---

[973] Zu prozessualen Risiken *Boland/Friedman*, in: Palermo, S. 19, 25 f.: Möglichkeit der Umdeutung (conversion) in Sachantrag auf „summary judgment"; Eröffnung der Möglichkeit für den Kläger mit Erlaubnis des Gerichts, die Klage nachzubessern; Kosten.

[974] Vgl. *Wright/Miller*, 5A Federal Practice and Procedure, Civil 2d § 1347.

[975] F.R.Civ.P. 12 (b) (4) („insufficiency of process") erfasst hingegen die Fälle, bei denen die Ladung oder die Klageschrift an formalen Fehlern leiden, vgl. *Wright/Miller*, 5A Federal Practice and Procedure, Civil 2d § 1353; *Baicker-McKee/Janssen/Corr*, Rule 12, S. 302.

[976] F.R.Civ.P. 12 (b) S. 1, 2. Hinsichtlich der Form muss der Beklagte die „local rules" (F.R.Civ.P. 83) des jeweiligen Gerichtes beachten, vgl. *Baicker-McKee/Janssen/Corr*, Rule 12, S. 286.

[977] F.R.Civ.P. 12 (a) (1) (A). Die Regelung gilt auch für auswärtige Beklagte, vgl. *Wright/Miller*, 4B Federal Practice and Procedure, Civil 3d § 1134.

[978] *Granger v. Kemm, Inc.*, 250 F.Supp. 644 (D.C.Pa. 1966).

[979] *Corestates Leasing, Inc., v. Wright-Way Express, Inc.*, 190 F.R.D. 356, 357 f. (E.D.Pa. 2000), zitiert *Pusey v. Dallas Corp.*, 938 F.2d 498 (4th Cir. 1991): Im entschiedenen Fall kannte der Beklagte aber den Mangel (Zeitüberschreitung), rügte diesen gleichwohl nicht rechtzeitig und wurde deshalb so behandelt, als habe er auf die Geltendmachung verzichtet.

hatte.[980] Kann nur der Nachweis der Zustellung nicht (rechtzeitig) erbracht werden, so soll dies nicht ohne weiteres zu einer Fristverlängerung führen.[981] Bei Auslandszustellungen in Deutschland kann grundsätzlich nur das von der deutschen „Zentralen Behörde“ ausgefüllte Zustellungszeugnis (Certificate) den Nachweis der Zustellung erbringen (F.R.Civ.P. 4 (l) S. 3).[982] Der US-Richter wird bei Fehlen des Zustellungszeugnisses von einer gänzlich fehlenden Zustellung ausgehen müssen. Demnach beginnt die Frist ohne Zustellungszeugnis nicht zu laufen, es sei denn, der Beklagte hat anderweitig von der Klage und der Möglichkeit der Zustellungsrüge Kenntnis erlangt. Insoweit könnte eine gleichzeitig oder später erfolgte (übereinkommenswidrige) postalische Zustellung an Bedeutung erlangen.

Die Gerichte verlangen zudem, dass der antragstellende Beklagte den Zustellungsmangel spezifiziert.[983] Behauptet der Beklagte eine Verletzung autonomen US-Zustellungsrechts, so schließt dies beispielsweise nicht automatisch die Rüge der Verletzung des HZÜ ein.[984] Der Beklagte tut deshalb gut daran, den Zustellungsmangel unter Angabe der verletzten Vorschrift zu rügen. Auf die Rüge des Beklagten hin obliegt es dem Kläger, die Tatsachen für eine wirksame Zustellung *prima facie* darzutun.[985]

Rügt der Beklagte den Zustellungsmangel in einem eigenen Antrag, so kann er als Antragsziel entweder die Verwerfung der Klage (motion to dismiss) oder die Aufhebung einer fehlerhaften Zustellung und eine erneute, nun rechtsförmliche Zustellung (motion to quash service) beantragen. Die Gerichte betrachten es allerdings als „general rule“, eine fehlerhafte Zustellung nur dann aufzuheben (und dem Kläger damit die Möglichkeit einer erneuten Zustellung zu eröffnen), wenn die Zustellung noch ordnungsgemäß bewirkt werden kann (reasonable prospect of proper service). Wäre eine erneute Zustellung allerdings sinnlos (futile), dann soll die Klage

---

980 In diesem Sinne *Wright/Miller*, 5A Federal Practice and Procedure, Civil 2d § 1391.

981 F.R.Civ.P. 4 (l) S. 4: „Failure to make proof of service does not affect the validity of service.“ Vgl. *Wright/Miller*, 4B Federal Practice and Procedure, Civil 3d § 1130.

982 *Northrup King Co. v. Compania Productora Semillas Algodoneras Selectas, S.A.*, 51 F.3d 1383 (8th Cir. 1995): „*prima facie* evidence“; *Wright/Miller*, 4B Federal Practice and Procedure, Civil 3d § 1136.

983 *O'Brien v. O'Brien & Associates, Inc.*, 998 F.2d 1394 (7th Cir. 1993); *Photolab Corp. v. Simplex Specialty Co.*, 806 F.2d 807 (8th Cir. 1986).

984 *Photolab Corp. v. Simplex Specialty Co.*, 806 F.2d 807, 811 (8th Cir. 1986): In diesem Fall wurde die Klage an die deutschen Beklagten per „international certified mail“ gesendet. Der US-Anwalt der Beklagten rügte (ohnehin erst nach mehr als 10 Monaten) zunächst nur, die Zustellung sei nicht vom Gerichtsangestellten abgesendet und den Beklagten nicht persönlich zugestellt worden. Auf die Verletzung des HZÜ durch die Direktzustellung konnten sich die Beklagen später nicht mehr berufen, weil diese nun zu spät erfolgt war.

985 *Grand Entertainment Group, Ltd. v. Star Media Sales, Inc.*, 988 F.2d 476 (3rd Cir. 1993).

zurückgewiesen werden.[986] Selbst wenn der Beklagte deshalb einen „motion to dismiss" stellt, muss er damit rechnen, dass ein US-Gericht diesem nicht stattgibt und den Antrag stattdessen in einen „motion to quash" umdeutet[987] oder dem Kläger Gelegenheit zur erneuten Zustellung gibt[988]. Wird dem umgedeuteten Antrag (motion to quash) stattgegeben, so ist der Kläger zu einer erneuten, nun rechtsförmlichen Zustellung angehalten, wenn er die Zurückweisung seiner Klage wegen Verjährung (limitation) abwenden will.[989] Schafft der Kläger die erneute Zustellung nicht rechtzeitig, so hat der Beklagte den Prozess nicht nur verzögert, sondern vollständig abgewehrt. Bei verjährtem Anspruch ist eine erneute Klage unzulässig.[990]

Eine Klagezurückweisung infolge eines Zustellungsmangels wird damit nur selten zu erreichen sein. Selbst bei einem „dismissal" ist der Kläger nicht gehindert, die Klage komplett noch einmal zu erheben[991], es sei denn, der Anspruch ist verjährt.

*bb) Antrag auf Klagezurückweisung wegen Zuständigkeitsmangels (Lack of Jurisdiction over the Person)*

Die Federal Rules eröffnen dem Beklagten auch die Möglichkeit, einen Mangel der Zuständigkeit des Gerichts zu rügen: F.R.Civ.P. 12 (b) (2) sieht den Verfahrenseinwand des „lack of jurisdiction over the person" vor. Eine mangelhafte Zustellung kann sich auch nach traditioneller Doktrin nur in bestimmten Fällen auch auf die „jurisdiction" des Gerichts auswirken; für welche Fälle dies auch heute noch zutrifft, wird noch eigens darzustellen sein.[992]

Auch die „jurisdictional objection" kann vor der Klageerwiderung zur Entscheidung des Gerichtes gestellt werden, indem die Zurückweisung der Klage beantragt wird (motion to dismiss). Will der Beklagte sich die Rüge für eine spätere Entscheidung vorbehalten, so kann er sie auch als Einwendung (defense) in seine erste Klageerwiderung (answer) einbauen. Dies kann sich dann als taktisch günstig erweisen, wenn im Zeitpunkt der späteren (stattgebenden) Entscheidung der Kläger

---

[986] *Dahl v. Kanawha Investment Holding Co.*, 161 F.R.D. 673, 681 (N.D. Iowa 1995), zitiert *Gregory v. United States Bankruptcy Court*, 942 F.2d 1498, 1500 (10th Cir. 1991).

[987] *Teknekron Management, Inc. v. Quante Fernmeldetechnik GmbH*, 115 F.R.D. 175 (D. Nev. 1987).

[988] *Vorhees v. Fischer & Krecke*, 697 F.2d 574 (4th Cir. 1983); *Harris v. Browning-Ferris Industries Chemical Services, Inc.*, 100 F.R.D. 775 (M.D.La. 1984).

[989] Vgl. *Jacklin*, 112 A.L.R.Fed. 241 ff. (1993).

[990] *Burks v. Griffith*, 100 F.R.D. 491 (N.D.N.Y. 1984); *Stoehr v. American Honda Motor Co., Inc.*, 429 F.Supp. 763 (D.Nebraska 1977).

[991] Vgl. *Wright/Miller*, 5A Federal Practice and Procedure, Civil 2d § 1354.

[992] Siehe dazu speziell III. Kapitel: §6C.II.1.

nicht mehr in der Lage wäre, eine neue Klage zu erheben.[993] Das Vorbringen erst in der Klageerwiderung führt auch nicht in jedem Fall zur Annahme eines Rügeverzichts. Denn die vor den einzelstaatlichen Gerichten übliche Unterscheidung in „special appearance", also die Einlassung nur zur Rüge des Verfahrens, und „general appearance", die Einlassung allgemein, gilt vor Bundesgerichten nicht.[994] Dennoch muss der Beklagte beachten, dass er sich nicht widersprüchlich verhält und ihm sein eigenes Prozessverhalten als Verzicht (implied waiver) ausgelegt wird.[995] Ein solcher Fall kann insbesondere dann anzunehmen sein, wenn der Beklagte andere Verfahrensrügen vorab in einem eigenen Antrag erhebt, die „jurisdictional objection" hingegen nicht (F.R.Civ.P. 12 (g)). Erfolgt keine der beiden Varianten (rechtzeitig[996]), so wird der Beklagte in jedem Fall so behandelt, als habe er auf die Rüge verzichtet (waiver) (F.R.Civ.P. 12 (h) (1)).

Dem Antrag des Beklagten kann nur stattgegeben werden, wenn außer Zweifel steht, dass der Kläger gar keine Tatsachen vortragen kann, die seinen Antrag stützen.[997] Für den darlegungspflichtigen Kläger genügt es, auf dieser Stufe die hierfür erforderlichen Tatsachen *prima facie* darzutun (burden of making a *prima facie* showing).[998] Das Gericht kann auch Tatsachen außerhalb der „pleadings" heranziehen, ein „preliminary hearing" (F.R.Civ.P. 12 (d)) und gegebenenfalls eine eigene Beweisermittlung (jurisdictional discovery)[999] anordnen. Mit der Erhebung der Rüge erhält das angegangene Gericht auch die erforderliche Gerichtsgewalt über den Beklagten und ist zur Anordnung der „jurisdictional discovery" zuständig.[1000] Damit kann gerade bei Gesellschaften mit US-Töchtern[1001] schon auf dieser frühen Stufe

---

993 *Siegel*, 28 U.S.C.A. F.R.Civ.P. 1-11, Rule 4 C4-43 (Cumulative Annual Pocket Part 1997).

994 *Product Promotions, Inc. v. Cousteau*, 495 F.2d 483 (5th Cir. 1974); *Martens v. Winder*, 341 F.2d 197 (9th Cir. 1965), cert. denied 382 U.S. 937, 86 S.Ct. 391, 15 L.Ed.2d 349. Vgl. auch *Wright/Miller*, 5A Federal Practice and Procedure, Civil 2d § 1344; *Friedenthal/Kane/Miller*, S. 191.

995 *Datskow v. Teledyne, Inc.*, 899 F.2d 1298 (C.A. 2nd Cir.), cert. denied 498 U.S. 854, 111 S.Ct. 149 (1990).

996 F.R.Civ.P. 12 (g).

997 *Conley v. Gibson*, 355 U.S. 41, 78 S.Ct. 99, 2 L.Ed.2d 80 (1957).

998 *Drevlow v. Lutheran Church, Mo. Synod*; 991 F.2d 468 (8th 1993); *Goss Graphic Systems, Inc., v. MAN Roland Druckmaschinen Aktiengesellschaft*, et al., 139 F.Supp.2d 1040, 1056 (N.D. Iowa 2001). Vgl. auch *Wright/Miller*, 4 Federal Practice and Procedure, Civil 3d § 1067.6 (Fn. 4); *Casad/Richman*, Bd. 2, S. 8 ff. (§ 6-1).

999 Vgl. *Wright/Miller*, 4 Federal Practice and Procedure, Civil 3d § 1067.6; *Juncker*, IPRax 1986, 197, 208.

1000 *Insurance Corp. of Ireland v. Compagnie des Bauxites de Guinee*, 456 U.S. 696, 102 S.Ct. 2099, 72 L.Ed.2d 492 (1982): Bei Verweigerung der Zusammenarbeit kann die Annahme der Zuständigkeit als Sanktion drohen.

1001 Zur Frage der „personal jurisdiction" über die Mutter aufgrund der Verbindung zur Tochter unten III. Kapitel: §6C.II.3.

ein ausufernder und teurer Streit darüber entbrennen, was mittels der „discovery" erforschbar ist und was nicht.[1002] Hat der Kläger schließlich Tatsachen vorgebracht, so muss das Gericht diese Tatsachen als wahr unterstellen[1003], sie würdigen und in der dem Antragsgegner (Kläger) günstigsten Weise berücksichtigen.[1004] Entscheidend ist nicht, ob der Kläger auch in der Sache obsiegen würde, sondern ob er zum nachfolgenden Beweis seiner Tatsachen berechtigt ist[1005]. Die Meßlatte ist damit nicht sehr hoch gehängt.

#### *cc) Antrag auf Klagezurückweisung wegen Nichtbetreibens des Verfahrens (Failure to Prosecute)*

Schließlich ist noch die Möglichkeit zu erwähnen, einen Antrag wegen Nichtbetreibens des Verfahrens zu stellen, wenn die Zustellung sich außerordentlich lange hinzieht. Allerdings hat auch ein Antrag auf „dismissal for failure to prosecute" (F.R.Civ.P. 41 (b)) regelmäßig keine Aussicht auf Erfolg.[1006]

Die Klageabweisung soll nur in Fällen extremen Fehlverhaltens und auch nur dann erfolgen, wenn keine angemessenere Sanktion zur Verfügung steht.[1007] Hat ein US-Kläger die Auslandszustellung zumindest versucht, scheitert diese aber aufgrund der Ablehnung der deutschen „Zentralen Behörde", so kann ein solcher Fall kaum angenommen werden. Letztlich erscheint das Verhältnis einer Klageabweisung „with prejudice" nach F.R.Civ.P. 41 (b) zu einer Klageabweisung „without prejudice" nach F.R.Civ.P. 4 (m) noch nicht abschließend geklärt.[1008] Die Entscheidungen vor Einführung von F.R.Civ.P. 4 (m) im Jahre 1983 scheinen jedenfalls überholt.[1009]

---

[1002] Bezeichnend der Fall in *Superior Coal Co. v. Ruhrkohle AG*, 83 F.R.D. 414, 421 (E.D. Pa. 1975). Zur „discovery" allgemein und den damit verbundenen Problemen des Missbrauchs unten III. Kapitel: §7B.

[1003] *Zinermon v. Burch*, 494 U.S. 113, 110 S.Ct. 975, 108 L.Ed.2d 100 (1990).

[1004] *Dakota Industries v. Dakota Sportswear*, 946 F.2d 1384 (8th Cir. 1993).

[1005] *Scheuer v. Rhodes*, 416 U.S. 232, 94 S.Ct. 1683, 40 L.Ed.2d 90 (1974), overruled on other grounds by *Davis v. Scherer*, 468 U.S. 183, 104 S.Ct. 3012, 82 L.Ed.2d 139 (1984).

[1006] *Link v. Wabash R.R. Co.*, 370 U.S. 626, 82 S.Ct. 1386, 8 L.Ed.2d 734 (1962): Entgegen dem ausdrücklichen Wortlaut der Regel wird dem Gericht die Kompetenz eingeräumt, von sich aus (*sua sponte*) zu handeln.

[1007] *Enlace Mercantil Internacional, Inc. v. Senior Industries, Inc.*, 848 F.2d 315 (1st Cir. 1988): Hier ließ sich der Kläger 1 ½ Jahre für einen erneuten Zustellungsversuch Zeit, während über die Zulässigkeit des ersten noch nicht entschieden war.

[1008] Vgl. die Nachweise bei *Wright/Miller*, 4B Federal Practice and Procedure, Civil 3d § 1137 (Fn. 43). „Dismissal without prejudice" bedeutet, dass der Kläger nicht daran gehindert ist, die Klage gegen den Beklagten noch einmal einzureichen.

[1009] *Saylor v. Bastedo*, 623 F.2d 230 (2nd Cir. 1980); *Messenger v. U.S.*, 231 F.2d 328 (2nd Cir. 1956).

## C. Kompetenz zur bindenden Streitentscheidung (Jurisdiction to Adjudicate)

Ist ein Verfahren einmal in Gang gekommen, so ist der ausländische Beklagte jedenfalls dann wirksam in das Verfahren einbezogen, wenn das angerufene Gericht imstande ist, eine bindende Sachentscheidung (decision on the merits) zu treffen. Ein US-Bundesgericht kann einen Rechtsstreit nur dann bindend entscheiden, wenn es die „jurisdiction to adjudicate" besitzt.[1010] Es müssen also die sachliche (subject matter jurisdiction), die örtliche (venue), die territoriale Zuständigkeit (personal jurisdiction) des Gerichts vorliegen[1011]; die Differenzierung findet ihre Begründung in der Gerichtsorganisation.[1012] Zudem muss die Klage ordnungsgemäß zugestellt worden sein (service of process).[1013]

Im Folgenden ist vor allem auf das Verhältnis von Klagezustellung und Zuständigkeit einzugehen. Vorab sollen jedoch die Rechtsgrundlagen der sachlichen und örtlichen Zuständigkeit eines US-Bundesgerichts für Klagen auf der Grundlage des Antidumping Act 1916 genannt werden.

---

1010 *Insurance Corp. of Ireland v. Compagnie des Bauxites de Guinee*, 456 U.S. 696, 102 S.Ct. 2099, 72 L.Ed.2d 492 (1982). Vgl. für eine präzise Definition der „jurisdiction to adjudicate" *Weintraub*, Conflicts of Laws, S. 114 (§ 4.1). Die „jurisdiction to adjudicate", verstanden als die Kompetenz der Gerichte, Recht zu sprechen, ist abzugrenzen von der „jurisdiction to prescribe (legislative jurisdiction)", verstanden als die Kompetenz eines Staates, Recht zu setzen; vgl. *Hay*, Conflict of Laws, S. 46 f.

1011 Restatement (Second) Conflict of Laws, Ch. 2 (1971 and Supp. 1989); *Wright/Miller*, 4 Federal Practice and Procedure, Civil 3d § 1063; *Casad/Richman*, Bd. 1, S. 2

1012 Zum einen aufgrund der territorialen Zuständigkeit in Bezug auf die Parteien eines Rechtsstreites (jurisdiction over the parties, personal jurisdiction) und zum anderen aufgrund des zweigliedrigen Gerichtsaufbaus (federal and state courts) in Bezug auf bestimmte Arten von Klagen (jurisdiction over claims, subject matter jurisdiction). Die „personal jurisdiction" grenzt demnach die Zuständigkeit der Gerichte eines Staates (US-Bundesstaat oder USA insgesamt) von der eines anderen ab. Die „subject matter jurisdiction" grenzt die Zuständigkeit der einzelstaatlichen Gerichte von der Zuständigkeit der Bundesgerichte ab. Sind die Gerichte einer Teilrechtsordnung (Einzelstaat) oder die Bundesgerichte mit der Zuständigkeit betraut, so entscheiden die Regeln über den Gerichtsstand (venue), welches von mehreren möglichen Gerichten den Rechtsstreit entscheidet. Ausführlich zur historischen Entwicklung und Aufbau der Bundesgerichte *Wright/Kane*, S. 1 ff.; *Fallon/Meltzer/Shapiro*, S. 1 ff. Überblick bei *Kane*, S. 3 ff.; in deutscher Sprache *Hay*, US-Amerikanisches Recht, S. 47 ff.; *Blumenwitz*, Einführung, S. 30 ff.

1013 Vgl. *Wright/Miller*, 4 Federal Practice and Procedure, Civil 3d § 1063.

## I. Exkurs: Sachliche und örtliche Zuständigkeit (Subject Matter Jurisdiction, Venue)

Die sachliche Zuständigkeit eines Bundesgerichtes (federal district courts) wird grundsätzlich immer zuerst bestimmt[1014], weil das anwendbare Verfahrensrecht von dieser Entscheidung abhängt.[1015]

Die Bundesverfassung beschränkt die sachliche Zuständigkeit der Bundesgerichte (U.S. Const. art. III, § 2). Die Bundesgerichte sind nur dann sachlich zuständig, wenn ihnen ein Rechtsstreit durch Bundesgesetz ausdrücklich zugewiesen ist (limited jurisdiction). Abseits einer solchen gesetzlichen Zuweisung bleibt es bei der Zuständigkeit der einzelstaatlichen Gerichte. Eine allgemeine gesetzliche Zuweisung für die Fälle, die auf der Grundlage des Bundesrechts zu entscheiden sind („federal question cases")[1016], enthält zum einen der sog. „Judicial Code"[1017] (28 U.S.C. § 1331). Fälle, die einer bundesgesetzlichen Regelung des „Trade and Commerce" entspringen, werden speziell erfasst (28 U.S.C. § 1337). Die Gerichte haben dem „Antitrust" oder „Tariff Law" entspringende Fälle dieser Vorschrift zugeordnet.[1018] Daneben enthält der Antidumping Act 1916 selbst eine spezielle, nicht ausschließliche bundesgesetzliche Zuweisung (15 U.S.C. § 72, para. 3). „Treble damages"-Klagen wegen angeblich illegalen Dumpings können demnach (auch) bei einem Bundesgericht eingereicht werden.

Daneben muss das Bundesgericht auch die örtliche Zuständigkeit (venue) besitzen. Von mehreren möglichen Bundesgerichten ist grundsätzlich dasjenige am Aufenthaltsort des Beklagten oder seines Vertreters örtlich zuständig (28 U.S.C. § 1391 (b)). Bei juristischen Personen ist das jenes Gericht, welches bei Klageerhebung die „personal jurisdiction" besitzt.[1019] Diese allgemeinen Regelungen vervollständigen die speziellen im Antidumping Act 1916, die im Zeitpunkt des Erlasses der allge-

---

[1014] Zu Ausnahmen *Ruhrgas AG v. Marathon Oil Co.*, 526 U.S. 574, 119 S.Ct. 1563, 143 L.Ed.2d. 760 (1999)

[1015] Vgl. *Friedenthal/Kane/Miller*, S. 8; *Born*, S. 12, 14.

[1016] Daneben für Fälle einer „diversity of citizenship" und die „supplemental and removal jurisdiction", vgl. *Kane*, S. 10 ff.; Einzelheiten bei *Wright/Miller/Cooper*, Federal Practice and Procedure, Jurisdiction 2d § 3561, insbesondere zur Bedeutung der Wendung „arising under", § 3562.

[1017] Vgl. *Wright/Kane*, S. 21, mit Darstellung der Entstehungsgeschichte.

[1018] Vgl. *Wright/Miller/Cooper*, Federal Practice and Procedure, Jurisdiction 2d § 3574 (Fn. 23, 48), m.w.N.

[1019] 28 U.S.C. § 1391 (c).

meinen (1948) schon bestand und fortgilt.[1020] Ausländische Beklagte können generell vor jedem Bundesgericht verklagt werden (28 U.S.C. § 1391 (d)).[1021]

## II. Hinreichende Beziehung einer ausländischen Gesellschaft zum Forum (Personal Jurisdiction over Foreign Corporations)

Für Klagen auf der Grundlage des Antidumping Act 1916 gelten die allgemeinen Regeln zur Bestimmung der „personal jurisdiction" eines Bundesgerichts. Nach Common Law wird dabei in die „jurisdiction in personam", „in rem" und „quasi in rem" unterschieden: Während die „jurisdiction in personam" auf die Gerichtsgewalt über den Beklagten in Person abstellt und einen schuldrechtlichen Titel auf ein Handeln, Dulden oder Unterlassen ermöglicht, knüpft die „jurisdiction in rem" an die Gerichtsgewalt über eine Sache des Beklagten im Forumstaat an und ermöglicht dingliche Ansprüche. Die „jurisdiction quasi in rem" ermöglicht schuldrechtliche Ansprüche, wenn infolge einer Beschlagnahme die Gerichtsgewalt über Beklagtenvermögen im Forumstaat besteht.[1022]

Die gegenwärtige Doktrin der „personal jurisdiction" ist gerade im Hinblick auf die Einbeziehung auswärtiger Beklagter schwankend, einzelfallbezogen und undogmatisch im Ansatz.[1023] Auch die Entscheidung im vorliegenden Fall macht hier keine Ausnahme.[1024] Dieser pragmatische Ansatz der Rechtsprechung erschwert die Einordnung von neuen Entscheidungen und die Abschätzung der Prozessrisiken. Den besten Zugang bietet immer noch eine Betrachtung der Entwicklung des Fallrechts, für die hier in der Breite der Raum fehlt.[1025]

---

[1020] So in anderem Kontext *Pure Oil Co. v. Suarez*, 384 U.S. 202, 86 S.Ct. 1394, 16 L.Ed.2d 474 (1966).

[1021] Sog. „alien venue statute". *Brunette Mach. Works, Ltd. v. Kockum Indus.,Inc.*, 406 U.S. 706, 714 (1972). *Mowrey v. Johnson & Johnson*, 524 F.Supp. 771 (W.D.Pa. 1981): Lediglich dann, wenn ein ausländischer Beklagter mit einem inländischen zusammen verklagt werden soll, gibt der Gerichtsstand des letzteren den Ausschlag.

[1022] Restatement (Second) Conflict of Laws, Ch. 3, Introductory Note, (1971 and Supp. 1989).

[1023] In diese Richtung *Weintraub*, S. 143 (§ 4.8), der mit Blick auf die Rechtsprechung der Gerichte von „chaos and confusion" spricht; ähnlich die Einschätzung von *Born*, S. 171; *Kane*, S. 32 f.

[1024] *Goss Graphic Systems, Inc., v. MAN Roland Druckmaschinen Aktiengesellschaft*, et al., 139 F.Supp.2d 1040 (N.D. Iowa 2001).

[1025] Einen umfassenden Überblick bieten *Wright/Miller*, 4 Federal Practice and Procedure, Civil 3d §§ 1061 ff.

## 1. Traditionelle Ansätze der „Jurisdiction In Personam"

Die traditionell für natürliche Personen geltende Anknüpfung an die körperliche Anwesenheit (physical presence) nebst der persönlichen Zustellung der Klage im Forumstaat[1026] passt bei juristischen Personen nicht.[1027] Die „personal jurisdiction over a corporation" basiert traditionell auf drei Anknüpfungspunkten: Der Gründung (incorporation) im Forumstaat, der ausdrücklichen oder schlüssigen Zustimmung zur Klage im Forumstaat (consent to suit) und der Anwesenheit durch Geschäftstätigkeit (corporate presence).[1028] Soweit die exterritoriale Zustellung nicht ausdrücklich gesetzlich zugelassen worden war, bedurfte es hier zudem noch der Zustellung innerhalb des Forumstaates.

### a) *„Incorporation", „Consent", „Corporate Presence"*

Eine streng territorial bezogene Sichtweise prägte die Entscheidung in *Bank of Augusta v. Earle*[1029]. In diesem frühen Fall hatte der US Supreme Court entschieden, dass eine Gesellschaft als juristische Person lediglich im Staat ihrer Gründung existiere und deshalb auch nur im Gründungsstaat verklagt werden könne. Im Ausland gegründete Gesellschaften konnten nach diesem Ansatz nicht im Inland verklagt werden. In den Entscheidungen *Lafayette Insurance Company v. French*[1030] und *St.Clair v. Cox*[1031] zog der US Supreme Court aus den offensichtlichen Unzulänglichkeiten Konsequenzen und ging einen Schritt weiter. Demnach wurde angenommen, dass eine Gesellschaft einer Klage in dem Staat (ausdrücklich oder stillschweigend) zustimme, in dem sie ihre Geschäftstätigkeit ausübe (consent theory). Die Zustimmung war häufig aber nicht mehr als eine Fiktion. Schließlich entschied der US Supreme Court in *Philadelphia & Reading Ry. Co. v. McKibbin*[1032], eine Gesellschaft könne auch ohne Zustimmung in einem Staat verklagt werden, wenn sie eine Geschäftstätigkeit in diesem ausübe und aufgrund der Art und Weise bzw. des Aus-

---

1026 Vgl. *Friedenthal/Kane/Miller*, S. 99, 162 ff.; *Born*, S. 95 ff. Die Common Law-Doktrin stützt sich dabei auf die Entscheidung des US Supreme Court in *Pennoyer v. Neff*, 95 U.S. 714, 24 L.Ed. 565 (1877).

1027 *International Shoe Co. v. State of Washington*, 326 U.S. 310, 316, 66 S.Ct. 154, 90 L.Ed. 95 (1945).

1028 Vgl. zum Ganzen *Wright/Miller*, 4 Federal Practice and Procedure, Civil 3d § 1066. Aus dem älteren Schrifttum siehe auch *Bowers*, S. 471 ff. (§§ 325 ff.).

1029 *Bank of Augusta v. Earle*, 13 Pet. (38 U.S.) 519, 10 L.Ed. 274 (1839).

1030 *Lafayette Insurance Company v. French*, 18 How. (59 U.S.) 404, 15 L.Ed. 451 (1856).

1031 *St.Clair v. Cox*, 16 Otto (106 U.S.) 350, 1 S.Ct. 354, 27 L.Ed. 222 (1882).

1032 *Philadelphia & Reading Ry. Co. v. McKibbin*, 243 U.S. 264, 37 S.Ct. 280, 61 L.Ed. 710 (1917).

maßes der Geschäfttätigkeit von einer Anwesenheit (presence) ausgegangen werden könne.

In seiner bahnbrechenden Entscheidung in *International Shoe Co. v. State of Washington*[1033] stellte der US Supreme Court die bis dato allgemein akzeptierten Maßstäbe wie folgt zusammen:

> „'Presence' in the state in this sense has never been doubted when activities of the corporation there have not only been continuous and systematic, but also give rise to the liabilities sued on, even though no consent to be sued or authorization to an agent to accept service of process has been given. [...] Conversely it has been generally recognized that the casual presence of the corporate agent or even his conduct of single or isolated items of activities in a state in the corporations behalf are not enough to subject it to suit on causes of action unconnected with the activities there. [...]
>
> While it has been held [...] that continuous activity of some sorts within a state is not enough to support the demand that the corporation be amenable to suits unrelated to that activity, [...] there have been instances in which the continuous operations within a state were thought so substantial and of such a nature as to justify suit against it on causes of action arising from dealings entirely distinct from those activities. [...]
>
> Finally, although the commission of some single or occasional acts of the corporate agent in a state sufficient to impose an obligation or liability on the corporation has not been thought to confer upon the state authority to enforce it, [...] other such acts, because of their nature and quality and the circumstances of their commission, may be deemed sufficient to render the corporate liable to suit."[1034]

Die traditionellen Ansätze (incorporation, consent, corporate presence) können heute zur Annahme der „general jurisdiction“ herangezogen werden.[1035] Die Terminologie „specific“ und „general jurisdiction“ gebraucht der US Supreme Court seit der Entscheidung in *Helicopteres Nacionales de Colombia, S.A. v. Hall*[1036]; mit ihr wird die Beziehung der „contacts“ zum Klagegrund beschrieben. Ein Gericht mit „general jurisdiction“ kann dann über jede Art von Klage unabhängig vom Klagegrund entscheiden.[1037] „Specific jurisdiction“ bedeutet, dass ein Gericht nur über Klagen entscheiden kann, deren Klagegrund aus den Kontakten des Beklagten zum Forumstaat resultieren.[1038]

---

1033 *International Shoe Co. v. State of Washington*, 326 U.S. 310, 66 S.Ct. 154, 90 L.Ed. 95 (1945).

1034 326 U.S. 310, 317 f. (1945).

1035 Vgl. *Weintraub*, Conflict of Laws, S. 240 f.

1036 *Helicopteres Nacionales de Colombia, S.A. v. Hall*, 466 U.S. 408, 104 S.Ct. 1868, 80 L.Ed.2d 404 (1984).

1037 466 U.S. 408, 414 (Fn. 9).

1038 466 U.S. 408, 414 (Fn. 8).

### b) *„Corporate Presence" aufgrund Geschäftstätigkeit im Forumstaat*

Das „incorporation"-Konzept greift bei in Deutschland gegründeten juristischen Personen nicht. Ausdrückliche Zustimmungen dürften selten sein. Neben der gesetzlichen Fiktion der Zustimmung kommt praktisch gesehen deshalb nur das „corporate presence"-Konzept zur Annahme der „general jurisdiction" in Betracht.[1039] Das Erfordernis der „Präsenz" ist bei einer juristischen Person mit einem eigenen Bedeutungsinhalt zu versehen. Der spätere Richter am US Supreme Court *Learned Hand* formulierte dies in *Hutchinson v. Chase & Gilbert* [1040] einmal so:

> „It is difficult, for us it seems impossible, to impute the idea of locality to a corporation, *except by virtue of those acts which realize its purpose.* The shareholders, officers and agents are not individually the corporation, and do not carry it with them in all their legal transactions. It is only when engaged upon its affairs that they can be said to represent it [...]."[1041] (Hervorhebung d. Verf.)

#### aa) *Kontinuierliche und systematisch angelegte Geschäftstätigkeit: Der „Doing Business"-Test*

Für die Annahme einer „corporate presence" bedarf es nicht nur einer sporadischen, sondern einer Geschäftstätigkeit von einigem Gewicht. Deshalb verlangen die Gerichte seit jeher eine „continuous and systematic local activity".[1042] Übt eine juristische Person eine entsprechende Geschäftstätigkeit im Forumstaat aus, so spricht man von „doing business".[1043]

Welche Faktoren die Gerichte hier als entscheidend betrachten, hängt stark vom Einzelfall ab und lässt sich demzufolge nur schwer abstrakt fassen.[1044] Als beachtliche Umstände werden bspw. die mittels eines Büros oder Vertreters durchgeführten Käufe und Verkäufe, erbrachte Dienstleistungen, Beratungen von Kunden oder Werbung im Forumstaat zur Beurteilung herangezogen.[1045] Auch die Unter-

---

[1039] In diese Richtung auch schon *Perkins v. Benguet Consolidated Mining Co.*, 342 U.S. 437, 72 S.Ct. 413, 96 L.Ed. 485 (1952), ohne den Terminus „general jurisdiction" zu gebrauchen.

[1040] *Hutchinson v. Chase & Gilbert*, 45 F.2d 139 (2nd Cir. 1930).

[1041] 45 F.2d 139, 141.

[1042] *International Shoe Co. v. State of Washington,* 326 U.S. 310, 66 S.Ct. 154, 90 L.Ed. 95 (1945). Ähnlich Restatement (Second) Conflict of Laws, § 47 (2) (1971 and Supp. 1989): "continuous and substantial".

[1043] Vgl. *Wright/Miller*, 4 Federal Practice and Procedure, Civil 3d §§ 1066, 1069.2.

[1044] Zur Instanzenrechtsprechung *Wright/Miller*, 4A Federal Practice and Procedure, Civil 3d § 1069.2 (Fn.4).

[1045] *Born*, S. 112 ff., mit einer Liste möglicher Faktoren.

haltung einer Website zur Anbahnung geschäftlicher Kontakte kann in die Erwägungen miteingestellt werden.[1046]

*bb) Vorübergehender Aufenthalt eines Vertreters: Anwendbarkeit der sog. „Transient Jurisdiction"?*

Bei natürlichen Personen würde eine nur vorübergehende, selbst eine zufällige körperliche Anwesenheit für eine „presence" im Forumstaat ausreichen (transient jurisdiction).[1047] Hierbei handelt es sich um den klassischen Fall, in dem die Klagezustellung für die Begründung der Zuständigkeit an Bedeutung gewinnt („in-state service", „tag service").[1048] Diese Praxis der US-Kläger und Gerichte ist durch die Entscheidung im Fall *Burnham v. Superior Court of California*[1049] vom US Supreme Court erst jüngst höchstrichterlich als „due process"-konform anerkannt worden.

Die Grundsätze der „transient jurisdiction" wurden für natürliche Personen aufgestellt und können nicht auf juristische Personen übertragen werden. Das gilt zumindest dann, wenn lediglich der gesetzliche oder rechtsgeschäftliche Vertreter einer beklagten juristischen Person vorübergehend oder zufällig im Forumstaat anwesend ist, die beklagte juristische Person selbst mangels hinreichender Geschäfts-

---

[1046] So auch im vorliegenden Fall *Goss Graphic Systems, Inc., v. MAN Roland Druckmaschinen Aktiengesellschaft*, et al., 139 F.Supp.2d 1040 (N.D. Iowa 2001). Nach der Entscheidung *Zippo Manufacturing Co. v. Zippo Dot Com, Inc.*, 952 F.Supp. 1119 (D.C.Pa. 1997) werden drei Fallvarianten entscheiden: „Passive websites" auf der einen Seite, die nicht mehr als eine Darstellung von Informationen enthalten, und „active websites" auf der anderen, die bewusst wiederholt Geschäftsabschlüsse mit Personen innerhalb des Forumstaates zulassen und die deshalb zur Annahme der „personal jurisdiction" genügen sollen; dazwischen stehen „interactive websites", die den Informations- und Datenaustausch mit einem Computer im Forumstaat zulassen und beständig erreichbar sind. Dazu auch *Wright/Miller*, 4A Federal Practice and Procedure, Civil 3d § 1073.1; *Rau*, RIW 2000, 761, 765.

[1047] A.A. Restatement (Third) Foreign Relations Law § 421, Reporters' Note 4 (1987); *Ehrenzweig*, 65 Yale L.J. 289 (1956).

[1048] Vgl. *Casad/Richman*, Bd. 1, S. 8 (§ 1-1). Spektakulär *Grace v. MacArthur*, 170 F.Supp. 442 (D. Ark. 1959): Klagezustellung im Flugzeug während des Überfluges des Forumstaates. Die Gerichte können Härten durch die Zulassung von Ausnahmen für die Fälle ausgleichen, in denen sich jemand aufgrund von anderweitigen Gerichtsverhandlungen im Forumstaat aufhält (immunity doctrine), *Stewart v. Ramsay*, 242 U.S. 128, 37 S.Ct. 44, 61 L.Ed. 192 (1916). Ein zweiter anerkannter Ausnahmefall besteht bei Täuschung oder Zwang seitens des Klägers (enticement doctrine). Insoweit besteht aber ein richterliches Ermessen, *Lamb v. Schmitt*, 285 U.S. 222, 52 S.Ct. 317, 76 L.Ed. 720 (1932). Siehe dazu auch *Wright/Miller*, 4A Federal Practice and Procedure, Civil 3d § 1076.

[1049] *Burnham v. Superior Court of California*, 495 U.S. 604, 110 S.Ct. 2105, 109 L.Ed.2d 631 (1990): Mehrheitsvotum (Scalia, J.); dazu *Otte*, IPRax 1991, 263, und *Peterson*, IPRax 1991, 267.

tätigkeit aber keine ausreichende „corporate presence" im Forumstaat aufweist. Die US-Bundesgerichte vertreten hier eine nahezu einhellige Rechtsauffassung.[1050]

Der US Supreme Court hat zuletzt im Fall *James-Dickinson Farm Mortgage Co. v. Harry*[1051] ausdrücklich entschieden, dass die Zustellung an den zeitweilig anwesenden „executive officer" einer „foreign corporation" nicht genügen kann, um die „personal jurisdiction" über die beklagte „corporation" zu erlangen:

> „Jurisdiction over a corporation of one State cannot be acquired in another State in which it has no place of business and is not found, merely by serving upon an executive officer temporarily therein, even if he be there on business of the company."[1052]

Die Entscheidung ist noch immer geltendes Recht („good law").[1053] Die wenigen Instanzgerichte, die diese Frage in der Folgezeit zu entscheiden hatten, teilen die Rechtsauffassung und kommen zum gleichen Ergebnis.[1054] Die Feststellung des

---

[1050] So auch die Bewertung von *Wright/Miller*, 4 Federal Practice and Procedure, Civil 3d § 1066 (Fn. 22).

[1051] *James-Dickinson Farm Mortgage Co. v. Harry*, 273 U.S. 119, 47 S.Ct. 308, 71 L.Ed. 569 (1927). So schon zuvor *Philadelphia & Reading Ry. Co. v. McKibbin*, 243 U.S. 264, 37 S.Ct. 280, 61 L.Ed. 710 (1917); *Riverside & Dan River Cotton Mills v. Menefee*, 237 U.S. 189, 35 S.Ct. 579, 59 L.Ed. 910 (1915); *Goldey v. Morning News*, 156 U.S. 518, 15 S.Ct. 559, 39 L.Ed. 517 (1894).

[1052] 273 U.S. 119, 122.

[1053] Vgl. auch 36 Am.Jur.2d Foreign Corporations §§ 296, 453 (2001).

[1054] *Kahn Lucas Lancaster, Inc., v. Lark International Ltd.*, 956 F.Supp. 1131, 1137 (S.D.N.Y. 1997): "I hold that New York law does not provide for transient jurisdiction to be had over corporations where the corporation is not continuously and systematically 'doing business' in New York." *U.S. v. Nippon Paper Industries Co., Ltd.*, 944 F.Supp. 55, 61 (D.Mass. 1996): (Strafverfahren auf der Grundlage des Sherman Act 1894) "[T]his court holds that the mere service of process on an agent or officer of an alien corporation within the United States does not without more establish the jurisdiction of a federal court over an alien corporation. Rather [...] service of such process is only effective to create in personam jurisdiction where a defendant has sufficient contacts with the United States." *Scholz Research and Development, Inc. v. Kurzke*, 720 F.Supp. 710, 713 (N.D.Ill. 1989): „It is important to note, however, that the transient service rule would only apply to persons actually present in the forum. Therefore, service could not be had on a *corporation* by transient service." *Harold M. Pitman Co. v. Typecraft Software Ltd.*, 626 F.Supp. 305 (N.D.Ill. 1986): "We now hold that [...] mere service of process upon a defendant transiently present in the jurisdiction does not vest a state with personal jurisdiction over the defendant." *Leith v. Oil Transport Company, Inc.*, 210 F.Supp. 877, 879 (W.D.Pa. 1962): „A transient call at a port cannot be regarded as equivalent to the 'presence' of the corporation." *Easterling v. Cooper Motors, Inc.*, 26 F.R.D. 1, 2 (M.D.N.C. 1960): "[T]he mere fact that there is personal service upon an officer of a foreign corporation who is present in the State is insufficient to subject a foreign corporation to the jurisdiction of the court." *Geo-Physical Maps, Inc., v. Toycraft Corp.*, 162 F.Supp. 141, 147 (D.C.N.Y. 1958): „When an officer of a nonresident corporation comes into a jurisdiction on a temporary visit, even if it be for business purposes, he does not thereby subject his corporation to the jurisdiction of the forum." *Petroleum Financial Corp. v. Stone*, 111 F.Supp. 351, 353 (D.C.N.Y. 1953): „An occasional visit of an officer of a corporation does not, of itself, warrant the inference

Court of Appeal (5th Cir.) in *Amusement Equipment, Inc. v. Mordelt*[1055] aus dem Jahre 1985, das Gericht habe keine Entscheidung finden können, die im Hinblick auf „foreign corporations" jemals etwas anderes entschieden hätte, verwundert deshalb nicht. Mit Ausnahme einer Entscheidung[1056], die aber nicht als „persuasive authority" angesehen werden kann, hat sich daran bis heute nichts geändert. Auch die Zustellung an zeitweilig anwesende Vertreter einer „unincorporated association" soll nicht die „personal jurisdiction" über die „unincorporated association" selbst begründen. Der Court of Appeals (3rd Cir.) hat in *Nehemiah v. Athletics Congress of U.S.A.*[1057] dies damit begründet, dass es keinen zwingenden Grund gäbe, „corporations" und „unincorporated associations" unterschiedlich zu behandeln.

Anders wird hingegen die Zustellung an einen zeitweilig anwesenden Partner einer „partnership" behandelt. Hier haben die Gerichte mehrfach entschieden, dass

---

that the corporation is present in the jurisdiction." *Nagl v. Northam Warren Corp.*, 8 F.R.D. 130, 135 (D.Nebraska 1948): „A preliminary and unquestioned rule may be observed. It has been held consistently that the mere presence within a state of the president, or other officer, of a foreign corporation, which is not doing business within the state, does not subject the corporation to liability to suit within the state or render it amenable to the service of process out of the courts of the state through delivery thereof to the officer in question. [...] Of course, the applicability of that rule, presupposes the negation of the foreign corporation's doing of business within the visited state; [...]."

1055 *Amusement Equipment, Inc. v. Mordelt*, 779 F.2d 264, 267 (5th Cir. 1985): „[W]e have found no cases [...] that service of process upon an agent of a corporation temporarily present within the state is sufficient to establish jurisdiction over the corporation."

1056 *Northern Light Technology, Inc., v. Northern Lights Club*, 236 F.3d 57, 64 (1st Cir. 2001): Das Berufungsgericht verwies in einer Alternativbegründung auf F.R.Civ.P. 4 (h) (1) „permitting personal service of process upon officers of unincorporated associations and foreign corporations" und auf den Verzicht infolge nicht ordnungsgemäßer Zustellungsrüge. Die auf F.R.Civ.P. 4 (h) (1) gestützte Begründung ist unzutreffend. Es entspricht der Ansicht des US Supreme Court und allgemeiner Ansicht im Schrifttum, dass F.R.Civ.P. 4 insgesamt nur die Frage des „manner of service", aber keine „jurisdictional issues" regelt (dazu schon oben). Außerdem setzt sich das Berufungsgericht ohne eigene Begründung und ohne Nennung nur irgendeiner Entscheidung in Widerspruch zum übrigen Fallrecht. In *Chan v. Society Expeditions, Inc.*, 39 F.3d 1398, 1404 (9th Cir. 1994), ließ das Berufungsgericht die Zustellung an den Geschäftsführer einer deutschen GmbH genügen, verband damit aber ausdrücklich nicht die Frage der „transient or ‚tag' jurisdiction", sondern suchte nach hinreichenden „minimum contacts" der beklagten Gesellschaft: „While it is true that a corporate defendant does not submit to jurisdiction by one of its officers voluntarily entering a state, [...] this situation is not what is at issue here."

1057 *Nehemiah v. Athletics Congress of U.S.A.*, 765 F.2d 42, 46 f. (3rd Cir. 1985): „[W]e now conclude that due process considerations preclude effecting personal jurisdiction over an unincorporated association merely by in-state service on its agent. [...] Since it is undisputed that mere service on a corporate agent cannot establish personal jurisdiction without minimum contacts inquiry, we can find no cogent reason not to apply the same principle to an unincorporated association. [...] The unincorporated association, like the corporation, can only act through its agents. In other contexts, they have been treated the same."

die persönliche Zustellung an einen Partner zugleich die „personal jurisdiction" über die gesamte „partnership" begründet.[1058] Ausschlaggebend soll hier sein, dass die „partnership", anders als die „corporation", keine eigene Rechtspersönlichkeit (separate existence) besitzt.[1059]

Im Schrifttum wird die Rechtslage ebenso beurteilt.[1060] Bei einigen Kommentatoren hat gleichwohl die *Burnham*-Entscheidung einige Zweifel aufkommen lassen.[1061] Dazu besteht aber kein Anlass, da die Entscheidung weder direkt einschlägig noch aufschlussreich ist. Es bleibt daher dabei: Um die „general jurisdiction" verfassungskonform zu begründen, ist nicht nur eine zufällige oder gelegentliche Präsenz des Vertreters, sondern auch eine hinreichende „Präsenz" der juristischen Person selbst – vermittelt durch geschäftliche Aktivitäten im Forumstaat – notwendig.[1062] Demnach muss in jedem Einzelfall geprüft werden, ob eine hinreichende Geschäftstätigkeit („doing business") in dem Staat ausgeübt wird, in dem die Klage einem Vertreter bei dessen zufälligem Aufenthalt zugestellt wird, sofern dieser nicht gleichzeitig der Staat ist, in dem die Gesellschaft gegründet wurde.

### *c) Bestimmung im Antidumping Act 1916*

Der Antidumping Act 1916 enthält wie der Sherman Act in seiner ursprünglichen Fassung[1063] eine Bestimmung[1064], nach der ein Beklagter dort verklagt werden kann, „wherever it resides or is found". Die Bestimmung des Sherman Act soll sowohl die Frage des „venue" als auch des „service of process/jurisdiction" regeln; unter „resides" wird herkömmlich der Ort der „incorporation", unter "is found"

---

[1058] *First American Corporation v. Price Waterhouse LLP*, 154 F.3d 16 (2nd Cir. 1998); *Aluminal Industries, Inc., v. Newton Commercial Associates*, 89 F.R.D. 326 (S.D.N.Y. 1980).

[1059] *First American Corporation v. Price Waterhouse LLP*, 154 F.3d 16, 19 (2nd Cir. 1998).

[1060] Vgl. *Wright/Miller*, 4 Federal Practice and Procedure, Civil 3d § 1066 (Fn. 22); *Friedenthal/Kane/Miller*, S. 111; *Whitten/Teply*, S. 200; *Scoles/Hay/Borchers/Symeonides*, S. 333 (§ 6.2); *Born*, S. 123; *Cox*, 84 A.L.R.2d 412, 414 f. (1962); anders nur *McKinnon*, 21 Pep.L.Rev. 1219, 1230 (Fn. 57, 58) (1994), der die zitierten Entscheidungen falsch wiedergibt.

[1061] Vgl. *Born*, S. 123, zitiert: *Burnham v. Superior Court of California*, 495 U.S. 604, 610 (Fn. 1): "'Our only holding supporting that statement, however, involved "regular service of summons upon [the corporation's] president while he was in [the forum State] acting in that capacity.' *Perkins v. Benguet Concolidated Mining Co.*, 342 U.S. 437, 440 (1952)."; *McKinnon*, 21 Pep.L.Rev. 1219, 1230 (Fn. 57) (1994), zitiert *Born*, a.a.O.; *Peterson*, IPRax 1991, 267, 269.

[1062] Vgl. schon die zusammengefasste Rechtsprechungspraxis in *International Shoe Co. v. State of Washington*, 326 U.S. 310, 66 S.Ct. 154, 90 L.Ed. 95 (1945).

[1063] 26 Stat. 210, § 7.

[1064] 15 U.S.C. § 72, subpara. 3.

der Ort der "corporate presence" verstanden.[1065] Folglich steht einer Anwendung des „doing business"-Tests auch bei Klagen auf der Grundlage des Antidumping Act 1916 nichts im Wege.

## 2. Ansatz seit der Entscheidung des US Supreme Court in International Shoe Co. v. State of Washington

Die derzeit geltende Doktrin der „personal jurisdiction" beruht maßgeblich auf der Entscheidung des US Supreme Court in *International Shoe Co. v. State of Washington*[1066]. Die entscheidende Passage des Urteiles lautet wie folgt:

> „Historically the jurisdiction of courts to render judgment *in personam* is grounded on their de facto power over the defendant's person. Hence his presence within the territorial jurisdiction of a court was prerequisite to its rendition of a judgement personally binding him. *Pennoyer v. Neff*, 95 U.S. 714, 733. But now that the *capias ad respondendum* has given way to personal service of summons or other form of notice, due process requires only that in order to subject a defendant to a judgment *in personam*, if he be not present within the territory of the forum, he have certain minimum contacts with it such that the maintenance of the suit does not offend 'traditional notions of fair play and substantial justice.' *Milliken v. Meyer*, 311 U.S. 457, 463."[1067]

Seit *International Shoe* wird demnach die Zustellung an den im Forumstaat anwesenden Beklagten nicht mehr als die einzige verfassungsrechtlich zulässige Basis der „personal jurisdiction" betrachtet.[1068] Der „due process"-Grundsatz ist auch dann gewahrt, wenn hinreichende Mindestkontakte (minimum contacts) des Beklagten zum Forumstaat bestehen und die Ausübung der Gerichtsgewalt allgemeine Fairness- und Gerechtigkeitserwägungen nicht verletzt.[1069]

---

[1065] Zur Auslegung des Sherman Act zusammenfassend *U.S. v. Scophony Corp. of America*, 333 U.S. 795, 68 S.Ct. 855, 92 L.Ed. 1091 (1948). Im Unterschied dazu ist die Clayton Act-Bestimmung (§ 12) insofern weiter, als sie daneben auch eine Klage am Ort zulässt, an dem der Beklagte „transacts business", 333 U.S. 795, 805-807. Siehe auch *Zenith Radio Corp. v. Matsushita Electric Industrial Co.*, 402 F.Supp. 262 (E.D. Pa. 1975); 58 C.J.S. Monopolies § 229 (1999); *Otto*, S.23 ff.; US Department of Justice/Federal Trade Commission, 1995 Antitrust Enforcement Guidelines for International Operations, Sec. 4.1, im Internet: http://www.usdoj.gov/atr/public/guidelines/internat.htm (15.03.2003): "The concept of transacting business is interpreted pragmatically by the Agencies. Thus, a company may transact business in a particular district directly through an agent, or through a related corporation that is actually the 'alter ego' of the foreign party."

[1066] *International Shoe Co. v. State of Washington*, 326 U.S. 310, 66 S.Ct. 154, 90 L.Ed. 95 (1945).

[1067] 326 U.S. 310, 316.

[1068] Dazu auch *Burnham v. Superior Court of California*, 495 U.S. 604, 619, 110 S.Ct. 2105, 109 L.Ed.2d 631 (1990).

[1069] Vgl. dazu *Wright/Miller*, 4 Federal Practice and Procedure, Civil 3d § 1067.2.

### a) *„Minimum Contacts" und „Fair Play and Substantial Justice" (Two-Step Approach)*

Die „personal jurisdiction" bestimmt sich seit *International Shoe* in einem zweistufigen Verfahren (two-step approach)[1070]: Zunächst muss das einschlägige „long arm statute" ermittelt und auf entsprechende Vorgaben zu Mindestkontakten (minimum contacts) untersucht werden. Danach sind im Sinne einer Gegenkontrolle die dort festgelegten Mindestkontakte auf ihre Vereinbarkeit mit dem verfassungsrechtlichen „due process"-Gebot hin zu überprüfen.

Die „minimum contacts" werden heute vor allem durch entsprechende Gesetze der Einzelstaaten, sog. „long arm statutes" konkretisiert.[1071] Die Bundesgerichte sind bei der Bestimmung der Reichweite der „long arm statutes" an die Auslegung durch die obersten einzelstaatlichen Gerichte gebunden. Eigenständig beurteilen die Bundesgerichte hingegen, ob die festgestellten Mindestkontakte dem „due process"-Erfordernis standhalten. Der US Supreme Court hat dazu in den Folgejahren nach *International Shoe* die Anforderungen des „due process"-Gebotes weiter zu konkretisieren versucht.[1072] Eine wichtige Wegmarke setzte die Entscheidung im Fall *Hanson v. Denckla*[1073]. Der US Supreme Court schränkte die „long-arm statute"-Anknüpfung an die Geschäftsaktivitäten im Forumstaat mittels einer klassischen Vorteil-Nachteil-Abwägung ein:

> „[I]t is essential in each case that there be some act by which the defendant purposefully avails itself of the privilege of conducting business within the forum state, thus invoking the benefits and protections of its laws."[1074]

Die Entscheidung in *Shaffer v. Heitner*[1075], ein Fall einer *„quasi in rem* jurisdiction" eines einzelstaatlichen Gerichts, stellte klar, dass alle Fälle einzelstaatlicher Gerichtsgewalt am *International Shoe*-Standard gemessen werden müssen. Damit werden auch alte Common Law-Relikte auf den verfassungsrechtlichen Prüfstand gehoben. Zumindest das althergebrachte Prinzip der „physical presence" (bei natürlichen Personen) hat nach der Entscheidung in *Burnham*[1076] dieser Prüfung standgehalten.

---

[1070] Vgl. *Wright/Miller*, 4A Federal Practice and Procedure, Civil 3d § 1069; *Born*, S. 171; *Kane*, S. 33.

[1071] Zuerst in Illinois (1955), 735 Ill.Comp.Stat. 5/2-209. Vgl. auch *Wright/Miller*, 4 Federal Practice and Procedure, Civil 3d § 1068.

[1072] Vgl. *Casad/Richman*, Bd. 1, S. 88 ff. (§ 2-3), mit Darstellung der wichtigsten Wegmarken.

[1073] *Hanson v. Denckla*, 357 U.S. 235, 78 S.Ct. 1228, 2 L.Ed.2d 1283 (1958).

[1074] *Hanson v. Denckla*, 357 U.S. 235, 253: Der Marktzugang als Vorteil, das Prozessrisiko als Nachteil. Im Fall verneinte das Gericht allerdings eine zweckgerichtete Tätigkeit der Beklagten. Ebenso *Kulko v. Superior Court of California*, 436 U.S. 84, 98 S.Ct. 1690, 56 L.Ed.2d 132 (1978).

[1075] *Shaffer v. Heitner*, 433 U.S. 186, 97 S.Ct 2569, 53 L.Ed.2d 683 (1977).

[1076] *Burnham v. Superior Court of California*, 495 U.S. 604, 110 S.Ct. 2105, 109 L.Ed.2d 631 (1990).

Eine bedeutende Ausweitung erfuhr die Produkthaftungsrechtsprechung durch die Entscheidung *World-Wide Volkswagen v. Woodson*[1077]. Der US Supreme Court entschied dort, dass die Vorhersehbarkeit (forseeability) der Kontakte dem „due process“-Gebot nicht genüge, wenn der Weg der Ware in den Forumstaat vom Beklagten nicht beeinflussbar sei und ihm auch keinen wirtschaftlichen Vorteil bringe. Es sei aber, so das Gericht, nicht unangemessen, jemanden der Gerichtsgewalt zu unterwerfen, wenn dieser seine Waren in den Warenverkehr mit der Erwartung absetze, diese würden von Konsumenten im Forumstaat gekauft.[1078] Es kommt demnach darauf an, auf welchen bestimmten Markt der Produzent abzielt (stream of commerce test).[1079] Zudem hob der US Supreme Court hervor, das „minimum contacts“-Konzept solle den Beklagten vor Klagen in fernen und unpassenden Foren schützen („protection against inconvenient litigation“) und zugleich die Einhaltung der verfassungsrechtlichen Grenzen einzelstaatlicher Gewalt sichern.[1080] Dieser Schutzzweck finde sich in den Termini „reasonableness“ und „fairness“ wieder, die ihrerseits im Lichte weiterer Faktoren bestimmt werden müssten. Als solche nannte das Gericht:

> „[T]he forum State's interest in adjudicating the dispute; [...] the plaintiffs interest in obtaining convenient and effective relief, [...] the interstate judicial system's interest in obtaining the most efficient resolution of controversies; and the shared interest of the several States in furthering fundamental substantive social policies, [...].”[1081]

In *Insurance Corp. of Ireland v. Compagnie des Bauxites de Guinee*[1082] bekräftigte der US Supreme Court noch einmal den Grundgedanken des „due process“-Gebotes, die Sicherung der individuellen Freiheit. Inbesondere zwei weitere Entscheidungen beschäftigen sich mit der Bedeutung der Angemessenheit (reasonableness) als Prüfungsmaßstab: In *Burger King Corp. v. Rudzewicz*[1083] bezog sich der US Supreme Court unter anderem auf die im *Volkswagen*-Fall gelisteten Faktoren und bewertete die „reasonableness“ für den Forumstaat als den dominierenden Maßstab. Das Gericht erlegte dem Beklagten die Darlegungs- und Beweislast für die Unangemessenheit der Annahme der „jurisdiction“ auf, wenn und soweit ein zweckgerichtet geschaffener Kontakt zum Forum besteht:

---

1077 *World-Wide Volkswagen v. Woodson,* 444 U.S. 286, 100 S.Ct. 559, 62 L.Ed.2d 490 (1980).

1078 444 U.S. 286, 297.

1079 Vgl. *Juncker*, IPRax 1986, 197, 201.

1080 444 U.S. 286, 291 f.

1081 444 U.S. 286, 292.

1082 *Insurance Corp. of Ireland v. Compagnie des Bauxites de Guinee*, 456 U.S. 696, 702, 102 S.Ct. 2099, 72 L.Ed.2d 492 (1982).

1083 *Burger King Corp. v. Rudzewicz*, 471 U.S. 462, 105 S.Ct. 2174, 85 L.Ed.2d 528 (1985).

„[W]here a defendant who purposefully has directed his activities at forum residents seeks to defeat jurisdiction, he must present a compelling case that the presence of some consideration would render jurisdiction objectionable."[1084]

Die Entscheidung in *Asahi Metal Industry v. Superior Court of California*[1085] stellte insoweit allerdings klar, dass „stream of commerce" und „reasonableness" für den Forumstaat im internationalen Kontext nicht ohne weiteres genügen kann. Vielmehr müsse ein bestimmtes Verhalten des Beklagten hinzukommen („additional conduct")[1086] und die berechtigten Interessen anderer Staaten mit in die Betrachtung einbezogen werden.[1087]

Trotz dieser Versuche, den verfassungsrechtlichen Vorgaben Konturen zu verleihen, ergeben sich in „federal question cases" - also in Fällen, die einer bundesgesetzlichen Rechtsgrundlage entspringen - schwierige und bis heute gerichtlich kaum geklärte Fragen in der Umsetzung der *International Shoe*-Doktrin. Die Probleme resultieren zumeist aus dem territorialen Zuschnitt der „jurisdiction": Nach geltender Doktrin ist der Einzelstaat, in dem das Bundesgericht seinen Sitz hat, der maßgebliche territoriale Bezugspunkt.[1088] Es stellt sich dann die Frage, ob nur die Kontakte zum Forumstaat allein oder auch zu den USA als Ganzes (as a whole) genügen, ob nur im Forumstaat oder auch USA-weit (nationwide) oder sogar weltweit (worldwide) zugestellt werden darf und schließlich, ob dann der bundesverfassungsrechtliche „due process"-Standard (U.S. Const. amend. V.) darüber entscheidet, welches Forum (Bundesgericht) dem auswärtigen Beklagten gegenüber „fair and reasonable" ist.

Insbesondere letztere Frage war lange umstritten, dürfte heute aber zugunsten von U.S. Const. amend. V. entschieden sein.[1089] In einer seiner jüngeren Entscheidungen hat der US Supreme Court im Fall *Omni Capitel Int'l v. Rudolf Wolff & Co.*[1090] zudem auch dazu Stellung bezogen, wann die Bundesgerichte eine Klagezustellung „nationwide" anordnen dürfen, wenn (nur) ausreichende Kontakte zu den USA als Ganzes bestehen. Er hat dies nur dann für zulässig angesehen, wenn eine gesetzliche Grundlage für die „exterritoriale" Zustellung besteht:

---

1084 471 U.S. 462, 478.

1085 *Asahi Metal Industry v. Superior Court of California*, 480 U.S. 102, 107 S.Ct. 1026, 94 L.Ed. 2d 92 (1987).

1086 480 U.S. 102, 112 (Mehrheitsvotum, *O'Connor*, J.).

1087 480 U.S. 102, 115.

1088 Vgl. *Erichson*, 64 N.Y.U.L.Rev. 1117 (1989); *Wright/Miller*, 4 Federal Practice and Procedure, Civil 3d § 1068.

1089 U.S. Const. amend. V. gilt für den Bund, amend. XIV., sec. 1 für die Einzelstaaten. Ausführlich *Wright/Miller*, 4 Federal Practice and Procedure, Civil 3d § 1068.1.

1090 *Omni Capitel Int'l v. Rudolf Wolff & Co.*, 484 U.S. 97, 104, 108 S.Ct. 404, 98 L.Ed.2d 415 (1987).

„'The requirement that a federal court have personal jurisdiction flows from the Due Process Clause of the Fifth Amendment. *Insurance Corp. of Ireland v. Compagnie des Bauxites de Guinee*, 456 U.S. 696, 702, 102 S.Ct. 2099, 72 L.Ed.2d 492 (1982).' [...] Before a federal court may exercise personal jurisdiction over a defendant, the procedural requirements of service of summons must be satisfied. '[S]ervice of summons is the procedure by which a court having venue and jurisdiction of the subject-matter of the suit asserts jurisdiction over the person of the party served.' *Mississippi Publishing Corp. v. Murphree*, 326 U.S. 438, 444-445 (1946). Thus, before a court may exercise personal jurisdiction over a defendant, there must be more than *notice to the defendant* and a *constitutionally sufficient relationship between the defendant and the forum.* There must also be a basis for the *defendant's amenability to service of summons.* Absent consent, this means there *must be authorization* for service of summons on the defendant."[1091] (Hervorhebung d. Verf.)

Mithin müssen folgende Voraussetzungen kumulativ erfüllt sein, damit die Bundesgerichte in „federal question cases" die Gerichtsgewalt über den Beklagten ausüben können: Erstens, es bedarf eines „nexus", also einer hinreichenden Beziehung des Beklagten zum Forum, und der „notice", also der Benachrichtigung über die Einleitung des Verfahrens.[1092] Zweitens, das Gericht muss den auswärtigen Beklagten erreichen, damit es die Zuständigkeit ausüben kann. Das ist der Fall, wenn dem Beklagten das verfahrenseinleitende Schriftstück zugestellt werden kann und nach der *ratio* der Entscheidung in *Omni Capitel* die Gerichte zur Zustellung an den Beklagten außerhalb der „jurisdiction" ermächtig sind.[1093]

#### *b) Rechtsgrundlagen*

Der vorgenannte Ansatz liegt auch der 1993 neugefassten F.R.Civ.P. 4 (k) zugrunde, in der die territoriale Reichweite der Zustellung (territorial limits of effective service) eine Regelung findet. F.R.Civ.P. 4 (f) a.F. erlaubte die Klagezustellung grundsätzlich nur innerhalb der territorialen Grenzen des Gerichtssprengels, es sei denn, die Klagezustellung außerhalb war ausdrücklich bundesgesetzlich oder in den Federal Rules[1094] zugelassen. Die Neufassung der Vorschrift, insbesondere deren

[1091] 484 U.S. 97, 103-104. Im Fall wurde eine britische Gesellschaft in den USA verklagt. Im Zeitpunkt der Entscheidung existierte allerdings keine gesetzliche Ermächtigung des Bundes zur Zustellung über den Einzelstaat hinaus innerhalb der gesamten USA (nationwide service of process). Die Ermächtigung im einzelstaatlichen „long-arm statute" (Louisiana) waren nicht erfüllt; der US Supreme Court lehnte es auch ab, eine solche richterrechtlich zu entwickeln. Folglich fehlte dem Instanzgericht die „personal jurisdiction".

[1092] Vgl. *Weintraub*, Conflicts of Laws, S. 121 f. (§ 4.3).

[1093] In diesem Sinne auch *Moore's* Federal Rules Pamphlet, § 4.3[1] (2002): „The service of process must be both by a proper method and valid under the governing law."

[1094] In *Mississippi Publishing Corp. v. Murphree* hielt der US Supreme Court solche Regeln von der Ermächtigung des Supreme Court gedeckt („within the rulemaking power of the Supreme Court").

Abs. 2 ist als ausdrückliche Reaktion auf die Forderung in *Omni Capital* nach einer „authorization for service of summons on the defendant" zu verstehen.[1095]

*aa) „Federal Statute" und „U.S. Const. amend. V."*

Eine Ermächtigung zur Annahme der „personal jurisdiction" und zur exterritorialen Zustellung an den auswärtigen Beklagten kann in einem Bundesgesetz speziell geregelt sein. Die mit der Revision 1993 neu eingefügte Bestimmung in F.R.Civ.P. 4 (k) (1) (D) bezieht sich insoweit nur deklaratorisch auf entsprechende bundesgesetzliche Bestimmungen, die einen „nationwide" oder sogar einen „worldwide service of process" zulassen.[1096] Keine gesetzliche Ermächtigung in diesem Sinne ist das HZÜ[1097], wohl aber die Regelung im Clayton Act:

> "[A]nd all process in such cases may be served in the district of which it is an inhabitant, or *wherever it may be found*."[1098] (Hervorhebung d. Verf.)

Der Wortlaut dieser Vorschrift und von F.R.Civ.P. 4 (k) (1) (D) ist für den deutschen Betrachter auf den ersten Blick leicht missverständlich. Nach dem bisher Gesagten dürfte aber kein Zweifel mehr bestehen, dass sich die „personal jurisdiction" über einen auswärtigen Beklagten nicht durch die Klagezustellung allein begründen lässt. Vorschriften dieser Art sind zwar eine gesetzliche Ermächtigung für die exterritoriale Zustellung an einen auswärtigen Beklagten im Sinne von F.R.Civ.P. 4 (f) a.F. und *Omni Capital*. Die Erreichbarkeit eines auswärtigen Beklagten durch eine zulässige Zustellung im Ausland genügt jedoch nicht.[1099] Für eine Vereinbarkeit mit den Erfordernissen des „due process" bedarf es darüber hinaus einer gewissen Beziehung zum Forum (sufficient connection, basis, nexus).[1100] Die Gerichte suchen bei der Anwendung entsprechender Bestimmungen stets nach

---

1095 Advisory Committee Notes, 1993 Amendments, Special Note, abgedruckt in: 28 U.S.C.A. Federal Rules of Civil Procedure, Rule 1-11 (Cumulative Annual Pocket Part 2001). In diesem Sinne auch die neuere Rechtsprechung *Central States, Southeast and Southwest Areas Pension Fund v. Reimer Express World Corporation*, 230 F.3d 934 (2000).

1096 Advisory Committee Notes, 1993 Amendments, Note on subdivision (k), abgedruckt in: 28 U.S.C.A. Federal Rules of Civil Procedure, Rule 1-11 (Cumulative Annual Pocket Part 2001). Beispiele für derartige Bestimmungen mit Rechtsprechung bei *Wright/Miller*, 4B Federal Practice and Procedure, Civil 3d § 1125 (Fn. 4).

1097 *Smith v. S & S Dundalk Engineering Works, Ltd.*, 139 F.Supp.2d 610 (D.N.J. 2001); *CFMT, Inc. v. Steag Microtech, Inc.*, 965 F.Supp. 561 (D.Del. 1997).

1098 15 U.S.C. § 22 (1999): Damit soll auch ein „worldwide service of process" zugelassen sein, *Go-Video, Inc. v. Akai Electric Company*, 885 F.2d 1406 (9th Cir. 1989).

1099 So ganz klar *Wright/Miller*, 4 Federal Practice and Procedure, Civil 3d § 1068.1.

1100 *Debreceni v. Bru-Jell Leasing Corp.*, 710 F.Supp. 15 (D.Mass. 1989).

Kontakten zum Forum oder den USA als Ganzes (sog. „national contacts test")[1101]; Maßstab ist im letzteren Fall U.S. Const. amend. V.[1102] Werden hinreichende Kontakte zum entsprechenden Forum verneint, dann scheitert damit auch die Annahme der „personal jurisdiction".[1103]

Der Antidumping Act 1916 schweigt zu dieser in F.R.Civ.P. 4 (k) (1) (D) beschriebenen Möglichkeit und unterscheidet sich hier von der Bestimmung im Clayton Act[1104]. Nach Ansicht des Gerichtes in *Goss* ist die Bestimmung des Antidumping Act 1916 damit keine ausreichende bundesgesetzliche Grundlage.[1105] In *Superior Coal Co. v. Ruhrkohle AG*[1106] entschied sich ein Bundesgericht – auf der Grundlage des Rechts vor Änderung von F.R.Civ.P. 4 (k) n.F. - gegen den „nation as a whole"-Ansatz bei Klagen, die sich auch auf den Antidumping Act 1916 stützten. Die Ansicht der Gerichte ist zutreffend. Auch eine entsprechende Anwendung der Vorschrift im Clayton Act ist aufgrund des Ausnahmecharakters nicht möglich. So haben in vergleichbaren Fällen die Gerichte die exterritoriale Zustellung ebenfalls nicht für zulässig angesehen, wenn das entsprechende Gesetz keine ausdrückliche Ermächtigung enthielt.[1107]

*bb) „State Long-Arm Statute" und „U.S. Const. amend. XIV."*

Ein Bundesgericht kann die Gerichtsgewalt über den Beklagten auch annehmen, wenn ein einzelstaatliches Gericht in dem Staat, in dem das Bundesgericht seinen Sitz hat, zuständig wäre (F.R.Civ.P. 4 (k) (1) (A)).

Die Bundesgerichte müssen sich abseits einer ausdrücklichen bundesgesetzlichen Regelung die Basis für ihre Zuständigkeit „leihen" (borrowed jurisdictional

---

1101 *Go-Video, Inc. v. Akai Electric Company*, 885 F.2d 1406 (9th Cir. 1989); F.*Daniel, M.D. v. American Board of Emergency Medicine*, 988 F.Supp. 127 (D.N.Y. 1997); *Debreceni v. Bru-Jell Leasing Corp.*, 710 F.Supp. 15 (D.Mass. 1989); *Zenith Radio Corp. v. Matsushita Electric Industrial Co.*, 402 F.Supp. 262, 328 (E.D. Pa. 1975).

1102 Vgl. *Wright/Miller*, 4 Federal Practice and Procedure, Civil 3d § 1068.1. Nach der Entscheidung *Wells Fargo & Co. v. Wells Fargo Express Co.*, 556 F.2d 406 (9th Cir. 1977), sollen unter dem „due process" des „Fifth Amendment" Kontakte zu den USA insgesamt ausreichen.

1103 *Willingway Hospital, Inc., v. Blue Cross & Blue Shield of Ohio*, 870 F.Supp. 1102 (D.Ga. 1995): Entschieden für den Fall einer in Ohio gegründeten und in Georgia verklagten Gesellschaft, die keinerlei ausreichende Kontakte zum Forumstaat hatte. Die „nationwide", damit auch in Ohio zugelassene Zustellung im Employment Retirement Income Security Act 1974 (29 U.S.C. § 1001) konnte die „personal jurisdiction" eines Gerichtes in Georgia nicht begründen.

1104 15 U.S.C. § 22 (1999).

1105 *Goss Graphic Systems, Inc., v. MAN Roland Druckmaschinen Aktiengesellschaft*, et al., 139 F.Supp.2d 1040, 1065 (N.D. Iowa 2001).

1106 *Superior Coal Co. v. Ruhrkohle AG*, 83 F.R.D. 414 (E.D.Pa. 1975).

1107 Vgl. *Wright/Miller*, 4B Federal Practice and Procedure, Civil 3d § 1125 (Fn. 6).

power), da sie sich generell kein eigenes Common Law schaffen dürfen. Die Federal Rules treffen in F.R.Civ.P. 4 auch keine inhaltliche Regelung, sondern bauen auf dem Fall- und Gesetzesrecht der Einzelstaaten auf und verweisen in F.R.Civ.P. 4 (k) (1) (A) explizit auf dieses. Deshalb ist in diesem Fall nach den im einschlägigen „state long-arm statute“ vorgesehenen Kontakten zum Forumstaat zu suchen. Das Ergebnis ist am „due process“-Gebot des XIV.Amendments zu messen.[1108]

Das Bundesgericht im vorliegenden Fall musste demnach in das „long-arm statute“ von Iowa schauen.[1109] Dieses gehört zur Kategorie derjenigen Gesetze, die keine einzelnen Anknüpfungspunkte regeln, sondern alle Kontakte zulassen, die dem „due process“-Erfordernis der Verfassung entsprechen.[1110]. In diesem Fall muss also nur noch eine einstufige Prüfung, ein "one-step approach" am Maßstab der Entscheidungen des US Supreme Court vorgenommen werden. Bei höherer Flexibilität sind diese Regelungen gleichzeitig deutlich unbestimmter und damit auch streitanfälliger. Regelungen diesen Inhalts werden zu Recht durchaus kritisch betrachtet:

> „[I]t suffers from vagueness, encourages litigation over jurisdictional questions, and tends to convert every jurisdictional issue into a dispute with constitutionell dimensions."[1111]

*cc) „General Federal Long-Arm Statute“ und „U.S. Const. amend. V.“*

Der US Supreme Court hatte in *Omni Capital* einen Sachverhalt entschieden, bei dem die Klage auf ein Bundesgesetz gestützt wurde, das keinen „nationwide service of process“ vorsah und für die mangels hinreichender Kontakte des Beklagten zu einem einzelnen Bundesstaat kein Bundesgericht die „personal jurisdiction“ annehmen konnte. Folglich konnte ein Bundesgesetz, das derartige Sachverhalte materiell-rechtlich zwar erfasste, wegen prozessualer Unzulänglichkeiten bei ausländischen Beklagten häufig nicht durchgesetzt werden. Die neue Regel zielt nun darauf ab, diejenigen Wettbewerbsnachteile US-amerikanischer Unternehmen auszugleichen, welche jene nach Ansicht des Gesetzgebers infolge der höheren Kosten für Rechtsstreitigkeiten im Vergleich mit den ausländischen Unternehmen erleiden, die sich ebenfalls auf dem US-amerikanischen Markt betätigen.[1112]

---

1108 *Goss Graphic Systems, Inc., v. MAN Roland Druckmaschinen Aktiengesellschaft*, et al., 139 F.Supp.2d 1040, 1064 (N.D.Iowa 2001).

1109 *Goss Graphic Systems, Inc., v. MAN Roland Druckmaschinen Aktiengesellschaft*, et al., 139 F.Supp.2d 1040, 1064 (N.D.Iowa 2001).

1110 Iowa Rule of Civil Procedure 56.2: „[to the] fullest extent permitted by the due process clause of the Fourteenth Amendment to the United States Constitution." *Weintraub*, Conflict of Laws, S. 197, nennt dies eine „catchall provision“.

1111 So allgemein *Wright/Miller*, 4 Federal Practice and Procedure, Civil 3d § 1068.

1112 Vgl. *Erichson*, 64 N.Y.U.L.Rev. 1117, 1132 f. (1989), m.w.N.

Durch die Einfügung von F.R.Civ.P. 4 (k) (2) mit der Reform der Federal Rules 1993 wurde dieser Missstand beseitigt.[1113] Hat der auswärtige Beklagte ausreichend Kontakte zu den USA „als Ganzes" (nation as a whole), dann ist nun zumindest die Zuständigkeit (irgend)eines Bundesgerichtes gesichert. Der Sache nach können jetzt vereinzelte geschäftliche Kontakte ausländischer Beklagter zu mehreren Bundesstaaten der USA, die für sich genommen in dem betreffenden Bundesstaat für die Annahme der „personal jurisdiction" durch ein Gericht nicht hinreichend wären[1114], zu hinreichenden Kontakten zu den USA als Ganzes zusammengezählt werden.[1115] Man bezeichnet diesen Ansatz deshalb auch als „national presence".[1116] Ohne diese „minimum contacts" zu den USA kann das Gericht keine „personal jurisdiction" annehmen; auch hier reicht die Zustellung an einen auswärtigen Beklagten allein nicht aus.[1117] Die Vereinbarkeit mit der US-Verfassung setzt diesem Ansatz ausdrücklich Grenzen; Maßstab ist hier U.S. Const. amend. V.[1118]

Liegen die Voraussetzungen vor, dann ist sowohl der „nationwide service" als auch die Annahme der Zuständigkeit durch (irgend)ein Bundesgerichtes möglich.[1119] Diese Ausweitung des Forums ist nicht unbedenklich.[1120] Der Kläger kann damit bei der Suche nach dem besten Forum die ausländischen Beklagten „quer durch die gesamte USA" jagen. Die Regeln zur örtlichen Zuständigkeit bieten ausländischen Beklagten (aliens) keinen Schutz vor unpassenden Foren, sondern ermöglichen gerade Klagen vor jedem Bundesgericht.[1121] Abhilfe wollen einige US-Kommentatoren in der „forum non conveniens"-Doktrin sehen.[1122] Das kann nicht

---

[1113] So ausdrücklich Advisory Committee Notes, 1993 Amendments, Comment Subdiv. (k), abgedruckt in: 28 U.S.C.A. Federal Rules of Civil Procedure, Rule 1-11 (Cumulative Annual Pocket Part 2001).

[1114] *U.S. v. Swiss American Bank, Ltd.*, 191 F.3d 30 (1st Cir. 1999): Es geht nur um die „personal", nicht die „subject-matter jurisdiction".

[1115] Vgl. *Erichson*, 64 N.Y.U.L.Rev. 1117, 1131 f. (1989): „aggregate contacts".

[1116] Vgl. *Siegel*, 28 U.S.C.A. F.R.Civ.P. 1-11, C4-36 (Cumulative Annual Pocket Part 1997), in Anlehnung an das „corporate presence"- Konzept.

[1117] Vgl. *Erichson*, 64 N.Y.U.L.Rev. 1117, 1133 (1989).

[1118] Advisory Committee Notes, 1993 Amendments, Comment Subdiv. (k), abgedruckt in: 28 U.S.C.A. Federal Rules of Civil Procedure, Rule 1-11 (Cumulative Annual Pocket Part 2001). Vgl. auch *Wright/Miller*, 4A Federal Practice and Procedure, Civil 3d § 1069; *Erichson*, 64 N.Y.U.L.Rev. 1117, 1150 (1989).

[1119] Zum Entwurf der Bestimmung *Erichson*, 64 N.Y.U.L.Rev. 1117, 1118 (1989); *Born/Vollmer*, 150 F.R.D. 221, 224 ff.

[1120] Das sieht auch *Erichson*, 64 N.Y.U.L.Rev. 1117, 1149 ff. (1989), und schlägt einen dreifachen Filter vor: „(1) the due process limit on personal jurisdiction, (2) venue, and (3) forum non conveniens and venue transfer."

[1121] 28 U.S.C. § 1391 (d).

[1122] Vgl. *Siegel*, 28 U.S.C.A. F.R.Civ.P. 1-11, C4-36 (Cumulative Annual Pocket Part 1997).

überzeugen. Sich auf das Ermessen eines US-amerikanischen Richters, eine Klage eines US-Klägers gegen einen ausländischen Beklagten als „not convenient" abzuweisen, zu verlassen, hieße, verlassen zu sein. Gleiches gilt für den Vorschlag, Härtefälle über die „venue transfer"-Regel (28 U.S.C. § 1404) zu lösen[1123], denn diese stellt nur eine bundesrechtlich kodifizierte Form der „forum non conveniens"-Doktrin dar und lässt deshalb kaum mehr erwarten, als die Verweisung an ein anderes Bundesgericht. Das Advisary Committee hatte deshalb zu Recht „Bauchschmerzen" und vorsorglich schon mal selbst den Schutz ausländischer Beklagter angeregt.[1124] Gerade in diesem Zusammenhang ist daran zu erinnern, dass der Schutz des Beklagten vor „inconvenient litigation" der Funktion des „minimum contacts"-Ansatzes entspricht.[1125] Zudem verbietet der „due process"-Grundsatz in der Theorie auch Fälle, bei denen der Beklagte in einem so unpassenden Forum verklagt wird, dass ihm faktisch die Möglichkeit rechtlichen Gehörs entzogen wird.[1126] Die beträchtliche Erweiterung des Forums für Klagen gegen ausländischen Beklagten[1127] muss richtigerweise schon im Tatbestand von F.R.Civ.P. 4 (k) (2) mit einer entsprechenden „due process"-Abwägung beantwortet werden. Ansonsten würde der Regelungszweck in sein Gegenteil verkehrt: Statt der beabsichtigten Gleichstellung würde (wieder einmal) eine Schlechterstellung der ausländischen Konkurrenz herbeigeführt.

Im vorliegenden Fall kam es auf die (vorhandenen) Kontakte zu den USA als Ganzes und damit auf F.R.Civ.P. 4 (k) (2) nicht mehr entscheidend an, weil schon hinreichende Kontakte zum Forumstaat Iowa bejaht wurden.[1128]

#### *c) „Minimum Contacts" aufgrund Geschäftstätigkeit im Forumstaat: Der „Transacting Business"-Test*

Als entsprechender Kontakt in einem „long-arm statute" kommt bei deutschen Unternehmen eine Geschäftstätigkeit im Forumstaat in Betracht, die für sich noch nicht für ein „doing business" unter dem traditionellen „corporate presence"-

---

[1123] Advisory Committee Notes, 1993 Amendments, Comment Subdiv. (k), abgedruckt in: 28 U.S.C.A. Federal Rules of Civil Procedure, Rule 1-11 (Cumulative Annual Pocket Part 2001).

[1124] Advisory Committee Notes, 1993 Amendments, Comment Subdiv. (k), abgedruckt in: 28 U.S.C.A. Federal Rules of Civil Procedure, Rule 1-11 (Cumulative Annual Pocket Part 2001); dazu auch *Born/Vollmer*, 150 F.R.D. 221, 226.

[1125] *World-Wide Volkswagen v. Woodson,* 444 U.S. 286, 100 S.Ct. 559, 62 L.Ed.2d 490 (1980).

[1126] *Burger King Corp. v. Rudzewicz,* 471 U.S. 462, 105 S.Ct. 2174, 85 L.Ed.2d 528 (1985); *Erichson,* 64 N.Y.U.L.Rev. 1117, 1151 (1989).

[1127] Vgl. auch *Wright/Miller,* 4B Federal Practice and Procedure, Civil 3d § 1124; *Erichson,* 64 N.Y.U.L.Rev. 1117, 1118 f. (1989); *Lejeune,* RIW 1998, 8, 14.

[1128] *Goss Graphic Systems, Inc., v. MAN Roland Druckmaschinen Aktiengesellschaft,* et al., 139 F.Supp.2d 1040, 1064 (N.D. Iowa 2001).

Konzept genügt. Zur besseren Unterscheidung spricht man in diesem Fall auch von „transacting business".[1129] Generell werden hier aber dieselben Faktoren wie beim „doing business"-Test herangezogen.

Einige Instanzgerichte haben einen „five-factor-test" entwickelt, um zu bestimmen, ob die Kontakte zum Forumstaat ausreichender Natur sind.[1130] Dazu gehört: Erstens, die Natur und die Qualität der Kontakte zum Forumstaat, zweitens, die Quantität der Kontakte, drittens, das Verhältnis der Kontakte zum Klagegrund, viertens, das Interesse des Forumstaates an der Bereitstellung eines Forums für seine Einwohner, und fünftens, die Annehmlichkeit für die Parteien. Die ersten drei sollen von vorrangiger Bedeutung sein. Entsprechend der Unterscheidung in *Helicopteres*[1131] kann nach der Beziehung der Kontakte zum Klagegrund jede Art von Geschäftstätigkeit (transaction of any business) ausreichen und zur „specific jurisdiction" führen, wenn der Klagegrund aus den Aktivitäten im Forumstaat entstanden ist.

### 3. Spezialproblem: Zuständigkeit aufgrund Verbindung zu Tochtergesellschaften im Forumstaat

Es kommt nicht selten vor, dass eine ausländische Muttergesellschaft keine hinreichenden eigenen „minimum contacts" zum Forum besitzt, dafür aber eine gesellschaftsrechtliche Verbindung zur einer Gesellschaft im Forumstaat, meist eine Tochtergesellschaft. In diesem Fall prüfen die US-Gerichte, ob die bestehenden Kontakte der US-Tochter (subsidiary) zur Begründung der Zuständigkeit auch über die ausländische Mutter (parent) herangezogen werden können.[1132] Die Frage des Durchgriffs stellt sich nicht nur im Rahmen der Zuständigkeit (jurisdiction), sondern auch in anderem Zusammenhang, insbesondere im Rahmen der Zustellung (service) und der materiellrechtlichen Haftung (liability) der Mutter für Handlungen der Tochter.

Formal handelt es sich um zwei selbständige juristische Personen. Die Heranziehung der Tochter zur Begründung der Zuständigkeit über die Mutter ist damit alles andere als selbstverständlich und bedarf besonderer Begründung.[1133] Im

---

1129 Vgl. *Wright/Miller*, 4A Federal Practice and Procedure, Civil 3d § 1069.3.

1130 *Burlington Industries v. Maples Industries*, 97 F.3d 1100 (8th Cir. 1996).

1131 466 U.S. 408, 104 S.Ct. 1868, 80 L.Ed.2d 404 (1984).

1132 Vgl. *Blumberg*, S. 40 (§ 3.01); *Born*, S. 151 ff.; *Otto*, S. 50 ff.; *Müller*, S. 37 ff.

1133 Ebenso und ausführlich zum parallelen Problem des Zustellungsdurchgriffs *Fleischhauer*, S. 147.

Grundsatz wird die eigene Rechtspersönlichkeit der Tochter auch anerkannt.[1134] Noch immer einflussreich ist insoweit die Entscheidung des US Supreme Court in *Cannon Manufactoring Co. v. Cudahy Packing Co.*[1135]. Der US Supreme Court hatte in dem 1928 entschiedenen Fall die rein formale Trennung von Mutter und Tochter akzeptiert und auch den vollständigen Anteilsbesitz an der Tochter nicht für ausreichend gehalten, um die Zuständigkeit des angerufenen Gerichtes über die ausländische Mutter zu begründen.[1136] Der formalistische *Cannon*-Ansatz ist im Bereich des Antitrust-Rechts wenige Jahre später durch die Entscheidung des US Supreme Courts in *U.S. v. Scophony Corp. of America*[1137] aufgeweicht worden.[1138] Bei der Subsumtion unter den Begriff des „transacts business" im „venue statute" des Clayton Act zog das Gericht in *Scophony* auch die Aktivitäten der US-Tochter heran, weil die vertraglich ausgestalteten Rechte und Kontrollmöglichkeiten der britischen Mutter über die Rechtsstellung eines „shareholder for investment purposes" hinausgingen.[1139] In *Scophony* sind allerdings die Nachbeben der bahnbrechenden Entscheidung in *International Shoe* und des dort begründeten „minimum contacts"-Ansatzes besonders spürbar[1140]; die Entscheidung sollte entsprechend eingeordnet werden.

Die Instanzrechtsprechung gibt heute eine gespaltenes Bild ab.[1141] Während ein Teil die formalistische Sichtweise in *Cannon* zumindest ansatzweise beibehalten hat, stellt ein anderer die Autorität der Entscheidung mit Blick auf den „minimum contacts"-Ansatz nach *International Shoe* zunehmend in Frage[1142]. Erstere Linie vermutet generell die Selbständigkeit der beiden juristischen Personen[1143] und hat zur Wider-

---

1134 Restatement (Second) Conflict of Laws, § 52, Comment b (1971 and Supp. 1989); *Wright/Miller*, 4A Federal Practice and Procedure, Civil 3d § 1069.4; *Blumberg*, S. 44 f. (§ 3.03); *Baicker-McKee*, 27 E.L.R. 10450 (1997).

1135 *Cannon Manufactoring Co. v. Cudahy Packing Co.*, 267 U.S. 333, 45 S.Ct. 250, 69 L.Ed. 634 (1925).

1136 267 U.S. 333, 337.

1137 *U.S. v. Scophony Corp. of America*, 333 U.S. 795, 68 S.Ct. 855, 92 L.Ed. 1091 (1948).

1138 So auch die Einschätzung von *Blumberg*, S. 47 (§ 3.03); kritisch *Otto*, S. 74 f.

1139 333 U.S. 795, 814 f.: So war u.a. der Austausch von Daten und Informationen vertraglich vereinbart und wurde auch tatsächlich so durchgeführt; zudem war der „president" der Tochter in Personalunion gleichzeitig auch „represenative" der Mutter.

1140 333 U.S. 795, 817.

1141 Einen umfassenden, eine Systematisierung unternehmenden und laufend aktualisierten Überblick bietet die Darstellung von *Blumberg*, S. 47 (§ 3.03, Fn. 17, 18), 58 ff. (§ 3.05), und *Blumberg/Evans*, „2002 Supplement".

1142 So insbesondere *Curtis Publishing Co. v. Cassel*, 302 F.2d 132, 137 (10th Cir. 1962), mit dem Hinweis, *Cannon* sei auf der Grundlage der „presence"-Doktrin entschieden worden.

1143 *Donatelli v. National Hockey League*, 893 F.2d 459 (1st Cir. 1990); *FMC Finance Corp. v. Murphree*, 632 F.2d 413 (5th Cir. 1980).

legung im Einzelfall einen Katalog bestimmender Faktoren entwickelt[1144]. Die andere Linie der Entscheidungen zieht die Verbindung der Mutter zur Tochter als entsprechenden „minimum contact" der Mutter zum Forum heran.[1145] In Anbetracht dieser uneinheitlichen Rechtsprechung bleibt ausländischen Muttergesellschaften in der Praxis häufig nicht viel mehr als der Ratschlag, die gerade geltende Rechtsprechung im jeweiligen Circuit bei der Unternehmensstrukturierung und beim Auftreten vor Gericht zu beachten.[1146] Selbst eine solche Sorgfalt dürfte nach der Ausweitung des Forums durch das neugeschaffene „general federal long-arm statute" (F.R.Civ.P. 4 (k) (2)) kaum die gewünschte Rechtssicherheit herstellen können.

Abgesehen von einer verwirrend uneinheitlichen Terminologie haben sich in der Rechtsprechung dennoch zwei voneinander unterscheidbare Ansätze in Ausnahme zum geschilderten Grundsatz entwickelt: Zum einen der „piercing the corporate veil"- und zum anderen der „agency"-Ansatz.[1147] Viele der einschlägigen Entscheidungen haben ihre Grundlage im Haftungsrecht.[1148] Die Gerichte betonen aber, dass die Frage der „jurisdiction" unabhängig von der „liability" zu beurteilen ist und eigenen Maßstäben folgt.[1149]

Der „gesellschaftsrechtliche Schleier" der eigenen Rechtspersönlichkeit wird „durchstoßen" (piercing the corporate veil), wenn die ausländische Mutter die Angelegenheiten der US-Tochter derart kontrolliert und beherrscht, dass es eine Frage der Sachgerechtigkeit ist, die formaljuristische Existenz der Tochter zu negieren.[1150]

---

1144 *Lakota Girl Scout Council, Inc. v. Havey Fund-Raising Management, Inc.*, 519 F.2d 634 (8th Cir. 1975).

1145 *Curtis Publishing Co. v. Cassel*, 302 F.2d 132, 137 f. (10th Cir. 1962).

1146 Vgl. *Crotty/Jennes/Weber/Park*, in: Heiden, 823 PLI/Corp 272, 294 (1993): Im Prozess geht es darum, eine ausufernde „jurisdictional discovery" zu vermeiden. Die Gerichte beschränken den Umfang der „discovery" auf die zuständigkeitsbegründenden Tasachen, wenn die ausländische Mutter eine Klageabweisung wegen „lack of jurisdiction" beantragt, *Superior Coal Co. v. Ruhrkohle A.G.*, 83 F.R.D. 414 (E.D.Pa. 1979). Bei klar rechtsmissbräuchlichen (clearly frivolous) Klagen kann eine „discovery" sogar ganz unterbleiben, *Compagnie Des Bauxites De Guinee v. L'Union Atlantique S.A.*, 723 F.2d 357 (3rd Cir. 1983).

1147 Vgl. *Blumberg*, S. 6 ff (§ 1.02).

1148 Empirische Untersuchung bei *Thompson*, 76 Cornell L.Rev. 1036 (1991). Zu neueren Tendenzen im Haftungsrecht *Heiden*, in: Heiden, 823 PLI/Corp 7 ff. (1993); *Blumberg/Strasser*, in: Heiden, 823 PLI/Corp 175 ff. (1993).

1149 *American Telephone & Telegraph Co. v. Compagnie Bruxelles Lambert*, 94 F.3d 586 (9th Cir. 1996); m. Anm. *Baicker-McKee*, 27 E.L.R. 10450 (1997).

1150 *Lakota Girl Scout Council, Inc. v. Havey Fund-Raising Management, Inc.*, 519 F.2d 634, 637 (8th Cir. 1975); Restatement (Second) Conflict of Laws, § 52, Comment (b) (1971 and Supp. 1989); *Blumberg*, S. 7 ff. (§ 1.02): „The Common Identity Alternative", mit einer von *Powell*, Parent and Subsidiary Corporations (1931), entworfenen Checkliste von Faktoren; *Griffin*, in: Goodwin-

Die Gerichte schauen insoweit zuallererst auf die Einhaltung körperschaftlicher Formalia, also die Trennung von Büchern, Personal, Bankkonten, Steuererklärungen und Büros.[1151] Darüber hinaus genügt die gesellschaftsrechtliche Beherrschung noch nicht.[1152] Betätigt sich die US-Tochter allerdings auch nach außen sichtbar nicht eigenständig, sondern lediglich als „mere department"[1153], was vor allem dann der Fall ist, wenn die Tochter ihre alltäglichen Geschäftsentscheidungen (day-to-day-business operations) nicht allein tätigt, dann nützt auch die Einhaltung der körperschaftlichen Formalien nichts.[1154] Gerade mit Blick auf die Haftung stellen andere Gerichte auch auf die wirtschaftliche Einheit ab, sog. „alter ego"-Doktrin.[1155] Als bestimmender Faktor wird hier angesehen, ob die Tochter unterkapitalisiert ist, das Kapitalvermögen nicht getrennt ist, Schulden durch die Mutter bezahlt werden, die Tochter Täuschung und Betrug Vorschub leisten soll.[1156]

Schließlich soll auch bei zu respektierender Eigenständigkeit der US-Tochter dann auf die ausländische Gesellschaft zugegriffen werden, wenn zwar nicht *de juro*, aber zumindest *de facto* eine Art Vertretung (agency) festgestellt werden kann.[1157] Entscheidend ist hier das Handeln für die ausländische Mutter wie für einen Geschäftsherrn (principal), d.h. in Kenntnis und unter tatsächlicher Kontrolle der Mutter. Die Grenzen zum „piercing the corporate veil"-Ansatz werden aber auch hier nicht immer klar gezogen.

Im hier vorliegenden Fall verneinte das Gericht den Durchgriff, da die Mutter nicht in die alltäglichen Geschäfte der Tochter einbezogen wurde. Zudem hatte die Tochter eigenes Führungspersonal, das eigene Entscheidungen im Hinblick auf ein eigenes Budget und eigene Bücher traf. Die Tochter war auch nicht unterkapitalisiert; die Gewinne kamen ihr zugute. Letztlich wurden aber die eigenen „continuous and systematic contacts" der Mutter zum Forumstaat Iowa als ausschlaggebend betrachtet; u.a. die Beteiligung der Mutter in Bietungsverfahren, geschäftliche Kontakte zu anderen Unternehmen im Forumstaat (hier zählte jedes Telefongespräch

---

Gill/Talmon, S. 226 (Fn. 1). *Otto*, S. 50 ff.; *Grothe*, in: Heldrich/Kono, S. 217, bezeichnen diesen Ansatz zu deutsch als „Zuständigkeitsdurchgriff".

1151 *Dalton v. R & W Marine, Inc.*, 897 F.2d 1359 (5th Cir. 1990); *Blumberg*, S. 10 (§ 1.02.1.).

1152 Restatement (Second) Conflict of Laws § 52, Comment (b) (1971 and Supp. 1989).

1153 Vgl. *Grothe*, in: Heldrich/Kono, S. 217; *Vorpeil*, RIW 1991, 995, 998; *Welp*, S. 95 ff.

1154 *Curtis Publishing Co. v. Cassel*, 302 F.2d 132 (10th Cir. 1962); *Blumberg*, S. 60 ff. (§ 3.05.2.).

1155 *Hargrave v. Fibreboard Corp.*, 710 F.2d 1154 (5th Cir. 1983).

1156 Vgl. auch *Griffin*, in: Goodwin-Gill/Talmon, S. 234 f.; *Fleischhauer*, S. 148, der auf die „laundry lists" der beratenden Anwälte hinweist.

1157 *CutCo Industries, Inc. v. Naughton*, 806 F.2d 3261 (2d Cir. 1986) *Akzona, Inc. v. E.I. Du Pont de Nemours & Co.*, 607 F.Supp. 227 (D.Del. 1984) ; *Blumberg*, S. 21 (§ 1.02.2.).

oder E-Mail-Kontakt!) und die nach außen (von Geschäftspartnern) nicht bewusst wahrgenommene Trennung von der Tochter.[1158]

### III. Art und Weise der Klagezustellung an ausländische juristische Personen (Service of Process upon Foreign Corporations)

Rechtsgrundlage der Klagezustellung im zivilgerichtlichen Verfahren vor einem Bundesgericht ist F.R.Civ.P. 4. Zudem hat sich jede Zustellung ihrer Funktion im Verfahren an den Anforderungen des verfassungsrechtlichen „due process"-Grundsatzes (U.S. Const. amend. V., XIV.) auszurichten.

Nach der Konzeption der 1993 neugefassten F.R.Civ.P. 4 muss eine förmliche Zustellung überhaupt nur dann erfolgen, wenn kein Verzicht des Beklagten vorliegt (F.R.Civ.P. 4 (d)). Liegt ein solcher Verzicht auf die förmliche Zustellung nicht vor, dann ist dem Beklagten die Ladung (summons), die vom Gerichtsangestellten (clerk) ausgestellt wird, und eine Kopie der Klageschrift zuzustellen (F.R.Civ.P. 4 (c) (1)). Im Fall einer ausländischen juristischen Person - Partnerschaften und nicht als Körperschaft eingetragene Vereinigungen sind ausdrücklich gleichgestellt – richtet sich die Art und Weise der Zustellung nach F.R.Civ.P. 4 (h). Die Regel hat folgenden Wortlaut:

„h) Service Upon Corporations and Associations

Unless otherwise provided by federal law, service upon a domestic or foreign corporation or upon a partnership or other unincorporated association that is subject to suit under a common name, and from which a waiver of service has not been obtained and filed, shall be effected:

(1) in a judicial district of the United States in the manner prescribed for individuals by subdivision (e)(1), or by delivering a copy of the summons and of the complaint to an officer, a managing or general agent, or to any other agent authorized by appointment or by law to receive service of process and, if the agent is one authorized by statute to receive service and the statute so requires, by also mailing a copy to the defendant, or

(2) in a place not within any judicial district of the United States in any manner prescribed for individuals by subdivision (f) except personal delivery as provided in paragraph (2)(C)(i) thereof."

Die Zustellung muss mithin vorrangig nach speziellen bundesgesetzlichen Regelungen erfolgen. Fehlt eine solche Spezialregelung, dann sieht F.R.Civ.P. 4 (h) alternativ die Zustellung an die ausländische juristische Person innerhalb eines Gerichtssprengels in den USA oder eine Zustellung außerhalb der USA vor.

---

1158 *Goss Graphic Systems, Inc., v. MAN Roland Druckmaschinen Aktiengesellschaft*, et al., 139 F.Supp.2d 1040, 1068-69 (N.D. Iowa 2001).

## 1. „Due Process"-Anforderungen

Das verfassungsrechtliche Gebot des „due process" sichert jedermann ein faires Gerichtsverfahren.[1159] Über den Wortlaut „life, liberty, property" hinaus, werden alle einer Person zustehenden Rechte geschützt.[1160] Es steht zudem außer Frage, dass grundsätzlich auch Ausländer (aliens)[1161] und Gesellschaften (corporations)[1162] den Schutz des „due process" in Anspruch nehmen können.[1163]

Im zivilgerichtlichen Verfahren verbietet die „due process"-Klausel (U.S. Const. amend. V.) den Bundesgerichten, gerichtliche Maßnahmen gegen eine Person zu ergreifen, ohne diese in angemessener Weise über das Gerichtsverfahren benachrichtigt und ihr eine angemessene Möglichkeit rechtlichen Gehörs gewährt zu haben.[1164] Die Funktion der geforderten Benachrichtigung übernimmt die Klagezustellung (service of process).

### a) *Die Entscheidung des US Supreme Court in Mullane v. Central Hanover Bank & Trust Co.*

„Leading case" zur Frage der Vereinbarkeit einer Zustellung allgemein mit dem „due process"-Gebot ist noch immer die Entscheidung des US Supreme Court in *Mullane v. Central Hanover Bank & Trust Co.*[1165]; dies hat der US Supreme Court erst kürzlich wieder bestätigt.[1166]

In *Mullane* hatte das Gericht zu entscheiden, ob eine öffentliche Zustellung (service by publication) durch Bekanntgabe von Name und Anschrift der „trust company", Name und Datum der Errichtung des „common trust funds" und einer

---

[1159] *Solesbee v. Balkcom*, 339 U.S. 9, 19 (1950): „It is now the settled doctrine of this Court that the Due Process embodies a system of rights based on moral principles so deeply imbedded in the traditions and feelings of our people as to be deemed fundamental to a civilized society as conceived by our whole history. Due Process is that which comports with the deepest notions of what is fair and right and just." Zur Herkunft des Begriffes auch *Kilian/Beck*, Amendment 5, S. 1281 f.

[1160] Zum persönlichen und sachlichen Anwendungsbereich und den Ausformungen des „due process"-Gebotes im deutschen Schrifttum eingehend *Fleischhauer*, S. 94 ff.

[1161] *Wong Wing v. U.S.*, 163 U.S. 228 (1896).

[1162] *Sinking Fund Cases*, 99 U.S. 700 (1879).

[1163] So ausdrücklich auch *Volkswagenwerk AG v. Schlunk*, 486 U.S. 694, 705, 108 S.Ct. 2542, 100 L.Ed.2d 722 (1988).

[1164] Restatement (Second) Conflict of Laws, § 25 (1971 and Supp. 1989).

[1165] *Mullane v. Central Hanover Trust Co.*, 339 U.S. 306, 70 S.Ct. 652, 94 L.Ed. 865 (1950).

[1166] *Dusenbery v. U.S.*, 534 U.S. 161, 122 S.Ct. 694, 151 L.Ed.2d 597 (2002): "Since *Mullane* was decided, we have regularly turned to it when confronted with questions regarding the adequacy of the method used to give notice."

Liste aller beteiligten Vermögenswerte in einer Tageszeitung auch gegenüber den Begünstigten (beneficiaries) genügte, deren Name und Anschrift bekannt war. Der US Supreme Court verneinte diese Frage.[1167]

Der US Supreme Court nahm in *Mullane* eine Abwägung zwischen den berechtigten Interessen des Zustellungsadressaten und denen des Zustellenden vor. Dabei stellte er zunächst heraus, dass die Gewährung eines „due process“ die Gewährung der Möglichkeit rechtlichen Gehörs (opportunity to be heard) beinhalte.[1168] Dieses Recht umfasse eine Benachrichtigung über das anhängige Verfahren in einer Art und Weise, die es dem Betroffenen ermögliche, zu entscheiden, ob er erscheint und sich einlässt oder nicht. Die persönliche Zustellung innerhalb des Gerichtssprengels sei die klassische und eine in jedem Verfahren stets angemessene Form der Benachrichtigung. Eine Konstruktion des „due process“-Gebots, die eine Zustellung unmöglich oder unpraktikabel machen würde, so betonte der US Supreme Court, sei aber nicht zu rechtfertigen.[1169] Er formulierte deshalb folgenden „reasonable notice“-Standard:

> „An elementary and fundamental requirement of due process in any proceeding which is to be accorded finality is notice reasonably calculated, under all the circumstances, to apprise interested parties of the pendency of the action and afford them an opportunity to present their objections. [...] The notice must be of such nature as reasonably to convey the required information, [...] and it must afford a reasonable time for those interested to make their appearance [...] But if with due regard for the practicalities and the peculiarities of the case these conditions are reasonably met the constitutional requirements are satisfied. [...] The means employed must be such as one desirous of actually informing the absentee might reasonably adopt to accomplish it. The reasonableness and hence the constitutional validity of any chosen method may be defended on the ground that it is in itself reasonably certain to inform those affected, [...] or, where conditions do not reasonably permit such notice, that the form chosen is not substantially less likely to bring home notice than other of the feasible and customary substitutes."[1170]

Die Benachrichtigung über ein anhängiges Verfahren muss in Anbetracht der jeweiligen Umstände ihrer Natur nach so angemessen sein, dass sie einer interessierten Partei die notwendigen Informationen übermittelt und eine angemessene Zeit zur Einlassung gewährt. Die Methode muss dabei so gewählt werden, dass sie einem vernünftigen Versuch entspricht, den Adressaten tatsächlich zu informieren. Es genügt in diesem Fall den Anforderungen des „due process“, wenn die gewählte Methode selbst angemessen ist, oder, wenn die Umstände des Falles eine solche Benachrichtigung vernünftigerweise nicht zulassen, wenn die gewählte Methode

---

[1167] 339 U.S. 306, 320.

[1168] 339 U.S. 306, 314, unter Verweis auf *Grannis v. Ordean*, 234 U.S. 385.

[1169] 339 U.S. 306, 313 f.

[1170] 339 U.S. 306, 314 f.

eine Benachrichtigung nicht wesentlich unwahrscheinlicher macht als andere mögliche und gebräuchliche Formen.

### *b) Interpretation des „Mullane"-Standards*

Im kommentierenden Schrifttum hat man aus der *Mullane*-Entscheidung zwei Alternativen abgeleitet, bei deren Vorliegen von einer Verfassungsmäßigkeit der gewählten Zustellungsmethode ausgegangen werden kann:

> „(1) [The method employed] is reasonably certain to reach those affected; or (2) if circumstances do not permit such service, it is as effective as any other feasible and customary method."[1171]

Andere Stimmen haben aus der *Mullane*-Entscheidung allgemein die Schlussfolgerung gezogen, dass bei bestehenden Zweifeln über die Vereinbarkeit der gewählten Methode mit dem „due process"-Gebot zu fragen ist, ob die gewählte Methode unter den jeweiligen Umständen die bestmögliche Zustellungsform gewesen sei („best possible procedure available under the circumstances").[1172] Von mehreren möglichen Zustellungsmethoden soll nach dieser engen Auffassung nur diejenige zulässig sein, die am besten geeignet ist, den Zustellungsadressaten tatsächlich zu informieren.

Zumindest diesem strikten Ansatz ist die höchstrichterliche Rechtsprechung nicht gefolgt. Der US Supreme Court hat zwar in der Folgezeit Zustellungsmethoden beanstandet, von denen der Kläger wusste oder hätte wissen können, dass sie eine tatsächliche Kenntnisnahme des Beklagten erheblich weniger wahrscheinlich werden ließen.[1173] In einem erst jüngst entschiedenen, wenngleich speziell gelagerten Fall, *Dusenberry v. U.S.*[1174], hat der US Supreme Court den *Mullane*-Standard hin-

---

[1171] *Casad/Richman*, Bd. 1, S. 199 (§ 2-7).

[1172] *Wright/Miller*, 4A Federal Practice and Procedure, Civil 3d § 1074; ähnlich Restatement (Second) Conflict of Laws, § 25, Comment (d) (1971 and Supp. 1989): "A matter of notification which would be sufficient in some circumstances may be insufficient in others because another method would obviously be better calculated to give the defendant knowledge of the action." Aus dem deutschen Schrifttum *Fleischhauer*, S. 107 ff.

[1173] *Robinson v. Hanrahan*, 409 U.S. 38, 93 S.Ct. 30, 34 L.Ed.2d 47 (1972).

[1174] *Dusenbery v. U.S.*, 534 U.S. 161, 122 S.Ct. 694, 151 L.Ed.2d 597 (2002): Im Fall ging es um die Benachrichtigung des aufgrund einer strafrechtlichen Verurteilung inhaftierten Klägers über die Einziehung (forfeiture) von ihm gehörenden Vermögensgegenständen. Das zuständige FBI hatte den gesetzlichen Vorgaben entsprechend u.a. dem Zustellungsadressaten eine „certified mail" an seine Haftanschrift versandt, eine Antwort aber nie erhalten. Der Kläger griff die Einziehung 5 Jahre später vor Gericht wegen angeblich fehlender Benachrichtigung an. In einem 5:4 Mehrheitsvotum (*Rehnquist*, C.J.) entschied sich der US Supreme Court dafür, die Zustellung im vorliegenden Fall unter den gegebenen Umständen als angemessen und deshalb als „due process"-konform anzusehen.

gegen erneut aufgegriffen und interpretiert. Das Gericht bestätigte zunächst die Ansicht, nach der der „due process"-Grundsatz nicht notwendig die tatsächliche Benachrichtigung (actual notice) verlange.[1175] Nach Ansicht des Mehrheitsvotums (*Rehnquist*, C.J.) fordere der „due process"-Grundsatz von Seiten des Zustellenden jedoch keine „heroic efforts".[1176] Es sei notwendig, aber auch ausreichend, wenn die gewählte Methode nach den Umständen als vernünftiger Versuch zu werten sei, den Zustellungsadressaten tatsächlich zu benachrichtigen.[1177] Die Mehrheit wies den von der Minderheit (*Ginsburg*, J.) angeführten Einwand ausdrücklich zurück, die im entschiedenen Fall befürwortete Zustellungsmethode habe eine Benachrichtigung des Betroffenen weniger wahrscheinlich gemacht als andere mögliche und gebräuchliche Methoden.[1178]

Formelhaft verlangt der „due process"-Standard unter *Mullane* demnach nur eine „method reasonable calculated to give actual notice", nicht aber in jedem Fall, und wie vom Schrifttum gefordert, die „best notice practicable". Darüber hinaus genügt selbst eine tatsächliche Benachrichtigung dem „due process"-Gebot nicht, wenn dem Betroffenen keine angemessene Möglichkeit rechtlichen Gehörs (opportunity to be heard) gewährt wird.[1179]

### 2. Notwendigkeit einer Auslandszustellung nach F.R.Civ.P. 4 (h)

Abseits einer bundesgesetzlichen Spezialregelung ist eine Zustellung im Ausland nur dann notwendig, wenn die ausländische juristische Person nicht auf die förmliche Zustellung verzichtet hat (F.R.Civ.P. 4 (d)) und wenn eine Zustellung innerhalb der USA (F.R.Civ.P. 4 (h) (1)) ausscheidet.

#### *a) Kein Verzicht des Beklagten auf die förmliche Zustellung (F.R.Civ.P. 4 (d))*

Seit der Neufassung der Federal Rules 1993 kann der Beklagte auf die Zustellung verzichten (waiver of service) (F.R.Civ.P. 4 (d)).[1180] Den Beklagten trifft eine prozessuale Verpflichtung, unnötige Kosten der Zustellung zu vermeiden, wenn er durch eine Nachricht des Klägers von der Klage Kenntnis erlangt hat.[1181] Verzichtet

---

1175 So auch Restatement (Second) Conflict of Laws, § 25, Comment (e) (1971 and Supp. 1989).

1176 122 S.Ct. 694, 701.

1177 122 S.Ct. 694, 702.

1178 122 S.Ct. 694, 702 ff. Die Minderheit sah den Schutz des Zustellungsadressaten durch das „notice requirement" herabgesetzt.

1179 Restatement (Second) Conflict of Laws, § 25, Comment (h) (1971 and Supp. 1989).

1180 Vgl. zur HZÜ-Vereinbarkeit, *G.Geimer*, S. 101.

1181 F.R.Civ.P. 4 (d) (2).

er rechtzeitig, so muss er nicht die übliche Einlassungsfrist beachten.[1182] Ein auswärtiger Beklagter, der dennoch nicht auf die Zustellung verzichtet, kann im Gegensatz zu einem inländischen Beklagten jedoch nicht mit den Kosten der Zustellung belegt werden[1183]; das Bestehen auf einer förmlichen Auslandszustellung rechtfertigt auch keine Sanktion nach F.R.Civ.P. 11.[1184] Andererseits bedeutet ein Verzicht auf die Zustellung ausdrücklich keinen Verzicht auf die Rüge der Zuständigkeit oder des Gerichtsstandes.[1185]

### *b) Keine Möglichkeit der Zustellung innerhalb der USA (F.R.Civ.P. 4 (h) (1))*

F.R.Civ.P. 4 (h) sieht zwei Varianten der Zustellung an eine ausländische juristische Person (alternativ) vor, die Zustellung in oder außerhalb der USA. Der US-Kläger kann grundsätzlich zwischen beiden Varianten wählen. Regelmäßig wird ein US-Kläger sich hüten, den beschwerlicheren Weg der Auslandszustellung zu gehen, wenn er schnell, problemlos und kostengünstig innerhalb der USA zustellen kann und bei ausreichend im Inland belegenen Vermögen auch keine Vollstreckung seines Titels im Ausland betreiben muss.[1186]

Eine Zustellung an eine ausländische juristische Person im Ausland ist für den Kläger lediglich dann auch rechtlich zwingend, wenn die Zustellung innerhalb der USA (F.R.Civ.P. 4 (h) (1)) als eine der beiden vorgesehenen Möglichkeiten ausscheidet.[1187]

#### *aa) Die Entscheidung des US Supreme Court in Volkswagenwerk AG v. Schlunk*

Diese Entscheidung, ob eine Zustellung an den auswärtigen Beklagten im Inland genügt oder ob eine Auslandszustellung zu erfolgen hat, liegt allein beim autonomen US-Zustellungsrecht als *lex fori,* wie auch der US Supreme Court in *Volkswagenwerk AG v. Schlunk*[1188] bestätigt hat. Nach allgemeiner[1189], in dieser Entschei-

---

[1182] F.R.Civ.P. 4 (d) (3): Statt 20 Tage F.R.Civ.P. 12 (a) 60 bei Zustellung im Inland bzw. 90 im Ausland.

[1183] F.R.Civ.P. 4 (d) (2) S. 2; vgl. auch *Ristau*, Bd. 1, S. 105 (§ 3-1-16).

[1184] So schon vor der Reform der F.R.Civ. P. 1993 *Sheets v. Yamaha Corp., USA*, 891 F.2d 533 (5[th] Cir. 1990); m.Anm. *Trooboff/Spiro*, 83 Am.J.Int.L. 580 ff. (1989); *Norfolk*, 14 Suffolk Transnat'l L.J. 680 ff. (1991).

[1185] F.R.Civ.P. 4 (d) (1).

[1186] Vgl. zu praktischen Erwägungen *Christopher/Kimmelmann*, 2 Bus. & Com. Litig. Fed. Cts. s 17.3 (1998); zu Zeit und Kosten der Auslandszustellung insbesondere *Pfeil-Kammerer*, S. 78.

[1187] Vgl. *Siegel*, 151 F.R.D. 441, 462; ders. 28 U.S.C.A. F.R.Civ.P. 1-11, Rule 4 C4-24 (Cumulative Annual Pocket Part 1997).

[1188] *Volkswagenwerk AG v. Schlunk*, 486 U.S. 694, 108 S.Ct. 2542, 100 L.Ed.2d 722 (1988); m. Anm. *Juncker*, JZ 1989, 121, 122.

dung vom US Supreme Court bestätigter Ansicht lässt das HZÜ das Zustellungsrecht der Mitgliedstaaten unberührt. Das völkerrechtlich verbindliche und innerstaatlich geltende HZÜ ist nach Art. 1 erst dann anwendbar und schreibt erst dann eine Zustellungsmethode vor, wenn ein gerichtliches Schriftstück „in das Ausland zu übermitteln ist". Eine Regelung, wann dies der Fall sein soll, trifft das HZÜ nicht. Nach dem Mehrheitsvotum in *Schlunk* (*O'Connor*, J.) bleibt es damit allein bei der Entscheidung des autonomen US-Rechts (hier F.R.Civ.P. 4).[1190]

Für die Inlandszustellung an eine beklagte ausländische juristische Person sieht F.R.Civ.P. 4 (h) (1) wiederum drei Alternativen vor[1191]: Die erste Alternative verweist auf die Zustellung nach F.R.Civ.P. 4 (e) (1) und ermöglicht damit die Zustellung nach dem Recht des Einzelstaates, in dem das Bundesgericht seinen Sitz hat oder in dem die Zustellung bewirkt werden soll. Die zweite Alternative sieht die Zustellung an einen satzungsmäßigen Vertreter der juristischen Person vor (officer, managing or general agent). Nach der dritten Alternative kann schließlich auch an rechtsgeschäftliche oder bundesgesetzlich bestimmte Zustellungsbevollmächtigte (agent authorized by appointment or by law to receive service of process) zugestellt werden.

*bb) Anwesenheit eines empfangsberechtigten Vertreters im Forumstaat*

Hier muss nicht notwendig auf alle Einzelheiten eingegangen werden.[1192] Denn trotz der theoretisch sehr breiten und flexiblen Rechtsgrundlage ergeben sich bei einer im Ausland gegründeten Gesellschaft mit Geschäftsitz im Ausland faktisch nicht sehr viele Möglichkeiten, eine Klage im Inland zuzustellen. Die Inlandszustellung an ausländische Gesellschaften ist deshalb nur begrenzt möglich, weil die Zustellung an einen Vertreter der beklagten Gesellschaft zu erfolgen hat, der nicht nur empfangsberechtigt, sondern auch im Forumstaat oder zumindest in den von F.R.Civ.P. 4 (k) abgesteckten territorialen Grenzen innerhalb der USA anwesend sein muss. Die Zustellung muss also im Forumstaat erfolgen. Soll sie außerhalb er-

---

1189 Restatement (Second) Conflict of Laws § 126 (1971): „The local law of the forum determines the method of serving process and of giving notice of the proceeding to the defendant."; *Siegel*, 28 U.S.C.A. F.R.Civ.P. 1-11, Rule 4 C4- 24 (Cumulative Annual Pocket Part 1997); *Dolinger/Tiburcio*, 33 Tex.Int'l L.J. 425, 428 ff. (1998).

1190 *Volkswagenwerk AG v. Schlunk*, 486 U.S. 694, 707, 108 S.Ct. 2542, 100 L.Ed.2d 722 (1988). Dem hat das Minderheitsvotum (Brennan, J.) insoweit mit beachtlichen Argumenten widersprochen, 486 U.S. 694, 708 ff. Danach soll die Regelungsfreiheit der *lex fori* im Sinne des Vereinheitlichungszweckes des HZÜ durch einen „substantive standard" eingeschränkt sein.

1191 Vgl. *Baicker-McKee/Janssen/Corr*, Rule 4, S. 171.

1192 Vgl. zu den Detailfragen die ausführliche und hervorragende Darstellung bei *Fleischhauer*, S. 136 ff.

folgen, so bedarf es einer entsprechenden Ermächtigung in einem Bundesgesetz oder in einer der übrigen Alternativen von F.R.Civ.P. 4 (k).

*(1) „Registered Office" oder „Registered Agent" (State Law)*

F.R.Civ.P. 4 (h) (1), (e) (1) verweist auf Zustellungsregelungen im einzelstaatlichen Recht. In zahlreichen einzelstaatlichen Gesetzen, insbesondere den „business corporation statutes", finden sich Vorschriften, die eine ausländische Gesellschaft verpflichten, einen Vertreter oder einen Bevollmächtigten für die Zwecke der Zustellung registrieren zu lassen, damit die Gesellschaft im Forumstaat geschäftlich tätig werden kann.[1193] In einem solchen Fall kann eine Klage jeglicher Art an die Anschrift des registrierten Vertreters (registered agent) im Inland zugestellt werden; dieser ist kraft ausdrücklicher Bevollmächtigung empfangsberechtigt.

In Iowa, dem US-Bundesstaat, in dem das Bundesgericht im hier geschilderten Fall seinen Sitz hat, trifft beispielsweise Sec. 1510 des Iowa Business Corporation Act eine solche Regelung.[1194] Eine im Ausland gegründete Gesellschaft muss nach Sec. 1507 ein Büro oder einen Vertreter in Iowa benennen, registrieren lassen und während der Dauer der Geschäftstätigkeit beibehalten; als „registered agent" kommen im Einzelfall eine natürliche Person oder auch eine im Forumstaat gegründete bzw. eine ausländische juristische Person, falls sie im Formstaat ein eingetragenes Büro besitzt, in Betracht.[1195] Die Benennung erfolgt zusammen mit dem Antrag auf Genehmigung der Geschäftsaufnahme (authorization to transact business); das Antragsformular enthält entsprechende Felder.[1196]

Diese Vorschriften erfassen jedoch nur ausländische Gesellschaften, die eine Zulassung zur Geschäftstätigkeit im Forumstaat beantragt und erhalten haben (authorized foreign corporations). Regelmäßig wird eine deutsche Muttergesellschaft aber gar keine eigene Geschäftstätigkeit in dem betreffenden Einzelstaat

---

1193 Vgl. *Fleischhauer*, S. 141; *Pfeil-Kammerer*, S. 41 (Fn. 32).

1194 IA ST § 490.1510: „Service on foreign corporation. 1. The registered agent of a foreign corporation authorized to transact business in this state is the corporation's agent for service of process, notice, or demand required or permitted by law to be served on the foreign corporation."

1195 IA ST § 490.1507 (I.C.A. § 490.1507): „A foreign corporation authorized to transact business in this state must continuously maintain in this state both of the following: 1. A registered office that may be the same as any of its places of business. 2. A registered agent, who may be any of the following: a. An individual who resides in this state and whose business office is identical with the registered office. b. A domestic corporation or not-for-profit domestic corporation whose business office is identical with the registered office. c. A foreign corporation or foreign not-for-profit corporation authorized to transact business in this state whose business office is identical with the registered office."

1196 Vgl. IA ST § 490.1503, App. Form 21.

ausüben wollen und deshalb weder einen Antrag stellen noch einen Vertreter oder Zustellungsbevollmächtigten benennen. Die Möglichkeit der Klagezustellung an einen „registered agent" scheidet dann aus. Das einzelstaatliche Recht behalf sich deshalb früher häufig mit der Zustellung an den „Secretary of State".[1197] Diese Form der Inlandszustellung ist mit Blick auf das „due process"-Gebot nicht unbedenklich.

Mittlerweile richten sich die einzelstaatlichen Vorschriften, so auch in Iowa[1198], zunehmend am Vorschlag des Modellgesetzes (Revised Modell Business Corporation Act) aus und sehen statt der Zustellung an den „Secretary of State" die postalische Zustellung direkt an den Hauptgeschäftssitz (principal place of business) der ausländischen Gesellschaft vor. Bei in Deutschland gegründeten Gesellschaften mit Hauptgeschäftsitz in Deutschland, die keinen registrierten Vertreter im Forumstaat benannt haben, erfolgt die Zustellung somit nicht mehr innerhalb der USA. Diese Möglichkeit der Zustellung kann damit auch nicht als von der Verweisung in F.R.Civ.P. 4 (h) (1) erfasst angesehen werden, da für Zustellungen außerhalb der USA F.R.Civ.P. 4 (h) (2) gilt.

*(2) „Officer, Managing or General Agent"*

F.R.Civ.P. 4 (h) (1) sieht in seiner zweiten Alternative die Zustellung an bestimmte Vertreter der beklagten Gesellschaft (officer, managing or general agent) vor. Dem Begriff des „officer" entspricht der Geschäftsführer einer deutschen GmbH oder das Vorstandsmitglied einer deutschen Aktiengesellschaft.[1199] Die Empfangsberechtigung dieser Personen folgt aus ihrer organschaftlichen Stellung. Als „managing or general agents" sehen die US-Gerichte vor allem Personen an, die innerhalb der Gesellschaft eine Stellung inne haben, die eine zügige Weiterleitung des zuzustellenden Schriftstückes an die entscheidenden Organe der Gesell-

---

[1197] Vgl. *Fleischhauer*, S. 143.

[1198] IA ST § 490.1510: „[...] 2. A foreign corporation may be served by registered or certified mail, return receipt requested, addressed to the secretary of the foreign corporation at its principal office shown in its application for a certificate of authority or in its most recent biennial report if the foreign corporation meets any of the following conditions: a. Has no registered agent or its registered agent cannot with reasonable diligence be served. b. Has withdrawn from transacting business in this state under section 490.1520. c. Has had its certificate of authority revoked under section 490.1531. 3. Service is perfected under subsection 2 at the earliest of: a. The date the foreign corporation receives the mail. b. The date shown on the return receipt, if signed on behalf of the foreign corporation. c. Five days after its deposit in the United States mail, as evidenced by the postmark, if mailed postpaid and correctly addressed. 4. A foreign corporation may also be served in any other manner permitted by law."

[1199] Vgl. *Fleischhauer*, S. 137.

schaft unter gewöhnlichen Umstanden erwarten lässt.[1200] Klassisch ist die folgende Formulierung in einer älteren Entscheidung:

> „The rationale of all rules for service of process on corporations is that service must be made on a representative so integrated with the corporation sued as to make it a priori supposable that he will realize his responsibilities and know what he should do with any legal papers served on him."[1201]

Es soll gleichwohl ausreichend sein, wenn die betreffende Person innerhalb des Geschäftsbetriebes tatsächlich eigenverantwortlich tätig ist oder im Geschäftsverkehr ausdrücklich als „general agent" bezeichnet wird.[1202] Die Empfangsberechtigung ergibt sich hier zumindest aus dem gesetzten Rechtsschein.[1203] Die Zustellung muss an die empfangsberechtigte Person persönlich erfolgen.[1204]

Daneben bedarf es auch der körperlichen Anwesenheit der betreffenden Person im Forumstaat oder in den von F.R.Civ.P. 4 (k) abgesteckten territorialen Grenzen. Es genügt, wenn die empfangsberechtigte Person zufällig oder vorübergehend anwesend ist. Als ausreichende Anwesenheit wurden beispielsweise die Übergabe der Klageschrift an den Geschäftsführer einer deutschen Gesellschaft während eines Kongresses[1205] oder der Vorladung an einen Bankdirektor während einer Zwischenlandung auf einem internationalen Flughafen[1206] angesehen.

Auch wenn die vorübergehende Anwesenheit demnach für eine wirksame Zustellung ausreichen mag, so ist noch einmal zu betonen, dass sie allein nicht genügt, um die Zuständigkeit über die ausländische Gesellschaft zu begründen. Die Zuständigkeit über die ausländische juristische Person kann nur bei einer hinreichenden Geschäftstätigkeit im Forumstaat angenommen werden, die einen Schluss auf eine „corporate presence" oder wenigstens auf „minimum contacts" zum Forum zulässt.[1207]

---

1200 *Baade v. Price*, 175 F.R.D. 403 (D.C. 1997). Vgl. zu Beispielen *Wright/Miller*, 4A Federal Practice and Procedure, Civil 3d § 1103 (Fn. 14 ff.); *Fleischhauer*, S. 139.

1201 *Goetz v. Interlake S.S. Co.*, 47 F.2d 753, 757 (S.D.N.Y. 1931).

1202 Vgl. *Wright/Miller*, 4A Federal Practice and Procedure, Civil 3d § 1103; *Fleischhauer*, S. 139 f.

1203 Vgl. *Fleischhauer*, S. 140.

1204 Vgl. *Baicker-McKee/Janssen/Corr*, Rule 4, S. 171; *Fleischhauer*, S. 140.

1205 *Amusement Equipment, Inc. v. Mordelt*, 779 F.2d 264 (5th Cir. 1985); *Alfred Hofmann & Co. v. Karl Mayer*, 159 F.Supp 77, 79 (D.N.J. 1958).

1206 *U.S. v. Fields*, 532 F.2d 404 (5th Cir. 1975).

1207 Vgl. auch *Peterson*, IPRax 1991, 267, 269.

*(3) „Any Other Agent Authorized to Receive Service of Process": Insbesondere Möglichkeit der Zustellung an US-Tochtergesellschaft*

Hat die beklagte deutsche Gesellschaft eine gesellschaftsrechtliche Verbindung zu einer Gesellschaft in den USA (US-Tochter), so bleibt schlussendlich noch die Frage, ob die Klage an die anwesenden Vertreter der US-Tochter mit Wirkung für die beklagte deutsche Mutter zugestellt werden kann.[1208] Auch in diesem Fall würde es sich um eine Inlandszustellung handeln, für die das HZÜ nicht gilt.[1209] Die Entscheidung des US Supreme Court im Fall *Volkswagenwerk AG v. Schlunk*[1210] hat die entsprechende Rechtspraxis der Instanzgerichte bestätigt.[1211]

Eine Zustellung an die Vertreter der US-Tochter mit Wirkung für die deutsche Mutter ist unproblematisch zulässig, wenn die US-Tochter rechtsgeschäftlich (by appointment) oder bundesgesetzlich (by law)[1212] zum Zustellungsbevollmächtigten (agent authorized to receive service of process) bestimmt wurde. Insofern ist die US-Tochter nichts anderes als ein sonstiger Empfangsvertreter der Mutter im Sinne der dritten Alternative von F.R.Civ.P. 4 (h) (1).

Liegt hingegen keine Empfangsbevollmächtigung vor, dann sind die US-Gerichte nicht ohne weiteres bereit, die Zustellung an die US-Tochter mit Wirkung für die ausländische Mutter zuzulassen.[1213] Ein „Durchgriff" auf die ausländische Mutter kann wie im Rahmen der Zuständigkeit nur auf der Grundlage des „piercing the corporate veil"- oder des „agency"-Ansatzes erfolgen. Diesen traditionellen Ansatz hat, soweit ersichtlich, bisher nur ein Gericht zugunsten eines „common sense

---

1208 Dazu ausführlich *Blumberg*, S. 205 ff. (§ 8.02).

1209 *Geick v. American Honda Motor Co.*, 117 F.R.D. 123, 125 (C.D.Ill. 1987): "However, where service of process was entirely accomplished within the United States, by serving an agent of a foreign corporation or foreign defendant, the provisions of the Hague Convention are inapplicable." *Lamb v. Volkswagenwerk Aktiengesellschaft*, 104 F.R.D. 95, 97 (S.D.Fla. 1985): „There is nowhere in the provisions of the Hague Convention any indication that it is to control attempts to serve process within the state of origin."

1210 *Volkswagenwerk AG v. Schlunk*, 486 U.S. 694, 706, 108 S.Ct. 2542, 100 L.Ed.2d 722 (1988).

1211 Vgl. auch die Nachweise bei *Jacklin*, 112 A.L.R.Fed 241 ff. (1993).

1212 *Wright/Miller*, 4A Federal Practice and Procedure, Civil 3d § 1101: Klar erfasst sind bundesgesetzlich geregelte Fälle; darüber hinaus besteht Unklarheit. Bei gesetzlicher Bevollmächtigung muss allerdings der Mutter ebenfalls eine Abschrift übersandt werden.

1213 *Adams v. Allied Signal General Aviation Avionics*, 74 F.3d 882 (8th Cir. 1996). Vgl. im Übrigen die Einschätzung von *Wright/Miller*, 4A Federal Practice and Procedure, Civil 3d § 1104, und auch die Darstellungen im deutschen Schrifttum *Otto*, S. 100; *Fleischhauer*, S. 144; *Merkt*, S. 178; *Juncker*, IPRax 1986, 197, 203; *ders.*, JZ 1989, 121, 122; *Pfeil-Kammerer*, S. 40.

approach" abgelehnt.[1214] Die Mehrzahl scheint in Anlehnung an die *Cannon*-Entscheidung[1215] davon auszugehen, dass die beiden mit eigener Rechtspersönlichkeit ausgestatteten juristischen Personen unabhängig voneinander agieren und ein bloßes Mutter-Tochter-Verhältnis (parent-subsidiary relationship) dementsprechend nicht für einen Zustellungsdurchgriff ausreicht.[1216] Die angelegten Kriterien sind im Wesentlichen dieselben wie im Rahmen der Zuständigkeitsdurchgriffes.[1217] Man kann sogar sagen, dass mit der Entscheidung über den Zuständigkeitsdurchgriff auch die Entscheidung über die Zulässigkeit der Zustellung fällt.[1218]

Auch die Zustellung an die US-Tochter muss schließlich dem *Mullane*-Standard genügen.[1219] Das bedeutet, dass die Zustellung nur dann „due process"-konform und damit wirksam ist, wenn die Zustellung an die US-Tochter als angemessener Versuch erscheint, die ausländische Mutter tatsächlich von der Einreichung der Klage zu unterrichten. Einige Gerichte sehen hier das eigentliche Problem.[1220] Entscheidend soll hier sein, ob die Weiterleitung des Schriftstückes durch die US-Tochter an die Mutter wahrscheinlich ist (likelihood of notice) oder die Mutter tatsächlich Kenntnis von der Klage erhalten hat (actual notice).[1221] Im Schrifttum wird der Durchgriff teilweise als eine Form des „derivative service" betrachtet.[1222] Dies hätte konsequenterweise zur Folge, dass die Zustellung erst subsidiär nach Scheitern anderer Methoden zulässig wäre.

Im deutschen Schrifttum hat *Merkt* darauf hingewiesen, dass ein Versuch einer Zustellung an die Vertreter der US-Tochter mit Wirkung für die deutsche Mutter „in zahlreichen Fällen nicht gelingen wird".[1223] Dem ist zuzustimmen. Der Kläger

---

1214 *Fosbee v. Interstate Vending Co.*, 234 F.Supp. 44 (D.Kan. 1964). Die Entscheidung wird als "exceptional" betrachtet, vgl. *Wright/Miller*, 4A Federal Practice and Procedure, Civil 3d § 1104 (Fn.14, 15).

1215 *Cannon Manufactoring Co. v. Cudahy Packing Co.*, 267 U.S. 333, 45 S.Ct. 250, 69 L.Ed. 634 (1925).

1216 *U.S. ex rel. Vallejo v. Investronica, Inc.*, 2 F.Supp.2d 330 (W.D.N.Y. 1998).

1217 Siehe dazu schon oben III. Kapitel: §6C.II.3.

1218 Vgl. *Blumberg*, S. 205 (§ 8.02): „[...] predetermined by the affirmative decision on jurisdiction". Das ist besonders in Antitrust-Fällen unter Sec. 12 des Clayton Act nicht unproblematisch. Der Wortlaut der Bestimmung für die Zustellung („is found", d.h. „corporate presence" wegen „doing business") ist enger als der für die Zuständigkeit („transacts business"). Dies scheint einige US-Gerichte nicht davon abzuhalten, die beiden Fragen nach den gleichen Kriterien zu entscheiden, dazu *Blumberg*, S. 211 ff. (§ 8.03).

1219 Ähnlich *Fleischhauer*, S. 149.

1220 Vgl. die Einschätzung und Nachweise bei *Blumberg*. S. 206 (§ 8.02).

1221 Vgl. *Wright/Miller*, 4A Federal Practice and Procedure, Civil 3d § 1104 (Fn. 15).

1222 Vgl. *Blumberg*, S. 205 (§ 8.02).

1223 Vgl. *Merkt*, S. 179; aus dem US-Schrifttum *Christopher/Kimmelmann*, 2 Bus. & Com. Litig. Fed. Cts. s 17.3 (1998): „From a plaintiff's perspective, proving an agency or alter ego relationmuss die für einen Durchgriff und den *Mullane*-Standard notwendigen Tatsachen darlegen und beweisen. Das ist für den Kläger nicht nur mit zusätzlichen Aufwand verbunden, sondern nicht selten auch eine unüberwindbare Hürde.[1224] Eine Verteidigungsstrategie erscheint deshalb nicht vornherein als völlig aussichtslos[1225], auch wenn das Hauptgefecht sicherlich im Rahmen der „jurisdiction" ausgetragen wird[1226] und zu beachten ist, dass durch Bestreiten ein „discovery"-Verfahren ausgelöst werden kann[1227].

*cc) Rechtzeitigkeit*

Wird eine Klage gegen einen auswärtigen Beklagten nicht im Ausland, sondern im Inland zugestellt, so gilt hier eine Besonderheit bei Verzögerungen der Zustellung. Im *Inland* kann eine verspätete Zustellung zur Klageabweisung führen (F.R.Civ.P. 4 (m) S.1). Der Beklagte muss die Klageabweisung nicht einmal beantragen. Das Gericht kann auch von sich aus handeln. Eine rechtzeitige Zustellung muss innerhalb von 120 Tagen ab Klageeinreichung erfolgen.[1228] Auch hier muss die erfolgte Zustellung nachgewiesen werden (F.R.Civ.P. 4 (l)).[1229] Ist eine juristische Person verklagt, so muss der Zustellungsnachweis den Namen der empfangsberechtigten Person und deren Position innerhalb der juristischen Person enthalten.[1230]

Selbst wenn jedoch nicht fristgerecht zugestellt wurde, keine andere richterliche Frist gesetzt wurde und der Kläger auch keinen Grund („good cause") für die Zeitüberschreitung vorbringen kann, so muss das Gericht die Klage gleichwohl nicht zwingend abweisen.[1231] Dem Gericht steht vielmehr ein Ermessen zu, ob es die

---

ship may be difficult to do. Furthermore, even if such a relationship could be established, service based on this theory may make any resulting judgment difficult to enforce abroad against the foreign parent."

1224 So lag der Fall bspw. in *U.S. ex rel. Vallejo v. Investronica, Inc.*, 2 F.Supp.2d 330, 335 (W.D.N.Y. 1998) und *Geick v. American Honda Motor Co.*, 117 F.R.D. 123, 127 (C.D.Ill. 1987). Siehe auch die zahlreichen weiteren Nachweise bei *Wright/Miller*, 4A Federal Practice and Procedure, Civil 3d § 1104 (Fn. 10).

1225 Vgl. *Schwund*, AnwBl. 1993, 436, 439.

1226 Vgl. *Blumberg*, S. 218 (§ 8.06), der der Frage der Zustellung nur „secondary significance" beimisst.

1227 Vgl. *Christopher/Kimmelmann*, 2 Bus. & Com. Litig. Fed. Cts. s 17.3 (1998).

1228 Arg. *e contrario* F.R.Civ.P. 4 (m), S. 2.

1229 Zu Einzelheiten 1 *Moore's* Federal Practice, § 4.100-105 (Matthew Bender 3d ed.).

1230 Vgl. *Wright/Miller*, 4B Federal Practice and Procedure, Civil 3d § 1130.

1231 Vgl. *Wright/Miller*, 4B Federal Practice and Procedure, Civil 3d § 1137; *Moore's* Federal Rules Pamphlet, § 4.8 (2002). So auch *obiter dictum* der US Supreme Court in *Henderson v. U.S.*, 517 U.S. 654, 116 S.Ct. 1638, 134 L.Ed.2d 880 (1996).

Klage abweist oder ob es dem Kläger eine Verlängerung gewährt. Das Gericht muss eine Verlängerung allerdings dann gewähren, wenn der Kläger einen „good cause" vorgebracht hat.[1232] Ein ausreichender Grund wird von den Gerichten angenommen, wenn der Kläger darlegen kann, dass er einen vernünftigen Versuch (a reasonable effort) unternommen hat, die Klage zuzustellen, und der Zustellungsmangel den Beklagten nicht benachteiligt.[1233] Dabei spielt es eine Rolle, ob der Beklagte sich der Zustellung entzogen[1234] oder die Anerkennung (acknowledgment) einer Zustellung per Post verweigert hat[1235]. Die Abweisung wird demnach selten sein.

### 3. Alternativen bei Scheitern der Auslandszustellung (F.R.Civ.P. 4 (f) (3))

Ist eine Zustellung an den deutschen Beklagten in den USA nicht möglich, so muss die Zustellung, wie dargelegt, im Ausland (Deutschland) erfolgen. Das HZÜ schreibt in diesem Fall die Methoden der Übermittlung ausschließlich fest.[1236] Als Staatsvertrag (treaty) ist das HZÜ für die USA als Vertragsstaat international verbindlich[1237], genießt innerstaatlich den Rang eines Bundesgesetzes (U.S. Const. art. VI, cl. 2)[1238] und verdrängt damit in seinem Anwendungsbereich entgegenstehendes innerstaatliches Recht.[1239] F.R.Civ.P. 4 (h) (2), (f) (1) verweist deklaratorisch auf die exklusiven Übermittlungswege nach dem HZÜ.

---

1232 *Booley v. Kaymark*, 123 F.3d 756 (3d Cir. 1997), cert. denied, 522 U.S. 1109, 118 S.Ct. 1038, 140 L.Ed.2d 104 (1998).

1233 *Gordon v. Hunt*, 116 F.R.D. 313 (S.D.N.Y.), aff'd, 835 F.2d 452 (2d Cir. 1987), cert. denied, 486 U.S. 1008, 108 S.Ct. 1734, 100 L.Ed.2d 198 (1988).

1234 *Hendry v. Schneider*, 116 F.3d 446 (10th Cir. 1997).

1235 *Carimi v. Royal Caribbean Cruise Line, Inc.*, 959 F.2d 1344 (5th Cir. 1992).

1236 Vgl. *Ristau*, Bd. 1, S. 160 ff. (§ 4-1-5). So auch die deutsche Sicht, vgl. Denkschrift, BT/Drcks. 7/4892, S. 41.

1237 *Volkswagenwerk AG v. Schlunk*, 486 U.S. 694, 108 S.Ct. 2542, 100 L.Ed.2d 722 (1988); *Nutrition Physiology Corp. v. Enviros Ltd.*, 87 F.Supp.2d 648 (D.Tex. 2000); *E.I.duPont de Nemours & Co. v. Rhodia Fiber & Resin Intermediates, S.A.S.*, 197 F.R.D. 112 (D.Del. 2000); *Taft v. Moreau*, 177 F.R.D. 201 (D.Vt. 1997).

1238 *Vorhees v. Fischer & Krecke*, 697 F.2d 574 (4th Cir. 1983): „equal dignity with acts of Congress"; *Harris v. Browning-Ferris Industries Chemical Services, Inc.*, 100 F.R.D. 775 (M.D.La. 1984); 62B Am. Jur. 2d Process § 379 (2002).

1239 *Volkswagenwerk AG v. Schlunk*, 486 U.S. 694, 699, 108 S.Ct. 2542, 100 L.Ed.2d 722 (1988): „By virtue of the Supremacy Clause, U.S. Const., Art. VI, the Convention pre-empts inconsistent methods of service prescribed by state law in all cases to which it applies." Zum Charakter als „self-executing treaty" *EOI Corp. v. Medical Marketing Ltd.*, 172 F.R.D. 132 (D.N.J. 1997); *Arco Electronics Control Ltd. v. Core International*, 794 F.Supp. 1144 (S.D.Fla. 1992); *Smith v. Dainichi Kinzoku Kogyo Co., Ltd.*, 680 F.Supp. 847 (W.D.Tex. 1988); 62B Am. Jur. 2d Process § 379 (2002). Die Frage, ob auch das Bundesprozessrecht dem HZÜ weichen muss, war insbesondere

### a) *Scheitern des Zustellungsersuchens*

An den nicht empfangsbereiten deutschen Zustellungsadressaten findet eine Zustellung in Deutschland nur unter Zuhilfenahme der deutschen „Zentrale Behörde" (förmliches Rechtshilfeersuchen) statt.[1240] Jede andere Zustellungsform verstößt nicht nur gegen das HZÜ, sondern auch gegen F.R.Civ.P. 4 (h) (2), (f) (1) als innerstaatlich geltendes Recht. Lehnt die deutsche „Zentrale Behörde" die Erledigung des Zustellungsersuchens ab, so ist der Versuch einer Auslandszustellung gescheitert.

### b) *Alternative Zustellung auf gerichtliche Anordnung („Other Means as May Be Directed by the Court")*

Mit der Ablehnung durch die deutsche „Zentrale Behörde" ist der deutsche Beklagte aber nicht notwendig „aus dem Schneider". F.R.Civ.P. 4 (f) sieht noch zwei weitere Alternativen vor. Die Alternative in F.R.Civ.P. 4 (f) (2) scheidet zwar schon dem Wortlaut nach aus, weil mit dem HZÜ ein Staatsvertrag mit einer abschließenden Regelung der Übermittlungswege vorhanden ist.[1241] Federal Rule 4 (f) gibt dem US-Richter in seiner dritten Alternative jedoch die Möglichkeit, alternative Methoden der Zustellung anzuordnen (F.R.Civ.P. 4 (f) (3)). Die hier einschlägige Regel lautet wie folgt:

> „[...] (3) by other means not prohibited by international agreement as may be directed by the court."

Wie seine Vorgängerregelung ermöglicht F.R.Civ.P. 4 (f) (3) eine an die Bedürfnisse des Einzelfalles angepasste gerichtliche Anordnung einer alternativen Zustellungsmethode, wenn sich keine andere der in Rule 4 vorgesehenen Möglichkeiten als erfolgreich erweist.[1242] Die Instanzgerichte haben so eine alternative Zustellungsmethode angeordnet, wenn der Beklagte seinen Aufenthalt absichtlich verschleiert hat.[1243] Das Advisory Committee des US Supreme Court und Stimmen im US-amerikanischen Schrifttum weisen in ihrer Kommentierung zu F.R.Civ.P. 4 (f) (3) ausdrücklich darauf hin, dass die Regel in Fällen der Ablehnung des US-

---

im Rahmen von Art. 10 lit.a HZÜ lange umstritten, vgl. zur Diskussion nur *Jacklin*, 112 A.L.R.Fed. 241 ff. (1993); *Altman*, 69 Wash.U.L.Q. 635 ff. (1991).

1240 Vgl. *Ristau*, Bd. 1, S. 162 (§ 4-1-5); *Pfeil-Kammerer*, S. 53, 138 ff.

1241 Hier bestehen in der Praxis aufgrund Art. 19 HZÜ einige Missverständnisse, vgl. *Born/Vollmer*, 150 F.R.D. 221, 238 f. (1994).

1242 Vgl. *Wright/Miller*, 4B Federal Practice and Procedure, Civil 3d § 1134. Siehe auch *Smith v. The Islamic Emirate of Afghanistan*, Nos. 01 CIV 10132(HB), 01 CIV 10144(HB), 2001 WL 1658211 (S.D.N.Y. Dec. 26, 2001); *In re International Telemedia Association, Inc.*, 245 B.R. 713 (Bkrtcy.N.D.Ga. 2000).

1243 *In re International Telemedia Association, Inc.*, 245 B.R. 713 (Bkrtcy.N.D.Ga. 2000).

amerikanischen Zustellungsersuchens aus Gründen des „ordre public“ durch die ausländische „Zentrale Behörde“ zur Anwendung kommen soll.[1244]

Die Anordnung einer alternativen Zustellungsmethode steht dabei ausdrücklich im Ermessen des Gerichts („may“).[1245] So wurden beispielsweise die postalische Zustellung an die letzte bekannte Anschrift des Beklagten[1246], die öffentliche Zustellung[1247], die Zustellung an den anwaltlichen Vertreter des Beklagten[1248], die Zustellung per Telex[1249], per Telefax[1250] und per E-Mail an eine beständig genutzte Adresse[1251] angeordnet.

Das weite Ermessen des Gerichtes wird nur durch zwei Gesichtspunkte eingeschränkt: Erstens, die angeordnete Zustellungsmethode darf nach dem ausdrücklichen Wortlaut der Bestimmung nicht staatsvertraglich verboten sein; zweitens, wie jede Art der Benachrichtigung muss auch die vom Gericht angeordnete Zustellungsmethode dem „due process“-Gebot der Verfassung entsprechen.[1252]

### *aa) Soweit nicht staatsvertraglich verboten („Not Prohibited by International Agreement“)*

Das Advisory Committee hat hinsichtlich der Handhabung der ersten Einschränkung folgendes angemerkt:

---

[1244] Vgl. Advisory Committee Notes, 1993 Amendments, Comment Subdiv. (f), abgedruckt in: 28 U.S.C.A. Federal Rules of Civil Procedure, Rule 1-11 (Cumulative Annual Pocket Part 2001); *Wright/Miller*, 4B Federal Practice and Procedure, Civil 3d § 1133.

[1245] *In re International Telemedia Association, Inc.*, 245 B.R. 713 (Bkrtcy.N.D.Ga. 2000).

[1246] *International Controls Corp. v. Vesco*, 593 F.2d 166 (2nd Cir. 1979); *Levin v. Ruby Trading Corp.*, 248 F.Supp. 537 (S.D.N.Y. 1965).

[1247] *Smith v. The Islamic Emirate of Afghanistan*, Nos. 01 CIV 10132(HB), 01 CIV 10144(HB), 2001 WL 1658211 (S.D.N.Y. Dec. 26, 2001); *Federal Home Loan Mortgage Corp. v. Mirchandani*, No. 94 CV 1201(FB), 1996 WL 534821 (E.D.N.Y. Sept. 8, 1996).

[1248] *Forum Financial Group, LLC v. President and Fellows of Harvard College*, 199 F.R.D. 22, 23 (D.Me. 2001): Im entschiedenen Fall kam es dem Gericht gerade recht, dass der Anwalt in einem anderen Verfahren gegen den Beklagten die Zustellung akzeptiert hatte. Zudem hatte der Anwalt auch nicht bestritten, dass er nicht dazu in der Lage sei, das zuzustellende Schriftstück an den Beklagten weiterzuleiten. Nach Ansicht des Gerichts war nicht einmal ein Versuch der Auslandszustellung (in Russland) notwendig, damit das Gericht eine Anordnung nach F.R.Civ.P. 4 (f) (3) erlassen konnte. Anders insoweit *Mayoral-Amy v. BHI Corp.*, 180 F.R.D. 456 (S.D.Fla. 1998). Siehe zur Zustellung an den Anwalt auch *Mayatextil, S.A. v. Liztex U.S.A., Inc.*, No. 92 CIV 4528 (SS), 1994 WL 198696 (S.D.N.Y. May 19, 1994).

[1249] *New England Merchants National Bank v. Iran Power Generation & Transmission Co.*, 945 F.Supp. 73 (S.D.N.Y. 1980).

[1250] *In re International Telemedia Association, Inc.*, 245 B.R. 713 (Bkrtcy.N.D.Ga. 2000).

[1251] *In re International Telemedia Association, Inc.*, 245 B.R. 713 (Bkrtcy.N.D.Ga. 2000).

[1252] Vgl. *Wright/Miller*, 4B Federal Practice and Procedure, Civil 3d § 1134.

„In such cases, the court may direct a special method of service not explicitly authorized by international agreement if not prohibited by the agreement."[1253]

Als entsprechendes „international agreement" kommt im Verhältnis der USA zur BR Deutschland nur das HZÜ in Betracht. Ein völkergewohnheitsrechtliches oder fremdstaatliches Verbot steht einer Anordnung folglich nicht entgegen.[1254] Das HZÜ enthält explizit kein Verbot einer bestimmten Zustellungsform. Es legt vielmehr nur positiv die Übermittlung über die „Zentrale Behörde" des ersuchten Staates verbindlich fest (Art. 5) und lässt hinsichtlich der übrigen Übermittlungswege (Art. 8 ff.) die Mitgliedstaaten optieren.

Die Anmerkung des Advisory Committee könnte, sollte allerdings nicht, nun zur der spitzfindigen Idee verleiten, unter F.R.Civ.P. 4 (f) (3) seien alle Zustellungsformen erlaubt, nur weil diese nicht vom HZÜ *expressis verbis* verboten sind.[1255] Eine solche Auslegung würde der Umgehung des ausschließlichen und verbindlichen Charakters des HZÜ und vor allem des deutschen Widerspruches zu Art. 8, 10 HZÜ Tür und Tor öffnen. Die Rechtsauffassung des Advisory Committee wird zu Recht auch im US-amerikanischen Schrifttum kritisiert.[1256] Unter Wahrung des ausschließlichen Charakters des HZÜ kann F.R.Civ.P. 4 (f) (3) nur so ausgelegt werden, dass alle Übermittlungswege unzulässig und damit auch „verboten" sind, die nicht ausdrücklich im HZÜ für zulässig erklärt wurden.[1257]

In Deutschland ist die Zustellung nur über die zuständige deutsche „Zentrale Behörde" zulässig. Alle übrigen Wege der Auslandszustellung sind unter der Alternative in F.R.Civ.P. 4 (f) (1) ausgeschlossen und müssen es auch unter F.R.Civ.P. 4 (f) (3) bleiben. Es wäre schlicht absurd, über die Alternativroute der F.R.Civ.P. 4 (f) (3) beispielsweise eine postalische Zustellung an den deutschen Zustellungsadressaten in Deutschland nun für zulässig zu erklären. Das HZÜ lässt nach seinem Wortlaut und dem Vertragszweck die Klagezustellung an einen auswärtigen Beklagten

[1253] In diese Richtung ausdrücklich Advisory Committee Notes, 1993 Amendments, Comment Subdiv. (f).

[1254] Das Advisory Committee hat insoweit lediglich angeregt, eine Variante zu wählen, die eine Verletzung fremdstaatlichen Rechts minimiert, vgl. Advisory Committee Notes, 1993 Amendments, Comment Subdiv. (f): „[...] an earnest effort should be made to devise a method that [...] minimizes offense to foreign law."

[1255] *Fleischhauer*, S. 153, hält einen solchen „Umkehrschluß" nach dem Wortlaut ebenfalls für möglich.

[1256] Vgl. *Born/Vollmer*, 150 F.R.D. 221, 241: „The Advisory Comittee Notes justify this result by interpreting the Hague Service Convention to allow methods of service outside those described in the Convention in these [urgent, d.Verf.] situations, but that interpretation is almost certainly not well founded. [...] courts should be most reluctant to accept the Committee's invitation to violate the Hague Service Convention."

[1257] Ähnlich die Argumentation von *Born/Vollmer*, 150 F.R.D. 221, 238 f. (1994), zu F.R.Civ. P. 4 (f) (2).

im Inland unberührt, auch wenn die französische Inlandszustellung der „remise au parquet" der Regelung in Art. 15, 16 HZÜ zugrunde lag. Sämtliche Formen der Zustellung innerhalb der USA können folglich auch nicht vom HZÜ „verboten" sein und bleiben dem US-Gericht als Alternativen unter F.R.Civ.P. 4 (f) (3) erhalten.

### *bb) Und mit dem Verfassungsrecht vereinbar („Consistent with Due Process")*

Das Advisory Committee hat in seiner Anmerkung auch auf die Vereinbarkeit der alternativen Zustellungsmethode mit dem „due process"-Gebot der Verfassung hingewiesen.[1258] Nach der Entscheidung des US Supreme Court in *Mullane*[1259] versteht sich aber von selbst, dass jede Form der Zustellung mit dem „due process"-Gebot vereinbar sein muss.[1260] Die Methode muss demnach auch hier so gewählt werden, dass sie einem vernünftigen Versuch entspricht, den Adressaten tatsächlich zu informieren.

Ist eine Zustellung an den deutschen Zustellungsadressaten in Deutschland jedoch erfolglos versucht worden, dann eröffnen sich dem Kläger nun auch subsidiäre Zustellungsmöglichkeiten im Inland (substituted/constructive service), die sonst aufgrund der verfassungsrechtlich eng gezogenen Grenzen nicht möglich wären.[1261] Die Umstände des Falles können eine solche Zustellungsmethode dann als angemessen und vernünftig erscheinen lassen.

### *c) Spezialproblem: Anordnung der öffentlichen Zustellung (Service by Publication)*

In seiner Entscheidung vom 07.12.1994 („punitive damages")[1262] führte das BVerfG als einer der entscheidenden Erwägungen für seine ablehnende Haltung an:

> „Es kommt hinzu, daß auch bei einer Verweigerung der Zustellung eine Verbesserung der Rechtsstellung des deutschen Beklagten nicht gewährleistet wäre. Denn der inländische Beklagte wäre nicht davor geschützt, vom amerikanischen Kläger dennoch in den Prozeß hineingezogen zu werden."[1263]

In der Entscheidung klingt die Befürchtung des Gerichts durch, im Falle einer ablehnenden Entscheidung könnte eine Einbeziehung mittels einer öffentlichen Zustellung in den USA an den deutschen Beklagten drohen. Die Möglichkeit unter

---

[1258] Vgl. Advisory Committee Notes, 1993 Amendments, Comment Subdiv. (f).

[1259] *Mullane v. Central Hanover Trust Co.*, 339 U.S. 306, 70 S.Ct. 652, 94 L.Ed. 865 (1950).

[1260] Vgl. auch *Wright/Miller*, 4B Federal Practice and Procedure, Civil 3d § 1134.

[1261] Vgl. *Fleischhauer*, S. 151, speziell zur öffentlichen Zustellung.

[1262] BVerfGE 91, 335.

[1263] BVerfGE 91, 335, 343.

F.R.Civ.P. 4, eine Klage öffentlich zuzustellen, ist deshalb eingehender zu betrachten.

Abgesehen von der „catch-all provision“[1264] in F.R.Civ.P. 4 (f) (3) kann eine öffentliche Zustellung nur dann angeordnet werden, wenn dafür entweder eine bundesgesetzliche oder einzelstaatliche Rechtsgrundlage besteht.[1265] F.R.Civ.P. 4 verweist insoweit auf die spezialgesetzlichen Rechtsgrundlagen, enthält selbst aber keine Regelung einer öffentlichen Zustellung.[1266] Existiert eine spezialgesetzliche Rechtsgrundlage für die öffentliche Zustellung, so ist grundsätzlich zu beachten, dass diese strikt anzuwenden ist, da die öffentliche Zustellung als Form des „constructive service“ in Ausnahme zum Common Law (personal service) ergeht.[1267]

Ist eine öffentliche Zustellung nicht schon spezialgesetzlich zulässig, dann steht diese Möglichkeit zweifellos im weiten Auswahlermessen des Gerichtes nach F.R.Civ.P. 4 (f) (3).[1268] Im Hinblick auf die Voraussetzungen einer solchen Anordnung können die Entscheidungen der US-Bundesgerichten zu öffentlichen Zustellungen in Anwendung einzelstaatlicher[1269] oder bundesrechtlicher[1270] Vorschriften

---

1264 *Wright/Miller*, 4B Federal Practice and Procedure, Civil 3d § 1134.

1265 Vgl. *Fleischhauer*, S. 152 f.

1266 F.R.Civ.P. 4 (h): „Unless otherwise provided by *federal law*, service [...] shall be effected: (1) in a judicial district of the United States in the manner prescribed for individuals by subdivsion (e) (1) [...].“ F.R.Civ.P. 4 (e) (1): „pursuant to the *law of the state* [...]“ (Hervorhebung d. Verf.).

1267 *Galpin v. Page*, 18 Wall. 350, 369, 85 U.S. 350, 21 L.Ed. 959 (1873): „When, therefore, by legislation of a State constructive service of process by publication is substituted in place of personal citation, and the court upon such service is authorized to proceed against the person of an absent party, not a citizen of the State nor found within it, every principle of justice exacts a strict and literal compliance with the statutory provisions.“ Ausführlich *Bowers*, S. 387 ff. (§§ 263 ff.).

1268 *Smith v. The Islamic Emirate of Afghanistan*, Nos. 01 CIV 10132(HB), 01 CIV 10144(HB), 2001 WL 1658211 (S.D.N.Y. Dec. 26, 2001).

1269 Die öffentliche Zustellung in Anwendung einzelstaatlichen Rechts verneinend: *U.S. v. Sweeney*, 197 F.R.D. 496 (W.D.Okl. 2000); *Anderson v. Government of the Virgin Islands*, 20 F.Supp.2d 893 (D.V.I. 1998); *Thomas v. Morgan*, 1 F.Supp.2d 1424 (M.D.Ala. 1998); *Ford Motor Credit Co. v. Shaw*, 108 F.R.D. 218 (N.D.Ala. 1985); *Culberta Conservation and Development Authority v. Wit Power II*, 108 F.R.D. 349 (D.Puerto Rico 1985); *Federal Deposit Insurance Co. v. Sims*, 100 F.R.D. 792 (N.D.Ala. 1984); *Schwind v. Gordon*, 93 F.R.D. 517 (N.D.Ga. 1982); *Polansky v. Richardson*, 351 F.Supp. 1066 (E.D.N.Y. 1972); *Lauinger v. Fleischer-Schmid Corp.*, 151 F.Supp. 376 (N.D.N.D. 1957). Siehe auch *Tatum v. Liberty Housing Co.*, 701 F.2d 744 (8th Cir. 1983). Lediglich in Statusfällen bejahend: *Johnson v. First National Bank in Wichita, Kansas*, 223 F.2d 31 (10th Cir. 1955); *Wagner v. Wagner*, 293 F.2d 533 (D.C.Cir. 1961).

1270 *SEC v. Tome*, 833 F.2d 1086 (2nd Cir. 1987), cert. denied 486 U.S. 1014, 108 S.Ct. 1751, 100 L.Ed.2d 213 (1988); *U.S. v. Zurini*, 93 F.Supp. 1 (D.Neb. 1950): 8 U.S.C. 1451.

zur Orientierung dienen. In der Tendenz machen die Gerichte von öffentlichen Zustellungen äußerst restriktiv Gebrauch.

Diese Gerichtspraxis verwundert in Anbetracht der verfassungsrechtlichen Vorgaben kaum. In *Mullane* selbst hatte der US Supreme Court die öffentliche Zustellung nur im Hinblick auf solche Adressaten für ausreichend angesehen, deren Identität oder Aufenthalt auch unter Anwendung der gebotenen Sorgfalt nicht bestimmt werden konnte.[1271] Die öffentliche Zustellung (service by publication), die bis dahin insbesondere in den Fällen Anwendung gefunden hatte, in denen der Zustellungsadressat vermisst wurde oder unbekannt war[1272], wurde vom Gericht nur deshalb bestätigt, weil die Umstände im Fall der unbekannten „beneficiaries" eben nicht mehr zuließen.[1273] Das Gericht merkte zum Grund der Zurückhaltung an:

> „It would be idle to pretend that publication alone as prescribed here, is a reliable means of acquainting interested parties of the fact that their rights are before the courts. It is not an accident that the greater number of cases reaching this Court on the question of adequacy of notice have been concerned with actions founded on process constructively served through local newspapers. Chance alone brings to the attention of even a local resident an advertisement in small type inserted in the back pages of a newspaper, and if he makes his home outside the area of the newspaper's normal circulation the odds that the information will never reach him are large indeed. [...] In weighing its sufficiency on the basis of equivalence with actual notice we are unable to regard this as more than a feint."[1274]

> "The statutory notice to known beneficiaries is inadequate, not because in fact it fails to reach everyone, but because under the circumstances it is not reasonably calculated to reach those who could easily be informed by other means at hand."[1275]

Die öffentliche Zustellung entspricht damit nicht dem verfassunsgrechtlich geforderten Versuch, den Beklagten tatsächlich über die Einleitung des Verfahrens zu informieren. Sie ist daher nur dann vorstellbar, wenn die Umstände des Falles (unbekannte Identität oder Anschrift des Beklagten) keine andere Benachrichtigung (insbesondere postalische Zustellung) zulassen. In zahlreichen weiteren Entscheidungen hat der US Supreme Court diese Rechtsprechung bestätigt und dementsprechend eine einzelgesetzlich vorgesehene öffentliche Zustellung an Zustellungsadressaten, deren Identität und Anschrift bekannt war oder leicht hätte bestimmt werden können, als verfassungswidrig beanstandet bzw. gefordert, dass diese von

[1271] *Mullane v. Central Hanover Trust Co.*, 339 U.S. 306, 317 f., 70 S.Ct. 652, 94 L.Ed. 865 (1950).

[1272] Unter Zitat von *Cunnius v. Reading School District*, 198 U.S. 458, 25 S.Ct. 721, 49 L.Ed. 1125, 3 Ann.Cas. 1121; *Blinn v. Nelson*, 222 U.S. 1, 32 S.Ct. 1, 56 L.Ed. 65, Ann.Cas. 1913b, 55; *Jacob v. Roberts*, 223 U.S. 261, 32 S.Ct. 303, 56 L.Ed. 429.

[1273] 339 U.S. 306, 317.

[1274] 339 U.S. 306, 315.

[1275] 339 U.S. 306, 319.

einer postalischen Zustellung an die letzte bekannte Anschrift begleitet wird.[1276] Deshalb verlangen die einzelstaatlichen Gesetze heute gewöhnlich, dass der Kläger das Fehlschlagen eines Versuchs der persönlichen Zustellung mittels „affidavit" vorträgt.[1277]

Dieser Rechtsprechungslinie folgt die jüngste, zu F.R.Civ.P. 4 (f) (3) ergangene Entscheidung in *Smith v. The Islamic Emirate of Afghanistan*[1278], in der von einem New Yorker Bundesgericht gegen einen der Hauptbeschuldigten des „11. September" und im Fall zivilrechtlich auf Schadensersatz Verklagten, Sheik Usamah-Bin-Muhammad Bin-Laden, besser bekannt als Osama Bin Laden, die öffentliche Zustellung der Klage angeordnet wurde. Das Gericht begründete seine stattgebende Entscheidung damit, der Aufenthaltsort hätte nicht bestimmt werden können und die Kläger seien mithin nicht in der Lage gewesen, dem Beklagten die Klage in irgendeiner von F.R.Civ.P. 4 vorgesehenen Weise zuzustellen.[1279] Mit Blick auf die Zustellung an die beklagte „Al Qaeda" als „unincorporated association" hielt das Gericht keine der in Afghanistan gefangen genommenen Personen zur Empfangnahme der Klage für hinreichend qualifiziert. Folglich wurde auch in diesem Fall die öffentliche Zustellung angeordnet.[1280]

Der Fall der Zustellung an deutsche Beklagte ist von den Fällen, in denen eine öffentliche Zustellung zugelassen wurde, zu unterscheiden, weil hier die Identität und die Anschrift regelmäßig bekannt sein dürfte. Damit wäre die allgemein anerkannte und in *Mullane* verfassungsrechtlich bekräftigte Voraussetzung für eine öffentliche Zustellung nicht gegeben. Ob sich ein US-Bundesgericht über die bisher entschiedenen Fälle hinwegsetzen und gleichwohl auch in diesem Fall eine Zustellung anordnen wird, ist Spekulation. Allerdings ist zuzugeben, dass es praktisch kaum einen Unterschied machen dürfte, ob der ausländische Beklagte nun aus tatsächlichen (unbekannte Anschrift) oder aus rechtlichen (keine postalische oder sonstige Methode der Auslandszustellung zulässig) Gründen nicht im Ausland benachrichtigt werden kann. Es ist fraglich, ob ein angerufenes US-Gericht sich nach

---

1276 *Tulsa Professional Collection Services, Inc. v. Pope*, 485 U.S. 478, 108 S.Ct. 1341, 99 L.Ed.2d 565 (1988); *Mennonite Board of Missions v. Adams*, 462 U.S. 791, 103 S.Ct. 2706, 77 L.Ed.2d 180 (1983); *Robinson v. Hanrahan*, 409 U.S. 38, 93 S.Ct. 30, 34 L.Ed.2d 47 (1972); *Walker v. City of Hutchinson*, 352 U.S. 112, 77 S.Ct. 200, 1 L.Ed.2d 178 (1956); *Schroeder v. City of New York*, 371 U.S. 208, 83 S.Ct. 279, 9 L.Ed.2d 255 (1962); *City of New York v. New York, N.H. & H.R. Co.*, 344 U.S. 293, 73 S.Ct. 299, 97 L.Ed. 333 (1953).

1277 Vgl. *Casad/Richman*, Bd. 1, S. 246 ff. m.w.N. aus der einzelstaatlichen Rechtsprechung.

1278 *Smith v. The Islamic Emirate of Afghanistan*, Nos. 01 CIV 10132(HB), 01 CIV 10144(HB), 2001 WL 1658211 (S.D.N.Y. Dec. 26, 2001).

1279 A.a.O., S. 2.

1280 A.a.O., S. 4. Gegenüber den „Taliban" und dem „Islamic Emirate of Afghanistan" ordnete das Gericht die Zustellung an den Botschafter Abdul Salaam Zaeef an.

der Verneinung der Zulässigkeit einer postalischen Auslandszustellung auch ein weiteres Mal restriktiv zum Nachteil des inländischen Klägers entscheiden wird.

Schließlich ist zu beachten, dass die öffentliche Zustellung einem vernünftigen Versuch entspricht, den Beklagten tatsächlich zu benachrichtigen. Dies gilt nicht nur für die Entscheidung, „ob", sondern auch „wie" eine öffentliche Zustellung zu erfolgen hat. Regelmäßig werden deshalb Zeitungen ausgewählt, die eine Wahrscheinlichkeit für eine Kenntnisnahme des Zustellungsadressaten bieten.[1281] In *SEC v. Tome*[1282] wurde die Veröffentlichung in der „International Herald Tribune" mit der Begründung als ausreichend angesehen, diese Zeitung werde auch von weiten Teilen der Finanzwelt in Europa gelesen und damit sei eine Kenntniserlangung durch die italienischen Beklagten wahrscheinlich.[1283] In *Smith v. The Islamic Emirate of Afghanistan*[1284] wurde die Veröffentlichung in den afghanischen Zeitungen „Hewad", „Anis", „Kabul News", Kabul Times", in der pakistanischen Zeitung „Wahat" und in den Sendern „Al Jazeera", Turkish CNN", „BBC World", „ARN" sowie „ADF" angeordnet. In *Sabre Farms, Inc. v. Bergendahl*[1285] hielt das Gericht eine Zustellung an den australischen Beklagten in einer lokalen Zeitung in Oregon für unangemessen und ordnete die Publikation in zwei australischen Städten an, in denen der Kläger den Beklagten vermutete.

Lassen die Umstände keine andere Zustellungsalternative nach F.R.Civ.P. 4 zu, dann ist eine öffentliche Zustellung (service by publication) an den deutschen Beklagten auf Anordnung des Gerichts nicht gänzlich auszuschließen.

## D. Zusammenfassung

Das Verfahren vor einem US-Bundesgericht beginnt mit Klageeinreichung, nicht erst mit Klagezustellung. Die Zustellung dient hauptsächlich der verfassungsrechtlich gebotenen Benachrichtigung des Beklagten über die Einleitung des gerichtlichen Verfahrens. Die althergebrachte Common Law-Doktrin, die Klagezustellung diene der Erlangung der Gerichtsgewalt über den Beklagten, gilt heute nur noch für im Forumstaat oder den USA zumindest vorübergehend anwesende natürliche Personen. Die Zustellung an einen zeitweilig anwesenden Vertreter einer im Ausland gegründeten und dort ansässigen juristischen Person genügt nicht zur Begründung der Zuständigkeit über die beklagte juristische Person. Hier bedarf es

---

1281 Vgl. *Fleischhauer*, S. 152, zu den spezialgesetzlichen Voraussetzungen.

1282 *SEC v. Tome*, 833 F.2d 1086 (2nd Cir. 1987), cert. denied 486 U.S. 1014, 108 S.Ct. 1751, 100 L.Ed.2d 213 (1988).

1283 833 F.2d 1086, 1093 (2nd Cir. 1987).

1284 *Smith v. The Islamic Emirate of Afghanistan*, Nos. 01 CIV 10132(HB), 01 CIV 10144(HB), 2001 WL 1658211 (S.D.N.Y. Dec. 26, 2001).

1285 *Sabre Farms, Inc. v. Bergendahl*, 103 F.R.D. 8 (D.Or. 1984).

zumindest einer entsprechenden Geschäftstätigkeit der juristischen Person im Forum, die den Schluss auf entsprechende „minimum contacts“ zulässt.

Eine gescheiterte Zustellung in Deutschland steht in der Regel nicht dem US-Verfahren an sich entgegen. Der Beklagte muss allerdings nicht auf die Klage erwidern oder sich sonst auf das Verfahren einlassen, solange ihm die Klage nicht zugestellt wurde. Ist die Zustellung allerdings versucht und hat der Beklagte vom mangelhaften Zustellungsversuch Kenntnis erlangt, so muss er den Zustellungsmangel rügen. Das angegangene US-Gericht beachtet die mangelnde Zustellung im Laufe des Verfahrens nicht von sich aus. Es ist vielmehr Sache des Beklagten, eine entsprechende Rüge vorzubringen. Rügt der Beklagte den Mangel nicht oder nicht rechtzeitig, so wird er so behandelt, als habe er auf die Geltendmachung verzichtet.

Ein angerufenes Bundesgericht darf einen Rechtsstreit nur dann bindend entscheiden, wenn der Beklagte ordnungsgemäß benachrichtigt und ihm die Möglichkeit rechtlichen Gehörs gewährt wurde. Ohne eine wirksame Zustellung fehlt dem Gericht die „jurisdiction to adjudicate“. Insbesondere ein Versäumnisurteil darf nicht erlassen werden, wenn die Zustellung gar nicht erfolgt ist oder so mangelhaft war, dass dem Kläger die verfassungsrechtlich gebotene „notice and opportunity to be heard“ versagt wurde. Gleichwohl besteht in der Praxis die Gefahr, dass eine Säumnisentscheidung trotz einer mangelhaften Zustellung getroffen wird.

Ist die Auslandszustellung an einen deutschen Beklagten in Deutschland aufgrund der Ablehnung der deutschen „Zentralen Behörde“ gescheitert, so bestehen nur in sehr begrenztem Umfang Alternativen, eine Zustellung an den auswärtigen Beklagten zu bewirken. Andere Zustellungen als die über die „Zentrale Behörde“ sind in Deutschland aufgrund der Ausschließlichkeit des HZÜ nicht möglich. Der Kläger ist aber weder durch das HZÜ noch durch das autonome innerstaatliche Recht daran gehindert, eine Zustellung innerhalb der USA zu versuchen. Bei ausländischen juristischen Personen bedarf es dazu aber der persönlichen Zustellung der Klage an einen innerhalb der USA zumindest vorübergehend anwesenden Vertreter der juristischen Person. Dabei muss die Empfangsperson eine Beziehung zur Beklagten besitzen, die eine Weiterleitung der Klage unter gewöhnlichen Umständen erwarten lässt. Die Zustellung an die US-Tochter ist zwar insoweit denkbar, dürfte aber bei einer entsprechenden Konzernstruktur regelmäßig nicht möglich sein. Ist eine Zustellung an einen Vertreter nicht möglich, dann bleibt in engen verfassungsrechtlichen Grenzen nur noch die Möglichkeit einer öffentlichen Zustellung der Klage, beispielsweise durch Veröffentlichung in einer internationalen Tageszeitung. Anerkannt ist der Fall, dass Name oder Anschrift der beklagten Person nicht bekannt sind. In Rechtsstreitigkeiten mit deutschen Beklagten dürfte diese Voraussetzung regelmäßig nicht erfüllt sein. Es ist nicht entschieden, ob ein US-Bundesgericht einem entsprechenden Antrag stattgeben und eine derartige Zustellung anordnen würde.

## §7 FOLGEN DER WIRKSAMEN EINBEZIEHUNG IN DAS VERFAHREN UND MÖGLICHKEITEN ZUR VERTEIDIGUNG GEGEN RECHTSMISSBRAUCH

Im vorstehenden Abschnitt wurde geklärt, wie ein deutscher Beklagter in das US-Verfahren einbezogen wird. Hier ist sich nun den Folgen der Einbeziehung zu widmen.

### A. Haltlose und rechtsmissbräuchliche Klageschriften (Frivolous Claims)

Eines der Hauptprobleme des vorliegenden Falles und manch anderer Verfahren liegt in dem Umstand begründet, dass die Kläger offenbar andere als rechtschaffende Zwecke mit der Klageeinreichung verfolgen. Die Konzeption des zivilgerichtlichen Verfahrens bietet US-Klägern dabei erst die Möglichkeit, den Beklagten mit haltlosen und deshalb rechtmissbräuchlichen Klagen („frivolous claims“[1286]) zu überziehen, gegen die dieser sich nur schwer und unter enormen Kosten verteidigen kann.

Ein Grund sind neben der geringen Kostenhürde die minimalen Anforderungen an eine Klageschrift. Insoweit stellt die Einschätzung, es sei „virtually impossible“, einen US-Kläger mit rechtsmissbräuchlichen Absichten schon an der Tür zum Gericht aufzuhalten, eine bittere Wahrheit für den Beklagten dar.

#### I. Sinn und Zweck der Klageschrift

Die Anforderungen der Bundesgerichte an eine Klageschrift sind in bewusster Abwendung von den vormals geltenden, starren Common Law-Regeln[1287] weniger formal und streng.

Der Zweck der Klageschrift liegt heute lediglich darin, den Beklagten derart über Natur und Inhalt der Klage ins Bild zu setzen, dass diesem eine Erwiderung ermöglicht wird. Der US Supreme Court spricht deshalb in einem der „leading cases“, *Conley v. Gibson*[1288], von einem „simplified 'notice pleading'“.[1289] Die umfassende Ermittlung der Tatsachen, der erforderlichen Beweise und die Eingrenzung

---

[1286] Zum Begriff *Freedman*, S. 1 ff.: „the claim is without arguable merit both in law and in fact“, unter Hinweis auf *Hogan v. Midland County Commisioners Court*, 680 F.2d 1101 (5th Cir. 1982).

[1287] Vgl. *Juncker*, Discovery, S. 98 ff.; *ders.*, ZZPInt 1, 235, 237 f. (1996).

[1288] *Conley v. Gibson*, 355 U.S. 41, 78 S.Ct. 99, 2 L.Ed.2d 80 (1957). Ähnlich schon zuvor, aber eher unter dem Blickwinkel der komplementären „discovery“ *Hickmann v. Taylor*, 329 U.S. 495, 67 S.Ct. 383, 91 L.Ed. 451 (1947).

[1289] 355 U.S. 41, 48.

des Prozessstoffes erfolgen im Rahmen der „pretrail discovery".[1290] Die Anforderungen an die Klageschrift und die Möglichkeiten der Sachverhaltserforschung im „pretrail" (disclosure, discovery) beziehen sich aufeinander und ergänzen sich.[1291] Auch die traditionelle Funktion des „pleading" im Common Law, haltlose Klagen auszufiltern, wird heute nicht mehr mittels der „pleading requirements" verfolgt. Fälle, in denen die Klage heute ohne Substanz erscheint, sollen (erst) durch „summary judgment" ausgeschieden werden.[1292]

## II. Anforderungen an den Vortrag

F.R.Civ.P. 8 legt die allgemeinen Anforderungen an den Inhalt einer Klageschrift fest:

> „(a) Claims for Relief. A pleading which sets forth a claim for relief, whether an original claim, counterclaim, cross-claim, or third-party claim, shall contain (1) a short and plain statement of the grounds upon which the court's jurisdiction depends [...] (2) *a short and plain statement of the claim showing that the pleader is entitled to relief*, and (3) a demand for judgment for the relief the pleader seeks. [...]
>
> (e) Pleading to Be Concise and Direct; Consitency. (1) Each averment of a pleading shall be *simple, concise and direct*. No technical forms of pleadings or motions are required."[1293] (Hervorhebung d. Verf.)

Die Klage muss ihrem minimalen Zweck entsprechend lediglich eine kurze und einfache Aussage über den Klagegrund enthalten.[1294] Regelmäßig verlangen die Gerichte zwar, dass die Klageschrift in ihren Behauptungen nicht nur schlussfolgern darf, andererseits aber auch nur die Tatsachen enthalten muss, die den Klagegrund als Rechtsfrage erscheinen lassen.[1295] Mithin soll der Kläger den Sachverhalt einfach, kurz, direkt und mit wenigen Worten umreißen.[1296] Darüber hinausgehende, den Anspruch begründende Tatsachen sind nicht erforderlich.[1297] Der Kläger muss

---

1290 Vgl. *Wright/Miller*, 5 Federal Practice and Procedure, Civil 2d § 1202. So auch schon der US Supreme Court in *Conley v. Gibson*, 355 U.S. 41, 78 S.Ct. 99, 2 L.Ed.2d 80 (1957).

1291 Vgl. *Juncker*, Discovery, S. 100, der die Verzahnung besonders gut herausgearbeitet hat.

1292 Vgl. *Wright/Miller*, 5 Federal Practice and Procedure, Civil 2d § 1202.

1293 Sonderfälle regelt F.R.Civ.P. 9.

1294 *Hopkins v. Saunders*, 199 F.3d 968 ($8^{th}$ Cir. 1999): „[...] fair notice of the nature and basis or grounds of a claim, and a general indication of the type of litigation involved."

1295 *Hanten v. School of Riverview Gardens*, 183 F.3d 799 ($8^{th}$ Cir. 1999): „sufficient to state the claim as a matter of law".

1296 35A C.J.S. Federal Civil Procedure § 254 (1960/Cumulative Annual Pocket Part 2001); *Juncker*, Discovery, S. 101.

1297 Vgl. *Hay*, US-Amerikanisches Recht, S. 62 (Rdnr. 135).

keinen „prima facie case" vortragen.[1298] Auch der Angabe von Beweismitteln bedarf es nicht.[1299] Führende US-amerikanische Kommentatoren bemerken deshalb süffisant:

> „Under the federal rules it is very difficult for counsel to draft a pleading so badly as to lose the rights of his clients."[1300]

Die Regelung begünstigt den Kläger.[1301] Das gilt in noch stärkeren Maße für einen Kläger mit rechtsmissbräuchlichen Absichten, weil dieser Klagen mit wenig Substanz einreichen und so versuchen kann, zumindest bis zum „discovery"-Verfahren oder einer vergleichsweisen Beilegung zu gelangen. Das Risiko, mit einer solchen Klage zu verlieren, ist aufgrund der geringen Kostenbelastung des Klägers kalkuliert. Das US-Recht setzt (leider) weniger auf einen substantiierten Klägervortrag in Verbindung mit einer effektiven und vor allem vorbeugenden Kostenhürde[1302] als auf nachträgliche, an enge subjektive Voraussetzungen gebundene Sanktionen, um derartigen Klagen zu begegnen.[1303] Wenig effektiv ist jedenfalls die vom klägerischen Anwalt oder dem Kläger mit der Klageeinreichung abzugebende Erklärung, die Klage sei u.a. nicht zu einem unangemessenen oder rechtsmissbräuchlichen Zweck erhoben (F.R.Civ.P. 11 (b)).

### III. Verteidigungsmöglichkeiten des Beklagten

Die Mittel des Beklagten, eine haltlose und rechtsmissbräuchlich erhobene Klagen abzuwehren und den Fortgang des Verfahrens zu verhindern, sind in der Zahl begrenzt und ohne wirkliche Aussicht auf Erfolg. Immerhin besteht unter engen Voraussetzungen die Möglichkeit, ein rechtsmissbräuchliches Klägerverhalten wenigstens kostenmäßig sanktionieren zu lassen (F.R.Civ.P. 11).[1304] Das kostenträchtige „discovery"-Stadium wird der Beklagte aber nur in extremen Ausnahmefällen verhindern können.

---

[1298] Vgl. *Wright/Miller*, 5 Federal Practice and Procedure, Civil 2d § 1216, zitieren *Millar*, Civil Procedure of the Trial Court in Historical Perspektive, 1952, 190-193.

[1299] 35A C.J.S. Federal Civil Procedure § 255 (1960/Cumulative Annual Pocket Part 2001).

[1300] *Wright/Miller*, 5 Federal Practice and Procedure, Civil 2d § 1202.

[1301] Vgl. *Juncker*, RIW 1987, 1, 3 (Fn. 44), zitiert *Miller*, 69 Minnesota L.Rev. 1, 9 (1984).

[1302] Zum Kostenrecht unten III. Kapitel: §7C.

[1303] Zu den Sanktionsmöglichkeiten allgemein *Freedman*, S. 101 ff.

[1304] Dazu ausführlicher unten III. Kapitel: §7C.II.2.b)bb).

## 1. Antrag auf Klagezurückweisung wegen mangelnder Substantiierung (Failure to State Claim upon Which Relief Can Be Granted)

Meint der Beklagte, der Kläger habe den ohnehin geringen Anforderungen an die Klage nicht Genüge getan, so kann er einen Antrag auf Klagezurückweisung (motion to dismiss) stellen (F.R.Civ.P. 12 (b) (6)). Wird dem Antrag stattgegeben, so ist der Kläger gleichwohl nicht gehindert, eine erneute Klage zu erheben.

Die Gerichte sind generell bei der Beurteilung der Klage ausgesprochen großzügig bzw. umgekehrt äußerst zurückhaltend bei der Stattgabe eines Antrages auf Klagezurückweisung („liberal approach").[1305] Beispielhaft für die Haltung der US-Gerichte ist das Diktum des Court of Appeals (4th Cir.) in *Edwards v. City of Goldsboro*[1306]:

> „[A] Rule 12 (b) (6) motion should only be granted if, after accepting all well-pleaded allegations in the plaintiffs complaint as true and drawing all reasonable factual inferences from those facts in the plaintiff's favour, it appears certain that the plaintiff cannot prove any set of facts in support of his claim entitling him to relief."[1307]

Bei der Entscheidung über den Antrag muss das Gericht demnach grundsätzlich alle wohlbegründeten Behauptungen als wahr unterstellen[1308] und die Tatsachen und Schlussfolgerungen in der dem Kläger günstigsten Weise betrachten.[1309] Nach Ansicht der Gerichte errichtet F.R.Civ.P. 8 eine starke Vermutung gegen eine Zurückweisung wegen unzureichenden Klagevortrags.[1310] Eine Klage wird nur dann zurückgewiesen, wenn außer Zweifel steht, dass der Kläger gar keine Tatsachen vorbringen kann, die seinen behaupteten Anspruch stützen.[1311] Die Darlegunglast liegt beim Beklagten als Antragsteller. Entscheidend ist nicht, ob der Kläger in der Sache obsiegen würde[1312], sondern ob er zum nachfolgenden Beweis seiner Tatsachen berechtigt ist. Schließlich kann das Gericht dem Kläger auch eine

---

[1305] Vgl. *Baicker-McKee/Janssen/Corr*, Rule 12, S. 307. Der US Supreme Court hat erst jüngst in einem „civil rights case" in einem Circuit (5th) geltende, strengere Anforderungen als nicht mit den Federal Rules vereinbar zurückgewiesen: *Leatherman v. Tarrant County Narcotics Intelligence & Coordination Unit*, 507 U.S. 163, 113 S.Ct. 1160, 122 L.Ed.2d 517 (1993): Im Fall hatten die Kläger (homeowners) eine auf das IV.Amendment gestützte "civil rights"-Klage gegen örtliche Behörden eingereicht, die Wohnungen auf Drogen untersucht hatten.

[1306] *Edwards v. City of Goldsboro*, 178 F.3d 231 (4th Cir. 1999).

[1307] 178 F.3d 231, 244 (4th Cir. 1999).

[1308] *Zinermon v. Burch*, 494 U.S. 113, 110 S.Ct. 975, 108 L.Ed.2d 100 (1990).

[1309] *Edwards v. City of Goldsboro*, 178 F.3d 231 (4th Cir. 1999); *Leleux v. U.S.*, 178 F.3d 750 (5th Cir. 1999).

[1310] *Gilligan v. Jamco Development Corp.*, 108 F.R.D. 246, 249 (9th Cir. 1997).

[1311] *Edwards v. City of Goldsboro*, 178 F.3d 231 (4th Cir. 1999); *Leleux v. U.S.*, 178 F.3d 750 (5th Cir. 1999).

[1312] *Edwards v. City of Goldsboro*, 178 F.3d 231 (4th Cir. 1999).

Nachbesserung erlauben.[1313] Im Antitrust-Recht soll einem solchen Beklagtenantrag sogar nur selten vor der „discovery" entsprochen werden.[1314]

Der Antrag ist ein „Papiertiger" und wenig geeignet, um haltlose und rechtsmissbräuchliche Klagen in einem frühem Stadium abzuwehren. Abgesehen von extremen Ausnahmefällen hat der Antrag keine Aussicht auf Erfolg. Entsprechend fällt die Einschätzung US-amerikanischer Prozessanwälte aus:

> „Rule 12 (b) (6) motions to dismiss, when granted, are the equivalent of hittig a 'home run' in the first inning in motion practice. The standard applied is a difficult burden for many movants to satisfy, given the liberal pleading rules of a federal court [...] Not all judges (or their law clerks) have the stomach for granting this relief, and many deny the relief, preferring to consider dismissal after discovery, or perhaps limited discovery, has been conducted. A decision in which a court grants the motion to dismiss often makes front-page news in the New York Law Journal."[1315]

Die übrigen Möglichkeiten, einen unzureichenden Klagevortrag zu rügen (F.R.Civ.P. 12 (e), (f))[1316], führen hingegen nicht zu einer Klageabweisung, sondern allenfalls zu einer Nachbesserung des klägerischen Vortrags und sollen deshalb nicht weiter erörtert werden.[1317]

## 2. Antrag auf Klagezurückweisung wegen „Forum Non Conveniens"

Daneben ist auch die Möglichkeit denkbar, ein rechtsmissbräuchliches Verfahren vor dem US-Gericht zu verhindern, indem der Beklagte die Klageabweisung (dismissal) wegen „forum non conveniens" beantragt. Denn mit dem Antrag kann auch ein rechtsmissbräuchliches Verhalten des Klägers ins Spiel gebracht werden.[1318]

Die Grundlage der Common Law-Doktrin, die auch für die Bundesgerichte gilt, bildet die Entscheidung in *Gulf Oil Corp. v. Gilbert*[1319]. Die kodifizierte Form der Common Law-Doktrin in 28 U.S.C. § 1404 (a) führt hingegen nicht zur Klageabweisung, sondern nur zur Verweisung an ein anderes Bundesgericht innerhalb der USA.[1320] Die gesetzliche Regelung erfasst Fälle, bei denen eine Klageabweisung auf

---

[1313] Vgl. *Wright/Miller*, 5 Federal Practice and Procedure, Civil 2d § 1203.

[1314] 58 C.J.S. Monopolies § 232 (1998).

[1315] *Boland/Friedman*, in: Palermo, S. 19; ähnlich *Haydock/Herr/Stempel*, S. 149 (§ 4.1.1).

[1316] „Motion for a more definite statement", F.R.Civ.P. 12 (e); „motion to strike redundant, immaterial, impertinent, or scandalous matter", F.R.Civ.P. 12 (f).

[1317] Weiterführend *Haydock/Herr/Stempel*, S. 152 ff. (§ 4.2).

[1318] Vgl. *Friedenthal/Kane/Miller*, S. 195.

[1319] *Gulf Oil Corp. v. Gilbert*, 330 U.S. 501, 67 S.Ct. 839, 91 L.Ed. 1055 (1947).

[1320] Restatement (Second) Conflict of Laws, § 84, Comment (c) (1971 and Supp. 1989): Die Gerichte haben grundsätzlich keine Befugnis, einen Rechtsstreit an ein anderes Gericht zu verder Grundlage der Common Law-Doktrin des „forum non conveniens" nicht gerechtfertigt ist.[1321] Eine Klageabweisung ist vor allem dann nicht gerechtfertigt, wenn ein anderes Bundesgericht besser geeignet ist.[1322] Ein Anwendungsbereich für die „forum non conveniens"-Doktrin bleibt damit nur in den Fällen, in denen das besser geeignete Gericht kein Bundesgericht, sondern ein ausländisches oder ein einzelstaatliches Gericht wäre.[1323]

Eine Klageabweisung wegen „forum non conveniens" kann nur dann erfolgen, wenn zwei Voraussetzungen kumulativ erfüllt sind: Der Beklagte muss darlegen, dass der Rechtsstreit vor dem jetzigen Forum ihn unzumutbar belaste (seriously and burdensome inconvenient) und ein anderes, besser geeignetes Forum zur Verfügung stehe (a more appropriate forum available).[1324] Der Verzicht auf die eigene Zuständigkeit und die Abgabe an das alternative Gericht steht im Ermessen des angerufenen Gerichtes.[1325] Solange die Gründe des Beklagten nicht stark überwiegen (unless strongly in favour of the defendant), wird das angerufene Gericht die Forumwahl des Klägers nicht revidieren.[1326] Die Darlegungs- und Beweislast (burden of proof) liegt beim Beklagten.

Als Ermessensgesichtspunkte kommen nach *Gulf Oil* zwei Gruppen von Faktoren in Betracht: Private und öffentliche Interessen.[1327] US-amerikanische Gerichte entscheiden traditionell auch nach der Herkunft des Klägers. In *Piper Aircraft Co. v. Reyno*[1328] verschloss der US Supreme Court ausländischen Klägern (schottische Hinterbliebene von Flugunglücksopfern) bewusst das günstigere US-Forum gegen die forumansässige Beklagte. Die Begründung überraschte nicht wirklich. So stellte das Gericht mehr oder weniger offen die Frage in den Raum, wo man denn hinkäme, wenn jeder ausländische Kläger an den leicht zugänglichen („jurisdiction and venue requirements are often easily satisfied") und äußerst attraktiven („extremely attractive") US-Gerichten klagen könnte. Allenfalls dann, wenn das anwendbare Recht am ausländischen Gerichtsstand gar keinen Rechtsschutz gewähre, könne ein US-Gericht diesen Umstand der Ausgestaltung des fremden Rechts als Faktor heranziehen. Nichts anderes ergibt sich, soweit staatsvertraglich „national treatment"

---

weisen. Die Regelung ist damit ausdrückliche gesetzliche Ermächtigung für die Bundesgerichte, den Rechtsstreit an ein anderes Bundesgericht zu verweisen.

1321 *Norwood v. Kirkpatrick*, 349 U.S. 29, 75 S.Ct. 544, 99 L.Ed. 789 (1955).

1322 Vgl. *Friedenthal/Kane/Miller*, S. 91.

1323 Vgl. *Friedenthal/Kane/Miller*, S. 91 m.w.N.; *Born*, S. 341.

1324 Restatement (Second) Conflict of Laws, § 84 (1971 and Supp. 1989); *Hay*, US-Amerikanisches Recht, S. 57 (Rdnr. 124).

1325 Restatement (Second) Conflict of Laws, § 84, Comment (b) (1971 and Supp. 1989).

1326 *Gulf Oil Corp. v. Gilbert*, 330 U.S. 501, 67 S.Ct. 839, 91 L.Ed. 1055 (1947).

1327 Restatement (Second) Conflict of Laws, § 84, Comment (c) (1971 and Supp. 1989).

1328 *Piper Aircraft Co. v. Reyno*, 454 U.S. 235, 102 S.Ct. 252, 70 L.Ed.2d 419 (1981).

(Bsp. Art. VI.1 der bilateralen FCN-Verträge) zugesichert sein sollte. Denn nach Ansicht der US-Gerichte verhindert das staatsvertragliches Gleichbehandlungsgebot nicht die Klageabweisung „based on substantive law such as the *forum non conveniens* doctrine".[1329]

Im Gegensatz hierzu entschied der US Supreme Court in einem der „leading cases" *Koster v. Lumbermens Mutual Casualty Co.*[1330] schon früh zugunsten eines forumansässigen Klägers und gegen die auswärtigen Beklagten. Das Gericht sah keinen Grund, weshalb es den Kläger seines Heimvorteils berauben sollte, solange nicht klar sei, dass es für die Wahl des Klägers keinen anderen Grund als die Unterdrückung (oppressiveness) und die Schikanierung des Beklagten (vexation to a defendant) gibt oder der angestrengte Prozess wegen „administrative and legal problems" des angegangenen Gerichts in diesen Forum ungeeignet ist. Einige Instanzgerichte haben die Zurückweisung von Klagen von US-Bürgern aus „forum non conveniens"-Erwägungen auch schon mal ganz abgelehnt. Als Begründung für diese harsche Entscheidung wurde angeführt, die US-Gerichte seien unabhängig von einer Unannehmlichkeit für die ausländischen Beklagten vorrangig für den Schutz von US-Bürgern geschaffen[1331] (denn diese bezahlten dafür schließlich Steuern und hätten ein verfassungsrechtlich geschütztes Recht auf Zugang zu den Gerichten)[1332].

In neueren Entscheidungen hat sich der Wind offenbar etwas gedreht. Die US-Staatsbürgerschaft oder der US-Wohnsitz des Klägers hindern für sich genommen nicht die Anwendung der „forum non conveniens doctrine".[1333] Die Unterscheidung nach der „US citizenship" in *Piper* wird zunehmend als nicht sachgerecht angezweifelt und dementsprechend abgelehnt.[1334] Dennoch werden Klagen eines US-Klägers auch nach Einschätzung führender US-amerikanischer Kommentatoren[1335] praktisch selten zurückgewiesen. Führende deutsche Verfahrensrechtler pflichten

---

[1329] Vgl. nur aus der neueren Instanzrechtsprechung *In re Dow Corning Corp.*, 255 B.R. 445 (E.D.Mich. 2000).

[1330] *Koster v. Lumbermens Mutual Casualty Co.*, 330 U.S. 518, 67 S.Ct. 828, 91 L.Ed. 1067 (1947).

[1331] *United States Merchants & Shippers Ins. Co. v. A/S Den Norske Og Australi Line*, 65 F.2d 392 (2nd Cir. 1933).

[1332] *Born*, S. 330, formuliert diesen Ansatz recht prägnant, hinterfragt aber dessen Berechtigung; in diese Richtung aber neuerdings wieder *Jeha v. Arabian American Oil Co.*, 751 F.Supp. 122 (S.D. Tex. 1990), aff'd, 936 F.2d 569 (5th Cir. 1991).

[1333] *Alcoa Steamship Co. v. M/V Nordic Regent*, 654 F.2d 147 (2nd Cir.), cert. denied, 449 U.S. 890 (1980); *Howe v. Goldcorp. Investment Ltd.*, 946 F.2d 944 (1st Cir. 1991); *Sussman v. Bank of Israel*, 801 F.Supp. 1068 (S.D.N.Y. 1992).

[1334] *Myers v. Boeing Co.*, 794 P.2d 1272 (D.Wash. 1990).

[1335] Vgl. *Born*, S. 331.

dem bei und meinen, es werde praktisch „so gut wie nie vor[kommen], dass einheimische Kläger wegen forum non conveniens ins Ausland geschickt werden".[1336]

Ein weitere Hürde für den Beklagten sind „public policy"-Erwägungen, wie die Durchsetzung materiellen US-Rechts, die zur eingeschränkten Anwendbarkeit der „forum non conveniens doctrine" führen können. So haben einige Instanzgerichte den Antrag gerade deshalb abgelehnt, weil die Klagen auf das US-amerikanische Antitrust-Recht gestützt wurden.[1337] „Leading case" ist der Fall *Laker Airways v. Pan American World Airways*[1338]. Bei Klagen unter dem „verwandten" Antidumping Act 1916 kann deshalb kaum etwas anderes erwartet werden. Selbst wenn der Beklagte auch diese Hürden nehmen sollte, so entspricht es der gerichtlichen Praxis, die Stattgabe an Bedingungen (conditions) zu knüpfen.[1339] Der Beklagte dürfte dann die Wahl unter mehreren Übeln haben, inbesondere wenn er sich einem „discovery"-gleichen Beweisausforschungsverfahren unterwerfen oder auf die Verjährungseinrede verzichten muss.[1340]

### 3. Antrag auf Klagezurückweisung wegen haltloser und rechtsmissbräuchlicher Klage (Frivolous Claim)

Des Weiteren erscheint auch eine Klagezurückweisung auf der Grundlage von F.R.Civ.P 11 (c) nicht von vorneherein ausgeschlossen, wenn die eingereichte Klageschrift sich als haltlos und rechtsmissbräuchlich erweist. Ein US-Gericht kann nach dieser Regel solche Sanktionen verhängen, die es für angemessen („the court [...] may impose appropriate sanction", subsec. (1)) hält und die zur Abschreckung des rechtsmissbräuchlich Handelnden ausreichend sind („A sanction imposed [...] shall be limited to what is sufficient to deter repetition of such conduct [...]", subsec. (2)). Das Gericht kann auf Antrag des Beklagten oder aus eigener Initiative handeln (F.R.Civ.P 11 (c) (1) (A), (B)).

Die Klagezurückweisung ist vom Ermessen des Richters umfasst.[1341] Sie wird aber von den US-Gerichten als harsche Maßnahme empfunden und deshalb nur dann verhängt, wenn das Verhalten des Klägers eine solche Sanktion rechtfertigt.[1342] Regelmäßig wird eine andere Sanktion, u.a. die Auferlegung der Kosten des

---

1336 Vgl. *Schack*, Einführung, S. 34; zu dieser Differenzierung nach der Staatsangehörigkeit des Klägers *Geimer*, IZPR, S. 363 f. (Rdnr. 1092 f.).

1337 Vgl. *Born*, S. 342, m.w.N.

1338 568 F.Supp. 811 (D.C. 1983).

1339 Vgl. Born, S. 342.

1340 Zu einem solchen Fall *Harrison v. Wyeth Laboratories*, 510 F.Supp. 1 (E.D.Pa. 1980).

1341 Vgl. 2 *Moore's* Federal Practice, § 11.24[2] (Matthew Bender 3d ed.).

1342 *Hrobowski v. Commonwealth Edison Co.*, 203 F.Ed 445 (7th Cir. 2000); *Dodson v. Runyon*, 86 F.3d 37 (2nd Cir. 1996).

Gegners, zur Abschreckung des Klägers genügen. Deshalb sollen auch die tatbestandlichen Voraussetzungen von F.R.Civ.P 11 (b) erst im Rahmen der Kostenregelungen eingehender untersucht werden.[1343] Praktisch gesehen bleibt die Klagezurückweisung auf extreme Ausnahmefälle beschränkt.

### 4. Antrag auf Sachentscheidung auf der Grundlage des Parteivortrags (Judgment on the Pleadings)

Eine letzte Möglichkeit, gegen die Substanz- und Haltlosigkeit der Klage vorzugehen, ist ein Antrag auf ein „judgment on the pleadings" (F.R.Civ.P. 12 (c)). Hierbei wird anders als beim Antrag nach F.R.Civ.P. 12 (b) (6) eine Sachentscheidung (decision on the merits) begehrt.

Der Antrag kann jederzeit nach den „pleadings"[1344] und noch vor der „discovery" gestellt werden.[1345] Werden auch Angelegenheiten außerhalb der „pleadings" berücksichtigt, entspricht der Antrag einem auf ein „summary judgment" (F.R.Civ.P. 56 (b)).[1346] Zu beachten ist allerdings, dass der Antrag sich nur auf solche Rügen stützen kann, die rechtzeitig vorgebracht wurden, weil im Übrigen ein Rügeverzicht (waiver) anzunehmen ist.[1347]

Der „legal test" entspricht dem unter F.R.Civ.P 12 (b) (6).[1348] Insoweit gilt das oben Gesagte entsprechend. Dem Antrag auf „judgment on the pleadings" darf nicht stattgeben werden, solange eine wesentliche Tatsache streitig ist, wie u.a. der Court of Appeals (8th Cir.) in *U.S. v. Any & All Radio Station Transmission Equipment*[1349] erst kürzlich festgestellt hat:

> „Judgment on the pleadings is not properly granted unless the moving party has clearly established that no material issue of fact remains to be resolved and the party is entitled to judgment as a matter of law."[1350]

Die Aussichten des Beklagten, mit einem entsprechenden Antrag zu obsiegen, sind deshalb kaum anders einzuschätzen als unter F.R.Civ.P 12 (b) (6).

---

1343 Dazu unten III. Kapitel: §7C.II.2.b)bb).

1344 Zum Begriff der „pleadings" F.R.Civ.P. 7 (a).

1345 Vgl. *Baicker-McKee/Janssen/Corr*, Rule 12, S. 316 f.

1346 Vgl. *Haydock/Herr/Stempel*, S. 159 (§ 4.4.2), mit Einzelheiten S. 545 ff. (§ 12.3). Dafür müssen die Tatsachen unstreitig sein (no genuine issue as to any material fact) und es dürfen nur Rechtsfragen (moving party is entitled to judgment as a matter of law) entschieden werden (F.R.Civ.P. 56 (c)).

1347 Vgl. *Baicker-McKee/Janssen/Corr*, Rule 12, S. 317.

1348 Vgl. *Baicker-McKee/Janssen/Corr*, Rule 12, S. 317, m.w.N.

1349 *U.S. v. Any & All Radio Station Transmission Equipment*, 207 F.3d 458 (8th Cir. 2000), cert. denied, 531 U.S. 1071, 121 S.Ct. 761, 148 L.Ed.2d 663 (2001).

1350 207 F.3d 458, 462; siehe auch *Gustavson v. Jones*, 117 F.3d 1015 (7th Cir. 1997).

## B. Ausufernde und belästigende Beweisermittlungen vor der Hauptverhandlung (Pretrail Disclosure and Discovery)

Konnte der Beklagte keine durchgreifenden prozessualen Einwände geltend machen und ist der Rechtsstreit nach den „pleadings“ noch nicht für eine Entscheidung ohne Jury reif (judgment on the pleadings), so beginnt im unmittelbaren Anschluss an die Klagezustellung vor der Hauptverhandlung eine umfassende Sachverhaltsaufdeckung und –erforschung durch die Parteien (pretrail disclosure und discovery). Das deutsche rechtsvergleichende Schrifttum hat sich bereits recht intensiv dieses Instituts angenommen.[1351]

### I. Sinn und Zweck des „Pretrail“-Verfahrens

Für die spätere Bewertung der „discovery“ erscheint es notwendig, zunächst nach den rechtspolitischen Zielvorstellungen und der vorherrschenden Rechtspraxis zu differenzieren. Denn letztere hat sich in bedenklicher Weise von den gesetzgeberischen Vorstellungen gelöst und zu einem Missbrauch ungeahnten Ausmaßes geführt.[1352]

#### 1. Gesetzgeberische Motive

Nach dem „leading case“ des US Supreme Court in *Hickmann v. Taylor*[1353] ist es der erklärte Sinn und Zweck des „discovery“-Verfahrens, den Sachverhalt vor Beginn der Hauptverhandlung so aufzuklären und einzugrenzen, dass die darlegungs- und beweispflichtige Partei die Tatsachen und Beweismittel sowie die einschlägigen Anspruchsgrundlagen und Einwendungen kennt.[1354] Darauf baut die Rechtsauffassung auf, jede Partei sei zur Aufdeckung der im Besitz der anderen Seite befindlichen Informationen berechtigt, solange diese nicht durch ein Verweigerungsrecht

---

1351 Siehe nur die Darstellungen von *Juncker*, Discovery, S. 1 ff.; *Stadler*, Unternehmensgeheimnis, S. 66 ff.; *Kersting*, Wirtschaftsgeheimnis, S. 128 ff.; zu neueren Entwicklungen *Reimann*, IPRax 1994, 152 ff; *Rempp/Lienemeyer*, ZVglRWiss 94, 383 (1995); *Röhm/Koch*, RIW 1995, 465; *Juncker*, ZZPInt 1, 235 (1996), *Lorenz*, ZZP 111, 35 (1998).

1352 Bezeichnend die Aussage von *Baer*, Richter am US District Court for the Southern District of New York zum Ge-/Missbrauch von „depositions“: „There is inescapably some tension between the spirit of our rules and the tactical concerns of counsel.“, siehe *Baer/Meade*, in: Palermo, S. 335, 337. Selbst prominente Befürworter der „discovery“ bezweifeln heute nicht, dass der Gesetzgeber bei der Einführung 1938 die weitreichenden praktischen Auswirkungen nicht vorhergesehen und bedacht hat, vgl. nur *Marcus*, 7 Tulane J.Int'l&Comp.L. 153, 160 (1999).

1353 *Hickmann v. Taylor*, 329 U.S. 495, 507, 67 S.Ct. 383, 91 L.Ed. 451 (1947): „Mutual knowledge of all the relevant facts gathered by both parties is essential to proper litigation.“

1354 Vgl. auch *Wright/Miller/Marcus*, 8 Federal Practice and Procedure, Civil 2d § 2001, die von 3 Zwecken sprechen: Sachverhaltseingrenzung, Beweiserforschung und -sicherung.

(privilege) geschützt sind.[1355] Diese Aufdeckung wird als notwendig angesehen, um die anschließende Verhandlung vor der Jury ohne Überraschungseffekte in nur einem, konzentrierten Termin (a single continuous trial) abhalten zu können.[1356] Insoweit handelt es sich, anders als in Deutschland (§ 272 Abs. 1 ZPO), nicht nur um Gesetzesrhetorik, sondern um die verfassungsrechtlich geforderte Gerichtswirklichkeit.[1357] Die „pleadings" können diese Aufgabe nicht leisten. Folglich bedarf es als Korrektiv der „discovery" (seit 1993 ergänzt durch die vorgeschaltete „initial disclosure").

Des Weiteren soll die „discovery" auch die Vergleichsbereitschaft der Parteien erhöhen, da die Stärken und Schwächen des Gegners zu Tage gefördert werden und damit eine realistische Bewertung einer außergerichtlichen Einigung zugelassen wird.[1358] Das US-amerikanische Gerichtssystem ist auf eine hohe Quote außergerichtlicher Streitbeilegungen angewiesen, da es kollabieren würde, müssten alle Rechtsstreite gerichtlich entschieden werden.[1359]

Der US Supreme Court hat betont, dass die „discovery"-Regelungen in diesem Sinne und im Sinne von F.R.Civ.P. 1 („'to secure the just, speedy and inexpensive determination of every action"') anzuwenden sind.[1360]

## 2. Pervertierung durch Praxis der US-Kläger und Anwälte in komplexen Wirtschaftsstreitigkeiten

Ein erfahrener US-Richter wusste, wovon er sprach, wenn er meinte, die „discovery" sei das „Herz" eines jeden Antitrust-Verfahrens.[1361] In diesem Wissen hat die „discovery" für manche US-amerikanische Kläger und ihre Anwälte offenbar einen ganz anderen „Wert" erlangt, als vom Normgeber 1938 erwartet.[1362] Gerade

---

1355 Vgl. *Wright/Miller/Marcus*, 8 Federal Practice and Procedure, Civil 2d § 2001(Fn. 8) m.w.N. aus Rechtsprechung und Schrifttum. Damit wollte der Normgeber die „sporting theory of justice" beenden, nach der ein Prozess von der Beweislage und den Fähigkeiten bzw. Strategien der Anwälte abhing.

1356 Vgl. *Juncker*, Discovery, S. 98, 108 ff.

1357 Vgl. Administrative Office of the U.S. Courts, Judicial Business of the U.S. Courts, Annual Report of the Director 2000, Table C-8, im Internet: http://www.uscourts.gov/judbus2000/contents.html (15.03.2003).

1358 Vgl. *Haydock/Herr/Stempel*, S. 201 (§ 5.1); *Juncker*, Discovery, S. 108 f.

1359 Vgl. *Marcus*, 7 Tulane J.Int'l&Comp.L. 153, 194 (1999); *Heidenberger*, RIW 1997, 464, 465; *Juncker*, Discovery, S. 109.

1360 *Herbert v. Lando*, 441 U.S. 153, 177, 99 S.Ct. 1635, 60 L.Ed.2d 115 (1979).

1361 *In re Uranium Antitrust Litigation*, 480 F.Supp. 1138, 1155 (N.D.Ill. 1979): „the heart of any American antitrust case". Ähnlich *Lazaroff*, 67 Tul.L.Rev. 1033, 1044 (1993): „[...] an essential component in the plaintiff's effort to establish an antitrust violation."

1362 Vgl. nur *Haydock/Herr/Stempel*, S. 202 (§ 5.1).

in großen und komplexen Wirtschaftsstreitigkeiten, wie eben in Antitrust- oder Antidumping-Verfahren, wird mit den Mitteln der „discovery" versucht, die Gegenpartei in die Knie zu zwingen. Wenn selbst US-Richter, der Parteinahme für die ausländische Konkurrenz relativ unverdächtig, sich schon mal gezwungen sahen, klagenden einheimischen Unternehmen einen „economic war" vorzuwerfen[1363], so spricht dies für sich. Bei einer solchen Praxis liegt ein Rechtsmissbrauch oder die Schikane auf der Hand, da nicht die Verfolgung eines eigenen Rechts, sondern die Belästigung des Gegners mit prozessualen Mitteln im Vordergrund steht oder sogar alleiniges Ziel ist.

Bei einer 1988 durchgeführten Umfrage unter Wirtschaftsteilnehmern in einer US-amerikanischen Großstadt gaben 77 Prozent der Befragten an, die „discovery" schon einmal als „wirtschaftliche Waffe gegen Konkurrenten" gebraucht zu haben.[1364] Es gehört heute offenbar zum Gemeinwissen eines US-Anwaltes, dass Richter selten die Zeit haben, zu überprüfen, ob ein „discovery"-Begehren noch zulässig ist oder nicht.[1365] Seit geraumer Zeit wird deshalb auch im deutschen Schrifttum darauf hingewiesen, die „discovery" sei „zum Selbstzweck denaturiert"[1366]. In Kombination mit den geringen Anforderungen an den Klägervortrag und einer nahezu nicht existierenden Kostenhürde ermutigt sie Kläger (und Anwälte), „Ansprüche aufzubauen, wo keine sind"[1367]. Mit derartig haltlosen Klagen werden die wirtschaftlichen Konkurrenten überzogen, die praktisch kaum eine Chance haben, finanziell unbeschadet dem „discovery"-Stadium zu entgehen.

Bedenkt man den heutigen Vermögenswert von Informationen[1368], so bietet gerade die „discovery" ein ideales Druckmittel.[1369] Der Beklagte kann zu Vergleichen gedrängt werden, die er sonst nie abschließen würde.[1370] Je umfangreicher und teurer die „discovery" wird, desto eher wird er sich aus dem Prozess „auskaufen" wol-

---

1363 Vgl. Judge Becker in *Zenith Radio Corp. v. Matsushita Electric Industrial Co.*, 513 F.Supp. 1100, 1333 (E.D.Pa. 1981): "What the plaintiffs have waged is not just litigation, but also what Judge Higginbotham has referred to as 'economic war.'"

1364 Vgl. *Röhm/Koch*, RIW 1995, 465, 466 (Fn. 3).

1365 Vgl. *Steinberg*, in: Burke/Goldblatt, The Corporate Litigator, S. 227: "We know that the judges do not have the time to decide whether a proposed discovery inquiry falls outside of the rule. [...] Discovery can, unless litigators exercise restraint, go on and on while needless costs mounts."

1366 Vgl. *von Hülsen*, RIW 1982, 225, 227.

1367 Vgl. *Lowenfeld*, IPRax 1984, 51.

1368 Vgl. *Wright/Miller/Marcus*, 8 Federal Practice and Procedure, Civil 2d § 2001(Fn. 22) zitieren *Glaser*, Pretrail Discovery and the Adversary System, 1968, S. 234.

1369 Vgl. *Deuchler*, AnwBl. 1994, 212, 213, mit anschaulichem Fall aus der Praxis.

1370 Vgl. *Lowenfeld*, IPRax 1984, 51, *Schwung*, AnwBl. 1993, 436, 437; *Röhm/Koch*, RIW 1995, 465, 466.

len.[1371] Eine Partei wird neben den Risiken eines späteren „jury trail" und den nicht sicher abzuschätzenden Kostenrisiken für „discovery"-Maßnahmen und Anwälte auch immaterielle, schwer messbare Faktoren wie die Öffentlichkeitswirkung und die Folgen der Preisgabe von vertraulichen Informationen[1372] bedenken müssen. Diese Sorgen wissen erfahrene Anwälte verfahrenstaktisch zu nutzen.[1373]

Bei dieser Einschätzung handelt es sich nicht einmal um Kampfgeschrei der zahlreich betroffenen europäischen Unternehmen. Umstritten ist die „discovery" auch in den USA. Schon mit ihrer Einführung 1938 riefen vor allem die sog. „fishing expeditions" im eigenen Land Kritik hervor.[1374] Bis in die jüngste Vergangenheit ermöglichten die „discovery"-Regeln im Verfahren vor den Bundesgerichten, vage eingeführte Behauptungen in der Klageschrift durch neue, erst mittels der „discovery" erforschte Tatsachen zu substantiieren.[1375] Die Kläger und ihre Anwälte konnten sich in dieser Praxis auch lange höchstrichterlich bestätigt fühlen. Der US Supreme Court hatte schon früh die Kritik an „fishing expeditions" unter Hinweis auf den Zweck des Verfahrens zurückgewiesen.[1376] Das begünstigte ganz offenbar die Entwicklung der Mentalität der Anwälte, lieber mehr als zu wenig zu erforschen („more is better").[1377]

Komplexe Antitrust-Verfahren in der siebziger Jahren haben jedoch die mit der „discovery" verbundenen Probleme in das Bewusstsein einer breiteren Öffentlichkeit gebracht.[1378] Die Praxis der „discovery" führte – nun unübersehbar – zu Ergebnissen, die den gesetzgeberischen Vorstellungen und der Rechtsidee schlechthin diametral gegenüberstehen. Die ausufernde „discovery"-Praxis provozierte nicht nur ausufernde Kosten und Eingriffe in die Privatsphäre der Gegenpartei, sondern auch Verfahrensverzögerungen und Kosten für die Allgemeinheit. Einige Fakten:

---

[1371] Vgl. *Schwung*, AnwBl. 1993, 436, 442.

[1372] Nach Ansicht einiger Gerichte sind durch „discovery" aufgedeckte Informationen grundsätzlich der Öffentlichkeit zugänglich und nicht vertraulich, *AT & T v. Grady*, 594 F.2d 594 (7th Cir. 1978), cert. denied, 440 U.S. 971 (1979). Verfassungsrechtlich ist die Rechtslage seit der Entscheidung in *Seattle Times Co. v. Rhinehart*, 467 U.S. 20, 104 S.Ct. 2199, 81 L.Ed.2d 17 (1984), geklärt.

[1373] Trefflich *von Hülsen*, RIW 1982, 225, 228.

[1374] Vgl. *Stiefel*, RIW 1979, 509; *Juncker*, in: Heldrich/Kono, S. 106.

[1375] Zu Einschränkungen im Wortlaut von F.R.Civ.P. 26 (b) durch die Reform der Federal Rules im Jahre 2000 siehe unten.

[1376] *Hickmann v. Taylor*, 329 U.S. 495, 507, 67 S.Ct. 383, 91 L.Ed. 451 (1947): „We agree, of course, that the deposition-discovery rules are to be accorded a broad and liberal treatment. No longer can the time-honored cry of 'fishing expeditions' serve to preclude a party from inquiring into the facts underlying his opponent's case."

[1377] Vgl. *Juncker*, ZZPInt 1, 235, 239 f. (1996); wenig überzeugend das Plädoyer für die „discovery" von *Polten/Geerlin*, AnwBl. 1994, 116.

[1378] Vgl. Symposium, Discovery in Civil Antitrust Suits, 44 Antitrust L.J. 1 ff. (1975).

Bis zur Reform der Federal Rules 1993 dauerten Prozesse häufig länger als 2 Jahre[1379], nach Angaben des Administrative Office of the U.S. Courts bei Bundesgerichten (von Klageeinreichung bis Prozessende) im Berichtsjahr 2000 im Mittel immer noch 20 Monate.[1380] Dabei gelangen mehr als 90 Prozent der Verfahren nicht einmal über das „pretrail"-Stadium hinaus.[1381] 80 Prozent der Prozesskosten sollen auf dieses Verfahrensstadium entfallen.[1382]

Die mit der Einführung verbundene Hoffnung auf ein schnelleres, einfacheres und effizienteres Verfahren ist in jüngerer Zeit vielfach der Skepsis gewichen. Zudem häuften sich Proteste aus dem Ausland, bis hin zum besagten „Justizkonflikt" zwischen Amerikanern und Europäern in den achtziger Jahren.[1383] Auch aus den eigenen Reihen sind nahmhafte Juristen und Verbände der Front der Kritiker beigetreten.[1384] Seit dem Ende der sechziger Jahre hält die Debatte im Schrifttum an[1385], folgt eine empirische Untersuchung der anderen[1386] und jagt eine Reform der Federal Rules die nächste[1387]. Die Umstände haben auch den US Supreme Court

---

1379 Vgl. *Röhm/Koch*, RIW 1995, 465.

1380 Administrative Office of the U.S. Courts, Judicial Business of the U.S. Courts, Annual Report of the Director 2000, Table C-10, im Internet unter: http://www.uscourts.gov/judbus2000/contents.html (15.03.2003).

1381 Vgl. *Heidenberger*, RIW 1997, 464: Mitte der neunziger Jahre waren es 96,8 % der eingereichten Klagen!

1382 Vgl. *Rempp/Lienemeyer*, ZVglRWiss 94, 383, 396 (1995), zitieren *Lange/Black*, Der Zivilprozeß in den Vereinigten Staaten, 1987; Siehe auch *Kavaler*, in: Burke/Goldblatt, The Corporate Litigator, S. 232: „[P]erhaps the most widely acknowledged cause of enormous expense in all litigation, and especially in mayor litigation, is the entire area of discovery."

1383 Vgl. *von Hülsen*, RIW 1982, 537, 540 ff., zu den kanadischen, englischen und kontinentaleuropäischen Reaktionen auf die Vorgängerregelungen.

1384 Vgl. die Nachweise bei *Wright/Miller/Marcus*, 8 Federal Practice and Procedure, Civil 2d § 2001: National Conference on the Causes of Popular Dissatisfaction with the Administration of Justice , April 1976, Report of the Special Committee for the Study of Discovery Abuse, Section Litigation, American Bar Association, Otober 1977. Siehe auch *von Hülsen*, RIW 1982, 225, 230, zitiert *Lundquist* (Vorsitzender des Sonderausschusses der American Bar Association zum Studium des Missbrauchs der „discovery") 66 American Bar Association Journal 1071 (1980): „...mehr als taktische Waffe... und nicht als fachmännisches Werkzeug zur Ermittlung von Tatsachen".

1385 Vgl. *Juncker*, ZZPInt 1, 235, 238 ff. (1996), m.w.N.

1386 In den Sechzigern das „Project for Effective Justice" der Columbia University, in den Siebzigern die Studie des Federal Judicial Center (FJC) und in den frühen Achtzigern das „Civil Litigation Research Project" der University of Wisconsin, vgl. die Nachweise in der neuesten Studie des Federal Judicial Center (FJC) bei *Willging/Stienstra/Shapard/Miletich*, 39 B.C.L.Rev. 525 (Fn. 1-3) (1998).

1387 Vgl. die Zusammenfassung bei *Wright/Miller/Marcus*, 8 Federal Practice and Procedure, Civil 2d § 2003.1. Zu den Änderungen aus den Jahren 1998 bis 2000 siehe *Wright/Miller/Marcus*, 8 Federal Practice and Procedure, Civil 2d § 2003.1 (2002 Pocket Part).

mehrfach zu kritischen Bemerkungen bewegt, die schließlich in folgenden Äußerungen gipfelten:

> „[T]o the extent that it [die extensive „discovery", d. Verf.] permits a plaintiff with largely groundless claims to simply take up the time of a number of other people, with the right to do so representing an *in terrorem* increment of the settlement value, rather than a reasonable founded hope that the process will reveal relevant evidence, it is a social cost rather than a benefit."[1388]

> „It is clear from experience that pretrail discovery has a significant potential for abuse. This abuse is not limited to matters of delay and expense; discovery also may seriously implicate privacy interests of litigants and third parties."[1389]

Zum Ende der achtziger und Beginn der neunziger Jahre sah sich schließlich der US-Kongress, ein knappes halbes Jahrhundert nach der Delegation der Rechtsetzung an den US Supreme Court, mit dem Civil Justice Reform Act 1990 zum Handeln gezwungen.[1390] Abgesehen von den gesetzgeberischen Aktivitäten wurde seit 1993 auch noch einmal das Arsenal der „discovery"-Waffen einer Reform unterzogen, um dem Missbrauch entgegen zu treten.[1391] Diese Reformen haben das US-Recht dem kontinentaleuropäischen Recht zumindest ein Stück näher gebracht.[1392] Die Bedenken ausländischer, insbesondere europäischer Beklagter werden sich aber dennoch keineswegs in Luft auflösen.[1393] Das hat mehrere Gründe:

Einer der Gründe liegt gewiss in der mangelnden Effektitvität der Umsetzung der Reformen. Nach einer Studie der vom US-Kongress beauftragten *Rand Corporation* von 12.000 Verfahren in den Jahren 1991-93 fiel die tatsächliche Umsetzung des Civil Justice Reform Act 1990 deutlich hinter die Erwartungen zurück.[1394] Die

---

1388 *Blue Chip Stamps v. Manor Drug Stores*, 421 U.S. 723, 741, 95 S.Ct. 1917, 44 L.Ed.2d 539 (1975).

1389 *Seattle Times Co. v. Rhinehart*, 467 U.S. 20, 34, 104 S.Ct. 2199, 81 L.Ed.2d 17 (1984). In einer der wichtigsten Entscheidungen im internationalen Kontext aus neuerer Zeit, *Société Nationale Industrielle Aérospatiale v. District Court for the Southern District of Iowa*, 482 U.S. 522, 107 S.Ct. 2542, 96 L.Ed.2d 461 (1987), erkannte der US Supreme Court auch die Gefahr, die von solchen Fälle für ausländische Beklagte ausgeht und wies die befassten Instanzgerichte zu sorgfältiger Prüfung von Einwendungen und zum besonderen Schutz ausländischer Beklagter an.

1390 Zu den Ergebnissen: *Judicial Conference of U.S.*, Civil Justice Reform Act 1990 Final Report, S. 9, im Internet unter: http://www.uscourts.gov (15.03.2003).

1391 Bezeichnend die Einschätzung des Advisory Committee des US Supreme Court, 28 U.S.C.A. Federal Rules of Civil Procedure, Rule 26-37, Advisory Committee Notes, Subdivision (b) (1997): „[...] the potential cost of wideranging discovery and the potential for discovery to be used as an instrument for delay and oppression."

1392 Vgl. auch *Marcus*, 7 Tulane J.Int'l&Comp.L. 153, 184 ff. (1999).

1393 Skeptisch auch *Juncker*, ZZPInt 1, 235, 257 f. (1996).

1394 An Evaluation of Judicial Case Management under the Civil Justice Reform Act (1996), zitiert in Judicial Conference of U.S., Civil Justice Reform Act 1990 Final Report, S. 15, im Interin den Neuregelungen vorgesehene Möglichkeit der Abweichung für den einzelnen Richter führte zu einer enormen Uneinheitlichkeit und diese schließlich zum Misserfolg.[1395] In diesem Sinne war es eines der ersten Ziele der nachfolgenden Reformen, die Möglichkeit eines Herausoptierens („opt out") durch lokale Regeln zu beschneiden.[1396] Die beobachtete Skepsis und Zurückhaltung der Bundesrichter[1397] gegenüber dem regulatorischen Eifer des US-Kongresses verwundert aber auch nicht, wenn man bedenkt, dass die Kompetenz zur Regelung des Verfahrens einst den Richtern vom Kongress übertragen worden war (Rules Enabling Act 1934)[1398]. Schließlich haben die Bundesrichter auch nicht die Zeit und die Mittel, sich in einem frühen Verfahrensstadium stärker zu engagieren.[1399] Zu Recht wird darauf hingewiesen, das System von „notice pleading", „pretrail" sei nicht auf ein stärkeres „case management" des Richters – vergleichbar dem kontinentaleuropäischen Verständnis – angelegt.[1400] Daher kam von richterlicher Seite kaum ein Impuls und ist auch nicht zu erwarten.

Noch weniger realistisch war und ist ein solcher von der anwaltlichen Seite. Im Gegenteil, in Anbetracht des eingefahrenen anwaltlichen Selbstverständnisses und der bewusst starken Stellung (im Antitrust-Recht spricht man gerne vom „private attorney general"[1401]) muss vielmehr davon ausgegangen werden, dass der vorhandene Spielraum auch genutzt wird. Interessant sind deshalb die Ergebnisse der neuesten Studie des Federal Judicial Center (FJC) aus den Jahren 1997/1998, für die 2000 Anwälte in 1000 abgeschlossenen Verfahren befragt wurden.[1402] In 85 Prozent der Fälle wurde eine „discovery" berichtet.[1403] Die Berichterstatter kamen u.a. zu

---

net unter: http://www.uscourts.gov (15.03.2003); *Böhm/Koch*, RIW 1995, 465, 469: überhaupt nur 3 District Courts hatten anfänglich die Änderungen vollständig übernommen.

1395 Vgl. *Murray*, ZZPInt 3, 319, 330 (1998).

1396 Vgl. die Zusammenfassung bei *Baicker-McKee/Janssen/Corr*, Rule 26, S. 513.

1397 Vgl. Judicial Conference of U.S., Civil Justice Reform Act 1990, Final Report, S. 10, im Internet unter: http://www.uscourts.gov (15.03.2003).

1398 28 U.S.C. § 2072 (1999).

1399 Vgl. *Marcus*, 7 Tulane J.Int'l&Comp.L. 153, 162 f. (1999); *Murray*, ZZPInt 3, 319, 330 (1998), zitiert den Annual Report of the Director of the Administrative Office of the U.S. Courts, 1997, Sept. 30, nach dem 1997 durschnittlich 405 Fälle und Strafverfolgungen pro Richter zu betreuen waren.

1400 Vgl. *Murray*, ZZPInt 3, 319, 336 (1998), der "jury trail", der die Tatsachenentscheidung der Jury zuweist, verhindert dies sogar.

1401 Vgl. *Marcus*, 7 Tulane J.Int'l&Comp.L. 153, 188 (1999).

1402 Vgl. den Bericht von *Willging/Stienstra/Shapard/Miletich*, 39 B.C.L.Rev. 525 (1998). Die begrenzt aussagekräftige Studie sammelte Daten von Fällen, die eine Wahrscheinlichkeit einer „discovery" auswiesen; ausgeklammert wurden „Social Security appeals, student loan collections, foreclosures, default judgments, and cases that were terminated within sixty days of filing."

1403 Vgl. *Willging/Stienstra/Shapard/Miletich*, 39 B.C.L.Rev. 525, 530 (1998).

der (wenig erstaunlichen) Einschätzung, dass die Höhe der Verfahrenskosten erheblich von der Höhe der Streitsumme und der Komplexität des Falles abhängt.[1404] In nahezu der Hälfte aller Fälle wurden Probleme mit der „discovery" berichtet, die zu unnötigen Kosten führten.[1405] Knapp mehr als die Hälfte der befragten Anwälte (55 Prozent) schrieben die Probleme absichtlichem Fehlverhalten zu.[1406] Letztlich votierten 62 Prozent der Befragten für eine Steuerung des anwaltlichen Verhaltens mittels Sanktionen und Kodices.[1407]

Schließlich ist man in den USA – prominenten Stimmen zufolge – aber auf absehbare Zeit nicht bereit, die Grundstrukturen des „pretrail" zu ändern, schon gar nicht aufgrund des Druckes von außen.[1408] In der Sache stellen die jüngsten Reformen denn auch wenig mehr als das Kurieren an Symptomen dar.[1409] Die Ursachen des Übels (zu laxe „pleading"-Anforderungen, unangemessene Kostentragunsgregeln unter der „American Rule", immer noch zu weit gehende „discovery"-Maßnahmen, die nicht gewährleistete Vertraulichkeit von Informationen) wurden nicht angegangen.[1410] Wenn heute jeder Kläger und Anwalt mit jeder „discovery"-Maßnahme die Erklärung abgeben (muss), keine rechtsmissbräuchlichen Zwecke zu verfolgen[1411], so ist dies wohl eher ein Beleg für gesetzgeberischen Aktionismus. Die Regelung beruht auf der Auffassung, dem Missbrauch könne man durch Sanktionen beikommen.[1412] Entscheidend wäre hingegen deren praktische Durchsetzung. Diese wird aber als unzureichend bezeichnet.[1413] Die Bestätigungen bleiben

---

1404 *Dies.*, a.a.O., 532. Gleichzeitig schätzten die die berichteten Kosten im Durchschnitt aller Fälle als angemessen ein, wie aussagekräftig diese Statistik auch sein mag. Im Durchschnitt betrugen die Verfahrenskosten in den untersuchten Fällen $ 13.000 pro Mandant, wobei die Hälfte direkt auf die „discovery" entfiel.

1405 *Dies.*, a.a.O. Davon rührten 44 Prozent von der „document production", 37 Prozent von der „initial disclosure" und 26 Prozent von den „depositions" her. Die unnötigen Kosten wurden auf 19 Prozent der Kosten der „discovery" geschätzt.

1406 *Dies.*, a.a.O., 541.

1407 *Dies.*, a.a.O., 542: „changing attorney behavior through sanctions or civility codes".

1408 Vgl. die Einschätzung von *Marcus*, 7 Tulane J.Int'l&Comp.L. 153, 197 f. (1999). Der Autor ist Spezialberichterstatter für das Advisory Committee des US Supreme Court in Fragen der „discovery".

1409 Treffend der bildliche Vergleich bei *Marcus*, 7 Tulane J.Int'l&Comp.L. 153, 183 (1999): „Viewed from abroad, the modest current package of American discovery reforms must look like rearranging the deck chairs on the Titanic[...]."

1410 Vgl. *Marcus*, 7 Tulane J.Int'l&Comp.L. 153, 174 ff. (1999).

1411 Vgl. F.R.Civ.P. 26 (g) (2).

1412 Vgl. *Wright/Miller/Marcus*, 8 Federal Practice and Procedure, Civil 2d § 2052 (Fn. 7).

1413 Vgl. *Wright/Miller/Marcus*, 8 Federal Practice and Procedure, Civil 2d § 2052 (Fn. 11): Rule 26 (g) has not been used much".

so oftmals nichts als Leerformeln.[1414] Der schwierig zu führende Nachweis im Einzelfall wird bedauernswerterweise auch nicht durch das allgemeine und damit nahezu gerichtsbekannte Eingeständnis einer missbräuchlichen Praxis aufgewogen. Auch eine Vermutungsregel, dass die „discovery" in einem US-Zivilprozess rechtsmissbräuchlich ist, wird man mangels quantifizierbarer Fakten nicht aufstellen können; ein völlig klares „Schwarz-Weiß-Bild" kann es mithin nicht geben.

Letztlich wird man sich die Worte des US Supreme Court in Erinnerung rufen, nach denen der US-amerikanische „pretrail" einen außerordentlichen Nährboden für Kläger mit schikanösen Absichten bietet. Das ist leider noch heute der Fall. Der Beklagte kann sich die Belästigung durch derlei Verfahren nur mit teuren, gelegentlich auch unerträglichen Vergleichen erwehren. Die „discovery" hat damit unzweifelhaft einen herausragenden „settlement value"[1415]. Im deutschen Schrifttum wird seit *Stiefel*[1416] aber zu Recht auch von einem „nuissance value" gesprochen, weil gerade in der Belästigung des Beklagten der geldwerte Vorteil des Klägers liegt.[1417] Das Zivilprozessrecht soll aber eine rechtsförmliche Möglichkeit zur Feststellung und Durchsetzung individueller Rechtspositionen eröffnen.[1418] Es kann aber gewiss nicht das Ziel sein, dem Kläger Mittel an die Hand zu geben, mit denen er faktisch losgelöst von der Verfolgung bestehender individueller Rechte den Beklagten zu „Vergleichsgeschäften" nötigen kann. Durch eine solche Praxis werden die Zwecke des zivilgerichtlichen Verfahrens pervertiert.[1419]

## II. Voraussetzungen

Die „discovery" ist allgemein in den F.R.Civ.P. 26 – 37 und je nach befasstem Bundesgericht gegebenenfalls abweichend in den Local Rules geregelt.[1420]

### 1. Überblick über die Verfahrensabschnitte

Die „discovery" ist 1993 grundlegend reformiert worden. Das Advisory Committee unterscheidet in seinen Anmerkungen grob drei Phasen, gestaffelt nach den Aufklärungspflichten der Parteien.[1421]

---

1414 Vgl. *Juncker*, in: Heldrich/Kono, S. 106; *ders.* ZZPInt 1, 235, 241 (1996), m.w.N.

1415 Unter „settlement value" wird der Wert einer vergleichsweisen Einigung verstanden, siehe zur Verwendung des Begriffes nur *Haig*, in: Palermo, S. 165, 198.

1416 RIW 1979, 509, 518.

1417 Vgl. *Martens*, RIW 1981, 725, 727; *Heidenberger*, RIW 1997, 464, 465.

1418 Vgl. auch *Murray*, ZZPInt 4, 291, 292 (Fn. 4) (1999), der die Hauptfunktion „in der Lösung privater Streitigkeiten in einer fairen und prinzipientreuen Weise" sieht.

1419 Deutlich *Lorenz*, ZZP 111, 35, 50 (1998).

1420 Vgl. F.R.Civ.P. 83.

Die *erste* Phase ist durch die Pflicht der Parteien zur Zusammenarbeit und Aufklärung gekennzeichnet.[1422] Die Parteien haben sich zunächst eigenverantwortlich ohne Beteiligung des Gerichtes so bald wie möglich[1423] zu treffen (F.R.Civ.P. 26 (f)). Bei diesem Treffen (discovery meeting) sollen die Anspruchsgrundlagen und die Möglichkeit einer zügigen vergleichsweisen Beilegung erörtert, Informationen entsprechend F.R.Civ.P. 26 (a) (1) ausgetauscht oder dies vorbereitet sowie ein Plan für das weitere Verfahren (discovery plan) entworfen werden.[1424]

Soweit dort nicht schon geschehen, muss jede Partei spätestens 14 Tage nach dem ersten Treffen die Daten aller Personen mit entsprechenden Informationen, eine Kopie oder Liste von Urkunden und sonstigen Beweismitteln (die sich in ihrem Besitz oder unter ihrer Kontrolle befinden und auf die sie *ihre* Klage oder Verteidigung stützen könnte – mit Ausnahme solcher zur bloßen Erschütterung der Glaubwürdigkeit), eine Aufstellung der Schadenspositionen und ein Nachweis der Versicherungsdeckung unaufgefordert offen legen (initial disclosure).[1425] Der gegenüber der Einführung 1993 im Jahre 2000 wiederum geänderte Wortlaut[1426] macht eine Beschränkung im Gegenstand deutlich. Die aufklärende Partei ist nicht (mehr) verpflichtet, solche Informationen, auf die der Gegner *seine* Klage oder Verteidigung stützen könnte, zu offenbaren.[1427] Hingegen muss die Partei auch eigene

---

1421 28 U.S.C.A. Federal Rules of Civil Procedure, Rule 26-37, Advisory Committee Notes, Subdivision (a) (1997); ebenso *Reimann*, IPRax 1994, 152, 153. Überblickhaft und mit speziellem Fokus auf komplexe Rechtsstreitgkeiten im Handbuch von *Herr*, Complex Litigation, S. 50 ff. (§ 21).

1422 Hier ist ein „Paradigmenwechsel", weg vom „adversary character" des „pretrail", ein Hauptanliegen der Reform 1993 spürbar, vgl. *Juncker*, ZZPInt 1, 235, 241 f. (1996); *Reimann*, IPRax 1994, 152, 153.

1423 Spätestens 21 Tage vor der „scheduling conference" nach F.R.Civ.P. 16 (b).

1424 F.R.Civ.P. 26 (f).

1425 F.R.Civ.P. 26 (a) (1): „the *disclosing* party may use to support *its* claims or defenses", (Hervorhebung d. Verf.). Der gravierende Unterschied zu den Anforderungen, die an eine Klageschrift im deutschen Zivilprozess (§ 253 Abs. 2 Nr. 2 ZPO) gestellt werden, ist mit der jüngsten Reform im Jahre 2000 etwas weiter eingeebnet worden. Im Ergebnis unterscheidet sich der US-amerikanische Ansatz nun vor allem durch die Zweistufigkeit (zunächst die „relativ nichtssagende" Klageschrift und dann die Aufdeckung von Beweismitteln im Rahmen der „initial disclosure" und „discovery") und den Adressaten der Information (Gegner statt Gericht). Aus letzterem ergibt sich aber die beachtliche Folge, dass dem Richter weiterhin ein aktiveres, effizienteres „case management" in einem frühen Verfahrensstadium mangels entsprechender Kenntnis kaum möglich sein wird, vgl. *Murray*, ZZPInt 3, 335 (1998).

1426 Wortlaut bei Einführung 1993: „[...] discoverable information relevant to disputed facts alleged with particularity in the pleadings". Vgl. dazu *Reimann*, IPRax 1994, 152, 153; *Juncker*, ZZPInt 1, 235, 250 f. (1996).

1427 Vgl. zum Entwurf auch *Marcus*, 7 Tulane J.Int'l&Comp.L. 153, 170 f. (Fn. 97-100) (1999).

Ermittlungen anstellen und die eigenen Ausführungen fortlaufend ergänzen.[1428] Zudem soll der „discovery plan" dem Gericht übermittelt werden.[1429] Erst dann können „discovery"-Maßnahmen ergriffen werden.[1430] Mit der 1993 neu eingeführten „required disclosure" wurde auf Auswüchse des bisherigen Verfahrens mit dem Ziel reagiert, eine überflüssige und teure „discovery" weitgehend zu vermeiden.[1431] Die "disclosure" hat bisher allerdings kaum messbare Wirkung gezeigt; eher hat sie zur Unzufriedenheit der Anwälte beigetragen.[1432]

An das Treffen der Parteien und die „initial disclosure" schließt sich die *zweite* Phase, das eigentliche „discovery"-Verfahren an. Die Parteien können nun erst die in F.R.Civ.P. 26 (a) (5) genannten Maßnahmen in Eigenregie ergreifen, um den Sachverhalt „weitergehend" zu erforschen (methods to discover additional matters). Dennoch hat die Reform 1993 am Grundsatz des Parteiprozesses mit Wettkampfcharakter (adversary system)[1433] nicht gerüttelt. Allerdings soll der Richter nun vermehrt von Amts wegen aktiv steuernd[1434] und nicht nur passiv auf Antrag eingreifen, insbesondere, um spätestens 120 Tage nach Klageerhebung einen Termin (scheduling conference) zur Festlegung der Reihenfolge und des Zeitplanes für die zu ergreifenden Maßnahmen (scheduling order) sowie weitere Termine (pretrail conferences) zur Verhandlung und Bestimmung des Streitstoffes (pretrail order) einzuberufen (F.R.Civ.P. 16).[1435] Das Auskunftsbegehren erfolgt bei Parteien durch einfache „notice", bei Dritten durch „subpoena".[1436] Die erlangten Beweismittel gelangen nicht in die Gerichtsakte, sondern verbleiben bei den Parteien und werden von diesen in den „trail" eingeführt. Die alleinige Verantwortung wird nur in Randbereichen durch die Hoheit des Richters eingeschränkt, die medizinische Untersuchung einer Partei gem. F.R.Civ.P. 35 anzuordnen oder die mangelnde Mitwirkung gem. F.R.Civ.P. 37 zu sanktionieren. In dieser Phase, spätestens 90 Tage vor der Hauptverhandlung, sollen die Parteien gem. F.R.Civ.P. 26 (a) (2) die Sach-

---

1428 F.R.Civ.P. 26 (a) (1) a.E.

1429 F.R.Civ.P. 26 (f): innerhalb von 14 Tagen nach dem Treffen.

1430 F.R.Civ.P. 26 (d).

1431 Vgl. *Reimann*, IPRax 1994, 152.

1432 Vgl. *Murray*, ZZPInt 3, 319, 331 (1998), zitiert die 1996 veröffentlichte Studie der Rand Corporation, An Evaluation of Judicial Case Management under the Civil Justice Reform Act, S. 69; siehe auch zuletzt die Einschätzung von *Trittmann/Leitzen*, IPRax 2003, 7, 10.

1433 *Hickmann v. Taylor*, 329 U.S. 495, 67 S.Ct. 383, 91 L.Ed. 451 (1947).

1434 Die Stärkung des „juidicial case management" war auch ein Anliegen des Civil Justice Reform Act 1990 (28 U.S.C. § 471) zur Verringerung der Kosten und des Zeitaufwandes privater Rechtsstreitgkeiten, vgl. *Murray*, ZZPInt 3, 319, 323 (1998).

1435 Vgl. *Röhm/Koch*, RIW 1995, 465, 467.

1436 Vgl. *Martens*, RIW 1981, 725, 726; speziell zur "subpoena" auch *Schurtmann/Walter*, S. 61.

verständigen und deren Gutachten offenbaren, die im „trail“ aufgeboten werden sollen.

In der *dritten* und letzten Phase muss jede Partei gem. F.R.Civ.P. 26 (a) (3) spätestens 30 Tage vor der Hauptverhandlung, soweit nicht schon geschehen, die sonstigen Zeugen, Urkunden oder Beweismittel benennen, die sie in die Hauptverhandlung einführen will. Ohne diese Nennung kann die Einführung des Beweismittels in den „trail“ gem. F.R.Civ.P. 37 (c) (1) ausgeschlossen sein. Die andere Seite hat danach angemessen Zeit, ihre Einwände gegen die angeführten Beweismittel vorzubringen. Die „final pretrail conference“ nach F.R.Civ.P. 16 (d) schließt diese Phase mit der Planung des „trail“ ab.

## 2. „Discovery“-Maßnahmen

Von einer „discovery“ betroffene deutsche Unternehmen betrachteten die Ausforschung ihrer geschäftlichen bzw. firmeninternen Angelegenheiten im Rahmen der „pretrail discovery“ in der Vergangenheit als handfeste Belästigung; aufgrund der ausufernden Weite sprach man bisweilen auch schlicht von „Werksspionage“.[1437] Nun: Bei Lichte besehen ist der Beklagte „im Interesse der Wahrheit“ gezwungen, seinem Prozessgegner nicht nur die Angriffsmittel für die Klage[1438], sondern auch vertrauliche Geschäftsinformationen an die Hand zu liefern. Eine solche Verfahrensposition ist in der Tat alles andere als günstig.

### *a) Umfang und Reichweite*

Dennoch: Insbesondere mit der Reform der Federal Rules 1993 wollte man den offen zutage getretenen und vielfach bemängelten Missbrauch des Verfahrensrechts Einhalt geboten, das "discovery"-Verfahren straffen und billiger machen.[1439] Diesem Ziel entsprechend sind „discovery“-Maßnahmen seit 1993 regelmäßig erst nach Einreichung des „discovery plan“ möglich. Auch der Umfang wurde teilweise quantitativ beschränkt; weitergehende Beschränkung oder Erweiterungen wurden in das Ermessen des Richters gestellt.

---

[1437] So *Böhmer*, NJW 1990, 3049, 3053; *Juncker*, RIW 1987, 1, 4.

[1438] Das muss er in Deutschland trotz prozessualer Wahrheitspflicht (§ 138 ZPO) gerade nicht. Ausforschungsbeweise sind verboten, vgl. Lorenz, ZZP 111, 35, 42 (Fn. 25) (1998) mit Nachweisen aus der Rechtsprechung des BGH.

[1439] 28 U.S.C.A. Federal Rules of Civil Procedure, Rule 26-37, Advisory Committee Notes, Subdivision (b) (1997): "The information explosion...has greatly increased both the potential cost of wideranging discovery and the potential for discovery to be used as an instrument for delay and oppression."

Sofern keine anderweitige Abmachung (stipulation)[1440] durch die Parteien oder den Richter getroffen wurde, sind über die „initial disclosure“ hinaus nur nch folgende Maßnahmen zur Sachverhaltserforschung vorgesehen (F.R.Civ.P. 26 (a) (5))[1441]: Die auskunftsbegehrende Partei kann an einem Tag innerhalb von 7 Stunden bis zu 10 beeidete Erklärungen (depositions upon oral examination or written questions)[1442], die Beantwortung von maximal 25 schriftlichen, in Fragebögen enthaltenen Fragen (interrogatories)[1443], die Offenlegung und Herausgabe von Urkunden und transportablen Beweisgegenständen sowie den Zutritt zur Ortsbesichtigung (production of documents and things and entry upon land for inspection)[1444], die medizinische Untersuchung einer Partei auf Gerichtsbeschluss (physical and mental examination of persons)[1445] und die Aufforderung zur Ablegung eines Geständnisses (request for admission)[1446] verlangen.

Abgesehen von der fraglichen Durchschlagskraft dieser Reformversuche bestehen immer noch weiterhin ungelöste Problembereiche.[1447] Der quantitative Umfang der „document production“ ist so ein Fall. Noch immer kann der Kläger unbegrenzt die Vorlage von Urkunden (production of documents) fordern. Die Fälle, bei denen davon in der Vergangenheit uferlos Gebrauch gemacht wurde[1448], mögen manchen anekdotenhaft erscheinen.[1449] Dennoch schafft erst diese Möglichkeit den Raum für „oppression and delay“; sie bleibt damit ein Hauptärgernis für den Beklagten. Die jüngste Studie des FJC aus den Jahren 1997/1998 scheint dies wieder zu bestätigt haben.[1450] Die „document production“ ist die Methode, die nach Angabe der befragten Anwälten am meisten benutzt wird (85 Prozent) und von der die meisten Probleme berichtet werden (44 Prozent aller berichteten Fälle).[1451] Ge-

---

1440 F.R.Civ.P. 29.

1441 Ausführlich zu den einzelnen Maßnahmen *Wright/Miller/Marcus*, 8A Federal Practice and Procedure, Civil 2d §§ 2101 ff.

1442 F.R.Civ.P. 28, 30–32. Speziell F.R.Civ.P. 30 (a) (2) (A), (d) (2).

1443 F.R.Civ.P. 33.

1444 F.R.Civ.P. 34.

1445 F.R.Civ.P. 35.

1446 F.R.Civ.P. 36.

1447 Empirische Studie bei *Willging/Stienstra/Shapard/Miletich*, 39 B.C.L.Rev. 525 (1998).

1448 *Zenith Radio Corp. v. Matsushita Electric Industrial Co. Ltd.*, 529 F.Supp. 866, 874 (n.6) (E.D.Pa. 1981); *Martens*, RIW 1981, 725, 726; *Beckmann*, IPRax 1990, 201, 202.

1449 Vgl. *Marcus*, 7 Tulane J.Int'l&Comp.L. 153, 167 f. (1999); *Willging/Stienstra/Shapard/Miletich*, 39 B.C.L.Rev. 525, 540 (1998); *Mullenix*, 46 Stan.L.Rev. 1393 (1994).

1450 Die Befürworter lessen die Statistik natürlich auf ihre Weise und spielen den Reformbedarf herunter; vgl. an prominenter Stelle *Marcus*, 7 Tulane J.Int'l&Comp.L. 153, 166 f. (1999).

1451 Vgl. *Willging/Stienstra/Shapard/Miletich*, 39 B.C.L.Rev. 525, 540 (1998).

rade die Beklagtenanwälte in großen und komplexen Streitigkeiten berichteten über Probleme mit vagen oder exzessiven Beweisersuchen.[1452]

Gleiches gilt für den seit jeher besonders aus dem Ausland kritisierten[1453] Umfang der „discovery" (F.R.Civ.P. 26 (b) (1)). Im „pretrail" darf alles ermittelt werden, was einerseits irgendwie für die Klage relevant sein kann und andererseits nicht ausdrücklich ausgenommen ist.[1454] Die Änderung im Wortlaut[1455] von F.R.Civ.P. 26 (b) (1) mit den „2000 Amendments" dürfte zu keiner nennenswerten inhaltlichen Änderung des extrem breiten Ansatzes geführt haben.[1456] Im Übrigen kann das Gericht bei Vortrag eines plausiblen Grundes eine „discovery" nach dem bisher geltenden Umfang anordnen. Bisher spielte es, anders als in England oder Kanada, die ebenfalls eine „discovery" kennen[1457], nach der Rechtsprechung des US Supreme Court keine Rolle, ob die angeforderten Informationen später (im „trail") tatsächlich dem Beweis zugänglich waren.[1458] Es genügte, wenn die „discovery" vernünftigerweise geeignet erschien, zu verwertbaren Informationen zu führen.[1459] Diese Rechtsprechung ist nun ausdrücklich geregelt (F.R.Civ.P. 26 (b) (1)). Im Er-

---

1452 *Dies.*, a.a.O. Die hat zur einer Gegenstrategie geführt, die als „dump truck" bezeichnet wird. Danach werden vage und exzessive Beweisersuchen ebenso beantwortet: Mit Wagenladungen voll Dokumenten, aus denen sich der Kläger die relevanten heraussuchen kann.

1453 Der hierdurch mögliche Ausforschungsbeweis - zur deutschen Rechtslage umfassend *Chudoba*, S. 21 ff.; *Lorenz*, ZZP 111, 35, 62 f. (1998), mit speziell rechtsvergleichender Darstellung - soll nach einer Ansicht im deutschen Schrifttum der deutscher Rechtshilfe nicht zugänglich sein, vgl. *von Hülsen*, RIW 1982, 537, 546; *Schütze*, WM 1986, 633, 635; differenzierend *Schlosser*, ZZP 94, 369, 382 f. (1981); a.A. *Martens*, RIW 1981, 725, 729; *Stürner*, ZVglRWiss 81, 159, 200 (1982); *Paulus*, ZZP 104, 397, 409 ff. (1991); *Lorenz*, ZZP 111, 35, 62 f. (1998).

1454 *Schoffstall v. Henderson*, 223 F.3d 818 (8th Cir. 2000).

1455 F.R.Civ.P. 26 (b) (1) n.F.: „any matter, not privileged, that is relevant to the claim or defense of any party". Im Vergleich dazu F.R.Civ.P. 26 (b) (1) a.F.: „any matter, not privileged, which is relevant to the subject matter involved in the pending action".

1456 Vgl. *Baicker-McKee/Janssen/Corr*, Rule 26, S. 514, mit Hinweis auf die vagen Andeutungen des Advisory Committee selbst: Nach diesen sollte der Umfang der „discovery" zwar stärker als bisher an den Vortrag in der Klageschrift geknüpft werden; das Advisory Committee sah sich aber nicht in der Lage, den Unterschied zum alten Ansatz klar herauszuarbeiten. Siehe auch *Trittmann/Leitzen*, IPRax 2003, 7, 10 f., anders die Einschätzung von *Haydock/Herr/Stempel*, S. 211 (§ 5.4).

1457 *Stiefel*, RIW 1979, 509, 510 f., m.w.N.; *von Hülsen*, RIW 1982, 537, 540 ff.

1458 *Seattle Times Co. v. Rhinehart*, 467 U.S. 20, 34, 104 S.Ct. 2199, 81 L.Ed.2d 17 (1984).

1459 *Oil, Chemical & Atomic Workers Local Union v. N.L.R.B.*, 711 F.2d 348 (D.C.Cir. 1983); *Kidweiler v. Progressive Paloverde Ins. Co.*, 192 F.R.D. 193 (N.D.W.Va. 2000). Diese Reichweite wurde als Ausforschungsbeweis im internationalen Rechtshilfeverkehr schon seit jeher stark kritisiert, vgl. *Stiefel*, RIW 1979, 509, 510; *von Hülsen*, RIW 1982, 537, 546. Rechtsvergleichende Betrachtung aus US-amerikanischer Sicht bei *Marcus*, 7 Tulane J.Int'l&Comp.L. 153 (1999).

gebnis lässt demnach das „Relevanz"-Kriterium mangels Handhabbarkeit der Neuregelung keine Begrenzung der „discovery" erwarten.

Damit kommt es auf die Ausnahmeregelungen an. Neben die für die „disclosure" ausgenommenen[1460] Bereiche treten im Rahmen der „discovery" die Beweismaterialien, die einem Weigerungsrecht (privilege)[1461] unterliegen oder der Prozessvorbereitung (trail preparation materials)[1462] dienen und der anderen Partei angezeigt werden müssen (F.R.Civ.P. 26 (b) (5)). Als Weigerungsrecht kommen vor allem das „attorney-client"[1463], und das „privilege against self-incrimination"[1464] in Betracht. Ein absolutes Weigerungsrecht für Geschäftsgeheimnisse (trade secrets) existiert nach der Rechtsprechung des US Supreme Court hingegen nicht[1465]; „trade secrets" können im Einzelfall lediglich Schutzanordnungen des Gerichtes rechtfertigen.[1466] An die Gewährung von Vertraulichkeitsschutz für Geschäftsgeheimnisse werden hingegen hohe Anforderungen gestellt.[1467]

---

1460 F.R.Civ.P. 26 (a) (1) (E) (i) – (viii).

1461 Knapper Überblick bei *Baicker-McKee/Janssen/Corr*, Rule 26, S. 527 f.; im deutschen Schrifttum bei *Schurtmann/Walter*, S. 58 ff. Zur Frage des anwendbaren Rechts, *Baicker-McKee/Janssen/Corr*, Rule 26, S. 525: Bei streitentscheidenden Normen bundesrechtlichen Ursprungs gilt wegen Rule 501 der Federal Rules of Evidence „federal common law". Im deutschen Schrifttum *Juncker*, Discovery, S. 125 f.

1462 F.R.Civ.P. 26 (b) (3), (4). Zur Grundlage der „work product rule" in der Entscheidung *Hickmann v. Taylor*, 329 U.S. 495, 507, 67 S.Ct. 383, 91 L.Ed. 451 (1947) siehe *Wright/Miller/Marcus*, 8 Federal Practice and Procedure, Civil 2d § 2021; *Baicker-McKee/Janssen/Corr*, Rule 26, S. 529 ff., und *Juncker*, Discovery, S. 131 ff.

1463 Das Weigerungsrecht schützt den Mandanten, der auch eine juristische Person sein kann, *Upjohn v. U.S.*, 449 U.S. 383, 101 S.Ct. 677, 66 L.Ed.2d 584 (1981). Damit kann entsprechend der Interessenlage im Einzelfall auch die Kommunikation zwischen Syndikus (in-house attorney) und seinem beklagten Unternehmen umfasst sein, wenn die Beratung rechtlicher Natur (performing services of legal nature) war. Aus der Instanzrechtsprechung *North American Mortgage Investors v. First Wisconsin National Bank of Milwaukee*, 69 F.R.D. 9 (D.Wisc. 1979); *American Optical Corp. v. Medtronic*, 56 F.R.D. 426 (D.Mass. 1972); aus dem Schrifttum *Wright/Miller/Marcus*, 8 Federal Practice and Procedure, Civil 2d § 2017 (Fn. 11, 12); *Baicker-McKee/Janssen/Corr*, Rule 26, S. 527; *Miller/Tostevin*, in: Burke/Goldblatt, The Corporate Litigator, S. 387 ff.; *Juncker*, Discovery, S. 129; *Schwung*, AnwBl. 1993, 436, 441 f.

1464 U.S. Const. amend. V., dazu unten III. Kapitel: §7B.II.2.b).

1465 *Seattle Times Co. v. Rhinehart*, 467 U.S. 20, 104 S.Ct. 2199, 81 L.Ed.2d 17 (1984).

1466 F.R.Civ.P. 26 (c) (7): „Confidential Information".

1467 *Drexel Heritage Furnishings, Inc. v. Furniture USA, Inc.*, 200 F.R.D. 255 (M.D.N.C. 2001): Unterscheidung nach "trade secrets" and „other confidential research and commercial information". Siehe auch *Wright/Miller/Marcus*, 8 Federal Practice and Procedure, Civil 2d § 2043, und im deutschen Schrifttum umfassend *Stadler*, Unternehmensgeheimnis, S. 128 ff.; *Schwung*, AnwBl. 1993, 436, 440.

So bleibt es schließlich dem Richter von Amts wegen oder auf Antrag vorbehalten, weitere Einschränkungen zu treffen (F.R.Civ.P. 26 (b) (2)).[1468] Das soll insbesondere der Fall sein, wenn es einfachere und billigere Methoden gibt, oder die verlangte Methode gemessen am Nutzen schlicht unverhältnismäßig teuer oder lästig ist. Sieht der Beklagte einen solchen Fall für gegeben, so muss er versuchen, entsprechende Schutzmaßnahmen (protective orders) zu erwirken. Sein Antrag unterliegt den Anforderungen von F.R.Civ.P. 26 (c).[1469] Die Erfolgsaussichten wurden in der Vergangenheit angesichts der restriktiven Praxis als eher gering eingeschätzt.[1470] Die Instanzgerichte haben sich wegen des historisch gewachsenen Verständnisses nicht sonderlich bereitwillig gezeigt, den Parteien bei der Sachverhaltsermittlung in die Parade zu fahren, und vermeiden im Übrigen auch heute gerne starre Regelungen.[1471]

Ein weiteres, noch offenes Problem ist die internationale Reichweite der „discovery". Betroffen sind die Fälle, in denen die Beweise aus dem Ausland beschafft werden müssen. „Depositions" können unter Umgehung des Haager Beweisaufnahmeübereinkommens 1970 (HBÜ) auch von im Ausland befindlichen Parteien verlangt werden, soweit die Parteien der US-amerikanischen Gerichtsgewalt unterworfen sind. Der Hinweis in F.R.Civ.P. 28 (b) auf das HBÜ wird wohl an der bisherigen Position der US-Gerichte nichts ändern.[1472] Diese Einschränkung der Anwendbarkeit des HBÜ folgt aus der Entscheidung des US Supreme Court in *Société Nationale Industrielle Aérospatiale v. District Court for the Southern District of Iowa.*[1473] Nach dieser gelten die innerstaatlichen „discovery"- und nicht allein die staatsvertraglichen Rechtshilfe-Regelungen, wenn die im Ausland befindliche Beweisperson der „jurisdiction" des US-amerikanischen Gerichtes unterliegt. Gleiches gilt, wenn Beweismittel im Ausland belegen sind, sich aber unter Kontrolle der Partei befinden und in die USA transportiert werden können.[1474] Der US Supreme Court hatte in seinem Mehrheitsvotum entschieden, dass das HBÜ kein zwingendes Verfahren enthalte, um Beweismittel aus dem Ausland beizuziehen. Entscheidend sei der Ort der Beweisaufnahme: Nur wenn dieser im Ausland liege, gelte das HBÜ.[1475] Das

---

1468 Darauf weist F.R.Civ.P. 26 (b) (1), S. 4, seit 2000 ausdrücklich hin.

1469 Dazu unten III. Kapitel: §7B.III.

1470 Vgl. *Stiefel*, RIW 1979, 509; *von Hülsen*, RIW 1982, 225, 226; *Schütze*, WM 1986, 633, 634.

1471 Vgl. *Stadler*, Unternehmensgeheimnis, S. 129; *Juncker*, Discovery, S. 137, 142.

1472 Vgl. *Trittmann/Leitzen*, IPRax 2003, 7, 8 ff.

1473 *Société Nationale Industrielle Aérospatiale v. District Court for the Southern District of Iowa* 482 U.S. 522, 107 S.Ct. 2542, 96 L.Ed.2d 461 (1987). Dazu die Anmerkung von *Stürner*, JZ 1987, 988; *Juncker*, JZ 1989, 121, 126.

1474 Vgl. *Juncker*, RIW 1987, 1, 7, zitiert *Onkelinx*, 64 Nw.U.L.Rev. 487, 504 n.74 (1970): „the test is control, not location".

1475 Treffende Formulierung bei *Juncker*, JZ 1989, 121, 126.

befasste Gericht müsse auch nicht der internationalen „comity“ wegen unter allen Umständen zuerst einen Rechtshilfeversuch unternehmen (first attempt approach), sondern vielmehr in jedem Einzelfall eine eigenständige Abwägung treffen; dabei soll das Gericht den Schutz ausländischer Parteien vor der Gefahr unnötiger und unangemessen belastender Maßnahmen in seine Abwägungsentscheidung einbeziehen.[1476]

Die Parallele in der Rechtsprechung zum Anwendungsbereich des HZÜ ist unverkennbar. Ferner gilt *Aerospatiale* nach wie vor.[1477] Dem Gericht müsste also im Sinne von *Aerospatiale* die Gerichtsgewalt über die Partei fehlen, um zur Anwendung des HBÜ zu gelangen. Damit läuft der Hinweis praktisch leer, was enorme, nicht zu unterschätzende Konsequenzen auch in Fällen wie dem vorliegenden hat: Ist die deutsche Mutter erst einmal vor ein US-amerikanisches Gericht gebracht, wird es nicht einfach werden, insbesondere ausufernde „discovery“-Methoden abzuwehren.[1478] Denn die Gegenwehr wird sich nach US-amerikanischem und nicht nach staatsvertraglichem Recht bemessen.[1479] Der neu aufgenommene Hinweis in F.R.Civ.P. 28 (b) wird damit lediglich bei der Vernehmung von solchen im Ausland befindlichen Zeugen relevant werden, die nicht der Gerichtsgewalt unterworfen sind und nicht durch „subpoena“ vorgeladen werden können.[1480]

### *b) Besonderheiten im Kontext des Antidumping Act 1916*

Die Rechtsfolgenseite des Antidumping Act 1916 (strafbewehrte Verbotsnorm/zivilrechtliche Anspruchsgrundlage) führt zu einigen Besonderheiten, insbesondere im Hinblick auf das „privilege against self-incrimination“ (U.S. Const. amend. V.).

---

1476 Zu den drei Faktoren zuletzt wieder *Trittmann/Leitzen*, IPRax 2003, 7, 8.

1477 *Reimann*, IPRax 1994, 152, 154, zitiert Advisory Committee Notes, S. G 185; *Rempp/Lienemeyer*, ZVglRWiss 1995, 383, 397, meinen hingegen, der Verzicht auf eine Kodifizierung dieser Gerichtspraxis lege den Schluss nahe, der Gesetzgeber wollte das HBÜ nicht kategorisch außer Acht gelassen wissen.

1478 Hier nützt auch wenig, wenn darauf hingewiesen wird, dass US-amerikanische Parteien vor US-Gerichten in gleicher Weise von der „discovery“ betroffen sind und dass deutsche Parteien ihrerseits die „discovery“ in deutschen Prozessen gem. 28 U.S.C. § 1782 verwenden können, so *McDonald/Wetzler*, RIW 2000, 212; zur Möglichkeit gem. 28 U.S.C. § 1782 auch *Roggenbuck*, IPRax 1997, 76. Der Hinweis auf eine fehlende ausdrückliche Ausländerdiskriminierung bewirkt keine geänderte Bewertung der Einlassungslast für deutsche Beklagte vor US-amerikanischen Gerichten.

1479 Zu den Unterschieden *Juncker*, in: Heldrich/Kono, S. 109 ff.

1480 So *Reimann*, IPRax 1994, 152, 154.

In einem Strafverfahren ist jedermann davor geschützt, gegen sich selbst Zeugnis abzulegen.[1481] Das „privilege" gilt nach allgemeiner Ansicht über den Wortlaut hinaus auch in einem Zivilverfahren und hier speziell für einzelne „discovery"-Maßnahmen im „pretrail"[1482], wenn sich jemand mit einer Aussage der strafrechtlichen Verurteilung aussetzen würde.[1483] Nach der ständigen Rechtsprechung des US Supreme Court können sich allerdings Gesellschaften (corporations) im Gegensatz zu ihren Angestellten nicht auf das „privilege" berufen.[1484] Vielmehr muss bei einem an die Gesellschaft gerichteten Beweisersuchen eine Person benannt werden, die im Namen der Gesellschaft so viele Informationen wie möglich preisgeben kann.[1485] Ist dazu (momentan) niemand in der Lage, dann soll nach der Rechtsprechung des US Supreme Court eine Schutzanordnung erlassen und die „discovery" bis zur Beendigung des Strafverfahrens aufgeschoben werden.[1486] Aufzeichnungen der beklagten Gesellschaft unterliegen nicht dem „privilege" und sollen deshalb herauszugeben sein, egal in wessen Besitz sie sich befinden.[1487]

Mit Blick auf die Rechtsprechung der US-Bundesgerichte allgemein besteht einige Unsicherheit, was eine Berufung auf das Weigerungsrecht im Kontext des Antidumping Act 1916 angeht.[1488] Das spezielle Fallrecht ist in dieser Frage wenig ergiebig. Als eine der ersten berichteten Entscheidungen überhaupt befasste sich die

---

1481 *De Vita v. Sills*, 422 F.2d 1172 (3rd Cir. 1970).

1482 *In re Folding Carton Antitrust Litigation*, 609 F.2d 867 (7th Cir. 1979). Siehe auch *Wright/Miller/Marcus*, 8 Federal Practice and Procedure, Civil 2d § 2018.

1483 *Maness v. Meyers*, 419 U.S. 449, 464, 95 S.Ct. 584, 42 L.Ed.2d 574 (1975): "It applies alike to criminal and civil proceedings, wherever the answer might tend to subject to criminal responsibility him who gives it."

1484 *Wilson v. U.S.*, 221 U.S. 361, 31 S.Ct. 538, 55 L.Ed. 771 (1911); *U.S. v. Kordel*, 397 U.S. 1, 90 S.Ct. 763, 25 L.Ed.2d 1 (1970). Siehe auch *In re Folding Carton Antitrust Litigation*, 609 F.2d 867 (7th Cir. 1979). Aus dem deutschen Schrifttum *Stürner*, ZVglRWiss 1981, 159, 166; *Stiefel*, RIW 1979, 509, 511; *Stadler*, Unternehmengeheimnis, S. 140; *Juncker*, Discovery, S. 127. Vgl. zur Rechtslage im europäischen Verfassungsverbund (deutsche/EG-Grundrechte/EMRK) *Hilf/Hörmann*, NJW 2003, 1, 5, 6 f., 8 f.

1485 *General Dynamics Corp. v. Selb Manufacturing Co.*, 481 F.2d 1204 (8th Cir. 1973), cert. denied, 414 U.S. 1162, 94 S.Ct. 926, 39 L.Ed.2d 116 (1974). F.R.Civ.P. 33 (a) sieht bspw. die Beantortung von „interrogatories" durch einen Vertreter im Namen der Gesellschaft vor.

1486 *U.S. v. Kordel*, 397 U.S. 1, 8, 90 S.Ct. 763, 25 L.Ed.2d 1 (1970).

1487 *Grant v. U.S.*, 227 U.S. 74, 33 S.Ct. 190, 57 L.Ed. 423 (1912). Das soll sogar dann gelten, wenn die Gesellschaft sich im alleinigen Besitz einer Person befindet, *Wild v. Brewer*, 329 F.2d 924 (9th Cir. 1964), cert. denied, 379 U.S. 914, 85 S.Ct. 262, 13 L.Ed.2d 185 (1964). *Wright/Miller/Marcus*, 8 Federal Practice and Procedure, Civil 2d § 2018 (Fn. 23) bezeichnen die Rechtsprechung allgemein als verwirrend und ungeklärt.

1488 Vgl. *Wright/Miller/Marcus*, 8 Federal Practice and Procedure, Civil 2d § 2018, insbesondere zu dem komplexen Problem des Prozessverhaltens und einem Verzicht auf das verfassungsrechtliche „privilege".

Entscheidung des Court of Appeals (2nd Cir.) in *H. Wagner & Adler Co. v. Mali*[1489] mit dem Problem. Die Kläger hatten im entschiedenen Fall behauptet, die Beklagten (natürliche Personen) hätten gegen den Wilson Tariff Act 1894 und den Antidumping Act 1916 verstoßen, indem sie Waren zu einem geringeren als dem fairen Marktwert in die USA importiert hätten; zudem hätten sie den Zoll hinsichtlich des Wertes der Waren getäuscht. Das Erstgericht ordnete daraufhin die Beantwortung aller schriftlichen Beweisfragen der Kläger (interrogatories) einschließlich hinsichtlich des Wertes der importierten Waren an und wies den Antrag der Beklagten zurück. Der Court of Appeals (2nd Cir.) hob die Anordnung wieder auf, weil die verlangten Informationen die Beklagten selbst belasten („the evidence called for may tend to incriminate the defendants") und damit einer strafrechtlichen Verurteilung aussetzen könnten („subject him to penalty").[1490] Damit würde eine „discovery" die verfassungsmäßigen Rechte verletzen, solange eine strafrechtliche Verfolgung nicht schon wegen Verjährung unmöglich wäre.[1491] Der Fall wurde aber nicht durchentschieden, sondern an den District Court zurückverwiesen.

Die 1979 ergangene Entscheidung in *Superior Coal Co. v. Ruhrkohle AG*[1492] befasste sich mit einer „jurisdictional discovery", brachte aber im Hinblick auf die Anwendung des „privilege against self-incrimination" keine neuen Erkenntnisse.

## III. Verteidigungsmöglichkeiten des Beklagten

Abgesehen von der vagen Chance auf schnelle vergleichsweise Regelungen stehen die Aussichten auf eine effektive Verteidigung für den Beklagten im „pretrail" nicht sonderlich gut. Neben den schon genannten, wenig erfolgversprechenden Anträgen auf Klagezurückweisung bzw. Klageabweisung kann der Beklagte auch versuchen, eine ausufernde und belästigende „discovery" mittels gerichtlicher Schutzanordnungen ganz oder teilweise zu verhindern.

### 1. Konsensuale Regelung des Verfahrens

In der Phase der „disclosure" hat der Beklagte schon während des „discovery meetings" eine Chance, den „discovery plan" mit dem Kläger zu vereinbaren (F.R.Civ.P. 26 (f)) und so Einfluss auf das weitere Verfahren zu nehmen.[1493] Der

---

1489 *H. Wagner & Adler Co. v. Mali*, 74 F.2d 666 (2nd Cir. 1935).

1490 74 F.2d 666, 669 f. (2nd Cir. 1935).

1491 74 F.2d 666, 670 (2nd Cir. 1935).

1492 *Superior Coal Co. v. Ruhrkohle AG*, 83 F.R.D. 414 (E.D. Pa. 1975).

1493 Wahrscheinlich nur dann, wenn Beweismittel für den Kläger aufwendig (im Wege der internationalen Rechtshilfe nach dem HBÜ 1970) aus dem Ausland zu beschaffen wären, dürfte sich die Position des Beklagten verbessern. Gleiches gilt für nach US-Recht „privilegierte" Informationen. Insoweit muss der Beklagte mit seinem Anwalt eine gute Vorbereitung an den Tag

Plan soll die Zeit, Art und Weise der „disclosure" und der „discovery" enthalten; auch Abweichungen von den vorgesehenen Grenzen der „discovery" und Anträge an das Gericht für ein abweichendes „case management" sollen vermerkt werden.[1494] Weitere Möglichkeiten ergeben sich in den nachfolgenden „discovery conferences"; F.R.Civ.P. 29 erlaubt den Parteien in gewissem Umfang, die „discovery" nach ihren Vorstellungen zu modifizieren.[1495]

Handelt der Kläger gleichwohl nicht kooperativ und damit nicht in „good faith", so besteht für den Beklagten die Möglichkeit, ein solches rechtswidriges Verhalten vom Gericht sanktionieren zu lassen (F.R.Civ.P. 37 (g)). Mithin dürfte ein obstruktives Verhalten des Klägers einen weiteren Rechtsstreit („satellite litigation") über die Frage des „good faith" auslösen. Die Effektivität derartiger Regelungen ist zweifelhaft.

## 2. Antrag auf gerichtliche Schutzanordnungen (Protective Orders)

In der Phase der „discovery" kann der Beklagte im Wesentlichen nur auf die Strategie des Klägers reagieren, indem er ausufernde und missbräuchliche Ausforschungsmaßnahmen des Klägers zurückweist[1496] oder durch Anträge auf gerichtliche Schutzanordnungen (protective orders) zu unterbinden versucht (F.R.Civ.P. 26 (c)).[1497]

Zuständig für einen Antrag auf Schutzanordnung ist das Gericht, bei dem der Rechtsstreit anhängig ist, oder alternativ das Gericht an dem Ort/Gerichtsbezirk,

---

legen, um möglichst viele derartige Punkte vorab aufzuspüren und in die Verhandlung mit einfließen zu lassen.

1494 Vgl. *Haydock/Herr/Stempel*, S. 257 f. (§ 5.11.2) mit Muster; *Baicker-McKee/Janssen/Corr*, Rule 26, S. 545. Die „initial disclosure" soll der Umfrage der FJC zufolge, soweit angewendet, die beabsichtigten Zwecke im Wesentlichen erfüllt haben. Allerdings berichteten auch 37 Prozent der befragten Anwälte Probleme, dazu *Willging/Stienstra/Shapard/Miletich*, 39 B.C.L.Rev. 525, 533 ff. (1998).

1495 Vgl. *Haydock/Herr/Stempel*, S. 255 f. (§ 5.11). Zu Vorschlägen, wie die Anwaltskosten des Klägers reduziert werden können, *Saparoff*, in: Burke/Goldblatt, The Corporate Litigator, S. 212 ff.: Dazu zählen u.a. Vorschläge, die Zeitabrechnungen nach Maßnahmen regelmäßig durch das Gericht überwachen oder die Anzahl der abrechenbaren Stunden frühzeitig festsetzen zu lassen.

1496 Eine Obstruktionstaktik ist aber gefährlich, weil sie Sanktionen nach F.R.Civ.P. 37 (c), (d) nach sich ziehen kann. Vgl. den „leading case" *Affanato v. Merill Bros.*, 547 F.2d 138 (1st Cir. 1977), bei dem als Sanktion für ein anwaltliches Fehlverhalten ein „default judgment" über $ 142.500 verhängt wurde.

1497 Vgl. zu Einzelheiten *Wright/Miller/Marcus*, 8 Federal Practice and Procedure, Civil 2d §§ 2035 ff.; *Baicker-McKee/Janssen/Corr*, Rule 26, S. 536 ff. Zu taktischen Fragen auch *Schwung*, AnwBl. 1993, 436, 441. So ist es sinnvoll, daneben eine eigene Strategie im Hinblick auf die klägerischen Beweismittel und deren Wirksamkeit (Glaubwürdigkeit) in einem möglichen „trail" aufzubauen.

an dem eine beeidete Aussage erfolgen soll. Die Schutz begehrende Partei muss ihren Antrag zusammen mit einer Bestätigung einreichen, dass ein in gutem Glauben vorgenommener Einigungsversuch fehlgeschlagen ist[1498], und einen plausiblen Grund (good cause) für ihr Begehren darlegen[1499].

Der zuständige Richter hat seine Entscheidung, ob und wie eine Schutzanordnung ergehen soll, an den schutzwürdigen Interessen der Parteien[1500] nach eigenem verständigen Ermessen[1501] auszurichten. Letztlich soll eine gerechte Anordnung ergehen, um eine Partei oder Person vor Belästigung (annoyance), Peinlichkeit (embarrassment), Unterdrückung (oppression) oder ungebührlicher Härte oder Kosten (undue burden or expense) zu schützen. Mit welchen Mitteln der Richter dieses Ziel erreicht, steht ihm frei. Die Federal Rules geben ihm insoweit einige mögliche Anordnungsregelungen vor, die bis zur vollständigen Untersagung der „discovery" reichen (F.R.Civ.P. 26 (c) (1)-(8)). Zumindest derartig weitreichende Anordnungen sind, wie nicht anders zu erwarten, selten.[1502]

## C. Ausufernde Verfahrenskosten (Costs and Fees)

Die Kosten sind einer der ausschlaggebenden Faktoren in einem Zivilprozess. Jede wirtschaftlich vernünftig denkende Partei wird deshalb das Kostenrisiko in ihre prozesstaktischen Erwägungen miteinbeziehen. Denn es nützt wenig, zu versuchen, unter allen Umständen in der Sache zu obsiegen, wenn hierdurch so hohe Kosten entstehen, dass der Sieg damit zum „Pyrrhussieg" gerät.

In diesem Dilemma befinden sich zumeist Beklagte in US-Zivilprozessen. Selbst wenn der Kläger seinen Fall nicht einmal bis zum „trail" durchbringen kann, so kann er jedoch im „pretrail" beim Beklagten so hohe Kosten verursachen, dass ihn seine Niederlage wenig, den Beklagten aber selbst ein Sieg noch erheblich schmerzen wird. Die These, nach der das Kostenrisiko im US-amerikanischen Zivilprozess auf eine wenig „angemessene und auf vernünftige Art und Weise verteilt"[1503] sei, scheint gemeinhin anerkannt zu sein. Demnach macht es auch einen der entscheidenden Faktoren bei der Bestimmung der Einlassungslast des Beklag-

---

1498 *Scherer v. G.E. Capital Corp.*, 185 F.R.D. 351 (D.Kan. 1999).

1499 *Gulf Oil Co. v. Bernard*, 452 U.S. 89, 101 S.Ct. 2193, 68 L.Ed.2d 693 (1981).

1500 *In re Wilson*, 149 F.3d 249 (4th Cir. 1998).

1501 *Food Lion, Inc. v. United Food and Commercial Workers International Union*, 103 F.3d 1007 (D.C. Cir. 1997).

1502 *Simmons Foods, Inc. v. Willis*, 191 F.R.D. 625 (D.Kan 2000): „[C]ourts rarely grant a protective order which totally prohibits a deposition". Siehe auch die Einschätzung von *Baicker-McKee/Janssen/Corr*, Rule 26, S. 538.

1503 So auch die Einschätzung von *Langbein*, The German Advantage in Civil Procedure, 52 U.Chi.L.Rev. 823 (1985), zitiert nach *Juncker*, in: Heldrich/Kono, S. 106.

ten aus.[1504] Der Grund liegt in den Regeln zur Kostenerstattung (recovery of costs and fees).

## I. Gerichtskosten

Die Gerichtskosten sind erstattungsfähig. Sie sind allerdings so gering, dass sie sich insbesondere in großen Verfahren selten kostentreibend auswirken. Bei Bundesgerichten fällt bspw. bei Klageeinreichung unabhängig vom Streitwert eine Gebühr von $ 150,00 an.[1505] Nach F.R.Civ.P. 54 (d) (1) kann das Gericht zudem nach seinem Ermessen alle Kosten des Rechtsstreites der obsiegenden Partei zusprechen, soweit in einem Bundesgesetz oder in den Federal Rules nicht anderes bestimmt ist. Diese Befugnis der Bundesgerichte ist schon seit langem anerkannt.[1506] Zu den festsetzbaren Kosten eines Rechtsstreites (taxable costs) zählen die in 28 U.S.C. § 1920 genannten Kosten. Die Anwaltskosten sind nach dem ausdrücklichen Wortlaut von F.R.Civ.P. 54 (d) (1) jedoch ausgenommen.[1507] Die Regelung kodifiziert damit die seit jeher geltende Rechtslage, nach der die Anwaltskosten nicht zu den „taxable costs" zählen.[1508]

## II. Anwaltskosten

Die Federal Rules enthalten keine Bestimmung, nach der die Anwaltskosten im Fall des Obsiegens der Gegenpartei auferlegt werden können. Auch die 1993 eingeführte F.R.Civ.P. 54 (d) (2) erlaubt dem Gericht nicht, eine Regelung zur Erstattung der Anwaltskosten zu treffen, sondern setzt einen Erstattungsanspruch voraus und regelt, mit Ausnahme der Erstattung von Anwaltskosten als Schadenposition oder als Sanktion[1509], lediglich die (verfahrensmäßige) Geltendmachung.

### 1. Grundsatz („American Rule")

In den USA zählen die Anwaltskosten nach traditioneller Rechtsauffassung und Rechtspraxis nicht zu den Kosten des Rechtsstreites; sie sind vielmehr von jedem

---

[1504] Eine anschauliche Simulation eines US-amerikanischen und deutschen Zivilverfahrens auf identischer Tatsachen- und Sachrechtsgrundlage mit Analyse insbesondere des Zeit- und Kostenaufwandes bietet *Murray*, ZZPInt 4, 291 ff. (1999).

[1505] 28 U.S.C. § 1914 (a) (1999).

[1506] *Sprague v. Titonic National Bank*, 307 U.S. 161, 59 S.Ct. 777, 83 L.Ed. 1184.

[1507] F.R.Civ.P. 54 (d) (1): „costs other than attorneys' fees".

[1508] *Day v. Woodworth*, 13 How. (54 U.S.) 363, 14 L.Ed. 181 (1851).

[1509] F.R.Civ.P. 54 (d) (2) (A): „as an element of damages", F.R.Civ.P. 54 (d) (2) (E): „as sanctions for violations".

Mandanten gegenüber seinem Anwalt selbst zu tragen.[1510] Nach dieser sog. „American Rule“ gibt es grundsätzlich keinen Anspruch auf Erstattung der Anwaltskosten.[1511] Die obsiegende Partei kann demnach weder prozessual im Falle des Obsiegens noch materiell die Anwaltskosten als Position eines Schadensersatzanspruches[1512] geltend machen. Die Gerichte sind nach dem „leading case“ des US Supreme Court in *Alyeska Pipeline Service Co. v. Wilderness Soc.*[1513] grundsätzlich auch nicht berechtigt, ohne gesetzliche Grundlage eine allgemeine Kostentragungspflicht der unterlegenen Partei anzuordnen. Grundsätzlich basiert die „American Rule“ auf dem „egalitären“ Ansatz, ein potentieller und insbesondere ein minder bemittelter Anspruchsinhaber solle nicht durch die Kosten von der gerichtlichen Durchsetzung seines Rechtes abgeschreckt werden; die Effektivität der Abschreckung der „loser pays all“-Regel gegenüber haltlosen Klagen wird mit dem Hinweis auf finanziell besser stehende Kläger abgetan.[1514]

Die „American Rule“ begünstigt damit die Einreichung haltloser Klagen.[1515] Der Kläger hat, wenn überhaupt, nur ein geringes Kostenrisiko, wenn er derartige Klagen bei Gericht einreicht. Entscheidend für die Höhe des Risikos ist, von der entfernten Möglichkeit von gerichtlichen Sanktionen einmal abgesehen, die Honorarvereinbarung mit seinem Anwalt. Grundsätzlich gibt es für diese zwar keine feste Gebührenstruktur. In der Regel wird das vom Kläger zu zahlende Anwaltshonorar aber erfolgsabhängig vereinbart (contingent fee).[1516] In einfacheren Fällen wird der

---

1510 35B C.J.S. Federal Civil Procedure § 1283 (1960/Cumulative Annual Pocket Part 2001); *Wright/Miller/Kane*, 10 Federal Practice and Procedure, Civil 3d § 2675.

1511 *Alyeska Pipeline Service Co. v. Wilderness Soc.*, 421 U.S. 240, 95 S.Ct. 1612, 44 L.Ed.2d 141 (1975). Vgl. Auch *Wright/Miller/Kane*, 10 Federal Practice and Procedure, Civil 3d §§ 2675 (Fn. 14, 15), mit Nachweis der ältesten anerkannten Ausnahmefälle des US Supreme Court ("common fund doctrine") in *Trustees of the Internal Impovement Fund of Florida v. Greenough*, 15 Otto (105 U.S.) 527, 26 L.Ed. 1157 (1881); *Central Railroad & Banking Co. of Georgia v. Pettus*, 113 U.S. 116, 5 S.Ct. 387, 28 L.Ed. 915 (1885). Im deutschen Schrifttum grundlegend *Hommelsheim*, S. 4 ff.; *Jestaedt*, RIW 1986, 95.

1512 25 C.J.S. Damages § 50 (a) (1960/Cumulative Annual Pocket Part 2001).

1513 *Alyeska Pipeline Service Co. v. Wilderness Soc.*, 421 U.S. 240, 95 S.Ct. 1612, 44 L.Ed.2d 141 (1975): Im Fall obsiegten Umweltverbände im Rechtsstreit um den Bau einer Pipeline durch Alaska und verlangten im Anschluss, gestützt auf die „private attorney general doctrine“ Kostenerstattung. Der US Supreme Court lehnte dieses durch „public policy“-Erwägungen gerechtfertigte Ansinnen mit Blick auf die ausdrücklichen gesetzlichen Regelungen ab. In richterlicher Zurückhaltung überließ er es dem Gesetzgeber, eine entsprechende Regelung zu treffen. Die Bedeutung der Entscheidung reicht über den entschiedenen Fall hinaus.

1514 Vgl. *Wright/Miller/Kane*, 10 Federal Practice and Procedure, Civil 3d § 2665.

1515 Allgemein zur Begünstigung des Klägers durch die „American Rule“ *Merkt*, S. 70; *Hirte*, NJW 2002, 345.

1516 Vgl. *Schurtman/Walter*, S. 33; *Koch/Zekoll*, RIW 1985, 837, 838; *Heidenberger*, RIW 1997, 466, 467.

Anwalt in standesrechtlich erlaubter Weise an der erstrittenen Urteilssumme ausschließlich prozentual beteiligt (*quota litis*).[1517] Gewinnt der Kläger, zahlt er nichts. Verliert er den Prozess, so zahlt er auch nichts: Weder das Honorar seines eigenen Anwaltes, noch - mangels einer grundsätzlichen Erstattungspflicht - die Kosten des Beklagten. In schwierigeren und komplexeren Fällen ist ein Erfolgsbonus neben einem, gegebenenfalls niedrigeren Stundenhonorar üblich.[1518] Auch die Auslagen für Zeugenvernehmungen etc. streckt meist der Anwalt vor.[1519] Das Kostenrisiko hält sich hier zumindest in Grenzen. Anders verhält es sich beim Beklagten. Hier wird das Honorar immer auf Stundenbasis vereinbart. Diese Kosten und die Auslagen, die im Rahmen der Beweiserhebung anfallen, trägt der Beklagte auch im Falle des Obsiegens. Sein Kostenrisiko besteht demnach in jedem Fall.

Trotz beständiger Kritik und Vorstößen zur Einführung einer „loser pays all - rule“[1520] ist es bis heute nicht zu einer prinzipiellen Änderung gekommen. Den Äußerungen führender Kommentatoren im US-Schrifttum zufolge steht eine Änderung auch nicht an.[1521] Die Widerstände scheinen schlicht und ergreifend zu groß.[1522]

## 2. Ausnahmen

Die „American Rule“ bildet den Grundsatz; es gibt aber auch Ausnahmen. Die historische Grundlage dieser Ausnahmen liegt „in equity“.[1523] Heute erlauben es dem Gericht eine Reihe von gesetzlichen und fallrechtlich entwickelten Ausnahmeregeln, einer Partei die Kosten des gegnerischen Anwaltes aufzuerlegen.[1524] Meist wird damit ein Fehlverhalten eines Beteiligten sanktioniert. Solche Regelungen finden sich auch im hier zu untersuchenden Kontext.

---

1517 Vgl. *Koch/Zekoll*, RIW 1985, 837, 838. Diese rechtstatsächliche Erkenntnis fördert insoweit schon ein Blick in den Anzeigenteil eines US-amerikanischen Telefonbuches.

1518 Vgl. *Schurtman/Walter*, S. 33.

1519 Vgl. *Heidenberger*, RIW 1997, 466, 467.

1520 Vgl. *Röhm/Koch*, RIW 1995, 465, 472: „Agenda for Civil Justice Reform in America“ zu Beginn der neunziger Jahre.

1521 Vgl. *Wright/Miller/Kane*, 10 Federal Practice and Procedure, Civil 3d § 2675.

1522 *Hirte/Otte/Willamowski*, VersR 2002, 678 berichten allerdings über Versuche des Gesetzgebers, das Problem der Erfolgshonorare bei Vergleichsangeboten anzugehen, bzw. in VersR 2002, 940, 949, über eine sich ändernde Praxis der Unternehmen bei der Vergabe von Beratungsaufträgen.

1523 Vgl. *Wright/Miller/Kane*, 10 Federal Practice and Procedure, Civil 3d § 2675.

1524 Vgl. den Überblick bei *Herr*, Complex Litigation, S. 24 (§ 20.152); im deutschen Schrifttum *Hommelsheim*, S. 35 ff.

#### a) *Sanktionierung „materiellen" Fehlverhaltens*

Einen „materiellen" Schadensersatzanspruch auf die Erstattung einer „angemessenen Anwaltsgebühr" (a reasonable attorney's fee) enthält der Antidumping Act 1916 selbst. Diese Regelung ist aber als Einbahnstrasse zugunsten des Klägers ausgestaltet. Der Kläger soll neben dem Dreifachschadensersatz (treble damages) auch die Gebühren seines Anwaltes auf Antrag erstattet bekommen. Nach der gesetzgeberischen Vorstellung sollen damit weniger die Aufwendungen für den Anwalt kompensiert als das unlautere Dumping des Beklagten als Fehlverhalten auch zusätzlich kostenrechtlich sanktioniert werden.

Erstattet werden in solchen Fällen üblicherweise die angemessenen und wahrscheinlichen, aber nicht die vereinbarten erfolgsabhängigen Honorare.[1525] Die Bestimmung liegt im Ermessen des Gerichtes; bestimmende Faktoren sind u.a. die aufgewendeten Stunden, der einschlägige Stundensatz, die diesbezügliche Üblichkeit und Auslagen.[1526] Die Gerichte haben eine parallele Vorschrift[1527] im Clayton Act 1914 teilweise dahin ausgelegt, dass im Einzelfall Anwaltskosten nicht zu erstatten sind, wenn diese einen nur unerheblichen Teil des Strafschadensersatzes ausmachen.[1528]

#### b) *Sanktionierung prozessualen Fehlverhaltens*

Ein Bundesgericht hat bei prozessualem Fehlverhalten die Befugnis, eine abweichende Kostenregelung als Sanktion zu treffen. Schon in den Federal Rules finden sich eine Reihe an Einzelregelungen. So kann der Richter Pflichtverletzungen bei der Einreichung der „pleadings" (F.R.Civ.P. 11 (c)) oder den nachfolgenden „discovery"-Begehren (F.R.Civ.P. 26 (g) (3)) sanktionieren. Daneben ist das Nichterscheinen bei der „scheduling/pretrail conference" bzw. das Nichtbefolgen einer dort ergangenen gerichtlichen Anordnung (F.R.Civ.P. 16 (f)), die nicht ausreichende Mitwirkung bei der „initial disclosure" oder der „discovery" (F.R.Civ.P. 37 (c), (d)) oder das Nichtbefolgen einer gerichtlichen Anordnung (F.R.Civ.P. 37 (b) (2)) mit Sanktionen verbunden. Auch auf bundesgesetzlicher oder fallrechtlicher Grundlage bieten sich Sanktionsmöglichkeiten.[1529]

---

[1525] 25 C.J.S. Damages § 50 (d) (1960/Cumulative Annual Pocket Part 2001).

[1526] 58 C.J.S. Monopolies § 227 (1998); *Koch*, Prozessführung im öffentlichen Auftrag, S. 170.

[1527] 15 U.S.C. § 15 (a) (1999).

[1528] Vgl. *Hommelsheim*, S. 48 (Fn. 223), zitiert *Litton Systems, Inc. v. American Telephone & Telegraph Co.*, 700 F.2d 785 826-828 (2d Cir. 1983).

[1529] Überblick über „Sanctions: Federal Law of Litigation Abuse" im gleichnamigen Standardwerk von *Joseph*, S. 1 ff. (§ 1).

Ist eine haltlose und mit rechtsmissbräuchlichen Zwecken verbundene Klageschrift eingereicht worden, so ist im Wesentlichen an F.R.Civ.P 11, die bundesgesetzliche Regelung in 28 U.S.C § 1927 und die inhärente Befugnis nach der althergebrachten „bad faith in litigation doctrine" zu denken. Die bereits geschilderte, neuere Entscheidung des Court of Appeal (11th Cir.) in *Byrne v. Nezhat*[1530] ist ein guter Beispielsfall für das Zusammenspiel der Rechtsgrundlagen. Entgegen der tatsächlichen Bedeutung wird hier zunächst die ältere „bad faith in litigation doctrine" beschrieben, denn die beiden anderen Regelungen stellen die Reaktion des US Supreme Court bzw. des Gesetzgebers auf diese dar.

*aa) „Bad Faith in Litigation Doctrine"*

Seit langem ist die dem Gericht inhärent zustehende Befugnis („inherent power") anerkannt, das eigene Verfahren zu regeln und ein Missverhalten gegenüber dem Gericht bestrafen zu können.[1531] Ein eher die Parteien im Verhältnis zueinander betreffender Aspekt ist die Befugnis, die Kosten der Gegenpartei in Ausnahme zur „American Rule" auferlegen zu können.[1532] Ursprünglich lag diese „in equity"; heute folgt sie aus der fallrechtlich anerkannten „bad faith in litigation doctrine".[1533] Als Rechtfertigung dient die Bestrafung und Abschreckung einer rechtsmissbräuchlich handelnden Partei.[1534]

Die anerkannte Befugnis steht dem Gericht zu, um rechtsmissbräuchliche und böswillig vorgenommene Verfahrensweisen zu sanktionieren[1535], insbesondere, wenn eine Partei in einem Verfahren böswillig (in bad faith), schikanös (vexatiously), mutwillig (wantonly) oder zur Einschüchterung der Gegenseite (for oppressive reasons) handelt[1536], das Gericht betrügt (practices fraud upon the court)[1537] oder das Verfahren verzögert bzw. unterbricht (delays or disrupts litigation) oder die Durchsetzung einer gerichtlichen Entscheidung behindert (hampers a court order's

---

1530 *Byrne v. Nezhat*, 261 F.3d 1075, 1105 f. (11th Cir. 2001).

1531 *Ex parte Robinson*, 19 Wall. 505 (1874).

1532 *Byrne v. Nezhat*, 261 F.3d 1075 (11th Cir. 2001).

1533 Vgl. *Wright/Miller/Kane*, 10 Federal Practice and Procedure, Civil 3d § 2675 (Fn. 43 ff.).

1534 *Alyeska Pipeline Service Co. v. Wilderness Soc.*, 421 U.S. 240, 259, 95 S.Ct. 1612, 44 L.Ed.2d 141 (1975). Siehe auch 35B C.J.S. Federal Civil Procedure § 1283 (Fn.77) (1960/Cumulative Annual Pocket Part 2001); *Joseph*, S. 423 (§ 26 (A)).

1535 Vgl. *Joseph*, S. 423 (§ 26 (A)): „The federal courts are vested with the inherent power to issue sanctions for abusive litigation practices undertaken in bad faith."

1536 *Alyeska Pipeline Service Co. v. Wilderness Soc.*, 421 U.S. 240, 259, 95 S.Ct. 1612, 44 L.Ed.2d 141 (1975).

1537 *Universal Oil Products Co. v. Root Refining Co.*, 328 U.S. 575, 580, 66 S.Ct. 1176, 90 L.Ed. 1447(1946).

enforcement)[1538]. Nach der jüngsten Entscheidung des US Supreme Court in *Chambers v. Nasco, Inc.*[1539] ist diese Befugnis auch nicht durch spezielle gesetzliche Regelungen, bspw. durch die in den Federal Rules, ersetzt worden. Ist die Funktionsfähigkeit des Gerichts beeinträchtigt, dann soll das Gericht nicht erst nach der Befugnis zur strafrechtlichen Sanktionierung wegen „contempt of court" oder nach einzelgesetzlich geregelten Befugnissen suchen müssen.[1540] Allerdings soll ein Gericht seine „inherent power" restriktiv und ermessensgerecht ausüben.[1541] Regelmäßig besteht kein Bedürfnis, auf die „inherent power" des Gerichts zurückzugreifen, wenn schon eine der spezialgesetzlichen Regelungen einschlägig ist.[1542] Die Grenzen lassen sich allerdings nicht klar ziehen.[1543]

Wie die Praxis gezeigt hat, wird eine entsprechende Entscheidung eines Bundesgerichts nur in eng begrenzten Ausnahmefällen anzunehmen sein.[1544] Es genügt ganz klar nicht, dass eine Partei im Verfahren letztlich unterliegt, um ihr die Kosten der Gegenpartei aufzubürden.[1545] *Conditio sine qua non* einer Sanktion ist mit Blick auf den Strafcharakter in jedem Fall die Feststellung eines „bad faith".[1546] Der von den Gerichten angelegte Maßstab ist dem Ausnahmecharakter der Regel entsprechend hoch.[1547] Die Gerichte verwenden häufig eine wenig erhellende Standardformulierung, um einen „bad faith" subsumieren zu können:

> „Inherent power sanctions may be imposed only when there is clear evidence that the challenged actions were entirely without color and are taken for reasons of harassment or delay or for other improper purpose."[1548]

In Anwendung dieses Grundsatzes ist es fragwürdig, wann die Einreichung einer haltlosen Klage sanktioniert werden kann. Es genügt nicht, dass die Klage fak-

---

[1538] *Hutto v. Finney*, 437 U.S. 678, 689, 98 S.Ct. 2565; 57 L.Ed. 522 (1978).

[1539] *Chambers v. Nasco, Inc.*, 501 U.S. 32, 111 S.Ct. 2123, 115 L.Ed.2d 27 (1991).

[1540] Vgl. *Joseph*, S. 424 f. (§ 26 (A)).

[1541] *Roadway Express, Inc. v. Piper*, 447 U.S. 752, 100 S.Ct 2455, 65 L.Ed.2d 488 (1980).

[1542] *U.S. v. One 1987 BMW 325*, 985 F.2d 655, 661 (1st Cir. 1993): „[T]here are limits to a court's inherent powers, particularly in instances where the Civil Rules are on all fours."

[1543] *Joseph*, S. 424 (§ 26 (A)): „Inherent power is a murky and uncertain doctrine, and its full scope is far from clear defined."

[1544] Vgl. *Hommelsheim*, S. 42: „ganz außergewöhnliche Ausnahmefälle".

[1545] Vgl. *Joseph*, S. 438 (§ 27 (B)); *Wright/Miller/Kane*, 10 Federal Practice and Procedure, Civil 3d § 2675 (Fn. 53).

[1546] *Byrne v. Nezhat*, 261 F.3d 1075 (11th Cir. 2001). Vgl. auch *Joseph*, S. 436 (§ 27 (A)); *Wright/Miller/Kane*, 10 Federal Practice and Procedure, Civil 3d § 2675 (Fn. 46-56) m.w.N. aus der Rechtsprechung; 2 *Moore's* Federal Practice, § 11.41[3] (Matthew Bender 3d ed.).

[1547] *Adams v. Carlson*, 521 F.2d 168 (7th Cir. 1975): „necessarily stringent".

[1548] Vgl. *Joseph*, S. 438 (§ 27 (B)), zitiert u.a. *Weinberger v. Krick*, 698 F.2d 61, 80 (2d Cir. 1982).

tisch oder rechtlich schwach begründet („weak or legally inadequate case") ist.[1549] Eine Klage soll im vorgenannten Sinne „colorable" und damit nicht in „bad faith" erhoben sein, wenn ein vernünftiger Anwalt angenommen hätte, dass die anspruchsbegründenden Tatsachen vorliegen könnten; nicht notwendig ist, dass sie tatsächlich vorliegen.[1550] Die feste Überzeugung eines Anwaltes gewährt diesem – wie auch immer – einen „safe harbour".[1551] Der Court of Appeals (3rd Cir.) hat so in einem Fall entschieden, die Erhebung einer Klage trotz bereist eingetretener Verjährung reiche noch nicht aus, wohl aber die weitere Verfolgung der Klage, nachdem ein Antrag auf „summary judgment" eingereicht worden sei.[1552] Ein Indiz ist demnach, wenn der Anwalt wusste oder hätte wissen können, dass die Klage keine Substanz hat und unangemessene Zwecke verfolgt.[1553] Schließlich soll es genügen, wenn die unangemessenen Zwecke eine wesentliche Motivation des Klägers bilden („substantially motivated").[1554]

In Anbetracht dieser doch recht unscharfen Anforderungen betrachten einige Gerichte die Doktrin für offensichtlich unanwendbar (virtually impossible to apply).[1555] Es lässt sich deshalb schwer eine Prognose über die Handhabung treffen. US-amerikanische Kommentatoren haben diese in der Vergangenheit jedenfalls als sehr restriktiv eingeschätzt.[1556] Mit der Verschärfung der Federal Rules (F.R.Civ.P 11) und spezialgesetzlicher Regelungen (28 U.S.C. § 1927) seit den frühen achtziger Jahren unterstrichen der US Supreme Court und der Kongress diese Einschätzung. Die Frage der Handhabung erweist sich letztlich als akademisch, wenn ohnehin eine der speziellen Regelungen greift.

#### *bb) F.R.Civ.P 11*

F.R.Civ.P 11 ist heute „die" Befugnisnorm eines Bundesgerichtes zur Eindämmung rechtsmissbräuchlicher „pleadings". Die mehrfach geänderte Vorschrift ist

---

1549 *Americana Industries, Inc. v. Wometco de Puerto Rico, Inc.*, 556 F.2d 625 (1st Cir. 1977).

1550 *Nemeroff v. Abelson*, 620 F.2d 339, 348 (2nd Cir. 1980): „whether a reasonable attorney could have concluded that the facts supporting the claim might be established, not whether such facts actually have been established."

1551 620 F.2d 339, 350 (2nd Cir. 1980).

1552 *Ford v. Temple Hospitals*, 790 F.2d 342 (3rd Cir. 1986).

1553 Vgl. *Joseph*, S. 439 (§ 27 (B)): „counsel knew or should have known that the claim were meritless and the motive for filing was an improper purpose".

1554 Vgl. *Joseph*, S. 439 (§ 27 (B)).

1555 *Braley v. Campbell*, 832 F.2d 1504, 1512 (10th Cir. 1987).

1556 Vgl. *Vairo*, 67 Fordham L.Rev. 589, 594 f. (1998).

zwar einerseits kompliziert formuliert und damit schwierig in der Anwendung.[1557] Bei richtiger und sachgerechter Anwendung kann sie andererseits aber durchaus zu einer scharfen Klinge in der Hand des Richters werden.[1558]

### *(1) Vorgängerregelung*

Als solche existierte „Rule 11“ schon seit der Einführung der Federal Rules im Jahre 1938, fand aber in ihrer ursprünglichen Fassung kaum Beachtung.[1559] Die erste bedeutsame Verschärfung im Jahre 1983 war äußerst umstritten[1560] und nur die wenigsten Richter schätzten sie als effektiv ein, um die Einreichung substanzloser Klagen zu unterbinden.[1561]

Nach der Konzeption der 1983 neugefassten Regel musste eine Sanktion verhängt werden (mandatory sanction), wenn die mit der Unterschrift unter eine Klage verbundene Bestätigung (certificate), die Klage sei „wellgrounded in fact“ und „warranted by existing law“, sich als unrichtig herausstellte. Mit der Regelung wurde ein objektiver Standard eingeführt. Eine Sanktion war nicht möglich, wenn auch ein vernünftiger Kläger die tatsächlichen Behauptungen als wahr und die rechtlichen Grundlagen als für einen Erfolg in der Sache hinreichend wahrscheinlich beurteilt hätte.[1562] Das neu eingeführte „good faith argument for change“ erwies sich hingegen als eine der nebulösen inhaltlichen Anforderungen der Regel: Ein Kläger, dessen Klage nach bestehender Rechtslage haltlos war, konnte dann nicht mit einer Sanktion belegt werden, wenn diese Klage gleichwohl durch ein „good faith argument for the extension, modification, or rehearsal of existing law“ gerechtfertigt werden konnte.[1563] Die Gerichte akzeptierten eine rechtliche Einlassung jedenfalls dann nicht „in good faith“, wenn die Klage unter den existierenden Präjudizien ab-

---

[1557] Vgl. *Joseph*, S. 51 (§ 3): "Lack of clarity over goals and a concomitant failure to identify and examine relevant, competing considerations enhance confusion generated by uncertain standards and uneven enforcement."

[1558] Zur Wirkung der Regel auf die Anwaltschaft *Vairo*, 67 Fordham L.Rev. 589, 620 ff. (1998).

[1559] Vgl. *Wright/Miller*, 5A Federal Practice and Procedure, Civil 2d § 1331; *Joseph*, S. 5 (§ 2 (A)).

[1560] Vgl. *Vairo*, 67 Fordham L.Rev. 589, 591 f. (1998); *Hess*, 75 Marq.L.Rev. 313, 314 (1992) m.w.N. Kritisch („chilling effects“, „threat of satellite litigation") und mit speziellem Fokus auf Antitrust-Rechtsstreitigkeiten bspw. *Lazaroff*, 67 Tul.L.Rev. 1033, 1043 ff. (1993); zur Entstehungsgeschichte und dem Inhalt der Änderung *Joseph*, S. 5 ff. (§ 2 (A)); im deutschen Schrifttum umfassend *Hommelsheim*, S. 54 ff.; *Juncker*, Discovery, S. 101 f.

[1561] Vgl. *Vairo*, 67 Fordham L.Rev. 589, 623 (Fn. 245) (1998).

[1562] Vgl. *Joseph*, S. 9 (§ 2 (A)). Eine „pure heart, empty head defense“ sollte nicht mehr möglich sein, *Lazaroff*, 67 Tul.L.Rev. 1033, 1041 (1993).

[1563] Vgl. *Joseph*, S. 10 (§ 2 (A)), mit Einzelheiten.

solut keine Aussicht auf Erfolg aufwies und auch keine vernünftige Begründung für eine geänderte Rechtsprechung vorgetragen wurde.[1564]

In den meisten Circuits bestand aber keine Verpflichtung für einen klägerischen Anwalt eine Klage zurückzuziehen, wenn sich (erst) im Verfahren herausstellte, dass diese haltlos war.[1565] Auch eines „bad faith" bedurfte es nicht[1566]; es genügte die Feststellung eines unangemessenen Zweckes (improper purpose).[1567] Die Entscheidungen, die zur 1983er Fassung ergangen sind, können heute nur noch unter Vorbehalt herangezogen werden.

*(2) Derzeitige Regelung („1993 Amendment")*

Die Revision der Federal Rules 1993 wurde zum Anlass genommen, den Anwendungsbereich von F.R.Civ.P 11 nochmals zu erweitern und im Gegenzug dafür den Sanktionsmechanismus etwas zu entschärfen.[1568]

Nach dem Zweck der Regelung soll diese eher abschrecken, denn bestrafen. Die heute geltende Regelung fordert eine Prozesspartei auf, zunächst innezuhalten und nachzudenken („stop-and-think") und erst dann eine tatsächliche oder rechtliche Behauptung gegenüber dem Gericht abzugeben, wenn diese durch Tatsachen gestützt wird (evidentiary support of the allegations); bei Zweifeln ist sie zu einer angemessenen Untersuchung (reasonable inquiry) der Fakten und der rechtlichen Grundlagen angehalten.[1569] Die Neuregelungen sollen nach den Anmerkungen des Advisory Committee aber ausdrücklich nicht dazu benutzt werden, die „pleadings" zu testen.

Eine Sanktion kann nach dem richterlichen Ermessen verhängt werden (permissive sanction), wenn die Bestimmungen von F.R.Civ.P. 11 (b) verletzt sind.[1570] F.R.Civ.P. 11 (b) hat folgenden Wortlaut:

---

1564 *Eastway Construction Corp. v. City of New York*, 762 F.2d 243 (2nd Cir. 1985), dazu kritisch *Lazaroff*, 67 Tul.L.Rev. 1033, 1076 f. (1993).

1565 Vgl. *Joseph*, S. 13 f., 45 (§ 2 (A), (D)).

1566 Vgl. *Vairo*, 67 Fordham L.Rev. 589, 597 (1998), mit Verweis auf die Anmerkungen des Advisory Committee und dessen Berichterstatter, Prof. *A.R. Miller*.

1567 Vgl. *Joseph*, S. 11 (§ 2 (A)).

1568 28 U.S.C.A. Federal Rules of Civil Procedure 1-11, Advisory Committee Notes, Rule 11, 1993 Amendments, Purpose of revision (Cumulative Annual Pocket Part 1997). Zu den Vorschlägen auch *Lazaroff*, 67 Tul.L.Rev. 1033, 1111 ff. (1993).

1569 28 U.S.C.A. Federal Rules of Civil Procedure 1-11, Advisory Committee Notes, Rule 11, 1993 Amendments, Subdivisions (b) and (c) (Cumulative Annual Pocket Part 1997). Die verabschiedeten Änderungen waren sehr umstritten und führten zu einem sehr seltenen „dissent" im Supreme Court (*Scalia*, J. und *Thomas*, J.).

1570 F.R.Civ.P. 11 (c).

„By representing to the court [...] a pleading, written motion, or other paper, an attorney or unrepresented party is certifying that to the best of the person's knowledge, information, and belief, formed after an inquiry reasonable under the circumstances,

(1) it is not being presented for any improper pupose, such as to harass or to cause unnecessary delay or needless increase in the cost of the litigation;

(2) the claims, defenses, and other legal contentions therein are warranted by existing law or by nonfrivolous argument for the extension, modification, or reversal of existing law or the establishment of new law;

(3) the allegations and other factual contentions have evidentiary support or, if specially so identified, are likely to have evidentiary support after a reasonable opportunity for further investigation or discovery; and

(4) the denials of factual contentions are warranted on the evidence or, if specially so identified, are reasonably based on a lack of information or belief."

Die Regel gilt nach dem Wortlaut („representing to the court a pleading") jedenfalls für Klageschriftsätze, die bei einem Bundesgericht (in Zivilsachen) eingereicht werden („filing") oder auf deren Grundlage später vor Gericht argumentiert wird („later advocating").[1571] Die Verpflichtung wie die Sanktion trifft typischerweise den unterzeichnenden bzw. den für die Klageschrift verantwortlichen Anwalt oder die nicht vertretene Partei selbst.[1572] Auch der Syndikus einer Gesellschaft (inhouse counsel) kann mit einer Sanktion belegt werden, wenn er vor Gericht erschienen ist.[1573]

Bei der Beurteilung des klägerischen Verhaltens gehen einige Gerichte in zwei Schritten vor: Es wird zuerst untersucht, ob die Klage objektiv haltlos (objectively frivolous) ist und dann, ob der Kläger/Anwalt sich dessen hätte bewusst sein müssen (should have been aware).[1574] Die Regel verlangt dabei zumindest, dass der Erklärende (representer) eine angemessene Untersuchung vorgenommen hat (inquiry reasonable under circumstances).[1575] Die anzustellende Untersuchung betrifft so-

---

[1571] Zu den Begriffen „pleading" siehe F.R.Civ.P. 7 (a), „motions and other papers" F.R.Civ.P. 7 (b). Im Übrigen *Joseph*, S. 69 ff. (§ 5), insbesondere zur Auslegung des Begriffes „representing to the court", S. 85 ff. (§ 5 (C)), zum Verhältnis zu anderen Regelungen, S. 90 ff. (§ 5 (C)).

[1572] Siehe auch F.R.Civ.P. 11 (c): „attorneys, law firms, or parties that have violated [...] or are responsible for the violation". Einzelheiten bei *Joseph*, S. 106 ff. (§ 5 (E)). Nach *Byrne v. Nezhat*, 261 F.3d 1075, 1117 (11th Cir. 2001), kann auch die Partei mit einer Sanktion belegt werden, die anwaltlich vertreten war und die Klage nicht selbst unterzeichnet hat, wenn sie von der Haltlosigkeit wusste oder hätte wissen können.

[1573] *Mercury Service, Inc. v. Allied Bank of Texas*, 117 F.R.D. 147 (C.D.Cal. 1987).

[1574] *Byrne v. Nezhat*, 261 F.3d 1075, 1105 (11th Cir. 2001): „two-step inquiry".

[1575] Zur insoweit vergleichbaren ("after a reasonable inquiry") Vorgängerregelung *Eastway Construction Corp. v. City of New York*, 762 F.2d 243 (2nd Cir. 1985).

wohl die faktische als auch die rechtliche Grundlage der Klage.[1576] Die 1993er Fassung behält einen objektiven Standard bei.[1577] Die (subjektive) feste Überzeugung des Erklärenden bildet deshalb keinen „safe harbour" (mehr).[1578] Was angemessen ist, entscheiden die Umstände.[1579] Maßgeblich für die Beurteilung ist jeweils der Zeitpunkt, in dem etwas dem Gericht „präsentiert" wird. Zweifel des Gerichts werden mittels einer Vermutung zugunsten des Bestätigenden gelöst.[1580] Es besteht keine Verpflichtung, die einmal gemachten Behauptungen fortlaufend zu korrigieren[1581], sondern nur, diese auf ihre Haltbarkeit fortlaufend zu untersuchen. Stützt sich der Erklärende aber erneut auf eine einmal gemachte, nun nicht mehr haltbare Position, dann kann dies zur einer Sanktion führen.[1582]

Nach Durchführung einer entsprechenden Untersuchung muss der Erklärende zu folgendem Ergebnis kommen: Tatsächliche Behauptungen müssen durch Beweise gestützt (evidentiary support) sein (F.R.Civ.P. 11 (b) (3)). Dass eine Tatsache umstritten ist, schadet nicht.[1583] Auch angemessene Schlussfolgerungen sind erlaubt, nicht aber Spekulationen.[1584] Die Regelung (insgesamt) ist nach einer neueren Entscheidung des US Supreme Court flexibel ausgestaltet, weil sie (in der zweiten Alternative) „pleadings based on evidence reasonably anticipated after further investigation or discovery" zulässt.[1585]

Die rechtliche Begründung muss durch das bestehende Recht gerechtfertigt (warranted by existing law) sein (F.R.Civ.P. 11 (b) (2)). Dies ist der Fall, wenn die rechtliche Begründung nicht offensichtlich völlig haltlos ist oder, umgekehrt, eine hinreichende Aussicht auf Erfolg besteht oder eine vernünftige Person zumindest darüber streiten könnte.[1586] Dabei muss sich der Kläger an die entscheidenden Präjudizien, eine einschlägige Entscheidung des US Supreme Court oder eine des jeweiligen Circuit Court of Appeal halten.[1587] Sind solche nicht vorhanden, dann

---

1576 Vgl. *Joseph*, S. 130 f. (§ 7 (A)).

1577 Vgl. *Joseph*, S. 119 (§ 6 (D)).

1578 *Byrne v. Nezhat*, 261 F.3d 1075 (11th Cir. 2001); *Thornton v. Wahl*, 787 F.2d 1151 (7th Cir.), cert. denied, 479 U.S. 851 (1986).

1579 Einzelne Faktoren bei *Joseph*, S. 136 ff. (§ 8 (A)), im Hiblick auf die rechtliche Untersuchung, S. 173 ff. (§ 10 (A)). Bspw. Komplexität des Falles, Zeit und Möglichkeiten einer Untersuchung, Kenntnisstand des Erklärenden und Vertrauen auf andere Quellen.

1580 *Eastway Construction Corp. v. City of New York*, 762 F.2d 243 (2nd Cir. 1985).

1581 *Calloway v. Marvel Entertainment Group*, 854 F.2d 1452 (2nd Cir. 1988).

1582 *Battles v. City of Ft. Myers*, 127 F.3d 1298 (11th Cir. 1997).

1583 *Rossman v. State Farm Mutual Auto Insurance Co.*, 832 F.2d 282 (4th Cir. 1987).

1584 Vgl. *Joseph*, S. 168 f. (§ 9 (E)).

1585 *Rotella v. Wood*, 528 U.S. 549, 560, 120 S.Ct. 1075, 145 L.Ed.2d 1047 (2000).

1586 Vgl. *Joseph*, S. 192 (§ 11).

1587 *Brubaker v. City of Richmond*, 943 F.2d 1368 (4th Cir. 1991).

kann eine Partei nahezu jeden, auch einen umstrittenen Rechtsstandpunkt einnehmen.[1588] Auch ein Obsiegen in einer Zwischenentscheidung kann die rechtliche Begründung rechtfertigen helfen.[1589] Nachfolgende Änderungen des Rechts wirken sich auf einmal gemachte Begründungen nicht aus; sie dürfen nur nicht wiederholt werden.[1590] Schließlich kann eine Partei auch auf eine Rechtsänderung hinwirken, solange ihre diesbezügliche rechtliche Begründung haltbar (warranted by a nonfrivolous argument for change in the law) ist.[1591]

Schließlich bestätigt der Erklärende, nicht zu unangemessenen Zwecken (improper purpose) zu handeln (F.R.Civ.P. 11 (b) (1)). Damit kann nach einer in der Rechtsprechung umstrittenen Ansicht auch eine Klage sanktioniert werden, die sich nach dem Vorgesagten an sich sowohl auf eine hinreichende Beweis- wie Rechtsgrundlage stützen kann, wenn die subjektive Zwecksetzung als unangemessen erscheint.[1592] Im Gegensatz zum alten „bad faith"-Ansatz soll hier ein objektiver Standard die Beurteilung des (subjektiven) Zweckes kontrollieren.[1593] Die Frage, was unter einem „improper purpose" zu verstehen sein soll, erläutert die Regel selbst mit einigen Beispielsfällen („such as to harass or to cause unnecessary delay or needless increase in the cost of the litigation"). Die Beispielsfälle sind nicht abschließend.[1594] Nach der Rechtsprechung der Gerichte in einigen Circuits sollen insbesondere die sog. „shotgun complaints" zu Sanktionen führen.[1595]

---

1588 Vgl. *Joseph*, S. 192, 194 (§ 11).

1589 *National Association of Government Employees, Inc. v. National Federation of Federal Employees*, 844 F.2d 216 (5th Cir. 1988).

1590 *Greenberg v. Hilton International Co.*, 870 F.2d 926 (2nd Cir. 1989).

1591 Einzelne Faktoren bei *Joseph*, S. 208 ff. (§ 12 (B)): Bspw. die Neuheit und Plausibilität der Argumente, die Klarheit des bisherigen Rechts, die Rechtsnatur der Begründung (Verfassungsrecht). Für einen größeren Spielraum in Antitrust-Streitigkeiten mit Blick auf die schwankende Rechtsprechung plädiert *Lazaroff*, 67 Tul.L.Rev. 1033, 1048 f. (1993).

1592 *Szabo Food Serv. v. Canteen Corp.*, 823 F.2d 1073 (7th Cir. 1987), cert. dismissed, 485 U.S. 901 (1988); *Patterson v. Aiken*, 841 F.2d 386 (11th Cir. 1988); *Joseph*, S. 224 f. (§ 13 (C)). A.A. *Sussman v. Bank of Israel*, 56 F.3d 450 (2nd Cir. 1995); *Jennings v. Joshua Independent School Dist.*, 877 F.2d 313 (5th Cir. 1989); *Greenberg v. Sala*, 822 F.2d 882 (9th Cir. 1987): Eine Klage, die nicht haltlos ist, soll danach nie unangemessene Zwecke verfolgen können.

1593 Vgl. *Joseph*, S. 216 ff. (§ 13 (A)), mit Hinweis auf die nicht ganz einheitliche Rechtsprechung in den einzelnen Circuits.

1594 Vgl. 2 *Moore's* Federal Practice, § 11.11[8] (Matthew Bender 3d ed.).

1595 *Byrne v. Nezhat*, 261 F.3d 1075 (11th Cir. 2001); *Southern Leasing Partners, Ltd. v. McMullan*, 801 F.2d 783 (5th Cir. 1986); *Albright v. Upjohn Co.*, 788 F.2d 1217 (6th Cir. 1986); *Rodgers v. Lincoln Towing Serv.*, 596 F.Supp. 13, 27 (N.D.Ill. 1984), aff'd, 771 F.2d 194 (7th Cir. 1985); *Liggins v. Morris*, 749 F.Supp. 967 (D.Minn.,1990); *Nassau-Suffolk Ice Cream, Inc. v. Integrated Resources, Inc.*, 622 F.Supp. 1499 (S.D.N.Y. 1987); *Whittington v. Ohio River Co.*, 115 F.R.D. 201 (E.D.Ky. 1987); *Ginther v. Texas Commerce Bank*, 111 F.R.D. 615 (S.D.Tex. 1986); *Eddins v. Florida Dept. of Children and Families*, 2000 WL 869449 (M.D.Fla., June 28, 2000); *Welch v. McCants*, 2000 WL 827863

Im Ergebnis lässt sich resümieren, dass F.R.Civ.P. 11 gegenüber der „bad faith in litigation doctrine" schärfere Anforderungen an das Verhalten des Klägers oder seines Anwaltes stellt. Klagen, wie die im vorliegenden Fall, ließen sich aber dennoch nur schwer fassen. Gerade der Antidumping Act zeigt hier, welchen herausragenden Wert er für den Kläger besitzt. So erscheinen die tatsächlichen Behauptungen durch entsprechende Beweise gestützt (evidentiary support) und damit nicht völlig substanzlos. Der Import von Waren in die USA kann nicht in Abrede gestellt werden. Ob der Preis niedriger war als im Ursprungsland, wäre zu klären. *Prima facie* war er jedenfalls niedriger als der, den die Klägerin in den Bietungsverfahren anzubieten hatte. Einen gewissen Beweiswert erlangen insoweit auch die ursprünglichen Feststellungen des DOC und der ITA, weil beide Behörden ein „dumping" zunächst bejaht hatten.[1596] Problematisch wird es lediglich im subjektiven Tatbestand. Hier ist aber, wie dargestellt, entscheidend, welche rechtlichen Anforderungen das Gericht stellt. Das Gericht könnte unter Ablehnung des „predatory intent"-Kriteriums den klägerischen Vortrag eines Beinahebankrottes zum Anlass nehmen und eine einfache Schädigungsabsicht für ausreichend und damit für „discoverable" halten; auch können sich die ursprünglichen Feststellungen im behördlichen Antidumping-Verfahren auswirken.[1597] Damit würde der flexible Standard erfüllt werden können. Letztlich wird der Beklagte mit seinem Argument, Klagen unter dem Antidumping Act 1916 seien wegen der hohen Anforderungen im subjektiven Tatbestand noch nie erfolgreich gewesen, kein Gehör finden; so auch die Entscheidung des Court of Appeals (9th Cir.) in *Consolidated International Automotive, Inc. v. Chen* (unpublished opinion): Die Beklagten scheiterten hier in zweiter Instanz mit ihrem Versuchin, die Klägerin und deren Anwälte mittels F.R.Civ.P. 11 in die Schranken zu weisen.[1598]

---

(S.D.Ala., June 5, 2000); *McKenzie v. E.A.P. Management Corp.*, 1998 WL 657524 (S.D.Fla., July 27, 1998); *Antonelli v. Askew*, 1996 WL 131177 (N.D.Ill., March 21, 1996).

[1596] Vgl. auch die unveröffentlichte Begründung der Entscheidung des Court of Appeals (9th Cir.) in *Consolidated International Automotive, Inc. v. Chen*, 51 F.3d 279 (1995), 1995 WL 139347 (9th Cir. Cal.): Auch hier hatten die Behörden auf der Grundlage des Antidumping Act 1921 ein „dumping" der Beklagten festgestellt. Die behördlichen Feststellungen würden, so das Gericht, dafür sprechen, dass die Klägerin die Elemente auch in ihrem privaten Schadensersatzverfahren nachweisen kann.

[1597] *Consolidated International Automotive, Inc. v. Chen*, 51 F.3d 279 (1995), 1995 WL 139347 (9th Cir. Cal.).

[1598] *Consolidated International Automotive, Inc. v. Chen*, 51 F.3d 279 (1995), 1995 WL 139347 (9th Cir. Cal.): Der Court of Appeals hob im Fall die Sanktion des District Court gegen die Klägerin und ihre Anwälte wieder auf; die Begründung der Entscheidung lässt deutlich werden, dass selbst so haltlose Klagen wie die unter dem Antidumping Act 1916 noch nicht genügen, um Sanktionen unter F.R.Civ.P. 11 auszulösen.

*cc) 28 U.S.C. § 1927*

Auf bundesgesetzlicher Grundlage (28 U.S.C. § 1927) besteht für ein Bundesgericht die Möglichkeit, exzessive Kosten demjenigen aufzubürden, der diese durch sein Verhalten verursacht hat. Die Regelung war bis zur Änderung im Jahre 1980 durch den Antitrust Improvements Act[1599] praktisch ohne Bedeutung.[1600] Die Regelung ist erst mit der gestiegenen Bedeutung von Sanktionen gegen rechtsmissbräuchliches Prozessverhalten und im Fahrwasser von F.R.Civ.P. 11 zu größerer Aufmerksamkeit gelangt. Die gesetzliche Regelung hat folgenden Wortlaut:

> „Any attorney or other person admitted to conduct cases in any court of the United States or any Territory thereof who so multiplies the proceedings in any case unreasonably and vexatiously may be required by the court to satisfy personally the excess costs, expenses, and attorneys' fees reasonably incurred because of such conduct."

Die Bedeutung der Vorschrift soll in ihrer Breite liegen. So erfasst § 1927 jegliches prozessuales Fehlverhalten des Anwaltes[1601], damit auch die Einreichung einer haltlosen und rechtsmissbräuchlichen Klage vor einem Bundesgericht. Anders als nach F.R.Civ.P. 11 kann hier bspw. auch sanktioniert werden, wenn der Kläger (oder sein Anwalt) erst während des Verfahrens die Haltlosigkeit der Klage bemerkt und diese nicht von selbst korrigiert oder zurücknimmt.[1602] Umstritten und eines der hauptsächlichen Probleme bei der Anwendung der Vorschrift ist, ob für die Sanktion unter § 1927 die Feststellung eines (subjektiven) „bad faith" notwendig ist.[1603] Der Wortlaut („unreasonably *and vexatiously*", Hervorhebung d. Verf.) scheint jedenfalls dafür zu sprechen.[1604]

## D. Die „Vorwirkung" eines Jury-Prozesses (Jury Trail)

Auch vor US-Bundesgerichten hat der Kläger – verfassungsrechtlich verbrieft (U.S. Const. amend. VII.) – das Recht auf einen Jury-Prozess.[1605] Rein statistisch

---

1599 Act of Sept. 12, 1980, 94 Stat. 1156, 28 U.S.C. § 1927.

1600 Vgl. *Joseph*, S. 43 (§ 2 (C)), S. 371 (§ 19 (A)). Bis zur Änderung soll es nur zu 7 berichteten Entscheidungen gekommen sein.

1601 *Byrne v. Nezhat*, 261 F.3d 1075 (11th Cir. 2001).

1602 *Dreiling v. Peugeot Motors of America, Inc.*, 768 F.2d 1159 (10th Cir. 1985).

1603 Vgl. *Joseph*, S. 45 (§ 2 (C)), S. 390 ff. (§ 23 (B)).

1604 *Olivieri v. Thompson*, 803 F.2d 1265 (2nd Cir. 1986), cert. denied, 480 U.S. 918 (1987).

1605 Vgl. 8 *Moore's* Federal Practice, § 38.03[1] (Matthew Bender 3d ed.): F.R.Civ.P. 38 (a) ist insoweit rein deklaratorisch; § 38.10[1-3]: Das verfassungsmäßige Recht besteht in allen Rechtsstreitgkeiten mit Ausnahme solcher, die historisch betrachtet (F.R.Civ.P. 2 macht diese Unterscheidung heute nicht mehr: „one form of action") als „equity actions" (bspw. Klagen auf „specific performance") oder „admirality actions" verhandelt worden wären. „Treble damages"-Klagen auf der Grundlage des Clayton Act (15 U.S.C. § 15) sind nach Ansicht der US-Gerichte

gesehen ist die Hauptverhandlung jedoch die absolute Ausnahme, da nur etwa vier Prozent aller Klagen überhaupt dieses Stadium erreichen.[1606] Dennoch, schon die Aussicht eines Jury-Prozesses lässt manchen ausländischen Beklagten angestrengter über eine vergleichsweise Beilegung des Rechtsstreites nachdenken.[1607] Ein Hauptgrund für diese „Vorwirkung" ist die enorme Ungewissheit und Unberechenbarkeit, die Jury-Entscheidungen nachgesagt werden.[1608] Nach Ansicht selbst vieler US-amerikanischer Richter, Anwälte und Parteien sind Jury-Entscheidungen häufig wenig kalkulierbar, weil emotional und von irrationalen Stimmungen geprägt. Kritiker trauen der Jury insbesondere in komplexen Fällen auch keine richtige Wertung der Tatsachen zu.[1609] Von dieser Grundstimmung getragen, wird der Satz „You can never predict how a jury will decide" zum geflügelten Wort in Vergleichsverhandlungen.[1610]

Ein Beweis des offenbar profunden Misstrauens gegenüber Jury-Prozessen ist deren schwindende Anzahl in den letzten Jahren in den USA. Nach einem Bericht der „Frankfurter Allgemeinen Zeitung" (gestützt auf eine Analyse der „New York Times" im Jahre 1999) wurde in weniger als zwei Prozent der bundesgerichtlichen Zivilverfahren unter Einschaltung einer Jury entschieden.[1611] Immer mehr „trails" werden ohne eine Jury abgehalten, entweder weil die Parteien auf ihr verfassungsmäßiges Recht verzichten[1612] oder die Jury-Beteiligung vor einzelstaatlichen Gerichten durch einzelstaatliche Gesetze eingeschränkt wurde[1613]. Gleichzeitig werden in den wenigen Jury-Prozessen, die noch verbleiben, den Geschworenen zunehmend Informationen vorenthalten, wenn die Gefahr besteht, diese könnten zur Verwir-

„actions in law" und damit einem Jury-Prozess zugänglich, *Radio Corp. of America v. Raytheon Mfg. Co.*, 296 U.S. 459, 56 S.Ct. 297, 80 L.Ed. 327 (1935). Für eine Klage auf der Grundlage des Antidumping Act 1916 wird kaum etwas anderes gelten.

[1606] Vgl. *Heidenberger*, RIW 1997, 701; *Murray*, ZZPInt 4, 291, 318 (Fn. 101) (1999).

[1607] Vgl. auch *Note*, Development in the Law: The Civil Jury, 110 Harv.L.Rev. 1408, 1427 (1997): „Juries provide signals that allow players in the litigotiation 'game' to form expectations about trial outcomes."

[1608] Umfassende Betrachtung in *Note*, Development in the Law: The Civil Jury, 110 Harv.L.Rev. 1408 ff. (1997). Speziell zur Rolle der Jury bei der Bemessung von „punitive damages" im deutschen Schrifttum *Merkt*, S. 68 ff.; jüngst wieder *Hirte*, NJW 2002, 345.

[1609] Vgl. *Note*, Development in the Law: The Civil Jury, 110 Harv.L.Rev. 1408, 1489 ff. (1997), m.w.N.

[1610] Vgl. *Heidenberger*, RIW 1995, 705, 707.

[1611] Vgl. „Die Geschworenen verlieren an Einfluß", FAZ, Nr. 74/2001 (28.03.2001), S. 31.

[1612] F.R.Civ.P. 38 (b), (d): Zu einem Jury-Prozess kommt es nur auf ein entsprechendes Begehren hin. Siehe dazu 8 *Moore's* Federal Practice, § 38.50 (Matthew Bender 3d ed.).

[1613] Vgl. *Note*, Development in the Law: The Civil Jury, 110 Harv.L.Rev. 1408, 1412 (1997).

rung oder Vorurteilen beitragen[1614]; Jury-Entscheidungen werden schließlich skeptischer betrachtet und häufiger als früher durch die Berufungsgerichte korrigiert. Ein anderer Grund für die schwindende Anzahl an Jury-Prozessen ist eben die „Flucht in den Vergleich".

## E. Zusammenfassende Bewertung

Ist ein Beklagter erst einmal wirksam vor ein US-Gericht gebracht, so hat er keinen leichten Stand. Gerade klagende Konkurrenten können schon vor dem eigentlichen „trail" versuchen (und häufig wird ihnen dies gelingen), die beklagte Konkurrenz gerichtlich zu attackieren und wirtschaftlich zu treffen, so dass es auf ein Urteil in der Sache gar nicht mehr ankommt. Dem Beklagten bleibt in vielen Fällen kaum eine andere Wahl, als sich aus dem Verfahren „auszukaufen", um größeres Unheil zu vermeiden. Damit werden schon vor einer gerichtlichen Sachentscheidung vollendete Tatsachen geschaffen.

Die Ursachen für die besondere Einlassungslast von Beklagten in US-amerikanischen Zivilprozessen sind schon lange bekannt: Die Zuständigkeit von US-Gerichten ist weit, die gerichtliche Praxis äußerst flexibel, zumal, wenn es um beklagte ausländische Unternehmen geht, die sich auf dem lukrativen US-amerikanischen Markt wirtschaftlich betätigen. Diese Unternehmen müssten daher schon präventiv Maßnahmen ergreifen, wenn sie etwaige Risiken von Klagen in den USA wirksam reduzieren wollen. Sicher ausschließen ließe sich das Risiko allerdings nur dann, wenn der Beklagte ganz auf Kontakte zu den USA verzichtet. Kommt es dennoch zu einer Klage aufgrund minimaler Kontakte, dann kann der Beklagte mit verfahrentaktischen Mitteln versuchen, den Fortgang des Verfahrens zu verhindern; in aller Regel hat er damit nur wenig Erfolg.

Misslingt also die Strategie, eine rechtsmissbräuchliche Klage schon durch verfahrensrechtliche Einwände abzuwehren, so stehen dem Beklagten mittlerweile einige, wenngleich mäßig erfolgversprechende Mittel zur Verfügung, rechtsmissbräuchlichem Klägerverhalten entgegen zu treten:

So ist bspw. eine, auf die mangelnde Substanz des Klägervortrages abzielende Rüge in aller Regel nicht aussichtsreich und deshalb zur Verteidigung ungeeignet; die Anforderungen sind hier bewusst so niedrig angesetzt worden, dass kaum ein Kläger diese minimale Hürde nicht nehmen wird. Kaum mehr Erfolg verspricht ein Antrag auf Sachentscheidung auf der Grundlage des Parteivortrages (judgment on

---

[1614] *In re Japanese Electronic Products*, 631 F.2d 1069, 1088 (3d Cir. 1980): Die Entscheidung des Court of Appeal gab Richtlinien aus, wann ein Fall als zu komplex anzunehmen sei. Indiziell sind demnach folgende Umstände: Umfang der Klage und der Beweismittel oder Art der Rechtsfragen. Grundsätzlich erkennen die Gerichte aber keine „complexity exception" an, siehe die Nachweise bei 8 *Moore's* Federal Practice, § 38.42[3] (Matthew Bender 3d ed.).

the pleadings). Theoretisch denkbar, wenn auch praktisch äußerst schwierig, ist es, dem Gericht einen Rechtsmissbrauch des Klägers trotz gegenteiliger schriftlicher Bestätigungen zu präsentieren und zumindest eine entsprechende kostenmäßige Sanktion zu erreichen; die Anforderungen an den Vortrag des Beklagten als Antragsteller gem. F.R.Civ.P. 11 (ebenso bei vergleichbaren Regelungen in F.R.Civ.P. 26, 37) sind aber sehr hoch.

Eine bessere Möglichkeit auf dem Vereinbarungswege zu einem praktisch vernünftigen Ergebnis zu kommen, bildet das verpflichtende erste Treffen der Parteien vor der „initial disclosure". Obwohl der Beklagte hier auf die Mitwirkung und den Konsens des Klägers angewiesen ist, muss er dennoch versuchen, ungünstige Folgen möglichst umfassend zu verhindern, indem bspw. eine Einschränkung des Umfanges von „discovery"-Maßnahmen vereinbart wird; dies setzt eine entsprechend gute Vorbereitung des Treffens voraus. Gelingt diese Strategie nicht, so kann der Beklagte danach nur noch mit Schutzanträgen gem. F.R.Civ.P. 26 (c) auf eine ausufernde „discovery" reagieren oder bei Rechtsmissbrauch nachträglich versuchen, auf Anordnung des Gerichts eine Kostenerstattung beim Kläger zu erreichen. Spätestens ab diesem Zeitpunkt erscheinen schnelle vergleichsweise Regelungen wohl das einzig praktikable Mittel, die Gefahr ausufernder Kosten und immaterieller Nachteile abzuwenden; entscheiden wird hier sicher der Preis einer vergleichsweisen Einigung in Abwägung mit den sonst drohenden Folgekosten.

# IV. KAPITEL: DAS DEUTSCHE RECHTSHILFEVERFAHREN - DIE RECHTSSTELLUNG DEUTSCHER UNTERNEHMEN ALS ZUSTELLUNGSADRESSATEN IM DEUTSCHEN RECHT

Geht man von der Annahme aus, die Ablehnung der Zustellung im deutschen Rechtshilfeverfahren könne die Rechtsstellung deutscher Beklagter in US-amerikanischen Klageverfahren verbessern (weil dieser sich ohne eine wirksame Zustellung gegenüber dem Beklagten in Deutschland nicht oder wenigstens nicht gleich einlassen muss), dann schließt sich die Frage an, inwieweit es das deutsche Recht überhaupt zulässt, Ersuchen wie denen im vorliegend geschilderten Fall entgegen zu treten. Im Anschluss an einige grundlegende Fragen zur Rechtsanwendung (§8) soll in diesem Kapitel dargestellt werden, weshalb die Beteiligung der deutschen Justizverwaltung bei der Zustellung US-amerikanischer Zivilklagen zwingend erforderlich ist und welche praktischen Folgen sich aus deren hoheitlicher Tätigkeit für die Rechtsanwendung ergeben (§9). Im Kern geht es dann um die Frage, ob und in welchen Fällen die deutsche Justizverwaltung fremdstaatliche Zustellungsersuchen ablehnen und sich damit einer Förderung des fremdstaatlichen Klageverfahrens enthalten kann und muss (§10).

## §8 RECHTSANWENDUNGSFRAGEN

Die Frage, ob US-amerikanische Klagen in Deutschland zuzustellen sind, kann nicht allein auf der Grundlage des einschlägigen HZÜ beurteilt werden. Die bestimmen vielmehr auch Wertungen des allgemeinen Völkerrechts und des deutschen Verfassungsrechts; die Richtersprüche im hier geschilderten Fall haben dies gezeigt. Die eigentliche Entscheidungsgrundlage der deutschen Justizverwaltungen stellt sich somit als eine Gemengelage verschiedener Rechtsquellen dar. Da die einschlägigen Rechtsquellen nicht immer ein homogenes Ganzes bilden, sind die allgemeinen Grundsätze der Rechtsquellenlehre zu beachten, um zu sachgerechten Ergebnissen zu erzielen. Dem folgt die Darstellung.

### A. Allgemeines

Innerhalb einer Rechtsordnung kann ein und derselbe Lebenssachverhalt nicht auf zweierlei Weise geregelt sein. Die Widerspruchsfreiheit der Rechtsordnung wird als eine „Grundannahme der Rechtslogik" betrachtet und vom BVerfG insbesondere „mit den Gleichheitserwartungen der Staatsbürger" begründet.[1615] Von diesem Grundsatz ausgehend erhebt sich die Frage, welche Rechtssätze eine widerspruchs-

---

[1615] Vgl. *Roellecke*, in: Starck, Festgabe BVerfG 1976 II, S. 21, 26 f.

freie Rechtsordnung bilden. Muss das staatsvertragliche mit dem Verfassungsrecht oder gar das deutsche mit dem US-amerikanischen Recht in eine widerspruchsfreie Ordnung gebracht werden? Widerspruchsfrei müssen jedenfalls die Normen sein, die ausschließlich einem autonom rechtsetzenden Willen entspringen.[1616] Das wären hier vor allem die Rechtssätze, die auf den rechtsetzenden Willen des deutschen Souveräns („Deutsches Volk", Präambel, Art. 20 Abs. 2 GG)[1617] zurückgeführt werden können, also Rechtssätze autonom innerstaatlichen Ursprungs oder solche fremdstaatlichen Ursprungs (Völkerrechtsordnung, ausländische Rechtsordnung), die kraft eines innerstaatlichen Anwendungsbefehls innerstaatliche Geltung erlangt haben und anzuwenden sind. Dementsprechend behilft sich der deutsche Rechtsanwender mit einer Reihe von allgemeinen Regeln, um die gebotene Widerspruchsfreiheit unter diesen Rechtsquellen der deutschen Rechtsordnung herzustellen.

## I. Grundsätze zur Vermeidung von Normkonflikten innerhalb der deutschen Rechtsordnung

Innerhalb der deutschen Rechtsordnung ist es die wesensmäßige Aufgabe der Verfassung als „höchste Stufe des Rechtsnormensystems, als Spitze der Rechtspyramide"[1618], Rechtssätze zu erzeugen, zu ordnen und damit auftretende Konflikte zu lösen.[1619] Das Grundgesetz bestimmt eine stufenweise Abfolge der staatlichen Rechtserzeugung und auf diese Weise auch eine formelle Rangordnung der Rechtsquellen.[1620] Dabei ist – wie schon *Kelsen*[1621] dargelegt hat – die höhere Norm die, welche die Erzeugung bestimmt, die niedere hingegen diejenige, die bestimmungsgemäß erzeugt wird.

Normkonflikte sind deshalb zunächst im vertikalen Verhältnis, also zwischen Rechtssätzen verschiedener Stufen denkbar. Geht man davon aus, dass die höchste Stufe (Verfassung) selbst einheitlich und widerspruchsfrei ist (und sein muss)[1622] und sich die Normen der unteren Stufe (Gesetze, Verordnungen) aus dieser ableiten und so die Verfassung konkretisieren, so erklärt sich auch, warum trotz der Vielheit der staatlichen Rechtsakte die staatliche Rechtsordnung insgesamt doch

---

1616 Vgl. *Creifelds*, „'Autonomie' (Selbstgesetzgebung)".

1617 Entsprechend der innerstaatlichen Struktur bestehende Rechtsgemeinschaften mit Rechtssetzungsautonomie (Länder, Gemeinden) können hier außer Betracht bleiben.

1618 *Stern*, StR I, S. 63 (§ 3 III 2).

1619 Vgl. allgemein zu Rechtsquellen und Grundgesetz *P. Kirchhof*, in: Starck, Festgabe BVerfG 1976 II, S. 50 ff.; speziell zu Erzeugungs- und Ordnungsfunktion, S. 71 f., 76 ff.

1620 Vereinfacht: Verfassung – Parlamentsgesetz – Rechtsverordnung.

1621 Vgl. *Kelsen*, S. 249 f.; zur „Stufentheorie" auch *Zippelius*, in: Starck, Festgabe BVerfG 1976 II, S. 108, 109 (Fn. 2) m.w.N. aus dem Schrifttum.

1622 Zur Einheit der Verfassung als oberstes Interpretationsgebot unten IV. Kapitel: §8B.IV.

einheitlich sein muss.[1623] Konsequenterweise folgt daraus als allgemeines Prinzip, dass keine Rechtsnorm einer unteren Stufe mit einer höheren in Widerspruch stehen darf, ansonsten ist sie *ex tunc* nichtig.[1624]

Aber auch horizontal, d.h. auf derselben Rechtsebene können Normen in Konkurrenz zueinander treten. Hier bedarf es anderer Konfliktvermeidungsmechanismen. Allgemein anerkannt sind in sachlicher Hinsicht der Vorrang der spezielleren vor der allgemeineren (*lex specialis derogat legi generali*)[1625] und in zeitlicher Hinsicht der späteren vor der früheren Regel (*lex posterior derogat legi priori*)[1626]. Lässt sich zwischen den betreffenden Normen auch nach Anwendung dieser Grundsätze kein Vorrangverhältnis ausmachen, so bedarf es des verhältnismäßigen Ausgleichs (praktische Konkordanz).

## II. Einordnung des Völkerrechts

Das HZÜ ist eine Regelung, die der Völkerrechtsordnung entspringt. Der noch immer nicht beigelegte rechtstheoretische Diskurs um die „Konstruktion des Rechtsuniversums" kann hier nicht vertieft behandelt werden. Im hiesigen Kontext interessiert vor allem die Frage, wie eine völkerrechtliche Regelung – wie eben das HZÜ – innerstaatlich Geltung erlangt und im Verhältnis zum autonom innerstaatlichen Recht innerstaatlich anzuwenden ist.[1627]

Dabei muss es hier mit der Feststellung sein Bewenden haben, dass – was die völkerrechtlichen Vorgaben angeht – man sich im Grunde einig ist: Das allgemeine Völkerrecht fordert lediglich, dass ein Staat sein innerstaatliches Recht den völkerrechtlichen Verpflichtungen entsprechend auszugestalten hat, jedoch nicht, wie dies zu geschehen hat.[1628] Will man einen souveränen staatlichen Regelungsbereich anerkennen, so ist auch kein anderer Schluss möglich.[1629] Das Völkerrecht bedarf somit zur innerstaatlichen Geltungserlangung des innerstaatlichen Rechts. Innerhalb der deutschen Rechtsordnung regelt das Grundgesetz, auf welche Weise völkerrechtliche Rechtsquellen Eingang in die innerstaatliche Ordnung finden und welche Geltung sie innerstaatlich erlangen.

---

1623 Vgl. *Kelsen*, S. 250. Zum Begriff der „Rechtsordnung" *Fikentscher*, Methoden III, S. 641 ff.

1624 Vgl. *Stern*, StR I, S. 86 (§ 4 I 3).

1625 BVerfGE 13, 290, 296: „allgemeines Rechtsprinzip"; vgl. im Übrigen *Larenz*, Methodenlehre, S. 267; *Bydlinski*, Methodenlehre, S. 465.

1626 Vgl. *Larenz*, Methodenlehre, S. 266 f; ausführlich insbesondere zum Verhältnis der beiden Regeln zueinander *Bydlinski*, Methodenlehre, S. 572 ff.

1627 Grundlegend *Partsch*, BerDGVR 6 (1964), 13, 14 ff.

1628 Vgl. statt vieler *Geiger*, S. 158 (§ 29 I); *Doehring*, S. 294 ff. (§ 13 I, Rdnr. 696 ff.); *Schweitzer*, StR III, S. 141 (§ 4, Rdnr. 418).

1629 Vgl. *Partsch*, BerDGVR 6 (1964), 13, 32.

## 1. Staatsvertragliches Recht

Eine staatsvertragliche Regelung (gesetzesinhaltlicher Art) erlangt nicht schon kraft Art. 25 GG innerstaatliche Geltung, sondern erst mit dem deutschen Zustimmungsgesetz (Art. 59 Abs. 2 S. 1 GG).[1630] Insoweit hat ein Zustimmungsgesetz, das auch als Vertragsgesetz bezeichnet wird, eine doppelte Funktion: Zustimmung und Garantie.[1631] Ob die staatsvertragliche Regelung mittels des Vertragsgesetzes in innerstaatliches Recht umgegossen („transformiert") oder lediglich durch einen im Vertragsgesetz enthaltenen Rechtsanwendungsbefehl innerstaatlich freigegeben („vollzogen") wird, ist Art. 59 Abs. 2 GG nicht zu entnehmen und mithin umstritten.[1632] Der grundlegende Unterschied zwischen der sog. Transformationslehre und der sog. Vollzugslehre liegt darin, das letztere die aus dem Völkerrecht stammende Norm nicht von ihrem (völkerrechtlichen) Geltungsgrund löst.[1633]

In Schrifttum[1634] und Rechtsprechung[1635] hat sich bislang keine der beiden Auffassungen vollständig durchsetzen können. In der Praxis werden Staatsverträge seit 1955 nicht mehr „mit Gesetzeskraft veröffentlicht".[1636] Dieser Zusatz konnte bis dahin noch als Indiz für eine Transformation gewertet werden. Heute verweist der deutsche Gesetzgeber in aller Regel pauschal auf den einzubeziehenden Staatsvertrag, ohne diesen umzuformulieren oder speziell anzupassen.[1637] Im Fall des HZÜ bestimmt Art. 1 des deutschen Zustimmungsgesetzes:

> „Den folgenden Übereinkommen wird zugestimmt:
>
> 1. Dem in Den Haag am 15. November 1965 von der Bundesrepublik Deutschland unterzeichneten Übereinkommen über die Zustellung gerichtlicher und außergerichtlicher Schriftstücke im Ausland in Zivil- oder Handelssachen;

---

1630 BVerfGE 6, 309, 363.

1631 Dazu schon BVerfGE 1, 396, 410 f.; jüngst wieder *Fastenrath*, in: Geiger, Völkerrechtlicher Vertrag und staatliches Recht, S. 98 ff.

1632 Vgl. *Schweitzer*, StR III, S. 141 ff. (§ 4, Rdnr. 418 ff.); *Geiger*, S. 159 f. (§ 29 II).

1633 Vgl. *Partsch*, BerDGVR 6 (1964), 13, 18 ff.

1634 Vgl. *Schweitzer*, StR III, S. 150 (§ 4, Rdnr. 441 ff.) m.w.N.; *Geiger*, S. 173 (§ 32 II), meint, „die Anhänger der Vollzugstheorie überwiegen".

1635 BVerfGE 1, 396, 410 f.: „Transformation"; BVerfGE 63, 343, 358; 82, 159, 192 f.; siehe auch Beschl. v. 04.06.1998 (1 BvR 2652/95); v. 05.08.1998 (1 BvR 264/98): „Rechtsanwendungsbefehl". *Partsch*, BerDGVR 6 (1964), 13, 54 ff. meint, dass die veränderte Wortwahl ab dem „6. Band" auf die Kritik im Schrifttum (H. Mosler) zurückzuführen sei. In der Rechtsprechung des BVerwG ist allerdings die Transformationstheorie senatsübergreifend gefestigt, vgl. BVerwGE 35, 265; dazu jüngst *Rojahn*, in: Geiger, Völkerrechtlicher Vertrag und staatliches Recht, S. 124 f., m.w.N.

1636 Vgl. *Partsch*, BerDGVR 6 (1964), 13, 53 f., führt das auf das Problem des Inkrafttretens zurück.

1637 Vgl. *Hilf*, S. 148 f.

2. [...]

Die Übereinkommen werden nachstehend veröffentlicht."[1638]

Der pauschale Verweis und die bloße Beifügung einer deutschen „Übersetzung"[1639] legen eher den Schluss auf einen Rechtsanwendungsbefehl als auf eine Transformation nahe; zwingend ist dies freilich nicht.

Für die davon zu trennende, weitere Frage der unmittelbaren Anwendbarkeit ist generell zu unterscheiden: Im innerstaatlich geltenden Staatsvertrag kann die weitere Ausgestaltung ausdrücklich dem innerstaatlichen Recht überlassen sein. Ist dies nicht der Fall, dann ist durch Auslegung zu klären, ob die staatsvertragliche Regelung auch unmittelbar anwendbar (self-executing) ist oder erst der Ausführung bedarf. Entscheidend ist dabei, ob eine Vertragsnorm nach Wortlaut, Zweck und Inhalt geeignet und hinreichend bestimmt ist, wie eine innerstaatliche Vorschrift rechtliche Wirkung zu entfalten.[1640]

Der Rang des Staatsvertrages im innerstaatlichen Recht kann weder dem Völkerrecht noch dem Grundgesetz entnommen werden. Anhänger der Transformationstheorie folgern aus dem Transformator, dem Zustimmungsgesetz, auch den einfachen Gesetzesrang des Vertrages.[1641] Die Vollzugslehre ist in dieser Frage gespalten: Die einen postulieren einen absoluten Vorrang auch vor dem Verfassungsrecht, die anderen hingegen eine Einordnung in die geltenden Rangkategorien.[1642] Das BVerfG lehnt zu Recht eine Bindung des einfachen Gesetzgebers ab[1643]; das spricht gegen einen absoluten Vorrang und damit für einen einfachen Gesetzesrang.

## 2. Allgemeine Regeln des Völkerrechts

Im vorliegenden Zusammenhang gelangen aber auch allgemeine Regeln des Völkerrechts zur Anwendung, namentlich der Grundsatz der souveränen Gleichheit der Staaten und völkergewohnheitsrechtlich anerkannte menschenrechtliche Mindeststandards.

Die allgemeinen Regeln des Völkerrechts werden, soweit sie innerstaatlich vollzugsfähig sind, mittels des Rechtsanwendungsbefehls in Art. 25 S. 1 GG unmittel-

---

[1638] BGBl. 1977 II, 1452.

[1639] BGBl. 1977 II, 1453.

[1640] BVerfGE 29, 348, 360; so auch die Standardformulierung des BVerwGE 92, 116, 118, dazu *Rojahn*, in: Geiger, Völkerrechtlicher Vertrag und staatliches Recht, S. 125; *Schweitzer*, StR III, S. 147 ff. (§ 4, Rdnr. 438 ff.).

[1641] Vgl. *Schweitzer*, StR III, S. 152 f. (§ 4, Rdnr. 445 ff.).

[1642] Vgl. *Partsch*, BerDGVR 6 (1964), 13, 23 f., 93 ff.

[1643] BVerfGE 6, 309, 362 f.

bar einbezogen, ohne dass es eines Transformationsgesetzes bedarf.[1644] Innerstaatlich vollzugsfähig sind die allgemeinen Regeln, soweit sie nach ihrem Regelungsgehalt und Adressatenkreis subjektive Rechte und Pflichten des privaten Einzelnen auf der Ebene des Völkerrechts begründen oder sich als objektives Recht auf das rechtliche Begehren des Einzelnen auswirken und damit Rechtswirkungen für und gegen den Einzelnen erzeugen.[1645] Sie gelten in diesem Fall unmittelbar, so dass sich auch der private Einzelne auf diese Regeln ebenso wie auf sonstiges objektives Recht berufen kann.[1646] Zudem genießen sie Vorrang vor den Gesetzen (Art. 25 S. 2 GG), jedoch nach Rechtsprechung des BVerfG[1647] und vorzugswürdiger Auffassung im Schrifttum[1648] nicht vor der Verfassung selbst. Der Sinn der unmittelbaren Geltung liegt darin, kollidierendes innerstaatliches Recht zu verdrängen oder seine völkerrechtskonforme Anwendung zu bewirken.[1649] Für die Rechtsanwendung durch deutsche Justizbehörden bedeutet das in der Diktion des BVerfG, dass diese

> „[...] kraft Art. 25 GG daran gehindert sind, innerstaatliches Recht in einer Weise auszulegen und anzuwenden, welche die allgemeinen Regeln des Völkerrechts verletzt. Sie sind verpflichtet, alles zu unterlassen, was einer unter Verstoß gegen allgemeine Regeln des Völkerrechts vorgenommenen Handlung nichtdeutscher Hoheitsträger im Geltungsbereich des Grundgesetzes Wirksamkeit verschafft, und gehindert, an einer gegen die allgemeinen Regeln des Völkerrechts verstoßenden Handlung nichtdeutscher Hoheitsträger bestimmend mitzuwirken."[1650]

Untereinander besitzen die völkerrechtlichen Rechtsquellen mangels einer ausdrücklichen völkerrechtlichen Regelung grundsätzlich den gleichen Rang. Im Falle eines inhaltlichen Widerspruchs gelten aber auch hier der *lex specialis-* und *der lex posterior*-Grundsatz.[1651] Das bedeutet konkret, dass eine speziellere staatsvertragliche einer allgemeineren völkergewohnheitsrechtlichen Regelung vorgeht.[1652] Verstößt ein völkerrechtlicher Rechtssatz zudem gegen zwingendes Völkerrecht (*ius cogens*), dann ist dieser nichtig. Dieser Grundsatz ist für völkervertragliche Regelungen eigens kodifiziert (Art. 53, 64 WVRK), im Übrigen aber auch völkergewohnheits-

---

1644 Vgl. BVerfGE 6, 309, 363.

1645 BVerfGE 46, 342, 362 f.

1646 BVerfGE 46, 342, 363.

1647 BVerfGE 6, 309, 363.

1648 Vgl. *Geiger*, S. 168 (§ 31 IV); *Geck*, in: Starck, Festgabe BVerfG 1976 II, S. 125, 137; *Partsch*, BerDGVR 6 (1964), 13, 61ff. m.w.N.

1649 BVerfGE 23, 288, 316.

1650 BVerfGE 75, 1, 19.

1651 Vgl. *Geiger*, S. 89 (§ 17 II).

1652 BVerfGE 18, 441, 448 f.

rechtlich anerkannt.[1653] Völkerrechtliche Verträge enthalten im Verhältnis zueinander zumeist spezielle „Kollisionsklauseln".[1654]

## III. Anwendbares Recht

Besitzt ein Sachverhalt, wie hier, räumlich betrachtet Anknüpfungspunkte zu mehr als einer staatlichen Rechtsordnung, dann stellt sich regelmäßig die Frage nach dem anwendbaren Sachrecht. Kollisionsrechtliche Überlegungen werden traditionell bei privatrechtlich gelagerten Rechtsverhältnissen mit Auslandsbezug angestellt. Im deutschen Schrifttum gibt es jedoch immer wieder Versuche, kollisionsrechtliche Gedanken auch auf öffentlich-rechtlich gelagerte Rechtsverhältnisse mit Auslandsbezug zu übertragen. So wird namentlich von Teilen des deutschen Schrifttums für das Zivilverfahrensrecht[1655], das Verwaltungsrecht[1656] oder gar das Verfassungsrecht[1657] die These vertreten, dass es auch hier der Vorschaltung einer kollisionsrechtlichen Beurteilung bedürfe.

Was die Praxis deutscher Justizverwaltungen bei der Erledigung von Zustellungsersuchen anbelangt, so sind derartige Überlegungen bisher nicht zu finden. Auch die Rechtsprechung hat, soweit ersichtlich, den kollisionsrechtlichen Ansatz bisher nicht aufgegriffen. Es besteht auch keine Veranlassung, diese Praxis zu überdenken oder gar zu ändern.

### 1. Geltung und Anwendung nur deutschen Rechtshilferechts

Die Zustellung ausländischer Klagen wird allein auf der Grundlage deutschen Rechts entschieden.[1658] Dafür sprechen mehrere Gründe: Erstens, es ist keine fremdstaatliche Norm ersichtlich, die hier von den deutschen Justizbehörden anzuwenden wäre. Zweitens, die deutschen Justizbehörden und Gerichte wenden

---

[1653] Vgl. *Geiger*, S. 90 (§ 17 III).

[1654] Vgl. *Heintschel von Heinegg*, in: Ipsen, S. 218 (§ 20, Rdnr. 6).

[1655] Vgl. *Grunsky*, ZZP 89, 249 (1976); neuerdings *Schack*, IZVR, S. 16 (§ 2 III, Rdnr. 44); a.A. die herrschende Meinung BGHZ 78, 108, 114; NJW 1981, 126, 127, st.Rspr., auf der Basis *forum regit processum*, also deutsches Verfahrensrecht vor deutschen Gerichten; so auch *Schütze*, IZPR, S. 14· „öffentliches Recht"; *Geimer*, IZPR, S. 134 (Rdnr. 322): „Gebot der praktischen Vernunft", jeweils m.w.N. Speziell zu einem kollisionsrechtlichen Ansatz im Beweisrecht *Coester-Waltjen*, S. 117 ff., unter kritischer Auseinandersetzung mit dem herrschenden *lex fori*-Ansatz, S. 83 ff.

[1656] Vgl. aus dem neueren Schrifttum *Ch. Linke*, S. 23 ff., 121 ff. m.w.N.

[1657] Vgl. aus dem Schrifttum nur *Bernstein*, NJW 1965, 2273: „Ein Kollisionsrecht für die Verfassung"; für ein echtes „Grundrechtskollisionsrecht" neuerdings auch *Bungert*, S. 183 ff. Der Begriff „Kollisionsrecht" wird im staatsrechtlichen Schrifttum aber nicht durchweg im Sinne des IPR verwendet, vgl. *Isensee*, in: Isensee/Kirchhof, HStR, Bd. 5, S. 394 (§ 115, Rdnr. 77, Fn. 164).

[1658] So auch das ältere deutsche Schrifttum, vgl. nur *Nussbaum*, S. 410 (§ 60 II).

deutsches Rechtshilferecht an, da sie nur hieran gebunden sind; fremdstaatliches Recht kann innerstaatlich keine Geltung beanspruchen. Drittens, es sprechen auch die besseren Argumente dafür, insbesondere ausländisches öffentliches Recht nicht anzuwenden.

Zum ersten Erwägungsgrund: Die Frage nach dem anwendbaren Recht leuchtet nur ein, wenn es kollidierendes Sachrecht gibt. Das ist hier schon tatsächlich nicht der Fall; das verwundert auch nicht. Soweit es um die zustellungsrelevanten Pflichten des ersuchten deutschen Staates gegenüber dem Bürger geht, decken sich der personale und der territoriale Anwendungsbereich der einschlägigen Normen. Deutsches Recht gilt damit für die Pflichten deutscher staatlicher Gewalt, US-amerikanisches Recht für die US-amerikanische. Schon der Beachtung der völkerrechtlichen Zuständigkeitslehre wegen sind die Pflichten insoweit auf den eigenen Staat personal bezogen und damit gleichzeitig territorial begrenzt.

Zum zweiten Erwägungsgrund: Zu bedenken ist hier, dass die zuständigen Justizbehörden hoheitlich tätig werden.[1659] Demnach ginge es um die Geltung und Anwendung öffentlichen Rechts. Die deutsche Exekutive ist bei ihrer hoheitlichen Tätigkeit strikt rechtsgebunden (Art. 1 Abs. 3, 20 Abs. 3 GG). Diese Rechtsbindung umfasst zunächst das deutsche Recht autonomen Ursprungs. Im Übrigen regelt das Grundgesetz Entstehungs- und Geltungsgrund verbindlichen Rechts abschließend.[1660] Fremdstaatliche Rechtsnormen sind nur anzuwenden, wenn sie innerstaatlich Geltung erlangen. Für völkerrechtliche Normen geschieht dies mit einem innerstaatlichen Rechtsanwendungsbefehl. Grundsätzlich fehlt ein solcher für ausländische Rechtsnormen[1661]; ausländische Rechtsnormen gelten damit nicht im Inland. Deutsche Justizbehörden sind darüber hinaus weder aus völkerrechtlicher noch aus verfassungsrechtlicher Sicht gezwungen, ausländisches Recht anzuwenden. Im Gegenteil, es bestehen gute Gründe, innerstaatlich nicht geltendes ausländisches Recht auch nicht anzuwenden.

Das Völkerrecht kennt keinen Rechtssatz, der deutsche Hoheitsträger zur Befolgung fremdstaatlicher Rechtsbefehle verpflichten würde. Vielmehr gehört es zu den völkerrechtlichen Grundprinzipien (Grundsatz der souveränen Gleichheit der Staaten)[1662], dass ein souveräner Staat seine staatliche Verfassung frei und umfas-

---

1659 BVerfGE 91, 335, 339: Rechtshilfe ist „staatlicher Hoheitsakt". Für die Beurteilung maßgeblich ist insoweit die *lex fori*.

1660 Vgl. *P.Kirchhof*, EuGRZ 1994, 16, 18.

1661 Es gibt aber Spezialvorschriften, die die Anwendung ausländischen öffentlichen Rechts im Inland anordnen. Vgl. § 55 ZPO: „Ein Ausländer, dem *nach dem Recht seines Landes* die Prozessfähigkeit mangelt, gilt als prozessfähig, wenn ihm nach dem Recht des Prozessgerichts die Prozessfähigkeit zusteht." (Hervorhebung d. Verf.).

1662 Vgl. auch Art. 2 Nr. 1 UN-Charta.

send bestimmen kann.[1663] Die Verfassung der eigenen Staatlichkeit, die Rechtsetzung und damit auch die Rechtsbindung staatlicher Organe gehört zum Kern der Souveränität. Das „Deutsche Volk“ als Souverän (Präambel, Art. 20 Abs. 2 S. 1 GG) regiert sich durch seine Staatsorgane selbst. Dieses völkerrechtlich anerkannte innere Selbstbestimmungsrecht schließt es aus, dass ein fremder Souverän deutschen Hoheitsträgern rechtsverbindlich Befehle erteilen kann. Souveränität wird zu Recht als „Befehlsunabhängigkeit von anderen Staaten“ verstanden.[1664] Deutsche Hoheitsträger könnten vor fremdstaatlichen Gerichten auch nicht zur Befolgung fremdstaatlicher Befehle gezwungen werden. Das Prinzip der souveränen Gleichheit der Staaten verbietet, dass ein Staat über einen anderen richtet (*par in parem non habet imperium*).[1665]

Zum dritten Erwägungsgrund: Das deutsche Verfassungsrecht gebietet schließlich auch keine Anwendung ausländischen öffentlichen Rechts. Die verfassungsrechtliche Anerkennung und Respektierung der fremdstaatlichen Ordnung kann für sich genommen nicht genügen. Ausländisches Privatrecht wird aus Gründen der Sachgerechtigkeit angewendet.[1666] Aber auch dieses Argument kann hier nicht zur Anwendung ausländischen öffentlichen Rechts verhelfen. Denn der Sachverhalt ist, da es um die Bindung des deutschen Staates geht, am engsten mit dem deutschen Recht verbunden. In diesem Sinne erscheint es deshalb auch sachgerecht, deutsches Recht anzuwenden. Die Anwendung ausländischen öffentlichen Rechts wäre überdies in den Fällen der Eingriffsverwaltung verfassungsrechtlich bedenklich. Ohne einen ausdrücklichen innerstaatlichen Rechtsanwendungsbefehl fehlt es an der Zustimmung des deutschen Souveräns, damit an der demokratischen Legitimation des ausländischen Rechts. Deutsche Hoheitsträger würden ohne die rechtsstaatlich zu fordernde gesetzliche Ermächtigung (Grundsatz des Vorbehalts des Gesetzes) in subjektive Rechtspositionen eingreifen. Die von einem fremden Souverän gesetzte Rechtsnorm kann keinesfalls als ausreichende gesetzliche Ermächtigung angesehen werden. Deutsche Hoheitsakte werden durch den deutschen Souverän - das deutsche Volk als Träger aller staatlicher Gewalt (Art. 20 Abs. 2 S. 1 GG) - legitimiert. Schon deshalb spricht sich die Rechtsprechung und herrschende Meinung im Schrifttum zu Recht gegen eine grundsätzliche Anwendbarkeit ausländischen öf-

---

1663 Vgl. *Heintze*, in: Ipsen, S. 372 f. (§ 30, Rdnr. 1 ff.), zu Einzelheiten des inneren Selbstbestimmungsrechts der Völker.

1664 Vgl. *Doehring*, S. 55 (§ 2, Rdnr. 122).

1665 Vgl. *Gloria*, in: Ipsen, S. 334 ff. (§ 26, Rdnr. 16 ff.) m.w.N. zur Frage der Staatenimmunität vor innerstaatlichen Gerichten.

1666 Vgl. *Kropholler*, IPR, S. 13 f., 16 ff. (§ 2 III, § 3): Seit *Savigny* sucht man nach dem Sachrecht, mit dem der Sachverhalt am engsten verbunden ist, in dem also das aus dem Sachverhalt entspringende Rechtsverhältnis seinen „Sitz“ hat; S. 35 ff. (§ 6 I, II): es soll nicht vom zufälligen oder willkürlichen Forum, sondern von der Natur des Rechtsverhältnisses abhängen, welches Sachrecht gilt. Ausländisches Privatrecht wird als gleichwertig betrachtet.

fentlichen Rechts aus.[1667] Ohne kollisionsrechtliche Fragestellung gibt es keine einleuchtenden Gründe, kollisionsrechtliche Erwägungen auf derartige Sachverhalte zu übertragen.

Fazit: Deutsche Justizverwaltungen wenden deutsches Rechtshilferecht an, sei es staatsvertraglichen oder autonomen Ursprungs. Insoweit gibt es keinen Konflikt mit ausländischen Rechtsnormen.

## 2. Die Bedeutung des Auslandsrechts für die Anwendung des deutschen Rechtshilferechts

Zu gänzlich anders gelagerten Widersprüchen kann es hingegen kommen, wenn die deutsche Justizverwaltung bei der Anwendung des deutschen Rechtshilferechts – hier bspw. der Vorbehaltsklausel des Art. 13 Abs. 1 HZÜ – die Situation für den inländischen Zustellungsadressaten im ausländischen Verfahren an den maßgeblichen innerstaatlichen Rechtsvorstellungen misst. So ist es nicht auszuschließen, dass die Bewertung des relevanten Sachverhaltes (Folgen der Zustellung einer Antidumping-Schadensersatzklage) im deutschen Recht anders ausfällt als im US-amerikanischen. Genau betrachtet handelt es sich hierbei allerdings nicht um einen „conflict of laws", d.h. einem Rechtsanwendungskonflikt zwischen den Geltung beanspruchenden Normen mehrerer staatlicher Rechtsordnungen. Denn das Auslandsrecht und seine Entscheidungen stellen allenfalls eine Vergleichs, - nicht aber eine mögliche Rechtsgrundlage dar und stehen somit auch nicht in Konkurrenz zum deutschen Rechtshilferecht bei der eigentlichen Sachentscheidung.

Der nichtsdestotrotz auslandsrechtlich geprägte, auf der Grundlage des deutschen Rechts zu entscheidende Sachverhalt kann hingegen zu Normkonflikten innerhalb des deutschen Rechtshilferechts führen. Dieser eigentliche, vom deutschen Rechtsanwender zu lösende Konflikt entsteht, wenn eine Norm oder ein Normkomplex des deutschen Rechts (Rechtsstaatsprinzipien; Individualrechte des deutschen Beklagten) zu einer die internationale Zusammenarbeit und die Anerkennung der Entscheidungen des Auslandsrechts verneinenden, ein anderer (staatsrechtliche Entscheidung für eine internationale Zusammenarbeit; Individualrechte des Klägers) zu einer diese Frage bejahenden Haltung führt. Hierbei handelt es sich um ein spezifisches Problem der Rechtshilfeentscheidung als Hoheitsakt mit Auslandswirkung[1668]; darauf und auf die Lösung dieses Rechtsanwendungskonfliktes wird an geeigneter Stelle noch näher einzugehen sein.[1669]

---

1667 Vgl. *Ch.Linke*, S. 127 f. m.w.N.

1668 Zur Rechtsnatur der Rechtshilfeentscheidung IV. Kapitel: §9B.I.

1669 Siehe unten IV. Kapitel: §10A.II.2.b)bb)(2).

## B. Grundsätze der Auslegung

Eine Rechtsnorm anzuwenden bedeutet ganz allgemein, einen Sachverhalt unter den Normtext zu subsumieren. Ist die Bedeutung des Normtextes nicht eindeutig und klar, dann muss der Normtext ausgelegt werden. Die Entscheidungsgrundlage im vorliegenden Fall setzt sich aus nahezu allen innerhalb der deutschen Rechtsordnung denkbaren Rechtsquellen zusammen: Das staatsvertragliche Recht im HZÜ wird ergänzt durch einfachgesetzliche Ausführungsvorschriften, das allgemeine Völkerrecht, sonstiges einschlägiges Staatsvertragsrecht und das deutsche Verfassungsrecht.

### I. Staatsvertragliches Recht

Die Auslegung staatsvertraglichen Rechts hängt praktisch entscheidend davon ab, wer auslegt. Internationale Gerichte werden schon aufgrund ihrer Zusammensetzung und Funktion nicht notwendig den selben methodischen Ansatz pflegen wie innerstaatliche Rechtsanwender. Vorliegend geht es jedoch nicht um die Anwendung des staatsvertraglichen Rechts auf der zwischenstaatlichen Ebene, sondern um die innerstaatliche Rechtsanwendung. Denn das HZÜ bedarf gerade des innerstaatlichen Vollzugs. Es wirkt nicht nur im Außenverhältnis zwischen den Vertragsstaaten, sondern gerade auch nach innen im innerstaatlichen Rechtsgefüge.[1670]

#### 1. Zum Gebrauch des Begriffes „Qualifikation“

Zunächst stellt sich ein begriffliches Problem: Anders als das völkerrechtliche Schrifttum allgemein, gebraucht speziell das deutsche internationalverfahrensrechtliche Schrifttum auch im Zusammenhang mit der Auslegung staatsvertraglicher Regelungen häufig den Begriff der „Qualifikation“.[1671] Unterschiede in der Begrifflichkeit implizieren Unterschiede im Inhalt. Deshalb drängt sich die Frage auf, ob mit „Qualifikation“ etwas anders als Auslegung gemeint sein kann.

Sicher zu sein scheint, dass der Begriff der „Qualifikation“ der Terminologie des internationalen Privatrechts (IPR) entlehnt ist.[1672] Ein Blick auf die Verwendung im IPR trägt aber wenig zur Klärung bei. Denn auch im internationalprivatrechtlichen Schrifttum gebraucht man den Begriff der Qualifikation nicht einheit-

---

[1670] Zu dieser Unterscheidung *Blumenwitz*, Innerstaatliche Rechtsgemeinschaften, S. 10 ff. (§ 3).

[1671] Vgl. nur die klassischen Darstellungen von *Geimer*, IZPR, S. 127 (Rdnr. 312); *Schütze*, IZPR, S. 15.

[1672] Vgl. *Geimer*, IZPR, S. 127 (Rdnr. 312); *Schütze*, IZPR, S. 15. Zur Herkunft und Verwendung des Begriffes im IPR ausführlich *Weber*, S. 24 ff.

lich.[1673] Im Kern geht es im IPR auch darum, bei der Zuordnung zu einer naturgemäß sehr abstrakt gefassten Kollisionsnorm die richtigen Systembegriffe zu verwenden.[1674] Im hiesigen Kontext wird „Qualifikation" aber in einem eingeschränkten Begriffsverständnis verwendet: Um den Inhalt eines auslegungsbedürftigen Begriffs in einer staatsvertraglichen Regelung zu klären, wird gefragt, welchem Recht der Begriff zu entnehmen ist.[1675]

Die Frage nach dem anwendbaren Recht ist typisch für die kollisionsrechtliche Denkweise. Bei der Klärung staatsvertraglicher Begriffe greift die Frage, so gestellt, jedoch methodisch zu kurz und führt auch zu unbefriedigenden Ergebnissen. Den besten Beweis hiefür liefert der schon als klassisch zu bezeichnende Streit um die „Qualifikation" des Begriffes „Zivil- oder Handelssachen (civil or commercial matters)" im Sinne von Art. 1 Abs. 1 HZÜ. Rein praktisch stellte sich die auf den ersten Blick einfach anmutende Frage, ob für die Zustellung gerichtlicher Schriftstücke in Straf-, Verwaltungs- und Steuersachen das HZÜ gelten sollte.[1676] Art. 1 Abs. 1 HZÜ sagt lediglich „Zivil- oder Handelssachen (civil or commercial matters)". Würde man verständlich, aber methodisch unreflektiert sofort auf das innerstaatliche Begriffsverständnis zurückgreifen, so stünden sich zwei unversöhnliche Positionen gegenüber: Insbesondere in Deutschland ist man der Auffassung, dass Straf-, Verwaltungs- und Steuersachen keine „Zivil- oder Handelssachen" sind. Anders zum Teil in den Common Law-Staaten USA und Großbritannien, in denen ziviles und öffentliches Recht nicht scharf getrennt werden.[1677] Dies hat zur Folge, dass dort nur reine Strafsachen nicht als „Zivil- oder Handelssachen" behandelt werden.[1678]

---

1673 Vgl. einerseits *Kegel/Schurig*, S. 286 (§ 7 III): „Auslegungsproblem"; andererseits *Kropholler*, IPR, S. 99 (§ 14 I): „Qualifikation und Auslegung [sind] – sprachlich betrachtet - nicht synonym; [sondern...] vielmehr korrelative Begriffe wie Subsumtion und Auslegung. [...] Doppelt falsch ist die – leider verbreitete – Bezeichnung Qualifikation für die Auslegung der Anknüpfungsmomente [...]".

1674 Zum Ganzen MünchKomm/*Sonnenberger*, Einl. IPR (Rdnr. 449 ff.); Beispielsfälle bei *Kegel/Schurig*, S. 279 ff. (§ 7 II).

1675 So allgemein *Schütze*, IZPR, S. 17; etwas andere Formulierung bei *Schack*, IZVR, S. 17 (§ 2, Rdnr. 49): „...nach welchem Recht die einzelnen in einer Vorschrift des anwendbaren Verfahrensrechtes enthaltenen Tatbestandsmerkmale auszulegen, d.h. welcher Rechtsmasse sie zu entnehmen sind." Klassischerweise wird die Zuordnung eines Rechtsinstituts zum materiellen oder zum Prozessrecht ebenfalls als ein Problem der Qualifikation betrachtet, vgl. *Geimer*, IZPR, S. 127 (Rdnr. 314); *Schütze*, IZPR, S. 15 f.

1676 Weit weniger einfach mutet da schon die Einordnung privater Strafschadensersatzklagen an, dazu unten IV. Kapitel: §9A.I.2.a).

1677 Vgl. dazu auch *Ristau*, Bd. 1, S. 149 (§ 4-1-4).

1678 Vgl. US Department of Justice, Instructions, 16 I.L.M. 1331, 1333 (1977); US-Delegation, Report (1977), 17 I.L.M. 312, 315 (1978); Restatement (Third) Foreign Relations Law § 471 (1987), Comment (f).

Im kommentierenden Schrifttum wollte man das Problem lange Zeit überwiegend im Wege der Qualifikation lösen. Die Meinungen gingen lediglich auseinander, welches Recht als Qualifikationsstatut berufen werden sollte (Recht des ersuchenden Staates, Recht des ersuchten Staates, beide Rechte kumulativ oder alternativ).[1679] Der in diesem Zusammenhang regelmäßig zitierte Bericht der ursprünglichen Expertenkommission zum HZÜ ließ genügend Raum für Interpretation: Für die Praxis hatte dieser angenommen, „dass ersuchende und ersuchte Staaten bei der Prüfung der sachlichen Anwendbarkeit des Übereinkommens jeweils *ihr eigenes Recht* anwendeten."[1680] (Hervorhebung d. Verf.) Offenbar zog man daraus den Schluss, dass damit die Begriffsinhalte des eigenen Rechts gemeint waren. Schon auf der Folgekonferenz 1977 offenbarte sich das Dilemma: Eine einheitliche Anwendung des Übereinkommens konnte nicht beobachtet werden. Von der Mehrheit der Vertragsstaaten wurde die Anwendung nach dem Recht des ersuchten (Zweit-)Staates berichtet, während eine Minderheit vom Recht des ersuchenden Erststaates ausging.[1681] Mit der XVI. Tagung der Haager Konferenz (1989) sollte dem Streit im Wege eines „Kompromisses" ein Ende bereitet werden. Zur Bestimmung des sachlichen Anwendungsbereichs empfahl die Expertenkommission der Haager Konferenz eine autonome und liberale „Auslegung" (nicht: „Qualifikation"!) des Begriffes „Zivil- oder Handelssachen". Im Wortlaut:

> „a The Commission considered it desirable that the words 'civil or commercial matters' should be *interpreted* in an *autonomous* manner, without reference exclusively either to the law of the requesting State or to the law of the requested State, or to both laws cumulatively.
> b In the grey area between private and public law, the historical evolution would suggest the possibility of a more *liberal interpretation* of these words. [...]"[1682] (Hervorhebung d. Verf.)

Ganz in diesem Sinne plädiert man auch im deutschen Schrifttum nun zunehmend für eine „vertragsautonome Auslegung"[1683]: „Vertragsautonom" soll jedenfalls die Auslegung völkervertraglicher Regelungen „aus sich heraus"[1684], also ohne Rückgriff auf Systembegriffe des innerstaatlichen Rechts bedeuten. Zur Begründung wird auf den völkervertraglichen Ursprung der Regelungen verwiesen. Das Ergebnis ist weitgehend zutreffend, die methodische Grundlage aber mitnichten geklärt.

---

1679 Vgl. die vorzügliche Darstellung des Meinungsstandes bei *Merkt*, S. 39 ff.

1680 Vgl. *Merkt*, S. 39 (Fn. 57).

1681 Vgl. *Merkt*, S. 40 f., m.w.N.

1682 Special Commission, Conclusions (1989), RabelsZ 54 (1990), 370 f. Erwähnenswert ist, dass nicht einmal in der französischen Fassung von einer „qualification", sondern von einer „interprétation autonome" gesprochen wird.

1683 Vgl. *Schack*, IZVR, S. 18 (§ 2 IV, Rdnr. 50); *Merkt*, S. 44 ff., scheint dasselbe zu meinen, überschreibt seine Ansicht aber weiterhin mit „autonomer Qualifikation".

1684 In diesem Sinne *Schack*, IZVR, S. 37 (§ 3 IV, Rdnr. 93), für die Auslegung des Brüsseler Gerichtsstands- und Vollstreckungsübereinkommens (EuGVÜ).

Die Frage des Verstehens von Begriffen in Normtexten ist eine Frage der Auslegung. Ein echtes kollisionsrechtliches Problem gibt es aber nur bei mehreren denkbaren Auslegungsstatuten, wenn also die Auslegungsregeln mehrerer Rechtsordnungen zueinander in Konkurrenz treten. In diesem Fall müsste man ganz in der Tradition des IPR fragen, welches Recht die Auslegung bestimmt. Diese Frage lässt sich hier jedoch so beantworten: Das die Auslegungsmethode bestimmende Recht - üblicherweise würde man von Auslegungskanon sprechen - richtet sich nach der auszulegenden Rechtsquelle, denn insoweit besteht notwendigerweise eine Akzessorietät.[1685] Es ist nicht einzusehen, warum hier etwas anderes als im innerstaatlichen Bereich gelten sollte. *Lex fori*-Rechtsquellen werden also entsprechend der *lex fori* ausgelegt. Der Unterschied zur *lex fori*-Qualifikation ist folgender: Auslegung nach der *lex fori* heißt nicht etwa Auslegung nach denselben Auslegungsgrundsätzen, gleich welcher Rechtsquelle der auszulegende Rechtssatz entstammt; erst recht nicht ist hierunter eine Auslegung nach dem innerstaatlich geltenden Begriffsverständnis zu verstehen. Ob bei der Auslegung staatsvertraglicher Regelungen auf Begrifflichkeiten des innerstaatlichen Rechts zurückgegriffen werden kann, entscheidet der für staatsvertragliche Regelungen maßgebliche Auslegungskanon. Für die Auslegung der Normen des HZÜ gilt hier per se nichts anderes als für staatsvertragliche Regelungen allgemein.

Fazit: Der Begriff der „Qualifikation" führt zumindest dann in die Irre, wenn man die Frage nach dem anwendbaren Recht dahingehend stellt, welchem Recht das gesuchte Begriffsverständnis zu entnehmen ist. Es sollte stattdessen zunächst gefragt werden, welchem Recht der maßgebliche Auslegungskanon zu entnehmen ist. Das ist im Fall des in Deutschland geltenden HZÜ das „deutsche" Recht. Daran schließt sich die Frage an, ob es im deutschen Recht für staatsvertragliche Regelungen wie im HZÜ eigene Auslegungsgrundsätze gibt, die unter anderem die Auslegung nach dem innerstaatlichen Begriffsverständnis zum Inhalt haben. Dieser Frage wird sich im Folgenden gewidmet.

### 2. Vertrags- oder Gesetzesauslegung?

Ein weiterer, klärungsbedürftiger Punkt ist der Gegenstand der Auslegung. Ob es sich bei der Auslegung staatsvertraglicher Regelungen um eine „Vertragsauslegung oder Gesetzesauslegung"[1686] handelt, hängt ganz von der Betrachtung ab:

---

[1685] Im IPR findet sich dieser Gedanke in Art. 32 Abs. 1 Nr. 1 EGBGB, Art. 10 Abs. 1 lit. a des Römischen EWG-Übereinkommens über das auf vertragliche Schuldverhältnisse anzuwendende Recht vom 19.06.1980 (EVÜ), BGBl. 1986 II, 810: Das auf einen Vertrag anzuwendende Recht ist maßgebend für seine Auslegung. Zur Auslegung eines spanischem Recht unterliegenden Grundstücksvertrages BGH NJW-RR 1990, 249: „...die Auslegungsnormen [folgen] dem jeweiligen Vertragsstatut".

[1686] *Schreuer*, BerDGVR 23 (1982), 61, 65.

Nach der Vollzugslehre schafft der Vollzugsbefehl kein Recht, sondern erklärt nur das (Völker-)Recht für vollziehbar.[1687] Damit kann nur der Staatsvertrag selbst der unmittelbare Gegenstand der Rechtsanwendung sein. Das hat Folgen für die Auslegung: Der Staatsvertrag ist als Bestandteil des Völkerrechts aus dem Zusammenhang der Völkerrechtsordnung auszulegen, ohne dass die völkerrechtlichen Auslegungsregeln in das innerstaatliche Recht übernommen werden müssten.[1688]

Auf der Basis der Transformationslehre kann hingegen nur das deutsche Zustimmungsgesetz der maßgebliche Ausgangspunkt für die innerstaatliche Rechtsanwendung sein; nur infolge des „Umgießens" in innerstaatliches Recht gewinnt die staatsvertragliche Regelung an Gestalt.

### 3. Die Maßgeblichkeit des völkerrechtlichen Auslegungskanons

Insbesondere vom Ausgangspunkt der Transformationslehre ist es fraglich, ob der deutsche Rechtsanwender die Regelungen staatsvertraglichen Ursprungs nach den für innerstaatliche Gesetze geltenden Grundsätzen auslegen kann oder ob er dem staatsvertraglichen Ursprung der Regelungen in irgendeiner Weise Rechnung tragen muss.[1689] Letzterer Aspekt gewinnt deshalb an Bedeutung, weil sich auf der völkerrechtlichen Ebene ein eigener Kanon zur Auslegung völkervertraglicher Regelungen herausgebildet hat. Damit besteht die Gefahr, dass sich die völkerrechtliche Verpflichtung der BR Deutschland und die innerstaatliche Rechtsanwendung infolge divergierender Auslegungen nicht decken.

Unabhängig vom Ausgangspunkt ist in der deutschen Rechtsprechung und im deutschen Schrifttum die Auslegung nach völkerrechtlichen Grundsätzen anerkannt. Das BVerfG hatte sich schon früh mit der Auslegung staatsvertraglicher Regelungen zu befassen. Im Fall des *Saarstatuts* hat das BVerfG sich für eine Auslegung nach völkerrechtlichen Grundsätzen entschieden:

> „Bei der Auslegung des Abkommens sind *die für die Auslegung völkerrechtlicher Verträge allgemein entwickelten Grundsätze* anzuwenden. Danach ist jedes Abkommen so auszulegen, daß die Vertragspartner einerseits das von ihnen gemeinsam erstrebte Ziel durch den Vertrag erreichen können, andererseits nicht über das gewollte Maß hinaus als gebunden angesehen werden dürfen."[1690] (Hervorhebung d. Verf.)

Diese Auffassung entspricht heute einer gefestigten Rechtsprechung des BVerfG wie auch der obersten Bundesgerichte.[1691] Die überwiegende Ansicht im

---

[1687] Vgl. *Partsch*, BerDGVR 6 (1964), 13, 22.

[1688] Vgl. *Partsch*, BerDGVR 6 (1964), 13, 21.

[1689] Vgl. *Ress*, BerDGVR 23 (1982), 7, 36; *Schreuer*, BerDGVR 23 (1982), 61, 65.

[1690] BVerfGE 4, 157, 168.

[1691] BGHZ 52, 216, 219 f.; BVerwGE 80, 249, 253; 87, 11, 16.

Schrifttum will ebenfalls die allgemein anerkannten völkerrechtlichen Auslegungsgrundsätze für völkerrechtliche Verträge anwenden[1692], wie sie in Art. 31 ff. des Wiener Übereinkommens über das Recht der Verträge vom 23.05.1969 (WVRK)[1693] kodifiziert sind.[1694] Die innerstaatlich geltenden Rechtsgrundsätze sollen lediglich subsidiär heranzuziehen sein.[1695]

Das ist auch dann konsequent, wenn man der Transformationslehre folgt. Mit der Auslegung nach völkerrechtlichen Grundsätzen wird dem völkervertragsrechtlichen Ursprung des auszulegenden Rechtstextes Rechnung getragen, was der völkerrechtsfreundlichen Tendenz des Grundgesetzes entspricht. Auf diese Weise ist es möglich, den verfassungsrechtlich gewollten Einklang zwischen innerstaatlich geltendem Recht und völkerrechtlicher Verpflichtung der Bundesrepublik herzustellen. Deshalb wird auch von einer „vertragskonformen Auslegung" des Vertragsgesetzes gesprochen.[1696] Weil sich die Auslegung des Vertragsgesetzes als innerstaatliches Recht genau genommen aber nicht nur an der staatsvertraglichen Regelung, sondern am gesamten *corpus iuris gentium* zu orientieren hat, sollte man von einer „völkerrechtskonformen" Auslegung des Vertragsgesetzes sprechen.

Auf der völkerrechtlichen Ebene sind wesentliche Grundsätze der Auslegung staatsvertraglicher Regelungen heute in Art. 31 ff. WVRK verbindlich festgeschrieben. Die BR Deutschland ist Vertragsstaat der WVRK. Damit gelten die in der WVRK kodifizierten Grundsätze innerstaatlich nach den Grundsätzen für staatsvertragliches Recht (Art. 59 Abs. 2 S. 1 GG). Die WVRK findet in temporaler Hinsicht auf Verträge Anwendung, die von Staaten geschlossen wurden, nachdem die Konvention für sie in Kraft getreten ist (Art. 4 WVRK). Für die Bundesrepublik ist die WVRK am 20.08.1987 in Kraft getreten.[1697] Die WVRK kann demnach auf früher in Kraft getretene Staatsverträge nicht angewendet werden.

Überwiegend in der WVRK kodifizierte Auslegungsgrundsätze waren jedoch auch schon vorher anerkannt und wurden von internationalen Gerichten mit einer gewissen Konstanz und Sicherheit bei der Auslegung völkervertraglicher Regelungen auch angewendet.[1698] Im deutschen Schrifttum ist insbesondere von *Bernhardt*

---

[1692] Vgl. *Geiger*, S. 180 (§ 32 V); *Rojahn*, in: Geiger, Völkerrechtlicher Vertrag und staatliches Recht, S. 135; *Ress*, BerDGVR 23 (1982), 7, 38; *Partsch*, BerDGVR 6 (1964), 13, 110; *Cronauer*, S. 215 f.

[1693] BGBl. 1985 II, 926.

[1694] Vgl. *Tomuschat*, in: Isensee/Kirchhof, HStR, Bd. 7, S. 497 (§ 172, Rdnr. 23).

[1695] Vgl. *Partsch*, BerDGVR 6 (1964), 13, 110 f.; *Hilf*, S. 125, 144 m.w.N. aus dem älteren Schrifttum.

[1696] *Hilf*, S. 145.

[1697] Bek. v. 26.11.1987, BGBl. 1987 II, 757.

[1698] Vgl. die Nachweise bei *K. Ipsen*, in: Ipsen, S. 118 (§ 11, Rdnr. 10 f.); *Doehring*, S. 164 (§ 5, Rdnr. 390).

schon in den sechziger Jahren die Auffassung vertreten worden, dass die in der internationalen Rechtsprechung anerkannten und angewendeten Grundsätze dem Völkergewohnheitsrecht zuzurechnen seien.[1699] Die vor allem im älteren Schrifttum vertretene Gegenauffassung[1700], die Auslegungsregeln nur als Gebote der Logik und der Billigkeit und nicht als bindende Rechtsregeln erfassen wollte, konnte schon damals nicht überzeugen und sie kann es heute erst recht nicht. Die Anwendung dieser Grundsätze entspricht heute einer ständigen Übung und Rechtsüberzeugung internationaler und nationaler Gerichte. So hat die Rechtsprechung des Internationalen Gerichtshofes in den Folgejahren nach Inkrafttreten der WVRK den dort kodifizierten Regeln völkergewohnheitsrechtlichen Status eingeräumt.[1701] Auch die deutsche Rechtsprechung hat in jüngerer Zeit die in der WVRK kodifizierten Regeln entweder ausdrücklich „als Ausdruck allgemeinen Völkergewohnheitsrechts oder allgemeiner Regeln des Völkerrechts“[1702] aufgefasst oder (ohne Begründung) schlicht auf früher abgeschlossene Verträge angewendet[1703]. Als völkergewohnheitsrechtlich verfestigte Grundsätze gelten diese Auslegungsregeln damit innerstaatlich über den Rechtsanwendungsbefehl des Art. 25 GG.

## 4. Einzelne, völkerrechtlich anerkannte Auslegungsgrundsätze

Heute kann ein Kanon an Auslegungsgrundsätzen als völkergewohnheitsrechtlich gesichert gelten, bei dem sich die anerkannten Auslegungsmethoden nach Wortlaut, Systematik, Ziel und Zweck und Entstehungsgeschichte nicht gegenseitig ausschließen, sondern vielmehr nach Treu und Glauben ergänzen[1704]:

---

1699 Vgl. *Bernhardt*, S. 30, arg. e Art. 38 lit. d IGH-Statut.

1700 Vgl. die umfänglichen Nachweise bei *Bernhardt*, S. 25. In diese Richtung auch noch Restatement (Third) Foreign Relations Law § 325 (1987), Comment (a), nach der aber weder die allgemeine Anerkennung noch die Bereitschaft der USA, diese Regeln anzuwenden, in Abrede gestellt wird.

1701 ICJ, ICJ Rep. 1996 (II), S. 812; 1994, S. 21.

1702 BVerwGE 87, 11, 16, dazu *Rojahn*, in: Geiger, Völkerrechtlicher Vertrag und staatliches Recht, S. 124, mit dem Hinweis, dass das Gericht damit an der gewohnheitsrechtlichen Verfestigung der Auslegungsregeln teilnimmt.

1703 So BVerfGE 96, 68, 96: „Was unter einer dienstlichen Handlung [im Sinne von Art. 39 Abs. 2 S. 2 Wiener Übereinkommen über diplomatische Beziehungen 18.04.1961 (BGBl. 1964 II, 959), d.Verf.] zu verstehen ist, erschließt sich aus dem *Zweck der Vorschrift* (vgl. zur Auslegung völkerrechtlicher Verträge *Art. 31 Abs. 1 der Wiener Konvention über das Vertragsrecht* vom 23. Mai 1969, BGBl. 1985 II S. 926; im folgenden: WVK)“ (Hervorhebung d. Verf.).

1704 Art. 31.1 WVRK lautet: „Ein Vertrag ist nach Treu und Glauben in Übereinstimmung mit der gewöhnlichen, seinen Bestimmungen in ihrem Zusammenhang zukommenden Bedeutung und im Lichte seines Zieles und Zweckes auszulegen.“ bzw. in der authentischen (Art. 85 WVRK) englischen Fassung: „A treaty shall be interpreted in good faith in accordance with the ordinary meaning to be given to the terms of the treaty in their context and in the light of its ob-

Am Anfang jeder Vertragsauslegung steht der *Wortlaut.* Maßgebend ist der Wortlaut in seiner „gewöhnlichen Bedeutung" (ordinary meaning rule)[1705], wie sie sich regelmäßig aus dem jeweiligen Kontext im Zeitpunkt des Vertragsschlusses ergibt.[1706] Wandlungen im Sprachgebrauch können jedoch berücksichtigt werden (dynamische Auslegung).[1707] Hierbei gebietet es die Natur der Sache, den Vertragstext in der von den Beteiligten gebrauchten „gewöhnlichen" Bedeutung zu verstehen. Demnach kann der Vertragstext einer staatsvertraglichen Vereinbarung, die von zwei (oder mehr) Vertragsparteien abgeschlossen worden ist, nicht ohne weiteres allein nach dem „gewöhnlichen" Begriffsverständnis nur einer Vertragspartei ausgelegt werden. Nicht nur im Völkervertragsrecht stünde dem Treu und Glauben entgegen.[1708] Das Begriffsverständnis nur einer Vertragspartei kann lediglich dann maßgeblich sein, wenn der im Staatsvertrag verwendete Begriff absichtlich dem

---

ject and purpose." Vgl. auch Restatement (Third) Foreign Relations Law § 325 (1) (1987). Bemerkenswert insoweit der Kanon bei *Rabel*, RabelsZ 1 (1927), 5 , 22, der insoweit auf „das, was im Corpus juris steht oder aus ihm von den Pandektisten gefolgert wurde, [verwies. ...]: Die Worte müssen als Mittel genommen werden, einen Gedanken auszudrücken. Die Verträge sind nach Treu und Glauben auszulegen. Eine vernünftige Auslegung ist einer absurden vorzuziehen, die Gültigkeit der Abmachung ihrer Ungültigkeit. Im Zweifel hat der Verpflichtete weniger Pflichten übernommen und muß der Vertragsteil, der in der Lage war, sich klarer auszudrücken, eine Unklarheit gegen sich gelten lassen (Dig. 2, 14, 39)". Einen stimmigen, auf das internationale Einheitsrecht bezogenen Kanon an Auslegungsgrundsätzen gibt auch *Kropholler*, Internationales Einheitsrecht, S. 263 ff. (§ 19 III).

1705 Vgl. *Bernhardt*, S. 59, unter Hinweis u.a. auf PCIJ, Series B No. 11 (Polish Postal Services), S. 39; Restatement (Third) Foreign Relations Law § 325 (1) (1987), Reporters Note 4. Die Konvention entscheidet damit auch die alte Streitfrage (zu dieser *Bernhardt*, S. 15 ff., m.w.N.), ob ein abweichender Parteiwille berücksichtigt werden könne, selbst wenn der übliche Sprachgebrauch klar erscheint, zugunsten des Vertragstextes, vgl. *K. Ipsen*, in: Ipsen, S. 116 (§ 11, Rdnr. 5); *Rest*, S. 144.

1706 Vgl. *Bernhardt*, S. 75; *K. Ipsen*, in: Ipsen, S. 117 (§ 11, Rdnr. 6), ebenfalls unter Hinweis auf ICJ, ICJ Rep. 1952, S. 176.

1707 IGH, ICJ Rep. 1978, S. 33 f.; 1971, S. 31 f.; BVerfGE 90, 286, 361. Aus dem älteren Schrifttum „- mit der gebotenen Vorsicht und Zurückhaltung -" *Bernhardt*, S. 75; aus dem neueren *K. Ipsen*, in: Ipsen, S. 123 (§ 11, Rdnr. 21); *Doehring*, S. 166 f. (§ 5, Rdnr. 394 f.). mit Hinweis auf die Rechtsprechung des BVerwG *Rojahn*, in: Geiger, Völkerrechtlicher Vertrag und staatliches Recht, S. 134.

1708 Vgl. Palandt/*Heinrichs*, § 133 BGB Rdnr. 20: „Die Orientierung an Treu und Glauben [§ 157 BGB, d. Verf.] bedeutet, dass im Zweifel ein Auslegungsergebnis anzustreben ist, das die berechtigten Belange *beider* Parteien angemessen berücksichtigt [...]" (Hervorhebung d. Verf.). Auf der völkerrechtlichen Ebene ist zudem Art. 27 S. 1 WVRK zu beachten: „Eine Vertragspartei kann sich nicht auf ihr innerstaatliches Recht berufen, um die Nichterfüllung eines Vertrages zu rechtfertigen.". Vgl. zur Relevanz innerstaatlicher Rechtsbegriffe bei der Auslegung völkerrechtlicher Verträge im Übrigen *Ress*, BerDGVR 23 (1982), 7, 20 ff.; *Schreuer*, BerDGVR 23 (1982), 61, 79 f.

Sprachgebrauch nur eines Vertragspartners entlehnt ist.[1709] Die Fixierung auf den Sprachgebrauch einer bestimmten nationalen Rechtsordnung wird bei Staatsverträgen, die der Rechtsvereinheitlichung dienen, regelmäßig aber nicht beabsichtigt sein.[1710] Die „gewöhnliche" Bedeutung des Vertragstextes ist dann auf rechtsvergleichender Grundlage zu gewinnen.[1711]

Die Bedeutung des Wortlautes erschließt sich regelmäßig erst im *systematischen Zusammenhang*. Als Kontext ist zunächst der gesamte übrige Vertragstext einschließlich Präambel und Anlagen[1712] und sich auf den Vertrag beziehende, mit diesem eine Einheit bildende Übereinkünfte und Urkunden heranzuziehen.[1713] Allgemein gilt auch die Regel, nach der völkerrechtliche Verträge möglichst in Harmonie mit dem allgemeinen Völkerrecht auszulegen sind.[1714] Zudem kann eine vergleichende Betrachtung der Regelungen in ineinandergreifenden Staatsverträgen angezeigt sein.[1715]

Der Vertragstext ist nach dem niedergelegten *Ziel und Zweck* auszulegen.[1716] Verträge, die eine Rechtsvereinheitlichung bezwecken, müssen folglich rechtsvereinheitlichend ausgelegt werden. Aus Ziel und Zweck ist auch der Effektivitätsgrundsatz (*ut res magis valeat quam pereat*) abzuleiten: Danach ist ein auslegungsbedürftiger und –fähiger Vertragswortlaut so auszulegen, dass sein Gestaltungsziel und sein Regelungszweck bestmöglich erreicht werden und der intendierte Nutzeffekt (*effet utile*) eintritt.[1717] Gleichsam wurde zur vertragszweckgerechten Schließung von aus-

---

[1709] Vgl. *Schreuer*, BerDGVR 23 (1982), 61, 79. Das dies nicht selten der Fall ist, darauf hat schon *Rabel*, RabelsZ 1 (1927), 5 , 7 ff. hingewiesen. *Kropholler*, Internationales Einheitsrecht, S. 247 (§ 18 III), schlägt deshalb die Verwendung eines „übernationalen Begriffsapparates" vor.

[1710] Vgl. *Kropholler*, Internationales Einheitsrecht, S. 265 (§ 19 III).

[1711] In diese Richtung *Kropholler*, Internationales Einheitsrecht, S. 265 (§ 19 III), zu den Einzelheiten der rechtsvergleichenden Auslegung, S. 278 ff. (§ 19 IV); *Ress*, BerDGVR 23 (1982), 7, 27 ff.

[1712] Vgl. *Bernhardt*, S. 81 f.; *K. Ipsen*, in: Ipsen, S. 118 (§ 11, Rdnr. 9).

[1713] Vgl. Art. 31.2 WVRK. Im Übrigen *Bernhardt*, S. 86; Restatement (Third) Foreign Relations Law § 325 (1987), Comment (b).

[1714] Vgl. Art. 31.3 lit. c WVRK; BVerfGE 46, 342, 361 f. Vgl. im Übrigen *Bernhardt*, S. 141.

[1715] Vgl. *Kropholler*, Internationales Einheitsrecht, S. 273 (§ 19 III).

[1716] Vgl. *Kropholler*, Internationales Einheitsrecht, S. 276 (§ 19 III): „gemäß der objektiven Theorie [...] die wichtigste Interpretationsmethode".

[1717] Vgl. *Bernhardt*, S. 96; *K. Ipsen*, in: Ipsen, S. 116 (§ 11, Rdnr. 6). Das BVerwG überhöht diesen Grundsatz hingegen nicht zu einem eigenständigen Auslegungsprinzip, vgl. *Rojahn*, in: Geiger, Völkerrechtlicher Vertrag und staatliches Recht, S. 133. Der Grundsatz wurde offenbar nur deshalb nicht in die WVRK aufgenommen, weil eine Aufnahme schlicht als überflüssig angesehen wurde, vgl. *Rest*, S. 155 (Fn. 1).

drücklichen Vertragslücken die Doktrin der „necessary implication" und der „implied powers" anerkannt.[1718]

Die *Entstehungsgeschichte*, wie sie ihren Niederschlag lediglich außerhalb des Vertragstextes in den vorbereitenden Arbeiten (*travaux prépraratoires*)[1719] und den Umständen des Vertragsabschlusses[1720] gefunden hat, kann hingegen nur hilfsweise und ergänzend herangezogen werden.[1721] Als weitere Mittel außerhalb des Vertragstextes sind im Sinne einer „authentischen" Auslegung auch das spätere Verhalten der Vertragspartner, wie eine spätere Übereinkunft zwischen den Vertragsparteien über die Auslegung und Anwendung der Vertragsbestimmungen[1722] oder eine spätere Übung[1723] zu berücksichtigen.[1724]

Nicht vollends gesichert ist hingegen die Auslegung *in dubio mitius*, also die restriktive Auslegung von Vertragspflichten vor dem Hintergrund der staatlichen Souveränität.[1725] Die Anwendung dieser Regel findet sich vornehmlich in Entscheidungen des StIGH zu vertraglichen Beschränkungen der Gebietshoheit.[1726] Inner-

---

1718 Vgl. *Bernhardt*, S. 98 ff.

1719 Vgl. *Bernhardt*, S. 109, unter Hinweis auf die „ganz überwiegende Rechtsprechung", S. 110, zum Begriff. Zweifel an dieser restriktiven Handhabung äußert der Restatement (Third) Foreign Relations Law § 325 (1987), Comment (e), (g).

1720 Vgl. *Bernhardt*, S. 120 ff. Werden Umstände des Vertragsabschlusses in einer Denkschrift zum deutschen Vertragsgesetz wiedergegeben, so ist zudem zu beachten, dass diese die Sicht der Bundesregierung wiedergibt, vgl. *Rojahn*, in: Geiger, Völkerrechtlicher Vertrag und staatliches Recht, S. 131.

1721 Vgl. Art. 32 WVRK. Im Übrigen *Kropholler*, Internationales Einheitsrecht, S. 274 (§ 19 III): „der Vorrang der teleologischen Interpretation [ist] zu beachten".

1722 ICJ, ICJ Rep. 1949, S. 25; dazu auch BVerfGE 59, 63, 95; zur verfassungsrechtlichen Zulässigkeit und innerstaatlichen Wirkung im Hinblick auf Auslandsbundeswehreinsätze jüngst BVerfGE 90, 286, 358 ff.; *Fastenrath*, in: Geiger, Völkerrechtlicher Vertrag und staatliches Recht, S. 109 ff.; *Schreuer*, BerDGVR 23 (1982), 61, 73 f; Restatement (Third) Foreign Relations Law § 325 (2) (1987).

1723 ICJ, ICJ Rep. 1992, S. 585 f; Restatement (Third) Foreign Relations Law § 325 (2) (1987).

1724 Vgl. Art. 31.3 WVRK. Im Übrigen *Bernhardt*, S. 126 ff. Zur Bedeutung von innerstaatlichen Verwaltungs- und Gerichtsentscheidungen für die Annahme einer späteren Übung *Rojahn*, in: Geiger, Völkerrechtlicher Vertrag und staatliches Recht, S. 128.

1725 *Bernhardt*, S. 147, hat darauf hingewiesen, dass diese Auslegung auf der Annahme von staatlicher Souveränität und Entscheidungsfreiheit als Regel einerseits und Verträgen als einschränkende Ausnahme andererseits beruht, und, S. 155 f., ihr allenfalls subsidiäre Bedeutung beigemessen wird. *Kropholler*, Internationales Einheitsrecht, S. 286 (§ 19 V), spricht ihr für das internationale Einheitsrecht zumindest insoweit die Berechtigung ab, als nicht Rechte und Pflichten der Staaten, sondern sachgerechte Regelungen unter Privaten in Rede stehen.

1726 PCIJ, Ser. A, No.10 (1927), S. 18 (Lotus-Fall). Vgl. im Übrigen *Bernhardt*, S. 148 f., m.w.N.

staatlich ist sie vom BVerfG im Beschluss zu den Ostverträgen[1727] und auch vom BVerwG im Ausländer- und Flüchtlingsrecht[1728] aufgegriffen worden.

Werden Staatsverträge in zwei oder mehr Sprachen geschlossen, so ist grundsätzlich jede Vertragssprache gleichermaßen authentisch und verbindlich.[1729] Häufig, so auch im Fall des HZÜ, ist jedoch das Deutsche keine der authentischen Vertragssprachen, sondern der Staatsvertrag wird im Bundesgesetzblatt lediglich mit einer amtlichen Übersetzung verkündet. Die deutsche Übersetzung ist völkerrechtlich nicht verbindlich. Damit ist noch nicht entschieden, welche Bedeutung die amtliche Übersetzung innerstaatlich erlangen kann. Diese Frage ist umstritten.[1730] *Hilf*[1731] schlägt einen vermittelnden Weg vor: Danach ist die Übersetzung als die im innerstaatlichen Recht anwendbare Fassung anzusehen, die freilich stets im Lichte der völkerrechtlich verbindlichen Vertragssprachen interpretiert werden muss. Für diese vermittelnde Auffassung spricht, dass sie zum einen keinen Zweifel daran lässt, dass der Staatsvertrag nur in den authentischen Sprachen völkerrechtliche Verbindlichkeit erlangt. Auf diese Weise kann verhindert werden, dass innerstaatliche Anwendung und völkerrechtliche Verpflichtung auseinanderlaufen und zu einer völkerrechtlichen Haftung führen. Gleichzeitig trägt diese Auffassung praktischen Erwägungen und der Interpretation des deutschen Gesetzgebers Rechnung.[1732] Demnach ist von der Übersetzung durch den deutschen Gesetzgeber auszugehen, es sei denn, diese ist schon in sich widersprüchlich oder es bestehen allgemein Zweifel bei der Rechtsanwendung. In diesem Fall muss auf die authentischen Vertragssprachen zurückgegriffen werden.

### 5. Das Problem der verfassungskonformen Auslegung

Ein kontrovers diskutiertes Problem der Auslegung staatsvertraglicher Normen ist die verfassungskonforme Auslegung. Das BVerfG hat sich in mittlerweile gefestigter Rechtsprechung für die verfassungskonforme Auslegung staatsvertraglicher Regelungen ausgesprochen, ohne diese jedoch umfänglich zu begründen. Im bereits erwähnten Urteil zum *Saarstatut* legte das Gericht – damals wohl noch auf der Grundlage der Transformationslehre – den Grundstein für diese Rechtsprechung:

---

[1727] BVerfGE 40, 141, 164 f.

[1728] Vgl. die Nachweise bei *Rojahn*, in: Geiger, Völkerrechtlicher Vertrag und staatliches Recht, S. 131.

[1729] Vgl. Art. 33.1 WVRK. Im Übrigen auch *Partsch*, BerDGVR 6 (1964), 13, 121; Restatement (Third) Foreign Relations Law § 325 (1987), Comment (f).

[1730] Vgl. *Hilf*, S. 209 ff. m.w.N.; *Schreuer*, BerDGVR 23 (1982), 61, 71.

[1731] Vgl. *Hilf*, S. 214.

[1732] Vgl. *Kropholler*, Internationales Einheitsrecht, S. 269 (§ 19 III), der zur Klärung des im Originaltext Gemeinten auch der Übersetzung des deutschen Gesetzgebers Bedeutung beimessen will.; ebenso („allenfalls") *Partsch*, BerDGVR 6 (1964), 13, 121.

„Solange die Auslegung eines völkerrechtlichen Vertrages noch offen ist, muß bei der verfassungsrechtlichen Prüfung des Vertragsgesetzes unter mehreren Auslegungsmöglichkeiten derjenigen der Vorzug gegeben werden, bei der ein Vertrag vor dem Grundgesetz bestehen kann."[1733]

Hiernach ist ein Rangverhältnis zwischen völkerrechtlicher und verfassungskonformer Auslegung anzunehmen: Zunächst müssen die völkerrechtlichen Auslegungsgrundsätze bemüht werden. Erst dann, wenn diese kein eindeutiges Ergebnis zutage fördern, bleibt Raum für eine verfassungskonforme Auslegung. Eine weitergehende Wertung dürfte hiermit aber nicht verbunden sein. Das Gericht betonte zudem, fernliegende Auslegungsmöglichkeiten hätten außer Betracht zu bleiben und begründete seine Auffassung insgesamt wie folgt:

„Es wäre nicht vertretbar, einen Vertrag für unvereinbar mit dem Grundgesetz zu erklären, weil bei einer fernliegenden Auslegung das Grundgesetz in der Tat verletzt wäre. Es muß grundsätzlich davon ausgegangen werden, daß die politischen Organe der Bundesrepublik Deutschland, die am Zustandekommen eines völkerrechtlichen Vertrages beteiligt waren, nicht grundgesetzwidrige Bindungen haben eingehen wollen, daß sie vielmehr die Vereinbarkeit mit dem Grundgesetz geprüft haben und auch weiter auf eine grundgesetzmäßige Auslegung und Anwendung des Vertrages achten werden."[1734]

Bemerkenswert ist auch die Feststellung, mit der das BVerfG in seiner Entscheidung jeden verfassungsrechtlichen Rigorismus zurückwies.[1735] Im sog. *Grundlagenvertrag*-Urteil[1736] hat das BVerfG diese Auffassung bestätigt: Gegenstand der Normenkontrolle war dort „das Vertragsgesetz [...] und der in ihm in Bezug genommene Vertrag samt Zusatzprotokoll"[1737]; der Vertrag wurde „*wie* ein vom Bundesgesetzgeber erlassenes Gesetz" (Hervorhebung d. Verf.) behandelt.[1738] Das Gericht legte auf dieser Grundlage den Vertrag verfassungskonform aus.[1739]

---

[1733] BVerfGE 4, 157, 168 (Leitsatz 2).

[1734] BVerfGE 4, 157, 168; dazu *Ress*, BerDGVR 23 (1982), 7, 40.

[1735] BVerfGE a.a.O., 170; vgl. zur sog. „Annäherungstheorie" auch *Ress*, BerDGVR 23 (1982), 7, 47.

[1736] BVerfG 36, 1 ff.

[1737] BVerfGE 36, 1, 13. Auf der Grundlage der Transformationslehre ist die in das Vertragsgesetz gegossene staatsvertragliche Regelung als das innerstaatliche geltende Recht Gegenstand; nach der Vollzugslehre das Vertragsgesetz als Rechtsanwendungsbefehl: Ist dieser verfassungswidrig und nichtig, so darf der Staatsvertrag, obwohl völkerrechtlich wirksam, innerstaatlich nicht angewendet werden; tlw. anders ohne Begründung *Bernhardt*, in: Starck, Festgabe BVerfG 1976 II, S. 154, 172.

[1738] BVerfGE 36, 1, 35.

[1739] BVerfGE 36, 1, 20, 31.

In jüngerer Zeit hat das BVerfG seine bisherige Rechtsprechung bestätigt und weiter präzisiert. Zur Anwendung des *Haager Kindesentführungsübereinkommens* hat das Gericht ausgeführt:

> „Die *grundrechtlichen Maßstäbe* bestimmen auch die Auslegung und Handhabung völkerrechtlicher Verträge, die gemäß Art. 59 Abs. 2 GG durch Zustimmungsgesetz Rechtsverbindlichkeit erhalten. Völkerrechtliche Verträge, die der Auslegung und Anwendung durch nationale Gerichte bedürfen, sind *im Lichte des nationalen Verfassungsrechts auszulegen*. In diesem Rahmen soll der von den Vertragsparteien intendierte *Zweck möglichst umfassend* zur Geltung kommen. Dabei müssen auch die allgemeinen Regeln und Grundsätze des Völkerrechts herangezogen werden, die den jeweiligen Sachbereich der vertraglichen Regelung betreffen (vgl. BVerfGE 46, 342 [361 f.] m.w.N.)."[1740] (Hervorhebung d. Verf.)

Diese Rechtsprechung des BVerfG wird im Schrifttum kritisch betrachtet.[1741] Gegen die verfassungskonforme Auslegung ließe sich aus völkerrechtlicher Sicht zum einen der völkergewohnheitsrechtlich verfestigte Grundsatz anführen, dass Verträge nach Treu und Glauben zu erfüllen sind (*pacta sunt servanda*). Würde man es zulassen, dass ein Staat sich auf sein innerstaatliches Recht beruft, so bestünde die Gefahr einer einseitigen Lösung von der vertraglich übernommenen Verpflichtung. Genau so liegt der Fall, wenn ein Vertragsstaat sein innerstaatliches Recht zur Auslegung eines Staatsvertrages heranzieht und dies zu einer Einschränkung der vertraglich übernommenen Verpflichtung führt. Deshalb nimmt heute Art. 27 S. 1 WVRK einem Vertragsstaat ausdrücklich die Möglichkeit, sich insoweit auf sein innerstaatliches Recht zu berufen. Aus innerstaatlicher Sicht spricht gegen eine einseitige Heranziehung innerstaatlicher Wertentscheidungen bei der Auslegung staatsvertraglicher Regelungen, dass damit der verfassungsrechtlich gewollte Einklang zwischen völkerrechtlicher Verpflichtung und innerstaatlicher Rechtsanwendung in Gefahr geraten würde.[1742]

Andererseits lassen sich auch Gründe für eine verfassungskonforme Auslegung staatsvertraglicher Normen anführen. So spricht der Gedanke der Einheit und Widerspruchsfreiheit der Rechtsordnung für eine verfassungskonforme Auslegung. Dem Ziel der widerspruchsfreien Rechtsanwendung dient vor allem die systematische Auslegung. Staatsvertragliche Normen sind deshalb aus ihrem Bedeutungszusammenhang heraus auszulegen. Um die Einheit und Widerspruchsfreiheit eines Vertragswerkes zu wahren, soll eine staatsvertragliche Regelung die Bedeutung erhalten, die ihr im Zusammenhang mit den übrigen Bestimmungen des Vertrages zukommt. Um die Einheit und Widerspruchsfreiheit der Völkerrechtsordnung zu gewährleisten, sind die staatsvertraglichen Regelungen mit den einschlägigen Be-

---

1740 BVerfGE 99, 145, 158.

1741 Vgl. allgemein *Bernhardt*, in: Starck, Festgabe BVerfG 1976 II, S. 154, 159 f.; zusammenfassend *Cronauer*, S. 50 ff. m.w.N.; jüngst wieder *Hailbronner*, VVDStRL 56 (1997), 7, 26; *Maack*, S. 87.

1742 Dazu *Bernhardt*, in: Starck, Festgabe BVerfG 1976 II, S. 154, 159 f.

stimmungen des allgemeinen und besonderen Völkerrechts zu harmonisieren. Die Besonderheit von staatsvertraglichen Normen wie der des HZÜ liegt jedoch darin, dass sie nicht nur im Rahmen der Völkerrechtsordnung, sondern gerade auch im Rahmen der innerstaatlichen Rechtsordnung gelten und dort Rechtswirkungen erzeugen sollen; sie sind auf den innerstaatlichen Vollzug angelegt. Als solche werden diese Normen kraft des innerstaatlichen Rechtsanwendungsbefehls zum Bestandteil der innerstaatlichen Rechtsordnung. Um die Einheit und Widerspruchsfreiheit auch der innerstaatlichen Rechtsordnung zu wahren, ist auch eine Auslegung und Anwendung der staatsvertraglichen Norm anzustreben, die ein widerspruchsloses Einfügen in die innerstaatliche Rechtsordnung ermöglicht.

Ein weiteres Argument ergibt sich vor dem Hintergrund einer möglichen innerstaatlichen Normenkontrolle. Das BVerfG führt bei der verfassungsgerichtlichen Kontrolle deutscher formeller Gesetze regelmäßig das Argument der Normerhaltung (*favor legis*) für eine verfassungskonforme Auslegung an[1743]: Legislative Entscheidungen, die von der Judikative anhand der Verfassung überprüft und verworfen werden können, sind demnach *a maiore ad minus* auch der harmonisierenden Auslegung zugänglich. Mit der gleichen Argumentation ließe sich auch eine verfassungskonforme Auslegung staatsvertraglicher Normen vertreten. Die innerstaatliche Anwendung des Vertrages müsste dann nicht ausgesetzt werden, wenn ein verfassungswidriges Ergebnis im Wege der Auslegung vermieden werden kann.

Letztlich lässt sich das Problem nicht pauschal in die eine oder andere Richtung lösen. Vielmehr ist in jedem Einzelfall abzuwägen, ob mittels der verfassungskonformen Auslegung ein Ergebnis herbeigeführt werden kann, das den Vorgaben beider Rechtsebenen, der völkerrechtlichen wie der innerstaatlichen, bestmöglich entspricht. In diesem Sinne ist auch das BVerfG zu verstehen, wenn es einen Spielraum für eine verfassungskonforme Auslegung nur insoweit sieht, als das Ergebnis der völkerrechtlichen Auslegung noch offen ist. Diese Auffassung verdient den Vorzug, weil sie flexibler ist und rigide Ergebnisse zu vermeiden versucht. Die im Schrifttum geäußerten Bedenken gegen eine verfassungskonforme Auslegung staatsvertraglicher Regelungen können zwar im Ansatz, nicht aber im Ergebnis geteilt werden.

Staatsvertragliche Rechtsquellen, so auch das HZÜ, sind damit in erster Linie nach allgemeinen völkerrechtlichen Auslegungsgrundsätzen völkerrechtskonform auszulegen. Soweit möglich und notwendig, müssen staatsvertragliche Regelungen auch verfassungskonform ausgelegt werden.

---

1743 BVerfGE 86, 288, 320: Im Rahmen des verfassungsrechtlich Zulässigen soll so viel wie möglich von dem aufrecht erhalten werden, was der Gesetzgeber gewollt habe. Vgl. auch *Zippelius*, in: Starck, Festgabe BVerfG 1976 II, S. 108, 111, der daneben die Gesichtspunkte der Rechtskontinuität (Rechtssicherheit) und der Vermutung für ein verfassungskonformes Funktionieren der Gesetzgebung anführt.

## II. Autonomes Recht

Für das autonome Recht gilt der für deutsche Gesetze allgemein anerkannte Auslegungskanon. In gewisser Weise autonom, weil eine eigenständige innerstaatliche Regelung treffend, sind nur die Bestimmungen im deutschen Ausführungsgesetz zum HZÜ. Im Übrigen gibt es in Zivilsachen anders als in Strafsachen keine autonom gesetzte innerstaatliche Rechtsgrundlage der Rechtshilfe.

Die Methode der Auslegung von deutschen Gesetzen ist seit langem streitig[1744], muss hier aber nicht vertieft erörtert werden. Im Mittelpunkt steht die Frage, ob der Rechtsanwender an den Willen des historischen Gesetzgebers gebunden ist, wie er sich in der konkreten Entstehungsgeschichte und den Gesetzesmaterialien niedergeschlagen hat. Im Streit der im Schrifttum vertretenen Auslegungstheorien hat die Rechtsprechung nicht eindeutig Stellung bezogen.[1745] Tendenziell neigt die deutsche Rechtsprechung eher zu einem objektiv-teleologischen Ansatz.[1746] So sieht das BVerfG die Rechtsprechung nicht von Verfassungs wegen gehindert, über den formalen Wortlaut hinaus den objektivierten Sinn und Zweck eines Gesetzes zu erforschen.[1747] Die Gesetzesmaterialien werden aber nur unterstützend und insoweit herangezogen, als sie auf den objektiven Gesetzesinhalt schließen lassen.[1748]

---

[1744] Vgl. *Fikentscher*, Methoden III, S. 662 ff.

[1745] So auch die Einschätzung von *Fikentscher*, Methoden III, S. 666.

[1746] Das BVerfGE 11, 126, 129 f. fasste seinen Standpunkt wie folgt zusammen: „Während die ‚subjektive' Theorie auf den historischen Willen des ‚Gesetzgebers' = Gesetzesverfassers, auf dessen Motive in ihrem geschichtlichen Zusammenhang abstellt, ist nach der ‚objektiven' Theorie, die in Rechtsprechung und Lehre immer stärkere Anerkennung gefunden hat, Gegenstand der Auslegung das Gesetz selbst, der im Gesetz objektivierte Wille des Gesetzgebers. ‚Der Staat spricht nicht in den persönlichen Äußerungen der an der Entstehung des Gesetzes Beteiligten, sondern nur im Gesetz selbst. Der Wille des Gesetzgebers fällt zusammen mit dem Willen des Gesetzes' (Radbruch, Rechtsphilosophie, 4. Aufl. 1950, S. 210 f.) Diesem Auslegungsziel dienen die Auslegung aus dem Wortlaut der Norm (grammatikalische Auslegung), aus ihrem Zusammenhang (systematische Auslegung), aus ihrem Zweck (teleologische Auslegung) und aus den Gesetzesmaterialien und der Entstehungsgeschichte (historische Auslegung). Um den objektiven Willen des Gesetzgebers zu erfassen, sind alle diese Auslegungsmethoden erlaubt. Sie schließen einander nicht aus, sondern ergänzen sich gegenseitig."

[1747] BVerfGE 8, 210, 221.

[1748] BVerfGE 11, 126, 130; BVerfGE 1, 299, 312: „Maßgebend ist der in der Gesetzesbestimmung zum Ausdruck kommende objektivierte Wille des Gesetzgebers, so wie er sich aus dem Wortlaut der Gesetzesbestimmung und dem Sinnzusammenhang ergibt, in den diese gestellt ist. Nicht entscheidend ist dagegen die subjektive Vorstellung der am Gesetzgebungsverfahren beteiligten Organe oder einzelner ihrer Mitglieder über die Bedeutung der Bestimmung. Der Entstehungsgeschichte einer Vorschrift kommt für deren Auslegung nur insofern Bedeutung zu, als sie die Richtigkeit einer nach den angegebenen Grundsätzen erhaltenen Auslegung bestätigt oder Zweifel behebt, die auf dem angegebenen Weg allein nicht ausgeräumt werden können."

Aus der Völkerrechtsfreundlichkeit des Grundgesetzes folgt auch der Grundsatz der völkerrechtskonformen Auslegung und Anwendung des autonom gesetzten innerstaatlichen Rechts. Diese ist ein Unterfall der systematischen Auslegung. In der Rechtsprechung des BVerfG gilt sie sogar für später erlassene Gesetze, für die sonst der *lex posterior*-Grundsatz streiten würde:

> „Auch Gesetze... sind im Einklang mit den völkerrechtlichen Verpflichtungen der Bundesrepublik Deutschland auszulegen und anzuwenden, selbst wenn sie zeitlich später erlassen worden sind als ein geltender völkerrechtlicher Vertrag; denn es ist nicht anzunehmen, daß der Gesetzgeber, sofern er dies nicht klar bekundet hat, von völkerrechtlichen Verpflichtungen der Bundesrepublik Deutschland abweichen oder die Verletzung solcher Verpflichtungen ermöglichen will.“[1749]

Dies gilt zumal für die Auslegung eines Ausführungsgesetzes zu einem Staatsvertrag.[1750] Lässt das autonom gesetzte innerstaatliche Recht mehrere Deutungen zu, so ist jene zu bevorzugen, die den völkerrechtlichen Vorgaben besser Rechnung trägt und die der Werteordnung und den Zielen der Verfassung besser entspricht[1751]. Ziel der Rechtsanwendung muss ein Einklang von völkerrechtlichen und autonom innerstaatlichen sowie verfassungsrechtlichen und einfachgesetzlichen Rechtsquellen sein.[1752] In diesem Sinne entspricht es ständiger Rechtsprechung des BVerfG, ein Gesetz nicht für nichtig zu erklären, wenn es im Einklang mit der Verfassung ausgelegt werden kann.[1753] Die verfassungskonforme Auslegung findet aber dort ihre Grenzen, wo sie zu dem Wortlaut und dem klar erkennbaren Willen des Gesetzgebers in Widerspruch steht.[1754]

Keine gesetzliche Regelung, wohl aber von praktischer Bedeutung für die Rechtshilfegewährung im vertraglichen Rechtshilfeverkehr ist die Rechtshilfeordnung in Zivilsachen vom 19.10.1956[1755] (§ 3 Abs. 1 Nr. 1 ZRHO). Als Verwaltungsvorschrift des Bundes und der Länder legt die ZRHO bundeseinheitlich Richtlinien für das Verfahren und die Entscheidung der befassten deutschen Justizbehörden fest. Für eingehende Ersuchen (§ 4 Nr. 2 ZRHO) gelten speziell die §§ 57 ff. ZRHO. Bei regelmäßiger Befolgung der ZRHO kann wie auch sonst bei Verwaltungsvorschriften eine Selbstbindung der (Justiz)Verwaltung eintreten, die

---

1749 BVerfGE 74, 358, 358.

1750 Vgl. *Rojahn*, in: Geiger, Völkerrechtlicher Vertrag und staatliches Recht, S. 139, unter Verweis (Fn. 68) auf BVerwGE 92, 116, 118 ff.

1751 BVerfGE 8, 210, 221.

1752 Vgl. *Schweitzer*, StR III, S. 248 (§ 6, Rdnr. 763).

1753 BVerfGE 2, 266, 282; dazu *Zippelius*, in: Starck, Festgabe BVerfG 1976 II, S. 108 ff. m.w.N.

1754 BVerfGE 90, 263, 274 f.; *Zippelius*, a.a.O., 115 f.

1755 Abdruck bei *Bülow/Bockstiegel/Geimer/Schütze*, G I (Nr. 900), Stand: 24.EL. (Oktober 2001).

ein Abweichen von der ständigen Praxis ohne sachliche Rechtfertigung aus Gleichheitsgesichtspunkten (Art. 3 Abs. 1 GG) verbietet.[1756] Verwaltungsvorschriften werden nicht wie Gesetze, sondern analog § 133 BGB wie Willenserklärungen (der erlassenden Behörde) ausgelegt.[1757]

## III. Allgemeine Regeln des Völkerrechts

Allgemeine Regeln des Völkerrechts sind nach Ansicht des BVerfG vorwiegend das universell geltende Völkergewohnheitsrecht, ergänzt durch anerkannte allgemeine Rechtsgrundsätze.[1758] Eine Regel des Völkergewohnheitsrechts beruht auf einer allgemeinen und gefestigten Übung der Staaten, die in der Rechtsüberzeugung geübt wird, dass dieses Verhalten rechtens sei.[1759] Eine entsprechende Staatenpraxis setzt zumindest eine dauernde und einheitliche Übung unter weitgestreuter und repräsentativer Beteiligung voraus.[1760]

Bei der Ermittlung des Völkergewohnheitsrechts ist in erster Linie auf das völkerrechtlich erhebliche Verhalten derjenigen Staatsorgane abzustellen, die kraft Völkerrechts oder innerstaatlichen Rechts dazu berufen sind, den Staat im völkerrechtlichen Rechtsverkehr zu repräsentieren.[1761] Als Hilfsmittel können zudem die Entscheidungen internationaler Gerichte oder die Lehrmeinungen der fähigsten Völkerrechtler dienen (vgl. Art. 38 Abs. 1 lit. d IGH-Statut).

In praktischer Hinsicht bietet sich zur Ermittlung allgemeiner völkerrechtlicher Grundsätze ein Dreierschritt an, wie ihn *Geiger*[1762] vorgeschlagen hat:

> „Zunächst ist diejenige möglichst konkrete Regel aufzusuchen, die sich *evident* auf eine umfassende Staatenpraxis stützen kann [...]. Bedarf es einer Norm spezielleren Inhalts [...], so wird diese durch *teleologische Auslegung* des allgemeinen, fraglos geltenden Rechtssatzes im Hinblick auf den konkreten Fall gewonnen. [...] Als dritter Schritt folgt die „Gegenprobe", d.h. die Beantwortung der Frage, ob das bisherige Ergebnis nicht durch eine *entgegenstehende* besondere Regel des Völkergewohnheitsrechts *widerlegt* wird."

Das spezielle Völkervertragsrecht gehört nicht zu den von Art. 25 S. 1 GG umfassten Rechtsquellen[1763], es sei denn, es kodifiziert allgemeine Regeln des Völkerrechts.

---

[1756] Allgemein BVerwGE 20, 294.

[1757] BVerwGE 58, 521.

[1758] BVerfGE 15, 25, 33; 23, 288, 317; nach a.A. sind die allgemeinen Rechtsgrundsätze nicht erfasst, vgl. *Schweitzer*, StR III, S. 162 f. (§ 4, Rdnr. 472.). Vgl. im Übrigen *Geck*, in: Starck, Festgabe BVerfG 1976 II, S. 125, 127 ff.

[1759] BVerfGE 66, 39, 64 f.

[1760] BVerfGE 94, 315, 332.

[1761] BVerfGE 46, 342, 367.

[1762] Vgl. *Geiger*, S. 93 (§ 18 IV).

## IV. Verfassungsrecht

Für die Rechtshilfeentscheidung deutscher Justizbehörden relevante inhaltliche Vorgaben können sich auch aus dem Grundgesetz selbst, namentlich den Grundrechten als freiheitsschützende „Abwehrrechte des Bürgers gegen den Staat" und „objektiver Wertordnung"[1764] ergeben. Die Grundrechte sind jeder Lage des Verfahrens „unmittelbar geltendes Recht" (Art. 1 Abs. 3 GG) und als solches unbeschadet der Gesetzesbindung (Art. 20 Abs. 3 GG) zu beachten.[1765] Zwei Aspekte sind hier von Interesse: Zum einen die unmittelbare Anwendung des Verfassungsrechts im Verhältnis zur verfassungskonformen Auslegung des einfachen Rechts und zum anderen die Auslegung des Verfassungsrechts selbst.

Für das Verhältnis von Verfassungsrecht zu einfachem Recht hat das BVerfG im Fall der aus Art. 33 Abs. 5 GG hergeleiteten Fürsorgepflicht des Dienstherrn gegenüber dem Beamten explizit Stellung bezogen[1766]: Kann dem Grundgesetz selbst, sei es auch im Wege der Auslegung, die Anknüpfung einer inhaltlich bestimmten Rechtsfolge an einen bestimmten Lebenssachverhalt entnommen werden, so ist dieser verfassungsrechtliche Rechtssatz als unmittelbar geltendes Recht auch anzuwenden.[1767] Erst wenn das Verfassungsrecht keine konkreten Vorgaben macht, dann ist die abstrakte verfassungsrechtliche Wertentscheidung bei der Auslegung des einfachen Gesetzesrechts zu berücksichtigen.

---

[1763] BVerfGE 6, 309, 363.

[1764] BVerfGE 7, 198, 204 f.

[1765] BVerfGE 9, 137, 149. Vgl. zur „Ausstrahlungswirkung" der Verfassung auch *Roellecke*, in: Starck, Festgabe BVerfG 1976 II, S. 21, 34 ff.

[1766] BVerfGE 43, 154, 168: „Es ist die Eigentümlichkeit von in der Verfassung gewährten Ansprüchen, mögen sie in Grundrechten, grundrechtsähnlichen Vorschriften oder Grundsätzen der Verfassung enthalten sein, daß sie in summarischer Kürze formuliert sind, daß man ihnen durch eine Vielzahl von Varianten des Sichverhaltens gerecht werden kann, daß sie also nicht auf eine bestimmte, konkrete Leistung gehen, daß sie der Ausfaltung im einfachen Gesetz zugänglich und regelmäßig bedürftig sind, daß sie aber unbeschadet dieser Regelung im einfachen Gesetz unmittelbar anwendbar sind, und zwar nicht nur als (auslegungsbedürftiger) Maßstab für die Kontrolle der Verfassungsmäßigkeit des einfachen Gesetzes, sondern – weil und insoweit sie eben dem Bürger gewährte verfassungsrechtliche Ansprüche enthalten - auch in der Weise, daß ihnen unmittelbar im Wege der Auslegung Rechtsfolgen entnommen werden, die ihrerseits generellen Charakter haben, also auf eine Vielzahl von Fällen anwendbar sind und das einfache Gesetz ergänzen mit der Folge, daß der durch Auslegung der Verfassungsvorschrift gewonnene konkrete Verfassungssatz auf jeden konkreten Sachverhalt, der jenem Verfassungssatz explizit unterfällt, angewendet werden muß."

[1767] BVerfG a.a.O., 169 f.

Zum zweiten Aspekt, der Auslegung des Verfassungsrechts, sind in der Rechtsprechung des BVerfG folgende Grundsätze anerkannt[1768]:

Die Bestimmungen der Verfassung, insbesondere die Grundrechte sind nur dann auszulegen, soweit sich die sachliche Reichweite nicht unmittelbar erschließt.[1769] Eine einzelne Verfassungsbestimmung darf nicht isoliert betrachtet und allein aus sich heraus ausgelegt werden[1770]; vornehmstes Interpretationsprinzip ist die Einheit der Verfassung.[1771] Aus dem Gesamtinhalt der Verfassung ergeben sich gewisse verfassungsrechtliche Grundsätze und Grundentscheidungen, denen die einzelnen Verfassungsbestimmungen untergeordnet sind. Diese sind deshalb so auszulegen, dass sie mit den elementaren Verfassungsgrundsätzen und Grundentscheidungen des Verfassungsgebers vereinbar sind.[1772]

Bei mehreren Auslegungsalternativen ist diejenige zu wählen, welche die juristische Wirkungskraft der betreffenden Verfassungsnorm am stärksten entfaltet[1773] und die dem Bürger einen Rechtsanspruch einräumt[1774]. Um den Sinngehalt und die Tragweite einer Verfassungsnorm richtig zu erfassen, ist ein Blick auch auf das rechtliche und historische Umfeld der Entstehung sowie die Zielrichtung erforderlich, wie sie sich in den Beratungen darstellte und wie sie schließlich im Normzusammenhang ihren Ausdruck gefunden hat.[1775] Konflikte mit anderen Verfassungsbestimmungen sind im Wege der praktischen Konkordanz zu lösen. Das bedeutet, eine widerstreitende Rechtsposition darf nicht bevorzugt und maximal behauptet werden, sondern alle Rechtspositionen müssen einen möglichst schonenden Ausgleich erfahren.[1776]

Bei der Auslegung des Grundgesetzes zieht das BVerfG auch Inhalt und Entwicklungsstand der Europäischen Menschenrechtskonvention in Betracht, sofern dies nicht zu einer Einschränkung oder Minderung des Grundrechtsschutzes nach dem Grundgesetz führt. Denn diese Wirkung will die Konvention indes selbst ausgeschlossen wissen (Art. 60 EMRK). Die Rechtsprechung des Europäischen Gerichtshofes für Menschenrechte dient deshalb als Auslegungshilfe für die Bestim-

---

1768 Die im Schrifttum vertretenen Ansätze können hier nicht ansatzweise erörtert werden. Zu den Methoden der Verfassungsinterpretation *Roellecke*, in: Starck, Festgabe BVerfG 1976 II, S. 21, 24 ff.; jüngst *Vocke*, S. 14 ff., m.w.N.

1769 BVerfGE 12, 45, 53.

1770 BVerfGE 1, 14, 32 f; dazu *Badura*, in: Starck, Festgabe BVerfG 1976 II, S. 1, 3 f.

1771 BVerfGE 19, 206, 220.

1772 BVerfGE 1, 14, 32 f.

1773 BVerfGE 6, 55, 72.

1774 BVerfGE 15, 275, 281; dazu *Roellecke*, in: Starck, Festgabe BVerfG 1976 II, S. 21, 42 ff.

1775 BVerfGE, 74, 51, 57.

1776 BVerfGE 28, 243, 260 f.

mung von Inhalt und Reichweite von Grundrechten und rechtsstaatlichen Grundsätzen des Grundgesetzes.[1777]

## §9 DIE NOTWENDIGE BETEILIGUNG DEUTSCHER JUSTIZBEHÖRDEN BEI DER ZUSTELLUNG EINER US-KLAGE IN DEUTSCHLAND

Wenn eine Klage zum Zwecke der Zustellung aus den USA nach Deutschland zu übermitteln ist, dann müssen nach geltendem Recht die deutschen Justizbehörden eingeschaltet werden.[1778] Andere, an sich denkbare Übermittlungswege bleiben dem US-Kläger praktisch verschlossen. Im Folgenden sind die Rechtsgrundlagen des gegenwärtigen amerikanisch-deutschen Zustellungsverkehrs darzustellen und die praktischen Konsequenzen zu ziehen.

### A. Rechtsgrundlagen

Für die Zustellung zivilrechtlicher US-Klagen in Deutschland bilden die staatsvertraglichen Regelungen des HZÜ die spezialgesetzliche Rechtsgrundlage. Soweit einschlägig, erlangen daneben allgemeine völkergewohnheitsrechtlich verfestigte Rechtssätze und individualschützende Rechte an Bedeutung.

### I. Haager Zustellungsübereinkommen

Die Übermittlung von Klagen ist im Verhältnis der BR Deutschland zu den USA durch das HZÜ seit dem Inkrafttreten am 26.06.1979 staatsvertraglich verbindlich geregelt.[1779]

### 1. Ziel und Zweck (Präambel)

Zur Ermittlung des Zieles und Zweckes ist der Vertragswortlaut samt Präambel und Anlagen heranzuziehen.[1780] Nach seiner Präambel bezweckt das HZÜ[1781],

> „[...] durch geeignete Maßnahmen sicherzustellen, dass gerichtliche und außergerichtliche Schriftstücke, die im Ausland zuzustellen sind, ihren Empfängern rechtzeitig zur Kenntnis

---

[1777] BVerfGE 74, 358, 370; ebenso BVerwGE 94, 35, 48; 100, 287, 296.

[1778] "Klagezustellung" meint hier durchweg Zustellung der Klageschrift (complaint) nebst Ladung zum Termin (summons) im Sinne von F.R.Civ.P. 4 (c).

[1779] BGBl. 1979 II, 779.

[1780] Vgl. auch Art. 31.2 WVRK.

[1781] Vgl. auch *Pfeil-Kammerer*, S. 23 ff.; *Böckstiegel/Schlafen*, NJW 1978, 1073, 1074 f.

gelangen, [und...] dafür die gegenseitige Rechtshilfe zu verbessern, indem das Verfahren vereinfacht und beschleunigt wird [...]". (Amtliche Übersetzung)[1782]

Der Regelungszweck des Übereinkommens wird besonders vor dem Hintergrund der Neuerungen gegenüber den Vorgängerübereinkommen von 1905 und 1954 deutlich:

Durch die Schaffung eines einheitlichen Übermittlungsweges („Zentrale Behörde", Art. 2 ff. HZÜ) soll die Auslandszustellung vereinfacht werden.[1783] Ziel ist es demnach, das kontinental-europäische Zustellungssystem durch Festlegung eines einheitlichen Übermittlungsweges für alle Vertragsstaaten zu vereinfachen und den Vertragsstaaten gleichwohl die Möglichkeit zu eröffnen, die einfacheren und schnelleren Zustellungsverfahren des anglo-amerikanischen Rechts zu gebrauchen.[1784]

Insbesondere mit Art. 15 und 16 HZÜ wurde eine Kompromisslösung im Hinblick auf fiktive Inlandszustellungen wie der französischen „remise au parquet" zum Schutz des Beklagten gesucht.[1785] Das Zustellungssystem des HZÜ soll dazu dienen, dem Beklagten so weit und so rechtzeitig wie möglich tatsächliche Kenntnis vom zuzustellenden Schriftstück zu verschaffen, damit dieser sich verteidigen kann.[1786]

Das Übereinkommen schafft schließlich eine einheitliche Form der Ersuchen und der Zustellungszeugnisse (Art. 3, 6 HZÜ). Damit soll der Nachweis der wirksamen Zustellung im Ausland ermöglicht (und vereinfacht) werden.[1787]

## 2. Sachlicher Anwendungsbereich (Art. 1 Abs. 1 HZÜ)

Das Übereinkommen regelt die Rechtshilfe nur in seinem Anwendungsbereich. Grundvoraussetzung ist neben der räumlichen und zeitlichen auch die Anwendbarkeit in sachlicher Hinsicht. Nach Art. 1 Abs. 1 HZÜ ist der sachliche Anwendungsbereich „in Zivil- oder Handelssachen" „in allen Fällen" der Übermittlung

---

[1782] Authentisch sind gleichermaßen der englische und der französische Vertragstext, vgl. Schlussformulierung des Übereinkommens, BGBl. 1977 II, 1462, und die nun in Art. 33 WVRK kodifizierte Regel des Völkergewohnheitsrechts.

[1783] Vgl. Rapport Explicatif de *M.V. Taborda Ferreira*, in : Conférence de la Haye de Droit International Privé, Actes et Documents de la Dixième Session, Tome III – Notification, 1965, S. 363.

[1784] Vgl. *Pfeil-Kammerer*, S. 29.

[1785] Vgl. *Pfeil-Kammerer*, S. 32.

[1786] Rapport Explicatif de *M.V. Taborda Ferreira*, in : Conférence de la Haye de Droit International Privé, Actes et Documents de la Dixième Session, Tome III – Notification, 1965, S. 363.

[1787] Rapport Explicatif de *M.V. Taborda Ferreira*, in : Conférence de la Haye de Droit International Privé, Actes et Documents de la Dixième Session, Tome III – Notification, 1965, S. 363 f.

„gerichtlicher oder außergerichtlicher Schriftstücke zum Zwecke der Zustellung in das Ausland" eröffnet.[1788]

*a) „Zivil- oder Handelssachen"*

Das HZÜ gilt für „Zivil- oder Handelssachen" („civil or commercial matters"/„en matière civile ou commerciale"). Das HZÜ enthält wie seine Vorgängerregelungen in den Haager Übereinkommen über den Zivilprozeß (HZPÜ) aus den Jahren 1905/1954 weder eine Definition des Begriffes „Zivil- oder Handelssachen" noch einen Anhaltspunkt für seine Auslegung. Auch eine Vereinbarung über die Auslegung existiert nicht.[1789] Damit mag es kaum verwundern, dass die Auslegung schon in methodischer Hinsicht divergiert.[1790]

In der deutschen Anwendungspraxis war lange umstritten, ob US-amerikanische Strafschadensersatzklagen unter den Begriff der „Zivilsachen" zu subsumieren sind. Von Teilen im deutschen Schrifttum gefolgt von einigen Justizverwaltungen wurde in den achtziger und frühen neunziger Jahren vertreten, dass für die Zustellung von Strafschadensersatzklagen (punitive/exemplary/treble damages) der sachliche Anwendungsbereich des Art. 1 Abs. 1 HZÜ nicht eröffnet sei.[1791] Konsequenterweise wäre die BR Deutschland nicht zur Erledigung diesbezüglicher US-amerikanischer Zustellungsersuchen verpflichtet. Mangels staatsvertraglicher Grundlage – die USA sind insbesondere nicht Mitgliedstaat der Haager Übereinkommen über den Zivilprozess von 1905 und 1954 – würde sich die Erledigung nach den Grundsätzen des vertragslosen Rechtshilfeverkehrs richten. Ersuchen auf Zustellung einer Strafschadensersatzklage würden nach autonomen deutschen Recht behandelt: Die Erledigung wäre abzulehnen.[1792]

Diese Ansicht hat sich insbesondere in der deutschen Rechtsprechung nicht durchsetzen können.[1793] Nach Ansicht der Rechtsprechung sind die Ansprüche „materiell" nicht dem Strafrecht zuzuordnen.[1794] Der früher entscheidungserhebliche Streit kann mittlerweile als erledigt gelten. Jüngere Entscheidungen, namentlich

---

1788 In der französischen Fassung: „La présente Convention est applicable, en matière civile ou commerciale, dans tous les cas où un acte judiciaire ou extrajudiciaire doit être transmis à l'étranger pour y être signifié ou notifié." In der englischen Fassung: „The present Convention shall apply in all cases, in civil or commercial matters, where there is occasion to transmit a judicial or extrajudicial documents for service abroad."

1789 So schon US-Delegation, Report (1977), 17 I.L.M. 312, 315 (1978).

1790 Vgl. zu den alternativen Methoden *Merkt,* S. 40 ff.

1791 Vgl. zum Meinungsstand umfassend *Merkt,* S. 35 ff.

1792 Vgl. *Merkt,* S. 118; *Hollmann,* RIW 1982, 784, 789.

1793 OLG München, NJW 1989, 3102; NJW 1992, 3113; KG, OLGZ 1994, 587.

1794 So OLG München, NJW 1989, 3102.

die im vorliegenden Fall, haben die im Schrifttum vertretene Ansicht nicht mehr aufgegriffen.[1795]

Die Ansicht, die den sachlichen Anwendungsbereich beschränken will, überzeugt auch nicht. Dreifachschadensersatzklagen (treble damages claims) sind „Zivil- oder Handelssachen" im Sinne des Übereinkommens. Im Sinne einer möglichst gleichmäßigen und einheitlichen Anwendung ist eine vertragsautonome Auslegung nach völkerrechtlichen Grundsätzen zu befürworten.[1796] Diese Auslegung entspricht den allgemein geltenden völkergewohnheitsrechtlichen Vorgaben, wie sie heute in Art. 31 f. WVRK staatsvertraglich niedergelegt sind.

Insbesondere *Merkt* hat darauf hingewiesen, dass man bei entsprechender Auslegung des Begriffes „Zivil- und Handelssachen" nicht umhin kommt, den Ausgleich privater Interessen und Streitigkeiten als charakteristisch anzusehen.[1797] Schon eine vergleichende Betrachtung der Übung in den Rechtsordnungen der Vertragsstaaten führt zu diesem Befund. Von offizieller Seite in den USA sieht man in negativer Abgrenzung Strafsachen[1798], in Deutschland zusätzlich auch Steuer- und Verwaltungssachen[1799] als nicht erfasst an. Der Bericht der Expertenkommission der Haager Konferenz im Jahre 1964 verwies seinerseits auf den Bericht von 1904, nach dem der Anwendungsbereich eröffnet sei, sobald private Interessen im Spiele seien.[1800] Auf der Folgekonferenz im Jahre 1989 äußerten die Delegierten die Auffassung, dass in Grauzonen liberal, also zugunsten des Übereinkommens auszulegen sei.[1801] Im Lichte seines Zieles und Zweckes, „die gegenseitige Rechtshilfe zu verbessern, indem das Verfahren vereinfacht und beschleunigt wird", erscheint dies allein sachgerecht.

*Merkt*[1802] hat auch umfangreich und überzeugend nachgewiesen, dass Klagen auf „punitive damages" in den USA nahezu ausschließlich der Bestrafung und der Abschreckung des Täters dienen. Den Ausgleich privater Interessen bezwecken nur die enthaltenen „actual" oder „nominal damages". Nichts anderes gilt für „treble damages" hinsichtlich des Teils (zwei Drittel), der den kompensatorischen Zwe-

---

[1795] OLG Frankfurt, RIW 2001, 464, 465; OLG München, Beschl. v. 12.07.2000 (9 VA 3/00) (unveröffentlicht), S. 3.

[1796] In diesem Sinne auch Special Commission, Conclusions (1989), RabelsZ 1990, 370; *Merkt*, S. 48; Stein/Jonas/*Roth*, § 199 II ZPO Rdnr. 19.

[1797] Vgl. *Merkt*, S. 55.

[1798] Vgl. Restatement (Third) Foreign Relations Law § 471 (1987), Comment (f).

[1799] Vgl. Denkschrift, BT/Drcks. 7/4892, S. 41.

[1800] Vgl. Rapport de la Commission Spéciale, Conférence de la Haye de Droit International Privé, Actes et Documents de la Dixième Session, Tome III – Notification, 1965, S. 74, 79.

[1801] Vgl. Special Commission, Conclusions (1989), RabelsZ 1990, 370.

[1802] Vgl. *Merkt*, S. 89.

cken dienenden Schadensersatzteil übersteigt.[1803] Aus dem Überwiegen des strafenden Teils folgert *Merkt* aber in beiden Fällen, derartige Klagen seien keine Zivilsachen.[1804] Demnach sei der sachliche Anwendungsbereich des HZÜ nicht eröffnet.

Insbesondere „treble damages“ enthalten aber unbestritten einen kompensatorischen Teil von immerhin einem Drittel, der dem Ausgleich privater Interessen dient. Es kann dem HZÜ nicht entnommen werden, dass bei Vorliegen auch eines strafenden Teils der sachliche Anwendungsbereich insgesamt zu verneinen sei. Eine „Teileröffnung“ nur hinsichtlich des kompensatorischen Teils analog der Rechtslage im Stadium der Vollstreckung ist kaum denkbar. Die zuzustellende „treble damages“-Klage kann von den Justizbehörden anders als der zu vollstreckende Urteilsbetrag nicht einfach betragsmäßig aufgeteilt werden, zumal der Strafschadensersatz im Ersuchen nicht einmal beziffert sein muss.[1805] Würde man dieser Ansicht folgen, so müsste die Zustellung einer auch privaten Interessen dienenden Klage demnach insgesamt im vertragslosen Rechtshilfeverkehr erfolgen. Das Übereinkommen würde zu Lasten des erklärten Übereinkommenszweckes strikt und gerade nicht liberal interpretiert. Schließlich ist zu bedenken, dass gerade das HZÜ die Rechtsstellung des auswärtigen Beklagten stärkt. Weil in den USA „treble damages“ als „private remedies“ und nicht als „criminal penalties“ eingeordnet werden, wäre das HZÜ vom US-Richter an sich anzuwenden. Ohne eine Einlassung des deutschen Beklagten könnte folglich vorerst keine Entscheidung ergehen (Art. 15 Abs. 1 HZÜ). Diesen Schutzes ginge der Beklagte verlustig, wenn man den sachlichen Anwendungsbereich verneint.

Nach alledem ist die Ansicht der Rechtsprechung vorzugswürdig.

### *b) „zum Zweck der Zustellung in das Ausland zu übermitteln“*

Art. 1 Abs. 1 HZÜ bezieht sich zudem auf die Übermittlung „eines gerichtlichen oder außergerichtlichen Schriftstückes zum Zweck der Zustellung in das Ausland“ („where there is occasion to transmit a judicial or extrajudicial document for service abroad“/„un acte judiciaire ou extrajudiciaire doit être transmis à l’étranger pour y être signifié ou notifié“).

Die Frage, was unter einer „Zustellung“ zu verstehen ist, ist auch dem Text der deutschen Übersetzung nicht zu entnehmen. Auffällig ist der Unterschied in den beiden verbindlichen Sprachfassungen. Während der französische Text von „signi-

---

[1803] Vgl. *Merkt*, S. 96.

[1804] Vgl. *Merkt*, S. 118, 123.

[1805] Vgl. Musterformular zu Art. 5 Abs. 4 HZÜ (BGBl. 1977 II, 1471): „Art und Gegenstand des Verfahrens, *gegebenenfalls* Betrag der geltend gemachten Forderung“, in den verbindlichen Fassungen: „ Nature and purpose of the proceedings and, *where appropriate*, the amount in dispute/Nature et objet de l’instance, *le cas échéant*, le montant du litige“(Hervorhebung d. Verf.).

fié ou notifié" spricht, findet sich im englischen Text nur der Begriff „service". Die Unterschiede in der Terminologie sind den Eigenheiten insbesondere des französischen Rechts geschuldet, dass zwischen der „signification" und der „notification" trennt.[1806] Der in der englischen Fassung verwendete Begriff des „service" soll hingegen beide Methoden des französischen Rechts umfassen.[1807] Die deutsche Übersetzung geht vom deutschen Verständnis aus und verwendet ebenfalls nur den Begriff „Zustellung".[1808]

Auch die weitere Frage, wann ein gerichtliches Schriftstück ins Ausland zu übermitteln ist, lässt sich nicht unmittelbar anhand des Vertragstextes beantworten. Im Grunde besteht hier aber Einigkeit. Das HZÜ soll das Zustellungsrecht innerhalb der Vertragsstaaten unberührt lassen.[1809] Sowohl in der BR Deutschland[1810] als auch in den USA[1811] gesteht man der *lex fori* grundsätzlich die Entscheidung zu, wann eine Zustellung in das Ausland zu erfolgen hat. Bei einem Prozess vor einem US-Gericht kommt eine Auslandszustellung folglich nur dann in Betracht, wenn das einschlägige autonome US-amerikanische Zustellungsrecht eine Auslandszustellung an den auswärtigen Beklagten vorsieht.

Noch nicht abschließend geklärt erscheint die Frage, ob und inwieweit der *lex fori*-Grundsatz einzuschränken ist.[1812] Einiger Stimmen im deutschen Schrifttum

---

1806 Vgl. Rapport de la Commission Spéciale, in : Conférence de la Haye de Droit International Privé, Actes et Documents de la Dixième Session, Tome III – Notification, 1965, S. 74, 78; Denkschrift, BT/Drcks. 7/4892, S. 41 f.

1807 Vgl. Practical Handbook, S. 28; *Ristau*, Bd. 1, S. 151 (§ 4-1-4): „[Service]... means the formal delivery of a document to the addressee in such manner as legally to charge him with the notice of the institution of a legal proceeding." Ähnliche Formulierung in *Volkswagenwerk AG v. Schlunk*, 486 U.S. 694, 700, 108 S.Ct. 2542, 100 L.Ed.2d 722 (1988).

1808 Vgl. Denkschrift, BT/Drcks. 7/4892, S. 42.

1809 Vgl. Practical Handbook, S. 26; Denkschrift, BT/Drcks. 7/4892, S. 40: „Das Übereinkommen geht nicht so weit, einheitlich für alle Vertragsstaaten festzulegen, in welchen Fällen zur Einleitung und während eines gerichtlichen Verfahrens eine Zustellung im Ausland notwendig ist."; so auch schon der deutsche Tagungsdelegierte der Haager Konferenz *Arnold*, AWD/RIW 1965, 205.

1810 Vgl. zur deutschen Haltung Denkschrift, BT/Drcks. 7/4892, S. 40: „Es bestimmt sich vielmehr allein nach dem Recht des Gerichts, vor dem ein Verfahren schwebt, in welchen Fällen die ‚Zustellung' im Ausland notwendig ist." Ebenso BVerfGE 91, 335, 341; *Schack*, IZVR, S. 240 (Rdnr. 612).

1811 Vgl. zur US-amerikanischen Rechtsauffassung und einer ausführlichen Analyse der Vertragsentstehung *Volkswagenwerk AG v. Schlunk*, 486 U.S. 694, 108 S.Ct. 2542, 100 L.Ed.2d 722 (1988). Ebenso das Schrifttum *Ristau*, Bd. 1, S. 152 (§ 4-1-4); *Siegel*, 28 U.S.C.A. F.R.Civ.P. 1-11, Rule 4 C4- 24 (Cumulative Annual Pocket Part 1997); *Born*, S. 757 f.; *Dolinger/Tiburcio*, 33 Tex.Int'l L.J. 425, 428 ff. (1998).

1812 Vgl. zum Meinungsstand statt vieler *Schlosser*, EuGVÜ/HZÜ/HBÜ, Art. 1 HZÜ Rdnr. 6 f., und die vorzügliche neuere Darstellung von *Fleischhauer*, S. 29 ff.

zufolge soll die Regelungsbefugnis der *lex fori* dann eine Einschränkung erfahren, wenn der Forumstaat die verbindlichen staatsvertraglichen Regelungen zum Schutz des auswärtigen Zustellungsadressaten durch fiktive Inlandszustellungen umgeht (*legislatio in fraudem legis internationalis*). Naturgemäß lässt sich diese Frage nicht abstrakt, sondern nur mit Blick auf die jeweilige Regelung beantworten.

#### *c) „in allen Fällen"*

Das HZÜ ist „in allen Fällen" („in all cases"/„dans tous les cas") anzuwenden, die in den Anwendungsbereich des Übereinkommens fallen. In seinem Anwendungsbereich erfasst das Übereinkommen „alle" Fälle exklusiv. Der Wortlaut ist eindeutig und bedarf keiner weiteren Auslegung.

Zu beachten ist aber schließlich die Legalausnahme in Art. 1 Abs. 2 HZÜ: Danach gilt das HZÜ nicht, wenn die Anschrift des Empfängers des Schriftstücks unbekannt ist.

### 3. Übermittlungsweg

Im Anwendungsbereich des Übereinkommens sind die Wege der Übermittlung gerichtlicher Schriftstücke verbindlich festgelegt.[1813]

#### *a) Zustellung durch zuständige deutsche „Zentrale Behörde" (Art. 5 HZÜ)*

Für die Übermittlung US-amerikanischer Klagen an deutsche Beklagte kommt praktisch nur der unmittelbare Behördenverkehr (Art. 5 HZÜ) über die zuständige deutsche „Zentrale Behörde" (Art. 2 Abs. 2, 18 Abs. 3 HZÜ, § 1 S.1 AusführungsG) in Betracht.[1814]. Darüber hinaus besteht im Verhältnis zur USA kein Zusatzabkommen zur weiteren Vereinfachung des unmittelbaren Behördenverkehrs.[1815]

Das US-amerikanische Zustellungsersuchen wird von der nach US-Recht zuständigen „Behörde" oder dem zuständigen „Justizbeamten" („l'officier ministériel"; „judicial officer") an die zuständige „Zentrale Behörde" in Deutschland gerichtet (Art. 3 Abs. 1 HZÜ). Die Regelung soll auch Ersuchen durch Anwälte umfassen[1816]; eine diesbezügliche Vereinbarung wurde auf der Tagung der Special

---

[1813] Vgl. Denkschrift, BT/Drcks. 7/4892, S. 41, 42.

[1814] Vgl. auch Denkschrift, BT/Drcks. 7/4892, S. 41 f.

[1815] Vgl. Art. 11 HZÜ.

[1816] Vgl. Rapport Explicatif de *M.V. Taborda Ferreira*, in : Conférence de la Haye de Droit International Privé, Actes et Documents de la Dixième Session, Tome III – Notification, 1965, S. 368; Practical Handbook, S. 39 f. Vgl. zur Rechtsauffassung in den USA *Marschhauser v. Travelers Indemnity Co.*, 145 F.R.D. 605 (S.D. Fla. 1992); *Ristau*, Bd. 1, S. 175 (§ 4-2-2).

Commission 1977 geschlossen.[1817] Da das innerstaatliche Recht (bei US-Bundesgerichten F.R.Civ.P. 4 (c) (2)) die Zustellung durch den Anwalt der klagenden US-Partei zulässt, kann dieser auch das Ersuchen an die deutsche „Zentrale Behörde" richten. In Deutschland werden die Ersuchen bearbeitet, wenn diese einen Hinweis auf das innerstaatlich geltende US-Recht erhalten, das den Anwalt zur Zustellung autorisiert.[1818] Für das Ersuchen sollen die einheitlichen Musterformulare verwendet werden (Art. 3 Abs. 1 HZÜ).[1819]

Art. 5 HZÜ sieht die förmliche (Art. 5 Abs. 1 lit. a, b HZÜ) oder die formlose Zustellung (Art. 5 Abs. 2 HZÜ) vor. Die Zustellung muss förmlich erfolgen, wenn der deutsche Empfänger nicht zur Annahme des Schriftstückes bereit ist. Die Form der Zustellung richtet sich in diesem Fall grundsätzlich nach deutschem Recht (Art. 5 Abs. 1 lit. a HZÜ); das zuzustellende Schriftstück muss in diesem Fall in deutscher Sprache abgefasst oder in diese übersetzt sein (Art. 5 Abs. 3 HZÜ, § 3 AusführungsG).[1820] In Deutschland erfolgt die förmliche Zustellung auf Veranlassung der Zentralen Behörde entweder durch die Post oder das zuständige Amtsgericht (§ 4 Abs. 1 S. 1, 2, Abs. 2 AusführungsG). Die Vorschriften der ZPO für Zustellungen von Amts wegen (§§ 166 ff. ZPO) gelten entsprechend (§ 4 Abs. 1 S. 3 AusführungsG). Damit sind auch zwangsbewehrte und ersatzweise vorgenommene Zustellungen möglich. Als Ermächtigungsgrundlage für den Eingriff in Rechte des Zustellungsadressaten ist das Zustimmungs- und das Ausführungsgesetz heranzuziehen.[1821]

Hat sich der deutsche Beklagte nicht auf das US-Verfahren eingelassen, so muss das befasste US-Gericht das Verfahren grundsätzlich so lange aussetzen, bis eine Feststellung über die Klagezustellung getroffen worden ist (Art. 15 Abs. 1 HZÜ).

> „Durch diese Regelung soll das Interesse des Beklagten geschützt werden, von einem Verfahren Kenntnis zu erhalten, das in einem anderen Vertragsstaat gegen ihn geführt wird."[1822]

Wenn allerdings innerhalb einer angemessenen, mindestens jedoch 6-monatigen Frist nach der Absendung der Klage kein Zustellungszeugnis zu erlangen war, dann

---

[1817] Vgl. US-Delegation, Report (1977), 17 I.L.M. 312, 315 (1978).

[1818] Vgl. Practical Handbook, S. 40.

[1819] Zu den weiteren Formalien des Ersuchens Art. 3 Abs. 2 HZÜ und *Ristau*, Bd. 1, S. 176 ff. (§ 4-2-3).

[1820] Vgl. auch Declaration of April 27, 1979, para. 1, subpara. 2, abgedruckt in: *Ristau*, Bd. 2, S. A-49; auf diese Erklärung wird in der Bekanntmachung über das Inkrafttreten des HZÜ v. 21.06.1979, BGBl. 1979 II, 779, abgedruckt auch in: *Bülow/Böckstiegel/Geimer/Schütze*, A I 2c (Nr. 352), Stand: 24.EL. (Oktober 2001), 1 ff., Bezug genommen. Eine Übermittlung ohne die erforderliche Übersetzung wird auch von US-Gerichten als Verletzung des HZÜ anerkannt, vgl. *Pennsylvania Orthopedic Association v. Mercedes-Benz A.G.*, 160 F.R.D. 58 (E.D.Pa. 1995).

[1821] Ebenso *Kondring*, S. 134; für Beweisaufnahmen *R.Geimer*, ZfRV 1992, 401,418.

[1822] Denkschrift, BT/Drcks. 7/4892, S. 40; BVerfGE 91, 335, 340.

kann unter den genannten Voraussetzungen der Rechtstreit entschieden werden (Art. 15 Abs. 2 HZÜ); die USA hat eine dementsprechende Erklärung abgegeben.[1823] Mit dieser Regelung sollen „unzumutbare Verzögerungen" vermieden werden.[1824]

Dem Beklagten, der sich nicht eingelassen hat und gegen den eine Säumnisentscheidung ergangen ist, ist unter bestimmten Voraussetzungen die Möglichkeit einer Wiedereinsetzung in den vorigen Stand eröffnet (Art. 16 HZÜ).

*b) Der deutsche Widerspruch im Hinblick auf diplomatische, konsularische (Art. 8 HZÜ) und direkte Zustellungen (Art. 10 HZÜ)*

Der diplomatische und der konsularische Weg (Art. 8 HZÜ) wäre zwar an sich möglich. Die BR Deutschland hat aber der diplomatischen oder konsularischen Zustellung an deutsche Staatsangehörige auf ihrem Hoheitsgebiet widersprochen.[1825] Die US-Auslandsvertretungen können damit nur an US-Staatsangehörige in Deutschland zustellen (Art. 8 Abs. 2 HZÜ, § 6 S. 1 AusführungsG).[1826]

Direktzustellungen (Art. 10 HZÜ) finden wegen des deutschen Widerspruches in Deutschland ebenfalls nicht statt (§ 6 S. 2 AusführungsG).[1827]

*aa) Zweck: Bewahrung einer Kontrollmöglichkeit*

Mit Blick auf die praktische Rechtsanwendung, aber auch auf die vermehrt geäußerte Kritik am gegenwärtigen System ist es sinnvoll, sich ins Gedächtnis zu rufen, warum der deutsche Gesetzgeber sich gegen Direktzustellungen durch die Post oder Private und für die Zustellung im Wege der Rechtshilfe entschieden hat.

Allein die Zustellung im behördlichen Rechtshilfeverkehr ermöglicht eine (wie auch immer geartete) Kontrolle durch die deutschen Justizbehörden. Es kommt

---

[1823] Vgl. Declaration of August 24, 1967, para. 3, abgedruckt in: 16 I.L.M. 1349 (1977); *Bülow/Böckstiegel/Geimer/Schütze*, A I 2d (Nr. 353), Stand: 24.EL. (Oktober 2001), 24 f.

[1824] Denkschrift, BT/Drcks. 7/4892, S. 40.

[1825] Vgl. Declaration of April 27, 1979, para. (4), abgedruckt in: *Ristau*, Bd. 2, S. A-49. Auf diese Erklärung wird in der Bekanntmachung über das Inkrafttreten des HZÜ v. 21.06.1979, BGBl. 1979 II, 779, abgedruckt auch in: *Bülow/Böckstiegel/Geimer/Schütze*, A I 2c (Nr. 352), Stand: 24.EL. (Oktober 2001), 1 ff., Bezug genommen.

[1826] Die USA betrachten die Zustellung von Klagen und gerichtlichen Schriftstücken hingegen nicht als Aufgabe des Auswärtigen Dienstes (Foreign Service). Ohne spezielle Ermächtigung durch das zuständige Außenministerium (State Department) ist es den Auslandsvertretungen sogar verboten, Klagen oder gerichtliche Schriftstücke zuzustellen (22 C.F.R. §§ 92.85 (1998)). Vgl. *Ristau*, Bd. 1, S. 86 (§ 3-1-4), Abdruck der Bestimmungen in: Bd. 2, S. A-433 ff.; *Born*, S. 765 (Fn. 61).

[1827] Declaration of April 27, 1979, para. (4).

deshalb nicht von ungefähr, dass sich der deutsche Zustimmungsgesetzgeber zum HZÜ insbesondere gegen die postalische Direktzustellung (Art. 10 lit. a HZÜ) ausgesprochen hat:

> „Mit der Zustellung im Ausland unmittelbar durch die Post würde ein Vertragsstaat Hoheitsakte *ohne jede Kontrolle* durch den Staat, auf dessen Gebiet sie stattfinden, vornehmen."[1828] (Hervorhebung d. Verf.)

Der deutsche Standpunkt kommt noch klarer in einer Note der deutschen Botschaft an das US-Außenministerium (State Department) vom 27.09.1979 zum Ausdruck:

> „Under German legal interpretation, German sovereignty is violated in cases where foreign judicial documents are served directly by mail within the Federal Republic of Germany. By such direct service, an act of sovereignty is conducted *without any control* by German authorities on the territory of the Federal Republic of Germany. This is not admissible under German Laws. Under these laws, the German authorities must be in a position to examine whether the foreign request for service is in compliance with the legal provisions established for this purpose and whether it is in compliance with the ordre public of the Federal Republic of Germany. *This is the reason why* the Federal Republic of Germany has, when depositing the instrument of ratification to The Hague Convention of November 15, 1965, concerning the service abroad of judicial and extrajudicial documents in civil or commercial matters, *objected* in accordance with Article 21, Para. 2, letter 'a' of the Convention to the application of the channels of transmission as stipulated in *Article 10* of the Convention. [...]"[1829] (Hervorhebung d. Verf.)

Die staatliche Behörde übernimmt damit anstelle der Beklagtenpartei die Verantwortung für die Kontrolle des zuzustellenden Schriftstückes. Die Entscheidung des deutschen Zustimmungsgesetzgebers für das rechtshilferechtliche Verfahren fügt sich so in das formalisierte, von der Amtszustellung geprägte deutsche Zustellungsrecht ein.[1830]

Der bisherige Rechtszustand des HZÜ beansprucht jedoch keine Ewigkeitsgarantie. Die Entwicklungen im europäischen Binnenrechtsverkehr belegen dies.[1831] Im Sinne einer weiteren Vereinfachung und Beschleunigung ist die Diskussion um eine Neuordnung des deutschen internationalen Zustellungsrechtes in vollem Gange.[1832] Die Vorteile direkter Zustellungsformen liegen ebenso auf der Hand wie die

---

1828 Denkschrift, BT/Drcks. 7/4892, S. 46.

1829 Diplomatic Note of Sept. 27, 1979, abgedruckt in: *Ristau*, Bd. 1, S. 90 (§3-1-8).

1830 Das hat das ZustRG noch einmal ausdrücklich klargestellt: Die Amtszustellung wird als Regelfall den Vorschriften über die Parteizustellung vorangestellt, vgl. Erstes Buch, Dritter Abschnitt, Zweiter Titel, erster Untertitel der ZPO und BT/Drcks. 14/4554, S. 15.

1831 Insbesondere zur Geltendmachung von Einwänden im neuen europäischen Zustellungsrecht *Stadler*, IPRax 2001, 514, 520.

1832 Umfassend zum Problem die gleichnamige Darstellung von *G.Geimer*.

Nachteile: Vor allem postalische Direktzustellungen sind verhältnismäßig schnell und einfach in der Abwicklung; es fehlt aber eine Kontrollmöglichkeit im Zustellungsstaat selbst im Hinblick auf geringste formale Anforderungen (bspw. Übersetzung) zum Schutze des Zustellungsempfängers.

Inwieweit alle in Deutschland ansässigen Beklagten gleichermaßen schutzbedürftig sind - man könnte bspw. an eine Differenzierung entsprechend § 38 ZPO denken - und die Aufrechterhaltung des bisherigen Zustellungssystems im außereuropäischen Rechtsverkehr rechtspolitisch sinnvoll ist, ist hier nicht zu beantworten. Grundsätzlich gilt es zu bedenken, dass gerade eine behördliche Eingangskontrolle dem Schutz des im Inland ansässigen Beklagten in besonderer Weise Rechnung trägt und damit dem deutschen Zustellungssystem, das dem Beklagtenschutz traditionell besondere Bedeutung beimisst, auch eher entspricht.

*bb) Bedeutung der Reform des Zustellungsrechts innerhalb der Europäischen Gemeinschaft*

Mit Blick auf das neue Zustellungsrecht im europäischen Binnenrechtsverkehr stellt sich die Frage, inwieweit diese Entwicklung sich auf die deutsche Haltung zu Zustellungen unter dem Regime des HZÜ auswirkt. Denn im Sinne einer weiteren Verbesserung und Beschleunigung der Übermittlung gerichtlicher Schriftstücke scheint sich im europäischen Binnenrechtsverkehr der Trend hin zu postalischen Direktzustellungen durchzusetzen.

Die EG hat den Rechtsrahmen durch die Verordnung des Rates (EG) Nr. 1348/2000 vom 29.05.2000 gesetzt, die am 31.05.2001 in Kraft getreten ist und unmittelbar anwendbares Recht darstellt.[1833] Die auf die Kompetenznorm des Art. 65 EG in der Fassung des Amsterdamer Vertrages gestützte „Rechtsvereinheitlichung“[1834] verfolgt das Ziel, „einen Raum der Freiheit, der Sicherheit und des Rechts, in dem der freie Personenverkehr gewährleistet ist, zu erhalten und weiterzuentwickeln.“[1835]

Die Verordnung regelt (in Anlehnung an das HZÜ) auf welchem Weg, jedoch nicht wann „Schriftstücke von einem in einen anderen Mitgliedstaat zum Zwecke der Zustellung zu übermitteln“ sind. Damit enthält sich die Verordnung des Problems der Behandlung fiktiver Inlandszustellungen an auswärtige Beklagte.[1836] Die

---

1833 ABl. 2000 L 160, 37; Abdruck bei *Jayme/Hausmann*, Nr. 224. Zu Einzelheiten der VO *Heß*, NJW 2001, 15, 19 ff.; *ders.*, NJW 2002, 2417, 2422 ff.; *Lindacher*, ZZP 114, 179 ff. (2001); *Stadler*, IPRax 2001, 514 ff.

1834 Ob angesichts der zahlreichen Optionsmöglichkeiten der Mitgliedstaaten davon überhaupt gesprochen werden kann, ist höchst fraglich; zum Problem der „Rechtszersplitterung“ durch die nationalen Ausführungsregelungen auch *Heß*, NJW 2002, 2417, 2423.

1835 Vgl. VO 1348/2000 (EG), Erwägungsgrund (1).

1836 *Lindacher*, ZZP 114, 179, 188 f. (2001); *Stadler*, IPRax 2001, 514, 516 f.

Verordnung lässt die Übermittlung gerichtlicher Schriftstücke auf den herkömmlichen Wegen zu.[1837] Zustellungen gerichtlicher Schriftstücke sind nun aber auch an „Personen, die ihren Wohnsitz in einem anderen Mitgliedstaat haben, [...] unmittelbar durch die Post" möglich (Art. 14 Abs. 1 VO 1348/2000 (EG)). Die Mitgliedstaaten können die Bedingungen hierfür festlegen, jedoch nicht mehr der postalischen Direktzustellung an sich widersprechen (Art. 14 Abs. 2 VO 1348/2000 (EG)).[1838]

Die BR Deutschland hat von dem in der Verordnung eingeräumten Gestaltungsspielraum Gebrauch gemacht und die Zustellung per Einschreiben mit Rückschein als einzig zulässige Zustellungsform bestimmt (§§ 183 Abs. 3 S. 2 ZPO, 2 Abs. 1 S. 1 ZustDG). Bei einem deutschen Beklagten muss das zuzustellende Schriftstück in deutscher Sprache oder eine deutsche Übersetzung beigefügt sein (§ 2 Abs. 1 S. 2 Nr. 1 ZustDG). Einwände, bspw. wegen sprachlicher Mängel, kann der Beklagte faktisch nicht durch eine Annahmeverweigerung, sondern erst vor dem Prozessgericht geltend machen.[1839] Direktzustellungen im Parteibetrieb sind hingegen nach wie vor unzulässig (§ 3 ZustDG).[1840] Mit beiden Regelungen sollen Zustellungsadressaten in Deutschland soweit wie möglich geschützt werden.[1841]

Die Bundesregierung hat in der Gesetzesbegründung zum deutschen DurchführungsG ihre Haltung klar geäußert.:

> „Der deutsche Vorbehalt zu Art. 10 des Haager Zustellungsübereinkommens wird hierdurch [durch das ZustRG, der Verf.] nicht berührt."[1842]

Eine Änderung der völkerrechtlichen Beurteilung direkter Zustellungen in Deutschland ist mithin nicht angezeigt. Die Reform des europäischen Zustellungsverkehrs hat keinerlei unmittelbare Auswirkung auf den deutsch-amerikanischen Rechtsverkehr auf der Grundlage des HZÜ.

---

1837 Vgl. Art. 4 ff., 12 f. VO 1348/2000 (EC).

1838 Vgl. Begründung zum Entwurf des Zustellungsreformgesetzes (ZustRG), BT-Drcks. 14/4554, S. 23 (zu § 183 Abs. 1 ZPO); *Lindacher*, ZZP 114, 179, 186 (2001); *Stadler*, IPRax 2001, 514, 519; *Geimer*, IZPR, S. 665 (Rdnr. 2178a).

1839 Dazu *Stadler*, IPRax 2001, 514, 520.

1840 Damit hat die BR Deutschland die in Art. 15 Abs. 1 VO vorgesehene Möglichkeit ausgeschlossen und einen insoweit dem HZÜ entsprechenden Rechtszustand beibehalten, vgl. Begründung zum Entwurf des EG-Zustellungsdurchführungsgesetz, BT-Drcks. 14/5910, S. 7 (zu § 3 ZustDG).

1841 Vgl. Begründung zum Entwurf des EG-Zustellungsdurchführungsgesetz, BT-Drcks. 14/5910, S. 7 (zu § 2, 3 ZustDG).

1842 Vgl. Begründung zum Entwurf des Zustellungsreformgesetzes (ZustRG), BT-Drcks. 14/4554, S. 23 (zu § 183 Abs. 1 ZPO).

## II. Allgemeine völkerrechtliche Rechtsquellen

Das HZÜ regelt die Auslandszustellung nicht umfassend. Damit erlangen an den Stellen, an denen sich das HZÜ einer Regelung enthält, auch die übrigen völkerrechtlichen Rechtsquellen Bedeutung. Betroffen ist vor allem die Frage, ob aus anderen Rechtsgründen eine Pflicht des Forumstaates zur Auslandszustellung an auswärtige Beklagte hergeleitet werden kann. Zudem soll hier noch der Frage nachgegangen werden, wie Direktzustellungen ins Ausland aus der Sicht des allgemeinen Völkerrechts zu beurteilen sind.

### 1. Vorgaben für eine Auslandszustellung an auswärtige Beklagte

Bei jeder Zustellung an einen auswärtigen Beklagten stellt sich die Frage, ob die Klageschrift nicht schon im Inland wirksam zugestellt werden kann bzw. ob nicht doch kraft des innerstaatlich unmittelbar geltenden allgemeinen Völkerrechts im Ausland zugestellt werden muss.

#### *a) Völkergewohnheitsrecht*

Aus dem allgemeinen Völkerrecht sind wie schon aus dem Völkervertragsrecht keine konkrete Vorgaben abzuleiten, wann eine Klage an den auswärtigen Beklagten im Ausland zugestellt werden muss. Im Gegenteil, es handelt sich im Grundsatz anerkannt allein um eine Entscheidung der *lex fori*.[1843] Das Verfahrensrecht des Forumstaates bestimmt demnach, ob die Klage im Inland zugestellt werden kann oder im Ausland zugestellt werden muss. Mit anderen Worten, entscheidet sich der Forumstaat anstelle einer Auslandszustellung für (fiktive) Inlandszustellungen an auswärtige Beklagte, so begegnet das im Allgemeinen keinen völkerrechtlichen Bedenken.[1844]

In Einzelfällen sind jedoch völkerrechtliche Einschränkungen dieses Grundsatzes denkbar. Hintergrund der Unstimmigkeiten sind bestimmte Formen fiktiver Inlandszustellungen an auswärtige Beklagte, wie zum Beispiel die französische „remise au parquet".[1845] Vorwiegend wird die Umgehung staatsvertraglicher Regelun-

---

[1843] Vgl. Restatement (Second) Conflict of Laws § 126 (1971): "The local law of the forum determines the method of serving process and of giving notice of the proceeding to the defendant."; ebenso die Sichtweise des deutschen Zustimmungsgesetzgebers zum HZÜ, Denkschrift, BT/Drcks. 7/4892, S. 40.

[1844] Umfassend und im Ergebnis überzeugend *Fleischhauer*, S. 24 ff.; in Detailfragen abweichend *Schmitz*, S. 157 ff.

[1845] Vgl. auch *Bertele*, S. 96 (Fn. 67), unter Verweis auf *Schmitz*, S. 162 ff. Kritik bezog insoweit die Entscheidung des US Supreme Court in *Volkswagenwerk AG v. Schlunk*, 486 U.S. 694, 108 S.Ct. 2542, 100 L.Ed.2d 722 (1988), die Zustellung an inländische Töchter auswärtiger Beklagter als zulässig anzusehen.

gen eingewandt; darauf wurde schon im Rahmen des HZÜ eingegangen. Zum Teil wird auch mit einer Umgehung des allgemeinen Grundsatzes der Gebietshoheit argumentiert.[1846] Eine Umgehung kann aber nur dann verboten sein, wenn der vermeintlich umgangene Grundsatz ausschließliche Befolgung verlangt, also keinen „Alternativweg"[1847] zulässt. Zumindest für den Grundsatz der Gebietshoheit gilt das nicht.

*b) Individualschutz des Beklagten*

Ob eine Klage an einen auswärtigen Beklagten tatsächlich im Ausland zugestellt werden muss, ist auch eine Frage des verfassungs- wie völkerrechtlich verbürgten Individualschutzes. Insbesondere allzu großzügig ausgestaltete fiktive Inlandszustellungen legen eine Beeinträchtigung des verfassungs- wie menschenrechtlich verbürgten Anspruches des Beklagten auf Nichtdiskriminierung, ein faires Verfahren, rechtliches Gehör und effektiven Rechtsschutz nahe.

Die Zustellung einer Klage zur Einleitung eines staatlichen Gerichtsverfahrens berührt individuelle Interessen beider streitenden Parteien.[1848] Beide, Kläger wie Beklagter, sind an der effektiven Durchsetzung ihrer materiellen Rechtspositionen interessiert. Für den Kläger muss eine effektive Zustellung vor allem schnell, einfach und sicher nachzuweisen sein, um sein Verfahren vorantreiben zu können. Ist ein Beklagter gerichtspflichtig und muss er sich deshalb auf ein Klageverfahren einlassen, dann hat er eine Interesse daran, sich sachgerecht verteidigen zu können. Eine effektive Zustellung muss ihm deshalb möglichst schnell ausreichende Kenntnis vom Klageinhalt verschaffen. Der rechtsstaatlich organisierte Forumstaat ist verfassungsrechtlich gehalten, die gegenläufigen Interessen beider Parteien sorgsam in Einklang zu bringen. Diese verfassungsrechtliche Prämisse wurde bei der Reform des deutschen Zustellungsrechts in der Gesetzesbegründung noch einmal ausdrücklich herausgestrichen:

> „Die Zustellung bildet die Grundlage für die Einleitung des gerichtlichen Verfahrens, seinen Fortgang und die Bestandskraft der verfahrensbeendenden Entscheidung. Ihre Ausgestaltung ist deshalb nicht nur bedeutsam für die Verwirklichung des rechtlichen Gehörs (Art. 103 Abs. 1 GG), sondern *gleichermaßen* von Bedeutung für den im Justizgewährungsanspruch begründeten Anspruch auf wirksamen Rechtsschutz in angemessener Zeit (Art. 19 Abs. 4 GG) und für die Rechtssicherheit als wesentliches Element des Rechtsstaatsprinzips (Art. 20 Abs. 3 GG)."[1849] (Hervorhebung der Verf.)

---

[1846] Vgl. *Schmitz*, S. 169 f.; dazu sogleich unten IV. Kapitel: §9A.II.2.b).

[1847] So zu Recht *Schmitz*, S. 170.

[1848] Vgl. *Lindacher*, ZZP 114, 179, 180 f. (2001); *Stadler*, IPRax 2001, 514, 515.

[1849] Vgl. Begründung zum Entwurf des ZustRG, BT-Drcks. 14/4554, S. 13.

Grenzüberschreitende Zustellungen haben nicht nur längeren Übermittlungswegen[1850], sondern auch unterschiedlichen Sprachen, Zustellungssystemen und Rechtsgegebenheiten Rechnung zu tragen. Beide Parteien stehen hier vor dem Problem, eine effektive Rechtsverfolgung zu organisieren. Zudem tritt zum Forumstaat als Träger des Verfahrens auch noch der Staat, in dem der Beklagte ansässig ist, mit seinem Anspruch auf Achtung der Souveränität hinzu.

Im deutschen Schrifttum hat sich jüngst *Fleischhauer* der gründlichen rechtsvergleichenden Untersuchung dieser Problematik angenommen.[1851] Hier muss es indes mit einigen wenigen Ausführungen sein Bewenden haben: Ein in den USA verklagter, aber in Deutschland ansässiger Beklagter müsste für seine verfassungsrechtliche Argumentation die *lex fori*, bei Verfahren vor US-Bundesgerichten die US-Bundesverfassung bemühen. Der US Supreme Court hat in seiner Entscheidung *Volkswagenwerk AG v. Schlunk* jedoch festgestellt, dass sich aus dem „due process"-Gebot der Verfassung kein generelles Gebot der Auslandszustellung an auswärtige Beklagte ableiten lässt.[1852] Zustellungen im Inland sind verfassungsrechtlich nicht grundsätzlich zu beanstanden und bleiben daher möglich. Aus der Sicht des völkerrechtlich verbürgten Menschenrechtsschutzes[1853], im Übrigen auch des deutschen Verfassungsrechts[1854], ist der Sachverhalt nicht anders zu beurteilen.

### 2. Vorgaben für die Inanspruchnahme des Zustellungsstaates bei hoheitlicher Auslandszustellung

Ist nach der *lex fori* eine Zustellung im Ausland erforderlich, dann fragt sich, auf welchem Wege die Zustellung zu erfolgen hat. Der denkbar einfachste und schnellste Weg wäre für den Kläger die direkte Zustellung an den Beklagten als Zustellungsadressaten, ohne dass der betreffende ausländische Staat in irgendeiner Weise mitwirkt.

---

1850 Vgl. die Auflistung der Erledigungszeiten bei *G.Geimer*, S. 7 f.

1851 Vgl. *Fleischhauer*, für den völkerrechtlichen Individualschutz S. 68 ff., für das US-Verfassungsrecht S. 94 ff., für das deutsche Verfassungsrecht S. 212 ff. Im übrigen *Geimer*, IZPR, S. 104 ff. (Rdnr. 251 ff.); *Bajons*, FS Schütze, S. 49, 57 ff.

1852 *Volkswagenwerk AG v. Schlunk*, 486 U.S. 694, 108 S.Ct. 2542, 100 L.Ed.2d 722 (1988).

1853 Vgl. für das Diskriminierungsverbot *Fleischhauer*, S. 77 ff., *Schmitz*, S. 181; für menschenrechtliche Positionen im Hinblick auf eine Rechtsverweigerung, *Fleischhauer*, S. 82 ff., *Schmitz*, S. 183, für den fremdenrechtlichen Mindeststandard, *Schmitz*, S. 192 f.

1854 Zur verfassungsrechtlichen Zulässigkeit der Zustellung durch Aufgabe zur Post nach deutschem Recht BVerfG, NJW 1997, 1772. Auch die Bundesregierung hält die Zustellung durch Aufgabe zur Post für verfassungs- und völkervertragsrechtlich unbedenklich, vgl. Begründung zum Entwurf des Zustellungsreformgesetzes (ZustRG), BT-Drcks. 14/4554, S. 23 (zu § 184 ZPO). Im übrigen *Geimer*, IZPR, S. 104 ff. (Rdnr. 251 ff); *Pfeil-Kammerer*, S. 30 f.

Die Frage der Zulässigkeit von Direktzustellungen wird von Art. 10 HZÜ i.V.m. § 6 AusführungsG ausdrücklich geregelt. Die allgemeinen Regeln des Völkerrechts erlangen jedoch zumindest mittelbar bei der Auslegung an Bedeutung. Der Regelungszweck einer staatsvertraglichen Regelung wird regelmäßig erst dann richtig verständlich, wenn der Zustand betrachtet wird, der ohne die Regelung bestünde. Sowohl Art. 10 HZÜ als auch § 6 AusführungsG sind deshalb im Zusammenhang mit den einschlägigen allgemeinen Regeln des Völkerrechts auszulegen.

Bei einer direkten Klagezustellung im Ausland wird seit jeher, insbesondere von deutscher Seite, mit einer Verletzung der völkerrechtlichen Souveränität des Staates, in dem die Zustellung vorgenommen wird, argumentiert. Konsequenterweise muss der Forumstaat nach dieser Auffassung die Rechtshilfe des Staates in Anspruch nehmen, in dem die Zustellung bewirkt werden soll.

*a) Das Verbot der Vornahme von Hoheitsakten auf fremdem Staatsgebiet*

Die Bedenken gegen direkte Klagezustellungen stützen sich maßgeblich auf das herkömmliche Souveränitätsverständnis.

Das Völkerrecht wird von dem Grundsatz der souveränen Gleichheit der Staaten geprägt (vgl. auch Art. 2 Nr. 1 UN-Charta).[1855] Es handelt sich dabei um einen allgemeinen Grundsatz des Völkerrechts.[1856] Die souveräne Gleichheit eines Staates manifestiert sich nach außen (gegenüber anderen Staaten) in der Unabhängigkeit und nach innen in der Selbstregierung.[1857] Die staatliche Regelungsgewalt, also das souveräne Recht zur Ausübung von Gewalt gegen Sachen und Personen ist im eigenen Staatsgebiet umfassend und exklusiv. Die Gebietshoheit anderer souveräner Staaten beschränkt die staatliche Regelungsgewalt zugleich auf das eigene Staatsge-

---

[1855] Vgl. aus dem Schrifttum statt vieler *Randelzhofer*, in: Isensee/Kirchhof, HStR, Bd. 1, S. 701 (§ 15, Rdnr. 26); *Gloria*, in: Ipsen, S. 328 (§ 26, Rdnr. 7).

[1856] BVerfGE 46, 342, 402 f., spricht von einem „Konstitutionsprinzip des gegenwärtigen allgemeinen Völkerrecht". Zum Begriff des „allgemeinen Grundsatzes" *Heintschel von Heinegg*, in: Ipsen, S. 195 (§ 16, Rdnr. 43), unter Hinweis auf *H.Mosler*, EPIL II, 513: „Ihre Besonderheit gegenüber den sonstigen Normen des Völkergewohnheitsrechts folgt daraus, dass sie in der internationalen Gemeinschaft dermaßen verfestigt und allgemein anerkannt sind, dass ein gesonderter Nachweis durch die Staatenpraxis nicht mehr erforderlich ist". BVerfGE 46, 342, 402 f., spricht von einem „Konstitutionsprinzip des gegenwärtigen allgemeinen Völkerrechts".

[1857] Vgl. *Verdross/Simma*, S. 29 (§ 35); *Schweitzer*, StR III, S. 196 (Rdnr. 574); *Randelzhofer*, in: Isensee/Kirchhof, HStR, Bd. 1, S. 700 (§ 15, Rdnr. 23); *Doehring*, Völkerrecht, S. 55 (§ 2, Rdnr. 122), betont die "Befehlsunabhängigkeit von anderen Staaten".

biet.[1858] Nach der herrschend vertretenen Kompetenztheorie ist das Staatsgebiet der physische Bereich, in dem sich die Staatsgewalt manifestiert.[1859]

Die Gebietsausschließlichkeit als der hier interessierende Aspekt hat zur Folge, dass in Abwesenheit eines völkerrechtlichen Titels Hoheitsakte nicht auf dem Gebiet eines fremden Staates vorgenommen werden dürfen, sog. Verbot der Vornahme von Hoheitsakten auf fremdem Staatsgebiet.[1860] Hoheitsakte dürfen deshalb nur durch den Souverän oder mit seiner Zustimmung auf dessen Hoheitsgebiet gesetzt werden.[1861]

Der Ständige Internationale Gerichtshof hat im *Lotus*-Fall[1862], der Internationale Gerichtshof u.a. im *Corfu Channel*-Fall[1863] diese grundlegende völkerrechtliche Beschränkung der staatlichen Regelungsgewalt bestätigt. Das BVerfG hat entschieden, dass das völkerrechtliche Verbot ausschließlich im Interesse der Staaten als solcher, nicht im Interesse der privaten Einzelnen besteht; diese sollen völkerrechtlich nicht in einem Vertrauen darauf geschützt sein, dass ein solches Einverständnis erteilt werde.[1864]

*b) Direkte Klagezustellungen als Hoheitsakte auf fremden Staatsgebiet*

Was die Zulässigkeit direkter Klagezustellungen nach allgemeinem Völkerrecht angeht, so existiert ein ausgeprägter Meinungsstand.[1865] Besonders umstritten sind vor allem direkte Klagezustellungen durch Privatpersonen und durch die Post. Das völkerrechtliche Verbot der Vornahme von Hoheitsakten auf fremdem Staatsgebiet greift im Grundsatz unstreitig jedenfalls dann, wenn zwei Bedingungen erfüllt sind: Eine Handlung muss auf fremdem Staatsgebiet vorgenommen werden (territoriales Element) *und* diese Handlung muss den Charakter eines Hoheitsaktes besitzen

---

1858 Vgl. *Gloria*, in: Ipsen, S. 244 (§ 23, Rdnr. 4); *Doehring*, Völkerrecht, S. 41 (§ 2, Rdnr. 88 f.), spricht insoweit von einem zwingenden Rechtssatz des Völkerrechts (*ius cogens*); *Geck*, in: Strupp/Schlochauer, Bd. 1, S. 795.

1859 Vgl. *Gloria*, in: Ipsen, S. 244 (§ 23, Rdnr. 2); *Graf Vitzthum*, in: Isensee/Kirchhof, HStR, Bd. 1, S. 713 (§ 16, Rdnr. 6):„sowohl Kompetenzbereich wie Gegenstand und Grundlage seiner Herrschaft".

1860 So auch BVerfGE 63, 343, 372; *Verdross/Simma*, S. 276 (§ 456); *Gloria*, in: Ipsen, S. 245 (§ 22, Rdnr. 6); *Randelzhofer*, in: Isensee/Kirchhof, HStR, Bd. 1, S. 702 (§ 15, Rdnr. 28): „Ausfluß der äußeren Souveränität".

1861 Vgl. *Gloria*, in: Ipsen, S. 245 (§ 22, Rdnr. 6); *Doehring*, Völkerrecht, S. 41 (§ 2, Rdnr. 88).

1862 PCIJ, Ser. A, No.10 (1927), S. 18.

1863 ICJ, ICJ Reports 1949, S. 35.

1864 BVerfGE 63, 343, 363.

1865 Einen Überblick bieten die neueren Abhandlungen von *Bertele*, S. 78 ff., speziell zu Zustellungen, S. 93 ff.; *G.Geimer*, S. 129 ff.; *Fleischhauer*, S. 62 ff.

(funktionales Element). Der Inhalt dieser beiden Determinanten ist teleologisch zu bestimmen.

Hinsichtlich des *territorialen* Elementes ist bei Zustellungen an einen auswärtigen Beklagten notwendigerweise danach zu differenzieren, in welchem Staat die Zustellung bewirkt wird oder als bewirkt gilt. Bemerkenswerterweise sprach auch § 199 ZPO a.F. von einer „im Ausland zu *bewirkende[n]* Zustellung" (Hervorhebung d. Verf.). Es geht demnach um die notwendige Abgrenzung zu Inlandszustellungen und keineswegs um „Haarspalterei", wie gelegentlich eingewandt wird; im Übrigen ist diese territoriale Anknüpfung bei Sachverhalten mit Auslandsbezug typisch für die Bestimmung des Anwendungs- und Wirkungsbereichs eines staatlichen Rechtsaktes.[1866] Das völkerrechtliche Verbot kann nur Zustellungshandlungen erfassen, bei denen die Zustellung an den auswärtigen Beklagten im Ausland bewirkt wird.[1867] Es kommt darauf an, ob die *im Ausland vorgenommene* Handlung hoheitlichen Charakter trägt. Auf diese Weise kann der Hoheitsakt auf fremdem Staatsgebiet auch von Hoheitsakten unterschieden werden, die auf eigenem Staatsgebiet vorgenommen werden, aber darüber hinaus wirken (exterritorial wirkende Hoheitsakte).[1868] Grundsätzlich nicht erfasst sind deshalb, wie bereits erwähnt, Zustellungsformen, bei denen die Verfahrenswirkung der Zustellung an eine Handlung oder ein Geschehen im Inland angeknüpft wird (fiktive Inlandszustellungen).[1869] Gilt eine Zustellung mit der Übergabe an die zuständige Behörde[1870] oder an einen Zu-

---

[1866] Vgl. *Kropholler*, IPR, S. 136 ff. (§ 22).

[1867] Vgl. zum Kriterium der „verfahrensgestaltenden Wirkung" *Verdross/Simma*, S. 277 (§ 456); ähnlich *Schmitz*, S. 171 ff.; weitergehend *Siegrist*, S. 170, der (aus schweizerischer Sicht) „sämtliche Uebermittlungen, mit denen sich eine Behörde an ein Rechtssubjekt wendet", erfassen will.

[1868] Vgl. *Geck*, in: Strupp/Schlochauer, Bd. 1, S. 79; eingehender zu den Grenzen staatlicher Rechtsetzung *Rudolf*, BerDGVR 11 (1973), 7 ff., zur Notwendigkeit einer Inlandsbeziehung, S. 22 ff., zur Unterscheidung von Rechtsetzung und Rechtsdurchsetzung, S. 33 ff.; *Habscheid*, BerDGVR 11 (1973), 47 ff.; umfassend auch *Bertele*, S. 99 ff.

[1869] Vgl. zur Zustellung durch Aufgabe zur Post die Empfehlungen des Rechtsausschusses des Bundestags, BR-Drcks. 492/1/00, S. 7 (Nr. 10): „Völkerrechtliche Verpflichtungen werden hierdurch nicht verletzt, da die Zustellung durch Aufgabe zur Post als Inlandszustellung zu werten ist."

[1870] So das in Staaten des romanischen Rechtskreises angewandte Zustellungssystem der sog. „remise au parquet", vgl. *Pfeil-Kammerer*, S. 29 ff.; *Volken*, S. 33 (Rdnr. 11); *Bajons*, in: FS Schütze, S. 49, 55 f.: „im Inland vollzogene Zustellung mit extraterritorialer Wirkung des vorverlegten Zustellungszeitpunktes". Zur Frage der Anerkennungsfähigkeit gem. Art. 27 Nr. 2 EuGVÜ einer so ergangenen Entscheidung im Hinblick auf das gemeinschaftsrechtliche Diskriminierungsverbot des Art. 12 EG, vgl. OLG Karlsruhe, RIW 1999, 538, 539; *Bajons*, in: FS Schütze, S. 49, 60 f.

stellungsbevollmächtigten[1871] im Inland oder mit der Aufgabe zur Post[1872] oder mit der öffentlichen Bekanntmachung[1873] im Inland als bewirkt, so mag diese Zustellungsform zwar dem Beklagten im Einzelfall ungünstig erscheinen und deshalb unerwünscht sein.[1874] Sie ist aber nach allgemeinem Völkerrecht nicht verbotswidrig, da die maßgebliche Zustellungshandlung im Inland vorgenommen wird.[1875] Selbst die nachfolgende Unterrichtung (notification) über die bereist bewirkte Klagezustellung soll als bloße Mitteilung nicht dem Verbotssatz unterliegen, auch wenn dann der Gedanke der Umgehung sich aufdrängen mag.[1876]

Das *funktionale* Element, die Ausübung staatlicher Regelungsgewalt, ist bei der Durchführung eines staatlichen Gerichtsverfahrens im Allgemeinen nicht zweifelhaft.[1877] Ein US-amerikanisches Gericht kann ebenso wenig wie ein deutsches Gericht ohne weiteres gerichtliche Handlungen im Ausland vornehmen. Geht es um die weiteren Kriterien zur Abgrenzung verbotenen hoheitlichen von grundsätzlich nicht verbotenen privaten Verhaltens, so ist weit weniger Einmütigkeit festzustellen. Unerheblich soll nach weit verbreiteter Ansicht sein, ob Zwang ausgeübt wird.[1878]. Zwar ist die Ausübung von Zwang ein Indiz für den hoheitlichen Charakter der Handlung. Wird jedoch kein Zwang angewendet, so kann nicht schon deshalb der hoheitliche Charakter der Zustellungshandlung verneint werden. So wird auch die hoheitliche Natur der Zustellungshandlung nicht ernsthaft bezweifelt,

---

1871 In den USA besteht bspw. für ausländische Kfz-Hersteller die gesetzliche Pflicht (National Traffic and Motor Vehicle Safety Act, 49 U.S.C. § 3163), einen Zustellungsbevollmächtigten zu benennen.

1872 § 184 Abs. 1 S. 1, 2 ZPO, der auf Anordnung des Gerichts eine Verpflichtung zur Benennung eines Zustellungsbevollmächtigten vorsieht (§ 174 Abs. 2 ZPO a.F., sah noch eine Verpflichtung kraft Gesetzes vor), gilt dies aber nicht für verfahrenseinleitende „deutsche Klagen", da die prozessuale Pflicht der auswärtigen „*Partei*" die Rechtshängigkeit des deutschen Klageverfahrens voraussetzt. Nach § 184 Abs. 1 S. 2 ZPO (§ 175 Abs. 1 S. 1, 2 ZPO a.F.) kann bei „*späteren Zustellungen*" das Schriftstück zur Post gegeben werden, wenn kein Zustellungsbevollmächtigter benannt wurde.

1873 §§ 185 Nr. 2, 188 ZPO (§§ 203 Abs. 2 ZPO, 206 Abs. 1 S. 1 a.F).

1874 Vgl. zur deutschen Haltung Denkschrift, BT/Drcks. 7/4892, S. 40.

1875 Vgl. *Bertele*, S. 95; *G.Geimer*, S. 152.

1876 Vgl. *Bertele*, S. 96 (Fn. 67); *Schmitz*, S. 169 f.; *Fleischhauer*, S. 59 f., spricht bildlich schön, aber nicht ganz treffend davon, dass „[d]urch den Kunstgriff einer Zustellungsfiktion im Inland [...] die sich anschließende Postsendung ihrer hoheitlichen Funktion wieder entkleidet" wird; für eine Umgehung der exklusiven Übermittlungswege des HZÜ *Schlosser*, EuGVÜ/HZÜ/HBÜ, Art. 1 HZÜ Rdnr. 6 f.

1877 Vgl. *Gottwald*, in: FS Habscheid, S. 119, 120, 123; *Schack*, IZVR, S. 53 (Rdnr. 133); *Volken*, S. 1 (Rdnr. 2).

1878 So mit Recht *Bertele*, S. 84 f.; *Siegrist*, S. 11 f.; *Geck*, in: Strupp/Schlochauer, Bd. 1, S. 795; *Rudolf*, BerDGVR 11 (1973), 33; zum Diskussionsstand insbesondere bei zwangsbewehrten Beweisbeschaffungsanordnungen *G.Geimer*, S. 160 ff.

wenn die Zustellung durch eigene Organe des Forumstaates bewirkt wird, sei es mit oder ohne Zwang.[1879]

Das führt zum nächsten Kriterium. Von indiziellem, gleichfalls nicht zwingendem Charakter ist die Tatsache, wer im Ausland zustellt. Das Handeln eines eigenen Organs ist dem Staat freilich immer zurechenbar, „gleichviel, welche Befugnisse es hat, welcher Funktion der Staatsgewalt es zugeordnet ist oder welchen Rang es in der Staatsorganisation einnimmt."[1880] Die Zustellung durch eigene Organe im Ausland ist jedoch nur ein seltener Ausnahmefall. Für die Zustellung von US-Klagen in Deutschland betrifft dies lediglich den Fall der in engen Grenzen erlaubten Zustellung durch US-Konsuln.[1881] In der Praxis handelt der Forumstaat in der Regel nicht selbst durch seine eigenen Vollstreckungsorgane, sondern bedient sich zur Übermittlung der Hilfe anderer Personen, wenn nicht der Rechtshilfeorgane des Zustellungsstaates, dann der Privater. Die so eingesetzten Privatpersonen sind aus der maßgeblichen[1882] Sicht des innerstaatlichen (hier US-amerikanischen) Rechts jedenfalls keine Staatsorgane.

Wird die Zustellung durch eine andere Person als durch ein Organ des Forumstaates bewirkt, dann bedeutet auch dieser Umstand nicht zwangsläufig, dass der hoheitliche Charakter der Zustellungshandlung verneint werden muss. Im Ergebnis ist entscheidend, wie insbesondere *Bertele*[1883] jüngst zu Recht betont hat, dass die Handlung auf fremden Hoheitsgebiet dem Staat zugerechnet werden kann. Hoheitsakte auf fremden Staatsgebiet stellen als Verletzung fremder Gebietshoheit völkerrechtliche Delikte dar. Die Zurechnung völkerrechtswidrigen privaten Handelns ist eines der Hauptproblemfelder der Staatenverantwortlichkeit.[1884] Die dort entwickelten Grundsätze sind auch hier heranzuziehen. Danach ist das Verhalten Privater dem Staat zwar grundsätzlich nicht zuzurechnen.[1885] „Staatliches Handeln" kann aber dann vorliegen, wenn private Personen ohne Organeigenschaft, aber in Ausübung öffentlicher Funktionen handeln.[1886] Nach den Vorschlägen der *Internati-*

---

1879 Vgl. *Fleischhauer*, S. 63; *Bertele*, S. 94.

1880 Vgl. *K. Ipsen*, in: Ipsen, S. 553 (§ 40, Rdnr. 6). Vgl. auch International Law Commission, Commentaries to the draft articles on the Responsibility of States for Internationally Wrongful Acts, UN Doc. A/56/10, ch.2.IV.

1881 Vgl. *Pfeil-Kammerer*, S. 83.

1882 Vgl. *K. Ipsen*, in: Ipsen, S. 553 (§ 40, Rdnr. 4).

1883 Vgl. *Bertele*, S. 89.

1884 Eine vergleichbare Zurechnungsproblematik bei privatem Handeln stellt sich im deutschen Staatshaftungsrecht, vgl. *Ossenbühl*, S. 14 ff (§ 6). Entscheidend ist auch hier, ob es sich um eine staatliche oder eine private Angelegenheit handelt.

1885 Vgl. International Law Commission, Commentaries to the draft articles on the Responsibility of States for Internationally Wrongful Acts, UN Doc. A/56/10, ch.2.VIII, Comm. (1).

1886 Vgl. *K. Ipsen*, in: Ipsen, S. 552 (§ 40, Rdnr. 2).

*onal Law Commission* soll privates Verhalten dem Staat jedenfalls dann zuzurechnen sein, wenn die Privaten faktisch auf Anweisung (in fact acting on the instruction of) oder unter Führung und Kontrolle (under the direction or control of) des Staates handeln.[1887]

Die Frage, wie die Formen der (Direkt-)Zustellung durch eine private Partei oder die Post an den Beklagten im Ausland einzuordnen sind, bewegt sich entlang dieser schmalen Grenze und ist folglich heftig umstritten.[1888] Schon die Staatenpraxis divergiert. Die deutsche Seite hat in einer diplomatischen Note vom 27.09.1979 an das US State Department ihrer Auffassung Nachdruck verliehen, die postalische Zustellungsform stelle einen Eingriff in deutsche Hoheitsrechte dar.[1889] Damit bestätigte die Bundesregierung ihre, dem Widerspruch zu Art. 10 HZÜ zugrunde liegende Rechtsauffassung.[1890] Auch die Privatzustellung ausländischer Schriftstücke wird nach offizieller deutscher Lesart nicht als zulässig angesehen.[1891] Anders die offizielle Haltung der USA; dort wird insbesondere eine postalische Zustellung oder die Zustellung einer ausländischen Klage durch Privatpersonen geduldet.[1892]

In Anwendung der völkerrechtlichen Zurechnungsgrundsätze ist eine Klagezustellung durch Privatpersonen oder die Post dann dem Forumstaat als sein Hoheitsakt zurechenbar, wenn der Zustellende mit der Klagezustellung öffentliche Funktionen ausübt (bzw. er auf Anweisung oder unter Führung und Kontrolle des Forumstaates handelt). Es kommt also entscheidend auf die öffentliche Funktion der Zustellung an, um den hoheitlichen Charakter zu bestimmen. Die Ansicht, die hingegen allein auf die Rechtsstellung der Person des Zustellenden abstellen und

---

[1887] Vgl. International Law Commission, Commentaries to the draft articles on the Responsibility of States for Internationally Wrongful Acts, UN Doc. A/56/10, ch.2.VIII.

[1888] Vgl. die Nachweise des deutschen Diskussionsstandes bei *Bertele*, S. 94 f; für das Schweizer Recht und mit kurzer rechtsvergleichender Darstellung *Volken*, S. 29 (Rdnr. 89 f).

[1889] Vgl. Diplomatic Note of Sept. 27, 1979, abgedruckt in: *Ristau*, Bd. 1, S. 90 f. (§3-1-8). Auch Frankreich, Japan und die Schweiz haben auf der Basis dieser Rechtsauffassung gegen Direktzustellungen auf ihrem Hoheitsgebiet protestiert, vgl. *Ristau*, a.a.O.

[1890] Vgl. Denkschrift, BT/Drcks. 7/4892, S. 41, 46; *Bertele*, S. 97, weist zu Recht darauf hin, dass ein solcher Widerspruch eben nur Sinn macht, wenn der Widersprechende ein völkerrechtliches Verbot geltend macht. An dieser Haltung hat sich auch durch die Reform des deutschen Zustellungsrechts nichts geändert, vgl. Begründung zum Entwurf des Zustellungsreformgesetzes (ZustRG), BT-Drcks. 14/4554, S. 23 (zu § 183 Abs. 1 ZPO): „Der deutsche Vorbehalt zu Art. 10 des Haager Zustellungsübereinkommens wird hierdurch nicht berührt."

[1891] Vgl. Denkschrift, BT/Drcks. 7/4892, S. 47, unter Hinweis auf die deutsche Rechtslage gem. §§ 199, 202 Abs. 1 ZPO a.F.; *Pfeil-Kammerer*, S. 84.

[1892] Restatement (Third) Foreign Relations Law § 471(1987), Introductory Note, Comment (b) (e). Vgl. auch *Siegrist*, S. 177 ff.; *Pfeil-Kammerer*, S. 24.

die Funktion außer Acht lassen will, argumentiert zu formal.[1893] Im Ergebnis kann es keinen Unterschied machen, ob etwa das ausländische Gericht selbst oder eine vom Gericht oder vom Gesetzgeber beauftragte private Person die Zustellung bewirkt. Was der Staat im Ausland nicht selbst tun kann, das darf er unter Umgehung des völkerrechtlichen Verbots auch nicht durch private Personen tun.[1894] Der Forumstaat ist vielmehr so zu behandeln, als würde er selbst durch seine Organe handeln. Er muss sich das Handeln der von ihm bewusst eingesetzten Privatpersonen nach völkerrechtlichen Kriterien wie sein eigenes zurechnen lassen.

Auch bei der Bestimmung des hoheitlichen Charakters der Zustellungshandlung kann man auf bekannte Abgrenzungskriterien vergleichend zurückgreifen. So hat insbesondere die international anerkannte Unterscheidung in „*acta iure imperii*" und „*acta iure gestionis*"[1895] für die Frage einer Staatenimmunität Bedeutung erlangt. Allerdings musste man schon in diesem Zusammenhang konstatieren, dass sich aus dem Völkerrecht keine Verpflichtung zur Anwendung bestimmter Abgrenzungskriterien ergibt.[1896] *Schaumann* hat bei der Beantwortung der Frage der Staatenimmunität darauf hingewiesen, dass die Abgrenzung nach Möglichkeit zu einer gleichmäßigen internationalen Praxis führen, einfach zu handhaben und sachgerecht sein sollte.[1897] Hier kann nichts anderes gelten. Im Rahmen der Staatenimmunität wurden folgende Kriterien vorgeschlagen: Das äußere Erscheinungsbild, die Natur, die rechtliche Qualifizierung und der Zweck der Handlung bzw. die Zuordnung der Handlung zu einem bestimmten Aufgabenbereich (unmittelbare Staatsfunktionen, wirtschaftliche Betätigung).[1898] Das BVerfG hat sich gegen eine Unterscheidung nach Motiv und Zweck der staatlichen Betätigung und für die Unterscheidung nach der Natur der staatlichen Handlung ausgesprochen.[1899] Zu beachten ist ferner, dass die Einordnung grundsätzlich nach dem nationalen Recht vorzunehmen ist.[1900] Damit greift das völkerrechtliche Verbot der Vornahme von Hoheitsakten auf fremdem Hoheitsgebiet jedenfalls dann, wenn die Handlung aus der Sicht des Staates, in dem

---

[1893] So offenbar eine in den USA vertretene Auffassung, bei denen der Wunsch Vater des Gedankens zu sein scheint, die postalische Auslandszustellung nicht vom Verbot umfasst sehen, vgl. *Vollkommer*, ZZP 80, 248, 260 (1967). Dem folgend und insoweit etwas zu undifferenziert *G.Geimer*, S. 132 f. Beachtlich die Parallele bei der Zurechnung im deutschen Staatshaftungsrecht *Ossenbühl*, S. 14 (§ 6): der Rechtsstatus der handelnden Person ist unbeachtlich.

[1894] Vgl. *Bertele*, S. 98; *Schmitz*, S. 169.

[1895] Vgl. zu den Begrifflichkeiten *Schaumann*, BerDGVR 12 (1974), 5, 79 ff., insbesondere zu den Anforderungen und der Beurteilung der Kriterien, S. 89 ff.

[1896] Zum parallelen Problem bei der Anwendung des völkerrechtlichen Gebotes der Staatenimmunität *Habscheid*, BerDGVR 12 (1974), 159 ff.

[1897] Vgl. *Schaumann*, BerDGVR 12 (1974), 5, 89 ff., These 19, S. 287.

[1898] Vgl. *Schaumann*, BerDGVR 12 (1974), 5, 95 ff., These 23, S. 288 f.

[1899] BVerfGE 16, 27, 61 f.

[1900] BVerfGE 16, 27, 61 f.

diese vorgenommen wird (hier also der BR Deutschland), als hoheitliche zu beurteilen ist.[1901]

Am äußeren Erscheinungsbild lässt sich keine eindeutige Zuordnung treffen.[1902] Auch das Kriterium der rechtlichen Qualifizierung verhilft kaum weiter, wenn man lediglich darauf abstellt, wem die Zustellungsverantwortung obliegt.[1903] Weil auch Private hoheitliche Aufgaben erfüllen können[1904], taugt der Rechtsstatus der für die Klagezustellung verantwortlichen (wie die der durchführenden) Person allein nicht zur Abgrenzung. Nach hier vertretener Auffassung ist hingegen die Natur der Handlung, die staatliche Veranlassung der Zustellungshandlung an sich und die mit einer Zustellung erzielte Rechtswirkung als entscheidend anzusehen. Wird die Zustellung vom Staat als Träger des einzuleitenden staatlichen Gerichtsverfahrens kraft Gesetzes veranlasst und soll damit den Beklagten soweit wie möglich tatsächlich vom Klageinhalt in Kenntnis setzen und ihm damit eine zweckgerechte Verteidigung ermöglichen, so spricht dies für die öffentliche Funktion und den hoheitlichen Charakter. Für den hoheitlichen Charakter spräche zudem, wenn sich die Art und Weise jeder Zustellung, auch die mittels Privater, an den verfassungsrechtlichen Vorgaben zu orientieren hätte. Ein sicheres Indiz für die Ausübung öffentlicher Funktionen ist letztlich die Rechtswirkung für das staatliche Verfahren. Wenn die Zustellung der Klage die Grundlage für die Einbeziehung des Beklagten in ein staatliches Gerichtsverfahren bildet[1905] und die Einleitung wie die Durchführung eines staatlichen Gerichtsverfahrens Sache des Staates ist, dann kann am hoheitlichen Charakter kaum ein Zweifel bestehen. Aus der Sicht des deutschen Staates und der durch ihn mediatisierten deutschen Beklagten interessiert nur diese Funktion und Wirkung, nicht die Person des Zustellenden.[1906] Wird der deutsche Beklagte infolge der Zustellung der Klage der fremden staatlichen Gerichtsbarkeit und damit der Ausübung von fremder Staatsgewalt unterworfen, so werden an die in Deutschland vorgenommene (Zustellungs-)Handlung hoheitliche Rechtsfolgen geknüpft, die nicht durch die Zwischenschaltung einer die Zustellung ausführenden privaten Person negiert werden können.[1907]

---

1901 Vgl. *Gloria*, in: Ipsen, S. 245 (§ 22, Rdnr. 7).

1902 Eine zwangsweise Durchsetzung der Übergabe wäre für Vollstreckungsorgane des Forumstaates wie Private ohne jeden Zweifel unzulässig. Die Abwesenheit von Zwang lässt jedoch, wie bereits dargelegt, keine zwingenden Schlüsse zu.

1903 Für die USA gem. F.R.Civ.P. 4 (c) (1) beim Kläger, für die BR Deutschland gem. §§ 166 Abs. 2, 270 ZPO (§ 270 Abs. 1, 2 ZPO a.F) beim Gericht.

1904 Nach §§ 168 ZPO, 33 Abs. 1 PostG ist das zustellende private Postunternehmen aus der Sicht des deutschen Gesetzgebers „beliehener Unternehmer“.

1905 Für die BR Deutschland §§ 253 Abs. 1, 261 Abs. 1 ZPO; vgl. auch Begründung zum Entwurf des Zustellungsreformgesetzes (ZustRG), BT-Drcks. 14/4554, S. 13.

1906 Etwas unklar *Gloria*, in: Ipsen, S. 245 (§ 22, Rdnr. 7).

1907 Wie hier *Pfeil-Kammerer*, S. 123.

Bei direkten Klagezustellungen im Ausland handelt es sich, unabhängig davon, wer zustellt, um ein dem Forumstaat zurechenbares Handeln, das im Ergebnis als dessen Hoheitsakt auf dem Staatsgebiet des Zustellungsstaates grundsätzlich verboten ist.[1908] Insoweit ist es nicht zutreffend, zu behaupten, es gäbe kein „völkergewohnheitsrechtliches Verbot direkter Klagezustellungen".[1909] Richtig ist vielmehr, dass der allgemeine Grundsatz der souveränen Gleichheit Hoheitsakte auf fremdem Staatsgebiet verbietet. Direkte Klagezustellungen im Ausland werden von der BR Deutschland zu Recht als fremdstaatliche Hoheitsakte und damit von diesem Verbot erfasst angesehen.[1910] Eine gegenteilige gemeinsame Übung und Rechtsüberzeugung der Staaten, die freilich für die Entstehung einer entsprechenden völkergewohnheitsrechtlichen Regel notwendig wäre, hat sich (noch) nicht herausbilden können.[1911] US-Klagen können damit nach allgemeinem Völkerrecht weder durch die Post noch durch Private wirksam in Deutschland zugestellt werden. Das völkerrechtliche Verbot ist kraft des Rechtsanwendungsbefehls in Art. 25 GG von den zuständigen deutschen Justizbehörden bei der innerstaatlichen Rechtsanwendung zu beachten.

### *c) Rechtshilfe als notwendige Mitwirkung des Zustellungsstaates bei Auslandszustellungen*

Ist die Klagezustellung im Ausland demnach hoheitlicher Natur, dann bedarf es eines völkerrechtlichen Titels zur Duldung der an sich verbotenen direkten Zustellung oder der aktiven Mitwirkung des Staates, in dem die Zustellung bewirkt werden soll.

Abgesehen von der geduldeten konsularischen Zustellung existiert kein entsprechender völkerrechtlicher Titel der USA. Die BR Deutschland hat insbesondere der nach dem HZÜ möglichen Direktzustellung (Art. 10 HZÜ) widersprochen. Damit ist eine Zustellung per Einschreiben mit Rückschein, wie nun für das autonome deutsche Recht (§ 183 Abs. Nr. 1 ZPO) an sich vorgesehen, auch völkervertragsrechtlich nicht möglich. Freilich bleibt es der BR Deutschland unbenommen, Direktzustellungen auf ihrem Hoheitsgebiet künftig zuzustimmen. Bei der Abgabe einer deutschen Zustimmungserklärung wären neben den reinen rechtspolitischen

---

1908 BVerfGE 63, 343, 372, vgl. auch *Siegrist*, S. 179, 183.

1909 So aber *G.Geimer*, S. 138; *Geimer*, IZPR, S. 667 (Rdnr. 1279).

1910 Vgl. auch Restatement (Third) Foreign Relations Law § 471(1987), Introductory Note: "The underlying principle of international law [...] is that a state may not conduct official activities in the territory of another state without that state's consent, express or implied. That principle is generally applied [...] to the service of process of judicial documents [...]".

1911 Vgl. *Bertele*, S. 93.

Vorgaben schließlich noch die formalen und materiellen verfassungsrechtlichen Vorgaben zu beachten.[1912]

*De lege lata* bedarf es aber der Mitwirkung in Form der Rechtshilfe. Der Forumstaat USA (ersuchender Staat) muss im Falle der Auslandszustellung ein Zustellungsersuchen an den Zustellungsstaat (ersuchter Staat) BR Deutschland richten.

## B. Praktische Konsequenzen des gegenwärtigen Zustellungssystems

Die Entscheidung der Länderjustizverwaltung, das Ersuchen zu erledigen und die Klage in Deutschland zuzustellen, stellt sich als ein Akt deutscher Hoheitsgewalt dar. Der Rechtsweg zu den deutschen Gerichten ist eröffnet, wenn der Betroffene durch die deutsche hoheitliche Gewalt in seinen Rechten verletzt wird (Art. 19 Abs. 4 GG).

### I. Zustellungsanordnung als staatlicher Hoheitsakt

#### 1. Exekutives Handeln

Die Gewährung von Rechtshilfe für ein ausländisches Zivilverfahren liegt nach überzeugender Ansicht in der Zuständigkeit des Bundes und der Exekutive, da es sich um die Pflege der auswärtigen Beziehungen (Art. 32 Abs. 1 GG) und insoweit um eine rein verwaltende[1913] und keine rechtsprechende Tätigkeit handelt.[1914] Die Befugnisse, die sonst der Bundesregierung zustünden, sind im vertraglichen Rechtshilfeverkehr den Länderjustizverwaltungen als „Zentrale Behörde" im Sinne des HZÜ übertragen (Art. 2, 18 Abs. 3 HZÜ, § 1 S. 1, 2 AusführungsG). Für den Teilbereich der staatlichen Funktionen und Vorgänge, der über die nationalen Hoheitsgrenzen hinausreicht und deshalb die auswärtigen Beziehungen eines Staates betrifft, hat sich der Begriff der „auswärtigen Gewalt" etabliert.[1915] Die deutsche hoheitliche Rechtshilfe für ausländische Zivilverfahren gehört zweifellos hier hin.

---

[1912] Vgl. BVerfGE 63, 343, 373: „untergeordnete Verwaltungsbehörden [...] sind nicht ohne weiteres befugt, Zustimmungen oder Verzichte solcher Art völkerrechtlich wirksam zu erklären oder konkludent zu bewirken".

[1913] Diese Rechtsauffassung liegt auch § 9 Abs. 4 S. 1 ZRHO („verwaltungsmäßige Prüfung") zugrunde; a.A. für ausgehende Ersuchen deutscher Gerichte *Puttfarken*, NJW 1988, 2155: „Zustellung in das Ausland ist keine Justizverwaltung, sondern Justiz".

[1914] Vgl. zum Ganzen statt vieler *G.Geimer*, S. 62 ff., m.w.N.;

[1915] Vgl. *Blumenwitz*, BayVBl. 1996, 577; umfassend zum Begriff auch *Grewe*, in: Isensee/Kirchhof, HStR, Bd. 3, S. 922 f. (§ 77, Rdnr. 1 ff.).

## 2. Hoheitliches Handeln

Die jeweils zuständige Landesjustizverwaltung bewirkt als „Zentrale Behörde" die Zustellung des gerichtlichen Schriftstückes durch die Post oder veranlasst die Zustellung durch das zuständige Amtsgericht (Art. 5 Abs. 1 lit. a HZÜ, § 4 Abs. 1, 2 AusführungsG). Bei der Entscheidung der Landesjustizverwaltung, ein Zustellungsersuchen zu erledigen, handelt es sich um einen Justizverwaltungsakt.[1916] Unter einem Justizverwaltungsakt wird jedes hoheitliche Handeln einer Justizbehörde zur Regelung einer einzelnen Angelegenheit auf einem der in § 23 Abs. 1, 2 EGGVG genannten Gebiete mit unmittelbarer Außenwirkung verstanden, das geeignet ist, den Betroffenen in seinen Rechten zu verletzen.[1917]

Die Zustellungsentscheidung der Landesjustizverwaltung als „Zentrale Behörde" ergeht im Subordinationsverhältnis und damit hoheitlich; die Justizverwaltung handelt funktionell als „Justizbehörde" im Sinne von § 23 EGGVG. Die Entscheidung der „Zentralen Behörde" regelt letztverbindlich die Klagezustellung im Einzelfall mit unmittelbarer Wirkung gegenüber dem in Deutschland ansässigen Zustellungsadressaten. Das gilt auch dann, wenn die Zustellung auf ihre Veranlassung hin letztlich vom Amtsgericht vorgenommen wird.[1918] Das Amtsgericht hat im Rahmen des Rechtshilfeverfahrens nach dem HZÜ keine eigene Entscheidungsbefugnis; es kann bei Bedenken gegen die Zulässigkeit der Rechtshilfe lediglich die Entscheidung der „Zentralen Behörde" einholen. Die „Zentrale Behörde" entscheidet auch in diesem Fall letztverbindlich über die Zulässigkeit der Rechtshilfe (§§ 9 Abs. 4 S. 1, 59 Abs. 6 S. 2 ZRHO).

Zur rechtlichen Wirkung der Entscheidung der „Zentralen Behörde" gegenüber dem Zustellungsadressaten hat das BVerfG in seinem Beschluss vom 07.12.1994 („*punitive damages*") ausgeführt:

> „Die Zustellung ist ein staatlicher Hoheitsakt, mit dem ein ausländisches Gerichtsverfahren gefördert wird. Dem Zustellungsempfänger wird weder ein bestimmtes Handeln abverlangt noch ein bestimmtes Verhalten verboten. Er muß sich allerdings auf das ausländische Verfahren einlassen, wenn er keine Rechtsnachteile erleiden will, die er durch aktive Beteiligung

---

[1916] So ausdrücklich für die Rechtsprechung KG, OLGZ 1994, 587; OLG Düsseldorf, NJW 1992, 3110; OLG Frankfurt a.M., RIW 1991, 417. Vgl. für das Schrifttum *Schlosser*, EuGVÜ/HZÜ/HBÜ, Art. 13 HZÜ Rdnr. 8; Zöller/R.*Geimer*, ZPO, § 199 ZPO Rdnr. 40; Zöller/*Gummer*, ZPO, 23 EGGVG Rdnr. 15; MünchKomm-ZPO/*Wolf*, § 23 EGGVG Rdnr. 56; Baumbach/Lauterbach/Albers/Hartmann/*Albers*, ZPO, § 23 EGGVG Rdnr. 4; *Kissel*, GVG, § 156 GVG Rdnr. 65; *G.Geimer*, S. 64; *Greger*, in: FS Schwab 1990, S. 334; *Merkt*, S. 121; *Stadler*, IPRax 1992, 147; *Wölki*, RIW 1985, 530, 535; a.A. zumindest für die Prüfung ausgehender Ersuchen, allerdings zu pauschal und wenig überzeugend *Puttfarken*, NJW 1988, 2155, 2156.

[1917] Wieczorek/Schütze/*Schreiber*, ZPO, § 23 EGGVG Rdnr. 7.

[1918] So auch OLG Düsseldorf, NJW 1992, 3110, mit der Folge, dass „[d]er Antrag [nach § 23 EGGVG] unzulässig [ist], soweit er gegen das AG [...] gerichtet ist, welches die Zustellungen nach § 4 II dt. AusführungsG z. HZÜ vorgenommen hat."

am Verfahren möglicherweise abwenden kann. Außerdem wird er dem Risiko einer Verurteilung ausgesetzt, die zu einer Vollstreckung in sein im Ausland belegenes Vermögen führen kann, ohne daß die deutsche öffentliche Gewalt ihn davor zu schützen vermag."[1919]

Auch wenn die Entscheidung der „Zentralen Behörde" dem deutschen Zustellungsadressaten in diesem Sinne keine vollstreckbaren Befehle erteilt, so gestaltet sie dennoch die Rechtslage. Wie *Merkt* zutreffend hervorgehoben hat, besteht die unmittelbare Rechtswirkung darin, im konkreten Einzelfall die Ausübung ausländischer Gerichtsgewalt über einem auf deutschem Territorium befindlichen Beklagten zu ermöglichen.[1920] Insofern ist sie also geeignet, eine Außenwirkung gegenüber dem Zustellungsadressaten herbeizuführen und seine Rechte zu verletzen.

Die Rechtshilfeentscheidung der Landesjustizverwaltung ist folglich ein Akt deutscher „vollziehender" (Art. 1 Abs. 3, 20 Abs. 3 GG), „öffentlicher" (Art. 19 Abs. 4, 93 Abs. 1 Nr. 4a GG) und „staatlicher Gewalt" (Art. 1 Abs. 1 S. 2 GG).

## II. Gerichtlich nachprüfbare Rechtsbindung

Deutsche Hoheitsakte unterliegen den gerichtlich nachprüfbaren Bindungen des Grundgesetzes (Art. 1 Abs. 3, 20 Abs. 3 GG). Als staatlicher Hoheitsakt eröffnet die deutsche Rechtshilfeentscheidung für den in Deutschland ansässigen Beklagten auch den Rechtsweg zu den deutschen Gerichten (Art. 19 Abs. 4 S. 1 GG), vor denen der Beklagte Einwände gegen die Klagezustellung erheben kann. Im Unterschied dazu wäre der Beklagte bei direkter Klagezustellung auf die Geltendmachung seiner Einwände im Erkenntnisverfahren vor dem US-Gericht oder, falls es dazu noch kommen sollte, im späteren Anerkennungs- und Vollstreckungsverfahren in Deutschland angewiesen.

### 1. Bindung an Gesetz und Recht

Die deutsche Justizverwaltung ist an Gesetz und Recht gebunden (Art. 20 Abs. 3 GG). Das ist eine Konsequenz der Einordnung als hoheitlicher Akt. Die vollziehende Gewalt wird so an die Entscheidungen des demokratisch legitimierten Gesetzgebers gebunden, der seinerseits der Bindung an die verfassungsmäßige Ordnung unterliegt. Soweit die „Zentrale Behörde" bei der Erledigung eines ausländischen Zustellungsersuchens einfaches Recht verletzt, kann die Entscheidung als Justizverwaltungsakt auf Antrag des Betroffenen hin gerichtlich anfochten werden

---

[1919] BVerfGE 91, 335, 339.

[1920] Vgl. *Merkt*, S. 170.

(§ 23 Abs. 1 S. 1 EGGVG).[1921] Über den Antrag entscheidet das OLG, in dessen Bezirk die Justizverwaltung ihren Sitz hat (§ 25 Abs. 2 S. 1 EGGVG).

## 2. Bindung an die Verfassung, insbesondere die Grundrechte

Die Justizverwaltung ist als vollziehende Gewalt darüber hinaus auch an das „ranghöchste innerstaatliche Recht"[1922], das Grundgesetz gebunden.[1923] Diese Bindung beruht auf dem grundlegenden Ordnungsprinzip des Grundgesetzes, dem Rechtsstaatsprinzip, das vom BVerfG (heute) aus Art. 20 Abs. 3 GG hergeleitet wird.[1924] Für die Grundrechte ist die Bindung eigens normiert (Art. 1 Abs. 3 GG). Mit dieser Bindung wird die Befolgung der grundlegenden Wertentscheidungen des Grundgesetzes als „rechtliche Grundordnung des Gemeinwesens"[1925] sichergestellt. Bei einer Verletzung von Grundrechten kann die Entscheidung nach Erschöpfung des Rechtsweges mit einer Verfassungsbeschwerde zur Überprüfung durch das BVerfG gestellt werden (Art. 93 Abs. 1 Nr. 4a GG).

Die Auslegung und Anwendung der Bestimmungen völkerrechtlicher Übereinkommen, die durch das Vertragsgesetz die Kraft innerstaatlichen Rechts erhalten haben, kann nach den für Gerichtsentscheidungen allgemein geltenden Grundsätzen geprüft werden: Demnach findet eine Prüfung statt, ob die Entscheidung der Justizverwaltung in der Gestalt, die sie durch die bestätigende Gerichtsentscheidung gefunden hat, Verfassungsrecht verletzt, also willkürlich ist (Art. 3 Abs. 1 GG), auf einer grundsätzlich unrichtigen Anschauung von der Bedeutung eines Grundrechtes beruht, mit anderen verfassungsrechtlichen Vorschriften unvereinbar ist[1926] oder das Auslegungsergebnis die geltend gemachten Grundrechte verletzt[1927].

Auch als Akte der auswärtigen Gewalt sind Rechtshilfeentscheidungen für fremdstaatliche Verfahren schließlich nicht generell dieser gerichtlichen Kontrolle entzogen. Es können sich allenfalls Einschränkungen im Prüfungsumfang ergeben, soweit es nicht um rechtliche, sondern um außenpolitische Beurteilungen der

---

[1921] OLG Frankfurt a.M., RIW 2001, 464; OLG München, Beschl. v. 12.07.2000 (9 VA 3/00) (unveröffentlicht); OLG Düsseldorf, ZIP 1996, 294; KG, OLGZ 1994, 587; OLG München, NJW 1992, 3113; OLG Düsseldorf, NJW 1992, 3110; OLG Frankfurt a.M., RIW 1991, 417; OLG München, NJW 1989, 3102.

[1922] BVerfGE 75, 201, 218 f.

[1923] Vgl. *Stern*, StR I, S. 633 (§ 20).

[1924] Vgl. BVerfGE 35, 41, 47. In früheren Entscheidungen hatte das BVerfG eher auf eine Gesamtschau der Art. 1 Abs. 3, 19 Abs. 4, 20 Abs. 3, 28 Abs. 1 S. 1 GG abgestellt, vgl. BVerfGE 2, 380, 403.

[1925] Vgl. *Stern*, StR I, S. 53 (§ 3).

[1926] BVerfGE 18, 441, 450.

[1927] BVerfGE 30, 173, 188; 99, 145, 160.

„Zentralen Behörde“ geht und diese kraft Verfassungsrechts von den Gerichten respektiert werden müssen. Hier gelten die für die Kontrolle von Akten der auswärtigen Gewalt allgemein entwickelten Regeln:

Als allgemeine Regel ist es heute nahezu unbestritten, dass Akte der auswärtigen Gewalt als solche einer richterlichen Kontrolle unterliegen.[1928] Art. 19 Abs. 4 GG lässt keine justizfreien Hoheitsakte zu. Das BVerfG hat die grundsätzliche Überprüfbarkeit von Akten der auswärtigen Gewalt auch nie in Frage gestellt.[1929] Allerdings hat das BVerfG stets die funktionellen Grenzen der verfassungsgerichtlichen Kontrolle betont und teils mit dem Mangel an rechtlichen Maßstäben, teils mit einer richterlichen Selbstbeschränkung (judicial self-restraint) begründet.[1930] Im Schrifttum wird zu Recht darauf hingewiesen, dass sich diese funktionellen Grenzen aus der rechtsstaatlichen Gewaltenteilung ergeben.[1931] Es ist Aufgabe der Verfassungsrechtsprechung, die Einhaltung dieser Grenzen zu überwachen. Das BVerfG sieht demnach zu Recht jedenfalls bei offensichtlicher Willkür der Entscheidung eine verfassungsrechtliche Grenze überschritten.[1932] Im Hinblick auf eine völkerrechtliche Rechtsauffassung wird so der eingeräumte Beurteilungsspielraum dann verlassen, wenn die Rechtsauffassung der Exekutive unter keinem – auch außenpolitisch – vernünftigen Gesichtspunkt mehr zu verstehen wäre.[1933]

## §10 DIE ABLEHNUNG DER ERLEDIGUNG EINES ERSUCHENS AUF ZUSTELLUNG EINER ANTIDUMPING-SCHADENSERSATZKLAGE

Die BR Deutschland hat sich staatsvertraglich verpflichtet, im sachlichen Anwendungsbereich des Haager Zustellungsübereinkommens US-amerikanische Zustellungsersuchen zu erledigen. Diese Verpflichtung besteht jedoch nicht vorbehaltlos.

Vor allem unter rechtsstaatlichen Gesichtspunkten ist es überbedenkenswert, ob die deutschen Landesjustizverwaltungen mit der Zustellung der Klage in Deutschland ein fremdstaatliches Klageverfahren fördern dürfen, mit dem der private Kläger offenkundig rechtsfremde Zwecke verfolgt, das den Vorgaben des

---

1928 Vgl. *Grewe*, in: Isensee/Kirchhof, HStR, Bd. 3, S. 965 f. (§ 77, Rdnr. 92 f.), m.w.N.; *Bernhardt*, in: Starck, Festgabe BVerfG 1976 II, S. 154, 161 f.

1929 Vgl. auch die Einschätzung von *Blumenwitz*, DVBl. 1976, 464, 466.

1930 BVerfGE 36, 1, 14 f.; vgl. zur Kritik an der Rezeption dieser US-amerikanischen Doktrin statt vieler *Blumenwitz*, DVBl. 1976, 464, 469, der seine Haltung („Fremdkörper in der deutschen Verfassungsgerichtsbarkeit“) anhand der Stellung von BVerfG und US Supreme Court unter rechtsvergleichenden Gesichtspunkten begründet.

1931 In diesem Sinne *Hailbronner*, VVDStRL 56 (1997), 7, 13.

1932 BVerfGE 68, 1 ff.

1933 BVerfGE 55, 349, 367.

Völkervertragsrechts (hier: WTO-Übereinkommen) widerspricht bzw. das möglicherweise grund- und menschenrechtliche Gewährleistungen beeinträchtigt.

## A. Rechtsgrundlagen

Die Verpflichtung zur Erledigung US-amerikanischer Zustellungsersuchen steht einmal unter dem ausdrücklichen Vorbehalt des Art. 13 Abs. 1 HZÜ; die bisherige Diskussion drehte sich vornehmlich um die Auslegung dieser Bestimmung. Wenig diskutiert ist hingegen die Frage, ob und inwieweit sich direkt aus dem Völkerrecht oder dem deutschen Verfassungsrecht, namentlich den unmittelbar anwendbaren Grundrechten, ein Ablehnungsvorbehalt ergeben kann. Hier ist deshalb in zwei Schritten vorzugehen: Zunächst ist der staatsvertraglich vorgesehene Erledigungsvorbehalt in Art. 13 Abs. 1 HZÜ auszulegen; im Anschluss ist zu klären, welche Rolle vor allem den Grund- und Menschenrechten bei der Rechtshilfegewährung zukommt.

### I. Staatsvertraglicher Ablehnungsvorbehalt (Art. 13 Abs. 1 HZÜ): Die Gefährdung der Hoheitsrechte und der Sicherheit des ersuchten Staates

Die Ablehnung eines Zustellungsersuchens ist der jeweiligen „Zentralen Behörde" des ersuchten Staates im HZÜ ausdrücklich vorbehalten. Der Wortlaut der Vorbehaltsklausel des Art. 13 Abs. 1 HZÜ ist nicht gerade eingängig und die Auslegung seit längerem umstritten. Angesichts der Versuche der deutschen Gerichte[1934] und unzähliger Kommentare im deutschen Schrifttum[1935] löst die Einschätzung eines führenden deutschen Autors, bisher habe „niemand klar definieren" können, „wann die Durchführung eines ausländischen Zustellungsersuchens die Hoheitsrechte und die Sicherheit der Bundesrepublik Deutschland gefährdet"[1936], einiges Erstaunen aus.

Bei näherer Betrachtung wird man sich fragen müssen, ob eine klare Definition in Anbetracht des abstrakten Wortlautes überhaupt erwartet werden kann. In jün-

---

[1934] Juris (Stand: 03.01.2002) listet 2 Entscheidungen des BVerfG (BVerfGE 91, 140; 91, 335) und 7 OLG-Entscheidungen zu Art. 13 Abs. 1 HZÜ (OLG Frankfurt, RIW 2001, 464; OLG Köln, InVo 1998, 198; OLG Düsseldorf, ZIP 1996, 294; KG Berlin, OLGZ 1994, 587; OLG Düsseldorf, RIW 1992, 846; OLG Frankfurt, RIW 1991, 417; OLG München, RIW 1989, 483). Hinzukommen noch einige unveröffentlichte Entscheidungen (Bsp. OLG München, Beschl. v. 12.07.2000 - 9 VA 3/00) bzw. solche, die Art. 13 Abs. 1 HZÜ nicht ausdrücklich erwähnen (Bsp. OLG München, NJW 1992, 3113).

[1935] Für einen knappen Überblick über den Streitstand siehe *Merkt*, S. 124 f.; *Maack*, S. 85 f.

[1936] *Geimer*, IZPR, S. 658 (Rdnr. 2159).

gerer Zeit haben *Merkt*[1937] und *Maack*[1938] jedoch gezeigt, wie mit einer methodisch klaren Vorgehensweise auch abstrakte Begrifflichkeiten so weit konkretisiert werden können, dass ihnen die für die Entscheidung im Einzelfall notwendigen Wertungen entnommen werden können.

Hier wird es darum gehen, zu klären, ob und inwieweit die staatsvertragliche Vorbehaltsklausel deutschen Rechtshilfebehörden gestattet, die dargelegten Einwände im Rahmen der Erledigung des Zustellungsersuchens zu berücksichtigen.

### 1. Vorgaben der völkerrechtlichen Ebene – Auslegung der Vorbehaltsklausel nach völkerrechtlichen Auslegungsgrundsätzen

Die staatsvertragliche Vorbehaltsklausel des Art. 13 Abs. 1 HZÜ ist nach den bereits dargestellten völkergewohnheitsrechtlich anerkannten Auslegungsgrundsätzen auszulegen. Einen Anhaltspunkt liefert dabei die Formulierung, wie sie heute Art. 31 Abs. 1 WVRK zugrunde liegt. Ein Vertrag ist demnach nach Treu und Glauben in Übereinstimmung mit der gewöhnlichen, seinen Bestimmungen in ihrem Zusammenhang zukommenden Bedeutung und im Lichte seines Zieles und Zweckes auszulegen.

#### *a) Vertragstext*

Ausgangspunkt der Auslegung einer staatsvertraglichen Regelung ist der Vertragstext.

#### *aa) Wortlaut in seiner gewöhnlichen Bedeutung*

Dem Wortlaut ist seine „gewöhnliche Bedeutung" zugrunde zu legen, wie sie sich regelmäßig aus dem jeweiligen Kontext im Zeitpunkt des Vertragsschlusses erschließt (ordinary meaning rule).

Art. 13 Abs. 1 HZÜ hat in der amtlichen deutschen Übersetzung folgenden Wortlaut:

> „Die Erledigung eines Zustellungsantrages nach diesem Übereinkommen kann nur abgelehnt werden, wenn der ersuchte Staat sie für geeignet hält, seine Hoheitsrechte oder seine Sicherheit zu gefährden."

Die verbindlichen Sprachfassungen formulieren den Erledigungsvorbehalt wie folgt:

---

[1937] Vgl. *Merkt*, S. 124 ff., im Hinblick auf die Zustellung von US-amerikanischen „punitive damages"-Klagen.

[1938] Vgl. *Maack*, S. 85 ff., im Hinblick auf die Zustellung englischer „antisuit injunctions".

„L'exécution d'une demande de signification ou de notification conforme aux dispositions de la présente Convention ne peut être refusée que si l'État requis juge que cette exécution est de nature à porter atteinte à sa souveraineté ou à sa sécurité."

„Where a request for service complies with the terms of the present Convention, the State addressed may refuse to comply therewith only if it deems that compliance would infringe its sovereignty or security."

Der Wortlaut macht deutlich, dass die Erledigung und nicht das Zustellungsersuchen selbst den Prüfungsgegenstand bildet.[1939] Es kommt demnach auf den Rechtszustand an, der aus einer die Zustellung anordnenden Entscheidung resultieren würde. Ob schließlich eine Erledigung geeignet ist oder nicht, die genannten Schutzgüter zu gefährden, entscheidet der ersuchte Staat; die gewählte Formulierung „für geeignet hält" weist dem ersuchten Staat ausdrücklich einen Beurteilungsspielraum zu.

Der mit der Zustellung geschaffene Rechtszustand muss eine Gefährdung der Hoheitsrechte oder der Sicherheit des ersuchten Staates bedeuten; Prüfungsmaßstab ist demnach die Gefährdung dieser Schutzgüter. Was mit „seine Hoheitsrechte oder seine Sicherheit" („à sa souveraineté ou à sa sécurité", „its sovereignty or security") gemeint ist, erschließt sich nicht ohne weiteres und wird im Übereinkommen auch nicht definiert. Bemerkenswert ist zunächst nur die Parallele[1940] zu den Regelungen in Art. 4 sowohl des Haager Übereinkommens über den Zivilprozeß vom 17.07.1905[1941] wie des vom 01.03.1954[1942]; für Rechtshilfeersuchen im Rahmen von Beweisaufnahmen im Ausland ist auf Art. 11 Abs. 3 Nr. 3 Haager Übereinkommen über den Zivilprozeß 1905/1954 sowie Art. 12 Abs. 1 lit. b Haager Übereinkommen über die Beweisaufnahme im Ausland in Zivil- und Handelssachen vom 18.03.1970 (HBÜ)[1943] zu verweisen.[1944] Der nahezu identische Wortlaut spricht dafür, Art. 13 Abs. 1 HZÜ parallel zu den genannten Bestimmungen auszulegen.[1945]

---

[1939] Vgl. Practical Handbook, S. 36.

[1940] Vgl. *Böckstiegel/Schlafen*, NJW 1978, 1073, 1074: „wie bisher". Der Erledigungsvorbehalt für ausländische Zustellungsersuchen in Art. 4 Haager Zivilprozeßübereinkommen von 1905 und 1954 hat in der deutschen Übersetzung folgenden Wortlaut: „Eine in den Artikeln 1, 2 und 3 vorgesehene Zustellung kann nur abgelehnt werden, wenn der Staat in dessen Hoheitsgebiet sie bewirkt werden soll, sie für geeignet hält, seine Hoheitsrechte oder seine Sicherheit zu gefährden." In der authentischen französischen Urschrift lautet Art. 4 wie folgt: „L'exécution de la signification, prévue par les articles 1, 2 et 3, ne pourra être refusée que si l'État, sur le territoire duquel elle devrait être faite, la juge de nature à porter atteinte à sa souveraineté ou à sa sécurité."

[1941] RGBl. 1909, S. 409. Das Übereinkommen von 1905 gilt für die BR Deutschland heute nur noch im Verhältnis zu Island.

[1942] BGBl. 1958 II, 576.

[1943] BGBl. 1977 II, 1452, 1472.

[1944] Außerhalb von Übereinkommen der Haager Konferenz ist auf Art. 3 lit. f, 9 lit. f Nr. 3 des Deutsch-Britischen Abkommens über den Rechtsverkehr vom 20.03.1928 (RGBl. 1928 II,

Dies gilt umso stärker, als sich in anderen Übereinkommen, die im Rahmen der Haager Konferenz ausgearbeitet wurden, eine andere Formulierung für einen Vorbehalt findet.[1946] So behält bspw. Art. 16 des Haager Übereinkommens über die Zuständigkeit der Behörden und das anzuwendende Recht auf dem Gebiet des Schutzes von Minderjährigen vom 05.10.1961 (MSA)[1947] dem Vertragstaat vor, die Bestimmungen des Übereinkommens nicht anzuwenden, wenn die Anwendung „mit der öffentlichen Ordnung offensichtlich unvereinbar" („manifestement incompatible avec l'ordre public") ist.[1948] Der sprachliche Unterschied in dem wenig früher ergangenen MSA spricht dagegen, die Formulierung „souveraineté ou sécurité" im HZÜ ohne weiteres mit „ordre public" gleichzusetzen. Denn hätten die Vertragsstaaten dasselbe gemeint, dann hätten sie dies mit einer entsprechenden Formulierung auch zum Ausdruck bringen können; sie haben dies aber nicht getan.

Der Inhalt des Vorbehaltes ist mithin anhand der gewöhnlichen Bedeutung (ordinary meaning) des Vertragstextes zu ermitteln.

*(1) „seine Hoheitsrechte"*

Die Formulierung in den verbindlichen Sprachfassungen („à sa souveraineté", „its sovereignty") deutet stärker als die amtliche deutsche Übersetzung[1949] mit „sei-

623), Art. 32 des Vertrages zwischen der Bundesrepublik Deutschland und dem Königreich Marokko über die Rechtshilfe und Rechtsauskunft in Zivil- und Handelssachen vom 29.10.1985 (BGBl. 1988 II, 1055) hinzuweisen.

1945 Vgl. Denkschrift, BT/Drcks. 7/4892, S. 38 f.; *Pfeil-Kammerer*, S. 17 ff., 175 ff. Ihren gemeinsamen Ursprung finden die genannten Erledigungsvorbehalte im alten Haager Zivilprozeßübereinkommen aus dem Jahre 1905, das durch das Übereinkommen aus dem Jahre 1954 reformiert und in dessen Anwendungsbereich (Art. 29) ersetzt wurde. Beim Übereinkommen aus dem Jahre 1954 handelt es sich um den reformierten Vorläufer des HZÜ und des HBÜ (I. und II. Titel); es gilt heute nur noch zwischen den Vertragsstaaten, die nicht dem HZÜ (Art. 22 HZÜ) bzw. dem HBÜ (Art. 29 HBÜ) beigetreten sind. HZÜ und HBÜ sind demnach Parallelübereinkommen.

1946 Vgl. *Merkt*, S. 128.

1947 BGBl. 1971 II, 219.

1948 Im vollen Wortlaut der amtlichen deutschen Übersetzung: „Die Bestimmungen des Übereinkommens dürfen in den Vertragsstaaten nur dann unbeachtet bleiben, wenn ihre Anwendung mit der öffentlichen Ordnung offensichtlich unvereinbar ist." In der authentischen französischen Fassung: „Les dispositions de la présente Convention ne peuvent être écartées dans les Etats contractants que si leur application est manifestement incompatible avec l'ordre public."

1949 Schon ein Blick in ältere französisch-deutsche bzw. englisch-deutsche Rechtswörterbucher zeigt, dass auch die Übersetzung mit „Souveränität" gängig war bzw. ist und damit möglich wäre, vgl. zur französischen Formulierung („souveraineté") *Piccard/Thilo/Steiner*, Dictionnaire Juridique, Bd. 1 (1950), und *Herbst*, Dictionnaire, Bd. 3 (1966); zur englischen Sprachfassung („sovereignty") *Dietl/Lorenz*, Dictionary, Bd. 1, 6.A.

ne Hoheitsrechte" an, was die Vertragsstaaten mit der Formulierung eigentlich bezweckt haben könnten: Den Schutz der Souveränität des ersuchten Staates.[1950] Bezieht man weiter den Regelungsgegenstand des Vertrages (internationales Rechtshilfeübereinkommen) mit in die Überlegung ein, dann liegt es nahe, die „gewöhnliche Bedeutung" des Vertragstextes anhand des in den zwischenstaatlichen Beziehungen üblichen Sprachgebrauches zu ermitteln.

*(a) Das „Souveränitäts"-Verständnis im Völkerrecht*

Einen gewissen Anhaltspunkt könnte insoweit das in der internationalen Rechtsprechung und in der Völkerrechtslehre entwickelte Verständnis der „Souveränität" bieten.[1951] Wenngleich in seinen einzelnen Ausprägungen nicht unumstritten oder frei von Wandlungen[1952], so scheint es doch mittlerweile gefestigt und auch international allgemein akzeptiert zu sein, dass sich die Souveränität eines Staates nach außen (gegenüber anderen Staaten) in der Unabhängigkeit und nach innen in der Selbstregierung manifestiert.[1953]

Mit dem Begriff der Souveränität wird demnach zuvorderst das in den zwischenstaatlichen Beziehungen anerkannte Selbstbestimmungsrecht eines Staates umschrieben.[1954] Das im Wortlaut der Vorbehaltsklausel verwendete Possessivpronomen „seine" zeigt dabei (nur), dass es sich um das Selbstbestimmungsrecht des um Zustellung ersuchten Staates handeln muss. Ganz in diesem Sinne will bspw. das OLG Düsseldorf die deutsche Justizhoheit unter die von Art. 13 Abs. 1 HZÜ genannten „Hoheitsrechte" subsumieren.[1955]

---

1950 Ebenso *Maack*, S. 88 f.; *Bertele*, S. 350.

1951 So im Ergebnis auch *Maack*, S. 88 ff.

1952 Zur geschichtlichen Entwicklung des Begriffes der „Sovereignty" *Steinberger*, in: Bernhardt, Encyclopedia of Public International Law, Bd. 4, S. 501 ff.

1953 So die prägnante Umschreibung bei *Schweitzer*, StR III, S. 196 (Rdnr. 574). Siehe auch *Steinberger*, in: Bernhardt, Encyclopedia of Public International Law, Bd. 4, S. 511 f.; *Kelsen*, in: Strupp/Schlochauer, Wörterbuch des Völkerrechts, Bd. 3, S. 278 ff.; aus dem deutschen völkerrechtlichen Schrifttum ferner *Doehring*, Völkerrecht, S. 55 (§ 2, Rdnr. 122); *Verdross/Simma*, S. 29 (§ 35); *Randelzhofer*, in: Isensee/Kirchhof, HStR, Bd. 1, S. 700 (§ 15, Rdnr. 23). Zum angloamerikanischen Verständnis siehe *Black's* Law Dictionary, 7.A.: „Sovereignty. [...] the international independence of a state, combined with the right and the power of regulating its internal affairs without foreign dictation"; ähnlich *Saunders*, Words and Phrases Legally Defined, 2.A., Bd. 5 („Sovereignty"); zum französischen Sprachgebrauch *Cornu*, Vocabulaire Juridique, 3.A. („Souveraineté").

1954 Vgl. *Steinberger*, in: Bernhardt, Encyclopedia of Public International Law, Bd. 4, S. 515 f. ("Self-Determination"); *Seidl-Hohenveldern*, S. 264 (Rdnr. 1439).

1955 Vgl. OLG Düsseldorf, ZIP 1996, 294; m. Anm. von *Stürner*, ZZP 109, 221 ff. (1996); *Mankowski*, EWiR 1996, 321 f.; *Mansel*, EuZW 1996, 333 ff.; *Hau*, IPrax 1997, 245 ff.

*(b) Meinungsstand*

Von diesem grundlegenden Verständnis ausgehend ist strittig, ob die staatliche Souveränität der BR Deutschland gefährdet sein kann, wenn durch die Erledigung des Zustellungsersuchens Individualrechte eines inländischen Beklagten verletzt würden.

Eine starke Auffassung im deutschen Schrifttum verneint diese Frage mit Vehemenz.[1956] Mit dem Vorbehalt zugunsten der staatlichen Souveränität, so argumentieren deren Anhänger, seien (nur) unmittelbare Staatsinteressen wie die Gebietshoheit geschützt; für eine „Subjektivierung des Begriffes in dem Sinne, daß er auch den Schutz von Menschen- und Grundrechten umfasse," böten sich „keine Anhaltspunkte".[1957] Dabei wähnt sich diese Auffassung auch in Übereinstimmung mit der Rechtsprechung des BVerfG in seiner Entscheidung vom 22.03.1983 (Verfassungsmäßigkeit des Gesetzes zu dem Rechtshilfevertrag zwischen der Bundesrepublik Deutschland und der Republik Österreich)[1958]. Das BVerfG hatte dort die allgemeine völkerrechtliche Position wie folgt zusammengefasst:

> „Das völkerrechtliche Verbot, Vollstreckungsakte ohne Einverständnis des betroffenen fremden Staates in dessen Hoheitsbereich vorzunehmen, besteht ausschließlich im Interesse der Staaten als solcher, nicht im Interesse der privaten Einzelnen; diese sind völkerrechtlich nicht in einem Vertrauen darauf geschützt, daß ein solches Einverständnis nicht erteilt werde. Auf eine völkerrechtliche Rechtsposition des privaten Einzelnen läßt sich ein Vertrauenstatbestand mithin nicht gründen. Eine - über Art. 25 GG vermittelte - innerstaatlich beachtliche Rechtsposition besteht aus diesem Grunde nicht."[1959]

Genau betrachtet ist die Entscheidung aber gar nicht einschlägig. Im Kern betrifft das Diktum des BVerfG die Frage, ob sich ein privater Einzelner vor deutschen Gerichten auf die deutsche Souveränität berufen kann, um einen fremdstaatlichen Vollstreckungsakt auf deutschem Territorium zu verhindern; diese Frage wurde zu Recht verneint. Der private Einzelne kann aus dem allgemeinen Grundsatz der souveränen Gleichheit der Staaten kein subjektives Recht gegen einen Staat herleiten. Bei der Souveränität handelt es sich anerkanntermaßen um ein Staaten-, nicht um ein Individualrecht. Im vorliegenden Fall geht es aber nicht darum, aus der staatlichen Souveränität eine subjektive Rechtsposition eines privaten Einzelnen abzuleiten, sondern zunächst einmal nur darum, zu klären, in welchen Fällen der ersuchte gegenüber dem ersuchenden Staat einwenden kann, die Erledigung des

---

1956 Vgl. *Maack*, S. 89; *Fleischhauer*, S. 71; *Juenger/Reimann*, NJW 1995, 3274 f. Auch *Hau*, ZZPInt 6, 249, 251 (2001) geht im Ausgangspunkt offenbar von diesem engen Souveränitätsverständnis aus.

1957 *Maack*, S. 89 (Fn. 30).

1958 BVerfGE 63, 343.

1959 BVerfGE 63, 343, 363.

Zustellungsersuchens verletze sein völkerrechtlich anerkanntes Selbstbestimmungsrecht.

Der genannten Auffassung ist zuzugeben, dass sich dem Wortlaut in der Tat nicht eindeutig entnehmen lässt, ob ein solcher Fall vorliegt, wenn durch die Erledigung eines Zustellungsersuchens völker- oder verfassungsrechtlich verbürgte Individualrechte im Inland ansässiger Zustellungsadressaten betroffen sind. Vorschnell ist es indes, die namentlich von *Stürner* in anderem Zusammenhang eingeführte These, die staatliche Souveränität artikuliere „nicht nur Gemeinwohlinteressen, sondern [stelle auch] einen Schutzschild für den Bürger"[1960] dar, als nicht mit dem herrschenden Souveränitätsverständnis vereinbar abzutun. Die Kritik beruht auf einem grundlegenden Missverständnis.[1961] Neuerdings hat *Bertele* nach eingehender Studie des Begriffes der „Souveränität" den *Stürner*schen Gedanken wieder aufgegriffen. Im Ergebnis hält er es für ein „selbstverständliches Anliegen der Staaten, ihre Völkerrechte und souveränen Möglichkeiten zum Schutze ihrer Gesellschaft und ihrer Bürger einzusetzen.[1962] Die Entscheidung", so *Bertele*, sei „Teil ihrer politischen Souveränität."[1963]

*(c) Stellungnahme*

Recht besehen lässt sich der Ansatz *Stürners* durchaus mit dem international (und national) allgemein anerkannten Souveränitätsverständnis vereinbaren. Denn es ist zu bedenken, dass dem souveränen Staat neben der Gebietshoheit auch die Personalhoheit, verstanden als Kompetenz, „den Rechtsstatus seiner natürlichen und juristischen Personen zu bestimmen"[1964], zusteht. Zwischen dem Staat und seinem Staatsvolk besteht ein Treueverhältnis; dieses berechtigt den Staat, seine Staatsangehörigen gegenüber völkerrechtswidrigem Handeln einer fremden Hoheitsgewalt zu schützen (sog. Recht zu diplomatischen Schutz).[1965] Es ist in der internationalen Rechtsprechung seit langem anerkannt, dass der Staat dabei ein eigenes Recht geltend macht:

---

1960 So *Stürner*, FS Nagel, S. 446, 454 f. Seitdem als „Schutzschild-Theorie" bezeichnet, vgl. *R.Geimer*, ZZP 103, 477, 489 (1990); *ders.*, IZPR, S. 659 (Rdnr. 2160, Fn. 207).

1961 Vgl. *Stürner*, ZZP 109, 224, 232 (1996).

1962 Ähnlich argumentierte schon *Stadler*, Unternehmensgeheimnis, S. 288 f., im Rahmen von ausländischen Beweisaufnahmeersuchen mit Zwangsbewehrung: „Staatliche Souveränität umfasst nicht nur die territoriale Unverletztheit, sondern auch den Schutz eigener Staatsbürger oder im Staatsgebiet Anwesender vor fremden Hoheitsakten, die diese zu Werkzeugen des fremden Staates auf heimischen Territorium machen."

1963 *Bertele*, S. 354; zust. *Hau*, ZZPInt 6, 249, 252 (2001).

1964 Vgl. *Gloria*, in: Ipsen, S. 291 (§ 24, Rdnr. 2).

1965 Vgl. *Gloria*, in: Ipsen, S. 302 (§ 24, Rdnr. 32); *Blumenwitz*, in: FS Ferid, S. 439, 440.

„Dem liegt die Rechtsansicht zugrunde, dass durch einen völkerrechtswidrigen Akt, der einen Privaten faktisch verletzt, juristisch nicht dieser selbst beeinträchtigt wird, sondern das Recht seines Heimatstaates auf die völkerrechtsmäßige Behandlung seiner Staatsangehörigen".[1966]

Auch „staatstheoretisch ist es keineswegs neu, den Staat als Schutzverband der Bürger anzusehen."[1967] Im Gegenteil, es entspricht durchaus einer alten deutschen Verfassungstradition, deutsche Staatsangehörige vor fremden Staaten zu schützen.[1968] Inwieweit von einem solchen Fall hier ausgegangen werden kann, wird noch näher zu untersuchen sein.[1969] Es lässt sich jedoch festhalten, dass die Entscheidung des ersuchten Staates, eine Verletzung (zumindest) von völkerrechtlich begründeten Individualrechten seiner staatsangehörigen Bürger nicht hinzunehmen, durchaus als Ausfluss seiner Souveränitätsrechte aufgefasst werden kann.

Bei alledem ist aber zu bedenken, dass mit der Reichweite des Erledigungsvorbehalts die Schärfe der völkerrechtlichen Zustellungsverpflichtung bestimmt wird. So kann man sich mit Recht die Frage stellen, ob die Vertragsstaaten des HZÜ den Souveränitätsvorbehalt nicht ganz bewusst nur in dem engen Sinne verstanden haben wollten, wie dies die restriktivere Auffassung propagiert. Gegen ein derart verengtes Verständnis könnte auf den ersten Blick nur die Erwägung *Schlossers* stehen, „'Hoheitsrechte' k[ö]nn[e] eine Zustellung schon begrifflich nicht mehr gefährden, wenn die Zustellung durch den zuständigen Hoheitsträger bewilligt wird".[1970] Träfe diese Erwägung zu und legte man den Souveränitätsvorbehalt dennoch so eng aus, dann wäre die Klausel im Ergebnis schlicht überflüssig; denn es gäbe in der Sache nichts mehr zu schützen. Weil aber kaum anzunehmen ist, dass die Vertragsstaaten bewusst eine überflüssige Formulierung in den Vertragstext aufgenommen haben, stünde diese Erwägung einer engen Auslegung entgegen.

Die Erwägung trifft allerdings nicht zu. Denn jedenfalls ein Anwendungsfall ist auch nach einer Bewilligung der Zustellung unschwer denkbar: Die Zustellung von Klagen gegen den staatlichen Souverän selbst. Hier müsste der um Zustellung ersuchte Staat, der mit seinem Beitritt zum HZÜ der Zustellung an Zustellungsadressaten in seinem Hoheitsgebiet an sich zugestimmt hat, dem in der gerichtlichen La-

---

1966 Vgl. *Gloria*, in: Ipsen, S. 305 (§ 24, Rdnr. 41); *Blumenwitz*, a.a.O.; beide mit Nachweisen aus der Rechtsprechung des StIGH und IGH; zum Meinungsstand im Schrifttum *Doehring*, in: Ress/Stein, S. 13, 14 f.; zum diplomatischen Schutz für juristische Personen *Seidl-Hohenveldern*, in: Ress/Stein, S. 115 ff.; aus „schweizerischer" Sicht *Brunner*, S. 13 ff.

1967 So ausdrücklich *J.Ipsen*, S. 33 (§ 2 Rdnr. 92).

1968 Vgl. *Blumenwitz*, in: FS Ferid, S. 439, 444.

1969 Siehe dazu unten IV. Kapitel: §10A.II.2.b)bb)(1)(b).

1970 *Schlosser*, EuGVÜ/HZÜ/HBÜ, Art. 13 HZÜ Rdnr. 2 (unter Hinweis auf *Stürner*, FS Henckel [1995] 866).

dung enthaltenen Befehl eines fremdstaatlichen Gerichts selbst Folge leisten. Auf der Grundlage des tradierten Souveränitätsverständnisses (*par in parem non habet imperium*) bedeutete dies eine Unterwerfung unter eine fremdstaatliche Gewalt und damit im Ergebnis nichts anderes als eine Gefährdung der staatlichen Souveränität (zu Recht verstanden als Befehlsunabhängigkeit gegenüber anderen Staaten[1971]). Die Einschränkung der vertraglich übernommenen Verpflichtung macht für den Vertragsstaat insoweit also durchaus Sinn: Der Vorbehalt sichert dem Vertragsstaat für diesen Fall seine *Souveränität*.[1972] Folglich ist es gut möglich, dass die Vertragsstaaten ganz bewusst diesen Fall vertraglich regeln wollten. Da Zweifel verbleiben, ob es sich hierbei um den einzigen Anwendungsfall handeln sollte, muss der weitere Kontext bemüht werden.

Nach alledem ist der Wortlaut der vertraglichen Bestimmung in seiner gewöhnlichen Bedeutung als offen zu betrachten; insbesondere die Berücksichtigung der Gefährdung von völkerrechtlich verbürgten Individualrechten im Rahmen von Art. 13 Abs. 1 HZÜ erscheint nicht von vornherein ausgeschlossen.

### (2) „*seine Sicherheit*"

Die Formulierung „seine Sicherheit" („à sa sécurité", „its security") legt einen auf die Gesamtheit des Staates bezogenen, nationalen Sicherheitsbegriff nahe. Hierunter wird man herkömmlich die innere und die äußere Sicherheit des ersuchten Staates verstehen können, wie *Maack* jüngst zutreffend herausgearbeitet hat.[1973]

#### (a) *Kein gefestigtes Verständnis im Völkerrecht*

Es kann jedoch nicht davon gesprochen werden, dass sich in den zwischenstaatlichen Beziehungen ein allgemein anerkanntes Begriffsverständnis der „(nationalen) Sicherheit" etabliert hätte.[1974] Schon damit lässt sich sagen, dass ohne Rekurs

---

1971 Vgl. *Doehring*, Völkerrecht, S. 55 (§ 2, Rdnr. 122).

1972 Vgl. allgemein auch *Seidl-Hohenveldern*, S. 265 (Rdnr. 1440): „Wenn also ein Staat sich aus eigenem freien Entschluß *vertraglich verpflichtet*, gewisse Entscheidungen auf dem Gebiete der Außen- und Innenpolitik nicht oder nur mit Zustimmung anderer Staaten zu treffen, obwohl ein souveräner Staat solche Entscheidungen an und für sich allein zu treffen berechtigt wäre, so liegt darin *keine Aufgabe seiner Souveränität*." (Hervorhebung im Original).

1973 Vgl. *Maack*, S. 92 f.

1974 In der Völkerrechtslehre werden hingegen seit langem Fragen der „kollektiven Sicherheit" (vgl. nur *Scheuner*, in: Strupp/Schlochauer, Bd. 2, S. 242 ff.), der „internationalen Sicherheit" i.S.v. Art. 1.1 UN-Charta (zum Verständnis des Terminus „international peace and security" *Wolfrum*, in: Simma, The Charta of the United Nations, Art. 1 Rdnr. 4 ff.) oder seit den siebziger Jahren auch Fragen der „europäischen Sicherheit" im Kontext der „Konferenz über Sicherheit und

auf den weiteren Kontext keine eindeutige Aussage getroffen werden kann, ob die Gefährdung verfassungsrechtlich verbürgter Individualrechte unter den Sicherheitsvorbehalt zu subsumieren ist.

*(b) Meinungsstand*

Soweit sich das deutsche Schrifttum überhaupt mit dem Problem auseinandersetzt, wird eine solche Auslegung immerhin nicht für abwegig gehalten.

*Schlosser* vertritt schon seit längerem die Ansicht, die „Sicherheit in Deutschland" sei auch dann gefährdet, wenn in dem zuzustellenden Schriftstück „Sanktionen für den Fall angedroht werden, daß etwas geschieht oder unterbleibt, das für die deutsche Rechtsordnung Ausübung fundamentaler Freiheitsrechte ist".[1975] Dieses Sicherheitsverständnis sieht demnach in der Gefährdung fundamentaler Freiheitsrechte die Integrität der staatlichen Rechtsordnung als solche angegriffen und damit die Sicherheit des ersuchten Staates gefährdet; der gesamtstaatliche Ansatz bliebe damit durchaus gewahrt. Offen bleibt aber nicht nur, woher dieses Verständnis rührt (Völkerrecht/innerstaatliches Recht), sondern auch, ob die Gefährdung der (nationalen) Sicherheit eine Differenzierung zwischen einzelnen Grund- und Menschenrechten erfordert, wie die Betonung auf „fundamentale - Freiheitsrechte" nahe legt.

In ihrer Abhandlung weist *Maack*[1976] zutreffend darauf hin, dass der Zusammenhang zwischen der (nationalen) Sicherheit und der Wahrung der Menschenrechte im völkerrechtlichen Schrifttum wieder zunehmend diskutiert wird.[1977] Insoweit ist anzumerken, dass die neu diskutierten Standpunkte nicht ohne weiteres dem Sprachgebrauch der Vertragsstaaten des HZÜ aus dem Jahre 1965 zugrunde

---

Verhinderung der Gewaltanwendung/militärischer Konflikte bzw. weit verstanden als Souveränität, territoriale Integrität und Unabhängigkeit), vgl. *Acimovic*, a.a.O., S. 17.

1975 *Schlosser*, EuGVÜ/HZÜ/HBÜ, Art. 13 HZÜ Rdnr. 2.

1976 Vgl. *Maack*, S. 93, m.w.N. (Fn. 60).

1977 Vgl. nur *Scholler* (Hrsg.), Menschenrechte und nationale Sicherheit, München 1998; zu dem infolge zahlreicher Resolutionen des UN-Sicherheitsrates erörterten Zusammenhang von Menschenrechtsverletzungen und der Bedrohung des „international peace and security" i.S.v. Art. 39 UN-Charta siehe nur *Frowein*, in: Simma, The Charta of the United Nations, Art. 39 Rdnr. 8; *Herbst*, S. 347 f., m.w.N. Die gegenwärtige Diskussion hat aber gewisse historische Vorläufer. So weist bspw. Art. 1 Abs. 2 GG nachdrücklich auf den Bedingungszusammenhang zwischen den „unverletzlichen und unveräußerlichen Menschenrechten" und „dem Frieden [...] in der Welt" hin. Im deutschen Schrifttum datiert man die ideengeschichtlichen Grundlagen auf *Kants* Friedensidee und die Präambel zur Allgemeinen Erklärung der Menschenrechte und resümiert: „Freiheit im Staat ist danach wesentliche Bedingung für Frieden zwischen den Staaten.", vgl. *Dreier*, in: Dreier, Art. 1 II GG Rdnr. 1 (Fn.7), unter Verweis auf *I.Kant*, Zum ewigen Frieden (1795). Insoweit ließe sich der Kreis schließen: Denn Frieden zwischen den Staaten ist wiederum eine Grundbedingung für die Sicherheit eines Staates.

gelegt werden können. Denn grundsätzlich ist das Verständnis der Vertragsstaaten zum Zeitpunkt des Vertragsschlusses maßgebend; unter Umständen können aber auch Wandlungen im Sprachgebrauch bei der Auslegung Berücksichtigung finden (sog. dynamische Auslegung).[1978] Einmal dieses Sicherheitsverständnis zum Maßstab genommen, meint *Maack*, es sei nur schwer vorstellbar, dass „eine einzige [menschenrechtswidrige] Zustellung [...] gleich eine Sicherheitsgefährdung hervorruft".[1979]

#### *(c) Stellungnahme*

Man ist spontan geneigt, die Einschätzung *Maacks* zu teilen. Bei näherer Betrachtung schwindet allerdings die Überzeugungskraft ihrer Argumentation: Kann es für die Sicherheit – verstanden auch als Integrität der staatlichen Rechtsordnung – denn wirklich darauf ankommen, dass nur eine einzige Zustellung gegen Grund- und Menschenrechte verstößt? Wie viele/was für Verstöße wären denn dann notwendig? Es wird deutlich, dass dem Problem so nicht beizukommen ist.

Zur Lösung bieten sich nach hier vertretener Auffassung nur zwei Möglichkeiten der Auslegung des Sicherheitsvorbehaltes an: Entweder man betrachtet den Inhalt auf der völkerrechtlichen Ebene schon insoweit konkret bestimmt, als die Beeinträchtigung der Integrität der staatlichen Rechtsordnung als solche (die Verletzung verfassungsrechtlich verbürgter Individualrechte hierin eingeschlossen) nie zu einer Sicherheitsgefährdung des ersuchten Staates führen kann. Für eine solch restriktive Auslegung gibt es aber weder hinreichend konkrete Anhaltspunkte im Wortlaut der Bestimmung noch ein entsprechend staatenübergreifend akzeptiertes Begriffsverständnis. Oder man belässt dem ersuchten Staat auf der völkerrechtlichen Ebene insoweit einen begrenzten Beurteilungsspielraum; diesen kann und muss der ersuchte Staat unter grundsätzlicher Beachtung der vertraglich übernommenen Verpflichtung dann nach seinem eigenen (nationalen) Sicherheitsverständnis ausfüllen. Die letztgenannte Auslegungsmöglichkeit berücksichtigt immerhin den Beurteilungsspielraum, der schon im Wortlaut der Vorbehaltsklausel angelegt ist.

### *bb) Bedeutung im Zusammenhang der Bestimmungen des Vertrages*

Zum engeren Bedeutungszusammenhang sind neben dem gesamten Vertragstext die Präambel, die Anlagen und sich auf den Vertrag beziehende, mit diesem eine Einheit bildende Übereinkünfte und Urkunden zu zählen.

---

[1978] Vgl. dazu oben IV. Kapitel: §8B.I.4.

[1979] Vgl. *Maack*, S. 93.

*(1) Art. 5 Abs. 1 HZÜ*

Art. 13 Abs. 1 HZÜ ist zum einen mit Art. 5 Abs. 1 HZÜ zu lesen. Nach Art. 5 Abs. 1 HZÜ wird die Zustellung des Schriftstückes von der Zentralen Behörde bewirkt oder veranlasst („shall itself serve the documents or shall arrange to have it served...", „requis procédé ou fait procéder à la signification ou à la notification de l'acte"). Art. 5 Abs. 1 HZÜ bildet die Grundnorm, nach der Zustellungsersuchen erledigt werden. Art. 13 Abs. 1 HZÜ bildet hiervon die Ausnahme, nach deren Wortlaut Zustellungsersuchen „nur" in den genannten Fällen abgelehnt werden können. Beide Vorschriften begründen damit ein klares Regel-Ausnahme-Verhältnis zwischen Erledigung und Ablehnung von Zustellungsersuchen. Die Auslegung der Ausnahmeregelung in Art. 13 Abs. 1 HZÜ muss dem Rechnung tragen (*exceptio est strictissimae interpretationis*). Die Ablehnung von Zustellungsersuchen muss die Ausnahme bleiben und darf nicht zur Regel werden. Ein zu extensiver Gebrauch des Vorbehaltes, der die vertraglich übernommene Verpflichtung, Zustellungsersuchen zu erledigen, aushöhlen könnte, verbietet sich.

*(2) Art. 4, 13 Abs. 2 HZÜ*

Die Bedeutung erschließt sich auch in negativer Abgrenzung zu Art. 4 HZÜ und Art. 13 Abs. 2 HZÜ. Entspricht ein Ersuchen schon formal nicht den Vorgaben des Übereinkommens, so ist nach Art. 4 HZÜ vorzugehen. Die deutsche Denkschrift zählt beispielhaft fehlende Anlagen, falsche Anschriften, Übersetzungsfehler und das Fehlen eines Doppels auf.[1980]

Über formelle Einwände hinaus spricht Art. 13 Abs. 2 HZÜ ausdrücklich zwei Tatbestände an, die dem deutschen Betrachter der Sache nach vom anerkennungsrechtlichen Ablehnungsvorbehalt her bekannt sind.[1981] Die Regelungstechnik lässt zwei Deutungen zu: Einmal könnte man Abs. 1 als einen umfassenden Vorbehalt ansehen; Abs. 2 würde dann konstitutiv zwei Fälle aus dessen Anwendungsbereich herausnehmen.[1982] Abs. 1 erhielte hingegen von vornherein einen engeren Anwendungsbereich, wenn Abs. 2 nur einen deklaratorischen, klarstellenden Charakter trüge.[1983] Der Wortlaut ist insoweit offen. Klar und bei der Wertung im Rahmen des Abs. 1 zu berücksichtigen ist hingegen die Kernaussage der zweiten Alternative: Die Fremdheit – man könnte auch sagen Andersartigkeit – des ausländischen Ver-

---

[1980] Denkschrift, BT/Drcks. 7/4892, S. 43; vgl. auch *Maack*, S. 84; *Wölki*, RIW 1985, 530, 534.

[1981] Siehe nur § 328 I Nr. 1, 4 ZPO.

[1982] So wohl *Merkt*, S. 127.

[1983] So ausdrücklich die Denkschrift, BT/Drcks. 7/4892, S. 47; vgl. auch *Böckstiegel/Schlafen*, NJW 1978, 1073, 1074: „Klarstellung"; in diese Richtung auch *Maack*, S. 94 f.: Der Vorbehalt in Abs. 1 sei enger auszulegen „als die anerkennungsrechtlichen *ordre public*-Vorbehalte".

fahrens kann als solche keine Ablehnung rechtfertigen; gewisse verfahrensrechtliche Verschiedenheiten des nicht vereinheitlichten nationalen Rechts müssen im internationalen Rechtsverkehr schlicht hingenommen werden.

*cc) Bedeutung im Lichte des Zieles und Zweckes des Vertrages*

Auch im Völkervertragsrecht gilt der Rechtssatz „*pacta sunt servanda*".[1984] Hieran hat sich selbstverständlich auch die Auslegung des Vertrages zu orientieren.[1985] Eine besondere Aufgabe kommt insoweit der Auslegung einer im Vertrag übernommenen Verpflichtung im Lichte des Zieles und des Zweckes des Vertrages zu.

Das Ziel und der Zweck des HZÜ ist in der Präambel niedergelegt. Danach wird mit dem HZÜ einerseits die Vereinfachung und Beschleunigung des zwischenstaatlichen Zustellungsverfahrens angestrebt; andererseits soll aber auch sichergestellt werden, dass der Empfänger vom zuzustellenden Schriftstück rechtzeitig Kenntnis erlangt.[1986] Unter Beachtung des Effektivitätsgrundsatzes[1987] ist eine Auslegung der Zustellungsverpflichtung angezeigt, die den intendierten Nutzeffekt (*effet utile*) - hier also die Vereinfachung und Beschleunigung des Zustellungsverfahrens - bestmöglich erreichen lässt. Bei mehreren möglichen Auslegungsalternativen ist demnach diejenige zu wählen, bei der die Zustellung des betreffenden Schriftstückes möglichst einfach und schnell erfolgen kann.

*(1) Unbestrittene Konsequenzen für den Prüfungsmaßstab*

Auf der einen Seite scheint völlig klar und unstreitig zu sein, dass eine umfassende inhaltliche Prüfung des zuzustellenden Schriftstückes eine Verzögerung der Zustellung zur Folge hätte. Aus diesem Grund wird eine umfassende Prüfung der Zulässigkeit und Begründetheit der Klage auch einhellig abgelehnt; eine solche „révision au fond" wäre mit Ziel und Zweck des HZÜ unvereinbar.[1988]

Auf der anderen Seite zeigt allerdings schon der Wortlaut des Art. 13 Abs. 1 HZÜ, dass dem ersuchten Staat ein inhaltliches Prüfungsrecht zusteht. Auch der aus der Präambel ermittelte Vertragszweck vermag nicht zu rechtfertigen, dieses Prüfungsrecht gänzlich aus dem Vertragstext herauszulesen. Denn eine Auslegung, die eine Vertragsklausel überflüssig macht, ist mit dem im Vertragstext verbindlich niedergelegten Willen der Vertragsstaaten ebenfalls unvereinbar.

---

[1984] Vgl. Art. 26 WVRK.

[1985] Vgl. zur Auslegung nach „Treu und Glauben" Art. 31.1 WVRK.

[1986] Hierzu ausführlich *Pfeil-Kammerer*, S. 23 ff.

[1987] Vgl. dazu schon oben IV. Kapitel: §8B.I.4.

[1988] So zuletzt *Hau*, ZZPInt 6, 249, 252 (2001); siehe auch die Rechtsprechungs- und Schrifttumsnachweise bei *Merkt*, S. 130.

*(2) Meinungsstand und Stellungnahme*

In der Grauzone zwischen den Extrempositionen ist insbesondere in Deutschland vieles umstritten. Einigkeit herrscht wiederum nur insoweit, als Art. 13 Abs. 1 HZÜ eng ausgelegt werden soll, um den „Vereinfachungs- und Beschleunigungseffekt nicht ‚unangemessen' abzuschwächen"[1989]. Der eigentliche, vor deutschen Gerichten und in den juristischen Fachzirkeln ausgetragene Streit dreht sich nun darum, was eine „enge", am Vertragszweck orientierte Auslegung für den Prüfungsumfang konkret bedeutet.

Entgegen einiger Stimmen vor allem im älteren Schrifttum[1990] scheint sich in der deutschen Rechtsprechung und im jüngeren Schrifttum seit einigen Jahren die Auffassung durchzusetzen, die eine Gleichsetzung des Erledigungsvorbehalt des HZÜ mit dem allgemeinen innerstaatlichen „ordre public"-Vorbehalt ablehnt.[1991] Zu dieser Auffassung hat sich auch das BVerfG in seiner Entscheidung vom 07.12.1994 („punitive damages")[1992] bekannt und die Beschränkung der Überprüfungsbefugnis mit dem Ziel und Zweck des HZÜ zu rechtfertigen gesucht[1993]: Mit dem HZÜ soll der internationale Rechtshilfeverkehr gefördert werden. Eine Auslegung, die zur einer Beeinträchtigung des internationalen Rechtshilfeverkehrs führt, läuft dem Ziel des HZÜ zuwider und ist möglichst zu vermeiden. Zu Beeinträchti-

---

[1989] *Merkt*, S. 130.

[1990] So ohne Begründung noch *Böckstiegel/Schlafen*, NJW 1978, 1073, 1074: „ordre public Klausel"; *Hollmann*, RIW 1982, 784, 789: „ordre public-Klausel". Auch das OLG München, NJW 1992, 3113, scheint von einem gewöhnlichen ordre public-Vorbehalt auszugehen, erwähnt Art. 13 Abs. 1 HZÜ aber nicht einmal. Erwähnenswert ist schließlich noch die diplomatische Note der deutschen Botschaft an das US-Außenministerium v. 27.09.1979, abgedruckt in: *Ristau*, Bd. 1, S. 90 (§ 3-1-8), in der allerdings ohne Bezugnahme auf Art. 13 Abs. 1 HZÜ der deutsche Widerspruch zu Art. 8, 10 begründet wird; dort heißt es: „Under these laws, the German authorities must be in a position to examine whether the foreign request for service is in compliance with the legal provisions established for this purpose and whether it is in compliance with the ordre public of the Federal Republic of Germany. [...]" (Hervorhebung d. Verf.).

[1991] So ausdrücklich OLG Frankfurt, RIW 2001, 464, 465; KG, OLGZ 1994, 587, 589; OLG Düsseldorf, NJW 1992, 3110, 3111; OLG München, NJW 1989, 3102: „nur eingeschränkt auf besonders schwere Fälle"; vgl. im Übrigen die Nachweise bei *Merkt*, S. 125 (Fn. 441).

[1992] BVerfGE 91, 355, 340.

[1993] BVerfGE 91, 355, 340: „Würden die Grundsätze der innerstaatlichen Rechtsordnung bereits zum Maßstab für die Zustellung gemacht, so würde der internationale Rechtshilfeverkehr erheblich beeinträchtigt. Zum einen könnte die Prüfung der Klagen auf ihre Vereinbarkeit mit dem innerstaatlichen ordre public zu großen Verzögerungen bei der Zustellung führen. Zum anderen käme sie einer Erstreckung inländischer Rechtsvorstellungen auf das Ausland gleich und würde dem Ziel zuwiderlaufen, dem ausländischen Kläger die Führung eines Prozesses gegen einen inländischen Beklagten im Ausland zu ermöglichen. Eine solche Einschränkung des Rechtshilfeverkehrs ist grundsätzlich um so weniger geboten, als im Zeitpunkt der Zustellung der Ausgang des Verfahrens noch völlig offen ist.".

gungen („großen Verzögerungen“) käme es aber, wenn man Art. 13 Abs. 1 HZÜ so auslegen würde, dass eine zuzustellende Klage in jedem Fall auf ihre Vereinbarkeit mit dem innerstaatlichen „ordre public“ geprüft werden müsste.

Das BVerfG geht damit offenbar von der These aus, dass eine Überprüfung am innerstaatlichen ordre public, weil zeitaufwendig, zwangsläufig zu Verzögerungen bei der Zustellung führt und die Vertragsstaaten deshalb eine derartige Prüfung ausgeschlossen wissen wollten. Erstere These ist nicht von der Hand zu weisen; letztere scheint jedoch den (formalen) Wortlaut gegen sich zu haben. Denn eine gewisse inhaltliche Überprüfung ist nun mal durch Art. 13 Abs. 1 HZÜ vorgesehen und es ist auch klar, dass jede inhaltliche Überprüfung gemessen an einer rein formalen Prüfung (Art. 4 HZÜ) eine Verzögerung bewirken kann. Zu einer Verzögerung kommt es faktisch nur dann nicht, wenn die Fälle, in denen eine inhaltliche Prüfung vorgenommen werden müsste, klar und einfach erkennbar sind und selten bis nie vorkommen.

Das BVerfG ist schließlich auch der Auffassung, die Prüfung anhand der Vorgaben des innerstaatlichen ordre public sei im Stadium der Zustellung nicht geboten. Ganz ähnlich argumentiert die herrschende Meinung, die annimmt, der zustellungsrechtliche Erledigungsvorbehalt des Art. 13 Abs. 1 HZÜ müsse jedenfalls enger sein als der anerkennungsrechtliche „ordre public“ (§ 328 I Nr. 4 ZPO, § 16a I Nr. 4 FGG).[1994] Es ginge nicht an, so die Vertreter dieser Auffassung, den Rechtsstreit schon im frühen Stadium der Zustellung mit einer ablehnenden Entscheidung zu präjudizieren.[1995] Zudem bestünde bei der Zustellungshilfe für ein fremdstaatliches Verfahren ein anderes „Gefährdungspotential“ als bei der Anerkennung einer fremdstaatlichen Entscheidung; dieser „Funktionsunterschied“ rechtfertige eine Einschränkung.[1996]

Beide Argumente scheinen zu überzeugen; wohlgemerkt, sie scheinen. Denn einerseits ist zu bedenken, dass eine präjudizielle Wirkung von jeder inhaltlichen Überprüfung ausgeht, egal wie weit diese tatsächlich ausgestaltet ist. Auch eine Präjudizierung des Rechtsstreites ist wie eine zeitliche Verzögerung nur dann zu vermeiden, wenn auf eine inhaltliche Überprüfung ganz verzichtet wird. Dies entspricht aber nicht dem erklärten Wortlaut des HZÜ, es sei denn, man betrachtete Art. 13 Abs. 1 HZÜ schlicht als „Leerformel“. Andererseits geht die Argumentation der herrschenden Meinung von idealistischen Prämissen aus, welche die tatsächlichen Gegebenheiten in transatlantischen Rechtsstreitigkeiten nicht angemessen widerspiegeln. Den inländischen Zustellungsadressaten allein auf eine „ordre public“-Prüfung in einem späteren Anerkennungs- und Vollstreckungsverfahren zu verweisen, ginge nur an, wenn die Zustellung in der Tat nicht mehr als eine Forma-

[1994] Vgl. nur OLG Frankfurt, RIW 2001, 464, 465; *Maack*, S. 97.

[1995] Vgl. *Pfennig*, S. 99; jüngst wieder *Maack*, a.a.O.

[1996] Vgl. *G.Geimer*, S. 72, unter Hinweis auf BVerfGE 91, 335.

lie wäre. Tatsächlich werden mit der Zustellung aber vollendete Tatsachen geschaffen. Denn die eigentliche Gefährdung gehen von dem auf die Zustellung folgenden Verfahren vor US-Gerichten aus; dieses tatsächliche „Gefährdungspotential", das von der Zustellungshilfe ausgeht, wird von der überwiegenden Ansicht schlichtweg negiert. Auch zu einer erneuten Prüfung – einer „zweiten Verteidigungslinie" – kommt es in aller Regel gar nicht mehr, weil Kläger, wie der im vorliegenden Verfahren, gar keinen vollstreckbaren Titel oder gar eine Auslandsvollstreckung erstreben. Der ersuchte Staat wird damit in der überwiegenden Mehrzahl aller Fälle gar nicht mehr die Möglichkeit erhalten, eine etwaige „ordre public"-Prüfung anzustellen.[1997]

Einzelne Stimmen im deutschen Schrifttum gehen sogar so weit und meinen, Art. 13 Abs. 1 HZÜ beziehe sich (nur) „auf die Souveränität und Sicherheit des Staates, nicht [aber] auf dessen Vorstellungen von Rechtsstaatlichkeit oder gar auf die Grundrechte privater Parteien."[1998] Diese scheinbar auf dem Boden des Vertragstextes argumentierende Auffassung stellt die Förderung des zwischenstaatlichen Rechtsverkehrs im Ergebnis über alle innerstaatlichen Belange.

Der Zweck des HZÜ würde eine derartige Einschränkung der Überprüfungsbefugnis aber nur dann erfordern, wenn klar ist, dass eine Prüfung auch anhand dieses engen Maßstabes in jedem Fall zu nicht hinnehmbaren Verzögerungen führt. Dies erscheint sehr zweifelhaft. Denn im Prinzip ist allgemein anerkannt, dass „auch dem Ziel eines geordneten internationalen Zivilrechtsverkehrs nicht [alle Prinzipien staatlichen Handelns, d. Verf.] geopfert werden" dürfen.[1999] In den gerichtlichen Entscheidungen findet sich häufig die Formulierung, die Erledigung eines ausländischen Zustellungsersuchens könne (nur) dann abgelehnt werden, wenn andernfalls (mit der Erledigung des Ersuchens) „die Wertungsgrundlagen der Rechtsordnung des deutschen Staates in besonders schwerem Maße beeinträchtigt" werden würden."[2000] Damit wird zumindest in letzter Konsequenz anerkannt, dass der Zweck des HZÜ nicht jede Zustellung heiligen kann.

Dass eine vertragszweckorientierte Wortlautauslegung hier an ihre Grenzen stößt, ist offensichtlich. Auch insoweit ist nicht abschließend zu klären, welche innerstaatlichen Rechtsvorstellungen den Erledigungsvorbehalt konkretisieren (können); im Ergebnis wird eine Abwägung mit den betreffenden widerstreitenden Rechtsprinzipien die notwendige Klärung bringen müssen. Festhalten lässt sich hingegen folgendes: Ziel und Zweck des HZÜ gebieten eine einschränkende Auslegung des Erledigungsvorbehaltes in Art. 13 Abs. 1 HZÜ; es ist möglichst zu ver-

---

[1997] So zu Recht *Greger*, in: FS Schwab, S. 331, 337; *Merkt*, S. 173.

[1998] Vgl. *Juenger/Reimann*, NJW 1994, 3274.

[1999] Vgl. *Hau*, ZZPInt 6, 249, 252 (2001).

[2000] KG, OLGZ 1994, 587, 588; OLG Düsseldorf, NJW 1992, 3110, 3111; OLG München, NJW 1989, 3102, 3103.

hindern, dass eine zu umfängliche inhaltliche Prüfung vor allem an den Vorgaben des innerstaatlichen Rechts die vom HZÜ bezweckte Vereinfachung und Beschleunigung des Zustellungsverfahrens zunichte macht. Zu einer weiteren Konkretisierung ist aber auch die Auslegung des Wortlautes im Lichte von Ziel und Zweck nicht imstande; der Wortlaut ist demnach auch insoweit noch auslegungsfähig und -bedürftig.

*b) Anhaltspunkte außerhalb des Vertragstextes (Kontext)*

Neben dem authentischen Vertragstext können bei der Auslegung eines Staatsvertrages auch Umstände außerhalb des Vertragstextes herangezogen werden.[2001] Mangels einer späteren Auslegungsvereinbarung ist hier eine spätere Übung in den Vertragsstaaten und die sonstigen, zwischen den Vertragsstaaten einschlägigen Rechtssätze in die Auslegung des Art. 13 Abs. 1 HZÜ miteinzubeziehen.

*aa) Spätere Übung der Vertragsstaaten (Authentische Auslegung)*

Einen Rückschluss auf die ursprüngliche Intention der Vertragstaaten lässt auch die spätere Anwendung (Übung) einer staatsvertraglichen Regelung durch die Vertragsstaaten zu. Im Rahmen des Anwendungsbereichs des HZÜ sind die „Zentralen Behörden" der Vertragsstaaten mit der innerstaatlichen Anwendung des Übereinkommens betraut; insoweit lässt ihre Praxis darauf schließen, wie die Vertragsstaaten das Übereinkommen und seine Bestimmungen verstehen.

*(1) Deutsche Praxis*

Die Praxis der deutschen Länderjustizverwaltungen tendiert dazu, Art. 13 Abs. 1 HZÜ sehr eng auszulegen. Die restriktive Handhabung des Erledigungsvorbehaltes lässt sich im Einzelfall aus den nachfolgenden gerichtlichen Entscheidungen[2002] und allgemein aus der derzeit gültigen Fassung der ZRHO ablesen (als Verwaltungsvorschrift des Bundes und der Länder legt die ZRHO bundeseinheitlich Richtlinien für das Verfahren und die Entscheidung der befassten deutschen Justizbehörden fest). Als „Gefährdung der Sicherheit und der Hoheitsrechte der BR Deutschland oder eines Bundeslandes" werden dort „z.B. ein Antrag auf Zustellung einer Klage, eines Mahnbescheides, einer Streitverkündung u.ä. gegen die

---

[2001] Dazu schon oben IV. Kapitel: §8B.I.4.

[2002] Juris listet derzeit (03.01.2002) 7 OLG-Entscheidungen zu Art. 13 Abs. 1 HZÜ: OLG Frankfurt, RIW 2001, 464; OLG Köln, InVo 1998, 198; OLG Düsseldorf, ZIP 1996, 294; KG Berlin, OLGZ 1994, 587; OLG Düsseldorf, RIW 1992, 846; OLG Frankfurt, RIW 1991, 417; OLG München, RIW 1989, 483. In allen berichteten Fällen hatte die zuständige Justizverwaltung dem ausländischen Zustellungsersuchen stattgegeben. Siehe ferner auch OLG München, Beschl. v. 12.07.2000 (9 VA 3/00) (unveröffentlicht); OLG München, NJW 1992, 3113.

Bundesrepublik Deutschland oder ein Bundesland" genannt (§ 59 Abs. 3 Nr. 1 ZRHO).[2003]

*(2) US-amerikanische Praxis*

In den USA findet sich bisher lediglich ein Fall berichtet, in dem das U.S. Department of Justice in seiner Funktion als „Zentrale Behörde"[2004] die Erledigung eines Ersuchens abgelehnt hat.[2005] In dem Fall ging es um die Zustellung einer in den Niederlanden eingereichten Klage auf Schadensersatz gegen einen „Commanding Admiral" der US-Navy und zwei weitere Offiziere.[2006]

Insoweit lässt sich also allenfalls eine Übereinstimmung über die Auslegung des HZÜ feststellen, als Zustellungen, die gegen den Staat bzw. gegen einen Staatsbediensteten in staatlicher Funktion gerichtet sind, nicht erledigt werden.

*bb) Harmonisierung des Ablehnungsvorbehaltes mit sonstigen Rechtssätzen des Völkerrechts (Völkerrechtskonforme Auslegung)*

Bei der Auslegung eines Staatsvertrages ist auch jeder in den Beziehungen zwischen den Vertragsstaaten anwendbare Völkerrechtssatz zu berücksichtigen (vgl. heute Art. 31 Abs. 2 lit. c WVRK). Die Regel, nach der völkerrechtliche Verträge möglichst in Harmonie mit dem allgemeinen Völkerrecht auszulegen sind, ist dabei in der internationalen Rechtsprechung und in der Völkerrechtslehre seit langem anerkannt; denn ein Staatsvertrag, der gegen zwingendes Völkerrecht (*ius cogens*) verstieße, wäre nichtig (vgl. heute Art. 53 WVRK). Darüber hinaus ist aber auch ein Konflikt zwischen mehreren staatsvertraglichen Regelungen nach Möglichkeit zu vermeiden.

Der Erledigungsvorbehalt in Art. 13 Abs. 1 HZÜ ist damit nach Möglichkeit so auszulegen, dass das hierdurch ermöglichte Handeln der „Zentralen Behörde" nicht im Widerspruch zu sonstigen völkerrechtlichen Verpflichtungen des ersuchten (deutschen) Staates steht.

---

2003 Vgl. § 59 Abs. 3 Nr. 1 ZRHO, abgedruckt in: *Bülow/Bockstiegel/Geimer/Schütze*, G I (Nr. 900), Stand: 24.EL. (Oktober 2001).

2004 28 C.F.R. § 0.49 (b).

2005 Vgl. *Ristau*, Bd. 1, S. 222 (§ 4-4-2).

2006 Vgl. *B.V. Bureau Wijsmuller v. U.S.*, 487 F.Supp. 156 (S.D.N.Y. 1979), aff'd, 623 F.2d 202 (2d Cir. 1980).

*(1) Keine allgemeine völkerrechtliche Pflicht zur Rechtshilfe*

Zunächst ist festzustellen, dass es keinen Rechtssatz des allgemeinen Völkerrechts gibt, auf den sich eine Pflicht der BR Deutschland zur Erledigung von US-amerikanischen Zustellungsersuchen eigenständig gründen ließe. Das allgemeine Völkerrecht lässt die Anwendung von Art. 13 Abs. 1 HZÜ insoweit unberührt. Dass abseits einer staatsvertraglichen Verpflichtung keine völkergewohnheitsrechtliche Verpflichtung zur Gewährung von Rechtshilfe besteht, entspricht schon lange einer gefestigten allgemeinen Auffassung im In- und Ausland.[2007] Schon auf einer Tagung des *Institut de droit international* in Zürich 1877 vermochte sich der Vorstoß, eine Pflicht aus dem allgemeinen Völkerrecht abzuleiten, nicht durchzusetzen.[2008] Ein entsprechendes Völkergewohnheitsrecht hat sich aufgrund der sehr heterogenen Praxis der Staaten auch in der Folgezeit nicht entwickelt.[2009] Das BVerfG hat in seiner Entscheidung vom 22.03.1983 (Verfassungsmäßigkeit des Gesetzes zu dem Rechtshilfevertrag zwischen der Bundesrepublik Deutschland und der Republik Österreich) ausgeführt:

> „Ein Staat ist nach allgemeinem Völkerrecht grundsätzlich nicht verpflichtet, in seinem Hoheitsbereich die Vornahme oder Vollstreckung von Hoheitsakten eines anderen Staates durch dessen Organe zu dulden [...] oder dafür - im Wege der Rechtshilfe - seine Hand zu reichen; das Völkerrecht verbietet freilich solche Duldung oder Mithilfe auch nicht; es stellt sie den Staaten frei."[2010]

Diese Feststellung beansprucht nach wie vor Gültigkeit. Der vertragslose Rechtshilfeverkehr wird von dem Gedanken der „courtoisie internationale" beherrscht. Die völkergewohnheitsrechtlich nicht gebotene Rechtshilfe wird von dem ersuchten Staat in der Erwartung geleistet, der ersuchende Staat verhielte sich im umgekehrten Fall ebenso.[2011] Der ersuchte Staat wird daher im ureigenen Interesse versuchen, die Rechtsverfolgung im Ausland zu fördern. Ein geregelter Rechtshilfeverkehr mit dem Ausland dient der Stärkung individueller Rechtspositionen der Gebietsansässigen des Zustellungsstaates. Deshalb tut der ersuchte Staat nach Auffassung des BVerfG gut daran, einerseits „dem ausländischen Kläger die Führung eines Prozesses gegen einen inländischen Beklagten im Ausland zu ermöglichen [und andererseits sicherzustellen, dass der inländische Beklagte] grundsätzlich im Ausland nicht mit einem Zivilverfahren überzogen werden [kann], von dem [er] keine Kenntnis [hat]."[2012] Umgekehrt kann die Verweigerung der Rechtshilfe im

[2007] Vgl. aus dem deutschen Schrifttum nur *Pfeil-Kammerer*, S. 57; *Schack*, IZVR, S. 68 (Rdnr. 170); *Geimer*, IZPR, S. 1056 (Rdnr. 3631).

[2008] Vgl. *Volken*, S. 6 (Rdnr. 17, Fn. 23).

[2009] Vgl. *Bertele*, S. 93.

[2010] BVerfGE 63, 343, 361.

[2011] Vgl. *Schack*, IZVR, S. 68 (Rdnr. 170); *Volken*, S. 6 (Rdnr. 15 ff).

[2012] BVerfGE 91, 335, 340.

vertragslosen Rechtshilfeverkehr auf juristischen, politischen oder rein formalen Gründen beruhen.[2013]

*(2) Bedeutung internationaler Menschenrechte*

Bedenkenswert, aber noch nicht vollends geklärt ist hingegen der Einfluss völkerrechtlich verbürgter Menschenrechte auf die zwischenstaatliche Rechtshilfe. Im deutschsprachigen Schrifttum wird in jüngerer Zeit vereinzelt die Frage erörtert, ob und inwieweit der Inhalt der zwischenstaatlichen Rechtshilfe durch die justiziellen Garantien des Art. 6 Abs. 1 EMRK bestimmt werden kann. So wird vornehmlich im Zusammenhang mit der Anerkennung und Vollstreckung ausländischer Entscheidungen die Auffassung vertreten, in bestimmten Fällen sei ein fairer Prozess und effektiver Rechtsschutz für den Kläger nur durch eine zwischenstaatliche Kooperation zu erreichen[2014]; diese zwischenstaatliche Kooperation soll sich zu einer Rechtshilfepflicht zur Förderung des ausländischen Verfahrens verdichten, wenn in jedem der involvierten EMRK-Vertragsstaaten für sich genommen kein effektiver Rechtsschutz zu erzielen wäre.[2015]

*(a) Menschenrechte des ausländischen Klägers und die Ablehnung der Erledigung eines Zustellungsersuchens*

Dieser Ansatz ist auf den vorliegenden Zusammenhang nicht ohne weiteres übertragbar. Zum einen besteht hier schon eine Pflicht zur Rechtshilfe; es ginge also nicht um deren Begründung, sondern allenfalls um deren Ausdehnung im Wege einer „evolutiven" Auslegung justizieller Menschenrechte. Zum anderen wird auf der Grundlage des herkömmlichen Verständnisses der Schutzbereich der justiziellen Menschenrechte des Klägers nicht durch eine ablehnende Entscheidung des

---

[2013] Vgl. *Pfeil-Kammerer*, S. 57. Von praktischer Bedeutung, obwohl keine gesetzliche Regelung des vertragslosen Rechtshilfeverkehrs ist die Rechtshilfeordnung in Zivilsachen vom 19.10.1956 (ZRHO), vgl. § 3 Abs. 1 Nr. 2 ZRHO.

[2014] Vgl. *Schlosser*, in: FS Matscher, S. 387, 388, im Anschluss an *Matscher*, ZZP 103, 294, 318 (1990), der seinerseits eine aus Art. 6 Abs. 1 EMRK abgeleitete Verpflichtung zur Anerkennung von ausländischen Entscheidungen im Rahmen einer „evolutiven Interpretation" für „durchaus vertretbar" hält; dazu auch *R.Geimer*, ZfRV 1992, 401, 406.

[2015] Vgl. *Schlosser*, in: FS Matscher, 387, 388 f. Um „Vollstreckungsrefugien" zu verhindern, sieht er den Mitgliedstaaten der EMRK die Möglichkeit genommen, unter Berufung auf die Souveränität ausländischen Urteilen die Anerkennung und Vollstreckung zu verweigern. Eine „Vollstreckungsoase" drohe andererseits aber auch dann, wenn die Zustellung im Ausland nicht wirksam vorgenommen werden und der Beklagte sich unter Berufung hierauf der Vollstreckung des ausländischen Titels widersetzen könne. Deshalb müssten „die Staaten dafür Sorge tragen, dass Personen, die auf ihrem Territorium wohnen, für die ausländische Ziviljustiz erreichbar sind."

ersuchten Staates berührt; für eine Erweiterung besteht weder Anlass noch Bedürfnis.

Ein Kläger, der einen auswärtigen Beklagten verklagt, hat zwar unbestritten ein elementares Interesse an einer zügigen Zustellung seiner Klage, um sein materielles Recht in angemessener Zeit rechtlich durchsetzen zu können. Dieses Interesse ist auch auf der völkerrechtlichen Ebene durch den Anspruch auf Justizgewährung und effektiven Rechtsschutz verbürgt; als einschlägiger Völkerrechtssatz käme hier Art. 14 Abs. 1 S. 2 IPbpR und, soweit es die BR Deutschland betrifft, auch Art. 6 Abs. 1 EMRK in Betracht. Um dem Kläger den so garantierten Zugang zu den Gerichten und ein faires Verfahren in angemessener Zeit zu gewähren[2016], ist es notwendig, aber auch ausreichend, wenn der Aufenthaltsstaat des Beklagten dem Kläger einen Zugang zu seinen eigenen Gerichten und dort ein Verfahren zur Verfügung stellt, das eine effektive Rechtsverfolgung einschließlich der Vollstreckung eines entsprechenden Titels möglich macht.

Klagt der Kläger hingegen bestimmter Vorteile wegen in seinem Heimatstaat, so richtet sich sein Anspruch allein gegen seinen Heimatstaat; die hiermit einhergehenden faktischen Nachteile bei der Rechtsverfolgung gegen den im Ausland ansässigen Beklagten hat er bewusst zugunsten dieser Vorteile in Kauf genommen. Es ist nicht zu erkennen, weshalb der völkerrechtliche verbürgte Anspruch des Klägers auf Justizgewährung und effektiven Rechtsschutz nun zu Lasten des Beklagten (in Gestalt der seinem Schutz dienenden Gerichtsstände) zu einem Anspruch gegen den Aufenthaltsstaat des Beklagten auf zwischenstaatliche Kooperation ausgedehnt werden sollte.[2017] Schließlich ist es auch nicht zu erkennen, weshalb ein Vertragsstaat für das Versagen des Rechtsschutzes in anderen Vertragsstaaten einstehen soll, zumal ein doppeltes Rechtsschutzversagen in dieser Hinsicht als reichlich hypothetische Annahme erscheint. Das vereinbarte Ziel des Menschenrechtsschutzes in den Vertragsstaaten allein führt bei grenzüberschreitenden Sachverhalten noch nicht zu einer menschenrechtlichen „Gesamtschuld".

---

[2016] Vgl. zum Inhalt die Gegenüberstellung bei *Seidel*, S. 257, zu Art. 6 Abs. 1 EMRK, S. 269 f., zu Art. 14 Abs. 1 IPbpR.

[2017] Die Begründung einer Pflicht zur Rechtshilfe aus dem universellen völkergewohnheitsrechtlichen Fremdenrechts oder aus dem menschenrechtlichen Mindestschutzstandard (Theorie vom internationalen Mindeststandard) muss damit gleichsam fallen. Die Gleichheit vor dem Gesetz und angemessener Rechtsschutz des Fremden im Aufenthaltsstaat, was den Zugang zu den Gerichten, ein geordnetes Verfahren und rechtliches Gehör einschließt, ist zwar als allgemeine Regel des völkerrechtlichen Fremdenrechts auch vom BVerfG anerkannt (BVerfGE 60, 253, 303; vgl. auch *K. Ipsen*, in: Ipsen, S. 706 (§ 50, Rdnr. 6)). Ein Kläger, der in seinem Heimatstaat klagt, kann diesen Individualrechtsschutz jedoch nicht von dem ausländischen Staat beanspruchen, in dem sich der Beklagte aufhält.

Eine ablehnende Rechtshilfeentscheidung berührt damit nicht den völkerrechtlich verbürgten Anspruch des Klägers auf Justizgewährung und effektiven Rechtsschutz.

*(b) Menschenrechte des inländischen Beklagten und die Erledigung des Zustellungsersuchens*

Ein inländischer Beklagten wird geneigt sein, seine menschenrechtlichen Rechtspositionen beeinträchtigt zu sehen, wenn ihm ein ausländisches Zustellungsersuchen zugestellt wird.

Wie schon beim Kläger ist jedoch zumindest der Schutzbereich justizieller Menschenrechte offenkundig nicht berührt. Das zwar verständlich erscheinende Interesse des inländischen Beklagten, nicht in einen fremdstaatlichen Prozess einbezogen zu werden, ist individualrechtlich nicht anerkannt; nach zutreffender Ansicht gibt es kein (völker- oder verfassungsrechtlich begründbares) Menschenrecht, nicht im Ausland verklagt zu werden („right not to be sued abroad").[2018] Das darüber hinausgehende Interesse auf eine gleichberechtigte und effektive Verteidigung vor dem fremdstaatlichen Gericht ist zwar individualrechtlich anerkannt; diesem Interesse entspricht der Anspruch auf Nichtdiskriminierung und ein faires Verfahren, insbesondere auf Gewährung rechtlichen Gehörs und effektiven Rechtsschutzes. Aber auch dieser menschenrechtlich anerkannte Anspruch richtet sich in erster Linie gegen den Forumstaat.[2019] Nur soweit mit der Rechtshilfeentscheidung des ersuchten Staates eine hoheitliche Regelungsgewalt verbunden ist, muss dem Adressaten auch von diesem rechtliches Gehör und eine effektive Rechtschutzmöglichkeit gewährt werden. Ein Recht auf eine bestimmte Entscheidung im Rechtshilfeverfahren folgt hieraus jedenfalls nicht.

Schließlich ist nicht zu verkennen, dass eine zustellende Entscheidung durchaus in (auch) völkerrechtlich verbürgte Freiheitsrechte des inländischen Beklagten einzugreifen imstande ist, weil dieser sich auf das ausländische Verfahren einlassen muss; darauf wird an geeigneter Stelle noch näher einzugehen sein.[2020] Hiervon ist die weitere Frage scharf zu trennen, inwieweit eine etwaige Verletzung völkerrechtlich verbürgter Menschenrechte des deutschen Beklagten im ausländischen Verfah-

---

2018 Vgl. *Geimer*, IZPR, S. 102 f. (Rdnr. 250d ff.). In erster Linie handelt es sich hier um eine Frage der Gerichtspflichtigkeit des Beklagten im Forumstaat und diese ist ein Regelungsgegenstand des innerstaatlichen Rechts, der Gerichtsbarkeit und der internationalen Zuständigkeit. Der allgemeine Grundsatz des Völkerrechts, die fremdstaatliche Souveränität zu respektieren, setzt mit dem „genuine link"-Erfordernis allenfalls exorbitanten Zuständigkeitsanknüpfungen Grenzen, vgl. *Rudolf*, BerDGVR 11 (1973), 7 ff., zur Notwendigkeit einer Inlandsbeziehung, S. 22 ff.; *Habscheid*, BerDGVR 11 (1973), 47 ff.; umfassend auch *Bertele*, S. 112 ff.

2019 In dem Sinne, dass der Forumstaat grundsätzlich ein Verfahren wählt, das eine sachgerechte Verteidigung unter Abwägung mit den Klägerinteressen bestmöglich gewährleistet.

2020 Siehe dazu unten IV. Kapitel: §10A.II.

ren (durch den ersuchenden Staat!) – eine solche einmal unterstellt – einen völkerrechtlich begründeten Schutzanspruch des ersuchten deutschen Staates auslösen kann. Es wurde schon dargelegt, wie sich dieser Umstand auf die völkerrechtliche Rechtsposition des ersuchten Staates im Rahmen des Art. 13 Abs. 1 HZÜ auswirken kann.[2021]

*cc) Vorbereitende Arbeiten (Travaux Préparatoires)*

Die Zweifel über den Anwendungsbereich des Art. 13 Abs. 1 HZÜ sind auch nach Ausschöpfung der bisher eingesetzten Erkenntnismöglichkeiten nicht vollends auszuräumen gewesen. Damit ist nach allgemeinen völkerrechtlichen Grundsätzen der Weg frei für die ergänzende Heranziehung der vorbereitenden Arbeiten zum Übereinkommen. Zu den maßgeblichen (hier in einem Band veröffentlichten Vorarbeiten) zählen hier vor allem der erläuternde Bericht des Berichterstatters *Taborda Ferreira* (Rapport Explicatif)[2022], aber auch der Bericht der Sonderkommission zum vorausgegangenen Entwurf (Rapport de la Commission Spéciale)[2023] und die zwischenzeitlichen Beratungen der Delegierten der Zehnten Haager Konferenz (Procès-Verbal)[2024].

*(1) Materialien zum HZÜ*

Die Materialien zum HZÜ belegen eindeutig den Ursprung des Wortlautes der Vorbehaltsklausel. Der „Rapport Explicatif" weist zunächst (nur) den Zusammenhang zwischen Art. 13 Abs. 1 HZÜ und Art. 4 des Entwurfs aus.[2025] Die Sonderkommission hatte in ihrer Entwurfsfassung eines neuen Art. 4 die Fassung der Vorgängerregelungen in Art. 4 Haager Zivilprozeßübereinkommen 1904/1954 zwar etwas entschlackt, insbesondere den Prüfungsmaßstab aber unverändert übernommen.[2026] In den nachfolgenden Beratungen wurde dann von verschiedener

---

2021 Dazu schon oben IV. Kapitel: §10A.I.1.a)aa)(1).

2022 Rapport Explicatif de *M.V. Taborda Ferreira*, in : Conférence de la Haye de Droit International Privé, Actes et Documents de la Dixième Session, Tome III – Notification, 1965, S. 363 ff.

2023 Rapport de la Commission Spéciale, in : Conférence de la Haye de Droit International Privé, Actes et Documents de la Dixième Session, Tome III – Notification, 1965, S. 74 ff.

2024 Insb. Procès-Verbal No 4 (1964), in : Conférence de la Haye de Droit International Privé, Actes et Documents de la Dixième Session, Tome III – Notification, 1965, S. 181, 192 ff.

2025 Vgl. Rapport Explicatif de *M.V. Taborda Ferreira*, in : Conférence de la Haye de Droit International Privé, Actes et Documents de la Dixième Session, Tome III – Notification, 1965, S. 363, 375 : „L'alinéa premier de l'article 13 correspond à l'alinea premier de l'article 4 de l'avant-projet."

2026 Vgl. Avant-Projet de Convention du 14 Février 1964 Adopté par la Commission Spéciale, in : Conférence de la Haye de Droit International Privé, Actes et Documents de la Dixième Session, Tome III – Notification, 1965, S. 65, 66 : „L'exécution de la notification ne pourra être

Seite eine redaktionelle Änderung des Wortlautes angeregt; die Vorschläge konnten sich aber nicht durchsetzen.[2027] Mit Ausnahme der veränderten Artikelnummer und des neuen Abs. 2 blieb die ursprüngliche Entwurfsfassung (und damit der Wortlaut der Vorgängerregelungen) erhalten.

Die Beibehaltung des Wortlautes ist ein starkes Indiz dafür, dass die Vertragsstaaten Art. 13 Abs. 1 HZÜ auch inhaltlich die gleiche Bedeutung beimessen wollten wie seinen Vorgängerregelungen (Art. 4 Haager Zivilprozessübereinkommen 1905/1954). Das muss aber nicht zwingend so sein. Die Materialien zum HZÜ sind in diesem Punkt auch nicht eindeutig. So deutet der Berichterstatter *Taborda Ferreira* im „Rapport Explicatif" ohne eine ausdrückliche Bezugnahme auf das Vorverständnis an, dass mit der gewählten Formulierung in Art. 13 bezweckt wurde, die Fälle einer Ablehnung der Rechtshilfe möglichst weitgehend einzuschränken; diesem Ziel, der Beschränkung des „ordre public", sollten die (anerkanntermaßen ungenauen) Begriffe „souveraineté" und „sécurité" dienen, wobei „souveraineté" mit „ordre public international" gleichgesetzt wurde:

> „[...] L'article 13 voulu restreindre au maximum les cas de refus d'entraide.
>
> L'exécution de la demande peut être refusée uniquement en cas d'offense à l'ordre public portant atteinte à la souveraineté ou à la sécurité de l'Etat.
>
> On a voulu limiter l'ordre public par l'emploi des mots *souveraineté* et *sécurité*. Ces mots sont imprécis mais ils sont susceptibles de répondre au but poursuivi. L'expression *souveraineté* serait équivalente à *orde public international*."[2028] (Hervorhebung im Original)

Auf den Zusammenhang zwischen „souveraineté" und „ordre public international" hat jüngst auch *Merkt* in seiner intensiven Untersuchung der Entstehungsge-

---

refusée que si l'Etat requis la juge de nature à porter atteinte à sa souveraineté ou à sa securité." Siehe dazu auch Rapport de la Commission Spéciale, in : Conférence de la Haye de Droit International Privé, Actes et Documents de la Dixième Session, Tome III – Notification, 1965, S. 74, 85 : „L'article 4 prévoit la seule hypothèse du refus de transmission dans les termes exacts de l'article 4 de la Convention 1954." Auch die deutsche Denkschrift, BT/Drcks. 7/4892, S. 47, weist auf diesen Zusammenhang hin: „Absatz 1 dieser Vorschrift [...] entspricht im wesentlichen dem Artikel 4 der Haager Zivilprozeßübereinkommen von 1905 und 1954."

2027 Vgl. nur die Erklärung des Berichterstatters *Taborda Ferreira* und den Vorschlag des belgischen Delegierten *Jenard*, Procès-Verbal No 4, in : Conférence de la Haye de Droit International Privé, Actes et Documents de la Dixième Session, Tome III – Notification, 1965, S. 181, 192 f. Dazu auch *Merkt*, S. 136, und *Maack*, S. 94: bewusster Rückgriff auf die tradierte Formel aus Mangel an überzeugenden Alternativen.

2028 Rapport Explicatif de *M.V. Taborda Ferreira*, in : Conférence de la Haye de Droit International Privé, Actes et Documents de la Dixième Session, Tome III – Notification, 1965, S. 363, 375.

schichte nachdrücklich hingewiesen.[2029] Allerdings trägt die Erkenntnis, „souveraineté" sei gleichbedeutend mit „ordre public international", wenig zur inhaltlichen Klärung bei. Die Ersetzung eines abstrakten Begriffes mit einem anderen ist wenig erhellend, wenn auch der Ersatzbegriff keine bestimmte und festgefügte Bedeutung hat. Darüber hinaus ist es auf den ersten Blick verwirrend, wenn der „ordre public"-Vorbehalt mit dem „ordre public (international)" eingeschränkt werden sollte; das Ganze macht nur dann Sinn, wenn der „ordre public international" enger verstanden wird als der „ordre public". Demnach ist das Verständnis der Begrifflichkeiten entscheidend.

Dies gilt umso mehr, als die Frage, welche Anwendungsfälle die Klausel beinhalten sollte, nur in negativer Weise mit dem Verweis auf Abs. 2 beantwortet wurde. Wie bereits an anderer Stelle dargelegt, erschließt sich hieraus (nur), welche Fälle jedenfalls nicht unter den Vorbehalt zu fassen sind. Hingegen lässt sich dem Bericht nicht entnehmen, inwieweit die Zustellung einer gegen den ersuchten Staat gerichteten Klage möglicherweise der einzige Anwendungsfall des Art. 13 Abs. 1 HZÜ sein sollte.

*(2) Vorläufer in Art. 4 Haager Zivilprozeßübereinkommen 1905/1954 und deren Verständnis*

Die einerseits sehr knappen und für die Anwendung im Einzelfall wenig erhellenden Anmerkungen im „Rapport Explicatif" und der andererseits aber eindeutige Entstehungszusammenhang lassen es geboten erscheinen, sich noch einmal den Vorläufern des Art. 13 Abs. 1 HZÜ und deren Verständnis zuzuwenden.

*(a) Das herrschende Verständnis des Art. 4 HZPÜ 1905/1954*

Der Vorbehalt in Art. 4 Haager Zivilprozeßübereinkommen 1905/1954 wird nachweislich im deutschsprachigen Schrifttum schon länger als eine „ordre public-Klausel" betrachtet, deren „Anwendung [man] mit Bedacht sehr stark eingeschränkt" sei.[2030]

---

[2029] Vgl. *Merkt*, S. 136 (Fn. 484); ebenso *Pfeil-Kammerer*, S. 62; *Morisse*, RIW 1995, 370, 372; *Maack*, S. 94 (Fn. 64). Daneben verweist *Merkt*, S. 135 (Fn. 482), auch auf die Rechtsauffassung des deutschen Delegierten *Arnold* im Laufe der Beratungen.

[2030] Vgl. *Bülow/Böckstiegel/Geimer/Schütze*, A I 1b (Nr. 101), Stand: 24.EL. (Oktober 2001) 6, unter Verweis auf die Materialien „Actes 1893 I [...] S. 57, 65 und Actes 1894 [...] S. 51 f." Zu dem nahezu wortgleichen Art. 11 Abs. 3 Nr. 3 Haager Zivilprozeßübereinkommen von 1905 und 1954 *Bülow/Böckstiegel/Geimer/Schütze*, A I 1a (Nr. 100), Stand: 24.EL. (Oktober 2001) 17 f. (Fn. 62 ff.); zu Art. 12 Abs. 1 lit. b HBÜ *Schlosser*, ZZP 94, 369, 380 ff. (1981); *Pfeil-Kammerer*, S. 215; *Juncker*, Discovery, S. 268; *Trittmann*, S. 143 f.; *Geimer*, IZPR, S. 753 (Rdnr. 2476).

Schon *Meili*, Professor in Zürich, hatte sich in seiner 1906 erschienenen Monographie „Das internationale Civilprozessrecht" mit der ersten „Haager Übereinkunft" beschäftigt und angemerkt, die Vertragsstaaten hätten bewusst eine „engere und konkretere" Formulierung gewählt, um den Zweck, die Ausweitung der internationalen Rechtshilfe, zu erreichen.[2031] *Meilis* Einschätzung deutet darauf hin, dass die Vertragsstaaten des ersten Haager Zivilprozeßübereinkommens von 1905 im Wesentlichen nichts anderes im Sinn hatten als die Vertragsstaaten des HZÜ 1965. Die Notwendigkeit einer Einschränkung wird verständlich, wenn man sich das bis zu diesem Zeitpunkt geltende System der Rechtshilfe vor Augen führt. Bis zum Zeitpunkt des ersten Haager Zivilprozeßübereinkommens soll es üblich gewesen sein, ein ausländisches Zustellungsersuchen nur zu erledigen, wenn „dadurch das interne öffentliche Recht und die öffentliche Ordnung nicht verletzt wurde"; *Meili* verwies insoweit u.a. auf den deutschen § 159 GVG (a.F.)[2032] und die damalige Praxis (offenbar nicht nur der Schweiz)[2033]. Die Dehnbarkeit und damit die Reichweite dieses „ordre public"-Vorbehaltes lässt sich erahnen.

In jüngerer Zeit hat vor allem *Merkt* darauf hingewiesen, dass die Formel „porter atteinte à sa souveraineté ou à sa sécurité" auf den ersten Entwurf der Zweiten Haager Konferenz aus dem Jahre 1893 zurückgeht und dort bewusst der als zu unbestimmt empfundenen Formel „porter atteinte à la ordre public" vorgezogen worden war.[2034] *Merkt* bestätigt damit nicht nur die Einschätzung *Meilis*; zugleich fügt sich diese Feststellung widerspruchslos in das vom „Rapport Explicatif" zum HZÜ gezeichnete Bild. *Merkts* Untersuchung bringt zudem Licht ins Dunkel der Formulierungen: So entnimmt er den Berichten zum Entwurf, dass es den Vertragstaaten mit der gewählten Formel um die Beibehaltung der im romanischen Rechtskreis geprägten Unterscheidung in „ordre public interne" und „ordre public externe (international)" ging.[2035] Dies würde auch den Gebrauch der Begriffe im „Rapport

---

2031 Vgl. *Meili*, S. 55: „Die mit der Übereinkunft verbundene Tendenz geht dahin, die Gewährung der internationalen Rechtshilfe auszuweiten und, um diesen Zweck zu erreichen, wurde die engere und konkretere Formulierung in Art. 2 und 7 gewählt. Die Zustellung von Urkunden und die Ausführung des Ersuchungsschreibens unterliegt einer eingehenden sachlichen Prüfung durch den requirierten Staat nicht."

2032 § 159 GVG a.F: „Das Ersuchen darf nicht abgelehnt werden. Das Ersuchen eines nicht im Instanzenzug vorgesetzten Gerichts ist jedoch abzulehnen, wenn dem ersuchten Gericht die örtliche Zuständigkeit, oder die vorzunehmende Handlung nach dem Rechte des ersuchten Gerichts verboten ist."

2033 Vgl. *Meili*, S. 59: „Die bisherige Praxis stütze sich auf die allgemeinen Grundsätze. Darnach ging man davon aus, dass das Ausland dem internen Gerichte niemals die Vornahme prozessualischer Handlungen zumuten dürfe, die mit dem öffentlichen Rechte und mit der guten Ordnung des internen Staatswesens irgendwie in Widerspruch stehen."

2034 Vgl. *Merkt*, S. 131 (Fn. 474).

2035 Vgl. *Merkt*, S. 132.

Explicatif" erklären: „Ordre public (interne)" – oder „öffentliche Ordnung" im o.g. Sinne *Meilis* – ist eben nicht gleich „ordre public international".

*(b) Die maßgebliche Unterscheidung zwischen „ordre public interne" und „ordre public international" in der romanischen Schule*

Die Unterscheidung zwischen „ordre public interne" und „ordre public international" geht auf den Schweizer *Brocher* zurück.[2036] *Von Bar* bewertete sie in seinem 1889 erschienenen Werk „Theorie und Praxis des internationalen Privatrechts" als einen Versuch der „italienischen Schule"[2037], „den Begriff derjenigen Gesetze festzustellen, welche sich dem ausländischen Gesetze gegenüber abwehrend verhalten"[2038]bzw. „welche die territoriale *Souveränetät* darstellen und das sonst als Accessorium der Personen geltende Recht beschränken"[2039] (Hervorhebung d. Verf.). In diesem Sinne wollte *Brocher* nur den Gesetzen des „ordre public international" jenen ausschließenden Charakter zu kommen lassen; die Kriterien für seine Unterscheidung ließ er allerdings offen.[2040]

---

[2036] Vgl. *L.v.Bar*, S. 99 (Fn. 14); ebenso *Melchior*, S. 328 (Fn. 3) (§ 214); *Raape/Sturm*, S. 203 (§ 13 III).

[2037] Hierunter sind die Anhänger des Italieners *Mancini* zu verstehen, der als deren Begründer gilt, vgl. hierzu *L.v.Bar*, S. 85 (Fn. 3). Zum grundlegenden Unterschied im Denkansatz zwischen der italienischen und der deutschen Schule im Anschluss an *Savigny* und *Wächter* schreibt von *L.v.Bar*, S. 85 f.: „Auch die neue italienische Schule geht aus von dem Principe der Rechtsgemeinschaft der Völker. Aber während Savigny daraus nur eine gewisse Beschränkung der (abstract genommen unbeschränkten) Souveränetät folgert, eine Beschränkung, über deren Charakter „die Natur der Sache" nach Maassgabe des einzelnen in Frage stehenden Rechtsverhältnisses entscheidet, will die italienische Jurisprudenz für diese Beschränkung der territorialen Souveränetät einen abstracten, allgemein geltenden Satz aufstellen, und die findet diesen letzteren darin, dass sie die gesamte Gesetzgebung in zwei Theile teilt; der eine ist nur Ausdruck der Persönlichkeit, oder da die Persönlichkeit wieder durch die Nationalität bestimmt wird, ein Ausdruck der Nationalität; der andere entspringt der öffentlichen Ordnung, der notwendigen Rücksichtnahme auf das Ganze, auf das öffentliche Wohl und auf die öffentliche Ordnung. [...] So gilt im internationalen Rechte – nach der Meinung der italienischen Schule – dasselbe Princip, durch welches das innere Recht der einzelnen Staaten bestimmt wird oder doch bestimmt werden sollte: die Freiheit der Individuen ist Princip, aber sie muss da weichen, wo die öffentliche Ordnung (das Wohl des Ganzen) dies gebieterisch fordert." Ähnlich urteilte in jüngerer Zeit *Jayme*, S. 61: „Es ging um den Staat selbst und seine Souveränität."

[2038] Vgl. *L.v.Bar*, S. 99.

[2039] Vgl. *L.v.Bar*, S. 95.

[2040] Vgl. *L.v.Bar*, S. 99 f.: In der Sache war die Unterscheidung damit „nichts anderes als eine nicht ganz klar ausgeführte Anwendung der Theorie der deutschen auf Wächter und Savigny beruhenden Schule."

Gleichwohl wurde die Terminologie nachfolgend von vielen Autoren der „romanischen Schule“[2041] aufgegriffen, so dass man wenig später allgemein sagen konnte:

„Mit ‚ordre public interne‘ bezeichnet man das zwingende innere Recht im Gegensatz zum nachgiebigen, mit ‚ordre public international‘ diejenigen Rechtsnormen, die auch gegenüber dem nach allgemeinen Kollisionsregeln anwendbaren fremden Recht Geltung beanspruchen.“[2042]

Dass mit dieser Unterscheidung noch nicht viel gewonnen ist, wurde allerdings schon früh erkannt. So gab es zahlreiche Bestrebungen, dem Begriff des „ordre public international“ Konturen zu verleihen.[2043] Welchen Einfluss die romanische Schule mit ihrem Verständnis des „ordre public international“ auf die Haager Übereinkünfte erlangen sollte, hat im deutschen Schrifttum vor allem *Kahn* sehr deutlich beschrieben. *Kahn*, der sich eingehend der Darstellung der verschiedenen Strömungen in der romanischen Schule widmete, bezeichnet den „dritten Kommissionsbericht der zweiten Haager Konferenz (*Actes*, II, p. 52)“ als eine „authentische Zusammenfassung der herrschenden Meinung“.[2044] Diese Einschätzung belegt damit nachdrücklich die These, die Gedanken der romanischen Schule seien in die Terminologie der Haager Konferenz und, wie sich zeigte, damit in die des Übereinkommens von 1905 eingegangen.

*Kahn* ließ es hierbei aber nicht bewenden. Er nannte folgende Gedanken als „durchgängig herrschend“:

„*Lois d'ordre public international* sind diejenigen Gesetze, welche enger als alle anderen mit den Lebensinteressen der Gesellschaft verwachsen sind, welche die tiefsten Fundamente des Staates berühren; welche dem Gesetzgeber von solcher Wichtigkeit sind,

---

[2041] Vgl. die Nachweise bei *Kahn*, in: Lenel/Lewald (Hrsg.), Bd. 1, S. 201 (Fn. 76) (Nachdruck des Aufsatzes „Die Lehre vom ordre public (Prohibitivgesetze)“, Jherings Jahrbücher für die Dogmatik des heutigen römischen und deutschen Privatrechts, Bd. 39 [1898], S. 1-112).

[2042] Vgl. *Melchior*, S. 328 (§ 214); ähnlich die Umschreibungen bei *Kahn*, a.a.O., S. 201; *Nussbaum*, S. 64 f. (§ 10 III); *Raape/Sturm*, S. 203 (§ 13 III); *Staudinger/Blumenwitz*, 13.A., Art. 6 EGBGB Rdnr. 55.

[2043] Vgl. die Darstellung bei *Kahn*, a.a.O., S. 202 ff.

[2044] Vgl. *Kahn*, a.a.O., S. 210. In dem Bericht heißt es: „Au point de vue interne, l'ordre public comprend l'ensemble des dispositions légales, auxquelles il n'est pas permis aux citoyens de déroger par des conventions particulières. Dans cet ensemble se classent a part les dispositions que le législateur lui-même ne pourrait modifier sans changer, ébranler ou détruire l'ordre social ou constitutionnel de son pays : Ce sont ces dernières lois qui seules sont d'ordre public au point de vue international. Contre elles les lois étrangères ne peuvent primer les autres, parce qu'on conçoit parfaitement que l'Etat territorial li-même pourrait faire entrer ces dispositions, édictées en pays étranger, dans sa propre législation, sans bouleverser les principes sociaux ou constitutionnels qui lui servent d'assise et de fondement.“

daß er sie zu den notwendigen Existenzbedingungen des Gemeinwesens rechnet; er würde glauben, den Staat zu gefährden, wenn er sie aufheben oder verändern sollte.

Hand in Hand mit diesem ersten und hauptsächlichen Gedanken geht ein zweiter, nahe verwandt, aber durchaus nicht identisch mit demselben:

*Lois d'ordre public international* sind diejenigen Gesetze, welche unmittelbar das Interesse des Staates und seiner Organe zum Gegenstand haben; die *lois d'ordre public privé* dagegen berühren das Staatswohl immer nur mittelbar; ihr unmittelbarer Gegenstand sind die Individuen."[2045] (Hervorhebung im Original)

Letzteren Gedanken, der die Unterscheidung der Gesetze nach ihrem Gegenstand zum Inhalt hat, bewertet *Kahn* „zur Kennzeichnung des *ordre public international* theoretisch wie praktisch unbrauchbar"; hingegen sei der erstere Gedanke, der die Unterscheidung der Gesetze nach ihrer Bedeutung beinhaltet, der „hauptsächlichste und herrschende[...], der bei allen [...] an erster Stelle und bei den meisten sogar ausschließlich hervorgekehrt wird".[2046] Er kommt deshalb zu dem Schluss:

„[...] *lois d'ordre public international* sind diejenigen Gesetze, welche die notwendigen Existenzbedingungen der Gesellschaft darstellen."[2047] (Hervorhebung im Original)

Dieses Verständnis des „ordre public international" kann aufgrund des dargelegten Zusammenhangs der Auslegung von Art. 4 Art. Haager Zivilprozeßübereinkommen 1905/1954 sowie Art. 13 Abs. 1 HZÜ zugrunde gelegt werden. Es ist nicht zu erkennen, dass sich die Vertragsstaaten des HZÜ von diesem ursprünglichen Verständnis des „ordre public international" gelöst haben.

*(c) Die deutsche Rechtsanwendungspraxis*

Dies gilt auch mit Blick auf die innerstaatliche Rechtsanwendungspraxis. Der herrschenden Meinung in der romanischen Schule nahe kommt die Standardformulierung in der jüngeren deutschen Rechtsprechung. In der Rechtsprechung der Oberlandesgerichte hat es sich mittlerweile eingebürgert, die „besonders schwere Beeinträchtigung der Wertungsgrundlagen der Rechtsordnung des ersuchten (deutschen) Staates" zum Prüfungsmaßstab des Art. 13 Abs. 1 HZÜ zu machen.[2048] Soweit ersichtlich, wurde diese Formulierung erstmals im Beschluss des OLG Mün-

---

[2045] Vgl. *Kahn*, a.a.O., S. 211. Als nicht repräsentativ, geschweige denn herrschend ist insbesondere das Verständnis des „ordre public international" als Zusammenfassung derjenigen Normen, „die allen zivilisierten Nationen gemeinsam" sind, vgl. *Jayme*, S. 62 (Fn. 149), unter Verweis auf *Despagnet*, abzulehnen; diese Auffassung ist mithin ohne Wert für die Bestimmung des Prüfungsmaßstabes des Art. 13 Abs. 1 HZÜ.

[2046] Vgl. *Kahn*, a.a.O., S. 213.

[2047] Vgl. *Kahn*, a.a.O.

[2048] Siehe nur OLG Frankfurt, RIW 2001, 464, 465; KG, OLGZ 1994, 587, 588; OLG Düsseldorf, NJW 1992, 3110, 3111; OLG München, NJW 1992, 3113; 1989, 3102, 3103.

chen vom 09.05.1989 gebraucht.[2049] Sie geht, wie das anschließende Zitat belegt, auf *Schlosser* und dessen Auslegung der wortgleichen Vorbehaltes in Art. 12 Abs. 1 lit. b HBÜ zurück.[2050] Allerdings lässt weder *Schlosser* noch eine der späteren Gerichtsentscheidungen[2051] eindeutig erkennen, ob diese Auslegung des Art. 13 Abs. 1 HZÜ vom herrschenden Verständnis des „ordre public international" in der romanischen Schule inspiriert ist. So heißt es im besagten Beschluss des OLG München nur:

> „Ob dieses Ergebnis durch eine extensive Auslegung des Art. 13 HZÜ *oder die Annahme eines zusätzlichen internationalen ordre public* (dazu Riezler, Internationales ZivilprozeßR, S. 540 f.) erreicht oder aus höherrangigen Verfassungsnormen abgeleitet wird, kann dahinstehen."[2052] (Hervorhebung d.Verf.)

Obwohl sich der Hinweis auf den „internationalen ordre public"[2053] jedenfalls mit Blick auf die zitierte Fundstelle (*Riezler*, a.a.O., erwähnt den „ordre public international") als *falsa demonstratio* entpuppt, kann ein Zusammenhang zwischen dem Wortlaut des Art. 13 Abs. 1 HZÜ und dem Verständnis des „ordre public international" in der romanischen Schule nicht hergestellt werden. Die Beliebigkeit der Begründung macht es unmöglich, diese Rechtsprechung als bewusste Anerkennung oder Anwendung des „ordre public international"-Gedankens in der o.g. Prägung anzusehen.

Nicht weiter zu klären ist, inwieweit der Bundesgerichtshof von einem eigenen, ggf. abweichenden „ordre public international"-Verständnis ausgeht. Es existiert keine einschlägige Entscheidung. Zwar griff der BGH insbesondere in seinem häufig zitierten Urteil vom 18.10.1967 die „im internationalen Privatrecht herkömmliche Unterscheidung zwischen ordre public interne und ordre public international" auf und sah einen Versagungsgrund nur dann für gegeben,

> „wenn das Urteil des ausländischen Gerichts auf Grund eines Verfahrens ergangen ist, das von den Grundprinzipien des deutschen Verfahrensrechts in einem solchen Maße abweicht, daß nach der deutschen Rechtsordnung das Urteil nicht in einem geordneten, rechtsstaatlichen Verfahren ergangen angesehen werden kann."[2054]

Im dem dort entschiedenen Fall ging es jedoch um die Auslegung eines bilateralen Anerkennungs- und Vollstreckungsübereinkommens (deutsch-britisches Ab-

---

2049 OLG München, NJW 1989, 3102, 3103.

2050 Vgl. *Schlosser*, ZZP 94, 369, 382 (1981).

2051 Auch das OLG Düsseldorf, NJW 1992, 3110, 3111, verweist u.a. nur auf das OLG München und Stimmen im Schrifttum, wie *Pfennig*, S. 103, der von einem „'kleinen' oder ‚abgeschwächten' ordre public" gesprochen hat.

2052 OLG München, NJW 1989, 3102, 3103.

2053 Vgl. zu diesem, nicht mit dem „ordre public international" zu verwechselnden Begriff *Staudinger/Blumenwitz*, 13.A., Art. 6 EGBGB Rdnr. 56.

2054 BGHZ 48, 327, 331; ähnlich auch BGHZ 98, 70, 73; 138, 331, 333 f.

kommen über die gegenseitige Anerkennung von gerichtlichen Entscheidung in Zivil- und Handelssachen vom 14.07.1960[2055]), dass schon im Wortlaut (Art. III Abs. 1 (c)) von den Vorbehalten der Haager Rechtshilfeübereinkommen abwich; zudem bezeichnete der BGH den von ihm geprägten Ansatz ausdrücklich als Maßstab des „*deutschen* verfahrensrechtlichen ordre public international"[2056] (Hervorhebung d. Verf.).

Selbst wenn man das von *Kahn* herausgearbeitete Verständnis der romanischen Schule als Maßstab nimmt, lässt sich freilich noch immer nicht zweifelsfrei sagen, welche konkreten Fälle der „ordre public international" in den Haager Übereinkommen erfasst. *Meili* nannte „beispielsweise" (!), weil in den Beratungen der Haager Konferenz ausdrücklich erwähnte Anwendungsfälle „die Mitteilung einer Vorladung eines fremden Souveräns oder eines fremden Staates (Actes 1893, p. 64), [und] die Mitteilung anarchistischer oder unmoralischer Schriften (Actes 1894, p. 51)".[2057] Während erster Fall den Souveränitätsvorbehalt auslösen dürfte, wäre letzterer hingegen unter den Sicherheitsvorbehalt zu fassen. Zudem würden beide Fälle zweifelsohne unter das beschriebene Verständnis des „ordre public international" passen. Eine beispielhafte Aufzählung spricht aber gegen die Annahme, es habe sich hierbei um die einzigen Fällen gehandelt.

*Bülow/Böckstiegel/Geimer/Schütze* nennen in ihren Anmerkungen zu Art. 4 ohne nähere Erläuterung noch folgende Anwendungsbeispiele: Die Zustellung an einen Zustellungsempfänger, der „sich zwar in dem Gebiete des ersuchten Staates aufhält, [...] aber z.B. wegen der völkerrechtlichen Immunität nicht seiner Jurisdiktion unterliegt"; den „Pfändungs- und Überweisungsbeschluß, der sich auf Vermögen im ersuchten Staat bezieht, [und der] an einen Drittschuldner im ersuchten Staat zugestellt werden soll"; die „Zustellung einer Ladung mit Strafandrohung".[2058] Insoweit scheint es sich tlw. um weitere Fälle zu handeln, die wiederum unter den Souveränitätsvorbehalt subsumiert werden könnten.

### *c) Zwischenergebnis*

Mit Blick auf die Fragestellung führt die Auslegung nach völkerrechtlichen Grundsätzen zu keinem völlig klaren und eindeutigen Befund. Die Wortlautauslegung lässt es durchaus als möglich erscheinen, die Gefährdung von Individualrechten deutscher Beklagter bei der Zustellungsentscheidung zu berücksichtigen.

---

[2055] BGBl. 1961 II, 302.

[2056] BGH, a.a.O.

[2057] Vgl. *Meili*, S. 55 f.; ebenso *Maack*, S. 93.

[2058] Vgl. *Bülow/Böckstiegel/Geimer/Schütze*, A I 1a (Nr. 100), Stand: 24.EL. (Oktober 2001) 13 (Fn. 40 f.).

Die systematische und die teleologische Auslegung führen zwar in der Tendenz zu Einschränkungen (Vermeidung einer umfänglichen Sachprüfung – „révision au fond"), immerhin aber nicht zu einer klar gegenteiligen Erkenntnis. Innerhalb des nach Sinn und Zweck ermittelten Beurteilungsspielraumes erscheint es dem ersuchten Staat jedenfalls unbenommen, „besonders schwere Beeinträchtigungen der Wertungsgrundlagen seiner Rechtsordnung" zum Maßstab des Vorbehaltes zu machen. Zu einer weitergehenden Präzisierung ist die Auslegung nach Sinn und Zweck nicht imstande.

Die Praxis in den Vertragsstaaten ist tendenziell sehr restriktiv und macht folglich von der Vorbehaltsklausel nur in ganz seltenen Ausnahmefällen Gebrauch. Im Wesentlichen geht es dabei um die Zustellung von Klagen gegen den souveränen Staat selbst. Die bisherige Übung bestätigt damit das Ergebnis der Auslegung des Vertragstextes, während sich dem sonstigen Völkerrecht keine weiteren inhaltlichen Vorgaben entnehmen lassen.

Die ergänzend herangezogenen „travaux préparatoires" bestätigen ihrerseits das Ergebnis der bisherigen Auslegung. Der Souveränitätsvorbehalt in Art. 13 Abs. 1 HZÜ wurde danach von den Vertragsstaaten, wie seine Vorgänger in den Haager Zivilprozeßübereinkommen von 1905 und 1954, als sehr enger Vorbehalt zugunsten des *ordre public international* des ersuchten Staates verstanden. Der mit dem Begriff der „souveraineté" gleichzusetzende Begriff des „ordre public international" wurde, wie die Entstehungsgeschichte des ersten Haager Übereinkommens von 1905 belegt, von der romanischen Schule geprägt. Es herrschte das Verständnis vor, nur „diejenigen Gesetze, welche enger als alle anderen mit den Lebensinteressen der Gesellschaft verwachsen sind, welche die tiefsten Fundamente des Staates berühren[ bzw.] welche dem Gesetzgeber von solcher Wichtigkeit sind, daß er sie zu den notwendigen Existenzbedingungen des Gemeinwesens rechnet", als *lois d'ordre public international* anzusehen. Dieses herrschende Verständnis fand Eingang in die Beratungen der Zweiten Haager Konferenz und über deren Entwürfe in die später ins Haager Zivilprozessübereinkommen 1905 übernommene und bis heute im Wortlaut nahezu unveränderte Vorbehaltsklausel.

Damit lässt sich jedenfalls festhalten, dass es unter Anwendung der völkerrechtlichen Auslegungsgrundsätze keine Anhaltspunkte gibt, die nachdrücklich gegen eine Berücksichtigung der Gefährdung völker- oder verfassungsrechtlich verbürgter Individualrechte des inländischen Beklagten im Rahmen des Prüfungsmaßstabes von Art. 13 Abs. 1 HZÜ sprechen würden; die Auslegung als Vorbehalt des „ordre public international" streitet sogar für das Gegenteil.

## 2. Vorgaben der innerstaatlichen Rechtsebene – Ausfüllung des Beurteilungsspielraumes anhand der deutschen Souveränitäts- und Sicherheitsvorstellungen

Die Auslegung des Ablehnungsvorbehaltes nach völkerrechtlichen Grundsätzen hat gezeigt, dass dem ersuchten Staat ein eingeschränkter Beurteilungsspielraum zur Frage zusteht, was unter „einer Gefährdung seiner Hoheitsrechte oder seiner Sicherheit" zu verstehen ist. Diesen Beurteilungsspielraum muss der ersuchte Staat mangels hinreichend konkreter völkerrechtlicher Vorgaben letztlich anhand der Vorgaben seines eigenen innerstaatlichen Rechts ausfüllen.

In methodischer Hinsicht ist zunächst anzumerken, dass der Rückgriff auf die inhaltlichen Vorgaben des Rechts des ersuchten Staates hier nicht dem Wesen der staatsvertraglichen Übereinkunft widerspricht, sondern gerade im Wortlaut des Ablehnungsvorbehaltes angelegt ist. Überdies wären sogar die strengen Maßstäbe des BVerfG für eine verfassungskonforme Auslegung eingehalten, da die Auslegung des völkerrechtlichen Vertrages noch als offen zu bezeichnen ist.[2059] Mithin bestehen hier keine grundsätzlichen Bedenken, in den völkerrechtlich gezogenen Grenzen auf die deutschen Souveränitäts- und Sicherheitsvorstellungen zurückzugreifen.

### *a) Meinungsstand in Rechtsprechung und Schrifttum*

Auch wenn eine entsprechende dogmatische Einordnung selten erfolgt, so interpretiert die vorherrschende Meinung in Deutschland den Ablehnungsvorbehalt des Art. 13 Abs. 1 HZÜ doch auf der Grundlage des innerstaatlichen Rechts.

Die Rechtsprechung hält die Ablehnung eines ausländischen Zustellungsersuchens für rechtens, wenn die Erledigung des Zustellungsersuchens zu „besonders schweren Beeinträchtigungen der Wertungsgrundlagen der Rechtsordnung des ersuchten Staates" führen würde.[2060] In der Begründung des Beschlusses vom 09.05.1989 deutete das OLG München an, ließ es im Ergebnis aber offen, inwieweit dieser von ihm eingeführte Prüfungsmaßstab u.a. auch aus „höherrangigen Verfassungsnormen" abgeleitet werden könne.[2061] Auch das OLG Düsseldorf legte in seinem Beschluss vom 19.02.1992 nicht näher dar, weshalb es den „Grundsatz

---

[2059] In diesem Sinne zuletzt BVerfGE 99, 145, 158. Trotz einiger und in Ansätzen auch berechtigter Kritik aus den Reihen des Schrifttums (dazu schon oben IV. Kapitel: §8B.I.5) ist die Auffassung der Rechtsprechung im Ergebnis vorzugswürdig, weil sie versucht, den Entscheidungen auf beiden Rechtsebenen – der völkerrechtlichen wie der innerstaatlichen – bestmöglich Rechnung zu tragen.

[2060] Vgl. nur OLG Frankfurt, RIW 2001, 464, 465; KG, OLGZ 1994, 587, 588; OLG Düsseldorf, NJW 1992, 3110, 3111; OLG München, NJW 1992, 3113; 1989, 3102, 3103.

[2061] OLG München, NJW 1989, 3102, 3103; m. Anm. *Greger*, NJW 1989, 3103 f.

der Verhältnismäßigkeit sowie das Willkür- und Mißbrauchsverbot" zu den maßgeblichen Wertungsgrundlagen der deutschen Rechtsordnung zählte.[2062]

Die Rechtsprechung konnte sich zweifellos durch die beiden Entscheidungen des BVerfG zur Frage der Verfassungsmäßigkeit der Zustellung von „punitive damages"-Klagen – Beschluss vom 03.08.1994 (Verfahren des einstweiligen Rechtsschutzes )[2063] und vom 07.12.1994 (Hauptsacheverfahren)[2064] bestätigt fühlen. Das BVerfG ließ in der Hauptsacheentscheidung keinen Zweifel aufkommen, dass jegliches hoheitliches Handeln deutscher Hoheitsträger an denjenigen Vorgaben des Grundgesetzes zu messen ist, die zum unverzichtbaren Kernbestand der deutschen Rechtsordnung zählen. Das Gericht deutete deshalb auf die rechtsstaatlichen Grenzen der staatsvertraglichen Zustellungsverpflichtung, wenngleich es diese im Ergebnis als noch nicht überschritten ansah; es führte aus:

> „Ob die Zustellung einer Klage selbst dann mit Art. 2 Abs. 1 GG in Verbindung mit dem Rechtsstaatsprinzip vereinbar wäre, wenn das mit der Klage angestrebte Ziel offensichtlich gegen unverzichtbare Grundsätze eines freiheitlichen Rechtsstaats verstieße, wie sie auch in internationalen Menschenrechtsübereinkommen verankert sind, bedarf in diesem Zusammenhang keiner grundsätzlichen Klärung. Die Zustellung einer Klage, mit der - auch - Strafschadensersatz nach US-amerikanischem Recht (punitive or exemplary damages) geltend gemacht wird, ist jedenfalls nicht unzumutbar."[2065]

Diese verfassungsrechtlichen Vorgaben konnten nicht ohne Auswirkung auf die Auslegung des Ablehnungsvorbehaltes bleiben. In einer nachfolgenden Entscheidung – Beschluss vom 10.01.1996 („antisuit injunctions")[2066], der einzigen bisher veröffentlichten Entscheidung eines deutschen Gerichtes, in der die tatbestandlichen Voraussetzungen des Art. 13 Abs. 1 HZÜ tatsächlich bejaht wurden – stützte sich das OLG Düsseldorf zwar maßgeblich auf das herkömmliche (völkerrechtliche) Souveränitätsverständnis, sicherte sein Rechtsanwendungsergebnis letztlich aber auch anhand der individualrechtlichen Vorgaben des Grundgesetzes (Justizgewährungsanspruch; Anspruch auf rechtliches Gehör) ab.[2067] Auch das OLG Frankfurt a.M. griff, wie bereits erwähnt, in seinem Beschluss vom 13.02.2001 die Argumentation des BVerfG auf.[2068]

---

2062 OLG Düsseldorf, NJW 1992, 3110, 3111.

2063 BVerfGE 91, 140, 143 f.; m. krit. Anm. *Juenger/Reimann*, NJW 1994, 3274 f.; *Koch/Diedrich*, ZIP 1994, 1830 ff.; *Bungert*, EWiR 1994, 1111 f.

2064 BVerfGE 91, 335, 339; m. zust. Anm. *R.Geimer*, EwiR 1995, 161 f.; *Kronke*, EuZW 1995, 221 f.; *Morisse*, RIW 1995, 370 ff.; *Stadler*, JZ 1995, 718 ff.; *Tomuschat*, IPrax 1996, 83 ff.

2065 BVerfGE 91, 335, 343.

2066 OLG Düsseldorf, ZIP 1996, 294; m. zust. Anm. *Mansel*, EuZW 1996, 333 ff.; *Hau*, IPrax 1997, 245 ff.; krit. hingegen *Stürner*, ZZP 109, 221 ff. (1996); *Mankowski*, EWiR 1996, 321 f.

2067 OLG Düsseldorf, a.a.O., 295.

2068 OLG Frankfurt, RIW 2001, 464, 465; siehe auch die obigen Ausführungen.

Im deutschen Schrifttum vertrat man schon vor der Entscheidung des BVerfG die Auffassung, dass auch im Zustellungsverfahren nicht auf grundgesetzlich verbürgte Rechte verzichtet werden dürfe.[2069] Unbestritten blieb diese freilich nicht; in Reaktion auf die Entscheidungen des BVerfG wurde eingewandt, Art. 13 Abs. 1 HZÜ „bezieh[e] sich auf die Souveränität und die Sicherheit des Staates, nicht auf dessen Vorstellungen von Rechtsstaatlichkeit oder gar auf die Grundrechte privater Parteien".[2070] Diese extrem restriktive Auffassung konnte sich, soweit ersichtlich, nicht durchsetzen. Im Fahrwasser der Rechtsprechung plädiert das jüngere Schrifttum zumindest für eine gewisse „individualrechtliche Aufladung" des Ablehnungsvorbehaltes.[2071] So wurde erst jüngst mit Nachdruck darauf hingewiesen, dass

> „[n]icht zuletzt die in der EMRK zum Ausdruck kommenden Prinzipien [...] den unverzichtbaren Kern allen staatlichen Handelns [bildeten], der auch dem Ziel eines geordneten internationalen Zivilrechtsverkehrs nicht geopfert werden darf; der Rechts(hilfe)staat muß diese Grundsätze ebenso wie seine eigene Souveränität gegen ausländische Eingriffe verteidigen können. So betrachtet meint Art. 13 Abs. 1 HZÜ einen im Vergleich zu § 328 Abs. 1 Nr. 4 ZPO zwar verengten, neben der staatlichen Souveränität herkömmlicher Auffassung gleichwohl auch den Menschenrechtsschutz umfassenden *ordre-public*-Kern."[2072]

### *b) Eigene Stellungnahme*

Das grundsätzliche Bekenntnis der Rechtsprechung und der mittlerweile als herrschend zu bezeichnenden Lehre, den Ablehnungsvorbehalt des Art. 13 Abs. 1 HZÜ auch mit unabdingbaren rechtsstaatlichen Vorgaben abzustimmen, ist begrüßenswert. Die Einordnung der Rechtshilfeentscheidung als staatlichen Hoheitsakt[2073] lässt einen anderen Schluss auch gar nicht zu. Selbst Vertreter restriktiverer Auffassungen scheinen dies nicht grundsätzlich bestreiten zu wollen.[2074]

Dennoch ist die derzeitige Praxis in mehrfacher Hinsicht bedenklich. So weckt der von der Rechtsprechung geprägte Ablehnungsmaßstab bei deutschen Zustellungsadressaten berechtigte Hoffnungen, die in der Gerichtspraxis regelmäßig enttäuscht werden. Für deutsche Parteien ist es heute – abgesehen von der grundsätzlich restriktiven Tendenz – kaum vorhersehbar, ob überhaupt und wenn ja, in welchen Fällen ein deutsches Gericht einmal eine „besonders schwere Beeinträchti-

---

[2069] Vgl. nur *Greger*, in: FS Schwab 1990, S. 331, 336 f.

[2070] So *Juenger/Reimann*, NJW 1994, 3274.

[2071] So ausdrücklich *Mansel*, EuZW 1996, 335, 337; *Hau*, IPrax 1997, 245, 246; *ders.*, ZZPInt 6, 249, 251 f. (2001); für einen grundrechtlich geprägten Prüfungsmaßstab auch *Merkt*, S. 148; *Morisse*, RIW 1995, 370, 372; *Tomuschat*, IPrax 1996, 83, 84; vgl. im Übrigen zum Meinungsstand im Schrifttum die Darstellung bei *Maack*, S. 85 f.

[2072] Vgl. *Hau*, ZZPInt 6, 249, 251 f. (2001).

[2073] Dazu oben IV. Kapitel: §9B.I.

[2074] Vgl. *Juenger/Reimann*, NJW 1994, 3274, 3275.

gung der Wertungsgrundlagen der deutschen Rechtsordnung“ in Zivil- und Handelssachen annehmen wird. Drastischer formuliert: Die zum Schutz rechtsstaatlicher Gewährleistungen einzusetzende Formel degeneriert mehr und mehr zu einem „Lippenbekenntnis“; die deutschen Zustellungsadressaten erhalten Steine statt Brot.

Zudem scheint die von der Rechtsprechung geprägte Formel den Bezug zum Wortlaut des Vertragstextes („Gefährdung der Hoheitsrechte und der Sicherheit“) verloren zu haben; eine überzeugende Herleitung ist jedenfalls nicht erkennbar. Insoweit kann die Rechtsprechung dem Wortlautargument restriktiverer Auffassungen scheinbar wenig mehr als eine schlichte Feststellung entgegen setzen. Der Schutz unabdingbarer rechtsstaatlicher Gewährleistungen lässt sich aber durchaus auch mit dem Wortlaut des Art. 13 Abs. 1 HZÜ und den Zielen und Zwecken des Übereinkommens insgesamt in Einklang bringen; eine über das herkömmliche Bedeutungsverständnis hinausgehende Auslegung ist nicht notwendig.

*aa) Der Souveränitätsvorbehalt: Schutz des „ordre public international“*

Nach zutreffender, namentlich von *Merkt* vertretener Auffassung bildet das aus dem Wortlaut unter Berücksichtigung des Zieles und Zweckes sowie der Entstehungsgeschichte des HZÜ entwickelte Verständnis der Souveränität als Vorbehalt zugunsten des „ordre public *international*“ den entscheidenden inhaltlichen Maßstab.[2075]

*(1) Das entscheidende Abgrenzungskriterium: „Notwendige Existenzbedingungen des Gemeinwesens“*

Im Anschluss an die von *Kahn* herausgearbeiteten inhaltlichen Kriterien ist der Souveränitätsvorbehalt des Art. 13 Abs. 1 HZÜ so auszulegen, dass er nur diejenigen Grundsätze des innerstaatlichen Rechts schützt, die der ersuchte Staat für so wichtig hält, dass er sie zu seinen „notwendigen Existenzbedingungen“ rechnet.[2076]

Diese Formel betont nachdrücklich den Ausnahmecharakter und damit die inhaltliche Beschränkung des Vorbehalts auf fundamentalste Grundsätze der innerstaatlichen Rechtsordnung; sie ist insoweit enger als der herkömmliche innerstaatliche „ordre public“[2077]. Auf diese Weise kann dem Ziel und Zweck des Übereinkommens angemessen Rechnung getragen werden. Zugleich wahrt die Formulierung als authentische Umschreibung des „ordre public international“ die Verbin-

---

[2075] Dazu oben IV. Kapitel: §10A.I.1.b)cc)(2).

[2076] Dazu oben IV. Kapitel: §10A.I.1.b)cc)(2).

[2077] Vgl. nur § 328 Abs. 1 Nr. 4 ZPO, der die Unvereinbarkeit mit „wesentlichen Grundsätzen des deutschen Rechts“ zum Maßstab erhebt.

dung zum Wortlaut in seiner ursprünglichen Bedeutung, ohne aber auf der einen Seite eine „Versteinerung" oder auf der anderen eine unzulässige Ausweitung befürchten zu lassen. Sie erscheint schließlich auch konkreter und besser handhabbar als der Hinweis auf die „Wertungsgrundlagen der Rechtsordnung".

Die Grundsätze, die der deutsche Staat für existenziell notwendig hält, sind in der Verfassung als „rechtsnormativer Grundordnung des Staates"[2078] niedergelegt. Dabei ist Verfassungsrecht aber nicht gleich Verfassungsrecht – trotz des Grundsatzes der Einheit der Verfassung. Wie die Bestimmung in Art. 79 Abs. 3 GG zeigt, ist innerhalb der im Grundgesetz niedergelegten Verfassungsgrundsätze durchaus zu differenzieren. Der deutsche Verfassungsgeber hat einige bestimmte Verfassungsgrundsätze für so fundamental wichtig gehalten, dass er diese der Kompetenz der verfassungsändernden Gesetzgebung entzogen hat.[2079] Zweck dieser Regelung ist der Schutz des Kerns der geltenden Verfassung.[2080] Den in Art. 79 Abs. 3 GG genannten Verfassungsgrundsätzen kommt damit einen herausgehobener Stellenwert zu.[2081]

Diese Vorgabe liefert auch einen guten Anhaltspunkt, welche Grundsätze der deutschen Rechtsordnung zum „ordre public international" gezählt werden können. Denn, die Grundsätze, die einer Verfassungsänderung entzogen sind, können *a fortiori* auch nicht im internationalen Rechtsverkehr preisgegeben werden (schon gar nicht durch ein einfaches Zustimmungsgesetz zu einem internationalen Rechtshilfeübereinkommen).[2082]

*(2) Die einschlägigen Grundsätze des deutschen innerstaatlichen Rechts: Die unantastbaren Verfassungsentscheidungen (Art. 79 Abs. 3 GG)*

Entsprechend dem Vorgesagten sind jedenfalls die durch Art. 79 Abs. 3 GG für unantastbar erklärten Verfassungsgrundsätze in den Augen des deutschen Verfassungsgebers nichts anderes als „notwendige Existenzbedingungen" des deutschen

[2078] *Stern*, StR I, S. 53 (§ 3 II 2); zur weiteren Diskussion um den Verfassungsbegriff im deutschen Schrifttum, S. 56 f.

[2079] Vgl. *Evers*, in: Bonner Kommentar, Art. 79 Abs. 3 GG Rdnr. 91, 116: „Staatsfundamentalnormen"; *Maunz/Dürig*, Art. 79 GG Rdnr. 23: „einzelne Fundamentalsätze, die das Wesen der Verfassung ausmachen".

[2080] Vgl. *Maunz/Dürig*, a.a.O.; *Lücke*, in: Sachs, Art. 79 GG Rdnr. 25.

[2081] In diesem Sinne *Stern*, StR I, S. 53 (§ 3 II 2).

[2082] Hier ergibt sich eine interessante Parallele zur Argumentation der herrschenden Meinung mit Blick auf die Übertragung von Hoheitsrechten auf zwischenstaatliche Oganisationen (Bsp. EG) im Wege eines einfachen (Zustimmungs-) Gesetzes. Auch und gerade in diesem Zusammenhang wird angeführt, der einfache Gesetzgeber könne nicht in die von Art. 79 Abs. 3 GG in ihren Bestand geschützten Grundsätze eingreifen, wenn dies schon dem verfassungsändernden Gesetzgeber nicht möglich sei, vgl. hierzu statt vieler *Hahn*, S. 121, m.w.N.

Gemeinwesens. Als solche sind sie Bestandteil des deutschen „ordre public international", der durch den Souveränitätsvorbehalt des Art. 13 Abs. 1 HZÜ geschützt wird.

Die Bestandsgarantie des Art. 79 Abs. 3 GG erfasst nach ihrem Wortlaut neben den föderalen Strukturprinzipien „die in den Artikeln 1 und 20 niedergelegten Grundsätze". Nach der engen Auffassung des BVerfG im Urteil vom 15.12.1970 (Mehrheitsvotum) wird mit dem Verweis auf Art. 20 GG nur auf „ganz bestimmte Grundsätze des Rechtsstaatsprinzips"[2083] Bezug genommen; dazu zählen die ausdrücklich hervorgehobene Bindung der Gesetzgebung an die verfassungsmäßige Ordnung, der vollziehenden Gewalt und der Rechtsprechung an Gesetz und Recht (Art. 20 Abs. 3 GG). Nicht erfasst sind hingegen die aus dem „Rechtsstaatsprinzip" als solches entwickelten Rechtsgrundsätze, wie „z.B. das Verbot rückwirkender belastender Gesetze, das Gebot der Verhältnismäßigkeit, die Lösung des Spannungsverhältnisses von Rechtssicherheit und Gerechtigkeit im Einzelfall, das Prinzip des möglichst lückenlosen Rechtsschutzes".[2084] Im Schrifttum wird dennoch zu Recht darauf hingewiesen, dass „das Grundgesetz damit einen materiellen Rechtsstaatsbegriff [perpetuiert], der seine materiellen Gehalte – durchaus sinnvoll und systemgetreu – weitgehend aus den unantastbaren Grundsätzen des Art. 1 [...] bezieht."[2085]

Deshalb ist es von besonderer Bedeutung, welche Grundsätze in Art. 1 niedergelegt sind. Zu dieser Frage hat das BVerfG im Urteil vom 23.04.1991 (Verfassungsmäßigkeit der Regelungen des Einigungsvertrages zur Rückgängigmachung von Enteignungen auf besatzungsrechtlicher bzw. besatzungshoheitlicher Grundlage) Stellung bezogen und ausgeführt:

> „In Art. 1 sind mehr Grundsätze ‚niedergelegt' als nur der Grundsatz der Achtung vor der Menschenwürde. Auch das in Art. 1 Abs. 2 GG enthaltene Bekenntnis zu unverletzlichen und unveräußerlichen Menschenrechten als Grundlage der menschlichen Gemeinschaft, des Friedens und der Gerechtigkeit erlangt insoweit an Bedeutung; in Verbindung mit der in Art. 1 Abs. 3 GG enthaltenen Verweisung auf die nachfolgenden Grundrechte sind deren Verbürgungen insoweit einer Einschränkung grundsätzlich entzogen, als sie zur Aufrechterhaltung einer dem Art. 1 Abs. 1 und 2 GG entsprechenden Ordnung unverzichtbar sind. Ebenso wie der originäre Verfassungsgeber [...] darf auch der verfassungsändernde Gesetzgeber danach grundlegende Gerechtigkeitspostulate nicht außer acht lassen. Dazu gehören der Grundsatz der Rechtsgleichheit und das Willkürverbot (vgl. BVerfGE 1, 208 [233]; 23, 98 [106f.])."[2086]

---

2083 BVerfGE 30, 1, 24.

2084 BVerfGE 30, 1, 25; vgl. auch *Stern*, StR I, S. 140 f. (§ 5 IV 6); gegen eine Ausdehnung der Verweisung in Art. 79 Abs. 3 GG mit überzeugenden Argumenten *Hain*, in: v.Mangoldt/Klein/Starck, Art. 79 Abs. 3 GG Rdnr. 88 ff.

2085 *Maunz/Dürig*, Art. 79 GG Rdnr. 48; ebenso *Hain*, in: v.Mangoldt/Klein/Starck, Art. 79 Abs. 3 GG Rdnr. 90, 110.

2086 BVerfGE 84, 90, 121.

Im verfassungsrechtlichen Schrifttum wird in dem Bekenntnis zur Unantastbarkeit der Menschenwürde (Art. 1 Abs. 1 S. 1 GG) die „entscheidende leitgedankliche Grundlage" des freiheitlich-demokratischen Rechtsstaates erblickt, aus der sich wiederum die „Leitgedanken Freiheit und Gleichheit" ergeben.[2087] Demnach soll (schon) aus dem Prinzip der Wahrung der Menschenwürde auch die Wahrung bestimmter „Mindeststandards der jeweils betroffenen Freiheits- und Gleichheitspositionen Einzelner" folgen.[2088]

Darüber hinaus ist umstritten, ob sich aus dem Leitprinzip des Art. 1 Abs. 1 auch subjektive Freiheits- und Gleichheitsrechte entnehmen lassen bzw. ob über die Bindungsklausel in Art. 1 Abs. 3 GG sogar die Grundrechte *per se* in einer Art „Kettenreaktion" für unantastbar erklärt werden.[2089] Jedenfalls letztere Theorie hat den klaren Wortlaut von Art. 79 Abs. 3 GG gegen sich („Art. 1 *und* 20") und wird deshalb in Rechtsprechung und Schrifttum nahezu einhellig abgelehnt.[2090] Das BVerfG sieht die in der Verweisung in Art. 1 Abs. 3 GG enthaltenen Grundrechtsverbürgungen eben nicht *per se*, sondern nur insoweit einer Einschränkung entzogen, als dies „zur Aufrechterhaltung einer dem Art. 1 Abs. 1 und 2 GG entsprechenden Ordnung unverzichtbar" ist. Damit ist nicht schon jede „Modalität des Grundrechtskataloges" der Art. 2 ff. GG unantastbar[2091], sondern lediglich der „Menschenwürdegehalt eines Einzelgrundrechts".[2092] Da juristischen Personen keine Menschenwürde zukommt und diese sich mithin nicht auf die Menschenwürde als Grundrecht (Art. 1 Abs. 1 GG) berufen können[2093], ist es nur konsequent anzu-

---

2087 Vgl. *Hain*, in: v.Mangoldt/Klein/Starck, Art. 79 Abs. 3 GG Rdnr. 59 f.

2088 So *Hain*, in: v.Mangoldt/Klein/Starck, Art. 79 Abs. 3 GG Rdnr. 62; so schon *Maunz/Dürig*, Art. 79 GG Rdnr. 42; in diese Richtung jüngst auch *Dreier*, in: Dreier, Art. 79 Abs. 3 GG Rdnr. 26: „Mindestbestand an Grundrechten".

2089 Zum Streitstand ausführlich *Hain*, in: v.Mangoldt/Klein/Starck, Art. 79 Abs. 3 GG Rdnr. 63 ff.

2090 Vgl. nur *Maunz/Dürig*, Art. 79 GG Rdnr. 39; *Stern*, StR I, S. 142 f. (§ 5 IV 6); *Dreier*, in: Dreier, Art. 79 Abs. 3 GG Rdnr. 26 (Fn. 77); *Hahn*, S. 123.

2091 Vgl. *Maunz/Dürig*, Art. 79 GG Rdnr. 39.

2092 Vgl. *Maunz/Dürig*, Art. 79 GG Rdnr. 42; *Lücke*, in: Sachs, Art. 79 GG Rdnr. 31. In diesem Sinne auch BVerfGE 94, 12, 34: „Insbesondere scheiden Art. 3 Abs. 1 und 14 Abs. 1 GG als unmittelbar anwendbarer Maßstab aus. Sie können nur insoweit herangezogen werden, als Kernelemente dieser Grundrechte zu den in Art. 1 und 20 GG niedergelegten Grundsätzen gehören und sich deshalb einer Verfassungsänderung entziehen." Art. 1 Abs. 1 GG kann mithin nur so verstanden werden, dass er auch ein subjektives Element enthält; denn der Einzelne muss sein aus der Menschenwürde abgeleitetes Freiheits- und Gleichheitsrecht ja auch selbst wirksam verteidigen können, so *Hain*, in: v.Mangoldt/Klein/Starck, Art. 79 Abs. 3 GG Rdnr. 66.

2093 Vgl. *Zippelius*, in: Bonner Kommentar, Art. 1 Abs. 1 u. 2 GG Rdnr. 56; *Kunig*, in: v.Münch/Kunig, Art. 1 GG Rdnr. 11; *Höfling*, in: Sachs, Art. 1 GG Rdnr. 56; *Schmidt-Bleibtreu*, in: Schmidt-Bleibtreu/Klein, Art. 19 GG Rdnr. 14; ähnlich *Isensee*, in: Isensee/Kirchhof, HStR, Bd. 5, S. 566 (§ 118, Rdnr. 4).

nehmen, den Grundrechtsschutz juristischer Personen (Art. 19 Abs. 3 GG) nicht in seinem Bestand geschützt anzusehen.

Die Rechtsprechung des BVerfG wirft mithin die Frage auf, ob und inwieweit das Bekenntnis „zu unverletzlichen und unveräußerlichen Menschenrechten" in Art. 1 Abs. 2 GG einen „Mehr"gehalt gegenüber der in Abs. 1 enthaltenen Garantie eines Mindeststandards an Freiheits- und Gleichheitsrechten aufweist, sozusagen eine überpositive menschenrechtliche „Normreserve"[2094] darstellt. Dies wird überwiegend verneint.[2095] Ausweislich des Art. 1 Abs. 2 GG „bekennt" sich das Grundgesetz zwar zu den überpositiven Menschenrechten, inkorporiert mittels dieser Norm aber keinen völkerrechtlichen Mindeststandard. Letztlich mag ein weiterreichendes sachliches Schutzniveau ohnehin bezweifelt werden, so dass die Fragestellung weitgehend theoretischer Natur sein dürfte.[2096] Praktische Bedeutung erlangt sie lediglich an den Stellen, an denen die Grundrechtsgewährleistungen des Grundgesetzes an ihre zeitlichen oder räumlichen Grenzen stoßen; hier bilden die überpositiven Menschenrechte einen wichtigen Orientierungsmaßstab.

Somit lässt sich festhalten, dass neben grundlegenden Gerechtigkeitspostulaten (Rechtsgleichheit, Willkürverbot) die freiheits- und gleichheitssichernden Grundrechte allein in ihrem Menschenwürdegehalt vom deutschen Verfassungsgeber für so fundamental wichtig gehalten wurden, dass er diese für unantastbar erklärte. Demnach bilden gerade diese Verfassungsgrundsätze den unabdingbaren materiellen Kern des freiheitlichen Rechtsstaates deutscher Prägung; in grenzüberschreitenden Zusammenhängen stellen die überpositiven Menschenrechte einen wichtigen inhaltlichen Vergleichsmaßstab dar. Jedenfalls in dem so bestimmten rechtsstaatlichen Kern ist auch der deutsche „ordre public international" zu erblicken. Sonstige Grundsätze der deutschen Rechtsordnung genießen nach geltender Doktrin hingegen nicht den Status der Unantastbarkeit. Damit sind diese Rechtsgrundsätze nach dem bisher Gesagten auch nicht zu den Bestandteilen des „ordre public international" zu zählen. Obwohl der Vergleich mit Art. 79 Abs. 3 GG nur einen Anhaltspunkt liefert, sollte eine Ausweitung des Prüfungsmaßstabes nur mit der gebotenen Zurückhaltung erfolgen.

Dies gilt in besonderem Maße für einfachrechtliche Grundsätze der deutschen Rechtsordnung. Selbst wenn es sich um wesentliche Grundsätze des deutschen Rechts im Sinne des innerstaatlichen „ordre public" handeln sollte, so bedeutet dies nicht zwangsläufig, dass diese auch zu den fundamental wichtigen bzw. existenziellen notwendigen Grundsätzen des deutschen Gemeinwesens zu zählen sind. Dafür spricht schon die Tatsache, dass diese Rechtsgrundsätze im Rang unter dem Ver-

---

2094 *Isensee*, in: Isensee/Kirchhof, HStR, Bd. 5, S. 373 (§ 115, Rdnr. 36).

2095 Vgl. statt vieler *Dreier*, in: Dreier, Art. 79 Abs. 3 GG Rdnr. 25.

2096 Die geringe rechtspraktische Relevanz anerkennt auch *Isensee*, in: Isensee/Kirchhof, HStR, Bd. 5, S. 376 (§ 115, Rdnr. 41).

fassungsrecht rangieren und sich in der Regel nicht einmal als dessen Ausprägung darstellen. Entscheidender dürfte aber sein, dass sich auch keine schlagkräftigen Argumente finden lassen, die dieses Defizit wettmachen könnten.

Dies lässt sich am im vorliegenden Fall bedeutsamen Verbot der unzulässigen Rechtsausübung illustrieren. Das Verbot ist eine besondere Ausprägung des Grundsatzes von Treu und Glauben und wird als allgemeiner Grundsatz des deutschen Rechts verstanden.[2097] Gerade dieses Kriterium ist ohne Zweifel gewichtig und unterscheidet das Verbot auch von anderen einfachrechtlichen Rechtsgrundsätzen; deshalb könnte man es durchaus als „wesentlichen Grundsatz des deutschen Rechts" bezeichnen. Dies erhebt das Rechtsmissbrauchsverbot dennoch nicht in den Status einer „notwendigen Existenzbedingung des deutschen Gemeinwesens". Hierzu fehlt ein Grund für eine Gleichsetzung mit den Fundamentalgrundsätzen des deutschen Staates, wie sie in den Art. 1 und 20 GG niedergelegt sind. Denkbar wäre immerhin, das Verbot als Ausprägung des Prinzips der Sachgerechtigkeit dem in Art. 20 Abs. 3 GG niedergelegten *Rechts*-staatsgedanken zuzuordnen. Es leuchtet aber ein, dass nicht jede Ausprägung des Prinzips der Sachgerechtigkeit gleich eine notwendige Existenzbedingung des deutschen Staates darstellen kann. Denn hiermit würde auf ein unterscheidungskräftiges Kriterium verzichtet, was auch den Vereinfachungs- und Beschleunigungszwecken des HZÜ nicht gerecht würde. Bei der Bestimmung des Ablehnungsmaßstabes dürfen keine Kriterien angelegt werden, die den Vorbehalt so ausweiten, dass letztlich eine umfängliche Sachprüfung erfolgen müsste.

*bb) Der Sicherheitsvorbehalt: Grundrechtskonforme Auslegung?*

Allerdings ist zu überlegen, inwieweit eine Einschränkung des vorgenannten Grundsatzes mit Blick auf die grundrechtlichen Gewährleistungen des Grundgesetzes verfassungsrechtlich geboten ist, die keinen Menschenwürdegehalt aufweisen. Denn die Einzelgrundrechte natürlicher und juristischer Personen (Art. 19 Abs. 3 GG) prägen nicht nur nachhaltig den freiheitlichen Rechtsstaat, sondern sie stellen in ihrem Geltungsbereich auch unmittelbar geltendes Recht dar (Art. 1 Abs. 3 GG).[2098] Der deutsche Verfassungsgeber hat sich bewusst für einen effektiven Grundrechtsschutz entschieden und dementsprechend juristische Personen – in Abkehr von der unklaren Rechtlage in der Weimarer Republik – ausdrücklich für „prinzipiell grundrechtsfähig" erklärt.[2099] Im Ergebnis kann deshalb nicht in Frage gestellt werden, dass den Einzelgrundrechten des Grundgesetzes, *sofern* sie Geltung

2097 Vgl. nur für den Unterfall des Schikaneverbots OLG Frankfurt, NJW 1979, 1613.

2098 Dazu sogleich.

2099 Vgl. allgemein *Isensee*, in: Isensee/Kirchhof, HStR, Bd. 5, S. 564 (§ 118, Rdnr. 1).

beanspruchen, diese Geltung auch verschafft werden muss; fraglich ist demnach nur, wie dies zu geschehen hat.

Die grundgesetzliche Zielvorgabe ließe sich einmal im Rahmen des Art. 13 Abs. 1 HZÜ umsetzen: Entweder durch eine gewisse Ausweitung der Reichweite des Souveränitätsvorbehaltes im Wege einer Gleichstellung mit den „notwendigen Existenzbedingungen des deutschen Gemeinwesens" oder – wofür mehr spricht – durch eine entsprechende (grundrechtskonforme) Auslegung der Sicherheitsvorbehalts („à sa sécurité", „its security"). Insoweit ergibt sich eine interessante Parallele zum Begriff der „öffentlichen Sicherheit", wie er in Deutschland gemeinhin Verwendung findet. Unter der „öffentlichen Sicherheit" wird die Unversehrtheit der Rechtsordnung und der grundlegenden Einrichtungen und Veranstaltungen des Staates, sowie die Unversehrtheit von Gesundheit, Ehre, Freiheit und Eigentum und sonstiger Rechtsgütern seiner Bürger verstanden.[2100] Auch wenn diese Definition, weil viel zu weitgehend und damit die enge Auslegung des Souveränitätsvorbehaltes konterkarierend, nicht übertragungsfähig ist, so lässt sich ihr dennoch der grundlegende Gedanke entnehmen, wonach fundamentale Individualrechtsgüter in Deutschland ein Schutzgut der öffentlichen Sicherheit darstellen. Dieses Verständnis kann und – blickt man auf die grundrechtlichen Vorgaben des Grundgesetzes – muss auch im vorliegenden Kontext Berücksichtigung finden.

Soweit man die Auslegung des HZÜ diesbezüglich jedoch nicht mehr für offen hält, sind die Konsequenzen zu bedenken. Schließlich gehen die Grundrechte in der Hierarchie der innerstaatlichen Rechtsnormen den einfachgesetzlichen staatsvertraglichen Normen vor. Um demnach ein staatsvertragliches „Alles-oder-Nichts" zu vermeiden, ist ein Rechtsanwendungsergebnis erstrebenswert, dass sowohl der Bedeutung des betreffenden Grundrechts als auch den Vorgaben des HZÜ bestmöglich Rechnung trägt. Andernfalls müsste nach einem Weg außerhalb des Art. 13 Abs. 1 HZÜ gesucht werden, wie den Grundrechten die Geltung verschafft werden könnte, die ihnen nach dem Grundgesetz gebührt.

### c) *Zwischenergebnis*

Der im Wortlaut des Ablehnungsvorbehaltes angelegte Beurteilungsspielraum ist in den staatsvertraglichen Grenzen nach den Vorgaben des innerstaatlichen Rechts auszufüllen.

Insbesondere der Souveränitätsvorbehalt, der als Vorbehalt zugunsten des „ordre public international" zu verstehen ist, erfasst unter Zugrundelegung des ur-

---

2100 Vgl. statt vieler *Creifelds*, unter „Sicherheit und Ordnung, öffentliche". Diese Definition bestimmt vor allem das öffentliche Polizei- und Sicherheitsrecht, so in Bayern: Art. 2 Abs. 1 PAG, Art. 6 LStVG; hingegen spricht § 92 Abs. 3 Nr. 2 StGB von der „Sicherheit der Bundesrepublik Deutschland" als „äußere und innere Sicherheit".

sprünglichen Bedeutungsverständnisses nur diejenigen Grundsätze des innerstaatlichen Rechts, die der ersuchte Staat für so wichtig hält, dass er sie zu seinen „notwendigen Existenzbedingungen" rechnet. Zu diesen notwendigen Existenzbedingungen sind die unabdingbaren rechtsstaatlichen Gewährleistungen, wie sie in den Art. 1 und 20 GG niedergelegt und von der Bestandsgarantie des Art. 79 Abs. 3 GG geschützt sind, zu zählen. Konkret handelt es sich – bei Berücksichtigung der herrschenden Meinung im deutschen Verfassungsrecht – allein um die grundrechtlichen Gewährleistungen in ihrem Menschenwürdegehalt sowie grundlegende Gerechtigkeitspostulate (Rechtsgleichheit, Willkürverbot); hingegen werden weder der Grundrechtsschutz deutscher juristischer Personen noch einfachrechtliche Rechtsgrundsätze, wie bspw. das Verbot der unzulässigen Rechtsausübung, umfasst. Folglich sind außer Ersuchen, die sich gegen den Staat selbst richten, auch solche abzulehnen, deren Erledigung eine konkrete Gefährdung unabdingbarer rechtsstaatlicher Gewährleistungen befürchten ließe.

Infolge der Grundrechtsbindung der deutschen Staatsgewalt (Art. 1 Abs. 3 GG) ist aber erwägenswert, den Sicherheitsvorbehalt so auszulegen, dass er auch die einzelnen grundrechtlichen Gewährleistungen des Grundgesetzes umfasst und die deutschen Justizbehörden auf diese Weise dem grundgesetzlich vorgegebenen Grundrechtsschutz bei der hoheitlichen Entscheidung in angemessener Weise Rechnung tragen können. Deshalb ist neben der Ablehnung der Zustellung staatssicherheitsgefährdender Schriftstücke auch zu erwägen, solche Ersuchen abzulehnen, die eine konkrete Gefährdung von grundrechtlichen Individualrechtsverbürgungen befürchten ließe.

### 3. Verfahrensrechtliche Umsetzung der materiellen Vorgaben

Ziel und Zweck des HZÜ ist eine einfache und beschleunigte Abwicklung der Zustellung im grenzüberschreitenden Rechtsverkehr. Welche Anforderungen Ziel und Zweck an den Prüfungsmaßstab einer ablehnenden Entscheidung stellen, wurde bereits dargelegt.[2101] Dementsprechend muss sich jeder Versuch, den Ablehnungsvorbehalt inhaltlich zu konkretisieren, an den Zielvorgaben des HZÜ messen lassen.

Die hier befürwortete Prüfungsmaßstab ist so ausgestaltet, dass eine Beeinträchtigung der Zielvorgaben des HZÜ durch eine zu umfangreiche inhaltliche Prüfung nicht zu erwarten ist. Die nach deutschen Souveränitäts- und Sicherheitsvorstellungen gebotene Prüfung unabdingbarer rechtsstaatlicher Garantien ist im Verfahren insoweit relativiert, als im Rechtsverkehr jedenfalls mit solchen Staaten, die sich zu grundlegenden rechtsstaatlichen Garantien bekennen (bspw. Mitgliedstaaten internationaler Menschenrechtspakte), von der Vermutung ausgegangen werden

2101 Dazu oben IV. Kapitel: §10A.I.1.a)cc).

kann, dass in Gerichtsverfahren, die in diesen Staaten stattfinden, diese Garantien eingehalten sind; die Vertragsstaaten des HZÜ gewähren einander mit der Eingehung der Zustellungsverpflichtung einen diesbezüglichen Vertrauenszuschuss. Diese Vermutung ist aber widerleglich. Es ist dem Zustellungsadressaten schon im Verwaltungsverfahren (§§ 9 Abs. 1, 4; 59 Abs. 3 ZRHO) zu ermöglichen, Tatsachen glaubhaft zu machen, die diese Vermutung erschüttern können.

Dabei ist des weiteren zu beachten, dass das HZÜ ein – in gewissem Umfang – formalisiertes Verfahren durch einheitliche Formulare schaffen will.[2102] Die Prüfung hat sich demnach auf die Tatsachen zu konzentrieren, wie sie sich aus den Zustellungsunterlagen ergeben.[2103] Ohne dadurch die angestrebten Vereinfachungs- und Beschleunigungszwecke grundsätzlich in Frage zu stellen, kann sich die Tatsachenermittlung, falls notwendig, daneben auch auf „präsente" Beweismittel (Urkunden, eidestattliche Versicherungen) entsprechend den Grundsätzen in gerichtlichen Eilverfahren[2104] erstrecken. Daraus folgt allerdings auch, dass die Gefährdung durch die Erledigung des Zustellungsersuchens regelmäßig schon „offenkundig" sein muss[2105]; auch hier kann auf die im allgemeinen Verwaltungsrecht gebräuchlichen Maßstäbe zurückgegriffen werden.[2106] Diese Grundsätze entlasten die Justizbehörde aber nicht von einer summarischen Prüfung, es sei denn, sie müsste umfangreiche und langwierige Nachforschungen zum Auslandsrecht anstellen. Je schwerwiegender allerdings die behauptete Gefährdung unabdingbarer rechtstaatlicher Grundsätze, desto eher ist auch eine solche geboten.

## II. Völkerrechts- und verfassungsimmanenter Ablehnungsvorbehalt: Die Gefährdung von Grund- und Menschenrechten als „Rechtshilfehindernis"

Bei einer engen Auslegung des Art. 13 Abs. 1 HZÜ drängt sich schließlich die Frage auf, inwieweit vor allem grund- und menschenrechtliche Gewährleistungen eine immanente Schranke der Rechtshilfegewährung durch deutsche Justizbehörden darstellen können.[2107] Wie die Grund- und Menschenrechtsverbürgungen und

---

2102 Vgl. nur die Denkschrift, BT-Drcks. 7/4892, S. 41.

2103 OLG Düsseldorf, NJW 1992, 3110, 3111.

2104 Vgl. *Kopp/Schenke*, § 80 VwGO Rdnr. 125.

2105 Ähnlich OLG Düsseldorf, a.a.O., das „greifbare Anhaltspunkte" verlangt.

2106 Vgl. *Kopp/Ramsauer*, § 44 VwVfG Rdnr. 12: Offenkundigkeit bedeutet, dass die Gefährdung „für einen unvoreingenommenen, mit den in Betracht kommenden Umständen vertrauten, verständigen Beobachter ohne weiteres ersichtlich sein", sich ihm „geradezu aufdrängen" muss; sog. „Stirntheorie".

2107 Auf sonstige völkerrechtliche und verfassungsrechtliche Bestimmungen, die innerstaatlich unmittelbar geltendes Recht darstellen und sich gegenüber dem staatsvertraglichen Recht des HZÜ durchsetzen, wird hier nicht vertieft eingegangen; im Prinzip gilt für diese aber nichts andedie rechtsstaatlichen Gewährleistungen konkret die Rechtshilfeentscheidung der deutschen Justizbehörden tatsächlich beeinflussen, lässt sich allerdings (der gegensätzlichen Ziele der beteiligten Parteien wegen) nicht pauschal, sondern nur mit Blick auf den jeweils relevanten Tenor der Rechtshilfeentscheidung beantworten.

Eine Zustellungsentscheidung, wie im hier zu betrachtenden Fall, legt in erster Linie eine Beeinträchtigung der Rechte des inländischen Zustellungsadressaten nahe. Dass eine solche Beeinträchtigung generell denkbar ist, hat das BVerfG in seinem Beschluss vom 07.12.1994 („punitive damages") zutreffend erkannt; das Gericht sah die Zustellung im entschieden Fall lediglich als „nicht unzumutbar" und aus diesem Grund nicht als Verletzung des Rechts auf freie Entfaltung der Persönlichkeit (Art. 2 Abs. 1 GG i.V.m. dem Rechtsstaatsprinzip) an.[2108] Entsprechend ihrer grundlegenden Funktion können sich insbesondere die Grundrechte auf den Tenor der Rechtshilfeentscheidung in zweifacher Weise auswirken: Entweder verbieten sie den Justizbehörden eine zustellende Entscheidung, weil sich diese selbst als ein nicht gerechtfertigter staatlicher Eingriff in den grundrechtlich geschützten Lebensbereich des Beklagten darstellen würde (*status negativus*); oder sie gebieten eine ablehnende Entscheidung, weil eine Grundrechtsbeeinträchtigung auf andere Weise (im Ausland) droht und der deutsche Staat zum Schutz verpflichtet ist (*status positivus*). Entscheidend wird mithin sein, ob und inwieweit schon die Entscheidung der deutschen staatlichen Gewalt unmittelbar und gegenwärtig zu einem Eingriff in die Grundrechte des inländischen Zustellungsadressaten führt.

### 1. Verhältnis zu Art. 13 Abs. 1 HZÜ

Inwieweit eine Ablehnung der Rechtshilfe auch auf andere Rechtsgrundlagen gestützt werden kann und ggf. auch gestützt werden muss, ist im Gegensatz zur Auslegung des Art. 13 Abs. 1 HZÜ bisher bestenfalls in Ansätzen diskutiert worden.[2109] Dies erscheint vor allem dann inkonsequent, wenn der Prüfungsmaßstab des Art. 13 Abs. 1 HZÜ eng ausgelegt wird und die Grund- und Menschenrechte als Schutzgut der so verstandenen Vorbehaltsklausel ausgeschieden werden.

Die generelle Zurückhaltung hat offenkundig zwei Ursachen: Zum einen ist die Reichweite der Vorbehaltsklausel des Art. 13 Abs. 1 HZÜ bis heute nicht hinreichend geklärt. Zum anderen bestand bisher jedenfalls auf der Basis des allgemeinen, in Deutschland vorherrschenden „ordre public"-Verständnisses kaum eine

---

res; zum sog. „internationalen ordre public" als ungeschriebenen Vorbehalt der Völkerrechtskonformität siehe auch *Schütz*, S. 16 ff.

2108 BVerfGE 91, 335, 342 f.

2109 Ansätze bei *Maack*, S. 129 ff., für einen „ungeschriebenen Ablehnungstatbestand" aufgrund völkerrechtskonformer Auslegung des Europäischen Zustellungsübereinkommens, das keine ausdrückliche Vorbehaltsklausel enthält.

Notwendigkeit, sich mit den Grund- und Menschenrechten als eigenständige Schranke der Rechtshilfegewährung zu befassen; bestärkt durch die gesetzgeberische Reform im Jahre 1986, die auch zu einer Neufassung der Vorbehaltsklauseln des autonomen Rechts (vgl. nur Art. 6 S. 2 EGBGB, § 328 Abs. 1 Nr. 4 Hs. 2 ZPO) führte, hat sich allgemein die Auffassung durchgesetzt, die Grundrechte als „wesentliche Grundsätze des deutschen Rechts" und damit als Bestandteile der betreffenden Vorbehaltsklausel anzusehen.[2110] Dieses Verständnis färbt erkennbar auf die Auslegung anderer Vorbehaltsklauseln ab.

Die Einbeziehung der Grund- und Menschenrechte in die Vorbehaltsklauseln des deutschen Rechts ist allerdings nur eine von zwei denkbaren Möglichkeiten, wie den Grundrechten im grenzüberschreitenden Zivilrechtsverkehr Geltung verschafft werden kann; die andere Möglichkeit besteht eben darin, die Rechtsanwendung durch die deutsche Staatsgewalt (hier also die Rechtshilfegewährung) direkt an den Grundrechten zu messen. Diese Erkenntnis ist nicht neu, sondern dürfte spätestens seit der bahnbrechenden Entscheidung des BVerfG vom 04.05.1971 (sog. „Spanier-Beschluss")[2111] zum Gemeingut gehören.[2112]

Im Fall des HZÜ ist die eigenständige Bedeutung der Grund- und Menschenrechte umso größer, je enger die staatsvertragliche Vorbehaltsklausel ausgelegt wird. Sieht man von Art. 13 Abs. 1 HZÜ nicht mehr als absolut unabdingbare rechtsstaatliche Grundsätze geschützt, so ist zu überlegen, wie insbesondere den nicht umfassten grundrechtlichen Gewährleistungen des Grundgesetzes außerhalb von Art. 13 Abs. 1 HZÜ Rechnung getragen werden kann. Nach hier vertretener Auffassung kann dies nur dadurch geschehen, dass man den anwendbaren Grund- und Menschenrechten die Bedeutung als eigenständige Schranke der Rechtshilfegewährung zuerkennt. In ihrem Kommentar zum Gesetz über die internationale Rechtshilfe in Strafsachen (IRG) sprechen *Schomburg/Lagodny* recht treffend von „Rechtshilfegegenrechten/-hindernissen"[2113], deren Geltung nicht von einer im Rechtshilfevertrag vorgesehenen Ausnahme abhängen kann.[2114] In Zivilsachen gilt nichts substantiell anderes.

---

[2110] Vgl. statt vieler Palandt/*Heldrich*, Art. 6 EGBGB Rdnr. 7; Thomas/Putzo/*Hüßtege*, § 328 ZPO Rdnr. 17.

[2111] BVerfGE 31, 58.

[2112] BVerfG, a.a.O. (Leitsatz 2): „Die Vorschriften des deutschen internationalen Privatrechts und die Anwendung des durch sie berufenen ausländischen Rechts im Einzelfall sind an den Grundrechten zu messen."; zu dieser Entscheidung und ihren Folgen ausführlich *Kreuzer*, in: FS Benda, S. 152, 161 ff.; vgl. auch Staudinger/*Blumenwitz*, Art. 6 EGBGB Rdnr. 102 ff.; *Kegel/Schurig*, S. 468 (§ 16 IV).

[2113] Vgl. *Schomburg/Lagodny*, Einleitung Rdnr. 75.

[2114] Mit Recht *Lagodny*, in: Schomburg/Lagodny, § 73 IRG Rdnr. 43.

## 2. Prüfungsmaßstab

„Rechtshilfehindernisse" bilden demnach grundsätzlich diejenigen individualrechtlichen Verbürgungen, die innerstaatlich unmittelbar anwendbares Recht darstellen und sich gegenüber dem staatsvertraglichen Recht des HZÜ bei der Rechtsanwendung nach allgemeinen Regeln durchsetzen.

Im vorliegenden Kontext sind die bereits erwähnten rechtsstaatlichen Verfahrensgewährleistungen sowie individuelle Freiheits- und Gleichheitsrechte des inländischen Zustellungsadressaten von Bedeutung. Die grund- und menschenrechtlichen Rechtshilfehindernisse sind dabei in den allgemein anerkannten Rechtsquellen zu suchen.

### *a) Internationale Menschenrechte*

Auf der völkerrechtlichen Ebene finden sich menschenrechtliche Individualrechtsverbürgungen sowohl im allgemeinen Völkerrecht (völkerrechtlicher Mindeststandard) wie dem Völkervertragsrecht (internationale Menschenrechtspakte). Da sich der Geltungsanspruch (bei Übereinkommen sachlicher, räumlich-persönlicher, zeitlicher Anwendungsbereich) der völkerrechtlich verbürgten Menschenrechte aus dem Völkerrecht ergibt, ist im Gegensatz zum „ordre public" des autonomen Rechts ein spezifischer Inlandsbezug („genuine link") nicht erforderlich.

#### *aa) Völkerrechtlicher Mindeststandard*

Völkergewohnheitsrechtlich anerkannte menschenrechtliche Mindeststandards gelten in der BR Deutschland ohne weiteres auch innerstaatlich (Art. 25 S. 1 GG). Soweit diese Mindeststandards nicht ohnehin zu den zwingenden Grundsätzen des Völkerrechts (*ius cogens*) zu zählen sind und damit entgegen stehendes Vertragsrecht schon auf der völkerrechtlichen Ebene verdrängen (vgl. Art. 53 WVRK), gehen sie jedenfalls auf der innerstaatlichen Rechtsebene dem im Rang eines einfachen Gesetzes stehenden staatsvertraglichen Recht des HZÜ vor (Art. 25 S. 2 GG).

Im Grundsatz kann in Zivilsachen nichts anderes gelten als im vertraglichen Rechtshilfeverkehr in Strafsachen, auch wenn die freiheitliche Dimension in den Verfahrensordnungen verschieden zu bewerten ist. In Strafsachen hat das BVerfG regelmäßig geprüft, ob die Behandlung, die dem Auszuliefernden im ersuchenden Staat droht, dem völkerrechtlich verbindlichen Mindeststandard entspricht.[2115] Demnach wäre auch bei der Rechtshilfe in Zivilsachen zumindest zu prüfen, ob im ausländischen Verfahren die verfahrensrechtlichen Mindeststandards (insbesondere

[2115] BVerfGE 59, 280, 283; 75, 1, 19; vgl. auch *Lagodny*, in: Schomburg/Lagodny, § 73 IRG Rdnr. 7; *Graßhof/Backhaus*, EuGRZ 1996, 445, 448.

das Recht auf ein faires Gerichtsverfahren) eingehalten sind. Dabei besteht in Staaten, die sich dem Rechtsstaatsprinzip verpflichtet fühlen, eine Vermutung für die Einhaltung dieser Minimalgarantien.

#### *bb) Menschenrechte in internationalen Menschenrechtspakten*

Menschenrechtsverbürgungen in internationalen Menschenrechtspakten gelten hingegen wie sonstiges staatsvertragliches Recht innerstaatlich erst infolge des deutschen Zustimmungsgesetzes (Art. 59 Abs. 2 S. 1 GG); nach zutreffender Ansicht bemisst sich danach auch der einfachgesetzliche Rang im innerstaatlichen Recht.[2116] Die internationalen Menschenrechtspakte stehen damit auch grundsätzlich dem sonstigen staatsvertraglichen Recht gleich. Im Falle eines Konfliktes beanspruchen sie aber aufgrund ihres spezifischen menschenrechtlichen Anliegens, dem effektiv Wirkung zu verschaffen ist, mindestens Berücksichtigung, wenn nicht sogar Vorrang, insoweit die Normen im betreffenden Pakt die Qualität von allgemeinen Regeln des Völkerrechts erreichen.[2117] Zu beachten ist im Übrigen, dass das BVerfG internationale Menschenrechtspakte, vor allem die EMRK, als Auslegungshilfe bei der Bestimmung von Inhalt und Reichweite der Grundrechte herangezogen hat.[2118] Auch dies spricht für deren herausgehobene Stellung innerhalb der Rechtsquellen.

Eine gewisse Richtschnur für die Überprüfung von Entscheidungen auf US-amerikanische Rechtshilfeersuchen an den Gewährleistungen internationaler Menschenrechtspakte, speziell der EMRK, liefert die zu einer Strafsache ergangene Entscheidung des EGMR im Fall *Soering*.[2119] Denn für Rechtshilfeentscheidungen in Zivilsachen gilt prinzipiell nichts anderes. Demnach kann die Entscheidung eines EMRK-Vertragsstaates, einem Rechtshilfeersuchen stattzugeben, die Konvention verletzen, wenn es begründete Anhaltspunkte dafür gibt, dass dem Betroffenen im ersuchenden Staat eine Behandlung droht, die Gewährleistungen der EMRK widerspricht; insbesondere kann bei einer offensichtlichen Verweigerung eines fairen Prozesses im ersuchenden Staat Art. 6 EMRK anwendbar sein.

### *b) Innerstaatliche Grundrechte*

Im innerstaatlichen Recht sind grundlegende freiheits- und gleichheitssichernde Individualrechte im Grundrechtsteil des Grundgesetzes niedergelegt; hinzu treten

---

2116 Vgl. auch *P.Kirchhof*, EuGRZ 1994, 16, 18, und oben IV. Kapitel: §8A.II.1.

2117 Vgl. *P.Kirchhof*, EuGRZ 1994, 16, 26.

2118 BVerfGE 74, 358, 370; ebenso BVerwGE 94, 35, 48; 100, 287, 296.

2119 EGMR, Urt. v. 07.07.1989 – Nr. 1/1989/161/217, Soering gegen Vereinigtes Königreich, EuGRZ 1989, 314 (insb. die Erwägungen 84-91), m. krit. Anm. *Blumenwitz*, EuGRZ 1989, 326 ff.

die übrigen rechtsstaatlichen Gewährleistungen des Grundgesetzes (allgemeine Rechtsstaatsprinzipien, Verfahrensgarantien).

Ausweislich der Stellung des Grundrechtsteils im Grundgesetz und des Art. 1 GG muss der mit dem grundrechtlichen Wertesystem verfolgte „Schutz von Freiheit und Menschenwürde“ als „oberster Rechtszweck“[2120] und „als verfassungsrechtliche Grundentscheidung für alle Bereiche des Rechts gelten; Gesetzgebung, Verwaltung und Rechtsprechung“, so das BVerfG, „empfangen von ihm Richtlinien und Impulse.“[2121] Für die Grundrechte ist diese Vorgabe *expressis verbis* in Art. 1 Abs. 3 GG niedergelegt: Die Grundrechte des Grundgesetzes binden die staatliche Gewalt „als unmittelbar geltendes Recht“; sie gehen damit dem einfachen Recht (auch völkervertraglichen Ursprungs) vor.

#### *aa) Die Wahrung anerkannter völkerrechtlicher Grenzen staatlicher Rechtsetzung*

Die derzeitige Völkerrechtsordnung basiert auf der Anerkennung der souveränen Gleichheit der Staaten. Eine staatliche Rechtsordnung, die (wie die deutsche) dieses völkerrechtliche Grundprinzip und damit auch die souveräne Rechtsetzungsgewalt anderer Staaten anerkennt, beschränkt ihre Rechtssetzung nur auf solche Lebenssachverhalte, die eine hinreichende Mindestbeziehung zur eigenen staatlichen Ordnung besitzen (sog. „genuine link“-Erfordernis).[2122] Denn die erlassene staatliche Regelung würde sonst zwangsläufig in den Bereich der souveränen Rechtsetzungsgewalt eines anderen Staates überwirken.

##### *(1) Die Wahrung eines „genuine link“ durch die ausschließliche Geltung der deutschen Grundrechte im Statusverhältnis*

Das Grundgesetz verfasst nur die deutsche Staatsgewalt; diese und nur diese ist damit auch dessen Bindungen unterworfen.[2123] Die Grundrechtsbindung ist in Art. 1 Abs. 3 GG niedergelegt:

> „Die nachfolgenden Grundrechte binden Gesetzgebung, vollziehende Gewalt und Rechtsprechung als unmittelbar geltendes Recht.“

Die „Leitnorm“ des Art. 1 Abs. 3 GG bindet die deutsche Staatsgewalt damit an die Grundrechte, wenn folgende Voraussetzungen erfüllt sind: Die deutsche Staatsgewalt muss in grundrechtsrelevanter Art und Weise handeln; da das Grund-

---

2120 BVerfGE 12, 45, 51.

2121 BVerfGE 7, 198, 205.

2122 Zu den territorialen Grenzen der staatlichen Rechtsetzung *Rudolf*, BerDGVR 11 (1973), 7, 22 ff.; *Habscheid*, BerDGVR 11 (1973), 47 ff.

2123 Vgl. nur *Blumenwitz*, in: Isensee/Kirchhof, HStR, Bd. 9, S. 466 (§ 211, Rdnr. 15); *Isensee*, in: Isensee/Kirchhof, Bd. 5, S. 385 (§ 115, Rdnr. 62).

rechtsverhältnis in seiner klassischen Funktion eine vom Staat verschiedene Person berechtigt, muss die Handlung der deutschen Staatsgewalt gegenüber einer grundrechtsberechtigten Person erfolgen.[2124] Die Norm setzt demnach ein Statusverhältnis zwischen der grundrechtsverpflichteten deutschen Staatsgewalt und einer grundrechtsberechtigten Person voraus; andere Voraussetzungen lassen sich ihr *ad hoc* nicht entnehmen. Wann jedoch von einer grundrechtsrelevanten Handlung der „deutschen Staatsgewalt" auszugehen und – ebenso wichtig – wer als „grundrechtsberechtigte Person" anzusehen ist, entscheidet sich nach den allgemein anerkannten (Verfassungs-)Grundsätzen.

Das grundrechtsrelevante Handeln der deutschen Staatsgewalt kann nach dem gegenwärtigen Stand der deutschen Grundrechtsdogmatik in einem Tun oder Unterlassen bestehen: Entweder unternimmt die deutsche Staatsgewalt einen Eingriff in die grundrechtlich geschützten Freiheits- und Gleichheitsrechte einer grundrechtsberechtigten Person (*status negativus*) oder sie unterlässt es, diese Rechte gegen Beeinträchtigungen zu schützen, obwohl sie hierzu verpflichtet wäre (*status positivus*).[2125]

Abgesehen von Fragen des persönlichen Schutzbereiches (Jedermann- und Menschen-, Deutschen- und Bürger-, wesensmäßig nur auf natürliche oder auch auf juristische Personen anwendbare Grundrechte) wird zu Recht derjenige als grundsätzlich grundrechtsberechtigt angesehen, der auch der deutschen Staatsgewalt unterworfen ist.[2126] Unter Beachtung allgemeiner völkerrechtlicher Zuständigkeitskriterien (Personal-, Gebietshoheit) bedarf es für eine Unterwerfung unter die deutsche Hoheitsgewalt entweder einer personalen (deutsche Staatsangehörigkeit) oder einer territorialen Verbindung (bspw. Aufenthalt eines Ausländers im deutschem Hoheitsgebiet). Liegt diese Verbindung und damit das grundrechtliche Statusverhältnis vor, dann sind die Grundrechte in jeder Lage des Verfahrens „unmittelbar geltendes Recht". Das deutsche Recht genügt mit dieser Anknüpfung den Anforderungen der völkerrechtlichen Zuständigkeitslehre.

Diese Feststellung steht auch im Einklang mit den bisherigen Ausführungen zur Anwendbarkeit des deutschen (Rechtshilfe-)Rechts.[2127] Können die deutschen Justizbehörden auf der Grundlage des deutschen Rechts gegenüber einem deutschen Zustellungsadressaten hoheitliche Anordnungen treffen, dann entsteht hierdurch ein grundrechtliches Statusverhältnis. Die Grundrechte gelten dann im deutschen

---

2124 Vgl. auch *Isensee*, in: Isensee/Kirchhof, HStR, Bd. 5, S. 384 (§ 115, Rdnr. 57).

2125 Zu den auf *Jellinek* zurückgehenden Begrifflichkeiten des „status negativus/positivus" *Stern*, StR III/1, S. 625 f. (§ 66 II 2), 692 f. (§ 67 I 2); *Pieroth/Schlink*, S. 21 (§ 4 IV, Rdnr. 71); *Isensee*, in: Isensee/Kirchhof, Bd. 5, S. 145 (§ 111, Rdnr. 2 ff.).

2126 So *Isensee*, in: Isensee/Kirchhof, HStR, Bd. 5, S. 397 (§ 115, Rdnr. 84).

2127 Dazu oben IV. Kapitel: §8A.III.1.

Rechtshilfeverfahren unmittelbar; völkerrechtliche Bedenken bestehen hiergegen nicht.

*(2) Kein Bedürfnis für ein spezifisches „Grundrechts-Kollisionsrecht"*

Im deutschen Schrifttum wurde in den letzten Jahr(zehnt)en dennoch in den verschiedensten Zusammenhängen wiederholt die Frage aufgeworfen, inwieweit bei auslandsbezogenen Sachverhalten eine kollisionsrechtliche Beurteilung der Anwendbarkeit der Grundrechte vorgeschaltet werden müsse.[2128] Von einem Auslandsbezug ist u.a. schon dann auszugehen, wenn die Wirkungen der hoheitlichen Betätigung im Ausland eintreten.

Die Debatte hatte u.a. *Bernstein* schon 1965 mit seiner „Forderung nach einem Kollisionsrecht für die Verfassung" angestoßen: Das Grundgesetz sei „in all [seinen] Teilen, vor allem aber in [seinen] Grundrechtsnormen, als echtes (inländisches) Gesetz zu begreifen und dabei [sei] zu bedenken, daß dieses Gesetz Teil einer nationalen Rechtsordnung ist, welche neben zahlreichen anderen Rechtsordnungen existiert."[2129] Dem ist im Ansatz nicht zu widersprechen. Dennoch handelt es sich im Wesentlichen nur um ein Problem der völkerrechtlichen Zuständigkeit; dieses lässt sich unter Beachtung der anerkannten völkerrechtlichen Prinzipien (Personal-, Gebietshoheit, „genuine link") zufriedenstellend lösen.

Es ist nicht ersichtlich, inwieweit es über diese allgemeinen völkerrechtlichen Erfordernisse hinaus eines spezifischen „kollisionsrechtlichen Ansatzes" bedürfte. Die spezifische Frage des von der *Savignyschen* Fragestellung[2130] beherrschten IPR nach dem anwendbaren Sachrecht stellt sich nur bei solchen (privat-)rechtlichen Rechtsverhältnissen, die vielleicht in faktischer, nicht aber in rechtlicher Hinsicht zwingend auf eine staatliche Rechtsordnung bezogen sind.[2131] Dagegen ist mit der Bestimmung des grundrechtlichen Statusverhältnisses denknotwendig zugleich die Anknüpfung an eine staatliche Rechtsordnung verbunden: Die grundrechtsverpflichtete Staatsgewalt unterliegt nur den eigenen grundrechtlichen Bindungen; die grundrechtsberechtigte Person kann sich nur gegenüber dem grundrechtsverpflichteten Staat auf die Grundrechte berufen.

---

[2128] Vgl. aus dem jüngeren Schrifttum zu Fragen des „Grundrechts-Kollisionsrechts" allgemein nur *Isensee*, in: Isensee/Kirchhof, HStR, Bd. 5, S. 394 ff. (§ 115 Rdnr. 77 ff.), m.w.N.; im Übrigen *Heintzen*, S. 96 ff.; *Hofmann*, S. 10 ff.; *Bungert*, S. 183 ff.; in Anmerkung auf die hier maßgeblichen Beschlüsse des BVerfG (E 91, 140; 91, 335) *Koch/Diedrich*, ZIP 1994, 1830, 1832 f.; R.*Geimer*, EWiR 1994, 161, 162; *Bungert*, EwiR 1994, 1111, 1112; *Tomuschat*, IPRax 1996, 83 ff.

[2129] Vgl. *Bernstein*, NJW 1965, 2273, 2275, insbesondere in Reaktion auf die Thesen von *Wengler*, NJW 1965, 100, 102.

[2130] Vgl. nur *Kropholler*, IPR, S. 13 f., 16 ff. (§ 2 III, § 3): Frage nach dem Sitz eines Rechtsverhältnisses.

[2131] Dazu schon IV. Kapitel: §8A.III.1.

*bb) Verfassungsimmanente Grenzen des Grundrechtsschutzes*

Einschränkungen des Grundrechtsschutzes inländischer Zustellungsadressaten können sich auch aus der Verfassung selbst ergeben. Zwar ist bei der Auslegung und Anwendung die Wirkkraft der Grundrechte zu gewährleisten. Vornehmstes Interpretationsprinzip ist aber die Einheit der Verfassung: Eine einzelne Verfassungsbestimmung darf nicht isoliert betrachtet und allein aus sich heraus ausgelegt werden.[2132]

*(1) Verantwortlichkeit nur für zurechenbare Grundrechtsbeeinträchtigungen*

Die Grundrechte binden die deutsche öffentliche Gewalt – im Grundsatz anerkannt – auch, soweit die Wirkungen ihrer Betätigung im Ausland eintreten.[2133] Ein gerade zu klassischer Anwendungsfall ist die deutsche Rechtshilfe bei Zustellungen für fremdstaatliche Klageverfahren in der BR Deutschland. Denn der inländische Zustellungsadressat muss sich als Folge der wirksamen Zustellung im Inland, wie das BVerfG in seinem Beschluss vom 07.12.1994 („punitive damages") zutreffend erkannt hat, auf das Verfahren im Ausland einlassen.[2134]

Nach Auffassung des BVerfG endet die grundrechtliche Verantwortlichkeit der staatlichen deutschen, an das Grundgesetz gebundenen öffentlichen Gewalt jedoch dort, wo ein Vorgang in seinem wesentlichen Verlauf von einem fremden, souveränen Staat nach seinem eigenen, von der Bundesrepublik Deutschland unabhängigen Willen gestaltet wird.[2135] Eingriffe in Leib und Leben eines Einzelnen, vor denen die staatlichen Organe der Bundesrepublik mangels Handlungsmacht nicht schützen können, sollen ihr nicht zuzurechnen sein. Eine andere Auffassung, so das BVerfG, müsste dazu führen, dass die Bundesrepublik Deutschland über eine grundrechtliche ‚Mitverantwortlichkeit' für die von einem fremden Staat auf ein rechtmäßiges politisches Verhalten der Bundesrepublik Deutschland hin angedrohten Verletzungen grundrechtlich geschützter Rechtsgüter sich der Politik fremder Staaten von Verfassungs wegen zu fügen hätte; dies könne dem Grundgesetz nicht entnommen werden.[2136]

---

2132 Zu den vom BVerfG für die Auslegung des Verfassungsrechts aufgestellten Grundsätzen siehe schon IV. Kapitel: §8B.IV.

2133 BVerfGE 6, 290, 295.

2134 Vgl. BVerfGE 91, 335, 339.

2135 BVerfGE 66, 39, 56 f., 63 f.

2136 BVerfG, a.a.O.

Offenbar auf der Grundlage dieser Auffassung verneinten auch die deutschen Gerichte im vorliegenden Fall die Verantwortlichkeit der deutschen Justizbehörden für etwaige Folgen des mit der Zustellung geförderten ausländischen Verfahrens.[2137]

*(a) Das Kriterium der Zurechenbarkeit*

Es ist zutreffend, wenn für die Verantwortlichkeit der deutschen Staatsgewalt auf das Kriterium der Zurechenbarkeit einer Grundrechtsbeeinträchtigung abgestellt wird. Im Grunde gilt hier nichts wesentlich anderes als im innerstaatlichen Rechtsraum auch. Auch hier muss die deutsche Staatsgewalt (nur) für solche Grundrechtsbeeinträchtigungen einstehen, die ihr zugerechnet werden können.[2138] Dies ist einmal der Fall, wenn sie selbst in Grundrechtspositionen eingegriffen hat. Eine Grundrechtsbeeinträchtigung ist ihr aber auch dann zuzurechnen, wenn sie, weil sie zu deren Schutz verfassungsrechtlich verpflichtet ist, einen solchen Eingriff durch andere (!) nicht verhindert hat, obwohl sie dies hätte tun können.

Zunächst ist festzuhalten, dass sich aus dem objektiv-rechtlichen Gehalt des grundrechtlichen Wertesystems auch verfassungsrechtliche Schutzpflichten[2139] ergeben, die es dem Staat gebieten, auch die Gefahr von Grundrechtsverletzungen einzudämmen.[2140] Die Besonderheit dieser Fallgestaltung liegt in der Dreiseitigkeit des Grundrechtsverhältnisses (Grundrechtsgeschützter – Grundrechtsbeeinträchtiger – Grundrechtsschützer).[2141] Ob, wann und mit welchem Inhalt die Schutzpflicht besteht, hängt nach Auffassung des BVerfG von der „Art, der Nähe und dem Ausmaß möglicher Gefahren, der Art und dem Rang des verfassungsrechtlich geschützten Rechtsguts sowie von den schon vorhandenen Regelungen" ab.[2142] Zudem ist zu beachten, dass „bloße Grundrechtsgefährdungen zwar im Allgemeinen noch im Vorfeld verfassungsrechtlich erheblicher Grundrechtsbeeinträchtigungen liegen; sie können indes unter bestimmten Voraussetzungen Grundrechtsverletzungen gleich zu achten sein."[2143] Im Schrifttum wird allgemein mindestens eine äquivalente (eher adäquate) Kausalität des staatlichen Verhaltens für den Er-

---

2137 OLG München, Beschl. v. 12.07.2000 (9 VA 3/00) (unveröffentlicht); OLG Frankfurt a.M., RIW 2001, 464; siehe dazu schon oben.

2138 Vgl. *Stern*, StR III/2, S. 128 ff. (§ 78 III).

2139 Schon der Wortlaut von Art. 1 Abs. 1 S. 2 GG („[...] zu achten und zu *schützen*") spricht dafür. Zur Ableitung siehe auch *Isensee*, in: Isensee/Kirchhof, HStR, Bd. 5, S. 184 ff. (§ 111 Rdnr. 80 ff.).

2140 Vgl. allgemein *Stern*, StR III/1, S. 931 (§ 69 IV); *Isensee*, in: Isensee/Kirchhof, HStR, Bd. 5, S. 181 ff. (§ 111 Rdnr. 77 ff.); *J.Ipsen*, S. 32 f. (§ 2 Rdnr. 89 ff.).

2141 Vgl. *Stern*, StR III/1, S. 946 (§ 69 IV 5) m.w.N. (Fn. 268).

2142 BVerfGE 49, 89, 142.

2143 BVerfGE 49, 89, 141.

folg als verknüpfendes Kriterium genannt.[2144] Bei einem staatlichen Unterlassen darf die verfassungsrechtlich gebotene Handlung also nicht hinzugedacht werden können, ohne dass die Grundrechtsbeeinträchtigung in ihrer konkreten Gestalt mit an Sicherheit grenzender Wahrscheinlichkeit entfiele.

Das Grundgesetz gibt aber bei alledem nur den Rahmen, nicht jedoch bestimmte Lösungen vor.[2145] Das BVerfG kann deshalb die Verletzung einer grundrechtlichen Schutzpflicht nur feststellen, wenn die öffentliche Gewalt Schutzvorkehrungen entweder überhaupt nicht getroffen hat oder die getroffenen Regelungen und Maßnahmen gänzlich ungeeignet oder völlig unzulänglich sind, das gebotene Schutzziel zu erreichen, oder erheblich dahinter zurück bleiben.[2146]

*(b) Das Handeln fremder Staaten und die verfassungsrechtliche Pflicht der deutschen Staatsgewalt zum Auslandsschutz*

Gegenüber fremden Staaten obliegt den Organen der Bundesrepublik nach Auffassung der Rechtsprechung wie der Rechtslehre von Verfassung wegen die Pflicht zum Schutz deutscher Staatsangehöriger und ihrer Interessen; wird diese Pflicht versäumt, kann dies objektiv eine Verfassungsverletzung darstellen.[2147]

Was Beeinträchtigungen grundrechtlich geschützter Rechtspositionen angeht, kann der fremde Staat genauso Störer sein wie ein privater Dritter. Anders als ein Privater untersteht er aber nicht der Subjektion des schutzverpflichteten Staates; denn das im Verhältnis der Staaten zueinander maßgebliche Völkerrecht beruht auf dem Gedanken der Koordination.[2148] Die schutzverpflichtete Staatsgewalt muss sich deshalb allenfalls um den Schutz der Grundrechte seiner schutzberechtigten Staatsangehörigen im Ausland bemühen; für den Erfolg dieser Bemühungen kann sie mangels Handlungsmacht jedoch nicht einstehen.[2149]

Anders verhält es sich hingegen, wenn die fremde Staatsgewalt völkerrechtlich verbürgte Menschenrechte und Interessen verletzt. Hier ist die grundrechtsverpflichtete Staatsgewalt nach allgemeinen völkerrechtlichen Grundsätzen (Recht zu diplomatischen Schutz) berechtigt, die Interessen ihrer Bürger gegenüber dem

---

2144 Vgl. *Stern*, StR III/2, S. 128 f. (§ 78 III 1); *Isensee*, in: Isensee/Kirchhof, HStR, Bd. 5, S. 202 (§ 111 Rdnr. 110).

2145 BVerfGE 92, 26, 46.

2146 BVerfGE 77, 170, 214 f.

2147 BVerfGE 40, 141, 177 f.; vgl. auch *Stern*, StR III/1, S. 934 (§ 69 IV 3); *Blumenwitz*, in: FS Ferid, S. 439, 447.

2148 So mit Recht *Isensee*, in: Isensee/Kirchhof, HStR, Bd. 5, S. 210 (§ 111 Rdnr. 120).

2149 Vgl. *Isensee*, a.a.O.

fremden Staat zu wahren.[2150] Sie besitzt damit die erforderliche Handlungsmacht. Bei einer (zugleich) drohenden Grundrechtsgefährdung wird dieses Staatenrecht im Verhältnis zum schutzberechtigten Bürger (innerstaatlich) zur Pflicht auf Schutzausübung; wie dieser genüge getan wird, soll nach fehlerfreiem Ermessen zu entscheiden sein.[2151]

### *(c) Bedeutung für die Rechtshilfe*

Diese allgemein geltenden Grundsätze gilt es auf die spezifische Situation bei der internationalen Rechtshilfe in Zivilsachen zu übertragen. Hier muss zunächst unterschieden werden:

Mit der deutschen Zustellungsanordnung wird die Rechtslage im ausländischen Verfahren gestaltet; denn der inländische Zustellungsadressat muss sich als Beklagter auf das ausländische Verfahren einlassen, wenn er keine Rechtsnachteile erleiden will. Damit ist er nicht mehr in seiner Entscheidung frei; folglich wird mit der Zustellungsanordnung in seine allgemeine Handlungsfreiheit (Art. 2 Abs. 1 GG) eingegriffen. Allerdings hat er den Grund für die Gerichtspflichtigkeit in der Regel selbst geliefert, in dem er einen entsprechenden Kontakt zum Forumstaat hergestellt hat (wirtschaftliche Betätigung etc.). Damit ist es ihm auch zuzumuten (Frage der Verhältnismäßigkeit), sich auf das ausländische Verfahren einzulassen; der Eingriff ist jedenfalls in diesen Fällen gerechtfertigt.

Des weiteren wäre zu überlegen, inwieweit die deutsche Staatsgewalt mit der Zustellungsanordnung eine Handlung (d.h. die Ablehnung der Zustellung) unterlässt, zu der sie von Verfassungs wegen verpflichtet sein könnte. Die deutschen Justizbehörden wären vor allem dann von Verfassungs wegen gehalten, die Zustellung abzulehnen oder eine solche zumindest in Erwägung zu ziehen, wenn dem deutschen Zustellungsadressaten im ausländischen Verfahren Grund- und Menschenrechtsbeeinträchtigungen drohen, die der deutschen Staatsgewalt zuzurechnen sind. Hier gelten die genannten Kriterien:

Ein fremdstaatliches Gerichtsverfahren wird von der fremdstaatlichen Hoheitsgewalt nach eigenem Willen (Recht) gestaltet; mangels Einwirkungsmöglichkeit (Handlungsmacht) scheidet eine Zurechnung grundsätzlich aus. Eine Ausnahme gilt aber dann, wenn die deutsche Hoheitsgewalt die Ausübung der fremdstaatlichen Hoheitsgewalt erst ermöglicht bzw. eine solche verhindern kann. So liegt der

---

[2150] Vgl. *Blumenwitz*, in: FS Ferid, S. 439, 440; umfassend zum Schutz von Auslandsinvestitionen *Bippus*, S. 4 ff.; zu den anerkannten Voraussetzungen des völkerrechtlichen Schutzrechtes *Gloria*, in: Ipsen, S. 302 ff. (§ 24, Rdnr. 32 ff.): völkerrechtswidriges Verhalten eines fremden Staates; Schutzberechtigung gegenüber dem Schutzbegehrenden; „local remedies rule". Als problematisch dürfte sich die „local remedies rule" gestalten; nach dieser müssen zunächst alle innerstaatlichen Rechtsbehelfe ausgeschöpft werden, vgl. dazu *Herdegen*, in Ress/Stein, S. 63 ff.

[2151] Vgl. *Blumenwitz*, a.a.O.; *Klein*, in: Ress/Stein, S. 125, 127 ff.; *Bippus*, S. 32 f.

Fall bei der Rechtshilfe: Die Zustellung einer Klage als eigentlicher Dreh- und Angelpunkt der wirksamen Einbeziehung des deutschen Zustellungsadressaten in das ausländische Verfahren erfolgt auf Anordnung der deutschen Justizbehörden. Damit muss sich die deutsche Staatsgewalt diejenigen Beeinträchtigungen im ausländischen Verfahren zurechnen lassen, die auf der Zustellung in Deutschland beruhen; oder umgekehrt: solche Beeinträchtigungen, die auch ohne die Zustellung in Deutschland eintreten, sind ihr nicht zuzurechnen.

Beeinträchtigungen von völkerrechtlich verbürgten Rechtspositionen, die sich als adäquat kausale Folge der deutschen Zustellungsanordnung darstellen und vor denen die deutschen Justizbehörden den inländischen Zustellungsadressaten grundsätzlich bewahren könnten, stehen in der „Handlungsmacht" der deutschen Staatsgewalt; hinsichtlich von adäquat kausalen Grundrechtsbeeinträchtigungen ist der verfassungsrechtliche Schutzauftrag (Grundrechte als objektive Werteordnung!) hin zu einer Bemühenspflicht, diesen entgegen zu wirken, zu modifizieren. In diesen Fällen wäre die „Zentrale Behörde" jedenfalls verpflichtet, die Folgen ihres Handelns für geschützte Rechtspositionen seiner schutzberechtigten Staatsangehörigen in Erwägung zu ziehen. Der Zurechnungszusammenhang wäre nur dann unterbrochen, wenn der deutsche Beklagte auch ohne den „Umweg" über eine Zustellung in Deutschland in das ausländische Verfahren einbezogen werden kann. Denn dann könnte die Zustellungsanordnung der deutschen Justizbehörden hinweg- oder die Ablehnung der Zustellung hinzugedacht werden, ohne dass sich an der Rechtsstellung des deutschen Beklagten im ausländischen Verfahren irgendetwas ändern würde.

Wie ein deutscher Beklagter in das US-amerikanische Verfahren konkret einbezogen werden kann, wurde bereits ausführlich im vorstehenden Kapitel dargestellt.[2152] Obwohl die Einbeziehung in ein inländisches Verfahren (und damit auch deren Folgen) wesentlich von den tatsächlichen und rechtlichen Gegebenheiten des Einzelfalles abhängt, kann nicht davon gesprochen werden, dass die Inlandszustellung an den ausländischen Beklagten ohne weiteres möglich wäre. Im Gegenteil, sie ist nur in sehr engen Grenzen zulässig. In jedem Falle bedarf es zumindest des (vorübergehenden) Aufenthaltes eines Zustellungsbevollmächtigten im Inland. Ist diese Voraussetzung zu bejahen, scheidet eine Zurechnung aus. Nicht selten wird sie aber zu verneinen sein; sie kann dann auch nicht pauschal unterstellt werden. In diesen Fällen sind jedenfalls solche Beeinträchtigungen von (völkerrechtlich verbürgten) Rechtspositionen deutscher Zustellungsadressaten der deutschen Staatsgewalt zuzurechnen, die diese im ausländischen Verfahren nicht durch die Ausschöpfung aller rechtlichen Möglichkeiten verhindern können.[2153]

---

2152 Dazu oben III. Kapitel: §6.

2153 Zur „local remedies rule" als Voraussetzung der Ausübung diplomatischen Schutzes siehe *Herdegen*, in Ress/Stein, S. 63 ff.

Fazit: Die deutsche Staatsgewalt ist nicht ohne weiteres verfassungsrechtlich gehalten, drohende Beeinträchtigung von grund- und menschenrechtlich verbürgten Rechtspositionen deutscher Zustellungsadressaten in einem ausländischen Gerichtsverfahren abzuwehren. Dies gilt jedoch dann nicht, wenn – wie im Fall der Rechtshilfe – die deutsche Staatsgewalt eine adäquat kausale Ursache für derartige Beeinträchtigungen gesetzt hat oder jedenfalls die Möglichkeit besteht, Beeinträchtigungen dieser Art zu verhindern. In diesem Fall kann eine Zurechnung und damit eine Verantwortlichkeit nicht ausgeschlossen werden. Der pauschale Ausschluss jeglicher Zurechnung, wie er von den deutschen Gerichten im vorliegenden Fall vertreten wird, kann nicht überzeugen.

*(2) Schonender Ausgleich mit Gemeinwohlbelangen*

Darüber hinaus ist es durchaus vorstellbar, dass die rigide Forderung nach einem umfassenden Grundrechtsschutz des inländischen Zustellungsadressaten zu einem *Konflikt mit anderen Rechtsgrundsätzen des deutschen Rechts* führt.

*(a) Das Spannungsverhältnis Individuum - Gemeinschaft*

Im Rahmen der internationalen Rechtshilfe in Zivilsachen ist ein Konflikt vor allem mit etwaigen berechtigten Belangen der gegnerischen Partei und der Allgemeinheit denkbar. In derartigen Fällen muss die Anwendung des betreffenden Grundrechtes des inländischen Zustellungsadressaten mit den widerstreitenden Verfassungsprinzipien harmonisiert werden.

Ganz in diesem Sinne hat das BVerfG seit jeher das Spannungsverhältnis der Grundrechte des Einzelnen und der Gemeinwohlbelange betont:

> „Das Menschenbild des Grundgesetzes ist nicht das eines isolierten souveränen Individuums; das Grundgesetz hat vielmehr die Spannung Individuum - Gemeinschaft im Sinne der Gemeinschaftsbezogenheit und Gemeinschaftsgebundenheit der Person entschieden, ohne dabei deren Eigenwert anzutasten. Das ergibt sich insbesondere aus einer Gesamtsicht der Art. 1, 2, 12, 14, 15, 19 und 20 GG. Dies heißt aber auch, dass der Einzelne sich diejenigen Schranken seiner Handlungsfreiheit gefallen lassen muss, die der Gesetzgeber zur Pflege und Förderung des sozialen Zusammenlebens in den Grenzen des bei dem gegebenen Sachverhalt allgemein Zumutbaren zieht, vorausgesetzt, dass dabei die Eigenständigkeit der Person gewahrt bleibt."[2154]

---

[2154] BVerfGE 4, 7, 15 f.

### (b) *Die Entscheidung des Grundgesetzes für eine internationale Offenheit und Zusammenarbeit und der Schutz von Gemeinwohlbelangen*

Das Gemeinwohlinteresse an geordneten und friedlichen zwischenstaatlichen Beziehungen anerkennt das Grundgesetz mit seiner Entscheidung für die internationale Offenheit und Zusammenarbeit.

Der Begriff der „offenen Staatlichkeit" oder der „internationalen Offenheit" des deutschen Staatswesens findet zwar als solcher im Grundgesetz keine Erwähnung.[2155] Das Grundgesetz zeigt aber, welche Bedeutung es einer Einbindung in die internationale Staatengemeinschaft und der Notwendigkeit einer internationalen Kooperation beimisst. Eine Gesamtschau, insbesondere der Präambel und der Art. 1 Abs. 2, 23 bis 26 GG, ergibt eine klare konzeptionelle Ausrichtung des Grundgesetzes weg von einem geschlossenen hin zu einem international offenen Staatswesen. Zusammen mit den Prinzipien des Pluralismus und der Toleranz lässt sich zudem das verfassungsrechtliche Leitbild erkennen, andere Staaten als gleichberechtigte Glieder der Völkerrechtsgemeinschaft anzuerkennen und deren eigenständige Rechtsordnung zu respektieren.[2156]

Genau genommen beschreibt das Grundgesetz damit aber mehr einen Weg, um bestimmte verfassungsrechtliche Zielvorgaben zu erreichen, wie sie sich aus einer Gesamtschau der Präambel (Frieden) und Art. 1 Abs. 1, 2 GG (Menschenwürde, Frieden, Freiheit und Gerechtigkeit) ergeben, als ein eigenes verfassungsrechtliches Ziel.[2157] So ist das Grundgesetz ausweislich des Art. 25 GG völkerrechtsfreundlich, weil es das allgemeine Völkerrecht als Grundlage eines angemessenen und gerechten Interessenausgleichs in den internationalen Beziehungen anerkennt; deshalb verhilft es diesem zu innerstaatlicher Geltung. Durch eine aktive Mitwirkung in Form der internationalen Zusammenarbeit und insbesondere durch eine Mitwirkung bei der Vereinigung Europas (Präambel, Art. 23 GG) und eine Eingliederung in ein System der internationalen Streiterledigung (Art. 24 Abs. 3 GG) soll dem schon in der Präambel niedergelegten Verfassungsziel der weltweiten Friedenssicherung entsprochen werden. Das Grundgesetz beschränkt den elementaren Grund- und Menschenrechtsschutz nicht nur auf Deutsche, sondern gewährt diesen mit Ausnahme bestimmter politischer Rechte auch Ausländern.

---

2155 Begriff nach *Tomuschat*, in: Isensee/Kirchhof, HStR, Bd. 7, S. 484 (§ 172, Rdnr. 1).

2156 BVerfGE 31, 58, 75 f.

2157 Vgl. *P.Kirchhof*, in: Starck, Festgabe BVerfG 1976 II, S. 50, 75 f., der von einer „Staatszielbestimmung" ausgeht, aus der für das staatliche Handeln grundsätzliche Leitlinien zu entnehmen seien.

*(c) Bedeutung für die Rechtshilfe*

Für die Fragestellung im vorliegenden Fall lässt sich dem Grundgesetz die einfache, aber nicht selbstverständliche Erkenntnis entnehmen, dass grenzübergreifende Probleme durch eine grenzübergreifende Zusammenarbeit zu lösen sind. Das Grundgesetz stellt sich den Sachzwängen und Problemen, die aus der Anerkennung einer Völkerrechtsordnung gleichberechtigter Staaten resultieren. Zur Sicherung des „Friedens in der Welt" und des „friedlichen Zusammenlebens der Völker" bekennt sich das Grundgesetz deshalb mehrfach ausdrücklich zu einer internationalen Kooperation (Präambel, Art. 1 Abs. 2, 23, 24 Abs. 2, 26 Abs. 1 GG).

Der zunehmende internationale Waren-, Kapital-, Dienstleistungs- und Personenverkehr bringt Probleme bei der individuellen Rechtsverfolgung mit sich, die ebenfalls nicht mehr allein auf der einzelstaatlichen Ebene bewältigt werden können. Um die verfassungsrechtlich verbürgten Rechte Einzelner auch grenzüberschreitend gewährleisten zu können, ist in Fragen des grenzüberschreitenden Rechtsverkehrs deshalb auch von Verfassungs wegen eine internationale Kooperation erstrebenswert.[2158] Mehr als eine programmatische Bereitschaft folgt hieraus allerdings nicht. Denn die internationale Zusammenarbeit ist, wie gesagt, kein verfassungsrechtlicher Selbstzweck. Sie kann nur als ein Baustein verstanden werden, um den eigentlichen Zielvorgaben des Grundgesetzes auch im internationalen Kontext bestmöglich zur Wirkung zu verhelfen. Es ist in jedem Einzelfall abzuwägen, was dazu notwendig ist. Demnach kann es keine allgemeine verfassungsrechtliche Handlungsanweisung, etwa in der Form, eine ausländische Klage in Deutschland zuzustellen, geben.

Die anzustrebende internationale Kooperation gewinnt aber als Abwägungsbelang im Rahmen der Grundrechtsprüfung an Bedeutung. Es ist denkbar, dass die volle Verwirklichung des deutschen Schutzniveaus zu einer Einschränkung des grenzüberschreitenden Rechtsverkehrs führen würde und deshalb mit dem Gemeinwohlinteresse an einer internationalen Kooperation nicht zu vereinbaren ist.[2159] Es leuchtet ein, dass *a priori* keinem der beiden Belange ein ausschließlicher (!) Vorrang eingeräumt werden kann. So wenig, wie die Entscheidung für eine internationale Zusammenarbeit die Zustellung im Wege der Rechtshilfe gebietet, so wenig kann die Zustellung unter Berufung auf die Grundrechte *per se* abgelehnt werden. Auch in einem solchen Konfliktsfall müssen vielmehr gemeinschaftsbezogene und individuelle Belange miteinander harmonisiert werden. Mit anderen Worten,

---

[2158] In diesem Sinne BVerfGE 91, 335, 340; siehe auch *Tomuschat*, in: Isensee/Kirchhof, HStR, Bd. 7, S. 515 (§ 172, Rdnr. 58); *G.Geimer*, S. 237.

[2159] Ähnlich BVerfG, a.a.O.

„eine widerstreitende Rechtsposition darf nicht bevorzugt und maximal behauptet werden, sondern alle müssen einen möglichst schonenden Ausgleich erfahren."[2160]

Eine pauschale Relativierung des Grundrechtsschutzes bei grenzüberschreitenden Sachverhalten ist mit dieser Vorgabe jedoch unvereinbar. Deshalb ist die Rechtsprechung des BVerfG zur (eingeschränkten) Geltung der Grundrechte bei der Rechtshilfe in Strafsachen im Ansatz nicht unbedenklich. Das BVerfG will bei der Rechtshilfe in Strafsachen (Auslieferung) in gefestigter Rechtsprechung unter Berufung auf die Völkerrechtsfreundlichkeit des Grundgesetzes nur die „zwingenden, unabdingbaren verfassungsrechtlichen Grundsätze" zur Geltung bringen[2161]; konkret bedeutet dies nicht mehr als die Gewährleistung eines „Kernbereichs" der Grundrechte.[2162]

Im Schrifttum wird zustimmend darauf hingewiesen, dass mit dieser Vorgabe ein Auseinanderdriften von völkerrechtlicher Verpflichtung und innerstaatlicher Rechtslage möglichst vermieden werden soll; zudem knüpfe diese an die Bestimmung des Art. 1 Abs. 2 GG an, nach der das deutsche Volk „unverletzliche und unveräußerliche Menschenrechte [als] Grundlage *jeder* menschlichen Gemeinschaft" (Hervorhebung im Original) anerkenne und sich zu diesen bekenne.[2163] Die „einschränkende Auslegung der Grundrechte zugunsten anderer Staaten" wird im Schrifttum jedoch bisweilen scharf kritisiert und insbesondere auf die strukturell vergleichbare Situation im Rahmen der EMRK und die Rechtsprechung des EGMR (Fall *Soering*) verwiesen.[2164]

Die Kritik wäre jedenfalls dann berechtigt, wenn die Rechtsprechung des BVerfG in Strafsachen zu einem pauschalen Ausschluss deutscher Grundrechtsgewährleistungen im grenzüberschreitenden Rechtshilfeverkehr führen würde. Dem stünde der klare Wortlaut der Bindungsklausel des Art. 1 Abs. 3 GG entgegen. Im praktischen Ergebnis ist aber nicht zu bestreiten und insoweit führt auch Art. 1 Abs. 3 GG zu keiner anderen Bewertung, dass es im Einzelfall erforderlich sein kann, den Grundrechtsschutz des Einzelnen im grenzüberschreitenden Rechtsverkehr zugunsten von Gemeinwohlbelangen – höchstens bis zur Wesensgehaltsschranke (Art. 19 Abs. 2 GG) – einzuschränken. Neben den schon genannten Argumenten ist auch zu bedenken, dass die Rechtsprechung des BVerfG regelmäßig den Grundrechtsschutz von Ausländern betraf (für Deutsche gilt Art. 16 Abs. 1 GG), der nach allgemein anerkannten Grundsätzen nur die menschenrechtlichen

---

2160 BVerfGE 28, 243, 260 f.

2161 So insbesondere BVerfGE 75, 1, 17.

2162 BVerfGE 63, 332, 338.

2163 Vgl. *Graßhof/Backhaus*, EuGRZ 1996, 445, 448.

2164 So vor allem *Lagodny*, Schomburg/Lagodny, § 73 IRG Rdnr. 14 a, 18 ff., unter Hinweis auf die Entscheidung im Fall Soering gegen Vereinigtes Königreich, Urt. v. 07.07.1989 – Nr. 1/1989/161/217, EuGRZ 1989, 314, m. krit. Anm. *Blumenwitz*, EuGRZ 1989, 326 ff.

Verbürgungen des Grundgesetzes erfasst. Hier auf international anerkannte Standards bis zur Grenze des unabdingbaren innerstaatlichen Schutzniveaus zu rekurrieren, ist also durchaus mit den Grundgedanken des Grundgesetzes vereinbar.

In Zivilsachen, in denen es regelmäßig um den Grundrechtsschutz deutscher Zustellungsadressaten geht, zeigte sich das BVerfG in der Vergangenheit weniger restriktiv: In der einzigen einschlägigen Entscheidung, dem Beschluss vom 07.12.1994 („punitive damages"), hat das BVerfG den Schutz deutscher Grundrechtsadressaten (Art. 2 Abs. 1 GG i.V.m. dem Rechtsstaatsprinzip) nicht schon *per se* ausgeschlossen; vielmehr hat es einen Eingriff in deren Grundrechte bejaht, diesen aber (weil zumutbar) als gerechtfertigt angesehen.[2165] Das Gericht hat aber auch hier zu erkennen gegeben, dass es angezeigt sein kann, die internationalen, insbesondere menschenrechtlichen Verpflichtungen mit den unverzichtbaren Grundsätzen der innerstaatlichen Ordnung zu harmonisieren:

> „Ob die Zustellung einer Klage selbst dann mit Art. 2 Abs. 1 GG in Verbindung mit dem Rechtsstaatsprinzip vereinbar wäre, wenn das mit der Klage angestrebte Ziel offensichtlich gegen unverzichtbare Grundsätze eines freiheitlichen Rechtsstaats verstieße, *wie sie auch in internationalen Menschenrechtsübereinkommen verankert sind,* bedarf in diesem Zusammenhang keiner grundsätzlichen Klärung."[2166] (Hervorhebung d. Verf.)

Dem ist zuzustimmen. Die deutsche Staatsgewalt kann dem Verfassungsauftrag zu Völkerrechts*freundlichkeit* (nicht Völkerrechts*gemäßheit!*) nur dann genügen, wenn zumindest erstrebt wird, internationale Verpflichtungen und innerstaatliches Recht miteinander in Übereinstimmung zu bringen. Ein Rekurs auf deutsche Grundrechtsverbürgungen, die keinerlei Anerkennung in der internationalen Gemeinschaft finden[2167], birgt die Gefahr eines „deutschen Grundrechtsoktroi"[2168]. Eine überschießende Grundrechtsanwendung mit der Folge einer uneinheitlichen Anwendung und damit einer Erschwerung der internationalen Rechtshilfe kann dem Ziel und Zweck des HZÜ und damit auch der völkerrechtsfreundlichen Tendenz des Grundgesetzes nicht genügen. Deshalb ist es notwendig, dass die Anwendung der deutschen Grundrechte auch eine Entsprechung auf internationaler Ebene findet. Letztlich handelt es sich bei diesem Ansatz also um eine Ergebniskontrolle anhand internationaler Menschenrechtsstandards mit dem Ziel, die deutsche Rechtsanwendung möglichst völkerrechtskonform zu gestalten.

Fazit: Die Grundrechte eines deutschen Beklagten sind demnach bei der Entscheidung, ob Rechtshilfe bei der Zustellung der US-Klage zu gewähren ist, nicht *per se* suspendiert. Weder die Entscheidung des Grundgesetzes für eine internatio-

---

[2165] BVerfGE 91, 335, 339.

[2166] BVerfGE 91, 335, 342.

[2167] Vgl. dazu *P.Kirchhof*, EuGRZ 1994, 16, 22 ff.

[2168] Vgl. nur *Merkt*, S. 169, der von einem „Grundrechtstotalitarismus" spricht, dem entgegen zu wirken sei.

nale Zusammenarbeit noch die grundsätzliche Respektierung des ausländischen Verfahrens(rechtes) als solches können eine solche Suspendierung des Grundrechtsschutzes bewirken. Die Grundrechte binden die staatliche Gewalt (Art. 1 Abs. 3 GG). Die Bindung wird auch nicht allein deshalb aufgehoben, weil sich der Schutzberechtigte im Ausland betätigt hat oder sich der notwendige Schutz im Ausland auswirkt. Der Berechtigte muss sich jedoch in Abwägung mit berechtigten Belangen der Allgemeinheit Einschränkungen gefallen lassen. Um ein möglichst völkerrechtskonformes Rechtsanwendungsergebnis zu erzielen, ist eine vergleichende Betrachtung anhand der internationalen Menschenrechtspakte geboten.

#### *c) Zwischenergebnis*

Soweit man grund- und menschenrechtliche Verbürgungen nicht schon durch den Souveränitäts- und Sicherheitsvorbehalt des Art. 13 Abs. 1 HZÜ geschützt sieht, bilden diese jedenfalls insoweit eigenständige Rechtshilfehindernisse, als sie innerstaatlich unmittelbar anwendbares Recht darstellen und sich nach allgemeinen Grundsätzen (Rangkollisionsrecht) gegenüber dem staatsvertraglichen Recht des HZÜ durchsetzen.

Zu diesen grundlegenden Freiheits- und Gleichheitsrechten zählen sowohl die auf der völkerrechtlichen Ebene verbürgten Menschenrechte (völkerrechtlicher Mindeststandard, internationale Menschenrechtspakte) als auch die Grundrechte des Grundgesetzes. Letztere unterliegen allerdings verfassungsimmanenten Grenzen der Gewährleistung im grenzüberschreitenden Rechtsverkehr.

### 3. Verfahrensrechtliche Umsetzung der materiellen Vorgaben

Hinsichtlich der verfahrensrechtlichen Umsetzung des grund- und menschenrechtlich geprägten Prüfungsmaßstabes gilt im Wesentlichen das zu Art. 13 Abs. 1 HZÜ Gesagte entsprechend.[2169] Auch hier sollte – den Zielen und Zwecken des HZÜ gemäß – die Abwicklung so einfach und zügig wie möglich erfolgen; im Zweifel ist aber den zwingenden rechtsstaatlichen Belangen auch in verfahrensrechtlicher Hinsicht Rechnung zu tragen.

---

[2169] Siehe dazu oben IV. Kapitel: §10A.I.3.

## B. Schlussfolgerungen für die Behandlung von Ersuchen um Zustellung von Antidumping-Schadensersatzklagen

### I. Der Einwand der GATT-Widrigkeit der gesetzlichen Grundlage und des Verfahrens

Der US Antidumping Act 1916 verstößt gegen Bestimmungen des GATT 1994, des Antidumping-Übereinkommens und damit schließlich des WTO-Übereinkommens. Auf der Grundlage des geltenden Völkerrechts kann dennoch nicht von der Berechtigung der deutschen Justizbehörden ausgegangen werden, die GATT-Widrigkeit des Antidumping Act 1916 wie des darauf gestützten Privatklageverfahrens zum Anlass zu nehmen, um die staatsvertraglich geschuldete Rechtshilfe zu verweigern. Denn es ist zu bedenken, dass eine Leistungsverweigerung wie eine „Sanktion" des Vertragsverstoßes wirken würde.

Für die Beilegung von Streitigkeiten im Rahmen des WTO-Übereinkommens (Art. II:2) haben sich dessen Vertragsstaaten auf ein spezielles Streitschlichtungs-, insbesondere Sanktionierungsverfahren (Art. 22 DSU) geeinigt. Das errichtete Verfahrensregime verpflichtet die Vertragsstaaten zu dessen Befolgung und schließt gleichzeitig unilaterale Maßnahmen aus (Art. 23 DSU).[2170] Eine nicht genehmigte[2171], wie auch immer geartete unilaterale „Sanktionierung" eines Vertragsverstoßes außerhalb des WTO-Streitschlichtungsverfahrens würde dessen Mechanismen unterhöhlen und damit dessen Zwecksetzung[2172] gefährden; sie wäre folglich nicht mit dem WTO-Recht vereinbar. Hier erweist es sich als äußerst misslich, dass das WTO-Streitschlichtungsverfahren keinen einstweiligen Rechtsschutz kennt.[2173] Insofern können bis zum Ende eines Streitbeilegungsverfahren vollendete Tatsachen geschaffen werden, die, was die Stellung der betroffenen Privatpersonen anbelangt, letztlich auch nicht durch die spätere Aussetzung von staatlichen Zugeständnissen wieder ausgeglichen werden können. Dieses strukturelle Defizit beruht – zumindest im Prinzip – aber auf einer bewussten Entscheidung der Vertragsstaaten, die sich für eine abschließende Streitschlichtung auf der zwischenstaatlichen Ebene ausgesprochen haben bzw. umgekehrt das WTO-Recht nicht als „self executing" anerkennen.

Abgesehen von den konkreten Vertragsbestimmungen (hier: WTO-Übereinkommen) selbst, kann ein Staat auch nach allgemeinen Grundsätzen auf

2170 So auch *Pescatore*, in: Pescatore/Davey/Lowenfeld, Vol. I, Dispute Settlement, S. 33 (IV.B.2.); *Butler*, S. 61.

2171 Zu den Möglichkeiten zu genehmigungsbedürftigen unilateralen Maßnahmen unter Art. 22 DSU *Schroeder/Schonard*, RIW 2001, 658, 662.

2172 Zu den Zwecken vgl. Art. 3.2, 3.7 DSU; *Sittmann*, RIW 1997, 749, 750.

2173 Vgl. *Leier*, EuZW 1999, 204, 206.

eine erhebliche Vertragsverletzung eines anderen nur im Wege der Suspendierung/Beendigung *desselben* Vertrages antworten (vgl. Art. 60 WVRK). Die Aussetzung einer nicht im Gegenseitigkeitsverhältnis stehenden Pflicht gegenüber dem vertragsbrüchigen Staat – die sog. Repressalie – ist wiederum selbst ein völkerrechtswidriger Akt, der nur in den völkergewohnheitsrechtlich anerkannten Grenzen erlaubt ist.[2174] Anerkannt in diesem Sinne ist, dass die Repressalie als Selbsthilferecht jedenfalls dann ausscheidet, „wenn für einen bestimmten Regelungsbereich des Völkerrechts die Reaktionsmuster auf Völkerrechtsverstöße abschließend festgelegt sind" (sog. „self-contained regimes").[2175]

Letztlich ist auch kein vorrangiger Rechtssatz des allgemeinen Völkerrechts ersichtlich, der es den deutschen Justizbehörden verböte, GATT-widrige Antidumping-Schadensersatzklagen in Deutschland zuzustellen. Obwohl die deutschen Justizbehörden mit der Zustellung ein GATT-widriges fremdstaatliches Klageverfahren fördern, begehen sie kein völkerrechtliches Delikt, da sie zur Zustellung durch das HZÜ staatsvertraglich verpflichtet sind und einen Verstoß gegen das WTO-Recht – nach hier vertretener Auffassung – nur in der vom DSU vorgegebenen Art und Weise beantworten dürfen.[2176] Auch eine völkerrechtliche Verantwortlichkeit der BR Deutschland scheidet damit aus.

Die Rechtslage scheint mit Blick auf den Einwand der GATT-Widrigkeit also klar. Inwieweit allerdings Drohungen mit unilateralen Maßnahmen faktisch geeignet sein können, die USA dazu zu bewegen, ihren Vertragsverstoß unverzüglich (entsprechend dem im DSU vorgegebenen Zeitrahmen) ab- und ihr taktisch motiviertes Geplänkel im Rahmen der (immerhin angekündigten) Umsetzung einzustellen, ist eine vornehmlich politisch zu bewertende Frage.[2177]

## II. Der Einwand der Rechtsmissbräuchlichkeit des Verfahrens

Auch den Einwand der Rechtsmissbräuchlichkeit des in Aussicht stehenden Verfahrens können die deutschen Justizbehörden nach hier vertretener Auffassung nicht prüfen. Der staatsvertragliche Ablehnungsvorbehalt des Art. 13 Abs. 1 HZÜ erfasst nur solche Grundsätze des deutschen Rechts, die zu den „notwendigen Existenzbedingungen" des deutschen Gemeinwesens zu zählen sind. Hierzu gehört

---

[2174] Vgl. *Fischer*, in: Ipsen, S. 953 (§ 59, Rdnr. 45).

[2175] Vgl. *Fischer*, a.a.O., unter Verweis auf die Entscheidung des IGH, ICJ Rep. 1980, 41 („Teheraner Geisel-Fall").

[2176] So auch *Hau*, ZZPInt 6, 249, 251 (2001).

[2177] Vgl. das Resümee zu einem vergleichbaren Fall zwischen den USA und Kanada *Zimmermann*, Aussenwirtschaft 2001, 359, 384: „Tatsache ist aber, dass die eigentlichen Marktöffnungsschritte erst auf dem bilateralen Weg und unter unilateralen Sanktionsdrohungen ausgehandelt wurden."

das in Deutschland geltende Verbot der unzulässigen Rechtsausübung nicht, auch wenn es innerstaatlich zu den wesentlichen Grundsätzen des deutschen Rechts gerechnet würde. Es sprechen gute Gründe dagegen, das Verbot damit gleichzeitig als berücksichtigungsfähige „notwendige Existenzbedingungen des deutschen Gemeinwesens" zu verstehen.

Selbst wenn man das Verbot anders einordnen würde, war hier (wie regelmäßig) die Rechtsmissbräuchlichkeit und damit der Verstoß gegen das Verbot der unzulässigen Rechtsausübung im Zeitpunkt der Klagezustellung für die „Zentrale Behörde" noch nicht offenkundig (genug) bzw. „mit Händen zu greifen". Zwar gab es einige gute Gründe, die Erfolgsaussichten der Klage als in der Sache gegen Null tendierend zu bewerten; aufgrund der festgestellten GATT-Widrigkeit war überdies mit einer Aufhebung des Antidumping Act 1916 zu rechnen. Gegen eine völlige Haltlosigkeit der Klage stritt aber im Zeitpunkt der Zustellung die noch maßgebliche Feststellung im behördlichen Antidumping-Verfahren, die zumindest die Verwirklichung des „dumping"-Tatbestandes nahe legte. Diese Feststellung musste die deutsche „Zentrale Behörde" zunächst einmal zur Kenntnis nehmen, auch wenn sie *ex post* die Dinge möglicherweise anders beurteilt hätte.

Überdies verbleiben den beklagten Unternehmen durchaus Möglichkeiten nach US-amerikanischem Recht, missbräuchlichen Klagen entgegen zu wirken. Auch wenn die eine oder andere in ihrem Wert bezweifelt werden kann, so verbietet es sich dennoch, von einem völligen Rechtsschutzversagen im US-amerikanischen Verfahren und damit schon von vornherein von einer offenkundig unerträglichen Abweichung von den maßgeblichen deutschen Rechtsgrundsätzen auszugehen. Hier ist sich daran zu erinnern, dass nicht schon jede Fremdartigkeit des ausländischen Verfahrens eine Ablehnung der Zustellung rechtfertigen kann (Art. 13 Abs. 2 HZÜ). Ein grenzüberschreitender Rechtsverkehr zwischen Staaten, deren Sachrecht nicht angeglichen ist, kann sonst nicht funktionieren.

### III. Der Einwand drohender Grund- und Menschenrechtsbeeinträchtigungen im ausländischen Verfahren

Was den denkbaren Einwand drohender Grund- und Menschenrechtsbeeinträchtigungen angeht, so ist zu differenzieren:

Der mit der Zustellungsanordnung verbundene Eingriff in die vom Grundgesetz verbürgte allgemeine Handlungsfreiheit des inländischen Zustellungsadressaten (Art. 2 Abs. 1 GG) ist sachlich gerechtfertigt. Es ist deutschen Unternehmen, die geschäftliche Kontakte zu den USA pflegen und die Vorteile einer wirtschaftlichen Betätigung auf dem US-amerikanischen Markt in Anspruch nehmen, grundsätzlich zuzumuten, sich auf ein Gerichtsverfahren in den USA einzulassen. Anders kann der Fall dann liegen, wenn (schwer vorstellbar) keinerlei Kontakte zu den USA bestünden, das Verfahren offenkundig allein rechtsfremden Zwecken diente und ein hinreichender Schutz im gerichtlichen Verfahren nicht zu erwarten wäre. Davon kann im Ausgangsfall jedoch nicht die Rede sein.

Nach hier vertretener Auffassung können grundsätzlich auch im ausländischen Verfahren drohende Grund- und Menschenrechtsverletzungen bei der Entscheidung über die Zustellung der Klage in Deutschland berücksichtigt werden. Derartige Rechtsverletzungen liegen aber im Ausgangsfall nicht vor.

Das gesetzliche Verbot einer bestimmten wirtschaftlichen Betätigung („dumping") verletzt weder freiheitssichernde Individualrechte des importierenden Unternehmens noch die Inländerbehandlungsklausel (Art. VII.1) des deutsch-amerikanischen FCN-Vertrages. Weder in der BR Deutschland noch in den USA könnte ein Importeur sich insoweit auf die Freiheit der (außen-)wirtschaftlichen Betätigung berufen: Während nach deutschem Rechtsverständnis zwar ein Eingriff in die grundsätzlich geschützte Freiheit der (außen)wirtschaftlichen Betätigung denkbar, dieser aber jedenfalls durch berechtigte Belange des Allgemeinwohls gerechtfertigt wäre, wird nach Ansicht der US-amerikanischen Rechtsprechung ein derartiges Freiheitsrecht in der Bundesverfassung nicht verbürgt. Selbst wenn man mit einigen Stimmen im rechtsvergleichenden Schrifttum ein Restbestand eines solchen Freiheitsrechts annehmen würde, so wäre gleichwohl dessen Garantie nicht berührt; denn trotz einiger berechtigter Bedenken kann der Antidumping Act 1916 nicht als absolute Willkürmaßnahme des Gesetzgebers (Schutz der einheimischen Industrie *und* des Wettbewerbs) bezeichnet werden.

Auch soweit das gesetzliche Verbot ausschließlich an den Import von Waren anknüpft, liegt keine Verletzung gleichheitssichernder Individualrechte der importierenden Unternehmen vor. Dieser Annahme dürfte zum einen die Erwägung in der Gesetzesbegründung entgegen stehen, nach der die Rechtslage für Importeure nur an die für inländische Unternehmen auf dem US-amerikanischen Markt angeglichen werden sollte. Zum anderen kann allein aufgrund der erklärten Motive des Gesetzgebers, die – soweit allein mit dem Schutz des lauteren Wettbewerbs versehen – mit erheblichen Zweifeln behaftet sind, kaum von sachlich nicht gerechtfertigten Erwägungen gesprochen werden. Dass diese Erwägungen tatsächlich nur vorgeschoben wurden, liegt nach der Untersuchung der Entstehungsgeschichte zwar nahe, ist aber selbst bei gehörigem Aufwand nicht mit der endgültiger Sicherheit nachweisbar, geschweige denn offenkundig. Hinzu kommt, dass den etwaigen Gewährleistungen im deutsch-amerikanischen FCN-Vertrag von den US-Gerichten eine verdrängende Wirkung abgesprochen wird.

Dass im Laufe des Verfahrens Betriebs- und Geschäftgeheimnisse offenbart werden müssen, kann nicht mit absoluter Gewissheit ausgeschlossen werden. Umgekehrt liegen im Zeitpunkt der Zustellung aber auch nicht genügend greifbare Anhaltspunkte vor, die eine unzulässige und nicht hinnehmbare Preisgabe akut und konkret bevorstehen lassen. Im „pretrail"-Verfahren vor US-Bundesgerichten bestehen einige, wenn auch eingeschränkt taugliche Möglichkeiten, wie solche Beeinträchtigungen abgewehrt werden können; diese hat das beklagte Unternehmen vorrangig auszuschöpfen. Auf keinen Fall sind die vorhandenen Regelungen als willkürlich oder unbillig zu bezeichnen; etwaige Eigentumsgarantien oder Garantien wohlerworbener Rechte (Recht am eingerichteten und ausgeübten Gewerbebetrieb) der beklagten Unternehmen wären mithin nicht betroffen.

Wenn überhaupt, dann erweckt die – verglichen mit dem deutschen Recht – tendenziell ungünstigere Rechtsstellung eines beklagten deutschen Unternehmens im US-amerikanischen „pretrail“ Bedenken. Die Vielzahl der für diese Bewertung entscheidungserheblichen Faktoren und die allgemeine verfassungsrechtliche Verpflichtung der US-Gerichte zur Gewährung eines „due process“ lässt allerdings auch insoweit kaum die Annahme zu, es mangele an einem fairen Verfahren. Im Zeitpunkt der Zustellung fehlt es an greifbaren Tatsachen, die eine Beeinträchtigung des Rechts auf ein faires Verfahren im US-amerikanischen Verfahren konkret befürchten ließen. Ein beklagtes Unternehmen kann sich auch auf diesen Einwand nicht schon bei der Zustellung der Klage berufen.

## IV. Zusammenfassende Bewertung

Obwohl ein Schutz im deutschen Rechtshilfeverfahren keineswegs von vornherein ausscheidet, so wird in aller Regel dennoch keine Möglichkeit bestehen, deutsche Unternehmen vor Klagen wie denen im vorliegenden Fall zu bewahren. Im Interesse des grenzüberschreitenden Zivilrechtsverkehrs und damit auch im wohlverstandenen Interesse der Allgemeinheit müssen im Einzelfall – abgesehen von unabdingbaren rechtsstaatlichen Gewährleistungen – Abstriche bei geltenden deutschen Rechtsmaßstäben (die umfassenden Verbürgungen des deutschen Grundrechtskatalogs eingeschlossen) hingenommen werden. Das deutsche Rechtshilfeverfahren kann damit im Ergebnis regelmäßig nicht leisten, was in den USA verklagte deutsche Unternehmen eigentlich erstreben: Die Verhinderung des ausländischen Gerichtsverfahrens.

Vor fremdstaatlichen Gerichten verklagte deutsche Staatsangehörige müssen sich deshalb auf das Verfahren im Ausland einlassen und dort nach Rechtsschutz nachsuchen. Dies ist ihnen um so eher zuzumuten, je umfangreicher sie sich im Ausland wirtschaftlich betätigen. Damit entbehren sie noch nicht jeglichen Schutzes durch ihren Heimatstaat. Das durch die Staatsangehörigkeit vermittelte Band berechtigt diesen, einer Verletzung von allgemein akzeptierten völkerrechtlichen Mindeststandards und völkerrechtlich verbürgten Interessen der Beklagten im Wege des diplomatischen Schutzes entgegen zu wirken. Soweit es US-amerikanische Gerichtsverfahren betrifft, kann die Bundesregierung deutschen Beklagten bspw. als *amicus curiae* zur Seite treten und mit einer Stellungnahme (sog. „amicus curiae briefs"[2178]) den völkerrechtlichen Standpunkt der BR Deutschland zur Kenntnis des Gerichts bringen.

[2178] Vgl. zu diesem Institut des US-amerikanischen Prozessrechts nur *Ala'i*, 24 Fordham Int'l L.J. 62, 84 ff. (2000); *Hedges/Liberato*, Tex. Prac. Guide Civil Appeals, Ch. 11. II (June 2002): „An *amicus curiae* is not a party to the case, but an individual or an organization professing an interest in the outcome of the [case] who is acting as a friend of the court advising and making suggestions to the court."

## ZUSAMMENFASSUNG UND AUSBLICK

### I.

1. Der Handels- und Rechtsverkehr mit den Vereinigten Staaten verläuft wesentlich reibungsärmer als öffentlich wahrgenommen. Dennoch gibt es auch Fälle handfester Konflikte, die auf divergierenden Interessen der Beteiligten beruhen. Um einen solchen Fall handelt es sich bei privaten Dreifachschadensersatzklagen einheimischer Unternehmen gegen ihre deutschen Konkurrenten auf der Grundlage des US Antidumping Act 1916 (15 U.S.C. § 72). Trotz der festgestellten Völkerrechtswidrigkeit (Verstoß gegen Art. VI:1, VI:2 GATT 1994, Art. 1, 4, 5.5 Antidumping-Übereinkommen, Art. XVI:4 WTO-Übereinkommen) haben die USA das den Klagen zugrunde liegende Gesetz (noch) nicht aufgehoben. Dies hat zur Folge, dass einheimische Unternehmen unter Ausnutzung gerichtlicher Verfahren noch immer ihre ausländische Konkurrenz in kostspielige und lästige Rechtsstreitigkeiten vor US-Gerichten verwickeln können.

2. Die gesetzliche Grundlage, der Antidumping Act 1916, wie auch die gerichtlichen Verfahren begegnen massiven rechtlichen Bedenken. Über die GATT-Widrigkeit hinaus legt das Klägerverhalten die Annahme des Rechtsmissbrauchs nahe, den sowohl das deutsche wie auch das US-amerikanische Recht nicht toleriert. Damit einher gehen auch Befürchtungen, die gesetzliche Grundlage und das gerichtliche Verfahren könnten massiv in grundlegende Freiheits- und Gleichheitsrechte der betroffenen Unternehmen eingreifen, wie sie insbesondere auf der internationalen Rechtsebene verbürgt sind.

### II.

1. Der US Antidumping Act 1916 ist ein Gesetz mit mehrdeutigem Wortlaut und umstrittener Zwecksetzung. Hinzu tritt sein zweifelhafter Wert. In den über 85 Jahren seiner Existenz wurde noch nicht ein Fall berichtet, in dem es einem Kläger gelungen wäre, ein ausländisches Importunternehmen erfolgreich wegen unrechtmäßigen Dumping von Waren in den USA zu verklagen. Die Ursache für die mangelnde Effektivität des Gesetzes (jedenfalls in dieser Hinsicht) ist seit langem bekannt: Abgesehen vom mehrdeutigen Wortlaut des Gesetzes sind es die hohen Anforderungen im subjektiven Tatbestand, die eine Verhängung einer strafrechtlichen oder zivilrechtlichen Sanktion nahezu unmöglich erscheinen lassen.

2. Die US-amerikanische Instanzrechtsprechung betrachtet das Gesetz als verfassungsgemäß und sieht auch keinen Verstoß gegen bilaterale FCN-Verträge für gegeben. In der Rechtsprechung wurde der Antidumping Act 1916 auch lange weitestgehend parallel zur innerstaatlichen Antitrust-Gesetzgebung ausgelegt; danach konnte bspw. nur ein Import von Waren in räuberischer Verdrängungsabsicht

(predatory intent) sanktioniert werden. Hier ist eine gewisse Trendwende zu verzeichnen. In jüngeren Entscheidungen wurde es als ausreichend angesehen, wenn dem beklagten Unternehmen eine Schädigungsabsicht nachgewiesen worden wäre (auch das ist bisher nicht gelungen).

3. Nach den Feststellungen der WTO-Streitschlichtungsgremien läuft vor allem die Rechtsfolgenseite, d.h. die Verhängung von straf- und zivilrechtlichen Sanktionen, den Bestimmungen des GATT 1994 zuwider; denn dessen Bestimmungen sehen nur Antidumping-Zölle vor (Art. VI:2). Die USA konnten sich zu Recht nicht mit ihrer Auffassung durchsetzen, beim Antidumping Act 1916 handele es sich – innerstaatlichem Rechtsverständnis entsprechend – nicht um eine Antidumping-, sondern eine Antitrust-Maßnahme. Diese Auffassung lässt sich weder mit der Entstehungsgeschichte – erklärter Zweck war der Schutz des Wettbewerbs *und* der einheimischen Industrie (!) – noch mit dem Auslegung gerade der neueren Instanzrechtsprechung in den USA begründen.

4. Dennoch ist es betroffenen Importunternehmen aufgrund der Ausgestaltung des innerstaatlichen Rechts nicht möglich, sich vor einem US-Bundesgericht auf die GATT-Widrigkeit des Gesetzes zu berufen. Das WTO-Übereinkommen, das in den USA im Wege eines „congressional-executive agreements" abgeschlossen wurde, ist nicht „self-executing" ausgestaltet worden. Vielmehr schließt der verfassungsrechtlich notwendige innerstaatliche Umsetzungsakt, der Uruguay Round Agreements Act 1994 (URAA), eine diesbezügliche Wirkung im innerstaatlichen Recht ausdrücklich aus (vgl. 19 U.S.C. § 3512). Die WTO-Panelentscheidungen entfalten zudem innerstaatlich keinerlei Bindungswirkung für die US-Gerichte; auch eine solche Wirkung wollte der US-amerikanische Zustimmungsgesetzgeber mit dem URAA ausgeschlossen wissen. Schlussendlich lässt auch der althergebrachte Rechtsanwendungsgrundsatz, nach dem das innerstaatliche Recht möglichst völkerrechtskonform ausgelegt werden soll („*Charming-Betsy* doctrine"), keinen gegenteiligen Schluss zu. Damit bleibt betroffenen europäischen Unternehmen nichts anders übrig, als weiterhin zu versuchen, WTO-Rechtsverletzungen der USA über den in der gemeinschaftsrechtlichen „Handelshemmnis-Verordnung"[2179] vorgezeichneten Weg (durch eine Beteiligung der EG-Kommission) zu begegnen.

## III.

1. Nach US-amerikanischen Rechtsverständnis beginnt ein zivilrechtliches Verfahren vor einem Bundesgericht mit der Einreichung der Klage bei Gericht, nicht erst mit der Zustellung an den Beklagten. Die Klagezustellung hat heute hauptsächlich die Funktion, dem Beklagten das verfassungsrechtlich geforderte (due process)

[2179] Verordnung (EWG) Nr. 2641/84 des Rates v. 17.09.1984, ABl. 1984, L 252/1; Einzelheiten über die materiellen Voraussetzungen und das Verfahren bei *Butler*, S. 134 ff.

rechtliche Gehör zu verschaffen, in dem der Beklagte vom Inhalt der Klage in Kenntnis gesetzt wird (notice) und eine Möglichkeit erhält, sich auf das Vorbringen des Klägers vor Gericht einzulassen (opportunity to be heard). Daneben steht das althergebrachte, auf Common Law-Grundsätzen beruhende Verständnis, wonach zur Begründung der Gerichtsgewalt über den Beklagten die persönliche Zustellung der Klage an den Beklagten notwendig ist. Dieses Rechtsverständnis widerspricht zwar nicht den verfassungsrechtlichen Erfordernissen des „due process", überlagert aber noch heute die Erwägungen in Gerichtsentscheidungen und führt zu einem terminologisch kaum zu durchschauenden Wirrwarr. Nach richtiger und mittlerweile als herrschend zu bezeichnender Auffassung ist zwischen Zuständigkeit im Sinne einer hinreichenden Verbindung des Beklagten zum Forum (jurisdiction) und der Klagezustellung (notice) zu unterscheiden. Fehlt eine wirksame Klagezustellung, so muss sich der Beklagte grundsätzlich nicht auf das Verfahren einlassen. Es darf auch keine Sachentscheidung ergehen; eine solche wäre verfassungswidrig und damit unwirksam.

2. Dem vor einem Bundesgericht Verklagten muss eine Klage überhaupt nur dann förmlich zugestellt werden, wenn er hierauf nicht verzichtet (F.R.Civ.P. 4). Eine Inlandszustellung an auswärtige Gesellschaften (foreign corporations) ist in diesem Fall nur dann möglich, wenn sich ein rechtsgeschäftlich oder gesetzlich bestellter Zustellungsbevollmächtigter zumindest vorübergehend im Inland aufhält. Für die wirksame Begründung der „jurisdiction" bedarf es darüber hinaus jedoch noch einer hinreichenden Beziehung der Gesellschaft zum Forum; die sog. „transient jurisdiction", d.h. die Begründung der „jurisdiction" durch Zustellung an eine zumindest vorübergehend im Forumstaat anwesende Person, ist auf juristische Personen nicht anwendbar. Als entsprechende eigene Kontakte gelten eine kontinuierlich und systematisch angelegte Geschäftstätigkeit im Forum („doing business test") oder jedenfalls eine Geschäftstätigkeit von einigem Gewicht („transacting business test"). Fehlt es an eigenen Kontakten einer auswärtigen Gesellschaft, dann kann dieser die Geschäftstätigkeit einer inländischen Tochtergesellschaft nur dann zugerechnet werden, wenn ausreichende Anhaltspunkte bestehen, die gegen eine getrennte Betrachtung der beiden selbständigen Gesellschaften sprechen („piercing the corporate veil doctrine"); dasselbe gilt im Übrigen für einen „Zustellungsdurchgriff", d.h. eine Zustellung an die inländische Tochtergesellschaft mit Wirkung für die auswärtige Muttergesellschaft.

3. Generell unterliegen Ersatzzustellungen an auswärtige Beklagte, wie z.B. öffentliche Zustellungen in Printmedien, hohen verfassungsrechtlichen Anforderungen („*Mullane* standard"). Bisher wurden diese in der Rechtsprechung nur dann für rechtens gehalten, wenn der Aufenthalt des Beklagten gänzlich unbekannt oder jedenfalls nicht ermittelbar war. Zudem muss selbst in diesen Fällen versucht werden, dem Beklagten in angemessener Weise tatsächliche Kenntnis vom Inhalt der Klage zu verschaffen.

4. Ist ein beklagtes Unternehmen wirksam in das Verfahren einbezogen, so bestehen zwar vielfältige Möglichkeiten, sich gegen haltlose und rechtsmissbräuchlich erscheinende Klagen und sonstige Machenschaften des Klägers zur Wehr zu setzen. Ihnen ist jedoch gemein, dass sie allesamt nur mäßigen Erfolg versprechen, einen Fortgang des Verfahrens zu verhindern. Aus dieser Tatsache heraus ergaben sich in der Vergangenheit – empirisch belegt – hervorragende Möglichkeiten für Kläger mit fragwürdigen Absichten, den Druck auf den Beklagten in bedenklicher und anstößiger Weise zu erhöhen und von diesem Vergleiche abzupressen. Inwieweit die Reformen der letzten Jahre mittelfristig auch in der Mentalität der Klägeranwälte einen Wandel herbeiführen werden, bleibt abzuwarten.

## IV.

1. Da Inlandszustellungen in den USA nicht ohne weiteres möglich sind, ist ein Schutz deutscher Zustellungsadressaten vor einer unzumutbaren Einbeziehung in US-amerikanische Gerichtsverfahren nicht von vornherein zu verwerfen. Die bei einer Klagezustellung in Deutschland zwingend zu beteiligenden deutschen Justizbehörden sind bei ihrer hoheitlichen Entscheidung strikt rechtsgebunden; diese Bindung ist in Deutschland gerichtlich nachprüfbar. Würden sich aus dem deutschen Recht Schutzpflichten ergeben, so müssten diese im Rechtshilfeverfahren umgesetzt werden.

2. Die im HZÜ enthaltene Vorbehaltsklausel (Art. 13 Abs. 1) erlaubt allerdings nur in bewusst engen Grenzen, ein fremdstaatliches Ersuchen auf Zustellung einer Klage abzulehnen. Die Auslegung der staatsvertraglichen Bestimmung nach völkerrechtlichen Grundsätzen zeigt, dass der dort enthaltene Souveränitätsvorbehalt zunächst nur eine Ablehnung der Zustellung von Klagen gegen den staatlichen Souverän selbst zulässt. Darüber hinaus wurde diese Bestimmung aber seit jeher als Vorbehalt zugunsten des „ordre public international“ verstanden; nach zutreffender Auffassung sind darunter nur diejenigen Grundsätze des innerstaatlichen Rechts zu verstehen, die der ersuchte Staat für so wichtig hält, dass er sie zu den „notwendigen Existenzbedingungen seines Gemeinwesens“ rechnet. Nach deutschem innerstaatlichen Rechtsverständnis sind dies grundsätzlich nur diejenigen Grundsätze, die der deutsche Verfassungsgeber mit Art. 79 Abs. 3 GG für unantastbar erklärt hat. Demnach ermöglichte die Bestimmung auch den Schutz unabdingbarer Freiheits- und Gleichheitsrechte, soweit sich in diesen die Menschenwürde manifestiert (Art. 1 Abs. 1 GG). Der Sicherheitsvorbehalt des Art. 13 Abs. 1 HZÜ ist hingegen weniger stark völkerrechtlich vorgeprägt und damit auch für eine verfassungskonforme Auslegung offen. Insoweit wäre erwägenswert, aufgrund der herausgehobenen Stellung der Grundrechte im Grundgesetz auch die nicht unantastbaren Individualrechtsverbürgungen als umfasst anzusehen. Bei alledem ist aber der erstrebte Beschleunigungs- und Vereinfachungszweck des Übereinkommens zu wahren. Dieser verbietet jedenfalls umfassende inhaltliche und damit langwierige

Prüfungen. Im Verfahren hat sich die Prüfung deshalb auf „offenkundige“ und in diesem Sinne schon im Zustellungsstadium greifbare Gefährdungen der maßgeblichen unabdingbaren rechtsstaatlichen Grundsätze zu beschränken.

3. Für die Beachtung der Grund- und Menschenrechte bei der Rechtshilfe bedarf es letztlich aber nicht notwendig des Art. 13 Abs. 1 HZÜ. Denn die Grund- und Menschenrechte bilden auch ohne eine Einbeziehung in eine Vorbehaltsklausel des innerstaatlichen Rechts eine immanente Schranke jeder hoheitlichen Rechtsanwendung deutscher Staatsgewalt, damit auch der Rechtshilfe durch deutsche Justizbehörden. Als „Rechtshilfehindernisse“ sind jedenfalls diejenigen Rechtssätze zu verstehen, die innerstaatlich unmittelbar anwendbares Recht darstellen und damit nach allgemeinem Rangkollisionsrecht entgegenstehendes staatsvertragliches Recht verdrängen. Insbesondere im Hinblick auf drohende Grundrechtsbeeinträchtigungen im ausländischen Verfahren sind aber verfassungsrechtliche Grenzen des Schutzes angezeigt: So können einmal nur der deutschen Staatsgewalt zurechenbare Beeinträchtigungen eine entsprechende verfassungsrechtliche Schutzpflicht rechtfertigen, die auch im Rechtshilfeverfahren zu beachten wäre. Zudem gebietet es die Verfassungsentscheidung für eine internationale Offenheit und Zusammenarbeit im Interesse des Gemeinwohls, dem Einzelnen im grenzüberschreitenden Rechtsverkehr gewisse Beschränkungen seiner grundrechtlich geschützten Freiheiten aufzuerlegen; etwaige Beschränkungen dürfen aber nicht pauschal, sondern nur in Abwägung mit den Gemeinwohlbelangen im Einzelfall bis zur Wesengehaltsschranke (Art. 19 Abs. 2 GG) erfolgen.

4. Unter Beachtung dieser Grundsätze sind „treble damages“-Klagen auf der Grundlage des Antidumping Act 1916 zuzustellen. Es gibt für deutsche Justizbehörden nach hier vertretener Auffassung keine Möglichkeit, die Erledigung eines diesbezüglichen US-amerikanischen Zustellungsersuchens abzulehnen.

## V.

1. Die Untersuchung hat gezeigt, dass deutsche Exportunternehmen, die sich in den USA wirtschaftlich betätigen, sich auch auf Verfahren einlassen müssen, die unter Zugrundelegung deutscher Rechtsmaßstäbe zunächst anstößig erscheinen. Auch bei Klagen auf der Grundlage von Gesetzen, wie dem US Antidumping Act 1916, ist es ihnen zuzumuten, vor den US-Gerichten nach den dort geltenden Maßstäben Rechtsschutz nachzusuchen. Soweit das US-amerikanische innerstaatliche Recht dabei hinter völkerrechtlichen Verpflichtungen der USA zurückbleibt, wäre als *ultima ratio* auch an die Möglichkeiten der Inanspruchnahme diplomatischen Schutzes durch den schutzberechtigten Heimatstaat zu denken. Darüber hinaus bietet das Europäische Gemeinschaftsrecht die Möglichkeit, bei völkerrechtswidrigen Handelshemmnissen der USA ein Tätigwerden der EG-Kommission anzuregen.

2. Inwieweit *de lege lata* vorbeugender gerichtlicher Rechtsschutz in Deutschland erreichbar wäre[2180], ist schon nach deutschem Recht mehr als zweifelhaft. Hinzu kommt, dass das eigentliche Ziel, ein Verfahren in den USA mittels einer Klage in Deutschland zu verhindern, kaum zu erreichen sein wird.[2181] *De lege ferenda* böte sich eher ein Blick über die deutschen Grenzen an. Dabei ist weniger an die sog. „claw back provisions" zu denken, mit denen man in England zu Beginn der achtziger Jahre auf die ausufernden US-amerikanischen Strafschadensersatzklagen in Anti-trust-Angelegenheiten reagierte.[2182] Auch wenn diese Gesetze immerhin zu einer gewissen Sensibilisierung der US-amerikanischen Gerichte führten (Klagen in den USA konnten auch sie nicht verhindern), sollte lieber an gemeinsamen Projekten zur Vereinheitlichung des Sachrechts gearbeitet werden; sollte dies im Rahmen der Haager Konferenz für internationales Privatrecht nicht möglich sein, so könnten auch die vom American Law Institute angestoßenen Vorschläge („ALI/UNIDROIT Principles and Rules of Transnational Civil Procedure") konstruktiv aufgegriffen werden.[2183]

---

[2180] Vgl. zur Zulässigkeit von vorbeugenden Unterlassung-, negativen Feststellungsklagen in Fällen des international unzuständigen (erscheinenden) ausländischen Forums *Geimer*, IZVR, S. 369 ff. (Rdnr. 1108 ff.); zu etwaigen Schadensersatzklagen wegen missbräuchlichen Klagen, a.a.O., S. 373 f. (Rdnr. 1122 f.) m.w.N.; siehe auch die neuere Untersuchung von *Köster*, Haftung wegen Forum-Shopping in den USA, Diss. Dresden 2000, Heidelberg 2001.

[2181] Zu erinnern ist nur an das Unternehmen englischer Beklagter und Gerichte und die anschließende Odyssee im Fall „Laker", dazu *Lange*, in: Habscheid, Jusitzkonflikt, S. 65 ff.

[2182] Protection of Trading Interests Act, 1980, sec. 6: Danach können in den USA unterlegene englische Beklagte vom erfolgreichen US-Kläger den Betrag in England zurückverlangen, der den kompensatorischen Schadensersatzteil übersteigt; dazu aus US-amerikanischer Sicht *Neuhaus*, 81 Colum.L.Rev. 1097 ff. (1981).

[2183] Vgl. zum 3. Entwurf (Stand: 08.04.2002) die im Internet zugängliche Fassung unter: http://www.ali.org (15.03.2003).

# MATERIALIEN UND DOKUMENTE

Nachfolgend sind die wichtigsten im Text zitierten Materialien und Dokumente zu den jeweiligen Staatsverträgen verzeichnet:

### *I. Freundschafts-, Handels- und Schiffahrtsvertrag v. 29.10.1954 zwischen der Bundesrepublik Deutschland und den Vereinigten Staaten von Amerika*

Deutscher Bundestag, Begründung zu dem Entwurf eines Gesetzes zu dem Freundschafts-, Handels- und Schiffahrtsvertrag v. 29.10.1954 zwischen der Bundesrepublik Deutschland und den Vereinigten Staaten von Amerika, Drucksache 2/1843 (zitiert: Begründung, BT-Drcks. 2/1843)

### *II. Übereinkommen über die Zustellung gerichtlicher und außergerichtlicher Schriftstücke im Ausland in Zivil- und Handelssachen v. 15.11.1965*

#### *1. Vereinigte Staaten*

Babcock, Barbara A., Department of Justice Instructions for Serving Foreign Judicial Documents in the U.S. and Processing Requests for Serving American Judicial Documents Abroad, 16 International Legal Materials (I.L.M.) 1977, S. 1331-1357 (zitiert: US Department of Justice, Instructions)

Report of the United States Delegation to the Special Commission on the Operation of the Convention of 15 November 1965 on the Service Abroad of Judicial and Extrajudicial Documents in Civil or Commercial Matters, 17 International Legal Materials (I.L.M.) 1978, S. 312-319 (zitiert: US-Delegation, Report (1977))

#### *2. Bundesrepublik Deutschland*

Deutscher Bundestag, Denkschrift zum Haager Übereinkommen v. 15. November 1965 über die Zustellung gerichtlicher und außergerichtlicher Schriftstücke im Ausland in Zivil- und Handelssachen, Drucksache 7/4892 (zitiert: Denkschrift, BT-Drcks. 7/4892)

Erklärung der Bundesrepublik Deutschland v. 27.04.1979 zu Art. 8, 10 des Übereinkommens, abgedruckt in: *Ristau*, Bd. 2, S. A-49 (zitiert: Declaration of April 27, 1979)

Note der deutschen Botschaft an das US-Außenministerium (State Department) v. 27.09.1979, abgedruckt in: *Ristau*, Bd. 1, S. 90 (§ 3-1-8) (zitiert: Diplomatic Note of Sept. 27, 1979)

#### *3. Haager Konferenz für Internationales Privatrecht*

Conférence de la Haye de droit international privé, Rapport de la Commission spéciale présenté par M. Vasco Taborda Ferreira, Actes et documentes de la Diexième session, Bd. 3 – Notification, Den Haag 1965, S. 74-111 (zitiert: Rapport de la Commission Spéciale)

Conférence de la Haye de droit international privé, Rapport Exlicatif de M.V. Taborda Ferreira, Actes et documentes de la Diexième session, Bd. 3 – Notification, Den Haag 1965, S. 363-381 (zitiert: Rapport Explicatif de M.V. Taborda Ferreira)

Report on the Work of the Special Commission on the Operation of the Convention of 15 November 1965 on the Service Abroad of Judicial and Extrajudicial Documents in Civil or

Commercial Matters, 17 International Legal Materials (I.L.M.) 1978, S. 319-331 (zitiert: Special Commission, Report (1977))

Hague Conference on private international law, Practical Handbook on the Operation of the Hague Convention of 15 November 1965 on the Service abroad of judicial and extrajudicial documents in civil or commercial matters, 2.A., Antwerpen 1990 (zitiert: Practical Handbook)

Hague Conference on private international law, Special Commission, Conclusions on the Most Important Points Considered by the Special Commission, Zeitschrift für ausländisches und internationales Privatrecht (RabelsZ) 1990, S. 370 (zitiert: Special Commission, Conclusions (1989))

### *III. Übereinkommen zur Errichtung der Welthandelsorganisation v. 15.04.1994*

#### *1. Vereinigte Staaten von Amerika*
#### *(Materialien zum Uruguay Round Agreements Act 1994)*

Statement of Administrative Action, Sep. 27, 1994, United States Congressional and Administrative News (USCCAN) 1994, S. 4040 ff.

House of Representatives, House Report (Ways and Means Committee), H.R.Rep. No. 826, 103rd Cong. 1st Sess. 22 (1994)

Senate, Senate Report (Finance; Agriculture, Nutrition, and Forestry; and Governmental Affairs Committee), S.Rep. No. 103-412, 13 (1994)

#### *2. Europäische Gemeinschaft*

Beschluss der Kommission 16.04.1998 (98/277/EG), ABl. 1998 L 126, S. 36

#### *3. Welthandelsorganisation*

*United States – Anti-Dumping Act of 1916*, Request for Consultations from the European Communities 24.06.1998 (WTO Doc. WT/DS136/1)

*United States – Anti-Dumping Act of 1916*, Request for the Establishment of a Panel by the European Communities 12.11.1998 (WTO Doc. WT/DS136/2)

*United States – Anti-Dumping Act of 1916*, Complaint by the European Communities, Report of the Panel 31.03.2000 (WTO Doc. WT/DS136/R)

*United States – Anti-Dumping Act of 1916*, Report of the Appellate Body 28.08.2000 (WTO Doc. WT/DS136/AB/R, WT/DS162/AB/R)

*United States – Anti-Dumping Act of 1916*, Appellate Body Report and Panel Reports – Action by the DSB 02.10.2000 (WTO Doc. WT/DS136/8, WT/DS162/11)

*United States – Anti-Dumping Act of 1916*, Request by the European Communities and Japan for Arbitration under Article 21.3(c) of the DSU 21.11.2000 (WTO Doc. WT/DS136/9, WT/DS162/12)

*United States – Anti-Dumping Act of 1916*, Award of the Arbitrator 28.02.2001 (WTO Doc. WT/DS136/11, WT/DS162/14)

*United States – Anti-Dumping Act of 1916*, Proposed Modification of the Reasonable Period of Time under Article 21.3(c) of the DSU 18.07.2001 (WTO Doc. WT/DS136/13, WT/DS162/16)

*United States – Anti-Dumping Act of 1916*, Recourse by the European Communities to Article 22.2 of the DSU 07.01.2002 (WTO Doc. WT/DS136/15)

# RECHTSPRECHUNGSVERZEICHNIS (TABLE OF CASES)

Nachfolgend sind die im Text zitierten Entscheidungen US-amerikanischer Gerichte verzeichnet:

# LITERATURVERZEICHNIS

*Abadinsky, Howard*, Law & Justice, An Introduction to the American Legal System, 2.A., Chicago 1991

*Aceves, William J.*, Lost Sovereignty? The Implications of the Uruguay Round Agreements, 19 Fordham International Law Journal (Fordham Int'l L.J.) 1995, S. 427-474

*Ackermann, Bruce/Golove, David*, Is NAFTA Constitutional?, 108 Harvard Law Review (Harv.L.Rev.) 1995, S. 799-929

*Ala'i; Padideh*, Judicial Lobbying at the WTO: The Debate over the Use of Amicus Curiae Briefs and the U.S. Experience, 24 Fordham International Law Journal (Fordham Int'l L.J.) 2000, S. 62-94

*Almstedt, Kermit W.*, International Price Discrimination and The 1916 Antidumping Act - Are Amendments in Order?, 13 Law & Policy in International Business (L&Pol.Int'l.Bus.) 1981, S. 747-781

*Altman, Michael H.*, Case Comment - Bankston v. Toyota Motor Corp., 69 Washington University Law Quarterly (Wash.U.L.Q.) 1991, S. 635-644

*Applebaum, Harvey M.*, The Interface of the Trade Laws and the Antitrust Laws, 6 Georg Mason Law Review (Geo.Mason L.Rev.) 1998 *Spring*, S. 479-492

*Applebaum, Harvey M.*, Competition Law and Trade: Convergence of the Concepts of Antitrust and Antidumping Law, American Law Institute - American Bar Association Continuing Legal Education (ALI-ABA) ALI-ABA Course of Study, March 1996, S. 155-164

*Applebaum, Harvey M.*, The Antidumping Laws - Impact on the Competitive Process, 43 Antitrust Law Journal (Antitrust L.J.) 1974, S. 590-607

*Arnold, Hans*, Die Ergebnisse der Zehnten Tagung der Haager Konferenz für internationales Privatrecht auf dem Gebiet des internationalen Zivilprozessrechts, Außenwirtschaftsdienst (AWD/RIW) 1965, S. 205-207

*Atiyah, P.S./Summers, Robert. S.*, Form and Substance in Anglo-American Law, A Comparative Study of Legal Reasoning, Legal Theory, and Legal Institutions, London1987

*Baab, Heiner*, GATT und WTO im Recht der USA - Die Integration des Völkervertragsrechts in die Rechtsordnung der USA am Beispiel der GATT-Abkommen und der WTO-Übereinkommen, Diss. Mainz 2000, Frankfurt a.M. 2001

*Badura, Peter*, Verfassung, Staat und Gesellschaft in der Sicht des Bundesverfassungsgerichts, in: Starck, Christian, Bundesverfassungsgericht und Grundgesetz - Festgabe aus Anlass des 25jährigen Bestehens des Bundesverfassungsgerichts, Bd. 2: Verfassungsauslegung, Tübingen 1976, S. 1-21 (zitiert: Badura, in: Starck, Festgabe BVerfG (1976) II)

*Baer, Harold Jr./Meade, Robert C.*, The Conduct and the Misconduct of the Deposition, in: Palermo, Christopher C., Federal Pretrail Practice: Basis Procedure & Strategy, New York 2001, S. 335-359 (zitiert: Baer/Meade, in: Palermo)

*Baicker-McKee, Steven F.*, American Telephone & Telegraph Co. v. Compagnie Bruxelles Lambert: A new line of defense for parent corporations, 27 Environmental Law Reporter (E.L.R) 1997, S. 10450 ff.

*Baicker-McKee, Steven F./Janssen, William M./Corr, John B.*, Federal Civil Rules Handbook 2002, St.Paul 2002 (zitiert: Baicker-McKee/Janssen/Corr)

*Bajons, Eva-Marlis*, Internationale Zustellung und Recht auf Verteidigung, in: Geimer, Reinhold, Wege zur Globalisierung des Rechts - Festschrift für Rolf A. Schütze zum 65. Geburtstag, München 1999, S. 49-73 (zitiert: Bajons, in: FS Schütze)

*Bayer, Walter*, Aktionärsklagen de lege lata und de lege ferenda, Neue Juristische Wochenschrift (NJW) 2000, 2609-2619

*von Bar, L.*, Theorie und Praxis des internationalen Privatrechts, Bd. 1, 2.A., Hannover 1889

*Baumbach, Adolf/Lauterbach, Wolfgang/Albers, Jan/Hartmann, Peter*, Zivilprozeßordnung, 60.A., München 2000 (zitiert: Baumbach/Lauterbach/Albers/Hartmann/Bearbeiter)

*Becker, Joseph D.*, The American Law of Nations: Public International Law in American Courts, Huntington/New York 2001

*Beckington, Jeffrey S.*, The World Trade Organisation's Dispute Settlement in United States - Anti-Dumping Act of 1916, 34 Vanderbilt Journal of Transnational Law (Vand.J.Transnat'l.L.) 2001, S. 199-223

*Beckmann, Ralph*, Das Haager Beweisaufnahmeübereinkommen und seine Bedeutung für die Pre-Trail-Discovery, Praxis des Internationalen Privat- und Verfahrensrechts (IPRax) 1990, S. 201-205

*Berger, R.*, The Presidential Monopoly of Foreign Relations, 71 Michigan Law Review (Mich.L.Rev.) 1972, S. 1-40

*Bernhardt, Rudolf*, Die Auslegung völkerrechtlicher Verträge insbesondere in der neueren Rechtsprechung internationaler Gerichte, Habil. Heidelberg 1962, Köln 1963 (unveränderter Nachdruck 1971)

*Bernhardt, Rudolf*, Bundesverfassungsgericht und völkerrechtliche Verträge, in: Starck, Christian, Bundesverfassungsgericht und Grundgesetz - Festgabe aus Anlass des 25jährigen Bestehens des Bundesverfassungsgerichts, Bd. 2: Verfassungsauslegung, Tübingen 1976, S. 154-186 (zitiert: Bernhardt, in: Starck, Festgabe BVerfG (1976) II)

*Bernhardt, Rudolf*, Einwirkung der Europäischen Menschenrechts-Konvention auf das staatliche Wirtschaftsrecht, in: Briner, Robert/Fortier, Yves L./Berger, Klaus Peter/Bredow, Jens, Law of International Business and Dispute Settlement in the 21st Century, Liber Amicorum Karl-Heinz Böckstiegel, Köln 2001, S. 67-74 (zitiert: Bernhardt, in: FS Böckstiegel)

*Bernstein, Herbert*, Ein Kollisionsrecht für die Verfassung, Neue Juristische Wochenschrift (NJW) 1965, S. 2273-2280

*Bertele, Joachim*, Souveränität und Verfahrensrecht – Eine Untersuchung der aus dem Völkerrecht ableitbaren Grenzen staatlicher extraterritorialer Jurisdiktion im Verfahrensrecht, Diss. Freiburg 1997/1998, Tübingen 1998

*Bhala, Raj*, The Myth about Stare Decisis and International Trade Law (Part One of a Trilogy), 14 American University International Law Review (Am.U.Int'l L.Rev.) 1999, S. 845-956

*Bhala, Raj*, The Precedent Setters: De Facto Stare Decisis in WTO Adjudication (Part Two of a Trilogy), 9 Florida State Journal of Transnational Law and Policy (Fla.St.J.Transnat'l L.&Pol'y) 1999, S. 1-151

*Bhala, Raj*, The Power of the Past: Towards De Jure Stare Decisis in WTO Adjudication (Part Three of a Trilogy), 33 George Washington International Law Review (Geo.Wash.Int'l L.Rev.) 2001, S. 873-978

*Bhala, Raj/Gantz, David*, WTO Case Review 2000, 18 Arizona Journal of International and Comparative Law (Ariz.J.Int'l & Comp.L.) , S. 1-101

*Bippus, Birgit,* Der internationalrechtliche Schutz von Investitionen im Ausland unter besonderer Berücksichtigung des diplomatischen Schutzrechtes, Diss. Konstanz 1989, Konstanz 1989

*Black, Henry C.,* Dictionary of Law, 7.A., St.Paul 1999

*Bleckmann, Albert,* Self-Executing Treaty Provisions, in: Bernhardt, Rudolf, Encycolpedia of Public International Law, Bd. 4: Quirin, Ex parte to Zones of Peace, Amsterdam u.a 2000, S. 500-521

*Blumberg, Phillip I.,* The Law of Corporate Groups - Procedural Problems in the Law of Parent and Subsidiary Corporations, Boston u.a. 1983

*Blumberg, Phillip I./Evans, Linda,* The Law of Corporate Groups - Procedural Problems in the Law of Parent and Subsidiary Corporations, 2002 Supplement, New York 2002 (zitiert: Blumberg/Evans)

*Blumberg, Phillip I./Strasser, Kurt A.,* Corporate Groups and Enterprise Liability: Contracts and Torts, in: Heiden, Thomas J., Protecting the corporate parent: Avoiding liability for acts of the subsidiary, Practising Law Institute - Corporate Law and Practice Course Handbook Series (PLI/Corp) 823, New York 1993, S. 175-240 (zitiert: Blumberg/Strasser, in: Heiden, 823 PLI/Corp)

*Blumenwitz, Dieter,* Der Schutz innerstaatlicher Rechtsgemeinschaften beim Abschluß völkerrechtlicher Verträge, Habil. München 1969, München 1972 (zitiert: Blumenwitz, Schutz innerstaatlicher Rechtsgemeinschaften beim Abschluß völkerrechtlicher Verträge)

*Blumenwitz, Dieter,* Judicial self-restraint und die verfassungsgerichtliche Überprüfung von Akten der Auswärtigen Gewalt, Deutsches Verwaltungsblatt (DVBl.) 1976, S. 464-469

*Blumenwitz, Dieter,* Die deutsche Staatsangehörigkeit und die Schutzpflicht der Bundesrepublik Deutschland, in: Heldrich, Andreas/Henrich, Dieter/Sonnenberger, Hans Jürgen, Konflikt und Ordnung, Festschrift für Murad Ferid zum 70. Geburtstag, München 1978, S. 439-449 (zitiert: Blumenwitz, in: FS Ferid)

*Blumenwitz, Dieter,* Anmerkung zu EGMR, Urt. v. 07.07.1989– Nr. 1/1989/161/217, Soering gegen Vereinigtes Königreich, Europäische Grundrechte-Zeitung (EuGRZ) 1989, S. 326-328

*Blumenwitz, Dieter,* Kontrolle der auswärtigen Gewalt, Bayerische Verwaltungsblätter (BayVBl.) 1996, S. 577-582

*Blumenwitz, Dieter,* Intertemporales und Interlokales Verfassungskollisionsrecht, Isensee, Josef/Kirchhof, Paul, Handbuch des Staatsrechts für die Bundesrepublik Deutschland, Bd. IX. (Die Einheit Deutschlands - Festigung und Übergang -), Heidelberg 1997, S. 455-520 (zitiert: Blumenwitz, in: Isensee/Kirchhof)

*Blumenwitz, Dieter,* Einführung in das anglo-amerikanische Recht, 6.A., München 1998 (zitiert: Blumenwitz, Einführung)

*Böckstiegel, Karl-Heinz,* Die allgemeinen Grundsätze des Völkerrechts über Eigentumsentziehung - Eine Untersuchung zu Art. 1 des Zusatzprotokolles zur Europäischen Menschenrechtskonvention, Berlin 1963

*Böckstiegel, Karl-Heinz/Schlafen, Dieter,* Die Haager Reformübereinkommen über die Zustellung und die Beweisaufnahme im Ausland, Neue Juristische Wochenschrift (NJW) 1978, S. 1073-1077

*Bodenheimer, Edgar,* Präjudizienverwertung und Gesetzesauslegung im amerikanischen Recht, Archiv für civilistische Praxis (AcP) 160 (1961), S. 1-17

*Böhmer, Christoph,* Spannungen im deutsch-amerikanischen Rechtsverkehr in Zivilsachen, Neue Juristische Wochenschrift (NJW) 1990, S. 3049-3054

*Boland, Constance M./Friedman, Lesley Szanto*, Motions to Dismiss under FRCP 12 (b), in: Palermo, Christoher C., Federal Pretrail Practice: Basis Procedure & Strategy, New York 2001, S. 19-36 (zitiert: Boland/Friedman, in: Palermo)

*Borchard*, Shall the Executive Agreement Replace the Treaty? 53 Yale Law Journal (Yale L.J.) 1944, S. 664 ff.

*Born, Gary B.*, International Civil Litigation in United States Courts -Commentary & Materials, 3.A., The Hague u.a. 1996

*Born, Gary B./Vollmer, Andrew N.*, The Effect of the Revised Federal Rules on Personal Jurisdiction, Service, and Discovery in International Cases, 150 West's Federal Rules Decisions (F.R.D.) 1994, S. 221-245

*Bovard, James*, The Fair Trade Fraud, New York 1991

*Bowers, Renzo D.*, Process and Service, St.Louis 1927

*Bradley, Curtis A.*, The Charming Betsy Canon and the Separation of Powers: Rethinking the Interpretive Role of International Law, 86 Georgetown Law Journal (Geo.L.J.) 1998, S. 479-537

*Bradley, Curtis A.*, Chevron Deference and Foreign Affairs, 86 Virginia Law Review (Va.L.Rev.) 2000, S. 649-726

*Bradley, Curtis A./Goldsmith, Jack L.*, Customary International Law As Federal Common Law: A Critique of the Modern Position, 110 Harvard Law Review (Harv.L.Rev.) 1997, S. 815-876

*Bradley, Curtis A./Goldsmith, Jack L.*, Federal Courts and the Incorporation of International Law, 111 Harvard Law Review (Harv.L.Rev.) 1998, S. 2260-2275

*Brand, Ronald A.*, Direct Effect of International Economic Law in the United States and the European Union, 17 Northwestern Journal of International Law and Business (Nw.J.Int'l L.& Bus.) 1996-1997, S. 556-608

*Brass, Rachel S.*, Made in USA Foundation v. United States: NAFTA, The Treaty Clause and Constitutional Obsolescence, 9 Minnesota Journal of Global Trade (Minn.J.Global Trade) 2000, S. 663-690

*Breuer, Moses D.*, Casting a Constitutional Controversy as a Nonjusticiable Political Question: Made in the USA Foundation v. United States, 27 Brooklyn Journal of International Law (Brook.J.Int'l L.) 2002, S. 1029-1064

*Brugger, Winfried*, Einführung in das öffentliche Recht der USA, 2.A., München 2001

*Brunner, Norbert*, Die Frage nach dem Anspruch des Bürgers auf diplomatischen Schutz, Diss. Zürich 1983, Bern 1983

*Bülow, Arthur/Böckstiegel, Karl-Heinz/Geimer, Reinhold/Schütze, Rolf*, Der internationale Rechtsverkehr in Zivil- und Handelssachen, 3 Bd.e (Loseblatt), München, Stand: 24.EL. Oktober 2001

*Bungert, Hartwin*, Kurzkommentar zu BVerfG, Beschl. v. 3.8.1994 - I BvR 1279/94, Entscheidungen zum Wirtschaftsrecht (EWiR) 1994, *S.* 1111-1112

*Bungert, Hartwin*, Einwirkung und Rang von Völkerrecht im innerstaatlichen Rechtsraum - Ein Vergleich des deutschen mit dem US-amerikanischen Recht, Zeitschrift für Öffentliches Recht und Verwaltungswissenschaft (DÖV) 47, 1994, S. 797-806

*Bungert, Hartwin*, Das Recht ausländischer Kapitalgesellschaften auf Gleichbehandlung im deutschen und US-amerikanischen Recht - Zugleich ein Beitrag zu einem internationalen Grundrechtskollisionsrecht, Diss. München 1994, München 1994

*Butler, Kerstin Janet,* Beteiligung und Beteiligungsrechte von Privatpersonen am WTO-Streitbeilegungssverfahren, Diss. Würzburg 2001, Frankfurt a.M. 2002

*Buxbaum, Richard M.*, Die Rechtsvergleichung zwischen nationalem Staat und internationaler Wirtschaft, Rabels Zeitschrift für ausländisches und internationales Privatrecht (RabelsZ) 1996, S. 201-230

*Bydlinski, Franz,* Juristische Methodenlehre und Rechtsbegriffe, Wien 1982

*Casad, Robert C./Richman, William B.*; Jurisdiction in Civil Actions, Bd. 1 (Kap. 1-5); Bd. 2 (Kap. 6-9), 3.A., Charlottesville 1998

*Castel, J. G.*; Extraterritoriality in International Trade: Canada and United States of America Practices Compared, Toronto/Vancouver 1988

*Christopher, Warren/Kimmelman, Louis B.*, Litigating International Disputes in Federal Courts: Service of Process, in: Haig, Robert L., Business and Commercial Litigation in Federal Courts 1998 § 17.3

*Chudoba, Gerd,* Der ausforschende Beweisantrag, Diss. Passau 1992, Berlin 1993

*Coester-Waltjen, Dagmar,* Internationales Beweisrecht, Habil. München 1981/1982, Ebelsbach 1983

*Cornu, René,* Vocabulaire Juridique, 3.A., Paris 1992

*Cox, R.F.*, Annotation: Holding director's, officer's, stockholder's, or sales meetings or conventions in a state by foreign corporations as doing business or otherwise subjecting it to service of process and suit, 84 American Law Reports, Second Series (A.L.R.2d) 1962, S. 412 ff.

*Creifelds, Carl/Weber, Klaus/Guntz, Dieter,* Rechtswörterbuch, 16.A., München 2000

*Cronauer, Harald,* Der internationale Vertrag im Spannungsfeld zwischen Verfassung und Völkerrecht, Diss. Saarbrücken 1985, München 1986

*Crotty, Robert E./Jennes, Jeffrey A./Weber, Frank M./Park, Jean Y.*, Representing the Corporate Parent in Litigation, in: Heiden, Thomas J., Protecting the corporate parent: Avoiding liability for acts of the subsidiary, Practising Law Institute - Corporate Law and Practice Course Handbook Series (PLI/Corp) 823, New York 1993, S. 271-298 (zitiert: Crotty/Jennes/Weber/Park, in: Heiden, 823 PLI/Corp)

*Culbertson, Wiliam S.*, Commercial Policy in Wartime and After - A Study of the Application of Democratic Ideas to International Commercial Relations, New York 1919

*Deuchler, Wolfgang,* Plädoyer gegen den Parteiprozeß - Eine Erwiderung auf Polten/Geerlin, AnwBl. 3/94 S. 116, Anwaltsblatt (AnwBl.) 1994, S. 212-213

*Dietl, Clara-Erika/Lorenz, Egon,* Wörterbuch für Recht, Wirtschaft und Politik, Bd. 1: Englisch-Deutsch, 6.A., München 2000

*Doehring, Karl,* Handelt es sich bei einem Recht, das durch diplomatischen Schutz eingefordert wird, um ein solches, das dem die Protektion ausübenden Staat zusteht, oder geht es um die Erzwingung von Rechten des betroffenen Individuums?, Ress, Georg/Stein, Torsten, Der diplomatische Schutz im Völker- und Europarecht, Baden-Baden 1996, S. 13-20 (zitiert: Doehring, in: Ress/Stein)

*Doehring, Karl,* Völkerrecht, Heidelberg 1999 (zitiert: Doehring, Völkerrecht)

*Dolinger, Jacob/Tiburcio, Carmen,* The Forum Law Rule in International Litigation, 33 Texas International Law Journal (Tex.Int'l L.J.) 1998, S. 425-460

*Dolzer, Rudolf,* Bonner Kommentar zum Grundgesetz, 80.EL. (Loseblatt), Heidelberg Stand: September 1997 (zitiert: Bearbeiter, in: Bonner Kommentar)

*Dörr, Dieter*, Faires Verfahren: Gewährleistung im Grundgesetz der Bundesrepublik Deutschland, Diss. Saarbrücken 1982/83, Kehl am Rhein 1984

*Dreier, Horst*, Grundgesetz: Kommentar, Bd. 1 (Art. 1-19) Tübingen 1996, Bd. 2 (Art. 20-82) Tübingen 1998 (zitiert: Bearbeiter, in: Dreier)

*Ehrenhaft, Peter H.*, Going International Fundamentals of International Business Transactions - Remedies against Unfair International Trade Practices, American Law Institute - American Bar Association Continuing Legal Education (ALI-ABA) ALI-ABA Course of Study (November 2000) 2000, S. 205-233

*Ehrenzweig, Albert*, The Transient Rule of Personal Jurisdiction: The "Power" Myth and Forum Conveniens, 65 Yale Law Journal (Yale L.J.) 1956, S. 289-314

*Engisch, Karl*, Einführung in das juristische Denken, 8.A. (2. Binderate 1989), Stuttgart u.a. 1983

*Epping, Volker*, Die Außenwirtschaftsfreiheit, Habil. Bochum 1996/97, Tübingen 1998

*Erichson, Howard M*, Nationwide Personal Jurisdiction in All Federal Question Cases: A New Rule 4, 64 New York University Law Review (N.Y.U.L.Rev.) 1989, S. 1117-1164

*Eskridge, William N. Jr.*, The New Textualism, 37 UCLA Law Review (UCLA L.Rev.) 1989, S. 621-691

*Eskridge, William N. Jr.*, Dynamic Statutory Interpretation, Cambridge/Mass. 1994 (zitiert: Eskridge, Dynamic Statutory Interpretation)

*Eskridge, William N. Jr./Frickey, Philip/Garett, Elizabeth*, Legislation And Statutory Interpretation, New York 2000 (zitiert: Eskridge/Frickey/Garett, Legislation And Statutory Interpretation)

*Eskridge, William N. Jr./Frickey, Philip/Garett, Elizabeth*, Cases and Materials on Legislation - Statutes and the Creation of Public Policy, 3.A., St.Paul/Minn. 2001 (zitiert: Eskridge/Frickey/Garett, Cases and Materials on Legislation)

*Fallon, Richard H./Meltzer, Daniel J./Shapiro, David L.*, Hart and Wechsler's The Federal Courts and the Federal System, 4.A., New York 1996 (zitiert: Fallon/Meltzer/Shapiro)

*Farnsworth, Allan B.*, An Introduction to the Legal System of the United States, 2.A., London u.a. 1983

*Fastenrath, Ulrich*, Inhaltsänderung völkerrechtlicher Verträge ohne Beteiligung des Gesetzgebers - Verfassungsrechtliche Zulässigkeit und innerstaatliche Wirkung, in: Geiger, Rudolf, Völkerrechtlicher Vertrag und staatliches Recht vor dem Hintergrund zunehmender Verdichtung der internationalen Beziehungen, Baden-Baden 2000, S. 93-116 (zitiert: Fastenrath, in: Geiger, Völkerrechtlicher Vertrag und Staatliches Recht)

*Feld, Wilhelm*, Anti-Dumping, Prämienklausel und Ausgleichszölle, Archiv für Sozialwissenschaft und Sozialpolitik (ASS) 1917, S. 456-486

*Feld, Wilhelm*, Anti-Dumping, Plutus - Kritische Zeitschrift für Volkswirtschaft und Finanzwesen 1917, S. 264-266

*Fikentscher, Wolfgang*, Methoden des Rechts in vergleichender Darstellung, Bd. 3 - Mitteleuropäischer Rechtskreis, Tübingen 1976

*Finger, Michael J.*, Antidumping - How it works and who gets hurt, University of Michigan Press 1993

*Fleischhauer, Jens*, Inlandszustellung an Ausländer, Diss. Bielefeld 1994/1995, Berlin 1995

*Fragola, Mary/Lencki, Kevin*, GATT: Has the Implemenatation Process Been Compromised?, 11 St.John's Journal of Legal Commentary (St.John's J.Legal Comment.) 1996, S. 523-544

*Freedman, Warren*, Frivolous Lawsuits and Frivolous Defences - Unjustifiable Litigation, New York u.a. 1987

*Friedenthal, Jack H./Kane, Mary K./Miller*, Arthur R., Civil Procedure, 3.A., St.Paul/Minn. 1999 (zitiert: Friedenthal/Kane/Miller)

*Frowein, Jochen Abr./Peukert, Wolfgang*, Europäische MenschenRechtsKonvention - EMRK-Kommentar, 2.A., Kehl u.a. 1996

*Garvey, George E.*, United States Extraterritorial Antitrust Enforcement, Rabels Zeitschrift für ausländisches und internationales Privatrecht (RabelsZ) 1987, S. 401 ff.

*Geck, Karl Wilhelm*, Das Bundesverfassungsgericht und die allgemeinen Regeln des Völkerrechts, in: Starck, Christian, Bundesverfassungsgericht und Grundgesetz - Festgabe aus Anlass des 25jährigen Bestehens des Bundesverfassungsgerichts, Bd. 2: Verfassungsauslegung, Tübingen 1976, S. 125-153 (zitiert: Geck, in: Starck, Festgabe BVerfG (1976) II)

*Geck, Wilhelm Karl*, Hoheitsakte auf fremden Staatsgebiet, in: Strupp, Karl/Schlochauer, Hans-Jürgen, Wörterbuch des Völkerrechts, Bd. 1, Berlin 1960, S. 795-796 (zitiert: Geck, in: Strupp/Schlochauer)

*Geiger, Rudolf*, Grundgesetz und Völkerrecht, 2.A., München 1994

*Geimer, Gregor*, Neuordnung des internationalen Zustellungsrechtes, Diss. Regensburg 1997/1998, Berlin 1999

*Geimer, Reinhold*, Verfassung, Völkerrecht und Internationales Zivilverfahrensrecht, Zeitschrift für Rechtsvergleichung, Internationales Privatrecht und Europarecht (ZfRV) 1992, S. 321-347, 401-420

*Geimer, Reinhold*, Anmerkung zu BGH, Beschl. v. 9.5.1990 – XII ZB 133/88, Zeitschrift für Zivilprozeß (ZZP) 103 (1990), S. 477-490

*Geimer, Reinhold*, Kurzkommentar zu BVerfG, Beschl. v. 7.12.1994 - I BvR 1279/94, Entscheidungen zum Wirtschaftsrecht (EWiR) 1995, S. 161-162

*Geimer, Reinhold/Geimer, Ewald/Geimer, Gregor*, Internationales Zivilprozessrecht, 4.A., Köln 2001 (zitiert: Geimer, IZPR)

*Goldsmith, Jack L.*, Federal Courts, Foreign Affairs, And Federalism, 83 Virginia Law Review (Va.L.Rev.) 1997, S. 1617-1715

*Gottwald, Peter*, Grenzen zivilgerichtlicher Maßnahmen mit Auslandswirkung, in: Lindacher, Walter F./Pfaff, Dieter/Roth, Günther/Schlosser, Peter/Wieser, Eberhard, Festschrift für Walther J. Habscheid zum 65. Geburtstag - 6. April 1989, Bielefeld 1989, S. 119-130 (zitiert: Gottwald, in: FS Habscheid)

*Graf Vitzthum, Wolfgang*, Staatsgebiet, in: Isensee, Josef/Kirchhof, Paul, Handbuch des Staatsrechts, Bd. 1, Heidelberg 1987, S. 710-713 (zitiert: Graf Vitzthum, in: Isensee/Kirchhof, HStR)

*Graßhoff, Karin/Backhaus, Ralph*, Verfassungsrechtliche Gewährleistungen im Auslieferungsverfahren, Europäische Grundrechte-Zeitung (EuGRZ) 1996, S. 445-449

*Greenawalt, Kent*, Legislation - Statutory Interpretation: 20 Questions, New York 1999

*Greger, Reinhard*, Verfassung und Internationale Rechtshilfe, in: Waldner, Wolfram/Künzl, Reinhard, Erlanger Festschrift für Karl Heinz Schwab, Erlangen 1990, S. 331-348 (zitiert: Greger, in: FS Schwab, S. 331)

*Grewe, Wilhelm G.*, Auswärtige Gewalt, in: Isensee, Josef/Kirchhof, Paul, Handbuch des Staatsrechts, Bd. 3, Heidelberg 1988, S. 921-975 (zitiert: Grewe, in Isensee/Kirchhof, HStR)

*Griffin, Joseph P.*, Adjudicatory Jurisdiction over Multinational Enterprises: "Lifting the Veil" in the EU and the USA, in: Goodwin-Gill, Guy S./Talmon, Stefan, The Reality of International Law - Essays in Honour of Ian Brownlie, Oxford 1999, S. 225-241 (zitiert: Griffin, in: Goodwin-Gill/Talmon)

*Grossmann, Stefan*, Der US-Prozeß in der Beratung des deutschen Rechtsanwaltes: Zu Schwung, AnwBl. 1993, 436 ff., Anwaltsblatt (AnwBl) 1994, S.504-505

*Grothe, Helmut*, Exorbitante Gerichtszuständigkeiten, Rabels Zeitschrift für ausländisches und internationales Privatrecht (RabelsZ) 1994, S. 686 ff.

*Grothe, Helmut*, Exorbitante Gerichtszuständigkeiten - Konfliktquelle im deutsch-amerikanischen Rechts- und Wirtschaftsverkehr, in: Heldrich, Andreas/Kono, Toshiyuki, Herausforderungen des Internationalen Zivilverfahrensrechtes, Tübingen 1994, S. 209-229 (zitiert: Grothe, in: Heldrich/Kono)

*Grunsky, Wolfgang*, Lex fori und Verfahrensrecht, Zeitschrift für Zivilprozess (ZZP) 89 (1976), S. 241-249

*Habscheid, Walther J.*, Die Immunität ausländischer Staaten nach deutschem Zivilprozessrecht, Berichte der Deutschen Gesellschaft für Völkerrecht (BerDGVR) 12 (1974), S. 159-296

*Habscheid, Walther J.*, Territoriale Grenzen der staatlichen Rechtsetzung, Berichte der Deutschen Gesellschaft für Völkerrecht (BerDGVR) 11 (1973), S. 47-76

*Hahn, Hugo J.*, Bundesherrschaft und Gliedstaatenrecht über das Küstenmeer der U.S.A. – Der Ursprung seiner Zuordnung durch Richterspruch, in: Burkei, Franz/Polter, Dirk-Meints, Rechtsfragen im Spektrum des Öffentlichen – Mainzer Festschrift für Hubertus Armbruster, Berlin 1976, S. 357-379 (zitiert: Hahn, in: FS Armbrüster)

*Hahn, Hugo J.*, Der Vertrag von Maastricht als völkerrechtliche Übereinkunft und Verfassung – Anmerkungen anhand Grundgesetz und Gemeinschaftsrecht, Baden-Baden 1992

*Haig, Robert L.*, Corporate Counsel's Guide: Legal Development Report on Cost-Effective Managment of Corporate Litigation, in: Palermo, Christopher C., Federal Pretrail Practice: Basis Procedure & Strategy, New York 2001, S. 165-230 (zitiert: Haig, in: Palermo)

*Hailbronner, Kay*, Kontrolle der auswärtigen Gewalt, in: Hailbronner, Kay/Wolfrum, Rüdiger/Wildhaber, Luzius/Öhlinger, Theo, Kontrolle der auswärtigen Gewalt, Berlin 1997, Vereinigung der deutschen Staatsrechtslehrer (VVDStRL) Bd. 56, S. 7-37

*Hau, Wolfgang*, Zustellung ausländischer Prozessführungsverbote: Zwischen Verpflichtung zur Rechtshilfe und Schutz inländischer Hoheitsrechte, Praxis des Internationalen Privat- und Verfahrensrechtes (IPRax) 1997, S. 245-248

*Hau, Wolfgang*, Anmerkung zu OLG Frankfurt, Beschl. v. 13.02.2001, 20 VA 7/200, Zeitschrift für Zivilprozeß International (ZZPInt) 2001, S. 249-254

*Hay, Peter*, Zur Extraterritorialen Anwendung US-amerikanischen Rechts, Rabels Zeitschrift für ausländisches und internationales Privatrecht (RabelsZ) 1996, S. 303 ff.

*Hay, Peter*, US-amerikanisches Recht, München 2000 (zitiert: Hay, US-amerikanisches Recht)

*Hay, Peter*, Conflict of Laws, 3.A., St.Paul 2000 (zitiert: Hay, Conflict of Laws)

*Haydock, Roger S./Herr, David F./Stempel, Jeffrey W.*, Fundamentals of Pretrail Litigation, 5.A., St.Paul 2001

*Hedges, Adele/Liberato, Lynne*, Amicus Curiae Briefs, Texas Practice Guide - Civil Appeals, June 2002, § 11 II

*Hefermehl, Wolfgang*, Wettbewerbsrecht, 20.A., München 1998 (zitiert: Hefermehl, in: Baumbach/Hefermehl)

*Heiden, Thomas J.*, The New Limits of Limited Liability: Differing Standards and Theories for Measuring a Parent/Shareholder's responsibility for the Operations of Its Subsidiary. In: Heiden, Thomas J., Protecting the corporate parent: Avoiding liability for acts of the subsidiary, Practising Law Institute - Corporate Law and Practice Course Handbook Series (PLI/Corp) 823, New York 1993, S. 7-17 (zitiert: Heiden, in: Heiden, 823 PLI/Corp)

*Heidenberger, Peter*, U.S. Supreme Court wird über die Anwendung des Haager Beweisübereinkommens entscheiden, Recht der Internationalen Wirtschaft (RIW) 1986, S. 489-493

*Heidenberger, Peter*, 96,8 Prozent aller amerikanischer Klagen enden durch Vergleich, Recht der Internationalen Wirtschaft (RIW) 1997, S. 464-467

*Heldrich, Andreas*, Aktuelle Probleme des internationalen Zivilprozeßrechts unter besonderer Berücksichtigung des Verhältnisses zu den USA, in: Heldrich, Andreas/Kono, Toshiyuki, Herausforderungen des Internationalen Zivilverfahrensrechts, Tübingen 1994, S. 1-14 (zitiert: Heldrich, in: Heldrich/Kono)

*Helm-Busch, Franziska*, Executive Agreements im US-amerikanischen Verfassungsrecht, Diss. Münster 1994, Köln 1995

*Henkin, Louis*, Foreign Affairs and the U.S. Constitution, 2.A., New York 1996

*Hentrich, Ulrich*, Der Freundschafts-, Handels- und Schiffahrtsvertrag zwischen der Bundesrepublik Deutschland und den Vereinigten Staaten von Amerika in seiner Bedeutung für den Arbeitnehmer, Bundesarbeitsblatt (BarbBl.) 1956, S. 512-515

*Herbst, Robert*; Dictionnaire des Termes Commerciaux, Financiers et Juridique, Bd.III: Francais-Anglais-Allemand, Zug 1966

*Herdegen, Matthias*, Diplomatischer Schutz und die Erschöpfung von Rechtsbehelfen, in: Ress, Georg/Stein, Torsten, Der diplomatische Schutz im Völker- und Europarecht, Baden-Baden 1996, S. 63-72 (zitiert: Herdegen, in: Ress/Stein)

*Herr, David F.*, Annotated Manual For Complex Litigation, St.Paul 2002 (zitiert: Herr, Complex Litigation)

*Heß, Burkhard*, Steht das geplante weltweite Zuständigkeits- und Vollstreckungsübereinkommen vor dem Aus?, Praxis des Internationalen Privat- und Verfahrensrechtes (IPRax) 2000, S. 342-344

*Heß, Burkhard*, Neues deutsches und europäisches ZustellungsrechtNeue Juristische Wochenschrift (NJW) 2002, S. 2417-2426

*Hess, Gerald F.*, Rule 11 Practice in Federal and State Court: An Empirical, Comparative Study. 75 Marquette Law Review (Marq.L.Rev.) 1992, S. 313-363

*Hilf, Meinhard*, Die Auslegung mehrsprachiger Verträge - Eine Untersuchung zum Völkerrecht und zum Staatsrecht der Bundesrepublik Deutschland, Berlin u.a. 1972

*Hilf, Meinhard/Hörmann, Saskia*, Der Grundrechtsschutz von Unternehmen im europäischen Verfassungsverbund, Neue Juristische Wochenschrift (NJW) 2003, 1-9

*Hirte, Heribert*, Spielt das amerikanische Rechtssystem verrückt?, Neue Juristische Wochenschrift (NJW) 2002, S. 345-346

*Hirte, Heribert/Otte, Karsten/Willamowski, Marcus*, Die Rechtsentwicklung im Haftungsrecht der Vereinigten Staaten von Amerika von 1996 bis 2000 - Teil 1, Versicherungsrecht (VersR) 2002, 678-685; Teil 3, Versicherungsrecht (VersR) 2002, 940-950

*Hoffritz, Jutta*, Die Pille der Erkenntnis: Der Lipobay-Skandal als Symbol, Die Zeit, Nr. 35 (23.08.2001), S. 16

*Hohmann, Harald*, Angemessene Außenhandelsfreiheit im Vergleich - Die Rechtspraxis der USA, Deutschlands (inklusive der EG) und Japans zum Außenhandel und ihre Konstitutionalisierung, Tübingen 2002

*Hollmann, Hermann H.*, Auslandszustellung in US-amerikanischen Zivil- und Verwaltungssachen, Recht der Internationalen Wirtschaft (RIW) 1982 S. 784-798

*Hommelsheim, Edgar*, Kostentragung und -ausgleichung im US-amerikanischen Zivilprozeß, Diss. Bonn 1990, Bonn 1990

*Horlick, Gary N.*, The United States Antidumping System, in: Jackson, John H./Vermulst, Edwin A., Antidumping Law and Practice, A Comparative Study, Ann Arbor 1989, S. 99-141 (zitiert: Horlick, in: Jackson/Vermulst)

*von Hülsen, Hans-Viggo*, Gebrauch und Mißbrauch US-amerikanischer „pre-trail discovery" und die internationale Rechtshilfe, Recht der Internationalen Wirtschaft (RIW) 1982, S. 225-235

*von Hülsen, Hans-Viggo*, Kanadische und europäische Reaktionen auf die „pre-trail discovery"Recht der Interantionalen Wirtschaft (RIW) 1982, S. 537-555

*Hughes, Graham*, The Common Law Systems, in: Morrison, Alan B., Fundamentals of American Law, New York 1996; S. 23-24 (zitiert: Hughes, in: Morrison)

*Ipsen, Jörn*, Staatsrecht II (Grundrechte), Neuwied 1997

*Ipsen, Knut*, Völkerrecht, 4.A., München 1999 (zitiert: Bearbeiter, in: K. Ipsen, in: Ipsen)

*Isensee, Josef*, Das Grundrecht als Abwehrrecht und Schutzpflicht, in: Isensee, Josef/Kirchhof, Paul, Handbuch des Staatsrechts der Bundesrepublik Deutschland, Bd. V (Allgemeine Grundrechtslehren), § 111, Heidelberg 1992, S. 181-233 (zitiert: Isensee, in: Isensee/Kirchhof)

*Isensee, Josef*, Grundrechtsvoraussetzungen und Verfassungserwartungen an die Grundrechtsausübungen, Isensee, Josef/Kirchhof, Paul, Handbuch des Staatsrechts der Bundesrepublik Deutschland, Bd. V (Allgemeine Grundrechtslehren), § 115, Heidelberg 1992, S. 353-484 (zitiert: Isensee, in: Isensee/Kirchhof)

*Isensee, Josef*, Anwendung der Grundrechte auf juristische Personen, in: Isensee, Josef/Kirchhof, Paul, Handbuch des Staatsrechts der Bundesrepublik Deutschland, Bd. V (Allgemeine Grundrechtslehren), § 118, Heidelberg 1992, S. 563-615 (zitiert: Isensee, in: Isensee/Kirchhof)

*Jacklin, Beverly L.*, Annotation: Service of Process by Mail in Civil Court Actions as Permissible under the Hague Service Convention, 112 American Law Reports Federal (A.L.R.Fed) 1993, S. 241 ff.

*Jackson, John H.*, The Great 1994 Sovereignty Debate: United States Acceptance and Implementation of the Uruguay Round Results, 36 Columbia Journal of Transnational Law (Colum.J.Transnat'l L.) 1997, S. 157-188

*Jackson, John H.*, Dumping in International Trade: Its Meaning and Context, Jackson, John H./Vermulst, Edwin A., Antidumping Law and Practice - A Comparative Study, Ann Arbor 1989, S. 1-22 (zitiert: Jackson, in: Jackson/Vermulst)

*Jackson, John H.*, The World Trade Organization - Constitution and Jurisprudence, London 1998 (zitiert: Jackson, World Trade Organization)

*Jackson, John H.*, The Jurisprudence of GATT & the WTO, Cambridge 2000 (zitiert: Jackson, The Jurisprudence of GATT & the WTO)

*Jayme, Erik*, Methoden der Konkretisierung des ordre public im Internationalen Privatrecht, Heidelberg 1987

*Jestaedt, Thomas*, Erstattung von Anwaltskosten im US-Prozeß?, Recht der Internationalen Wirtschaft (RIW) 1986, S. 95-99

*Johnson, Brandon*, Interpreting the Uruguay Round Agreements Act Section 102(b)'s Safeguards for State Sovereignty: Reconciling Judicial Independance with the United States Trade Representative's Policy Expertise, 22 Michigan Journal of International Law (Mich.J.Int'l L.) 2001, S. 735-782

*Joseph, Gregory P.*, Sanctions: The Federal Law of Litigation Abuse, 2.A., Charlottesville/Va. 1994

*Juncker, Abbo*, Der lange Arm amerikanischer Gerichte: Gerichtsgewalt, Zustellung und Jurisdictional Discovery, Praxis des Internationalen Privat- und Verfahrensrechtes (IPRax) 1986, S. 197-207

*Juncker, Abbo*, Discovery im deutsch-amerikanischen Rechtsverkehr, Diss. Münster 1987, Heidelberg 1987 (zitiert: Juncker, Discovery)

*Juncker, Abbo*, Discovery im deutsch-amerikanischem Rechtsverkehr - Entwicklungslinien und Perspektiven, Recht der Internationalen Wirtschaft (RIW) 1987, S. 1-7

*Juncker, Abbo*, Der deutsch-amerikanische Rechtsverkehr in Zivilsachen: Zustellungen und Beweisaufnahmen, Juristen-Zeitung (JZ) 1989, S. 127-129

*Juncker, Abbo*, US-amerikanische "Discovery" als Herausforderung des Internationalen Zivilprozessrechts, in: Heldrich, Andreas/Kono, Toshiyuki, Herausforderungen des Internationalen Zivilverfahrensrechts, Tübingen 1994, S. 103-118 (zitiert: Juncker, in: Heldrich/Kono)

*Juncker, Abbo*, Die Discovery-Reform des Jahres 1993: Zeitenwende oder Gesetzeskosmetik?, Zeitschrift für Zivilprozeß International (ZZPInt) 1 (1996), S. 235-268

*Jung, Thomas*, Der Grundsatz der Waffengleichheit im Zivilprozeß, Diss. Erlangen-Nürnberg 1990, Erlangen-Nürnberg 1990

*Juenger, Friedrich K./Reimann, Mathias*, Zustellung von Klagen auf punitive damages nach dem Haager Zustellungsübereinkommen, Neue Juristische Wochenschrift (NJW) 1994, S. 3274-3275

*Kahn, Franz*, Abhandlungen zum internationalen Privatrecht, in: Lenel, Otto/Lewald, Hans, Bd. 1, München/Leipzig 1928

*Kane, Mary Kay*, Civil Procedure - In a Nutshell, 4.A., St.Paul 1996

*Kavaler, Thomas J.*, Facing Up to the Costs of Cutting Costs, in: Burke, Francis J. Jr./Goldblatt, Michael L., The Corporate Litigator, Chicago 1989, S. 231-239 (zitiert: Kavaler, in: Burke/Goldblatt, The Corporate Litigator)

*Kegel, Gerhard/Schurig, Klaus*, Internationales Privatrecht, 8.A., München 2000

*Kelsen, Hans*, Souveränität, in: Strupp, Karl/Schlochauer, Hans-Jürgen, Wörterbuch des Völkerrechts, Bd. 3: Rapallo-Vertrag – Zypern, Berlin 1962, S. 278-285

*Kelsen, Hans*, Allgemeine Staatslehre, Unveränderter Nachdruck der 1.A. (1925), Bad Homburg v.d.Höhe u.a. 1966

*Keppler, Diane M.*, The Geneva Steel Court Decision raises concerns in Geneva: Why the 1916 Antidumping Act violates the WTO Antidumping Agreement, George Washington Journal of International Law and Economics (Geo.Wash.Int'l L.&Econ.) 1999, S. 293-310

*Kern, Ernst*, Deutsch-amerikanischer Freundschafts-, Handels- und Schiffahrtsvertrag – Grundlage für deutsche Investitionen in den USA, Der Betriebs-Berater (BB) 1956, S. 257-258

*Kersting, Mark Oliver*, Der Schutz des Wirtschaftsgeheimnisses im Zivilprozess: Eine rechtsvergleichende Untersuchung anhand der Federal Rules of Civil Procedure und der ZPO, Diss. Mainz 1995, Bielefeld 1995 (zitiert: Kersting, Wirtschaftsgeheimnis)

*Kessler, Jeffrey L.*, The Antidumping Act 1916: Antitrust Analogue or Anathema?, 56 Antitrust Law Journal (Antitrust L.J.) 1987, S. 485-496

*Kilian, Johnny H./Beck, Leland E.* (Hrsg.), The Constitution of the United States of America: Analysis and Interpretation, Washington 1987

*Kirchhof, Paul*, Rechtsquellen und Grundgesetz, in: Starck, Christian, Bundesverfassungsgericht und Grundgesetz - Festgabe aus Anlass des 25jährigen Bestehens des Bundesverfassungsgerichts, Bd. 2: Verfassungsauslegung, Tübingen 1976, S. 50-107 (zitiert: P.Kirchhof, in: Starck, Festgabe BVerfG (1976) II)

*Kirchhof, Paul*, Mittel staatlichen Handelns, in: Isensee, Josef/Kirchhof, Paul, Handbuch des Staatsrechts, Bd.III, Heidelberg 1988; S. 122-143 (zitiert: P.Kirchhof, in: Isensee/Kirchhof, HStR)

*Kirchhof, Paul*, Verfassungsrechtlicher Schutz und internationaler Schutz der Menschenrechte: Konkurrenz oder Ergänzung?, Europäische Grundrechte-Zeitung (EuGRZ) 1994, S. 16-44

*Kissel, Otto Rudolf*, Gerichtsverfassungsgesetz – Kommentar, 2.A., München 1994

*Klein, Eckart*, Anspruch auf diplomatischen Schutz?, in: Ress, Georg/Stein, Torsten, Der diplomatische Schutz im Völker- und Europarecht, Baden-Baden 1996, S. 125-136 (zitiert: Klein, in: Ress/Stein)

*Koch, Harald*, Prozeßführung im öffentlichen Interesse, Diss. Frankfurt a.M. 1983, Frankfurt a.M. 1983 (zitiert: Koch, Prozessführung)

*Koch, Harald*, Zur Praxis im amerikanisch-deutschen Prozeßrecht: Ergebnisse einer Umfrage zum Haager Zustellungs- und Beweisaufnahmeübereinkommen, Praxis des Internationalen Privat- und Verfahrensrechtes (IPRax) 1985, S. 245

*Koch, Harald*, Das Haager Zustellungsübereinkommen oder „Zustellungsdurchgriff" auf die Muttergesellschaft?, Praxis des Internationalen Privat- und Verfahrensrechtes (IPRax) 1989, S. 313 ff.

*Koch, Harald/Diedrich, Frank*, Grundrechte als Maßstab für Zustellungen nach dem Haager Zustellungsübereinkommen, Zeitschrift für Wirtschaftsrecht (ZIP) 1994, S. 1830-1833

*Koch, Harald/Zekoll, Joachim*, Mammutverfahren im amerikanischen und deutschen Zivilprozeß, Recht der Internationalen Wirtschaft (RIW) 1985, S. 837-842

*Koh, Harold Hongju*, Is International Law Really State Law?, 111 Harvard Law Review (Harv.L.Rev.) 1998, S. 1824-1861

*Kokott, Juliane*, Kontrolle der auswärtigen Gewalt, Deutsches Verwaltungsblatt (DVBl.) 1996, S. 937-950

*Kondring, Jörg*, Die Heilung von Zustellungsfehlern im internationalen Zivilrechtsverkehr, Diss. Münster 1995, Berlin 1995

*Kopp, Ferdinand O./Ramsauer, Ulrich*, Verwaltungsverfahrensgesetz, 7.A., München 2000

*Kopp, Ferdinand O./Schenke, Wolf-Rüdiger*, Verwaltungsgerichtsordnung, 12.A., München 2000

*Köster, Thomas*, Haftung wegen Forum Shopping in den USA, Diss. Dresden 2000, Heidelberg 2001

*Krajewski, Markus*, Verfassungsperspektiven und Legitimation des Rechts der Welthandelsorganisation (WTO), Diss. Hamburg 2000, Berlin 2001

*Kreuzer, Karl,* Internationales Privatrecht und Bundesverfassungsgericht, in: Klein, Eckart, Grundrechte, soziale Ordnung und Verfassungsgerichtsbarkeit – Festschrift für Ernst Benda zum 70. Geburtstag, Heidelberg 1995, S. 152-183 (zitiert: Kreuzer, in: FS Benda)

*Kronke, Herbert,* Anmerkung zu BVerfG, Beschl. v. 7.12.1994 – 1 BvR 1279/94, Europäische Zeitschrift für Wirtschaftsrecht (EuZW) 1995, S. 220-221

*Kropholler, Jan,* Internationales Einheitsrecht - Allgemeine Lehren, Habil. München 1974, Tübingen 1975 (zitiert: Kropholler, Internationales Einheitsrecht)

*Kropholler, Jan,* Internationales Privatrecht, 3.A., Tübingen 1997 (zitiert: Kropholler, IPR)

*Kühner, Rolf,* Executive Agreements im Verfassungsrecht der Vereinigten Staaten, Jahrbuch des öffentlichen Rechts, Neue Folge 35, 1986, S. 365-397

*Lange, Dieter G.,* Der Justizkonflikt zwischen den USA und Europa dargestellt am Beispiel des Falles „Laker", in: Habscheid, Walther J., Der Justizkonflikt mit den Vereinigten Staaten von Amerika, Bielefeld 1985, S. 65-90 (zitiert: Lange, in: Habscheid, Justizkonflikt)

*Larenz, Karl,* Methodenlehre der Rechtswissenschaft, 6.A., Berlin u.a. 1991

*Lazaroff, Daniel E.,* Rule 11 and Federal Antitrust Litigation, 67 Tulane Law Review (Tul.L.Rev.) 1993, S. 1033-1132

*Ledermann, Alan S.,* 11th Circuit Declines to Rewrite 20th Century World History, 75 Florida Bar Journal (Fla.B.J.) (December 2001), 2001, S. 30-37

*Leebron, David W.,* Implementation of the Uruguay Round results in the United States, in: Jackson, John H./Sykes, Alan O., Implementing the Uruguay Round, New York 1997, S. 175-242 (zitiert: Leebron, in: Jackson/Sykes)

*Leier, Klaus-Peter,* Fortentwicklung und weitere Bewährung: Zur derzeitigen Überprüfung des Streitbeilegungsverfahrens in der WTO, Europäische Zeitschrift für Wirtschaftsrecht (EuZW) 1999, S. 204-211

*Lejeune, Mathias,* „Personal Jurisdiction" über ausländische Firmen nach amerikanischen Zivilprozessrecht, Recht der Internationalen Wirtschaft (RIW) 1998, S. 8-19

*Lester, Simon O.,* WTO Panel and the Appellate Body Interpretations of the WTO Agreement in US Law, 35 Journal of World Trade (J.W.T.) 2001, S. 521-541

*Liebermann, Jethro K.,* The Litigious Society, New York 1981

*Lindacher, Walter F.,* Europäisches Zustellungsrecht, Zeitschrift für Zivilprozess (ZZP) 114 (2001), S. 179-194

*Linke, Christine E.,* Europäisches Internationales Verwaltungsrecht, Diss. Freiburg 2001, Frankfurt a.M. 2001

*Llewellyn, Karl N.,* Remarks on the theory of appellate decision and the rules or canons about how statutes are to be construed, 3 Vanderbilt Law Review (Vanderbilt L.Rev.) 1950, S. 395-402

*Lorenz, Stefan,* Die Neuregelung der pre-trail-Discovery im US-amerikanischem Zivilrozeßrecht - Inspiration für den deutschen und europäischen Zivilprozeß?, Zeitschrift für Zivilprozeß (ZZP) 111 (1998), S. 35-65

*Lowenfeld, Andreas F.,* Discovery-Verfahren und Internationale Rechtshilfe, Praxis des Internationalen Privat- und Verfahrensrechtes (IPRax) 1984, S. 51 ff.

*Lüke, Gerhard/Wax, Peter,* Münchner Kommentar zur Zivilprozeßordnung, Bd. 3 (§§ 803-1066, EGZPO, GVG, EGGVG, Internationales Zivilprozeßrecht), 3.A., München 2001 (zitiert: MünchKomm-ZPO/Bearbeiter)

*Maack, Martina*, Englische antisuit injunctions im europäischen Zivilrechtsverkehr, Diss. Heidelberg 1998/1999, Berlin 1999

*von Mangoldt, Hermann/Klein, Friedrich/Starck, Christian*, Das Bonner Grundgesetz, 4.A., Bd. 3 (Art. 79-146) München 2001 (zitiert: Bearbeiter, in: v.Mangoldt/Klein/Starck)

*Mansel, Heinz-Peter*, Grenzüberschreitende Prozeßführungsverbote (anitsuit injunctions) und Zustellungsverweigerung, Europäische Zeitschrift für Wirtschaftsrecht (EuZW) 1996, S. 335-340

*Mankowski, Peter*, Kurzkommentar zu OLG Düsseldorf, Beschl. v. 10.1.1996 3 VA 11/95, Entscheidungen zum Wirtschaftsrecht (EWiR) 1996, S. 321-322

*Marcus, Richard L.*, Retooling American Discovery for the Twenty-First Century: Toward a New World Order? 7 Tulane Journal of International and Comparative Law (Tulane J.Int'l&Comp.L.) 1999, S. 153-199

*Martens, Dirk-Reiner*, Erfahrungen mit Rechtshilfeersuchen aus den USA nach dem Haager Beweisaufnahmeübereinkommen, Recht der Internationalen Wirtschaft (RIW) 1981, S. 725-733

*Mastel, Greg*, Antidumping Laws and the U.S. Economy, New York 1998

*Matscher, Franz*, Grundfragen der Anerkennung und Vollstreckung ausländischer Entscheidungen in Zivilsachen, Zeitschrift für Zivilprozeß (ZZP) 33 (1990), S. 294-321

*Mauderer, Sabine*, Der Wandel vom GATT zur WTO und die Auswirkungen auf die Europäische Gemeinschaft, Diss. Osnabrück 2000, Osnabrück 2001

*Maunz, Theodor/Herzog, Roman/Dürig, Günter*, Grundgesetz – Kommentar, Bd. 1 (Art. 1-11), 4 (Art. 70-91), München 31.EL. (Loseblatt) Stand: März 1994 (zitiert: Maunz/Herzog/Dürig)

*McDonald, Kevin M./Wetzler, Christoph F.*, Discover the Opportunities - US Discovery im Prozeß, Recht der Internationalen Wirtschaft (RIW) 2000, S. 212-216

*McDouglas, Myres/Lans, Asher*, Treaties and Congressional-Executive or Presidential Agreements: Interchangeable Instruments of National Policy, 54 Yale Law Journal (Yale L.J.) 1945, S. 181 ff., 534 ff.

*McGee, Robert W.*, The Case to Repeal the Antidumping Laws, 13 Northwestern Journal of International Law and Business (Nw.J.Int'l L.& Bus.) 1993, S. 491-562

*McKinnon, Michael G.*, Federal Judicial and Legislative Jurisdiction over Entities Abroad: The Long-Arm of U.S. Antitrust Law and Viable Solutions beyond the Timberlane/Restatement Comity Approach, 21 Pepperdine University Law Review (Pep.L.Rev.) 1994, S. 1219-1311

*von Mehren, Arthur T.*, The Hague Jurisdiction and Enforcement Convention Project Faces an Impasse - A Diagnosis and Guidelines for a Cure, Praxis des Internationalen Privat- und Verfahrensrechtes (IPRax) 2000, S. 465 ff.

*Meili, F.*, Das internationale Civilprozessrecht, Zürich 1906

*Melchior, George*, Die Grundlagen des deutschen internationalen Privatrechts, Berlin/Leipzig 1932

*Merkt, Hanno*, Abwehr der Zustellung von „punitive damages"-Klagen: Das Haager Zustellungsübereinkommen und US-amerikanische Klagen auf „punitive damages", „treble damages" und „RICO treble damages", Heidelberg 1995

*Miller, Samuel R./Tostevin, Breck C.*, Attorney-Client Privilege and Work-Product Protection in the Corporate Context, in: Burke, Francis J. Jr./Goldblatt, Michael L., The Corporate Litigator, Chicago 1989, S. 387-397 (zitiert: Miller/Tostevin, in: Burke/Goldblatt, The Corporate Litigator)

*Moore, James Wm.*, Moore's Federal Practice, 3.A. (Matthew Bender), Newark (Loseblatt) Stand: 2002 (zitiert: (Vol.) Moore's Federal Practice, § X.X (Matthew Bender 3d ed.))

*Moore, James Wm./Shirey, Kevin*, Moore's Federal Rules Pamphlet, Part 1: Federal Civil Rules, Newark u.a. 2000 (zitiert: Moore's Federal Rules Pamphlet, § X.X (2002))

*Morill, Jackson F.*, A Need for Compliance: The Shrimp Turtle Case and the Conflict between the WTO and the United States Court of International Trade, 8 Tulane Journal of International and Comparative Law (Tul.J.Int'l & Comp.L.) 2000, S. 413-446

*Morisse, Heiko*, Die Zustellung US-amerikanischer Punitive-damages-Klagen in Deutschland, Recht der Interantionalen Wirtschaft (RIW) 1995, S. 370-373

*Mullenix, Linda S.*, Discovery in Disarray: The Pervasive Myth of Pervasive Discovery Abuse and the Consequences for Unfounded Rulemaking, 46 Stanford Law Review (Stan.L.Rev.) 1994, S. 1393 ff.

*Müller, Harald*, Die Gerichtspflichtigkeit wegen „doing business", Köln 1992

*von Münch, Ingo/ Kunig, Philip*, Grundgesetz – Kommentar, Bd. 1 (Art. 1-19) 5.A. München 2000 (zitiert: Bearbeiter, in: v.Münch/Kunig)

*Murray, Peter L.*, Civil Justice Reform in America: The 1990 Civil Justice Reform Act and its Consequences, Zeitschrift für Zivilprozeß International (ZZPInt) 3 (1998), S. 319-338

*Murray, Peter L.*, Ein rechtsvergleichendes Experiment, Zeitschrift für Zivilprozeß International (ZZPInt) 4 (1999), S. 291-319

*Nettesheim, Martin*, Ziele des Antidumping- und Subventionsrechts: Eine Darstellung am Beispiel des Rechts der USA mit Bezügen zum Recht der Europäischen Gemeinschaften, München 1994, S. 67-86

*Neuhaus, Joseph E.*, Power to Reverse Foreign Judgments: The British Clawback Statute under International Law, 81 Columbia Law Review (Colum.L.Rev), 1981, S. 1097-1133

*Neville, Mark K., Jr.*, The Antidumping Act of 1916: A Wartime Legacy, 26 New York Law School Law Review (N.Y.L.Sch.L.Rev.) 1981, S. 535-548.

*Norfolk, Nancy A.*, Case Comment - Sheets v. Yamaha Corporation, United States of America, 14 Suffolk Transnational Law Jourmal (Suffolk Transnat'l L.J.) 1991, S. 680-694

*Note*, Development in the Law: The Civil Jury, 110 Harvard Law Review (Harv.L.Rev.) 1997, S.1408-1536

*Note*, Rethinking the Antidumping Act, 110 Harvard Law Review (Harv.L.Rev.) 1997, S. 1555-1572

*Nussbaum, Arthur*, Deutsches Internationales Privatrecht, Tübingen 1932

*Oehring, Richard*, Dumping, Plutus - Kritische Zeitschrift für Volkswirtschaft und Finanzwesen 1917, S. 230-232

*Ossenbühl, Fritz*, Staatshaftungsrecht, 4.A., München 1991

*Ott, Andrea*, GATT und WTO im Gemeinschaftsrecht, Diss. Greifswald 1996, Köln u.a. 1997

*Otte, Karsten*, Territorial Jurisdiction - persönliche Anwesenheit als ausreichender Minimalkontakt für internationale Zuständigkeit, Praxis des Internationalen Privat- und Verfahrensrechtes (IPRax) 1991, S. 263-267

*Otto, Mathias*, Der prozessuale Durchgriff - Die Nutzung forumansässiger Tochtergesellschaften in Verfahren gegen ihre auswärtigen Muttergesellschaften im Recht der USA, der Europäischen Gemeinschaften und der Bundesrepublik Deutschland, Diss. Augsburg 1992, München1992

*Palandt, Otto,* Bürgerliches Gesetzbuch, 59.A., München 2000 (zitiert: Palandt/Bearbeiter)

*Partsch, Karl Josef,* Die Anwendung des Völkerechts im innerstaatlichen Recht, Berichte der Deutschen Gesellschaft für Völkerrecht (BerDGVR) 6 (1964), S. 13-163

*Paulus, Christoph,* Discovery, Deutsches Recht und das Haager Beweisübereinkommen, Zeitschrift für Zivilprozeß (ZZP) 104 (1991), S. 397-412

*Paust, Jordan J.,* International Law as Law of the United States, Durham, N.C., 1996

*Pescatore, Pierre,* Drafting and Analyzing Decisions on Dispute Settlement, Pescatore, Pierre /Davey, William J. /Lowenfeld, Andreas F., Handbook of WTO/GATT Dispute Settlement, Vol. 1, Ardsley/N.Y. 1998, S. 3-37 (zitiert: Pescatore, in: Pescatore/Davey/Lowenfeld, Vol. I, Dispute Settlement)

*Pesl, Ludwig D.,* Das Dumping - Preisunterbietungen im Welthandel, München 1921

*Petersmann, Ernst-Ulrich,* Constitutionalism and International Organizations, 17 Northwestern Journal of International Law and Business (Nw.J.Int'l L.& Bus.) 1996-1997, S. 398-469

*Petersmann, Ernst-Ulrich,* National Constitutions, Foreign Trade Policy and European Community Law, 3 European Journal of International Law (Eur.J.Int'l.L.) 1992, S. 3-26

*Peterson, Courtland H.;* US Supreme Court upholds use of transient jurisdiction, Praxis des Internationalen Privat- und Verfahrensrechtes (IPRax) 1991, S. 267-270

*Pfeil-Kammerer, Christa,* Deutsch-amerikanischer Rechtshilfeverkehr in Zivilsachen, Diss. Hamburg 1985, Tübingen 1987

*Pfister, Bernhard,* Das technische Geheimnis „know how" als Vermögensrecht, Habil. München 1972/73, München 1974

*Piccard, Robert/Thilo, Emile/Steiner, Ernest,* Dictionnaire Juridique, Bd.1: Francais-Allemand, Zürich 1950

*Polter, Eric P./Geerlin, Tobias,* Plädoyer für den Parteiprozeß, Anwaltsblatt (AnwBl.) 1994, S. 116-117

*Popkin, Wiliam D.,* Statutes in Court, The History and Theory of Statutory Interperation, London 1999 (zitiert: Popkin, Statutes in Court)

*Popkin, William D.;* Materials on Legislation: Political Language and the Political Process, 2.A., New York 1997 (zitiert: Popkin, Materials on Legislation)

*Pound, Roscoe,* Common Law and Legislation, 21 Harvard Law Review (Harv.L.Rev.) 1908, S. 383-407

*Puttfarken, Hans-Jürgen,* Rechtshilfe und Dritte Gewalt: Sachverstand und Übersetzung beim Mahnbescheid ins Ausland, Neue Juristische Wochenschrift (NJW) 1988, S. 2155-2157

*Raape, Leo/Sturm, Fritz,* Internationales Privatrecht, Bd. 1, 6.A., München 1977

*Rabel, Ernst,* Rechtsvergleichung und internationale Rechtsprechung, Zeitschrift für ausländisches und internationales Privatrecht (RabelsZ) 1 (1927), S. 5-44

*Ramsey, Michael D.,* Executive Agreements and the (Non)Treaty Power, 77 North Carolina Law Review (N.C.L.Rev.) 1998, S. 133-240

*Randall, Kenneth C.,* The Treaty Power, 51 Ohio State Law Journal (Ohio St.L.J.) 1990, S. 1089-1126

*Randelzhofer, Albrecht,* Staatsgewalt und Souveränität, in: Isensee, Josef/Kirchhof, Paul, Handbuch des Staatsrechts, Bd. I, Heidelberg 1987, S. 700-702 (zitiert: Randelzhofer, in: Isensee/Kirchhof, HStR)

*Rau, Markus*, „Minimum Contacts" und „Personal Jurisdiction" über auswärtige Gesellschaften im Cyberspace, Recht der Internationalen Wirtschaft (RIW) 2000, S. 761-772

*Rebmann, Kurt/Säcker, Franz Jürgen (u.a.)*, Münchener Kommentar zum Bürgerlichen Gesetzbuch, Bd. 10 (Art. 1-38 EGBGB, Internationales Privatrecht), 3.A., München 1998

*Reimann, Mathias*, Beyond Fishing: Weitreichende Neuerungen im amerikanischen Discovery-Verfahren, Praxis des Internationalen Privat- und Verfahrensrechtes (IPRax) 1994, S. 152-156

*Rempp, Ansgar C./Lienemeyer, Max*, Auswirkungen der Änderungen der US-amerikanischen „Rules of Civil Procedure" unter Berücksichtigung des deutsch-amerikanischen Rechtsverkehrs, Zeitschrift für vergleichende Rechtswissenschaft (ZVglRWiss) 1995, S. 383-408

*Ress, Georg*, Wechselwirkung zwischen Völkerrecht und Verfassung bei der Auslegung völkerrechtlicher Verträge, Berichte der Deutschen Gesellschaft für Völkerrecht (BerDGVR) 23 (1982), S. 7-60

*Rest, Alfred*, Interpretation von Rechtsbegriffen in internationalen Verträgen, Diss. Köln 1971, Köln 1971

*Restani, Jane A./Bloom, Ira*, Interpreting International Trade Statutes: Is the Charming Betsy Sinking?, 24 Fordham International Law Journal (Fordham Int'l L.J.) 2001, S. 1533-1547

*Ristau, Bruno A.*, International Judicial Assistance - Civil and Commercial, Bd. 1, 2000 Revision, Washington 2000

*Roellecke, Gerd*, Prinzipien der Verfassungsinterpretation in der Rechtsprechung des Bundesverfassungsgerichtes, in: Starck, Christian, Bundesverfassungsgericht und Grundgesetz - Festgabe aus Anlass des 25jährigen Bestehens des Bundesverfassungsgerichts, Bd. 2: Verfassungsauslegung, Tübingen 1976, S. 22-49 (zitiert: Roellecke, in: Starck, Festgabe BVerfG (1976) II)

*Roggenbruck, Susanne*, US-amerikanische Discovery im deutschen Zivilprozeß, Praxis des Internationalen Privat- und Verfahrensrechtes (IPRax) 1997, S. 76-80

*Röhm, Heinrich/Koch, Robert*, Neuere Entwicklungen im US-amerikanischen Zivilprozessrecht, Recht der internationalen Wirtschaft (RIW) 1995, S. 465-475

*Rosengarten, Joachim*, Punitive damages und ihre Anerkennung und Vollstreckung in der Bundesrepublik Deutschland, Diss. Hamburg 1992/1993, Hamburg 1994

*Rudolf, Walter*, Territoriale Grenzen der staatlichen Rechtsetzung, Berichte der Deutschen Gesellschaft für Völkerrecht (BerDGVR) 11 (1973), S. 7-45

*Rushford, David*, Antitrust versus Antidumping: Revisiting the Antidumping Act of 1916, 3 U.C. Davis Journal of International Law and Policy (U.C.DavisJ.Int'lL.&Pol'y) 1997, S. 85-104

*Sachs, Michael*, Grundgesetz: Kommentar, 2.A., München 1999 (zitiert: Bearbeiter, in: Sachs)

*Sandrock, Otto*, Über das Ansehen des deutschen Zivilrechts in der Welt, Zeitschrift für vergleichende Rechtswissenschaft (ZVglRW) 2001, S. 3-40

*Saparoff, Peter M.*, Use of Pretrail Conferences to Control Costs and Fees, in: Burke, Francis J. Jr./Goldblatt, Michael L., The Corporate Litigator, Chicago 1989, S. 207-226 (zitiert: Saparoff, in: Burke/Goldblatt, The Corporate Litigator)

*Saunders, John B.*, Words and Phrases Legally Defined, Bd. 5, 3.A., London 1988

*Schack, Haimo*, Einführung in das US-amerikanische Zivilprozessrecht, 2.A., München 1995 (zitiert: Schack, Einführung)

*Schack, Haimo*, Internationales Zivilverfahrensrecht, 2.A., München 1996 (zitiert: Schack, IZVR)

*Schaefer, Matt*, Are Private Remedies in Domestic Courts Essential for International Trade Agreements to Perform Constitutional Functions with Respect to Subfederal Governments?, 17 Northwestern Journal of International Law and Business (Nw.J.Int'l L.&Bus.) 1996-1997, S. 609-652

*Schaumann, Wilfried*, Die Immunität ausländischer Staaten im Völkerrecht, Berichte der Deutschen Gesellschaft für Völkerrecht (BerDGVR) 12 (1974), S. 1-157

*Schindler, Darius Oliver/Witzel, David*, Bedarf es einer neuen gesetzlichen Regelung des Anfechtungsrechtes zur Bekämpfung räuberischer Aktionäre? – Stellungnahme zu den Empfehlungen der wirtschaftlichen Abteilung des 63. DJT, Neue Zeitschrift für Gesellschaftsrecht (NZG) 2001, 577-584

*Schlosser, Peter*, Internationale Rechtshilfe und rechtsstaatlicher Schutz von Beweispersonen, Zeitschrift für Zivilprozeß (ZZP) 94 (1981), S. 369-406

*Schlosser, Peter*, Die internationale Zustellung zwischen staatlichem Souveränitätsanspruch und Anspruch der Prozeßpartei auf ein faires Verfahren, in: Ballon, Oskar J./Hagen, Johann J., Verfahrensgarantien im nationalen und internationalen Prozeßrecht - Festschrift Franz Matscher zum 65. Geburtstag, 1993, S. 387-399 (zitiert: Schlosser, in: FS Matscher)

*Schlosser, Peter*, EuGVÜ - Europäisches Gerichtsstands- und Vollstreckungsübereinkommen mit Luganer Übereinkommen und den Haager Übereinkommen über Zustellung und Beweisaufnahme, München 1996 (zitiert: Schlosser, EuGVÜ/HZÜ/HBÜ)

*Schmid, Ronald*, Wenn böse Buben locken: Überlegungen zum Concorde-Unfall, Anwalt, Das Magazin 2 (2001), S. 6-9

*Schmidt-Bleibtreu, Bruno/Klein, Franz*, Kommentar zum Grundgesetz, 9.A., Neuwied u.a. 1999 (zitiert: Bearbeiter, in: Schmidt-Bleibtreu/Klein)

*Schmitz, Berthold*, Fiktive Inlandszustellung, Berlin 1980

*Schomburg, Wolfgang/Lagodny, Otto*, Internationale Rechtshilfe in Strafsachen, 3.A., München1998

*Schreuer, Christoph*, Wechselwirkung zwischen Völkerrecht und Verfassung bei der Auslegung völkerrechtlicher Verträge, Berichte der Deutschen Gesellschaft für Völkerrecht (BerDGVR) 23 (1982), S. 61-124

*Schroeder, Werner/Schonard, Pascal*, Die Effektivität des WTO-Streitbeilegungssystems, Recht der internationalen Wirtschaft (RIW) 2001, S. 658-664

*Schüler, Jeannette*, Legal and Political Conditions Determining United States Foreign Trade Regulation, in: Grabitz, Eberhard/von Bogdandy, Armin, U.S. Trade Barriers: A Legal Analysis, München u.a. 1991, S. 7-48 (zitiert: Schüler, in: Grabitz/v.Bogdandy)

*Schurtman, William/Walter, Otto L.*, Der amerikanische Zivilprozeß, Frankfurt a.M. 1978

*Schütz, Dieter*, Der internationale ordre public: Der Ausschluss völkerrechtswidrigen fremden Rechts im internationalen Privatrecht der Bundesrepublik Deutschland, Diss. Würzburg 1983, Frankfurt a.M. 1984

*Schütze, Rolf A.*, Deutsches internationales Zivilprozeßrecht, Berlin u.a. 1985 (zitiert: Schütze, IZPR)

*Schütze, Rolf A.*, Zur Verteidigung im Beweiserhebungsverfahren in US-amerikanischen Zivilprozessen, Zeitschrift für Wirtschafts- und Bankrecht (WM) 1986, S. 633-636

*Schwab, Karl-Heinz/Gottwald, Peter*, Verfassung und Zivilprozess, in: Habscheid, Walther J., Effektiver Rechtsschutz und verfassungsmäßige Ordnung, Bielefeld 1983, S. 3-87 (zitiert: Schwab/Gottwald, in: Habscheid, Effektiver Rechtsschutz)

*Schwarz, Günter Christian*, Empfiehlt sich eine Neuregelung des aktienrechtlichen Anfechtungs- und Organhaftungsrechts, insbesondere der Klagemöglichkeiten von Aktionären, Zeitschrift für Rechtspolitik (ZRP) 2000, 330-337

*Schweitzer, Michael*, Staatsrecht III: Staatsrecht, Völkerrecht, Europarecht, 7. A., Heidelberg 2000

*Schwelien, Michael*, Anwalt Grenzenlos: Michael Witti globalisiert die Schadensersatzklage, Die Zeit, Nr. 35 (23.08.2001), S. 2

*Schwung, Siegfried*, Der US-Prozeß in der Beratung des deutschen Rechtsanwalts, Anwaltsblatt (AnwBl.) 1993, S. 436-446

*Scoles, Eugene F./Hay, Peter/Borchers, Patrick J./Symeonides, Symeon C.*, Conflict of Laws, 3.A., St.Paul 2000

*Seidel, Gerd*, Handbuch der Grund- und Menschenrechte auf staatlicher, europäischer und universeller Ebene, Baden-Baden 1996

*Seidl-Hohenveldern, Ignaz*, Der diplomatische Schutz für juristische Personen und Aktionäre, in: Ress, Georg/Stein, Torsten, Der diplomatische Schutz im Völker- und Europarecht Baden-Baden 1996, S. 115-124 (zitiert: Seidl-Hohenveldern, in: Ress/Stein)

*Seidl-Hohenveldern, Ignaz*, Völkerrecht, 10.A., Köln u.a. 2000

*Shartel, Burke*, Our Legal System and How It Operates, Ann Arbor 1951

*Sidak, Joseph Gregory*, A Framework for Administering The 1916 Antidumping Act: Lessons from Antitrust Economics, 18 Stanford Journal of International Law (Stan.J.Int.L.) 1981, S. 377-404

*Siegel, David*, Supplementary Practice Commentaries, 28 U.S.C.A. F.R.Civ.P. 1-11 (Cumulative Annual Pocket Part 1997) St. Paul, S. 31-91

*Siegel, David*, The New (Dec. 1, 1993) Rule 4 of the Federal Rules of Civil Procedure: Changes in Summons Service and Personal Jurisdiction, 151 West's Federal Rules Decisions (F.R.D.) 1994, S. 441-469

*Siegrist, Dave*, Hoheitsakte auf fremden Staatsgebiet, Diss. Zürich 1987, Zürich1987

*Singer, Norman J.*, Statutes and Statutory Construction, Bd. 2A, 2B, 35.A., Deerfield, Il. u.a. 1992 (zitiert: Singer, Sutherland Stat. Const. § XX.XX (6th ed. 2000))

*Sittmann, Jörg W.*, Das Streitbeilegungsverfahren der World Trade Organization (WTO) – „Understanding on Rules and Procedures Governing the Settlement of Disputes", Recht der Internationalen Wirtschaft (RIW) 1997, S. 749-753

*Smith, Michael C./Coleman, Gregory S.*, Pratice Guide & Annotated Federal Rules of Civil Procedure & Evidence, 2000 Edition, Houston 2000 (zitiert: O'Connor's Federal Rules)

*Spiro, Peter J.*, Treaties, Executive Agreements, And Constitutional Method, 79 Texas Law Review (Tex.L.Rev.) 2001, S. 961-1035

*Stadler, Astrid*, Der Schutz des Unternehmensgeheimnisses im deutschen und US-amerikanischen Zivilprozeß und im Rechtshilfeverfahren, Diss. Konstanz 1987/88, Tübingen 1989 (zitiert: Stadler, Unternehmensgeheimnis)

*Stadler, Astrid*, Die gerichtliche Überprüfung von Zustellungsverfügungen der Zentralen Behörde nach erfolgter Zustellung, Praxis des Internationalen Privat- und Verfahrensrechts (IPRax) 1992, S. 147-150

*Stadler, Astrid*, Anmerkung zu BVerfG, Beschl. v. 7.12.1994 – I BvR 1279/94, Juristen-Zeitung (JZ) 1995, 718-722

*Stadler, Astrid,* Neues europäisches Zustellungsrecht, Praxis des Internationalen Privat- und Verfahrensrechts (IPRax) 2001, S. 514-521

*von Staudinger, Julius,* Kommentar zum Bürgerlichen Gesetzbuch mit Einführungsgesetz und Nebengesetzen, Bd: Einleitung zum IPR, Art. 3-6, 13.A., Berlin 1996

*Steinberg, Stephen R.,* Fifteen Suggestions for Cutting Discovery Costs, in: Burke, Francis J. Jr./Goldblatt, Michael L., The Corporate Litigator, Chicago 1989, S. 227-230 (zitiert: Steinberg, in: Burke/Goldblatt, The Corporate Litigator)

*Steinberger, Helmut,* Sovereignty, in: Berhardt, Rudolf, Encycolpedia of Public International Law, Bd. 4: Quirin, Ex parte to Zones of Peace, Amsterdam u.a 2000

*Steinhardt, Ralph G.,* The Role of International Law as a Canon of Domestic Statutory Construction, 43 Vanderbilt Law Review (Vand.L.Rev.) 1990, S. 1103-1197

*Stein/Jonas,* Kommentar zur Zivilprozessordnung, Bd. 2 (§§ 91 - 252), 21.A., Tübingen, 1994 (zitiert: Stein/Jonas/Bearbeiter)

*Stern, Klaus,* Das Staatsrecht der Bundesrepublik Deutschland, Bd. I (Grundbegriffe und Grundlagen des Staatsrechts, Strukturprinzipien der Verfassung) 1977; Bd. III/1 (Allgemeine Lehren der Grundrechte) 1988; Bd. III/2 (Allgemeine Lehren der Grundrechte) 1994 München

*Stiefel, Ernst C.,* „Discovery"-Probleme und Erfahrungen im Deutsch-Amerikanischem Rechtsverkehr, Recht der Internationalen Wirtschaft (RIW) 1979, S. 509-520

*Stoll, Peter-Tobias,* Freihandel und Verfassung: Einzelstaatliche Gewährleistung und die konstitutionelle Funktion der Welthandelsordnung (GATT/WTO), Zeitschrift für ausländisches öffentliches Recht und Völkerrecht (ZaöRV) 57 (1997), S. 83-146

*Stürner, Rolf,* Die Gerichte und Behörden der U.S.A und die Beweisaufnahme in Deutschland, Zeitschrift für vergleichende Rechtswissenschaft (ZVglRWiss) 1982, S. 159-214

*Stürner, Rolf,* Der Justizkonflikt zwischen U.S.A. und Europa, in: Habscheid, Walther J., Der Justizkonflikt mit den Vereinigten Staaten von Amerika, Bielefeld 1986, S. 3-59 (zitiert: Stürner, in: Habscheid, Justizkonflikt)

*Stürner, Rolf,* Anmerkung zu Supreme Court of the U.S. v. 15.6.1987, JZ 1987, 984, Juristen-Zeitung (JZ) 1987, S. 988-990

*Stürner, Rolf,* Europäische Urteilsvollstreckung nach Zustellungsmängeln, in: Habscheid, Walther J./Schwab, Karl Heinz, Beiträge zum internationalen Zivilverfahrensrecht und zur Schiedsgerichtsbarkeit – Festschrift für Heinrich Nage zum 75.Geburtstag, Münster 1987, S. 446-456 (zitiert: Stürner, in: FS Nagel)

*Stürner, Rolf,* Anmerkung zu OLG Düsseldorf, Beschl. v. 10.1.1996 – 3 VA 11/95, Zeitschrift für Zivilprozeß (ZZP) 109 (1996), S. 224-233

*Summers, Robert S.,* Statutory Interpretation in the United States, in: McCormick, D. Neil/Summers, Robert S., Interpreting Statutes, Aldershot u.a. 1991, S. 407-460 (zitiert: Summers, in: McCormick/Summers)

*Surrency, Erwin C.,* How the United States Perfects an International Agreement, 85 Law Library Journal (Law.Libr.J.) 1993, S. 343-356

*Sutherland, Arthur E.,* Restricting the Treaty Power, 65 Harvard Law Review (Harv.L.Rev.) 1952, S. 1305-1338

*Teply, Larry T./Whitten, Ralph U.,* Civil Procedure, 2.A., New York 2000

*Thomas, Heinz/Putzo, Hans/Reichold, Klaus/Hüßtege, Rainer,* Zivilprozeßordnung, 22.A., München 1999 (zitiert: Thomas/Putzo/Bearbeiter)

*Thompson, Robert B.*, Piercing the Corporate Veil: An Empiric Study, 76 Cornell Law Review (Cornell L.Rev.) 1991, S. 1036-1068

*Tomuschat, Christian*, Grundrechtsfestung Deutschland?, Praxis des internationalen Privat- und Verfahrensrechts (IPRax) 1996, S. 83-87

*Tomuschat, Christian*, Die staatsrechtliche Entscheidung für die internationale Offenheit, in: Isensee, Josef/Kirchhof, Paul, Handbuch des Staatsrechts, Bd.VII, Heidelberg 1992, S. 483-522 (zitiert: Tomuschat, in: Isensee/Kirchhof, HStR)

*Trachtmann, Joel P.*, Symposium: States Right's vs. International Trade: The Massachusetts Burma Law, 19 New York Law School of Law Journal of International and Comparative Law (N.Y.L.Sch.J.Int'l & Comp.L.) 2000, S. 353-355

*Tribe, Laurence H.*, Taking Text and Structure Seriously: Reflections on Free-Form Method in Constitutional Law Interpretation, 108 Harvard Law Review (Harv.L.Rev.) 1995, S. 1221-1303

*Trimble, Philipp R.*, International Law: United States Foreign Relations Law, New York 2002

*Trittmann, Rolf*, Anwendungsprobleme des Haager Beweisübereinkommens im Rechtshilfeverkehr zwischen der Bundesrepublik und den Vereinigten Staaten von Amerika, Diss. Frankfurt a.M. 1988, Frankfurt a.M. 1989

*Trittmann, Rolf/Leitzen, Mario*, Haager Beweisübereinkommen und pretrail discovery: Die zivilprozessuale Sachverhaltsermittlung unter Berücksichtigung der jeweiligen Zivilprozessrechtsreformen im Verhältnis zwischen den USA und Deutschland, Praxis des Internationalen Privat- und Verfahrensrechts (IPRax) 2003, 7-12

*Trooboff, Peter D./Spiro, Peter J.*, International Decision - Sheets v. Yamaha Motor Corp., 83 American Journal of International Law (Am.J.Int'l L.)1989, S. 580-583

*Vagts, Detlev F.*, International Agreements, The Senate and The Constitution, 36 Columbia Journal of Transnational Law (Colum.J.Transnat'l L.) 1997, S. 143-178

*Vagts, Detlev F.*, The United States and Its Treaties: Observance and Breach, 95 The American Journal of International Law (Am.J.Int.L.) 2001, S. 313-334

*Vairo, Georgene*, Symposium "The Legal Profession: The Impact of Law and Theory": Rule 11 and the Profession, 67 Fordham Law Review (Fordham L.Rev.) 1998, S. 589-648

*Verdross, Alfred/Simma, Bruno*, Universelles Völkerrecht, 3.A., Berlin 1984

*Viner, Jacob*, Dumping: A Problem in International Trade, Neudruck der 1. Aufl. 1923, University of Chicago Press, Fairfield/New Jersey 1991

*Vocke, Martin*, Verfassungsinterpretation und Normbegründung - Grundlegung zu einer prozeduralen Theorie der Verfassungsgerichtsbarkeit, Diss. Würzburg 1995, Frankfurt a.M. 1995

*Vollkommer, Max*, Disharmonien und Spannungen im internationalen Rechtshilfeverkehr zwischen den USA und Deutschland (Zustellungen und Ladungen), Zeitschrift für Zivilprozeß (ZZP) 80 (1967), S. 248-263

*Waddoups, Clark/Hafen, Joanthan*, Resurrecting the 1916 Antidumping Act, Utah Bar Journal (Utah B.J.) 1998, S. 9-11

*Wagner, Rolf*, Die Bemühungen der Haager Konferenz für Internationales Privatrecht um ein Übereinkommen über die gerichtliche Zuständigkeit und ausländische Entscheidungen in Zivil- und Handelssachen, Praxis des Internationalen Privat- und Verfahrensrechts (IPRax) 2001, S. 533-547

*Walker, Herman Jr.*, Treaties for the Encouragement and Protection of Foreign Investment: Present United States Practice, 5 American Journal of Comparative Law (Am.J.Comp.L.) 1956, S. 229-247

*Wengler, Wilhelm*, Anmerkung zu BGH, Urteil v. 29.4.1964 – IV ZR 93/63, Juristen-Zeitung (JZ) 1965, S. 100-103

*Weintraub, Russel J.*, Commentary on the Conflict of Laws, 4.A., New York 2001 (zitiert: Weintraub, Conflict of Laws)

*Wieczorek, Bernhard/Schütze, Rolf A.*, Zivilprozeßordnung und Nebengesetze, Großkommentar, Bd. 5, 3.A., Berlin u.a. 1995 (zitiert: Wieczorek/Schütze/Bearbeiter)

*Willging, Thomas E./Stienstra, Donna/Shapard, John/Miletich, Dean*, An Empirical Study of Discovery and Disclosure Practice under the 1993 Federal Rules Amendments, 39 Boston College Law Review (Bos.Col.L.Rev.) 1998, S. 525-596

*Williams, Michael F.*, Charming Betsy, Chevron, and the World Trade Organization: Thoughts on the Interpretive Effect of International Trade Law, 32 Law and Policy in International Business (Law & Pol'y Int'l Bus.) 2001, S. 677-704

*Wilson, Joseph A.*, Section 102 of the Uruguay Round Agreements Act: "Preserving" State Sovereignty, 6 Minnesota Journal of Global Trade (Minn.J.Global Trade) 1997, S. 401-428

*Wölki, Christoph*, Das Haager Zustellungsübereinkommen und die USA, Recht der Internationalen Wirtschaft (RIW) 1985, S. 530-535

*Wood, Stephen G./Sharffs, Brett G.*, Applicability of Human Rights Standards to Private Corporations: An American Perspective, 50 American Journal of Comparative Law (Am.J.Comp.L.) 2002, S. 531-566

*Wright, Charles A./Kane, Mary K.*, Law of Federal Courts, 6.A., St.Paul 2002 (zitiert: Wright/Kane)

*Wright, Charles A./Miller, Arthur R./Kane, Mary Kay*, Federal Practice and Procedure, Vol. 10 (Sec. 2651-2680), 3.A., St.Paul 1998 (zitiert: Wright/Miller/Kane, 10 Federal Practice and Procedure, Civil 3d).

*Wright, Charles Alan/Miller, Arthur R.*, Federal Practice and Procedure, Vol. 5A (Sec. 1331 - 1400), 2.A. (Supplement 2002), St.Paul 1990 (2002) (zitiert: Wright/Miller, 5A Federal Practice and Procedure, Civil 2d)

*Wright, Charles Alan/Miller, Arthur R.*, Federal Practice and Procedure, Vol. 4 (Sec. 1001 - 1068.1), 3.A., St.Paul 2002 (zitiert: Wright & Miller, 4 Federal Practice and Procedure, Civil 3d)

*Wright, Charles Alan/Miller, Arthur R.*, Federal Practice and Procedure, Vol. 4B (Sec. 1106 - 1180), 3.A., St.Paul 2002 (zitiert: Wright/Miller, 4B Federal Practice and Procedure, Civil 3d)

*Wright, Charles Alan/Miller, Arthur R./Kane, Mary Kay*, Federal Practice and Procedure, Vol. 11 (Sec. 2781 - 2930), 2.A., St.Paul 1995 (zitiert: Wright/Miller/Kane, 11 Federal Practice and Procedure, Civil 2d)

*Wright, Charles Alan/Miller, Arthur R./Kane, Mary Kay*, Federal Practice and Procedure, Vol. 10A (Sec. 2681 - 2729.1), 3.A., St.Paul 1998 (zitiert: Wright/Miller/Kane, 10A Federal Practice and Procedure, Civil 3d)

*Wright, Charles Alan/Miller, Arthur R./Marcus, Richard L.*, Federal Practice and Procedure, Vol. 8 (Sec. 2001 - 2100), 2.A., St.Paul 1994 (zitiert: Wright/Miller/Marcus, 8 Federal Practice and Procedure, Civil 2d)

*Yoo, John C.*, Globalism and the Constitution: Treaties, Non-Self-Execution, and the Original Understanding, 99 Columbia Law Review (Colum.L.Rev.) 1999, S. 1955-2094

*Yoo, John C.*; Laws as Treaties? The Constitutionality of Congressive-Executive Agreements, 99 Michigan Law Review (Mich.L.Rev.) 2001, S. 757-852

*Zimmermann, Thomas A.*; Gewährleisten umgesetzte WTO-Streitschlichtungsurteile offene Märkte? - Eine Betrachtung am Beispiel des Zeitschriftenfalles, Aussenwirtschaft 56 (2001), S. 359-390

*Zippelius, Reinhold*, Verfassungskonforme Auslegung von Gesetzen, in: Starck, Christian, Bundesverfassungsgericht und Grundgesetz - Festgabe aus Anlass des 25jährigen Bestehens des Bundesverfassungsgerichts, Bd. 2: Verfassungsauslegung, Tübingen 1976, S. 108-124 (zitiert: Zippelius, in: Starck, Festgabe BVerfG (1976) II)

*Zöller, Richard*, Kommentar - Zivilprozeßordnung mit Gerichtsverfassungsgesetz und den Einführungsgesetzen, mit Internationalem Zivilprozeßrecht, Kostenanmerkungen, 22.A., Köln 2001 (zitiert: Zöller/Bearbeiter)

## AUGSBURGER SCHRIFTEN ZUM STAATS- UND VÖLKERRECHT

Herausgegeben von Professor Dr. Dieter Blumenwitz

Band 1 Fritz-Harald Wenig: Rechtsprobleme des innerdeutschen Handels.

Band 2 Wilfried Niedermeier: Der Beitritt der Bundesrepublik Deutschland zum Statut des Internationalen Gerichtshofes unter besonderer Berücksichtigung der obligatorischen Gerichtsbarkeit.

Band 3 Johann G. Gleich: Die Anerkennung der DDR durch die Bundesrepublik.

Band 4 Matthias Weigand: Der Vertrag über die gegenseitigen Beziehungen zwischen der Bundesrepublik Deutschland und der Tschechoslowakischen Sozialistischen Republik vom 11. Dezember 1973 - Eine völkerrechtliche Analyse.

Band 5 Werner Trützschler von Falkenstein: Die sich ändernde Bedeutung der Feindstaatenartikel (Artikel 53 und 107 der Satzung der Vereinten Nationen) für Deutschland.

Band 6 Reiner Schenk: Die Viermächteverantwortung für Deutschland als Ganzes, insbesondere deren Entwicklung seit 1969.

Band 7 Wolfgang Wagner: Die Verwirklichung der Menschenrechte im Pakt der Vereinten Nationen über bürgerliche und politische Rechte vom 16. Dezember 1966, im Grundvertrag und den ihn begleitenden Nebeninstrumenten.

Band 8 Ulrich Wacker: Der Konflikt verschiedener Rechtssysteme vor, während und nach der Kolonialzeit in Kenia.

Band 9 Wolfgang Enders: Der mexikanische Bundesstaat. Die politische und sozioökonomische Problematik eines föderalen Verfassungssystems in einem Land der "Dritten Welt".

Band 10 Heiner Hasford: Die Jurisdiktion der Europäischen Gemeinschaften. Zur extraterritorialen Wirkung des Gemeinschaftsrechts.

## SCHRIFTEN ZUM STAATS- UND VÖLKERRECHT

Band 11 Wolf Dieter Remmele: Die Selbstdarstellung der Bundesrepublik Deutschland im Ausland durch den Rundfunk als Problem des Staats- und Völkerrechts.

Band 12 Elisabeth Lichtenstern: Die Gesetzgebung im Spannungsverhältnis zwischen Bund und Ländern.

Band 13 Peter Gassner: Kollektivmacht und Individualschutz im amerikanischen Arbeitsrecht.

Band 14 Helga Walter: Das Selbstverständnis des modernen Algeriens. Die historisch-nationalen und islamischen Elemente.

Band 15 Dieter Schütz: Der internationale ordre public. Der Ausschluß völkerrechtswidrigen fremden Rechts im Internationalen Privatrecht der Bundesrepublik Deutschland.

Band 16 Klaus-Peter Kißler: Die Zulässigkeit von Wirtschaftssanktionen der Europäischen Gemeinschaft gegenüber Drittstaaten.

Band 17 Rainhardt Freiherr von Leoprechting: Die neue Rohrwaffen-Artillerie-Munition im Lichte des I. Genfer Zusatzprotokolles vom 12. Dezember 1977. Zur Frage der Völkerrechtskonformität der Verteidigung der Bundesrepublik Deutschland mit modernen konventionellen Artilleriesystemen.

Band 18 Roland Steinmeyer: Die Schiffsgläubigerrechte im südafrikanischen nationalen und internationalen Privatrecht. Eine rechtsvergleichende Darstellung unter Einbeziehung des englischen und deutschen internationalen Privatrechts und unter besonderer Berücksichtigung des ordre public.

Band 19 Martin C. Ney: Der Einsatz von Atomwaffen im Lichte des Völkerrechts. Summary: The Use of Nuclear Weapons and International Law.

Band 20 Teodoro Ribera Neumann: Das chilenische Verfassungsgericht und das deutsche Bundesverfassungsgericht - Ein Rechtsvergleich -. 1985.

Band 21 Theodora Antoniou: Europäische Integration und griechische Verfassung. 1985.

Band 22 Georg Teyssen: Deutschlandtheorien auf der Grundlage der Ostvertragspolitik. 1987.

Band 23 Karin Klüpfel: Selbstbestimmung durch Assoziation. Die Assoziation als Verwirklichung des Selbstbestimmungsrechts der Völker - dargestellt am Beispiel von Puerto Rico. 1987.

Band 24 Friedrich Dehner: Die Stellung Berlins im Bundesrat. 1987.

Band 25 Thilo Morhard: Die Rechtsnatur der Übereinkommen der Internationalen Arbeitsorganisation. Zugleich ein Beitrag zur Lehre vom "soft law". 1988.

Band 26 Ralf Jahn: Ansiedlung von Einzelhandelsgroßprojekten (§ 11 Abs. 3 BauNVO 1977). Zur Frage der Bestimmtheit grundrechtsbeschränkender Eingriffsnormen. 1988.

Band 27 Wolfgang Götzer: Der völkerrechtliche Status der Donau zwischen Regensburg und Kelheim. Eine völkerrechtliche Untersuchung des Donauabschnittes Regensburg - Kelheim unter Einbeziehung der gesamten deutschen Donau. 1988.

Band 28 Michael Hakenberg: Die Iran-Sanktionen der USA während der Teheraner Geiselaffäre aus völkerrechtlicher Sicht. 1988.

Band 29 Renate Oxenknecht: Der Schutz ethnischer, religiöser und sprachlicher Minderheiten in Art. 27 des Internationalen Paktes über bürgerliche und politische Rechte vom 16. Dezember 1966. 1988.

Band 30 Raphael Quarshie Avornyo: Deutschland und Togo. (1847-1987). 1988.

Band 31 Friedrich Frhr. Waitz von Eschen: Die völkerrechtliche Kompetenz der Vier Mächte zur Gestaltung der Rechtslage Deutschlands nach dem Abschluß der Ostvertragspolitik. 1988.

Band 32 Gisela Süß: Die Zulassung von Zahnärzten aus dem EG-Bereich zur deutschen Kassenarztpraxis. Ein Beitrag zu Standort und Bedeutung der Grundrechte im Europäischen Gemeinschaftsrecht. 1988.

Band 33 Meggy Steffens: Die deutsche Ostpolitik im Spiegel publizistischer Stellungnahmen in den USA 1969-1973. 1988.

Band 34 Norbert Karl Riedel: Der Einsatz deutscher Streitkräfte im Ausland - verfassungs- und völkerrechtliche Schranken -. 1989.

Band 35 Heidi Dünisch: Der Mundatwald - Zur Bereinigung letzter Kriegsfolgenprobleme zwischen Deutschland und Frankreich.1989.

Band 36 Sabine Niedermeyer-Krauß: Kommunalwahlrecht für Ausländer und Erleichterung der Einbürgerung. Integrationsmöglichkeiten für Ausländer aus verfassungs- und europarechtlicher Sicht. 1989.

Band 37 Dirk-Hermann Voß: Regionen und Regionalismus im Recht der Mitgliedstaaten der Europäischen Gemeinschaft: Strukturelemente einer Europäischen Verfassungsordnung. 1989.

Band 38 Tilo Klinner: Satellitenfernerkundung im Völkerrecht. Inwieweit existiert ein völkerrechtlicher Datenschutz? 1989.

Band 39 Barbara Schmidt: Die Erweiterung der seewärtigen Hoheitsrechte der Bundesrepublik Deutschland und der DDR unter besonderer Berücksichtigung deutschlandrechtlicher Probleme. 1989.

Band 40 Hans-Joachim Brauns: Wiedervereinigung und europäische Integration. 1990.

Band 41 Gilbert-Hanno Gornig: Der Hitler-Stalin-Pakt. Eine völkerrechtliche Studie. 1990.

Band 42 Gudrun Lehnberger: Kommunale Entwicklungshilfe. Eine Aufgabe der Gemeinden? - Bestandsaufnahme und rechtliche Würdigung unter besonderer Berücksichtigung der bayerischen Verwaltungspraxis. 1990.

Band 43 Heike Kaup: Der Schwangerschaftsabbruch aus verfassungsrechtlicher Sicht. Eine rechtsvergleichende Untersuchung anhand des deutschen und des amerikanischen Rechts. 1991.

Band 44 Bernadette Steinmeyer: Verfassungsrechtliche Ansätze zur Neuordnung der multirassischen Gesellschaft Südafrikas unter Berücksichtigung des Vorschlages des Verhandlungsforums der "KwaZulu/Natal Indaba". 1991.

Band 45 Burkhard Schöbener: Die amerikanische Besatzungspolitik und das Völkerrecht. 1991.

Band 46 Christian Raap: Die Souveränität der Bundesrepublik Deutschland unter besonderer Berücksichtigung des militärischen Bereichs und der deutschen Einheit. 1992.

Band 47 Andrea Wagner: Der argentinisch-chilenische Konflikt um den Beagle-Kanal. Ein Beitrag zu den Methoden friedlicher Streiterledigung. 1992.

Band 48 Ralf Wittkowski: Die Staatensukzession in völkerrechtliche Verträge unter besonderer Berücksichtigung der Herstellung der staatlichen Einheit Deutschlands. 1992.

Band 49 Michael Piazolo: Das Recht auf Abtreibung als Teilaspekt des Right of Privacy. 1992.

Band 50 Silke Wenk: Das konfiszierte deutsche Privatvermögen in Polen und der Tschechoslowakei. Die Rechtslage nach Abschluß des deutsch-polnischen und deutsch-tschechoslowakischen Nachbarschaftsvertrages. 1993.

Band 51 Antje Kießwetter: Die Verfassungsentwicklung in Namibia. 1993.

Band 52 Angelika Kleffner-Riedel: Regionalausschuß und Subsidiaritätsprinzip. Die Stellung der deutschen Bundesländer nach dem Vertrag über die Europäische Union. 1993.

Band 53 Jerzy Kranz: Entre l'influence et l'intervention. Certains aspects juridiques de l'assistance financière multilatérale. 1994.

Band 54 Knut Kettwig: Rechtsgrundlagen dezentraler grenzüberschreitender Zusammenarbeit im deutsch-polnischen und deutsch-tschechischen Grenzraum. 1994.

Band 55 Ulrich Seidenberger: Die diplomatischen und konsularischen Immunitäten und Privilegien. Ein Beitrag zur Diskussion über die Reformbedürftigkeit des Diplomaten- und Konsularrechts aus staats- und völkerrechtlicher Sicht. 1994.

Band 56 Christian Schede: Bundesrat und Europäische Union. Die Beteiligung des Bundesrates nach dem neuen Artikel 23 des Grundgesetzes. 1994.

Band 57 Florian Prugger: Die Nachfolge in das Vermögen der ehemaligen DDR. Ein Beitrag zu Art. 21 ff Einigungsvertrag unter besonderer Berücksichtigung der Firma F.C. Gerlach des Bereichs Kommerzielle Koordinierung. 1994.

Band 58 Mark Zimmer: Einsätze der Bundeswehr im Rahmen kollektiver Sicherheit. Staats- und völkerrechtliche Grundlagen unter Berücksichtigung des BVerfG-Urteils vom 12.07.1994. 1995.

Band 59 Gerd von Laffert: Die völkerrechtliche Lage des geteilten Zypern und Fragen seiner staatlichen Reorganisation. 1995.

Band 60 Wolfram Schneeweiß: Die rechtliche Stellung der Indianerstämme innerhalb der Vereinigten Staaten von Amerika. Ein Modell für den Schutz der *indigenous peoples*. 1995.

Band 61 Marianne Janik: Möglichkeiten und Grenzen einer gemeinsamen Exportkontrolle für sensitive Waren und Dienstleistungen im Lichte des europäischen Gemeinschaftsrechts. 1995.

Band 62 Michael Brems: Die politische Integration ethnischer Minderheiten aus staats- und völkerrechtlicher Sicht. 1995.

Band 63 Martin Vocke: Verfassungsinterpretation und Normbegründung - Grundlegung zu einer prozeduralen Theorie der Verfassungsgerichtsbarkeit. 1995.

Band 64 Stefan von der Beck: Die Konfiskationen in der Sowjetischen Besatzungszone von 1945 bis 1949. Ein Beitrag zu Geschichte und Rechtsproblemen der Enteignung auf besatzungsrechtlicher und besatzungshoheitlicher Grundlage. 1996.

Band 65 Stephanie Baer: Der Zerfall Jugoslawiens im Lichte des Völkerrechts. 1995.

Band 66 Christine Sauerwald: Die Unionsbürgerschaft und das Staatsangehörigkeitsrecht in den Mitgliedstaaten der Europäischen Union. 1996.

Band 67 Silke Buchner: Die Rechtswidrigkeit der Taten von "Mauerschützen" im Lichte von Art. 103 II GG unter besonderer Berücksichtigung des Völkerrechts. Ein Beitrag zum Problem der Verfolgung von staatlich legitimiertem Unrecht nach Beseitigung des Unrechtssystems. 1996.

Band 68 Bernd Weiß: Einführung und Umsetzung der Europäischen Charta der kommunalen Selbstverwaltung in Deutschland, insbesondere in Bayern und Nordrhein-Westfalen. 1996.

Band 69 Gesine Katharina Neumann: Boliviens Recht auf freien Zugang zum Pazifik. Zur völkerrechtlichen Problematik des Zugangs der Binnenstaaten zum Meer. 1997.

Band 70 Elvira Pfrang: Das Verhältnis zwischen Europäischem Gemeinschaftsrecht und deutschem Recht nach der Maastricht-Entscheidung des Bundesverfassungsgerichts. Eine Studie zu den Konflikten beider Rechtsordnungen auf dem Gebiet des Grundrechtsschutzes und der Kompetenzen. 1997.

Band 71 Dieter Blumenwitz / Burkhard Schöbener: Stabilitätspakt für Europa. Die Sicherstellung mitgliedstaatlicher Haushaltsdisziplin im Europa- und Völkerrecht. 1997.

Band 72 Matthias Weinberg: Schutz der deutschen Minderheit in Polen nach den Weltkriegen. Ein Vergleich unter Berücksichtigung der aktuellen Rechtslage. 1997.

Band 73 Reinhard Müller: Der "2+4-Vertrag und das Selbstbestimmungsrecht der Völker. 1997.

Band 74 Stefan Strobl: Das Nichtverbreitungsregime für Kernwaffen nach 1995 und der freie Zugang zu nuklearen Technologien und Materialien. 1997.

Band 75 Christine Weber: Das Gegenzeichnungsrecht unter besonderer Berücksichtigung der Verfassung des Fürstentums Liechtenstein. 1997.

Band 76 Stephan Semrau: Die Gemeinsame Außen- und Sicherheitspolitik der Europäischen Union. 1998.

Band 77 Marcus Schultz: Die Auslandsentsendung von Bundeswehr und Bundesgrenzschutz zum Zwecke der Friedenswahrung und Verteidigung. Völker- und verfassungsrechtliche Analyse unter besonderer Berücksichtigung der Entscheidung des Bundesverfassungsgerichtes zum Einsatz deutscher Streitkräfte vom 12. Juli 1994. 1998.

Band 78 Benedikt P. Kuttenkeuler: Die Verankerung des Subsidiaritätsprinzips im Grundgesetz. Ein Beitrag zur Bedeutung des Subsidiaritätsprinzips für die Kompetenzabgrenzung im Bundesstaat. 1998.

Band 79 Winfried Bausback: Verfassungsrechtliche Grenzen des Wahlrechts zum Deutschen Bundestag. 1998.

Band 80 Elvira Pfrang: Towards Liberalisation of the European Electricity Markets. The Directive concerning Common Rules for an Internal Market in Electricity in the Frame of the Competition and Internal Market Rules of the EC-Treaty. 1999.

Band 81 Alexander Wolf: Prozessuale Probleme des „Maastricht"-Urteils des Bundesverfassungsgerichts. 1999.

Band 82 Jürgen Bartl: Die humanitäre Intervention durch den Sicherheitsrat der Vereinten Nationen im "Failed State". Das Beispiel Somalia. 1999.

Band 83 Thomas Gnielinski: Die Reform des deutschen Staatsangehörigkeitsrechts. Eine Analyse und Bewertung der vorliegenden Gesetzesvorhaben. 1999.

Band 84 Margarita González: Der völkerrechtliche Status des Panamakanals nach Ablauf der Übergangszeit im Jahr 1999. 2000.

Band 85 Petra Johnen: Die Verfassungsentwicklung Südafrikas unter besonderer Berücksichtigung der verfassunggebenden Gewalt des Volkes. 2001.

Band 86 Markus Allstadt: Die offene Völkerrechtslage im deutsch-tschechischen Verhältnis und ihre Bedeutung für die Osterweiterung der Europäischen Union. Zugleich Überlegungen zu den Auswirkungen zwingenden Völkerrechts in der Vertriebenenfrage. 2000.

Band 87 Gerrit Aschmann: Europol aus Sicht der deutschen Länder. 2000.

Band 88 Mark Weber: Der Berlin-Status im intertemporalrechtlichen Konflikt. Dargestellt am Beispiel von Grundstücksenteignungen im Ostteil Groß-Berlins. 2001.

Band 89 Heidi Hellwig: Die Staatsangehörigkeit als Anknüpfung im deutschen IPR. Unter besonderer Berücksichtigung des Gesetzes zur Reform des Staatsangehörigkeitsrechts. 2001.

Band 90 Aline Bruer-Schäfer: Der Internationale Strafgerichtshof. Die Internationale Strafgerichtsbarkeit im Spannungsfeld von Recht und Politik. 2001.

Band 91 Andreas Rosenfeld: Die Verfassungsentwicklung von Mosambik. Ein Beitrag zur rechtsstaatlichen Transformation im südlichen Afrika. 2001.

Band 92 Markus Pallek: Der Minderheitenschutz im deutschen Verfassungsrecht. Eine analytische Untersuchung des Begriffs sowie der bundes- und landesverfassungsrechtlichen Stellung der ethnischen, nationalen, sprachlichen, kulturellen und religiösen Minderheiten in der Bundesrepublik Deutschland vor dem Hintergrund der völker- und europarechtlichen Rahmenbedingungen. 2001.

Band 93 Ansgar Firsching: Die Samen, ihre Rechtsstellung in Schweden und ihre Rechtsstellung im Lichte der Indigenous Peoples weltweit. 2002.

Band 94 Jörg Dunker: Regionale Integration im System des liberalisierten Welthandels. EG und NAFTA im Vergleich. 2002.

Band 95 Katharina Wodarz: Gewaltverbot, Menschenrechtsschutz und Selbstbestimmungsrecht im Kosovo-Konflikt. 2002.

Band 96 Grit Hokema: Immunität von Staatsoberhäuptern. 2002.

Band 97 Tido Oliver Hokema: Mehrfache Staatsangehörigkeit. Eine Betrachtung aus völkerrechtlicher und verfassungsrechtlicher Sicht. Unter Berücksichtigung des Staatsangehörigkeitsreformgesetzes vom 15. Juli 1999. 2002.

Band 98 Janet Kerstin Butler: Die Beteiligung von Privatpersonen am WTO-Streitbeilegungsverfahren. Bestandsaufnahme und Entwicklungsperspektiven. 2002

Band 99 Tobias H. Irmscher: Die Behandlung privater Beschwerden über systematische und grobe Menschenrechtsverletzungen in der UN-Menschenrechtskommission. Das 1503-Verfahren nach seiner Reform. 2002.

Band 100 Markus Voltz: Menschenrechte und ordre public im Internationalen Privatrecht. 2002.

Band 101 Sabine Schorer: Das Konsensprinzip in der internationalen Gerichtsbarkeit. 2003.

Band 102 Anja Weisgerber: Das Beweiserhebungsverfahren parlamentarischer Untersuchungsausschüsse des Deutschen Bundestages. 2003.

Band 103 Stephan Anstötz: Perspektiven zur staatlichen Neuordnung Zyperns. 2003.

Band 104 Eva Stumpf: Kulturgüterschutz im internationalen Recht unter besonderer Berücksichtigung der deutsch-russischen Beziehungen. 2003.

Band 105 Christian Malzahn: GATT-widrige *Treble Damages*-Klagen auf der Grundlage des US Antidumping Act 1916. Eine Untersuchung der Rechtsstellung beklagter deutscher Unternehmen im US-amerikanischen und deutschen Recht. 2003.

FSC
www.fsc.org
MIX
Papier | Fördert
gute Waldnutzung
FSC® C083411

Kolibri 360 GmbH
Ferdinand-Jühlke-Straße 7
99095 Erfurt, Deutschland
produktsicherheit@kolibri360.de

Druck:
CPI Druckdienstleistungen GmbH
im Auftrag der
Kolibri 360 GmbH
Ferdinand-Jühlke-Str. 7
99095 Erfurt